文化政策研究基地项目资助
化软实力比较研究中心项目资助
化圈视角下的区域国别研究基地项目资助

上

国外语言文化推广机构研究

曹德明◎主编

时事出版社

图书在版编目（CIP）数据

国外语言文化推广机构研究：上、下册/曹德明主编.
—北京：时事出版社，2016.8
ISBN 978-7-80232-996-6

Ⅰ.①国… Ⅱ.①曹… Ⅲ.①文化机构—研究—国外
Ⅳ.①G113

中国版本图书馆 CIP 数据核字（2016）第 142605 号

出 版 发 行：时事出版社
地　　　址：北京市海淀区万寿寺甲 2 号
邮　　　编：100081
发 行 热 线：（010）88547590　88547591
读者服务部：（010）88547595
传　　　真：（010）88547592
电 子 邮 箱：shishichubanshe@ sina. com
网　　　址：www. shishishe. com
印　　　刷：北京市昌平百善印刷厂

开本：787×1092　1/16　印张：49　字数：701 千字
2016 年 8 月第 1 版　2016 年 8 月第 1 次印刷
定价：198.00 元

序言

语言国际推广与文化对外传播离不开各国的政策保障和强大的资金支持，也离不开各种文化交流活动与语言文化推广机构的积极推动。其中，政府的高度重视是语言推广与文化传播顺利实施的重要保证；强大的资金支持是语言推广与文化传播的重要条件；国际文化交流和奖励是语言推广与文化传播的促进因素；语言文化推广机构则是实现语言推广与文化传播的基本条件。因此，在推进中国文化“走出去”战略、努力构建融通中外话语体系的历史进程中，如何充分吸收国外优秀文化成果，如何认真借鉴国外语言文化推广机构的成功经验，就显得大有裨益、尤为重要。

作为一所与新中国同龄的外国语大学，上海外国语大学始终彰显多语特色，充分发挥传统学科优势、学术平台优势与国际合作优势，紧密对接国家发展战略，认真担负“让世界了解中国”和“让中国走向世界”的历史使命，积极打造具有外语特色的外国文化政策研究平台，坚持“立足本来、吸收外来、面向未来”的原则，在多种文化交流、交锋、交融的对话过程中，保持高度的文化自觉与文化自信，在中外文化的交流与对话中从容而充分地吸收借鉴国外优秀文化，以中华文化特有的思维方式洞察、吸纳、消融和改写国外优秀思想，构建面向现代化、面向世界、面向未来的中国文化软实力，努力成为中国文化走向世界的先行者和主力军，力争成为开展中外人文交流研究的信息库和智囊团。

继2015年出版《欧美文化政策研究》与《亚非文化政策研究》之后，在孔子学院总部/国家汉办和上海市人民政府发展研究中心的鼎力支持下，上海外国语大学聚焦国外优秀语言文化推广机构，积极开展区域国别研究，再次推出了外国文化研究的最新成果——《国外语言文化推广机构研究》。此书分上、下册，以美国文化中心、俄罗斯世界基金会、英国文化委员会、法国法语联盟、德国歌德学院、西班牙塞万提斯学院、意大利但丁协会、葡萄牙卡蒙斯学院、希腊文化基金会、荷兰语语言联盟、日本国际交流基金会、阿拉伯教科文组织以及瑞典、匈牙利、韩国、土耳其、哈萨克斯坦等国的语言文化推广机构为主要研究对象，以上述语言文化推广机构的历史脉络、宗旨目标、组织模式、发展规划、运行机制、筹资渠道、工作实效及其对孔子学院的借鉴意义为主要研究内容，运用文本分析法与实地调研法，多视角、全方位地分析其成功经验与失败教训，为促进孔子学院建设和汉语国际传播的可持续发展提供有益借鉴，为推动中外文化互鉴与中外人文交流提供智力支撑。

作为开展汉语国际传播、推介中国文化的教育交流机构，孔子学院致力于适应世界各国人民学习汉语的需要，增进世界各国人民对中国语言文化的了解，加强中国与世界各国教育文化的交流合作，发展中国与世界各国的友好关系，促进世界各国文化的多元发展。自 2004 年 11 月全球首家孔子学院在韩国首尔成立以来，孔子学院至今已走过近 12 年的发展历程。截至 2015 年 12 月，全球已建立 500 所孔子学院和 1000 个孔子课堂，分布在 134 个国家（地区），成为汉语教学推广与中国文化传播的全球品牌和平台。有鉴于此，上海外国语大学将在《国外语言文化推广机构研究》付梓出版之后，继续深化与孔子学院总部/国家汉办的交流合作，不断整合国内外优质学术资源，合力开展后续研究和决策咨询，为推动汉语国际传播的蓬勃发展、构建融通中外的话语体系、开辟中国与世界交流对话的新境界作出新的更大贡献。

目录

第一章
美国文化中心语言推广战略研究

【摘要】通过文化推广机构的建设和运作，可以达到语言及文化的传播效果。本章选取美国文化中心这个文化推广机构为研究对象，从美国文化中心的历史现状、性质、宗旨使命及战略目标、组织管理模式、活动范围、工作内容、资金财务运作、工作成效这八个方面入手进行调研，项目小组成员在中国和美国两地详细且深入地实地探究其运作的各个方面，通过数据整理和资料统计，为孔子学院的发展和海外推广提供经验启示。本章选取美国文化中心为调研对象是前所少有的，调研的结果在很大程度上是文献资料难以找到的第一手资料，非常具有参考价值；开展两地全线调研，从位于美国的美国文化中心的管理机构，到中国已设点的美国文化中心，进行全线全面调研，以清楚了解其运作等各个方面；不像以往对庞大而且复杂的文化推广机构进行重复性的研究和文献组织，而是切实地对美国文化中心这个可借鉴、可参考、可类比的文化推广机构进行研究。本章不仅对孔子学院的建设与发展有最直接的借鉴意义，对于上海外国语大学的跨文化、传播学，以及最新设立的中国学研究也有重要意义。

一、美国文化中心调研背景

（一）本课题国内外研究现状评述

1. 与世界各种国际语言文化推广机构进行比较，探讨孔子学院发展趋势及走向

如莫嘉琳《孔子学院与世界主要语言文化推广机构的比较研究》①将英国文化协会（British Council）、法语联盟（Alliance France）、歌德学院（Goethe Institute）、塞万提斯学院（Instituto Cevantes）等纳入研究范围，与孔子学院进行比较，提供借鉴意义。管静的《基于发展视角的孔子学院问题与对策研究》②也结合了孔子学院同世界主要语言推广机构的对比，提出了孔子学院目前建设和发展中存在的问题。对于此类研究，对比的文化推广机构主要集中在历史悠久，发展完善，资料较多的大型文化推广机构。

2. 从宽泛的角度或者单一方面针对孔子学院发展的研究

针对孔子学院更好的发展方向，不仅有一些概括性的研究：如管静的《基于发展视角的孔子学院问题与对策研究》③从基础设施建设、文化传播选择与效果、舆论评价等几个方面对孔子学院的发展给出了建议；又如徐丽华的《孔子学院的发展现状、问题及趋势》④做了概括性的阐述和分析。也有从各个细化的方面、从不同角度出发进行的研究：有对

---

① 莫嘉琳：孔子学院与世界主要语言文化推广机构的比较研究［J］．云南师范大学学报（对外汉语教学与研究版）．2009．7（5）。

② 管静：基于发展视角的孔子学院问题与对策研究［D］．武汉：武汉理工大学．2012。

③ 管静：基于发展视角的孔子学院问题与对策研究［D］．武汉：武汉理工大学．2012。

④ 徐丽华：孔子学院的发展现状、问题及趋势［J］．浙江师范大学学报（社会科学版）．2008．33（5）。

其运作情况的报告，如林雪的《孔子学院的海外镜像》[①] 是基于国外媒体报道而对孔子学院运作情况进行的考察；从经济学角度给出的分析和建议，如宁继鸣的《汉语国际推广：关于孔子学院的经济学分析与建议》；[②] 从师资力量方面给出的建议，如宫兆轩《孔子学院海外汉语师资培训研究》[③] 提出孔子学院对海外汉语师资培训的新模式，并探讨了海外汉语师资培训在内容上的新特点。

3. 对于同样具有文化推广功能的美国文化基金会运作的研究，以及其对文化推广、政治影响等各个方面的综合分析

杨岭雪的《美国图书馆基金会的类型和运作》，[④] 从美国基金会的成果经验，探求中国类似机构的运作和发展，类似的内容如《美国基金会发展的实证研究及启示》；张卫的《对洛克菲勒基金会非营利组织的研究报告》，[⑤] 研究了其包括文化推广在内的各个方面的活动；龙晶晶的《浅析洛克菲勒基金会对美国大众传播研究的影响》[⑥] 探求了该基金会对美国大众传播研究所造成的影响。

4. 各个文化推广机构在中国的运作与发展情况，研究其成效

Andrew Waston 的《福特基金会与中国》，[⑦] 报告福特基金会在中国的开展情况；《美国研究》中的《洛克菲勒基金会与中国》，[⑧] 从包括人

---

① 林雪：孔子学院的海外镜像［D］. 上海：复旦大学. 2012。

② 宁继鸣：汉语国际推广：关于孔子学院的经济学分析与建议［D］. 山东：山东大学. 2006。

③ 宫兆轩：孔子学院海外汉语师资培训研究［D］. 山东：山东大学. 2008。

④ 杨岭雪：美国图书馆基金会的类型和运作［J］. 图书馆杂志. 2005. 24（5）。

⑤ 张卫：对洛克菲勒基金会非营利组织的研究报告［OL］。

⑥ 龙晶晶. 浅析洛克菲勒基金会对美国大众传播研究的影响［J］. 新闻世界. 2010.（12）。

⑦ WatsonA.. 福特基金会与中国［OL］. http//wenku. baidu. com/link? url = 4HNGk0_zUtxooNgEMwC6V4_ B_ zJZz0u2loEuDb - guZTVZFJ - 61JGGd2KUZcYqB - keWY8cOObGHXQdiFjiLoTCkUWpwzgBhd5F_ A9LlYOE4e 引用日期：2014. 10. 21.

⑧ 洛克菲勒基金会与中国［J］. 美国研究. 1996.（01）。

文学科、社会科在内的各个方面研究其在中国的历程；吉颖新的《歌德学院向中国输出什么》①，研究了在全球日趋激烈的软实力竞争中，如何向外推销本民族的语言和文化，从歌德学院在中国的20年经历中探求一些启示。

这是目前国内外研究主要集中的几个方面，从已有的研究成果中，能够在已有的理论基础上，有指引性地开展本次调研，而对于美国文化中心的研究在国内外均存在空缺，这是本调研的优势，也是本调研的难点与重点。

（二）选题意义和价值

通过文化推广机构的建设和运作，可以达到语言及文化的传播效果。本章选取美国文化中心这个文化推广机构为研究对象，项目小组成员在中国和美国两地详细且深入地实地探究其运作的各个方面，为孔子学院的发展和海外推广提供经验启示。

1. 对于美国文化中心的研究空缺，本章具有创新意义

美国文化中心在中国的发展始于20世纪80年代，而且正在逐步壮大和发展过程中，如上一部分国内研究中所描述，对于看似与孔子学院类似的机构，国内集中对英、法、德等国家的语言文化推广机构进行了研究，如英国文化协会（British Council）、法语联盟（Alliance France）、歌德学院（Goethe Institut）、塞万提斯学院（Instituto Cevantes）等。对于美国的文化推广机构，国内有较多的研究针对资料较多，如历史较久的美国基金会、洛克菲勒基金会、福特基金会等，而对于起步较晚，形式较新的美国文化中心的研究少之又少。因此，本调研项目以客观事实为成果，填补了以往的研究空缺，具有开创意义。

① 吉颖新：歌德学院向中国输出什么？［J］．中国企业家.2009.（08）。

2. 美国文化中心发展中问题的研究使本章具有前瞻意义

美国文化中心起步于20世纪80年代，比孔子学院发展较早。通过对其进行深入的调研，了解其在发展过程中已经遇到的问题，采取的对策，能够对孔子学院的发展具有前瞻性的帮助，有效地规避一些可能遇见的问题，更有指引性地面对可能面临的挑战。

3. 美国文化中心与孔子学院的同类性使本章具有非常强的借鉴意义

美国文化中心与孔子学院同类性非常强，美国文化中心与孔子学院均成立于现代，其同类性使对于美国文化中心的调研对于孔子学院的建设更加有借鉴意义。以往对于英、法、德等国的语言文化推广机构及美国基金会的研究，虽则资料数据丰富，但对于孔子学院的真正借鉴指导意义并不一定具有明显价值：一是此类文化推广机构均是在其特定的政治经济环境之下形成的，其性质及其运营模式对于孔子学院的成长环境并不一定合适。二是此类文化推广机构历史悠久，经过非常系统与完善的发展，直至今日，2004年才建立首家的孔子学院。三是文化推广只是此类机构众多任务中的一个，如洛克菲勒基金会一直资助各种研究机构及社会团体，对美国政治、经济、军事、外交等各个方面均造成广泛的影响。因此，资料丰富却并不一定适用于孔子学院，相较之下，美国文化中心与孔子学院的互通性更强，它们是在相同的时代背景下成立的类似的文化推广机构，因此，切实地对美国文化中心进行实时调研反而对孔子学院的建设更具有借鉴意义。

（三）本章的特色和创新之处

1. 本章选取美国文化中心为调研对象是前所少有的，调研的结果很大程度上是文献资料难以找到的第一手资料，非常具有参考价值。

2. 本章将开展两地全线调研，从位于美国的美国文化中心的管理机构，到中国已设点的美国文化中心，进行全线全面调研，以清楚了解其运作等各个方面。

3. 本章不去对庞大而且复杂的文化推广机构进行重复性的研究和文献组织，而是切实地对美国文化中心这个可借鉴、可参考、可类比的文化推广机构进行研究。

（四）研究成果对上海外国语大学相关学科建设的意义

本章不仅对孔子学院的建设与发展有最直接的借鉴意义，对于上海外国语大学的跨文化、传播学，以及最新设立的中国学研究也有重要意义。

二、美国文化中心调研研究目标及方法

（一）研究内容与研究目标

本章利用有项目小组成员分布在美国学习之便利，在中国美国两地进行实地调研，深入美国文化中心管理机构内部，同时针对中国的美国文化中心进行散点研究，从而对美国文化中心的组织各个方面进行调研，进而对孔子学院提供经验启示。研究内容主要如下：

1. 对美国文化中心的各个方面进行系统全面的调研

美国文化中心的历史与现状

美国文化中心的性质

美国文化中心的宗旨、使命及战略目标

美国文化中心的组织管理模式

美国文化中心的工作内容

美国文化中心的活动范围

美国文化中心的资金来源与财务运作

美国文化中心的工作成效

2. 对推进孔子学院建设的借鉴意义

（二）研究方法

本章通过整合各种调研方法所整理收集的资源，做到实地调研与理论资料相结合，实现客观性、系统性、全面性攻关。本章将在实地调研的基础上，总结归纳、系统整理，对美国文化中心的运作等方面进行清晰的呈现，从中吸收经验启示，从而指导孔子学院的推进和发展。

本章将综合运用以下研究方法：

1. 理论研究方法。在以往对文化推广机构的理论研究基础上对美国文化中心进行有方向性的研究。

2. 案例研究方法。对位于美国亚利桑那州的美国文化中心管理机构进行深入调研，同时选取已设点的美国文化中心为个案，进行案例研究。

3. 结构方程建模。对于研究内容中的组织管理模式、工作内容、活动范围、资金来源与财务运作等方面，采用结构方程建模方式，更清晰明了地呈现调研结果。

4. 实证研究方法。对于美国文化中心的工作成效、收集资料，进行实证研究。

5. 深度访谈研究。对于推进孔子学院发展的经验启示部分，除了在调研的基础上总结归纳，也采取直接与美国文化中心的管理人员进行深度访谈的方式，进行研究。

6. 量化分析研究。对于收集到的数据，进行量化分析，得出相关结论。

（三）研究思路

结合研究内容，本课题研究思路如图 1 所示：

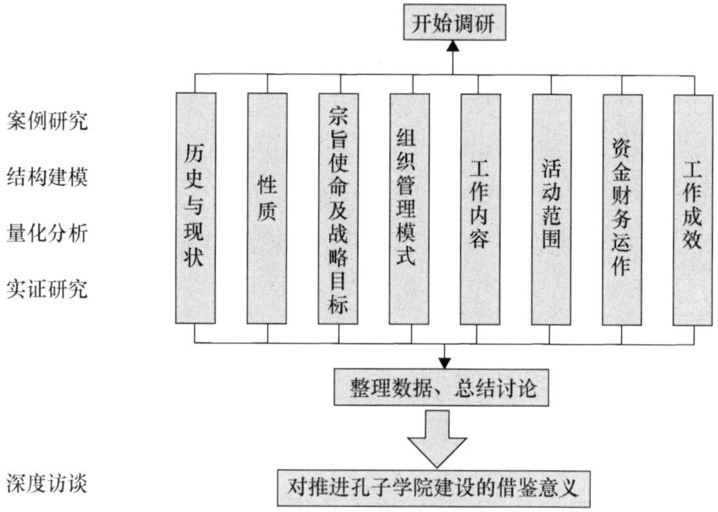

图1　本课题研究思路

三、美国文化中心调研内容

中心的创立——美国文化中心，最开始是由亚利桑拿州立大学校长 Michael M. Crow 和驻中国前美国大使 Jon Huntsman, Jr. 创立的。在美国文化中心刚刚提出来的时候，四川大学校长谢和平迅速批准了该中心在四川大学成立的想法。美国文化中心以文学、艺术、历史、哲学、宗教以及其他学术规范为依托，超越在美国纯流行文化描述的水平以上，讲述美国的故事。① 从美国文化中心的模式能够看出，今后该中心形成的网络将是建立在大学与大学的基础之上，通过各方面的表现形式和复杂性来集中呈现最原始的美国文化。

① American Cultural Centers. [OL]. 2014. 10. 21.

（一）美国文化中心的历史与现状

四川大学—亚利桑拿州立大学美国文化中心作为在中国的第一个美国文化中心，其在中国的美国文化中心形成的网络占据领导地位。而这样的美国文化中心在中国的系统是通过在中国的大学和美国的组织的合作基础上发展而来的。四川大学，作为美国文化中心组织（American Centers for Cultural Exchange）的代表，已经获得了在福特基金会支持的年度会议。在 2014 年 6 月四川大学—亚利桑拿州立大学美国文化中心一次性获得了亨利卢斯基金会对文化中心三年的资助，用于美国文化中心组织网络建设的赞助，发展关于美国研究的课程资源，支持美国文化中心往外扩展的活动，并为学生、老师以及更广泛的公众创建一个能提供当代美国学研究资源的网站。

在受到四川大学—亚利桑那州立大学的美国文化中心的成功模式的激励之后，美国国务院资助了 11 所中国的美国大学的美国文化中心合作项目，另外的 7 所美国文化中心在美国国务院的资助下也在中国相继成立，意在在中国创立一个基于中国高校的美国文化中心网络。2011 年、2012 年成立的 19 个美国文化中心通过对于美国生活各方面的细枝末节以及其复杂性进行了全面深入的挖掘，从而试图形成对美国社会和价值观更深层次的理解。直到四川大学—亚利桑那州立大学美国文化中心的成立，这种开创性的合作形式在中国从来没有存在过。如今在四川大学—亚利桑那州立大学美国文化中心的领导下，这些美国文化中心正在向中国数以万计的学生、教师、市民等讲述美国的故事。[①]

四川大学—亚利桑那州立大学美国文化中心引领整个美国文化中心网络，并且积极发展能够分享资源和发展合作的项目。美国文化中心于 2012 年 6 月在北京第一次召开由双方合作的大学共同参与的会议。四川大学—亚利桑那州立大学美国文化中心也仍在继续组织这样的年度盛会，

---

① About ACCEX. ［OL］. http：//www. accexnetwork. org/new - page/，引用日期：2014. 10. 21.

并且以促进美国文化中心的交流网络为目标。合作和协同效应能够创造出更多的新的机会，这是任何一个美国文化中心单独运作都不可能达到的。中国未来的领导人能够对美国的价值观形成更深层次的理解，然而从另一方面来说，促进中美关系的稳定，美国的人民是最大的受益方。

截至2013年，已经全部建立完成并开始运作的美国文化中心在全中国已经超过19所，并且预计在接下来的两年中要建成32所。以下就是目前已经成立并正在运作的美国文化中心，中国方面与美国方面如图2所示，呈一一对应的排列，

中国方面	美国方面
四川大学	亚利桑拿州立大学
东北人学	阿巴拉契亚州立大学
西安国际大学	湖郡学院
河南师范大学	爱荷华州立大学
广西大学	莫尔黑德州立大学
南京邮电大学	纽约技术理工学院
武汉大学	俄亥俄州立大学
贵州大学	南卡罗来纳州长老会学院
湖南师范大学	南犹他州大学
北京外国语大学	中美信托教育
东北师范大学	中美信托教育
山东大学	芝加哥大学
上海大学	肯塔基大学
西安交通大学	内布拉斯加大学
浙江省经济贸易理工学院	明尼苏达克鲁克斯顿大学
天津体育学院	明尼苏达大学
上海理工大学	北达科他州大学
中山大学	范德比尔特大学
中国南方师范大学	范德比尔特大学
广州大学	卫斯理学院

图2　已建成的美国文化中心的中美合作高校列表

英文参考名如下所示①

Appalachian State and Northeastern University

① American cultural centers exchange network. [OL]. https://cac.asu.edu/content/american-cultural-centers-exchange-network. 引用日期：2014. 10. 21.

Arizona State University and Sichuan University

College of Lake County and Xi'an International University

Iowa State and Henan Normal University

Morehead State and Guangxi University

New York Institute of Technology and Nanjing University of Posts and Telecommunications

Ohio State University and Wuhan University

South Carolina Presbyterian College and Guizhou University

Southern Utah University and Hunan Normal University

U. S. – China Education Trust and Beijing Foreign Studies University

U. S. – China Education Trust and Northeast Normal University

University of Chicago and Shandong University

University of Kentucky and Shanghai University

University of Nebraska and Xi' an Jiaotong University

University of Minnesota Crookston and Zhejiang Economic and Trade Polytechnics

University of Minnesota, School of Kinesiology and Tianjin University of Sport

University of North Dakota and University of Shanghai for Science and Technology

Vanderbilt University with Sun Yat – sen University and South China Normal University

Wesleyan College and Guangzhou University

（二）美国文化中心的性质

通过调研发现，美国文化中心的性质可以做以下总结：美国文化中心是美国在中国进行的公开广泛宣传且系统宣传的一种全新的形式。脱离了以往都是美国政府官员进行官方公开的声明，美国文化中心依托文学、媒体、艺术、历史、哲学、宗教，人文学和其他学科来讲述美国的故事。整合美国大学的教师和管理人员的资源，同时聘请美国的企业高管，音乐家，和平队志愿者，甚至是普通市民，与中国学生，教授和公众共同探讨和陈述一个具有挑战性的问题，什么是美国？美国文化中心的定位是将其打造成远超美国电影、电视、音乐或者其他更多肤浅的美国文化产品的，被美国驻中国大使馆视为典范的文化宣传机构。美国文化中心是被设计为一个互惠互利的项目。亚利桑那州立大学人文学院院长 NealLester 说："当我们作为美国人教中国人关于美国的知识的时候，你也会更了解自己，更了解美国。同时通过了解和研究我们的差别，我们也会逐渐进一步地欣赏和了解到，就像诗人玛雅·安杰洛说的，我们的相似之处比我们的差异之处要更多。"① 由调研小组归纳，可以由图 3 更加清楚地看出其性质的核心要素：

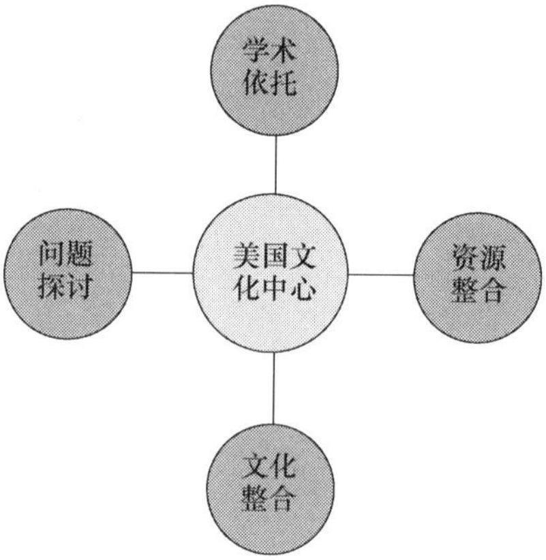

图 3　美国文化中心的性质核心要素图

调研小组通过对资料的归纳及总结，最终得出：美国文化中心是美

① 2012 - ASU - CAC - Fundraising - Brochure_ Final. [OL]. http//cac. asu. edu/resources/cac - documents/brochures - and - handouts/arizona - state - university - in - china/ASU - China_brochure2011Print - 4 - 14 - 2011. pdf. 引用日期:2014. 10. 21.

国在中国进行公开、广泛、系统地宣传语言和文化的一种全新的形式，其定位是美国文化宣传机构的典范。其性质归纳为四点：学术依托、资源整合、文化融合、问题探讨，详细如下所示：

学术依托：依托文学、媒体、艺术、历史、哲学、宗教，人文学和其他学科。

资源整合：整合美国大学的教师和管理人员的资源。

文化融合：聘请美国的各方面文化相关者，如企业高管、音乐家、和平队志愿者、各界人士等。

问题探讨：探讨和陈述“什么是美国”。

美国文化中心通过创建项目、推广活动、展览、讲座和表演，从而增进人们对美国社会和价值观更深层次的理解，同时对美国生活各方面的细枝末节以及其复杂性进行全面深入的挖掘。这些美国文化中心建立在大学校园里面，同时由美国和中国的大学共同进行管理。美国文化中心的核心是中国与美国学生与教师之间的知识交流。在超越流行文化的基础之上，美国文化中心依托于文学、艺术、历史、哲学、宗教以及其他的学术规范，从而增进人们对美国的价值以及深层文化的理解。①

美国文化中心组织（ACCEX）是一个建立在在中国的美国文化中心基础之上的双边组织。该ACCEX网络有利于资源共享、合作计划、思想的交流、资金等方面的机会。美国文化中心组织（ACCEX）成员及交流网络的支持者每年都会聚集一次，以建立一个更为强大的信息交流网络以及中美之间稳固的双边合作关系。美国文化中心组织（ACCEX）是一个由教育者以及国际领导组成的组织，为的是共同完成教育下一代学生和公民有关美国的文化、历史、价值以及信念的知识。美国文化中心组织的发起，受到四川大学亚利桑那州立大学成功模式的激励之后，美国政府资助了11所与中国建有合作的美国文化中心，从而形成了美国文化中心组织。美国文化中心的组织包括18个中国的高校和19个美国的高校（2013年底数据），而详细列表可见前一部分美国文化中心双方中美

① initiatives.［OL］. https：//cac. asu. edu/content/initiatives. 引用日期：2014. 10. 21.

合作学校列表。四川大学－亚利桑那州立大学美国文化中心在美国文化中心的合作网络中处于中流砥柱的位置，并且积极地在推进资源的共享，同时拓展不同方式的合作项目。在福特基金会的支持下，美国文化中心于2012年6月在北京第一次召开由双方合作的大学共同参与的会议。四川大学—亚利桑那州立大学美国文化中心也仍在继续组织这样的年度盛会，并且以促进美国文化中心的交流网络为目标。合作和协同效应能够创造出更多的新的机会，这是任何一个美国文化中心单独运作都不可能达到的。中国未来的领导人能够对美国的价值观形成更深层次的理解，然而从另一方面来说，促进中美关系的稳定，美国人民是最大的受益方。

（三）美国文化中心的宗旨、使命及战略目标

宗旨、使命以及战略目标给予了美国文化中心完整的灵魂。由于美国和中国长期横跨太平洋，小心翼翼地观望着对方，因此新的努力方向是把大学放在两国间文化相互理解的第一线，以确保中国对美国的理解不只是被“老友记”和“绝望的主妇”所主导。美中关系是美国最重要的双边关系之一。因此，现在所做的很多工作都是为了促进双方的相互了解，尤其是中美双方公众的了解。美国希望中国人能了解的美国是全面的美国，而并非是由中国人最常见到的好莱坞电影里所描绘出来的美国，同时，随着美国的娱乐和影视节目成为在中国最受追捧的进口文化，中国人会不会真的认为纽约市看起来就像中央咖啡馆而美国的郊区生活就如紫藤巷一般。能在中国讲述美国真实的故事很重要，而通过具有实力和多样性的高校为载体就是最好的方式。[①] 尽管中国的教育和中国的大学对英语学习赋予了很高的重要性，可是对于美国的文化和社会的实力及多样性，中国并没有足够的赏识力和了解。

---

① initiatives. ［OL］. https：//cac. asu. edu/content/initiatives. 引用日期：2014. 10. 21.

图4　宗旨、使命、战略目标构架图

1. 美国文化中心的宗旨

美国文化中心旨在为各国提供一个了解美国历史文化的窗口，提供全新的科研、学习和交流的平台，让世界各地都能够感受到美国文化，开阔视野（河南师范大学美国文化中心）同时致力于提升中美两地的学术和文化交流（武汉大学美国文化中心）。正如俄亥俄州立大学教育与人文学院的老师 Bob Eckhart 所说，我们期待创新的领导结构，就像中国和美国需要共同工作去促进教育，经济繁荣以及和平。[①] 为了保证文化中心顺利达成其使命，完成战略目标，有一些宗旨是需要秉持的，例如，首位的，保持真实。拥有着真正的兴趣、真正的技能和真正的热情的纯正美国教师，能够从事真正的美国日常的教学活动。拿武汉大学与俄亥俄州立大学来说，从 2004 年夏天开始，俄亥俄州立大学已经开始招募并且培训了近 150 名教师赴武汉，教当代美国文化主题的课程。由于派过来的老师也是多才多艺，因此在晚上，便会提供多种多样的课外活动，如啦啦队、足球、女子防卫术、饼干烘焙、帐篷营火晚会、篮球、西南评书、西班牙语入门、踢球、棋盘游戏、空心棒球、广场舞、嘻哈、Halle - Barry 锻炼、诗歌和说唱、即兴喜剧，课外活动的内容也在不断的丰富和壮大之中。而这样的课外活动恰巧能最真实地反应美国人的文化精神活动，因此在美国文化中心成立以后，也顺理成章地被列入了美国

① 武汉大学美国文化中心．[OL]．https//zh. wikipedia. org/wiki/% E6% AD% A6% E6% B1% 89% E5% A4% A7% E5% AD% A6% E7% BE% 8E% E5% 9B% BD% E6% 96% 87% E5% 8C% 96% E4% B8% AD% E5% BF% 83．引用日期：2014．10．21．

文化中心的活动内容。真实地反应美国的生活、美国的文化、美国的教育，也因此成为了美国文化中心的宗旨。关于这一点，尤其要保证这些课是由真正的美国人来教，不管是黑人、白人、无神论者、福音派、犹太教、佛教、年老或年轻、高矮或胖瘦。①

因此总的来说，如图 5 所示，以图中所示三点为宗旨，呈三角关系，相互影响与促进。

全新的科研学习交流平台

真实的美国文化内容和内涵呈现

公开的美国语言和文化对外窗口

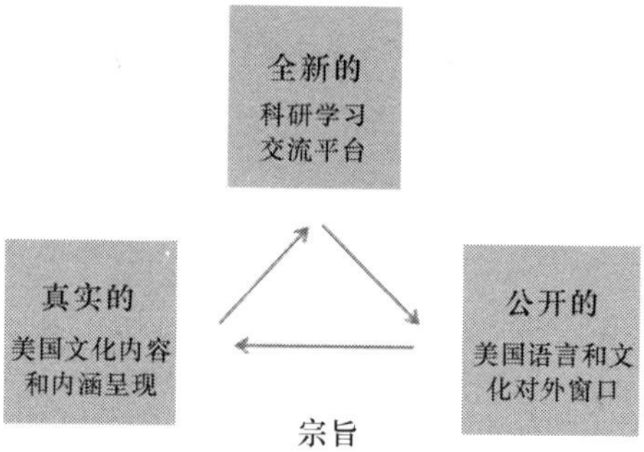

图 5　美国文化中心宗旨图

资料：

西安外事学院美国文化中心开馆仪式上，黄藤董事长，韦伯博士分别致辞并互赠礼品。美国文化中心的成立进一步深化了我校与美国湖郡学院长期以来形成的深厚友谊，拓宽了我校对外沟通交流渠道，为广大学子感受异域文化，开阔视野，成长成才提供了良好的平台。他说到，与传统观念相反，中国人了解美国的程度比美国人了解中国的程度要低。

---

① Wuhan university center for American culture. [OL]. http://oia. osu. edu/ component/content/article/141 - moa/2013 - wuhan - university - center - for - american - culture. html. 引用日期：2014. 10. 21.

这大概就是美国文化中心最开始最纯粹的初衷。①

2. 美国文化中心的使命

通过美国文化中心官方文件的 Mission Statement，② 美国文化中心的使命如下所示：

通过中美高等教育机构的合作增进对美国文化的深层次了解。

提供一系列强调真实美国经验的项目，远超流行文化之上，通过比较的、交叉学科的、多学科的教育来探索美国文化的相关问题。

在支持学术独立和个性发展的同事，提供一个资源共享和最佳实践的关系网络平台。

另外核心使命包括：创造一个领先的英语语言学习和纯正的美国文化氛围；利用视频会议设施，增加更多的项目，包括英语对话交流的机会；同时增加双方教职人员之间的合作项目。③ 通过提供英语语言和美国文化的培训，促进中国与美国之间的相互了解。同时给中国的访问者传授关于美国生活的知识，鼓励出国留学，同时为想了解美国文化的中国商人和美国商人提供咨询。美国文化中心，通过营造一个互动氛围与欢迎氛围强的空间来创造真正的美国环境。学生以及中国的英文教师能够通过聆听美国主题的演讲，包括立法系统，社会结构以及高等教育。四川大学美国文化中心的核心使命是加强中国和美国之间更强的跨文化理解。通过利用两校教师资源的专业知识，该美国文化中心致力于在中国最大的大学之一，接触中国当代的学生，他们也是下一代的领导人。亚利桑那州立大学的校长 Michael M. Crow 说：“通过 SCUASU 美国文化中心，以及四川大学和亚利桑那州立大学之间的有效合作，将提供学生在四川大学与亚利桑那州州立大学的教师和学生互动，推进对美国文化、

① 西安外事学院美国文化中心建成开馆．［OL］．http：//www. snedu. gov. cn/jynews/rdjj/201206/16/28105．html. 2014．10．21.

② AMERICAN CULTURAL CENTERS．［OL］．http://www. accexNetworkk. org/american－cultural－centers－accs/. 2014. 10. 21.

③ AMERICAN CULTURAL CENTERS．［OL］．http：//www. accexnetwork. org/american－cultural－centers－accs/2014．10．21.

历史、文学、媒体、音乐和艺术的理解。”①

会议资料：在2013年的美国文化中心组织的年度会议上，② 对于美国文化中心的使命的理解，有了进一步的进展。委员会成员审查了在2012年6月的第一届会议的ACCEX任务书发展。他们一致认为，使命陈述准确地反映了该组织的目的，但建议在措词上进行适当的调整，以避免潜在的政治敏感性。

通过中美高等教育机构的合作增进对美国文化的深层次了解。

提供一系列强调真实美国经验的项目，远超流行文化之上，通过比较的、交叉学科的、多学科的教育来探索美国文化的相关问题。

在支持学术独立和个性发展的同时，提供一个资源共享和最佳实践的关系网络平台。

而与此同时，美国文化中心组织的使命也是整个机构的使命的重要组成部分，ACCEX中心试图通过探索美国生活的复杂性以及细微地方的查遍，了解美国社会的价值而且形成更深的赞赏。在这样一个史无前例的推动中，这些美国文化中心都在向成千上万的中国学生，教师以及在中国的公民讲述美国故事。虽然每所大学的合作伙伴关系有其自身的特点，但这些美国文化中心同样也有其自身的特点：更深层次了解美国文化的优先权，合作的历史，专注美国相关主题与学生及教授合作学术研究的机会及更深的渴求。合作和协同效应能够创造出更多的新的机会，这是任何一个美国文化中心单独运作都不可能达到的。中国未来的领导人能够对美国的价值观形成更深层次的理解，然而从另一方面来说，促进中美关系的稳定，美国的人民是最大的受益方。③

3. 美国文化中心的战略目标

通过调查小组的调查发现，美国文化中心的战略目标主要分为五步，

① About the center. [OL]. https://cac.asu.edu/content/about - center.

② Annual Reports & Plans. [OL]. https://cac.asu.edu/content/annual - org/american - cultural - centers - accs/2014. 10. 21.

③ Annual Reports & Plans. [OL]. https://cac.asu.edu/content/annual - reports - plans. 2014. 10. 21.

分别为：还原美国文化、增进合作与交流、推广教育与留学、培养全球化视野，以及世界和平与发展，而且这五步呈逐渐推进的关系，同时由小扩展到大。

还原美国文化包括：摒除流行文化误导；促进真实了解；还原美国文化实力及其多样性。

增进合作与交流包括：营造领先和纯正的美国文化氛围；拓展双方合作交流项目；增进跨文化理解。

推广教育与留学包括：推广美国的教育与大学；鼓励出国留学并提供帮助；提供其他方面咨询如商业等。

培养全球化视野包括：以当代的学生为中心；培养全球化视野；更好地服务社会和世界。

世界和平与发展包括：促进中美双边关系；促进世界经济发展；促进世界稳定和平。

资料：

在俄亥俄州立大学与武汉大学的美国文化中心成立并接受到捐款之际，文化中心的领导人员提出了这样的一系列问题：如何促进相互理解？如何提高在世界上最重要的双边关系？如何诚实而又真正地呈现美国的既有形象，同时与国家促进实力和多样性的愿景是保持一致的。这也应该是美国文化中心最为宏观的战略目标。如果你没有去过美国，或者是你曾经走马观花地看过美国，你只知道它是半个世界之遥。而通过美国文化中心的推广，以后你了解到的美国不再是好莱坞所造出来的美国，而是美国高校告诉你的美国。在推广美国文化的同时将美国的大学进行全球推广①。William I. Brustein是俄亥俄州立大学负责全球策略和国际事务的副校长（Vice Provost for Global Strategies and International Affairs William I. Brustein）。他说到，美国文化中心是俄亥俄州立大学全球计划的重要一步。同时，他也强调了通过教育使下一代具有全球的眼光和视

① Building a Bridge Between China and the U. S. ［OL］. http：//chronicle. com/blogs/worldwise/how – universities – can – build – a – bridge – between – chinese – and – american – cultures/28708，引用日期：2014. 10. 21.

野是无比的财富，能使学生对未来未知的机会做更好的准备工作。他总结说，他们与武汉大学的合作关系以及他们通过美国文化中心在中国的参与将帮助他们更好地实现服务社会以及世界的使命。随着越来越多美国和中国市民相互了解对方的文化和语言，这使我们更加能够跨越过差异的障碍，寻找到解决复杂的国际问题的办法。①

从表面上来看，中国和美国看起来相距很远，从文化的角度，政治的角度，又或者是学术的角度。然而，当你往更深一个层次剖析的时候，你会发现，不同地方的学生们和教授们却在追寻同样的东西，只不过他们是通过不同的途径和办法获得。弥合分歧之处，探索相似之点是美国文化中心的使命。我们的目标是通过在中国一系列的跨国校际合作，致力于认真研究美国的相关课题。具体的成果和目标可能还包括，培养拥有对美国价值和文化具有更深刻理解的年轻人，他们能够进入商业、政府和教育等关键领域的职位。这样一来，他们能够明白为什么美国这样做，又或者是美国人为什么这样做，未来会给中美关系带来什么。世界经济的成败，乃至世界和平，将在一定程度上由中国与美国彼此间积极而又错综复杂的关系所决定。② 更长期的目标包括四川大学—亚利桑那州立大学教授之间的合作项目，学生与学者之间的交流合作，关于美国文化的合作学分课程以及证书课程。

资料：

孙家学指出，中美是世界上有影响的两个大国，加强在科学技术、文化等各领域的交流不仅有利于各自的发展，也有利于世界的和平与发展。作为国家教育部直属重点高校，东北大学把建设“在中国新型工业化进程中起引领作用的‘国内一流、国际知名’的高水平研究型大学”作为学校未来的奋斗目标，积极创造优秀的国际化学术和文化氛围、培养具有创新精神、国际视野的优秀人才是实现这一目标的关键。美国驻沈阳总领事馆总领事 Sein Stein 在致辞中谈到，在中美两国合作与交流日渐频繁和深入的背景下，东北大学与美国阿巴拉契亚大学等美国多所大

① Founders. [OL]. https://cac. asu. edu/content/founders. 2014. 10. 21.

② initiatives. [OL]. https://cac. asu. edu/content/initiatives. 2014. 10. 21.

学和科研机构的合作正是顺应了这种趋势和潮流。他表示，希望以美国文化日活动尤其是“美国文化中心项目”的正式启动为契机，为促进东北大学与美国多所大学的交流与合作作出更大贡献。近年来，东北大学就先后与美国阿巴拉契亚大学、阿拉斯加大学、马里兰大学、芝加哥伊利诺伊大学等25所大学和科研机构签订了合作协议，双方通过互派教授、合作科研、召开国际学术会议等多种形式进行学术交流与合作；学校还加强了从美国引进人才的力度，在保持传统学科优势的前提下，迅速组建了具有世界领先水平的生命和健康学科。孙家学表示，东北大学将进一步认真总结与美国大学和科研机构合作中形成的好经验和新思路，争取在更宽的领域开展更深入的交流与合作。同时，他希望在开幕式上将正式启动的东北大学与阿巴拉契亚大学合作的“美国文化中心项目”能够为中美文化交流、为东北大学的国际化人才培养发挥积极的作用。[①]

（四）美国文化中心的组织管理模式

1. 美国文化中心的组织架构

经调研小组调研发现，四川大学美国文化中心是成立最早的美国文化中心，同时也在整个美国文化中心组织中占据了领导席位。在其之下有由11人（6名中国人，5名美国人）组成的策略发展委员会（Strategic Development Committee）。在政策发展委员会的领导下，有美国文化中心组织（American Centers for Culture Exchange），美国文化中心组织支持（ACCEX Supports），以及美国文化中心组织会员（ACCEX Members）。在这一层次下面，即为各个独立的美国文化中心。每个独立的美国文化中心的基本结构主要有中方总监（Chinese Director）和美方总监（American Director）共同进行管理，其下各两边分别有行政人员（Administrator），及协调员（Coordinator），再往下，他们可以支配实习生、志愿者、

① 姜宇飞、黄丽红．东北大学90周年校庆系列活动之美国文化日开幕．［OL］．http://neunews.neu.edu.cn/campus/news/2013－05/10－163603363.html. 引用日期：2014.10.21。

以及必要的后勤服务人员。[①]

（1）政策发展委员会

美国文化中心组织政策发展委员会设立于2013年11月，在美国文化中心组织的提议下，这个政策发展委员会由11名来自中方和美方的老师共同进行管理，他们每季度举行电话会议，就有关ACCEX网络的可持续发展问题的工作展开讨论。这个委员会的目的是为美国文化中心组织制订战略愿景和方案。通过中国和美国的高等教育机构的共同努力下，实现对美国文化有更深的了解，提供由美国文化中心举办的各种项目的专业咨询，以跨学科的视角，宣传美国经验。战略发展委员会成员列表如下[②]

Duanmu Qingyi——Henan Normal University——duanmuqingyi@yahoo.com.cn

Du Ruiqing——Xi'an International University——ruiqingdu@yahoo.com

Linda Hagedorn——Iowa State University——lindah@iastate.edu

Ian Newman——University of Nebraska - Lincoln——inewman@unl.edu

Rudolph Lu——Guangzhou University——ludaofu@yahoo.com

Kathryn Mohrman——Arizona State University——kmohrman@asu.edu

Denis Simon——Arizona State University——denis.simon@asu.edu

Zhao Wen——Northeastern University——dianawen@hotmail.com

Zhao Gehong——South China Normal University——sunshine0808@foxmail.com

Ye Ying——Sichuan University——yeycao@163.com

Timothy Murphy——College of Lake County——socafw@clcillinois.edu

---

① What is the Strategic Development Committee? [OL]. http://www.accexnetwork.org/strategic-development-committee/. 引用日期：2014. 10. 21。

② Strategic Development Committee Members [OL]. http://www.accexnetwork.org/strategic-development-committee/，引用日期：2014. 10. 21.

（2）美国文化中心组织会员

美国文化中心组织会员主要包括演说家（Speaker），包括工作人员在内的管理人员（Management），以及 VIP 贵宾。[①]

演说家：被邀请参加美国文化中心活动的官方演说家。

管理人员：负责美国文化中心日常运作和项目的美国文化中心组织的管理层。

VIP 贵宾：一个有影响力及威望的美国文化中心组织的支持者。

（3）美国文化中心组织支持 ACCEX Supporters[②]

政府官员 Government Official。政府官员在美国文化中心作为公共实体的代表。

企业代表 Corporate Delegate。

来自私营部门的代表 A representative from the private sector。

赞助/合作 Sponsor/Partner。给美国文化中心组织或者美国文化中心提供财政支持的个人或者组织，有助于美国文化中心的广告宣传，运作，以及其他的帮助。

一般参与者 General Attendee。支持美国文化中心组织的使命和目标的人，但是不是来自于官方参与机构。

（4）美国文化中心美方人员分配[③]

在美方，美国文化中心的参与人员有总监 Directors、执行 Administrators、协调员 Coordinator、实习生 Interns、志愿者 Volunteers，以及美国教育机构的相关人员，他们在美国文化中心组织中被统称为美国代表团，American Delegate。参与美国文化中心的美国学生都来自美国教育机构的本科生和研究生，他们会参与中心的每周活动，包括电影之夜、演说、书籍讨论，以及其他的教育机会。美国文化中心组织每年都会挑选学生

---

① ACCEX MEMBERSHIP ［OL］. http：//www. accexnetwork. org/current - members/. 引用日期：2014. 10. 21。

② ACCEX Supporters ［OL］. http：//www. accexnetwork. org/current - Members/. 引用日期：2014. 10. 21。

③ American Universities：Directors，Administrators，and Students ［OL］. http：//www. accexnetwork. org/current - members/，引用日期：2014. 10. 21。

作为学生代表去参加美国文化中心组织的年会。

（5）美国文化中心中方人员分配[①]

在中方，美国文化中心的参与人员有总监 Directors、执行 Administrators、协调员 Coordinator、实习生 Interns、志愿者 Volunteers，以及中国教育机构的相关人员，他们在美国文化中心组织中被统称为中方代表团，Chinese Delegate。参与美国文化中心的中国学生都来自中国教育机构的本科生和研究生，他们会参与中心的每周活动，包括电影之夜、演说、书籍讨论，以及其他的教育机会。美国文化中心组织每年都会挑选学生作为学生代表去参加美国文化中心组织的年会。

2. 美国文化中心国际组织管理模式

（1）完善的网站链接

对于武汉大学美国文化中心，在俄亥俄州立大学的官方网站，国际事务办公室的官方主页上，有非常详尽权威的介绍。

武汉大学美国文化中心在俄亥俄州立大学的官方网站上有极其详尽的报道，其标题即为文化中心的英文名称：Wuhan University Center for American Culture。合作理解协议（Memorandum of Understanding）签订于俄亥俄州立大学与武汉大学之间，此外，还提供了武汉大学美国文化中心形成了顺畅的脉络。同样，对于武汉大学美国文化中心获得政府捐助的事情也作为特大新闻出现在俄亥俄州立大学国际事务办公室的新闻主页下面，同样作为一种宣传途径。

在四川大学美国文化中心的主页上，也有链接至亚利桑那州立大学，以及与美国文化中心联系最为紧密的两个网站。

与美国大学具有专业相关性的学院相联系如四川大学与亚利桑那州立大学（Arizona State University）成立的美国文化中心，便是建立在公共项目学院（College of Public Programs）和艺术与科学学院（College of Arts & Sciences）下面。四川大学美国文化中心的网站上有提供链接至

---

① Chinese Universities: Directors, Administrators, and Students [OL]. http://www.accexnetwork.org/current-members/, 引用日期：2014.10.21.

所有相关专业的指导老师及他们的简介。以提供给学生最详尽的资料。在任何一个大学的美国文化中心的网站上都提供其他学校的美国文化中心的链接，时刻保持系统性和紧密性。

同时在任何一个美国文化中心的网页上，都能链接到其他的已经建成的美国文化中心的信息页。

（2）定期召开会议

美国文化中心组织会定期召开季度电话会议，以及组织年会。尽管总监和全体成员整年都会保持着畅通的沟通，但美国文化中心组织的成员每年的六月仍会有一次年会。这是作为美国文化中心组织最大的一次年会，所有对美国文化中心组织有兴趣，以及关心它的将来的人员都会来参加聚会。

资料：美国文化中心组织战略发展委员会于 2013 年 12 月 2 日周一召开了他们第一次季度电话会议。主要议程包括了以下的相关课题①：

ACCEX 使命修订；

美国文化中心成功的因素；

美国文化中心成功的标准。

美国文化中心战略发展委员会于 2014 年 3 月 3 日早上星期一举办了他们第二次季度电话会议。参会人员商讨了关于他们要提交给亨利鲁斯基金会的基金申请。会议的议程主要包括他们对于申请上还能有改进的地方的建议和意见。

（3）组织论坛

该网上组织论坛是为了创造公众与美国文化中心之间就有关美国文化或者美国学习的相关问题进行对话而创立的。每个人都可以在论坛上发布相关的帖子，这些帖子可以是问题、新闻，或者其他一些有兴趣的领域②。

---

① Annual Reports & Plans. ［OL］. https：//cac. asu. edu/content/annual - Reports - plans，引用日期：2014. 10. 21。

② Community Forum ［OL］. http：//www. accexnetwork. org/blog/2014. 10. 21。

（4）国际联络人①

在中国和美国的官方网页上，都有美国文化中心的联系人列表。

如果你对创办一个美国文化中心或者加入美国文化中心组织有兴趣的话。联系人有列出具体的职位，工作单位，地址、联系电话、邮箱等联系方式，联系人为四川大学—亚利桑那州立大学的美国中心负责人 Kathryn Mohrman。

Kathryn Mohrman

Professor, School of Public Affairs

Director, University Design Consortium

American Director, Center for American Culture (at Sichuan University)

Project Director, VULII (Vietnam higher education reform, funded by USAID)

Arizona State University

411 N. Central Avenue, Suite 400 Mail Code 3720

Phoenix, AZ 85004 USA

Office: 602. 496. 0463

Mobile: 202. 210. 1014

Fax: 602. 496. 0950

kmohrman@ asu. edu

如果有学生对美国文化中心的志愿者工作或者实习工作感兴趣的话，那需要联系的人是 Josh Cheng。

Josh Cheng

Program Specialist, University Design Consortium

Arizona State University

411 N. Central Avenue, Suite 460, Mail Code 3720

Phoenix, AZ 85004 - 0687

① Contact Us [OL]. https://cac. asu. edu/content/contact - us. 2014. 10. 21.

Office：（602）496－2426

Cell：（602）501－5749

Josh. Cheng@ asu. edu

如果有组织对于赞助美国文化中心组织的工作感兴趣，那么了解这样的合作机会需要联系的人是 Stephanie Wynn。

Stephanie Wynn，M. S. ，CMP

Program Manager，University Design Consortium

Meeting Manager，ACCEX

Arizona State University

411 N. Central Avenue，Suite 460，Mail Code 3720

Phoenix，Arizona，85004－0687，U. S.

Direct：（480）347－0884

Office：（602）496－1199

Cell：（480）248－437 4

Direct Fax：（480）347－0936

Stephanie. Wynn@ asu. edu

3. 美国文化中心在中国的组织管理模式

其基本管理与发展模式，是以中国的高校与美国的高校为基础，选取两方高校符合条件的学院（条件需解释，比如专业相关性、硬件条件、管理政策、教师资源、学生等），以美国高校中选中的学院为发起方，在美国文化中心发展要求的大方向下，进行提案，谈判，申报，经美国驻中国大使馆审核，批准，筹建，由美国联邦政府资助，最终在中国高校的特定学院成立。

（1）直属中国高校与学院管理

例如：经河南师范大学国际教育学院和美国爱荷华州立大学人文科学学院历时三个多月的论证、谈判、申报，美国驻中国大使馆审核、批准、筹建的“美国文化中心”即将在我校建立，目前筹建工作已经启动，计划于2013年3月在我校国际教育学院正式挂牌[①]。爱荷华州立大学是我校在美国的合作高校之一，全美高校综合排名100强，世界高校综合排名200强。“中心”的建立将为大家提供一个了解美国历史文化的窗口，其可利用资源包括中心阅览室、电子书库和网上交际通道、双学位远程教育合作项目等；“中心”还将举办各类有关美国文化、语言、艺术的讲座或论坛，并开展语言培训、夏令营等活动，以期在互动交流中，让大家能深层了解美国历史、文化、文学、语言、社会、经济以及艺术知识，为我校教师和学生提供一个新的科研、学习和交流的平台，为广大学子感受异域文化，开阔视野，成长成才提供更广阔的空间。该中心由美国联邦政府资助，是包括在四川大学、山东大学、西安交大和上海大学等高校成立的我国十二个美国文化中心之一，是我省唯一“美国文化中心”项目。该项目的建立得到了校领导的高度重视和大力支持，是推动我校国际教育合作再上新台阶的又一重大举措。

（2）进行美国文化中心相关事务的传递和管理，形成美国文化中心及其双方大学的宣传与管理链

如俄亥俄州立大学与武汉大学共同建立的美国文化中心，除了在武汉大学与两校的国际事务办公室进行管理，俄亥俄州立大学还在上海设立了俄亥俄州立大学中国办公门户，作为一个为科研、教学和国际合作提供的连接点，同样也是提供出国学习机会和国际学生招生服务的门户。同时，俄亥俄州立大学中国门户间接为俄亥俄州提供以俄亥俄州为基础的商业机会，国际市场的多国际模式，以及可以联系俄亥俄州的毕业生。

（3）美国文化中心组织机构内部

设有美国方面指导老师（American Director），中国方面指导老师（Chinese Director），以及项目经理（Program Manager），共同协调管理事务。

① “美国文化中心”落户我校［OL］. http://www.htu.cn/s/16/t/1673/af/6d/info 44909.htm，引用日期：2014.10.21.

（4）专业相关性强的老师成为主力管理人员①

以下四位老师既是管理主力，也是创始人。四川大学美国文化中心的指导老师资料：

Dr. Kathryn Mohrman 是亚利桑那州立大学公共事务学院的教授。她主要的业绩主要在大学领导和国际合作方面，美国高等教育联盟，国家政策事件上的研究等。

Dr. Neal A. Lester 从 1991 年开始便是亚利桑那州立大学英语学的教授。他的专业领域在美国黑人文学和文化研究。他进行出版和上过的课的领域包括美国黑人文学，美国黑人戏剧，美国黑人民间文学，美国电影里面的美国黑人形象，美国文化中黑人与白人的亲密关系。他同样也是亚利桑那州立大学自有艺术与人文科学学院的院长。

Dr. Feng Duan 是四川大学外国语言与文学院的院长。他是英语方面的专家，主要教语言学、翻译、写作等。他的学术专长在当代翻译理论，语言与文化的关系。

Dr. Guang Yang 是四川大学外国语言与文学院的副院长。他被任命为四川大学—亚利桑那州立大学美国文化中心的中方指导老师。他的研究专长在文化交换以及其在中美双边关系上的影响。

（5）由有经验的老师为主力进行管理

美国文化中心会由有经验的老师主要进行管理，比如整年都在中国大学的美国老师，又或者是已经到美国进行过交换学习的，且已经掌握必要的知识和技能的中国老师或者是学生。

如四川大学和亚利桑那州立大学的美国文化中心是由 Kathryn Mohrman（亚利桑那州立大学公共事务学院的院长），和杨广教授（四川大学外语语言与文学学院教授）共同指导。此外，一些美国教授也会定期进行驻场的指导、讲学，提供特色课程，并与美国文化中心的学生进行交流。

（6）辅助教职人员支持

20 名教职工的委员会提供支持。美国文化中心当地的后勤服务等由中

① initiatives. ［OL］. https：//cac. asu. edu/content/initiatives. 2014. 10. 21.

国当地大学的研究生和管理员提供协助支持，包括旅行指导、地图及服务在线支持。

（7）信息资料详细汇总

信息资料进行认真的记录和汇总，同时重要事件也进行记录与管理。

（8）其他宣传管理

利用微博对中心进行宣传管理，如上海理工大学美国文化中心，① 以及西安外事学院美国文化中心。

4. 基本管理准则

总体来说，由美国文化中心的运营中心为管理中心，以美国高校与中国高校相互合作与管理，以双方的国际事务办公室为对接点，设立在与中国高校最为合适与匹配的学院里面，进行由学院，本校国际事务办公室，美国高校国际事务办公室至美国文化中心的组织管理，在美国的高校中，美国文化中心的事务隶属于美国高校的国际事务办公室。与此同时，每个大学都需要指派一名美国文化中心的协调员，负责和对方院校的协调员进行联络，以保证美国文化中心的正常运转。通常，建立美国文化中心的合作会签订一段时间的合作协议，如五年时间，如果双方在合作期间，合作发展良好，有继续合作的意向，便可以在合同结束前六个月进行续签。

（1）合作的中国高校是中国具有设立美国文化中心资格的高校

设立美国文化中心的时候对中国的大学具有选择性，比如武汉大学。

在俄亥俄州立大学的官方网站上介绍武汉大学时写道：武汉大学是中国排名前十的大学，拥有将近五万名学生。他的生物学和法律学在全国占据绝对的领导地位。

（2）建立在已有的合作基础之上

在武汉大学成立的美国文化中心是俄亥俄州立大学和武汉大学长达30年合作的高潮。包括在语言教学、化学、灌溉与排水、清洁能源、图书馆和信息科学、法律和医学。除了进行学生和老师的交换学习，俄亥俄州立

① 上海理工大学美国文化交流中心［OL］. http://www.weibo.com/u/2360150593. 2014. 10. 21。

大学也已经通过三次的单独访问团培训过武汉大学三十多位行政人员。自从2004年，俄亥俄州立大学的教育与人类心态学学院已经与武汉大学开展了暑期密集英语课程，俄亥俄大学会在全美召集老师进行培训，然后去中国学习并且给学生传授关于美国当代文化的课程。在过去的七年里，已经有超过100多名的美国教师通过这个项目去到中国，并给超过5000名学生传授了相关课程。同时也有专门为一年级学生设计的暑期在俄亥俄州立大学的语言与文化夏令营。在这样的合作背景下，美国文化中心便应运而生。

资料：启动仪式上，王福利指出，东北大学与美国的交流历史可追溯到20世纪二三十年代，我校建筑系林徽因教授与梁思成教授促进了我校与美国高校的交流。在经济全球化的今天，东北大学应该继续加强对外联系与学术交流，提升我校的国际化水平。王福利表示，阿巴拉契亚州立大学作为美国最为环保的校园之一，在自然科学和人文社会科学领域的可持续发展方面开展了许多卓有成效的课程建设与研究。此次美国文化周以"人与自然：可持续发展的未来"为主题，希望双方通过更为深入的沟通与交流，共同探索人与自然的和谐共处这一中国哲学和文化中的永恒主题。

（3）与政府机构紧密联接，保证与国家发展的方针维持一致

美国文化中心紧密地与相关政府机构进行连结。在由美国文化中心为主导力量的第一届湖北武汉美国文化周，大使骆家辉和他的妻子专程到访参与湖北武汉美国文化周的开幕式。在美国文化周上，大使骆家辉强调了美国总统奥巴马对于发展中美经济文化等各个领域的合作，以达到双方的共同发展。这样的角度看，美国文化中心已经上升至中美合作的重要标志，途径以及纽带。而美国文化中心与政府的连接紧密，大使骆家辉与其夫人也造访了武汉大学，与武汉大学的领导进行了会晤，同时也给武汉大学的师生进行了演讲。

（4）与当地的美国文化与语言节日相结合

美国文化中心可以融入当地的美国文化主题的活动。如武汉大学美国文化中心的开幕仪式开启了湖北武汉第一个美国文化周，这样的结合相得益彰。2011年9月22日，湖北武汉迎来了第一个美国文化主题周。美国

文化周是经中国外交部批准，由湖北省政府、武汉市政府和美国驻华大使馆共同主办的“2011 湖北武汉—美国周”。美国周期间，中美两国近百名涉及 IT、金融、生物科技、新能源、新材料、服务贸易等领域的相关机构和企业界人士聚集江城武汉，交流投资信息和经验，推动双方商贸往来。此外，还举行了旅游资源推广、低碳自行车健身行、美国爵士大师海报展、传奇画家诺曼·罗克威尔油画展、美国图书展、美国留学介绍及签证官答疑会、牛仔节、美国南部风味美食节、美国爵士钢琴音乐会、2011 美国食品节美国周品酒会等系列活动，为武汉市民提供了一个了解美国、结识美国朋友的机会①。而在整个活动期间，武汉大学美国文化中心在其人文领域的活动给予了大力的支持。由于美国周的活动涉足各个领域，在美国文化周期间，有超过 30 多个美国的公司到访了湖北武汉。

（五）美国文化中心的活动范围

从美国文化中心的组织架构及管理模式上，可以得出，美国文化中心的活动范围包括但不仅仅限于美国文化中心组织的构成成分，如 ACCEX 会员，ACCEX 支持，策略发展委员会等。而往更广的层次推进，美国文化中心从内而外，其工作范围应为以下四点：1. 中心基本范围；2. 校际范围拓展；3. 组织范围交流；4. 全球范围影响。而下一部分就是调研小组发现的美国文化中心是如何就其活动范围而展开活动内容的。它们牵涉到的相关领域的主题也是美国文化中心的另外一种折射，主题包括历史、经济、独立性、文化多样化、运动、音乐、文学、媒体、政治和政府、英语教学（TESOL）。

中心基本范围：各个美国文化中心内部活动

校际范围拓展：中美两方校际间活动

组织范围交流：美国文化中心组织平台

全球范围影响：全球范围的传播及影响

---

① 2011 湖北武汉—美国文化周在汉开幕［OL］。http：//news. cjn. cn/24hour/wh24/201109/t1442949. htm. 2014. 10. 21.

资料：

2013年5月10日上午9时30分，东北大学90周年校庆系列活动之美国文化日在东北大学学生活动中心多功能厅开幕①。本次文化日活动包括美国文化中心项目启动、学术报告、对美学术交流图片展、文艺演出等。美国驻沈阳总领事馆总领事 Sein Stein、美国驻北京大使馆教育官员 Erik Black、美国驻沈阳总领事馆文化领事 Seth Bailey、美国宾夕法尼亚立米勒斯维尔大学钢琴家潘洵、美国阿巴拉契亚大学副校长 Jesse Lutabingwa、美国阿巴拉契亚大学美国文化中心项目负责人 Shao Xiaorong、美国阿巴拉契亚大学美国文化中心项目组成员 Tu Xiaofei、美国阿巴拉契亚大学副院长 Anthony Carey、伊利诺伊（芝加哥）大学电气系主任 Rashid Ansari、德克萨斯（奥斯汀）大学教授 J. R. Howell 、德克萨斯（阿灵顿）大学教授 Sajal K. Das、德克萨斯（奥斯汀）大学兼职教授 Anthony Toprac、辽宁省外办美大处处长刘天雨、辽宁省外签证处书记李春来、辽宁省教育厅国际交流与合作处处长张秀丽、辽宁省人民外交协会常务副会长薛宏文、沈阳市外办副主任周宝峰、沈阳市外办领事专家处处长白巍等嘉宾出席了开幕式。东北大学党务书记孙家学、党委副书记熊晓梅、校长助理吴劲松以及各学院（部）的相关负责人也出席了开幕式。

（六）美国文化中心的工作内容

美国文化中心的工作内容分为中心基本活动、校际拓展活动以及国际影响三个方面来进行探讨。

1. 中心基本活动

通过调研小组的调查，主要将美国文化中心的活动总结成五类，分别为：营造纯正氛围、精神文化生活、讲座及论坛、中心图书馆以及美国信息咨询。

① 姜宇飞，黄丽红．东北大学90周年校庆系列活动之美国文化日开幕．［OL］．http：//neunews. neu. edu. cn/campus/news/2013－05/10－163603363. html. 引用日期：2014. 10. 21.

（1）营造纯正氛围

中心内部按照美国传统陈列布置；

美式厨房和传统美式美食；

美国流行桌面小游戏；

美国节假日的庆祝和聚会。

（2）精神文化生活

每周美式团队体育活动，足球篮球女子防卫术等；

每周文艺活动，嘻哈踢踏舞篝火晚会等；

正式的艺术表演，音乐会歌舞剧等；

语言短期培训，如西班牙语等。

（3）讲座及论坛

聘请学者、各界名流甚至普通美国市民进行讲座；

主题关于司法、社会、教育、电影电视、文学等；

每周学生与学者非正式讨论。

（4）中心图书馆

纸质书籍杂志期刊等；

网络数据库与资源共享；

双向交流通道。

（5）美国信息咨询

美国留学信息咨询；

美国生活情况咨询；

美国商业信息咨询。

资料：

整体的工作内容从不同的中心到不同的中心有所不同的侧重，因此也导致它们有不同的活动事件。中心活动包括但不限于以下内容：

与美国的历史，文化和艺术有关的讲座及研讨会。

美国媒体和书籍每周讨论。

通过美国公民进行讲座，有关美国生活的许多方面，包括生活、洽谈业务、法律、文化和理想。

中国英语教师的专业培训课程。

参加每周的团队体育活动。

中美两边的学生与学者在文化课题上的合作研究。

指导中国学生追求先进的美国教育。

美国文化团体的演出，如合唱团、表演团体、舞蹈家和音乐家的表演。

资料：

武汉大学美国文化中心将通过各种形式，包括演讲讨论等，创造良好的学习氛围，以促进对美国文化多样性的理解，展开对美国司法系统、社会结构，以及高等教育体制的讨论，同时加深对美国文学、音乐、电影及电视的涉足。进入到该中心的访问者都会体验到真实的美国环境氛围，包括典型的美国家具陈列，如厨房陈列并放置美国美食的小样，如娱乐角可以让到访者体验美国的桌面游戏和其他的活动。同时，该中心将制作一个特殊活动的日历，分享美国的文化，包括庆祝美国的节假日，讲述关于美国的故事、美国的体育、美国的历史，以及其他的一些活动和节目。

在武汉大学美国文化中心的合作协议下，大力发展美国文化中心，加强中国与美国之间相互的文化理解，促进武汉大学与俄亥俄州立大学之间的合作与交流。

促进在美国文化及相关领域的学术研究活动。

提供咨询，以促进两校间所有可能的合作领域。

提供英语语言训练。

每个大学需要指派一名美国文化中心的协调员，负责和对方院校的协调员进行联络，以保证美国文化中心的整场运转。

在学校国际事务办公室的帮助下，美国文化中心应积极帮助促进校际合作与交换。

每年文化中心应上交一份下一年度的工作计划及预算报告给双方的学校审批。

两所大学，分别和共同致力于确保有合适恰当的资源支持中心的长期发展。

以上并不是武汉大学美国文化中心的全部内容，只是其多项工作中的主要几项。而在双方的协议中，有更多更详尽的内容是“中心”的建立将为大家提供一个了解美国历史文化的窗口，其可利用资源包括中心阅览室、电子书库和网上交际通道、双学位远程教育合作项目等；“中心”还将举办各类有关美国文化、语言、艺术的讲座或论坛，并开展语言培训、夏令营等活动，以期在互动交流中，让大家能深层地了解美国历史、文化、文学、语言、社会、经济以及艺术知识，为我校教师和学生提供一个新的科研、学习和交流的平台，为广大学子感受异域文化，开阔视野，成长成才提供更广阔空间。

资料：

文化节目（Cultural Programming）。美国文化中心分别于 2013 年，2014 年，2015 年，收到了三笔独立的 50000 美元资助。这些资助使俄亥俄州立大学学生和教员能够去中国，并通过参加演出进行文化交流。第一笔捐助资助了 20 名来自俄亥俄州立大学爵士乐团、戏剧系、舞蹈系及自由泳和口技俱乐部成员，去北京、上海、武汉、沉阳、长春及新乡进行表演。第二捐款资助了学生、音乐家和舞蹈家前往北京、武汉、上海教中国非常流行的广场舞。第三笔款，是由多元化和包容性办公室（Office of Diversity and Inclusion）下面的贝尔国家资源中心（Bell National Resource Center）共同赞助的，资助了 10—12 个本科生赴中国教踢踏舞，一种由非裔美国人开始发起的现今非常流行的舞蹈。①

图书馆资源（Library Resource）。该中心资源图书库的一个重要特点是小说、自传和重要的文学作品，让读者可以熟悉美国的文化和历史。双方学校的图书馆（如俄亥俄州立大学图书馆和武汉大学图书馆）合作组建一个收集和开发备案系统，方便借阅书籍、杂志和期刊。还有一些提供给学生学习英语，并准备 GRE 和 SAT 等考试的书籍。同时在该中心，有三至五台电脑，让访客可以自由地搜索俄亥俄州立大学的数据库。另外，文化中心的图书馆还举办每月一次的俱乐部会议，阅读与讨论美国历史上重要

① Ohio State Receive ＄100，000 Grant. ［OL］. http：//oia. osu. edu/news－releases/ 2159－ohio－state－receives－100000－grant. html2014. 10. 21.

的著作。该文化中心的图书和期刊是由俄亥俄大学图书馆和湖北长江出版集团友情捐赠的。同时还提供各种各样的网络资源链接，使到访者能够更自由地搜索各种他想要的资料。如 America’s Historical Documents。

丰富的课外活动。美国文化中心会在课余时间，如礼拜五的下午或者在晚上，提供多种多样的课外活动，如啦啦队、足球、女子防卫术、饼干烘焙、帐篷营火晚会、篮球、西南评书、西班牙语入门、踢球、棋盘游戏、空心捧球、广场舞、嘻哈、Halle - Barry 锻炼、诗歌和说唱、即兴喜剧，课外活动的内容也在不断的丰富和壮大之中。这样的课外活动是能够完全真实地反应美国人的课外生活状态和内容的。而这些活动都是由真正的美国老师来进行上课。这样的课外活动是在之前的校际合作的基础之上发展起来的。课外活动一般安排一周三至四次。

有关美国历史、文化和艺术讲座的专题讨论会。实际的美国文化中心是设在四川大学外国语言文化学院的包括美国图书、期刊、视频和在线资源库的图书馆。此外，美国亚利桑那州立大学教授经常担任客座教授驻在四川大学，他们给学生进行讲座，话题可以从福克纳聊到嘻哈，从美国政治汇中的宗教聊到生物伦理。对于以往的演讲在中心的详细信息。即使偶尔亚利桑那州立大学教授没有在四川大学，中国的教授也可提供关于美国主题演讲。

关于美国媒体和书籍每周的正式或非正式讨论。亚利桑那州立大学的教授也有与学生和教师的非正式交流。例如，英语和历史的教授们讨论新的教学技术，从而在课堂上促进更多的主动学习。学生还可以享受从亚利桑那州立大学教授那里进行非正式学习的机会。就算美国教师已经回到美国，有的学生也会一直保持电子邮件联系。此外，每周书籍的讨论和其他文化活动为学生提供机会，以提高他们的英语口语水平，同时形成对美国文化的一个更广泛的理解。

学生丰富课外活动。克里斯·特伯，由国务院支持英语研究员，在整个学年提供了一系列周四下午的电影/讨论活动。他还增加了数名学生志愿者保持美国文化中心图书馆开放供学生和教师使用。2013 年 6 月，该中心提供了一个实验，表演从 20 世纪开始的美国的 5 场戏剧。美国文化中心中心还为学生提供美式的音乐学习班。

2. 校际范围拓展

当美国文化中心成熟到一个阶段之后，校际范围的拓展就是其重要的工作内容之一了。其主要分为四类：为相关专业学位设立、校际交流合作项目、教师学生培训项目、以及教学课程开发。

（1）相关专业学位设立

创立美国学及相关学科的学科点；

提供相关博士论文研究奖学金。

（2）校际交流合作项目

中美学生合作学习；

中美学者合作科研；

校际互换项目；

双学位远程教学；

留学便利通道。

（3）教师学生培训项目

英语老师在校及出国培训；

学生夏令营。

（4）教学课程开发

美国教授实地短期课程；

学分互换互认课程；

证书密集课程。

资料：

教员之间的高层次科研合作（Faculty Collaborations）。在武汉大学和俄亥俄州立大学教员之间的高层次科研合作将有利于两所大学的学生，并教给他们更多关于美国学术文化的知识。其中，武汉大学有一个主要目标是通过教员和研究生所创造的更广泛的学术出版和其带来的奖学金增值，以提高其国际形象。武汉大学的教师和管理人员有兴趣接待来访学者和欢迎俄亥俄州立大学教授来访问大学和湖北省。武汉大学美国文化中心的主任也帮助教职员工与对方学校的研究人员积极连接，帮助安排演讲和研讨会。最新的举措是为了鼓励双向游学。直通项目旨在帮助四川大学的学生在申请关于英国文学、语言学、翻译和英语教学的硕士生及研究生。我们的目标是给予更多的中国学生更多的机会，获得其在人文学科更高的学位。

合作院校之间的合作研究活动。四川大学和亚利桑那州立大学之间有一系列关于美中课题的研究活动，学术活动包括：

一对一的研究与合作伙伴协作；

参观学术部门；

与教师和部门的工作人员交流会；

对本科生和研究生的课程讲座；

社区公共讲座；

美国驻成都领事馆的教育和文化官员访问；

四川大学以外的教育之旅。

通过调研，他们目前在合作调查的有 14 个科研课题，同时也已经形成了完善的奖学金和交换项目。

在中国大学里面创办了美国学的研究生学位。在 2012 年，四川大学接到教育部批准设立美国学研究跨学科的研究生学位（英语系继续提供美国学研究的子文学专业）。同时这个美国学研究中心已被指定为国家重点研究基地美国研究。这个美国学研究中心与美国文化中心有着紧密的联系，美国文化中心的总监同时也是美国学研究中心的副主任。

合作科研，新的美国学研究为 18 名四川大学的老师提供研究经费。具体的主题范围从薇拉·凯瑟到当代美国到美印战略关系。该美国文化中心总监为四川大学的老师与亚利桑那州立大学的相关专业的老师进行匹配，同时提供研究经费资助。有三名亚利桑那州立大学在春假期间前往四川大学，以与他们的中国同行推动联合活动。

老师与学生工作坊。简·亨特，历史系的教授，作为富布赖特高级学者在四川大学待了一学年。除了在四川大学历史系上课，她还集中精力在跨国和跨学科美国研究的两个工作坊上课。三十个年轻的教授和研究生参与了这个不计学分的工作坊。

教师培训，已经举办两场英语教学联络会议（由美国国务部支持），支持教师培训和增强英语项目。在2013—2014学年，举办了一系列电影的下午，有兴趣的同学观看并讨论美国电影。还组织了美国的棋盘游戏，如拼字游戏，享受美国家庭生活氛围。同时也欢迎学生和教师万圣节、圣诞节等美国的节日庆祝活动。

2012年，东北大学与美国阿巴拉契亚州立大学联合申请了“美国文化中心”项目。在两校学者的共同努力下，中心现已圆满完成了第一期项目。“美国文化中心”二期项目于2013年9月获批并开始实施。目前“美国文化中心”项目进展顺利，在中英文图书资源建设、系列美国文化讲座、学者交流、学生间文化交流、教师培训等方面取得了卓有成效的成果，促进了中美学者之间的学术交流，也促进了学生间的交流与了解。

美国湖郡学院美国文化中心自2008年开始互派留学生，美国湖郡学院学生在我校主修中国文化与艺术、中国历史、宏观经济学、微观经济学、美国历史、英语写作、中国语言等课程，其所修课程的学分将在美国湖郡学院得到认可。美国湖郡学院为学生开设有商业、工程、IT、通信、艺术、英语、建筑、社会科学等40个学士学位可转学领域和100个职业学位领域，目前对口学校已有四批留学生就读于美国湖郡学院。留学生互换促进了双方学校的教学改革、科研发展、师资队伍的建设以及国际化程度的深入。学分互认的教育方式推动了两校留学生教育的不断发展，并为我校学子出国留学拓宽了道路。目前，美国文化中心陈列了内容丰富的英文书籍、杂志以及多媒体资料，并开始邀请外教在师生中举行讲座，开展中美学生互动和生动活泼、形式多样的交流和教学活动。我校将以美国文化中心为载体，继续深化国际化的办学理念，与包括美国湖郡学院在内的国外名校保持密切合作，开展师生互访、留学生教育等活动，全面培养国际化人才。

3. 全球范围影响

资料：

完整的讲座PPT收录与数据公开。四川大学美国文化中心进行的每一堂讲座的 PPT 都会全部上传至美国文化中心的官网，使错过讲座的学生或者任何其他地方的学生都能自由地学习到资源。

美国文化中心新闻。新闻主题主要是关于中国与美国之间的文化建交和文化传播之间相关的新闻主题，或者是中美文化教育等相关的主题。同时美国文化中心也积极关注孔子学院的动向。

除了分享经验，参与者制定了使命宣言，共同的目标和特点，以及衡量成功的指标列表。网络的即时活动包括：

开发一个网站，让中国和美国中心总监之间的电子通信更加顺畅；

给在美国大学的中国博士研究生提供论文研究奖学金；

定期召开成员网络会议。

国际会议。作为发展的方面，四川大学美国文化中心和亚利桑那州立大学美国文化中心在 2013 年 11 月召开“中国和美国的西南研究”会议。这个会议主题是源自于四川大学是中国的西南方的大学，而亚利桑那州立大学也是美国的西南方的大学。100 多名中国学生和教授出席了该会议，其中包括 7 名亚利桑那州立大学教授发言，话题从凤凰城到成都高新园区，甚至到两地古时人的生活研究习惯。四川大学出版社将出版会议中的许多演讲。

4. 组织层面分析活动内容

美国文化中心的活动内容也可以从组织层面进行分析。

（1）战略层面

为保证美国文化中心的层次，其在中国选取的成立美国文化中心的学校基本属于中国较好的重点大学。在更加充实中国的大学的同时也彰显了美国文化中心的层次与发展定位。如河南师范大学（河南师范大学在 2014 年中国高校排名中位列河南省第三名），武汉大学（武汉大学 2014 年中国高校综合排名第七）等，均属中国品质极佳的重点大学。美国文化中心的建成均得到较高政府层面的支持，因此显示出其重要性。如武汉大学美国文化中心正式开放之时，来自俄亥俄州立大学的领导及使领馆的领导均参与了揭牌仪式。

（2）管理层面

在各个大学将美国文化中心建立完善之后，进行双向报道，即在国内大学的网站上会进行全面的报道，同时，在其合作的美国大学的官方网站上也会进行详尽的报道。此外，在其官方网站上也会进行同步更新与介绍。已保持整个美国文化中心发展进度实时在网络上有最新和最系统的更新，如河南师范大学美国文化中心建成之后，在河南师范大学与美国爱荷华州立大学上都有同步的更新。[①] 武汉大学美国文化中心成立之后，不仅在武汉大学官方网站上进行了公开的宣传，同时将美国文化中心正式更新列入其机构设置中，在武汉大学外语学院的介绍中写到，“学院还设有外国语言及应用研究所、外国文学与文化研究所、俄罗斯乌克兰研究中心、法国问题研究中心、翻译与比较文化研究中心、武汉大学当代西方文化研究中心、法语国家研究中心等科研机构，以及武汉大学—俄亥俄州立大学美国文化中心文化传播机构”。[②] 这对于美国文化中心亦是一种非常权威的宣传。

（3）执行层面

包括讲座、访问团、年度报告等，还包括对于下一年的核心计划和安排的陈述。以及对长远计划的规划。

资料：

展望未来，2011—2012 学年呈现了对我们的未来更有意义的影响，包括更深层次更丰富的合作。美国国务部已经指派一名英语研究员的教授去四川大学授每周的英语课程，同时也在语言教学活动上提供咨询，并支持中心的活动。她的认知将保证美国教授的不间断性，尤其是当其他的美国教授不在中国的时候。她同时也带领美国书籍和电影周的讨论，以及提供其他文化节目。例如：基于第一年的操作经验，ASU 教授将花两个星期居住，而不是一个星期，以建立与 SCU 教师和学生更强有力的关系。刚刚退休的美

---

① “美国文化中心”落户我校［OL］. http：//www. htu. cn/s/16/t/1673/af/6d/info44909. htm. 2014. 10. 21.

② 学校概况 > 机构设置［OL］. http：//fls. whu. edu. cn/index. php? action = class&todo = content&m = 15.

国文化中心历史学教授史蒂夫·麦金农，在2012年春季学期居住在四川大学主持美国文化中心的活动。他会教中美关系历史的课程，同时以追求自己的研究兴趣。此外，由于SCU正在创造一个新的国际研究中心，他也会就如何发展其与美国文化中心的合作展开探讨。[①] 当然更长期的工作目标也包括两校之间的教授、学生以及行政人员进行互相交换学习，同时在美国文化相关主题上的学生学分互认课程，以及在中国的美国教育的拓展，同时也包括中国大学学生以及成人的继续教育。

（七）美国文化中心的资金来源与财务运作

1. 美国文化中心的资金来源

通过数据资料显示，美国文化中心的资金来源情况是这样的，即最大一部分是来自于美国联邦政府资金支持，占了28%，其次分别为美国基金会资金支持23%，商业团体资金支持18%，中国大学物资支持13%，其他学术单位物资支持10%，小型团体或个人资金支持8%。

总体来说，财政支持和基础设施是由中方院校提供访问学者的物理空间、行政支持、吃住和美方院校提供行政支持和教师的专业知识。此外，美国国务部提供设备、书籍和期刊，以及教师差旅启动资金。社会各界其他支持也是资金的重要来源，美国联邦政府的资助就是重要的一个部分，四川大学美国文化中心的成功导致了美国联邦政府的捐款。美国联邦政府2011年9月一次性出资，捐出十笔款项，总共100万美元，资助在中国大学的美国文化中心和项目，其中就包括俄亥俄州立大学和武汉大学的美国文化中心。额外资助，联邦政府会视具体情况予以提供部分资助，如武汉大学美国文化中心收到了联邦政府10万美元，[②] 约62万人民币的资助。

---

① Annual Reports & Plans. ［OL］. https://cac. asu. edu/content/annual - reports - plans. 2014. 10. 21.

② Ohio State Receive ＄100000 Grant. ［OL］. http://oia. osu. edu/news - Releases/ 2159 - ohio - state - receives - 100000 - grant. html.

这笔款项将用于支持美国文化中心的互动合作项目，促进中国对于美国文化与语言的了解。美国驻北京大使馆总共赞助了10个美国与中国的大学，武汉大学美国文化中心则是其中一个。2011年9月26日，时任美国驻华大使骆家辉到访武汉大学美国文化中心，并宣布美国国务院将提供10万美元的联邦拨款支援该中心之建设 。同时还有其他捐赠，由相关的学术单位提供资金或者物质的捐赠。如武汉大学美国文化中心的图书和期刊是由俄亥俄大学图书馆和湖北长江出版集团友情捐赠。同时也有各类大小的私人团体帮助美国文化中心筹款，帮助亚利桑那州立大学继续行使其领导地位，促进中国和美国之间的相互了解。在美国文化中心的每一分投资，或大或小，都有助于加强国际合作这一重要的贡献。此外，美国文化中心有关于美国文化许多卷图书、期刊、视频和其他材料由不同的捐赠途径而来①。具体筹款款项如下所示：

美国文化中心欢迎各种各样的捐款的东西，主要包括以下内容：

美国教授去中国进行讲座和授课的差旅支持；

书籍、期刊以及其他关于美国课题的资料；

能够支持博士学生以及教授就有关美国文化的课题进行一个学期研究的科研经费；

支持美国教授能够去在中国的美国文化中心进行一个学期或者一年时间交流的经费。

当学者、企业高管、外交官、记者等专业人士在中国，能够与美国文化中心的老师或者学生进行交流。

当然，任何金额的款项支持都是非常欢迎的。

2. 美国文化中心的资金支配

通过美国文化中心提供的资料显示，资金支配主要包括以下八个方面，其中目前最大的一个部分占到21%的是讲座、演出及差旅，这是由于交流的需要所导致的；其次相差不多的便是交流合作与夏令营；

---

① America's Historical Documents [OL]. http://www.archives.gov/historical-docs/2014.10.21.

再就是基础设施及场地支持；奖学金也是美国文化中心资金支配的重要部分；之后就是网络平台的建设、书籍期刊数据库、年度会议以及其他支配等。

拿四川大学美国文化中心来说，启动资金已经支持了十几名驻在四川大学由亚利桑那州立大学教授传授英语、历史、电影、宗教学课程和参与公共事务。他们的讲座吸引了1200名四川大学的学生和教职员工，以了解更多有关的话题。

3. 部分款项列举

美国联邦政府：每个美国文化中心10万美金单笔启动资金；

美国福特基金会：赞助2012—2015年美国文化中心组织年度会议；

亨利卢斯基金会：赞助美国文化中心三年发展共计75万元美金；

美国学学科在中国的发展和建设支持；

美国文化中心组织网络平台建设支持；

其他美国文化中心拓展活动辅助支持。

2013年迈克尔·克罗对美国文化中心进行了投资，以保证美国文化中心的活跃程度。同时美国文化中心组织正在开发一种融资模式，通过从会议注册，企业赞助和基金会的组织收入。ACCEX计划利用我们与福特基金会支持，同时发展与跨国企业的关系，获得更多的资金支持。2012年亚利桑那州立大学代表ACCEX提交申请到卢斯基金会，迄今为止，这一建议已通过了多个筛选，并准备提交2014年投资的卢斯基金会。ACCEX将继续提交与慈善组织，政府机构和企业的资金需求。最后，我们已经投入了市场营销、品牌推广、网络和社交媒体打造认识ACCEX，这将有助于将美国文化中心网络发展成为如国际关系，国际教育，文化交流项目和全球企业。对于美国文化中心组织的赞助正在成倍的增加，如果没有一个强大的、充满活力的组织推动前沿，美国文化中心将无法维持其战略领导和文化交流的作用。

（八）美国文化中心的工作成效

1. 调查问卷数据报告及资料分析

对于美国文化中心工作成效这一块，调研小组除了对官方数据和网络资料进行了搜寻，同时也对四川大学美国文化中心、武汉大学美国文化中心、上海大学美国文化中心、湖南师范大学美国文化中心以及西安交通大学美国文化中心的学生进行了随机的调查问卷，问卷总共发放1000份，有效问卷927份。对学生的调查问卷主要分为两个方面：首先是对参与度的调查，以了解美国文化中心的实地影响力究竟如何；另外是对学生满意度的调查，以了解美国文化中心究竟起到了怎样的效果，同时能对其发展的现状和潜力有一个较为客观的评估。主要调查的项目为美国文化中心目前能够提供的常规项目以及相关的交流项目，包括节日聚会、主题讨论、图书等数据资源、体育活动、短期课程、文艺活动、信息咨询、合作研究、留学意向、交流项目及夏令营参与度数据统计结果如下所示：

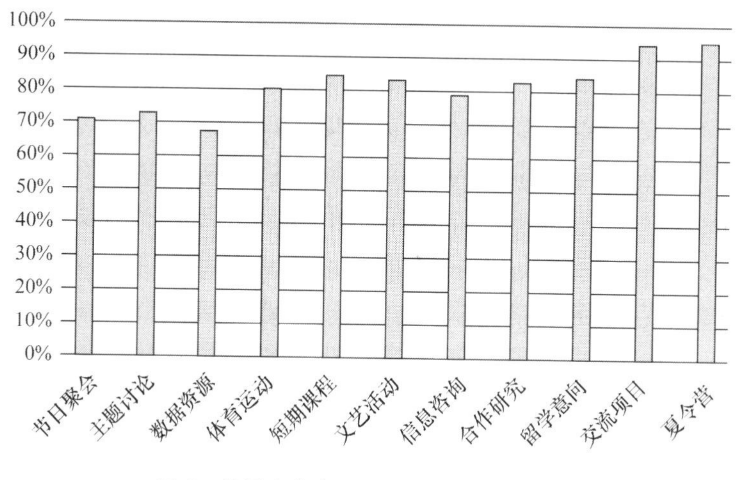

图6　美国文化中心活动学生满意度调查

列表按照数据调查问卷的结果进行了排列，因此，从上图中，可以清晰地看出，美国文化中心活动中参与度最高的是在中国当地的美国文化中心进行的较为日常的活动如节日聚会、讨论、体育活动、文艺活动、讲座课程等。很明显，原因是学生参与起来比较容易，且活动比较有规律，学生能够有效率的参与。而相对而言参与度较低的是校际之间的拓展项目，如留学，交换以及夏令营。留学意向较高还是比较令人满意的，只是有限于其他各种因素，真正实践的数据并不是很多，而夏令营参与的人数相对来说也比较少，因为需要有环境、资金、以及时间等各方面的配合。

同时调研小组也对美国文化中心活动学生的满意程度进行了调查，令人比较满意的是，学生对美国文化中心活动的满意程度整体而言都是比较高的，均可以达到70%左右及以上，有一个很有趣的现象是参与度不高的活动满意程度反而有更高的趋势，这样的结果也能说明美国文化中心在各个项目上都是认真组织，积极开展的。整体来说，美国文化中心是推动我校国际教育合作再上新台阶的又一重大举措。该中心同样也对美国教授产生了影响。大多数美国教师从来没有来过中国，而通过他们的中国之行，以及与中国教授探讨“什么是美国?”从而导致了他们对自己是美国人的思想进行反思。

资料：

武汉大学美国文化中心的事实是，无论我们招募和训练的是哪种特色的老师，中国学生都张开双臂欢迎他们，这也同时教会了中国学生，如果像美国一样，对文化的实力和多样性进行真诚的欣赏。而且对于美国文化中心的活动，同学们更是积极的参与。例如，他们每周一都会将一周的活动安排公布在美国文化中心大厅的布告栏上，让学生自由进行报名和选择，学生积极地参与这些活动。单次的统计数据结果显示，由150名学生报名参与空心捧球，有75名学生上自卫防身的课程，125名学生去学习简单的西班牙语课程，200名学生参加篝火帐篷晚会，唱诗歌，讲故事。没有以提供免费的食物，如披萨，为吸引条件，同样，参与这些活动也没有额外的加分。因为在美国，很多这样的活动会提供免费的食物和饮料，以吸引更多的人参与，最常见的为披萨和碳酸饮料，而这里说没有提供这些，以此说明很多同学是真正地希望学习和了解美国的文化，也说明，该文化中心的课外活动确实安排得非常具有吸引力。①

美国文化中心主任、东北大学外国语学院院长赵雯作为美国文化中心项目中方代表致辞，介绍了东北大学与阿巴拉契亚大学合作申请实施美国文化中心项目的情况。美国文化中心项目旨在加强东北大学与阿巴拉契亚大学学术、文化、教育等方面的研究与合作，于2012年9月获批并开始实施，已在中英文图书资源建设、系列美国文化讲座、教师交流、学生交流、教师培训等方面取得卓有成效的工作。美国驻沈阳总领事馆总领事Sein Stein，美国阿巴拉契亚大学副校长Jesse Lutabingwa，沈阳市外办副主任周宝峰，德克萨斯（奥斯汀）大学教授J. R. Howell，东北大学党委书记孙家学，美国文化中心主任、东北大学外国语学院院长赵雯，共同触摸水晶球正式开启了美国文化中心项目。开幕式同时，在学生活动中心中厅还展出了东北大学对美学术交流系列图片展。开幕仪式后，由学生社团—东北大学大学模拟联合国协会组织的2013年辽宁省模拟联合国大会在东北大学学生活动中心201举行。美国驻沈阳总领事馆总领事Sein Stein、东北大学党委副书记熊晓梅等作为嘉宾受邀出席大会。大会片段式地呈现了2013年辽宁省模拟联合国大会20国峰会委员会的会议现场，四名学生代表模拟中国、法国、德国、美国代表在会上作关于“全球水资源的合作和保护”的主题发言。来自辽宁地区20多所高校的100余名学生代表参加了本次活动。美国驻沈阳总领事馆总领事Sein Stein在活动后表示，参与模拟联合国活动能够帮助学生打开视野、提高国际交流的能力，希望同学们能够充分利用大学阶段的宝贵时光，多多参与类似的活动。东北大学党委副书记熊晓梅希望同学们通过全面阅读、广泛交流等方式不断提高综合素质、开阔眼界，为未来更好地适应全球化进程奠定坚实基础②。

① 武汉大学美国文化中心．［OL］．https：//zh. wikipedia. org/wiki/% E6% AD% A6% E6% B1%89% E5% A4% A7% E5% AD% A6% E7% BE% 8E% E5% 9B% BD% E6% 96% 87% E5% 8C% 96% E4% B8% AD% E5% BF% 83. 2014. 10. 21.

② 姜宇飞，黄丽红：东北大学90周年校庆系列活动之美国文化日开幕．［OL］．http：//neunews. neu. edu. cn/campus/news/2013 -05/10 -163603363. html，引用日期：2014. 10. 21.

6月16日至19日，第三届美国文化中心主任联盟会议在深圳举行。副院长刘志云与明尼苏达大学中国中心主任兼孔子学院院长琼·布热津斯基女士，带领中美体育文化交流中心代表团参加会议。会议致力于增进中美文化交流、加强中美大学间合作、提高中美两国大学生的相互理解与认同。其间，与明尼苏达大学合建的中美体育文化交流中心经美方主管部门评估，名列18家美国文化中心项目前三名；大会组委会也对中心所做的工作给予了肯定，对两校为中美体育文化的交流大加赞赏。副院长刘志云向参会代表介绍了我中心的运行情况，所取得的成就以及未来发展所面临的机遇与挑战，表示会继续支持与帮助中心开展中美文化交流活动，提升中心的影响力与知名度。此外，中美体育文化交流中心的展台也获得各方好评。同美国明尼苏达大学共建的中美体育文化交流中心，是与会的18家美国文化中心项目特色最为鲜明的一家，也是目前国内高校与美国高校之间建立的第一个体育文化交流机构。该中心旨在加强中美两国的体育文化交流与合作。中心的成立为进一步开展中美体育科技和体育文化交流奠定了基础。自2012年3月成立以来，中美体育文化交流中心开展了形式多样的中美体育文化交流活动，目前已有3000多人次的师生参与了相关活动，推进了国际化进程。①

2. 成功因素分析

有一些因素是能导致美国文化中心的成功的，如下所示：

双边领导的目标一致；

有热情的领导人和教授；

相关人员的积极参与；

与两边的教授所提供的学术项目，课程以及讲座联系紧密；

学生的参与；

目标实施的共同努力；

---

① 美国明尼苏达大学校长艾里克·凯勒率团来我校考察访问［OL］. http：//www. tjipe. edu. cn/content. jsp? urltype = news. NewsContentUrl&wbtreeid = 1002&wbnewsid = 2143. 2014. 10. 21.

活动计划的合理预算；
双边交流；
项目设计在双方积极互动的基础上；
系统长期规划；
美国文化中心同样有一系列标准去衡量他们是否成功；
参与活动和管理美国文化中心的人数；
学校领导的认可；
发展了人际的以及学术上的双边关系；
可持续发展的资助；
深度的学术集中；
不同受众的不同活动安排；
目标受众的积极反映；
有效和顺畅的管理；
有规律地参与组织的合作项目；
积极地有效地利用了相关资源；
对于美方合作院校的人和项目的影响。

四、对推进孔子学院建设的借鉴意义

亚利桑那州立大学校长 Michael M. Crow 说："中国学生将通过美国文化中心，学习美国文化和历史的基础，就像美国学生通过孔子学院深入研究中国语言和文化学习能力。"可以看出，在某种程度上，美国文化中心和孔子学院处于互相学习，共同进步的状态。能在中国讲述美国真实的故事是很重要的，就像中国在美国讲述他们的故事一样。

资料：2014 年 5 月 14 日，圣基里尔・麦托迪大学孔子学院与美国文化中心（American Corner Skopje/ American Educational Center）在马其顿国家图书馆共同举办了国际关系讨论会。中美两国驻马其顿大使馆的 6 名外交官以及马其顿各界人士 50 余人应邀出席会议。即将于 6 月赴中国四川西南财大参加汉语夏令营的孔子学院学员也参加了会议，这也是他们出国前培训的一个重要内容。来自美国大使馆的外交官 Zach Koester 先生首先致开幕词。孔子学院中方院长邓时忠教授第一个做主旨演讲，他介绍了孔子学院的基本情况，并结合自己在国外的工作和生活经历，向听众介绍了自己对文化差异的理解。之后，来自美国的外交官 Ryan Stoner 谈了自己在中国的工作和生活经历，与听众一起分享了自己的感受。两位来自中美两国的学者与外交官各自在对方国家生活的经历。接着，中国驻马其顿大使馆的年轻外交官问鸿飞先生谈了中国文化及其对外交的影响。听众被他的精彩演讲所打动。主席台上的美国官员也频频点头。之后，美国外交官 Spencer Fields 先生用幻灯片生动、简要地介绍了中美关系以及美国的外交政策。演讲结束后，是嘉宾与听众的互动环节。兴趣盎然的马其顿听众纷纷就中美关系、中美两国的留学政策以及如何跨越文化差异、克服“文化休克”等问题向各位嘉宾提问。即将赴中国四川西南财大参加汉语夏令营的孔子学院学员表示，通过这次活动，他们对中、美两国有了更深的了解，也激发了他们学习汉语、了解中国的积极性，更期待他们美妙的中国之旅早点到来。一位今年已经 63 岁、中文名字叫苏克的孔子学院学员说：“今天的活动真的很好，使我对中、美两国尤其是中国又有了深入的了解。尽管我已 60 多岁了，我也希望有一天能到中国学习汉语。”孔子学院工作人员及汉语教师、马其顿圣基里尔·麦托迪大学的中国公派教师等也出席了本次讨论会。对于孔子学院的发展和后续道路探讨，也有很多问题值得我们探讨，如何权衡一个孔子学院有没有成功？孔子学院整个组织网络在哪里如何分享这些信息资源？鼓励孔子学院积极地整理成果，从而能否也尝试资金赞助制度？孔子学院应该更多的鼓励双方合作活动。

调研小组通过调研及总结归纳，总体来说，对孔子学院建设的借鉴意义在于三点，从内部调整出发，进而外部整合，最终完成孔子学院的可持续发展。

内部调整：

明确工作方向，完善结构设置；

建立健全教学和管理人力资源体系；
建立健全的教学资源体系；
加强网络孔子学院建设。
外部整合：
合作双方采取中外合作建设的原则；
明确关系，形成文化合力；
积极开展中外文化交流活动；
充分发挥各方作用。
可持续发展：
创造良好的发展环境；
建设示范孔子学院，带领发展；
实施孔子学院品牌工程；
拓展孔子学院的可持续发展空间。

五、调研支持

（一）数据及文献资料提供

Tianchi（Josh）Cheng，Coordinator
Jessica Korinek，Program Specialist
Zijian Mu，Administrator

（二）特别访谈

Kathryn Mohrman，Director，Arizona State University
William I. Brustein，Director，Ohio State University
Dr. Neal A. Lester，Arizona State University
Tianchi（Josh）Cheng，Coordinator，Arizona State University

（三）调查问卷

四川大学美国文化中心
武汉大学美国文化中心
上海大学美国文化中心
湖南师范大学美国文化中心
西安交通大学美国文化中心

（姜智彬　周雨阳）

【参考文献】

1. About ACCEX. [OL]. http://www.accexnetwork.org/new-page/引用日期：2014.10.21.

2. About the center. [OL]. https://cac.asu.edu/content/about-center 引用日期：2014.10.21.

3. ACCEX MEMBERSHIP [OL]. http://www.accexnetwork.org/current-members/引用日期：2014.10.21.

4. ACCEX Supporters [OL]. http://www.accexnetwork.org/Current-members/引用日期：2014.10.21.

5. Ambassador Gary Locke to Participate in Hubei Wuhan USA Week. [OL]. http://beijing.usembassy-china.org.cn/hubei_usa_week.html

6. American Cultural Centers. [OL]. http://www.accexnetwork.org/american-cultural-centers-accs/引用日期：2014.10.21.

7. American Culture Center（2）[OL]. https://xian2013.Word press.com/xian-international-university/american-culture-center/引用日期：2014.10.21.

8. American cultural centers network. [OL]. http://www.accex network.org/american-cultural-centers-accs/引用日期：2014.10.21.

9. American cultural centers exchange network. [OL]. https://cac.asu.edu/content/american-cultural-centers-exchange-network 引用日期：2014.10.21.

10. American Universities: Directors, Administrators, and Students [OL]. http://www.accexnetwork.org/current-members/引用日期：2014.10.21.

11. America’s Historical Documents [OL]. http://www. archives. gov/historical – docs/引用日期：2014. 10. 21.

12. Annual Reports & Plans. [OL]. https://cac. asu. edu/content/annual – reports – plans，引用日期：2014. 10. 21.

13. Arizona State University helpful links [OL]. https://cac. asu. edu/content/helpful – links 引用日期：2014. 10. 21.

14. Building a Bridge Between China and the U. S.. [OL]. http://chronicle. com/blogs/worldwise/how – universities – can – build – a – bridge – between – chinese – and – american – cultures/28708. 2014. 10. 21.

15. CAC Documents [OL]. https://cac. asu. edu/content/cac – documents 引用日期：2014. 10. 21.

16. Chinese Universities：Directors，Administrators，and Students [OL]. http://www. accexnetwork. org/current – members/引用日期：2014. 10. 21.

17. Community Forum [OL]. http://www. accexnetwork. org/blog/引用日期：2014. 10. 21.

18. Contact Us [OL]. https://cac. asu. edu/content/contact – us 引用日期：2014. 10. 21.

19. Founders. [OL]. https://cac. asu. edu/content/founders 引用日期：2014. 10. 21.

20. initiatives. [OL]. https://cac. asu. edu/content/initiatives 引用日期：2014. 10. 21.

21. News [OL]. https://cac. asu. edu/content/news 引用日期：2014. 10. 21.

22. Ohio State Receive $100，000 Grant. [OL]. http://oia. osu. edu/news – releases/2159 – ohio – state – receives – 100000 – grant. html 引用日期：2014. 10. 21.

23. Strategic Development Committee Members [OL]. http://www. accexnetwork. org/strategic – development – committee/引用日期：2014. 10. 21.

24. Watson，A.. 福特基金会与中国 [OL]. http://wenku. baidu. com/link? url = 4HNGk0_ zUtxooNgEMwC6V4_ B_ zJZz0u2loEuDb – guZTVZFJ – 61JGGd2KUZcYqB – keWY8cOObGHXQdiFjiLoTCkUWpwzgBhd5F_ A9LlYOE4e 引用日期：2014. 10. 21.

25. What is the Strategic Development Committee? [OL]. http://www. accexnetwork. org/strategic – development – committee/引用日期：2014. 10. 21.

26. Wuhan university center for American culture. [OL]. http://oia. osu. edu/component/content/article/141 – moa/2013 – wuhan – university – center – for – american – culture. html 引用日期：2014. 10. 21.

27. 2012 – ASU – CAC – Fundraising – Brochure_ Final. [OL]. http://cac. asu. edu/

resources/cac - documents/brochures - and - handouts/arizona - state - university - in - china/ASU - China_ brochure2011Print - 4 - 14 - 2011. pdf 引用日期：2014. 10. 21.

28. 宫兆轩．孔子学院海外汉语师资培训研究［D］．山东：山东大学.2008.

29. 管静．基于发展视角的孔子学院问题与对策研究［D］．武汉：武汉理工大学.2012.

30. 吉颖新．歌德学院向中国输出什么？［J］．中国企业家，2009，(08)

31. 姜宇飞、黄丽红．东北大学90周年校庆系列活动之美国文化日开幕．［OL］．

32. 林雪．孔子学院的海外镜像［D］．上海：复旦大学.2012.

33. 龙晶晶．浅析洛克菲勒基金会对美国大众传播研究的影响［J］．新闻世界. 2010.（12）

34. 洛克菲勒基金会与中国［J］．美国研究.1996.（01）

35. "美国文化中心"落户我校［OL］．http：//www. htu. cn/s/16/t/1673/af/6d/info44909. htm. 2014. 10. 21.

36. 美国明尼苏达大学校长艾里克·凯勒率团来我校考察访问［OL］．http：//www. tjipe. edu. cn/content. jsp？ urltype = news. NewsConten
tUrl&wbtreeid = 1002&wbnewsid = 2143，引用日期：2014. 10. 21.

37. 莫嘉琳．孔子学院与世界主要语言文化推广机构的比较研究［J］．云南师范大学学报（对外汉语教学与研究版）. 2009. 7（5）

38. 宁继鸣．汉语国际推广：关于孔子学院的经济学分析与建议［D］．山东：山东大学.2006.

39. 上海理工大学美国文化交流中心［OL］．

40. 武汉大学美国文化中心．［OL］．

41. 西安外事学院美国文化中心建成开馆．［OL］．

42. 学校概况 > 机构设置［OL］．

43. 徐丽华．孔子学院的发展现状、问题及趋势［J］．浙江师范大学学报（社会科学版）. 2008. 33（5）

44. 杨岭雪．美国图书馆基金会的类型和运作［J］．图书馆杂志. 2005. 24（5）

45. 张卫．对洛克菲勒基金会非营利组织的研究报告［OL］．

第二章 “俄罗斯世界”基金会运行机制研究

【摘要】2007年7月21日，俄罗斯联邦总统普京签署命令，设立“俄罗斯世界”基金会。作为由俄罗斯政府提供财政支持的非营利性机构，“俄罗斯世界”基金会成立的宗旨是在世界范围内宣传推动俄语，发展推广俄罗斯文化，与世界各地的高校和相应的教育机构合作建立俄语中心和俄语工作室，支持各国的俄语教学和俄语研究项目，并承担在全世界建立俄语和俄罗斯文化宣传网络的任务。“俄罗斯世界”基金会在俄语推广委员会、俄罗斯外交部、文化部相关基金会和叶利钦基金会的基础上整合后正式建立，普京亲自任命俄罗斯著名的政治评论家，苏联时期外交部长莫洛托夫的孙子尼根诺夫担任执行总裁。基金会通过政府预算和社会捐赠获得了大量的资金支持。“俄罗斯世界”基金会同世界各国教育机构合作，在全球100所高校和图书馆开展俄语教学活动。截至2013年底，“俄罗斯世界”基金会已在世界范围内设立了近百家俄语中心和俄语工作室，取得了令人瞩目的成果。

“俄罗斯世界”基金会的设立，一方面反映了由于近年来俄罗斯经济的发展、国际影响力的日益扩大，国际社会对了解俄罗斯和学习俄语需求不断增长的现实。另一方面也反映了俄罗斯加强软实力建设，对外宣传和传播俄罗斯文化，在世界范围内推广俄语的战略意图。在此背景下，深入了解“俄罗斯世界”基金会的运行机制及俄罗斯的俄语推广战略，对于认识俄罗斯重新崛起过程中的文化战略和政策，把握俄罗斯发展对外关系的战略安排与意图，无疑具有重要的现实意义。

一、俄罗斯俄语推广战略与“俄罗斯世界”基金会成立的背景

（一）俄罗斯国家发展战略的重要组成部分

俄罗斯独立初期，国际—国内环境空前恶劣。国际层面，西方世界在军事上和政治、经济上的“双东扩”（北约东扩和欧盟东扩）不断挤压俄罗斯的战略空间。国内层面，地方分裂活动不断，改革一度陷入困境，经济发展举步不前，民心涣散，国家权威受到削弱。在此背景下，实现俄罗斯的再次崛起和复兴，成为俄罗斯国家战略的根本出发点和主要目标。

俄罗斯的国家战略主要包括两部分，即国内发展战略和国家对外战略。国内发展战略的主要使命在于找到一条适合俄罗斯国情的发展模式。国家对外战略的使命则在于维护俄罗斯在世界各地区的战略利益，并为俄罗斯的复兴和再次崛起创造和平稳定的国际环境。

对外文化战略是俄罗斯国家对外战略的重要组成部分，与俄罗斯国家利益紧密相关。对外文化战略的目的在于使他国公众和舆论认识并了解本国文化，使其理解并支持自身的价值观和生活方式，进而对受众国的对外政策施加影响，使它们能够朝着有利于本国的方向发展，最终实现国家的整体战略目标。对外文化战略是促进俄罗斯与其他国家间了解与合作的重要途径以及塑造积极正面的国际形象的重要方式，对于提升木国的文化竞争力及综合国力具有重要作用。

作为对外文化战略实现的重要途径，俄罗斯高度重视在世界范围内推广俄语。2000 年 6 月，在普京核准通过的新世纪俄罗斯首部《对外政策构想》中明确提出了“通过在境外推广俄语及俄罗斯文化树立俄罗斯积极正面的国际形象”的构想。梅德韦杰夫担任俄罗斯总统时期，延续了普京的对外政策设想，在 2008 年《俄罗斯对外政策构想》中再次提到：“在境外支持俄语发展、推广俄罗斯文化是俄罗斯对外政策的主要任务之一。”对

外推广俄语，既是俄罗斯对外文化战略的重要组成部分，也是实现俄罗斯对外文化战略的重要途径和手段。

普京担任俄罗斯联邦总统以来，俄罗斯开始着手制定对外语言推广政策，从国家战略的高度看待俄语的对外推广工作，并将其视为国家开展对外文化战略的重要内容和工作方向。这一时期，俄罗斯政府出台了一系列有关俄语对外推广的政策和文件，如 2001 年经议会批准通过的《俄联邦 2002—2005 年“俄语”专项纲要》、2004 年通过的《俄联邦 2004—2005 年支持独联体教育一体化》、2005 年通过的《俄联邦 2006—2010 年“俄语”专项纲要》、2011 年通过的《俄联邦 2011—2015 年“俄语”专项纲要》等文件，其他重要文件还包括 2010 年 6 月制定的《俄罗斯 2011—2020 年教育输出纲要》、2011 年俄罗斯外交部制定的《关于俄罗斯支持境外俄语的构想》和《关于境外的俄语中学纲要的构想》等。俄罗斯“俄语”专项系列纲要的出台标志着俄罗斯政府在新时期形成了明确而持续的俄语对外推广政策和战略，由此成为俄罗斯对外语言推广政策发展历程中一座重要的里程碑。

在俄语对外推广政策和俄语对外推广实践的基础上，2007 年 6 月 21 日，俄罗斯总统普京签署了关于建立“俄罗斯世界”基金会的总统令，“俄罗斯世界”世界由此建立。“俄罗斯世界”基金会旨在境外推广作为俄罗斯国家财富和俄罗斯及世界文化重要组成部分的俄语和支持境外俄语学习计划。这在俄罗斯对外语言推广政策的发展历程中具有重要意义，意味着俄罗斯将有专门的语言推广机构。可以说，“俄罗斯世界”基金会的成立，不仅承担着对外传播和推广俄语与俄罗斯文化的任务。更重要的是，它成为俄罗斯对外文化战略的重要组成部分和具体措施的体现，其最终的着眼点在于为实现俄罗斯国家复兴和重新崛起。因此，必须从战略意义上理解和认识“俄罗斯世界”基金会承担的历史重任。

（二）提高俄语国际地位、拓展俄罗斯国际影响力的现实需要

俄语的国际地位与俄罗斯的国家实力紧密联系。苏联时期，俄语在全

球范围内的普及率非常高。20 世纪七八十年代，讲俄语的人数和俄语普及的范围均达到了历史的最高峰。据统计，截至 1980 年，全球讲俄语的人数达到 3.5 亿人。然而，随着苏联的解体和地缘政治的剧烈变化，俄罗斯的国际地位一落千丈，与此相伴随的是讲俄语的人数锐减。在国际上，对俄语和俄罗斯文化感兴趣的人数日趋下降。而苏联的国家在独立之后纷纷出台了加强本国主体民族语言地位的政策和措施，“去俄罗斯化”成为这些国家发展本民族文化的主要措施，俄语和俄罗斯文化的影响力不断收缩。在东欧等社会主义国家，俄语的维持和发展也日益维艰。在世界其他国家和地区，由于国际形势的剧变，俄语的地位被英语、法语甚至西班牙语所超越，下降势头明显。

苏联解体前后，苏联原各加盟共和国将确立主体民族语言为国语作为谋求国家独立的政治手段，纷纷确立了本民族语言的国语地位，而俄语虽然仍是这些国家的族际交流语言，但这些国家并未明确俄语的法律地位，俄语在这些国家缺少法律保障。如在阿塞拜疆、亚美尼亚、立陶宛、摩尔多瓦等国的语言法律中，俄语的地位未被明确提及。而在哈萨克斯坦、乌兹别克斯坦、塔吉克斯坦等国，俄语虽然被赋予了族际交流语言甚至官方语言的地位。但在实践中，这些国家仍然以巩固和发展本国主体民族的语言为主要目标，语言的“去俄罗斯化”意图明显。一些国家甚至仅将俄语作为一门外语来对待。俄语地位的衰退所导致的直接后果是俄语在这些国家的使用范围受到不同程度的限制，在社会政治、经济、文化、大众传媒等领域俄语遭到主体民族语言的排挤。在中学和职业院校开始使用原住民族语言进行授课，俄语教育不受重视，俄语教育的机会大大减少。俄语和俄罗斯文化的影响力日益衰落。

在深受俄罗斯文化影响的东欧地区，“去俄罗斯化”化的现象在 20 世纪 90 年代也非常明显。“脱俄入欧”是东欧国家在 20 世纪 90 年代政治剧变后做出的重大战略转向。二战之后直到 20 世纪 90 年代，作为社会主义国家，东欧国家政治、经济、外交领域都深受苏联影响，俄语在这些国家影响显著。但随着苏联解体和东欧剧变，东欧国家纷纷转型，由于与俄罗斯之间长期的历史积怨和复杂的民族情感，这些国家都选择了新的战略方向——疏离俄罗斯，向西方靠拢。在此情况下，俄语的地位一落千丈。以波罗的海三国为例，三国都将本民族语言定为官方语言，而苏联时期的官方语言——俄语在规定的正式场合不得使用，在广播电视媒体上也被限制使用。而随着加入欧盟、北约等组织，俄语在东欧国家的地位迅速被英语、德语等语言所取代，这些国家原本教授俄语的老师，因为教学需求骤减，不得不改行，经过培训后改教英语和德语。

世界范围内，1989—1990 学年，在苏联各种学校中就约有 18 万外国人在学习俄语。苏联还致力于扩大境外俄语培训班的规模，80 年代末，来自世界 90 个国家的 60 万人在该培训班学习俄语。但随着独立之初俄罗斯国际地位的下落和国际影响力的降低，对俄罗斯文化、俄语感兴趣的人数呈陡降之势。俄通社—塔斯社曾就俄语的发展趋势做过统计，如果政府不采取措施，就普及程度而言，法语、印度语和阿拉伯语将会超过俄语，而到 2025 年，世界范围内讲俄语的人数可能会减少 50%，用俄语进行交流的人数可能会降至 20 世纪初，因此俄语甚至会随之丧失世界性语言的地位。

俄语的国际地位下落是苏联解体后俄罗斯面临的巨大挑战。巩固和提高俄语的国际地位，扩大俄罗斯文化的国际影响力，对俄罗斯政府来说并非仅仅是一项语言保护措施，而是不得不从战略高度加以对待的严肃任务。“俄罗斯世界”基金会的成立，是俄罗斯政府提高俄语国际地位、拓展俄罗斯国际影响力的现实需要。

（三）加强俄罗斯文化软实力、赢取国际语言文化竞争的重要举措

在当前的国际关系中，综合国力的竞争和博弈将决定一个国家在未来世界秩序中的排序。由于软实力在国际关系中的影响日增，世界主要大国在注重硬实力建设的同时，也十分重视增强自身的软实力建设。作为软实力的重要内容，文化的影响力和感召力日益为世界各国所重视。

俄罗斯独立后，虽然面临经济的困难和重新崛起的巨大挑战，但俄罗斯仍是具有悠久历史和灿烂文化的大国。通过文化的纽带重聚俄罗斯人的

团结和信心，对于面临西方文化的大举入侵和全盘西化威胁的俄罗斯具有重要意义。俄罗斯政府开始调整对外文化战略，试图通过对外推广俄罗斯的文化，为实现俄罗斯的战略目标服务。语言是文化的“一面镜子”，不仅仅反映着人类所生存的现实世界及其周围的环境，还反映了一个民族的生活方式、世界观和价值观体系、社会意识、精神气质、民族性格、传统习惯等。让世界认识并了解本国或本民族的文化离不开语言在境外的推广和传播。因此，巩固和加强俄语的国际地位，是俄罗斯加强文化软实力的重要组成部分。

然而，俄罗斯在出台文化战略和语言政策、对外推广俄罗斯文化和语言的同时，不可避免地面临国际语言文化竞争的挑战。在世界各国普遍将对外推广本国语言及文化视为增强国家软实力、增强国际影响力重要抓手的今天，俄罗斯对外推广语言和文化的国际竞争十分激烈，需要整合国家资源加以应对。“俄罗斯世界”基金会的成立，是俄罗斯政府赢取国际语言文化竞争的重要手段。

英国、美国、德国、西班牙、法国等西方国家目前已经形成成熟的对外语言境外推广政策，其中一些国家文化和语言对外推广机构的成功经验为俄罗斯成立“俄罗斯世界”基金会提供了借鉴。以英国、德国、法国等语言强国为例，在英国，英语的全球传播工作主要是由专门的推广机构来完成，其中英国文化协会发挥了关键作用。英国文化协会成立于 1934 年，负责在境外推广英语和英国文化的传播。致力于促进英国文化、教育、国际关系之拓展和交流，在全球 109 个国家、200 多座城市设有分部。为推广德语和德国文化，1951 年德意志联邦共和国成立了歌德学院，它的工作是促进国外的德语语言教学并从事国际文化合作。除此之外，通过介绍有关德国文化，社会以及政治生活等方面的信息，展现一个丰富多彩的德国。目前歌德学院已遍布世界上 78 个国家和地区，共有分支机构 144 家，其中海外分支机构 128 家。1991 年，为在全球范围内推动西班牙语教学、研究和使用，同时宣传西班牙文化。西班牙成立了隶属于西班牙外交部的非赢利性的公共机构塞万提斯学院，已在欧洲、美洲、非洲和亚洲的 40 多个国家建立分院，每年 8 万多名大学生在塞万提斯的分支机构学习西班牙语。法语联盟是目前世界上最大的语言文化推广机构，旨在全世界传播法语，扩大法国的思想和精神的影响。为了在世界范围内推广汉语和中国文化，2004 年，中国政府开始在世界各地开设孔子学院和孔子课堂，截至 2014 年 10 月，全球已建立 471 所孔子学院和 730 个孔子课堂，分布在 125 个国家（地区）。

“俄罗斯世界”基金会的成立，意味着俄罗斯拥有了专门的语言推广机构，这在俄罗斯文化和语言的对外推广历程中无疑具有里程碑的意义。也是俄罗斯捍卫俄语的国际地位，对外推广和传播俄罗斯语言和文化，加强俄罗斯文化软实力，提高俄罗斯的国际语言文化竞争力的重要举措。

二、俄罗斯俄语和文化对外推广的历程

俄语是俄罗斯的民族文化的重要内容，是维系俄罗斯历史、现实和未来的重要纽带，在俄语中蕴含着大量的历史文化信息，通过俄语我们可以了解俄罗斯文化和俄罗斯社会的风俗人情。在俄罗斯的历史上，从文学、戏剧、音乐、舞蹈到建筑与民间工艺品，各个艺术领域都是人才辈出，在对世界文化补充重要内容的同时，世界范围内对俄语、俄罗斯文化的兴趣与日俱增。在此情况下，俄语的对外推广经历了苏联时期的辉煌、俄罗斯独立初期的低落和新时期的复兴几个阶段。

（一）苏联时期

苏联时期，尤其是二战结束后，作为社会主义阵营的领导者，俄语的地位空前提高。在东欧社会主义国家，俄语成为第一外语，社会主义阵营国家间的外交、政治和经济会谈均使用俄语。1946 年，联合国将俄语列为联合国的五种工作语言之一，整个西方世界对俄语的兴趣也空前高涨。

这一时期，对外推广俄罗斯文化是政府重要的工作方向之一。二战后，苏联专门成立了管理对外文化事务、对外传播苏联文化和签订相关文

化协议的对外文化关系国家委员会。1967 年该委员会被取消后苏联的对外文化交流工作转由外交部负责。这一时期，苏联的其他机构，包括大学、作家协会、作曲家协会和图书管理员协会等组织都积极参与到对外文化交流与合作中，大型戏剧、音乐、舞蹈、体育表演以及高质量的图书和电影也都出口到国外。（苏联）俄罗斯文化的国际影响力空前高涨。苏联政府以文化援助的方式，帮助许多发展中国家培养了众多的专业技术人才，在当地修建学校和配备教学设备和材料。在此基础上，许多国家为了加强与苏联的政治经济联系，纷纷开设了俄语学校或俄语专业，培养俄语人才。俄罗斯的文化和语言在世界范围内迅速推广，甚至取得了和英语平分天下的地位。

然而，需要指出的是，（苏联）俄罗斯对外文化与语言的推广与苏联的国际地位和国际影响力密切相关。俄罗斯并未出台明确的对外语言推广政策，但俄语的对外输出和俄罗斯文化的对外传播取得了不俗的成就。据统计，截至 1980 年，全世界有近 3.5 亿人懂俄语。而仅在 1989—1990 学年，在苏联各种学校（普通、军事、政党、工会等学校）中就约有 18 万外国人在学习俄语。可以说，20 世纪 70—80 年代是俄语及（苏联）俄罗斯文化在全球范围内传播最为广泛的时期。

20 世纪 80 年代末 90 年代初，随着苏联经济的停滞和实力的衰落，俄语和俄罗斯文化的对外推广受到极大影响和限制。一方面，政府对于从事对外文化传播和俄语推广机构的拨款锐减，导致这些机构开展活动困难。另一方面，随着东欧原社会主义国家发生政治剧变，剧变后的政府希望摆脱苏联（俄罗斯）的影响，纷纷采取了“去俄罗斯化”的主张，俄罗斯文化的对外推广遭遇空前危机。而随着苏联的解体，新独立的苏联加盟共和国为捍卫国家主权纷纷采取了提高本国主体民族语言地位的语言政策，俄语的传播在这些国家遭遇空前挑战。在世界其他国家和地区，随着苏联的解体和俄罗斯国力的下降，苏联文化的影响力和人们对俄语的兴趣普遍下降，世界范围内学习俄语的人数下降趋势明显。在此情况下，新独立的俄罗斯必须改变苏联时期这种没有明确语言推广战略和政策，从战略高度捍卫俄语的国际地位和俄罗斯文化的独特之处。

（二）俄罗斯独立初期

独立初期，俄罗斯文化和俄语的对外传播面临巨大挑战。挑战主要来自两个方面：首先，境外俄罗斯人的处境和地位堪忧，俄语和俄罗斯文化的影响力急剧下降。苏联的解体造就了俄罗斯境外俄罗斯人的问题。苏联时期，为了开发和发展各边疆地区和落后的少数民族地区，苏联政府仍然实行有计划的移民，并鼓励各民族居民自由迁移。为数众多的俄罗斯族人分布在中亚、高加索和波罗的海地区。在苏联时期，苏联政府广泛推广俄语并把俄语规定为统一交际语言的条件下，尽管生活在加盟共和国和民族自治实体的俄罗斯人大多数不懂当地民族语言，但在语言上不影响他们参与当地政治、经济和社会文化生活。随着苏联的加盟共和国纷纷宣布独立，成为国际社会中的独立主权国家，生活在这些新独立国家的俄罗斯人立刻从苏联的最大民族变成了当地外来的少数民族。新独立的苏联加盟共和国纷纷通过立法的方式确立起主体民族语言的国语地位，绝大多数国家废除了俄语作为交际语言的地位，生活在这些国家的俄罗斯人蒙受语言和文化的歧视，致使他们的政治和社会生活地位迅速下降，俄罗斯人甚至不得不学习当地民族语言。其次，俄罗斯联邦分布了16个少数民族共和国、自治州和自治地区，这些地区也生活着为数众多的俄罗斯族人，甚至在一些地区俄罗斯族人的数量超过了当地主体民族的人口数量。俄罗斯独立初期，一些少数民族地区的分离意识增强，俄罗斯出现了形式多样的民族主义、分裂主义。俄语在这些地区受到了巨大的挑战。

由于国内外环境的变化，独立之初的俄罗斯迫切需要通过立法的方式在国内确立起俄语的国语地位，维护国家领土主权完整。在国际上，俄罗斯需要保护境外俄罗斯人的利益，推广和传播俄罗斯文化和俄语。独立初期的俄罗斯将巩固俄语在俄罗斯联邦的法律地位作为这一时期的主要任务。

1991年10月25日，俄联邦最高法院通过的《俄罗斯联邦民族语言法》中明确提出："俄语在俄联邦境内具有国语地位"，而这也是俄罗斯首部谈及俄语地位问题的法律。1992 年 6 月俄联邦最高法院通过的《保护和发展俄联邦各民族语言的国家纲领思想》，再次强调保护和发展作为国语和族际交际语的俄语的重要性，明确提出“俄语是俄联邦各民族族际交流的基本工具，在俄罗斯联邦全境具有国语地位”。

为了保护境外俄罗斯人的利益、文化和价值观念，俄罗斯联邦也出台了相应的法律措施，如 1994 年 8 月出台的《俄联邦对待针对境外同胞国家政策的基本方针》、1996 年 5 月出台的《支持境外同胞措施纲要》等文件，其中后者明确规定“对境外同胞组织所开展的教育、文化和其他活动予以支持”。俄罗斯将支持境外（主要是苏联加盟共和国）的俄语教学、培养俄语师资队伍作为巩固俄语地位的主要举措。

需要指出的是，虽然这一时期俄罗斯联邦政府将巩固国内俄语的国语地位和支持俄语对外交流和推广作为语言政策的主要内容，但受制于俄罗斯经济发展不景气的现实制约。俄罗斯将语言政策的重点放在了国内。这一时期成立的联邦俄语委员会明确规定了该委员会的主要职责是：“向总统汇报俄语的发展情况；为制定关于俄语的国家政策提供咨询和建议；为支持俄语发挥国语功能、增加俄语在族际交际和跨文化交际中的使用和提高俄罗斯居民的俄语水平提供建议；为培训俄语使用方面的专家提供建议；为发展关于俄语的基础研究和应用研究提供咨询和建议；加快建立通过大众传媒普及俄语知识的体系等。”

（三）新时期

进入 21 世纪，俄罗斯的语言政策和实践进入到新的阶段，经过普京和梅德韦杰夫两位总统的不懈努力，俄罗斯联邦不仅形成了明确的对外语言推广战略，而且成立了专门的对外语言推广机构，开展了卓有成效的实践活动。俄罗斯的对外语言推广战略取得了一定的成就，主要体现在以下几个方面：

第一，在政策上将俄语和俄罗斯文化的对外推广作为俄罗斯联邦对外政策的重要组成部分。2000 年，在俄罗斯联邦 21 世纪首份《对外政策构想》中，明确规定“俄罗斯应致力于全面维护境外同胞的权利和利益，树立俄罗斯积极正面的国际形象和促进俄语和俄罗斯文化在境外的传播和推广”，工作的主要方向是“发展和独联体国家的双边和多边文化合作”。根据对外政策构想，俄罗斯外交部出台了《关于发展俄罗斯与外国文化联系的基本方针》，将对外文化交流和合作作为外交工作的手段之一。

在此基础上，俄罗斯联邦相继通过了《俄联邦 2002—2005 年“俄语”专项纲要》《俄联邦 2006—2010 年“俄语”专项纲要》《俄联邦 2011—2015 年“俄语”专项纲要构想》等具体的对外语言推广政策文件，逐渐形成了清晰明确的对外语言推广战略和政策，并且在较长的时期稳定下来。

第二，在目标上明确把巩固俄语的国际地位，增强俄语的国际影响力作为主要目标。如《俄联邦 2002—2005 年“俄语”专项纲要》指出，主要任务是“开展和推广作为俄联邦国语的俄语；巩固俄语作为俄罗斯、独联体和波罗的海国家的族际交际语的地位；增加俄语在国际交往中的影响力；更新俄语教学的内容和方法；增强俄语在教育领域的作用；制定借助大众传媒传播俄语和俄罗斯文化的一系列措施等”。2006—2010 年、2011—2015 年俄语专项纲要延续了第一份纲要的战略思想，其战略目标更加清晰：确保俄语作为独联体国家一体化进程发展基础的功能的有效发挥；保证国外对俄语和俄罗斯文化的推广和学习，最大程度地满足境外俄罗斯同胞的语言和文化需求。以及“支持俄语作为独联体国家一体化进程发展的基础和满足居住在境外的俄罗斯同胞的语言和文化需求”。

第三，成立了专门的对外语言推广机构——“俄罗斯世界”基金会全面负责俄语的对外推广。2007 年 6 月 21 日，“俄罗斯世界”基金会的命令，旨在境外推广作为俄罗斯国家财富和俄罗斯及世界文化重要组成部分的俄语和支持境外俄语学习计划。俄罗斯从此有了专门的语言推广机构。“俄罗斯世界”基金会成立后，在具体的俄语对外推广实践中，不同于俄罗斯政策文件将波罗的海三国、东欧、中亚等苏联加盟共和国视作对外语言推广的主要地区，“俄罗斯世界”基金会将活动的范围扩大到了全球范围，明确提出“俄罗斯世界”基金会旨在全球范围内推广俄语和俄罗斯文化，而不仅仅是近邻国家”。这表明，俄罗斯的对外语言推广战略已不仅仅是捍卫俄语在苏联国家中的地位和作用。随着俄罗斯经济的发展和实力的恢复，俄罗斯将在全球范围内推广俄语作为对外语言政策的主要目标加以进行。

三、“俄罗斯世界”基金会及其运行机制

“俄罗斯世界”基金会明确指出，“俄罗斯世界”不仅包括俄罗斯族人、俄罗斯公民、境外俄罗斯同胞、移民及其后裔，还包括“学习俄语、教授俄语和讲俄语的外国公民，所有对俄罗斯感兴趣、关心俄罗斯的未来发展的人”。这也意味着“俄罗斯世界”基金会的使命不仅是为境内外的俄罗斯人及其后裔提供俄语和俄罗斯文化的支持，其工作范围扩大到了世界其他国家和地区对俄语学习、对俄罗斯文化感兴趣的人。

（一）“俄罗斯世界”基金会的宗旨和任务

“俄罗斯世界”基金会的主要目的是推广作为俄罗斯国家财富、俄罗斯和世界文化重要组成部分的俄语，支持境内外俄语学习计划。

“俄罗斯世界”基金会的主要任务：

—支持政府、学术界、教育组织参与俄罗斯世界的有关问题，以及其中个人项目的赞助；

—支持俄罗斯和国外对俄语语言的教育；

—对俄罗斯创造良好的社会舆论，传播我们国家的知识；

—加强海内外的联系，促进种族间的尊重与和平；

—促使俄罗斯移民返回到本国；

—建立一个专门的人道主义政策系统，以衡量俄罗斯的外交政策；

—发展科学，政治渠道同国外和国际组织之间的双边关系；

—发展俄罗斯的教育服务；

—发展俄罗斯地区的国际关系；

—促进专业知识、科学和教育的交流；

—支持俄罗斯媒体和信息资源在国外传播；

—支持俄罗斯媒体和信息资源集中实现在各项基金目标和目的上；

—支持俄罗斯的毕业生联合会和苏联的高等教育机构，组织外国毕业生和俄罗斯大学毕业生进行互动；

—支持俄罗斯在国外建立俄语语言网站；

—在不同的国家为妇女、青年和儿童建立说俄语的机构；

—支持加强对俄罗斯居民文化遗产的保护；

—加强俄罗斯东正教和其他宗教互相交流，以促进俄罗斯语言和文化的发展。

（二）“俄罗斯世界”基金会的机构设置

1. 管理委员会

管理委员会是“俄罗斯世界”基金会的执行机构，目前该委员会的主席是俄罗斯国内著名学者、政治家和社会活动家尼科诺夫·维亚切斯拉夫·阿列克谢耶维奇，该委员会的委员包括俄罗斯语言和文化教师社会理事会主席、圣彼得堡国立大学语言系主任谢尔盖·波格丹诺夫，俄罗斯联邦政府机构科学、高新技术与教育部主任阿列克谢·扎克亚缅斯基，俄罗斯联邦教育和科学部副部长韦尼阿明·卡加诺夫，俄罗斯联邦外交部总秘书处副主任帕维尔·普罗科菲耶夫，俄罗斯联邦总统对外文化交流局局长切尔诺夫·弗拉基米尔·亚历山大洛维奇。

2. 监督委员会

“俄罗斯世界”基金会监督委员会由一位主席、十五位委员组成，该委员会主席为俄罗斯圣彼得堡国立大学校长、俄语和文化国际联合会主席柳德米拉·韦尔比茨卡娅，其他委员则由来自政界、教育、媒体和宗教界人士组成。监督委员会负责对“俄罗斯世界”基金会的运行、协议执行状况、财务及其他有关事项进行监督。

监督委员会

主席（会长）：

维尔碧茨卡娅·柳德米拉·阿列克赛耶夫娜，国际俄罗斯语言和文化联合会主席、圣彼得堡大学校长。

成员：

果戈列夫斯基·亚历山大·弗拉基米洛维奇，圣彼得堡国立大学高等教育机构预算监管中心主任；

德扎索霍夫·亚历山大·谢尔盖耶维奇，俄罗斯北奥塞梯共和国地区联邦政权执行委员会副主席；

德博罗杰耶夫·奥列格·巴里索维奇，全俄广播电视公司总经理；

伊格纳坚科·维塔利·尼基基奇，克拉斯纳达尔边疆区联邦委员会委员；

伊拉利昂（阿尔菲耶夫·格利高里·瓦列里耶维奇），沃洛克拉姆斯克都主教，莫斯科大牧首管理局对外处处长；

科萨切夫·康斯坦丁·约瑟夫维奇，俄罗斯国际合作联邦局局长；

克斯托马洛夫·维塔利·格里高里耶维奇，普希金俄语学院院长；

拉夫罗夫·谢尔盖·维克托洛维奇，俄罗斯外交部部长；

梅金斯基·弗拉基米尔·洛斯，基斯拉沃维奇，俄罗斯文化部部长；

那洛奇尼茨卡娅·娜塔莉亚·阿列克谢耶夫娜，历史发展基金会主席、欧洲民主与合作学院院长（巴黎）；

尼康诺夫·维亚切斯拉夫·阿列克塞耶维奇，国家杜马教育委员会主席、莫斯科大学公共管理学院院长、“政治”与“统一俄罗斯”基金会主席、《俄罗斯战略》杂志主编、金砖国家民族研究管理委员会主席；

毕奥特罗夫斯基·米哈伊尔·鲍里索维奇，埃尔米塔市博物馆馆长；

福尔森科·安德烈·亚历山大洛维奇，俄罗斯总统助理；

雅库宁·弗拉基米尔·伊万诺维奇，俄罗斯铁路公司总裁，安德烈基金监督委员会会长，民族荣誉中心主任。

基金会分支机构

“俄罗斯世界”基金会由两个分会组成，即设在圣彼得堡的“俄罗斯世界”基金会圣彼得堡分会和设在符拉迪沃斯托克远东分会。

（三）“俄罗斯世界”基金会的项目

1. 俄语中心、俄语学堂项目

俄语中心是俄语世界基金会与世界众多教育机构合作的国际项目，其建立的目标是在世界范围内传播俄语与俄罗斯文化，支持国外俄语学习项目，促进国际对话，加强国家间的相互理解。俄语中心旨在表现承载俄罗斯历史与文化的俄语的多样性。俄语世界由不同民族和宗教的人组成，他们包括俄罗斯境内人民、国外的同胞、移民和对俄语充满兴趣的外国人。俄语中心提供了一个了解俄罗斯历史文化和文学、俄罗斯教育与现代创新思想的平台。该中心本着开放、包容原则运作。大部分俄语中心依托境外高校和图书馆建立。截至 2014 年 10 月 ，在世界不同国家和地区共建立了 98 个俄语中心，126 家俄语学堂。其中在中国建立了 7 个俄语中心，分别为北京外国语大学俄语中心、上海外国语大学俄语中心、大连外国语大学俄语中心、广东外语外贸大学俄语中心、吉林大学俄语中心、陕西师范大学俄语中心和位于澳门的高等校际学院俄语中心。

俄语中心具有整体性和多功能性特点：

第一，俄语中心是一个资源中心。该中心提供大量俄罗斯的教学方法和科普资源。

第二，俄语中心是一个教学机构，在该中心可以接受系统的俄语语言与文化教学。

第三，该中心是交流与创造的平台。该中心为受众提供了举办艺术创造活动、科学探讨与不同文化交际的平台。

俄语中心还配备了打印设备，根据各主题提供俄罗斯的视频与音频资料。主要主题是：文化与艺术、科技、教育、俄语、历史、社会和当地俄罗斯。

此外图书馆里藏有俄罗斯主要大型出版社的主要俄语出版物。出版物内容涵盖文学艺术、文学教育、教学用书、文学科普、儿童出版物、历史、哲学、心理学、文化、艺术、经济和法律，同时还有字典、百科全书等工具用书。

俄语中心活动的主要内容：

信息咨询——大量的各领域信息：教学性文学与通俗文学、多媒体、互联网搜索、当代俄罗斯媒体电子数据库、印刷版和电子版百科全书与字典、地理图集和艺术目录、俄语媒体和俄罗斯驻外机构、各领域信息库（俄罗斯教育、俄语教程、远程教育）及俄罗斯各区域的信息库、俄语世界基金会期刊。同时还有关于俄语世界社会和文化事件及该基金会活动的资料。

教育：针对不同层次受众的课程和教程。学员可通过具有针对性的印刷出版物和多媒体出版物获得和提高俄语语言知识；可以接收到以 DVD 和其他多媒体教学为新方式的俄语教学；可以使用多种现代化信息服务备课；备考以俄语为外语的考试；可以个人或成组地使用多媒体学习、旁听历史课程、举行艺术讲座、学习经典文学作品、做知识练习题；同时提供各科目教材编选和参考资料方面的理论援助。

创造、创作：组织艺术活动。举办展览、画展和长期的巡回展览；举办电影晚会，主要是欣赏和讨论文艺电影；开展以俄罗斯文化、文学、电影和体育等为主题的主题周活动；组织俄语语言与文化节活动；协助旨在促进俄罗斯文化传播的民间团体的工作；参加基金会的文艺创作活动；举办音乐晚会。

交流、交际：促进跨文化传播。组织科研会议；开展圆桌讨论会；建立和组织兴趣组；针对各层次受众举办主题之夜活动；落实儿童和青年的文化课程；举办读者大会和文艺辩论；举行主题演讲；组织俄罗斯文化和社会名人见面会；维持基金会社交网络的互动和沟通；开展关于基金会教育、文化和基金等问题的答疑活动；通过大众媒体发布中心活动消息和资料。

俄语学堂是俄语世界基金会具有针对性的项目，旨在为俄罗斯境外欲通过了解俄罗斯精神文化和提高俄语能力来深化对当代俄罗斯认识的人群营造良好的氛围。

俄语世界学堂的主要任务：推动俄语和俄罗斯文化作为世界主要语言和文化的发展；为境外俄罗斯人和对俄罗斯感兴趣的外国人提供信息服务。该学堂并非单纯的班级或者教室，它是操俄语的人和世界各地学习俄语的人的交流沟通平台，它是依组织倡导者的要求而建，是集俄语教学、文艺、信息查询和当代俄罗斯文化、历史资料呈展为一体的场所。

学堂的特点：首先，现实的可操作性，学堂是个体/个人丰富知识的有效途径；其次，紧凑的布局，不需要特殊设备和专门人员；第三，藏书、设备等的开放性。

表 1　俄语中心在世界不同国家和地区的数量和分布

	国家	数量	国家	数量
欧洲	奥地利	1	波黑	1
	阿塞拜疆	1	英国	4
	亚美尼亚	1	匈牙利	2
	比利时	2	希腊	1
	保加利亚	3	德国	2
	意大利	4	拉脱维亚	2
	摩尔多瓦	4	波兰	3
	荷兰	1	俄罗斯	8
	葡萄牙	1	塞尔维亚	2
	罗马尼亚	2	斯洛伐克	1
	斯洛文尼亚	1	乌克兰	12
	芬兰	1	黑山	1
	捷克	1	爱沙尼亚	1

续表

	国家	数量	国家	数量
亚洲	越南	2	中国	7
	以色列	1	朝鲜	1
	约旦	1	阿曼	1
	泰国	1	哈萨克斯坦	3
	吉尔吉斯斯坦	3	韩国	3
	塔吉克斯坦	4	蒙古	2
	土耳其	1	日本	1
北美洲和南美洲	美国	2	厄瓜多尔	1
	古巴	1		
总计	98			

表2 俄语学堂在世界不同国家和地区的数量和分布

	国家	数量	国家	数量
欧洲	德国	4	意大利	3
	奥地利	2	西班牙	3
	保加利亚	6	波黑	1
	拉脱维亚	2	英国	2
	摩尔多瓦	5	波兰	1
	塞尔维亚	1	葡萄牙	1
	爱沙尼亚	4	罗马尼亚	2
	乌克兰	8	芬兰	5
	法国	2	黑山	1
	捷克	4		

续表

	国家	数量	国家	数量
亚洲	柬埔寨	1	印尼	1
	吉尔吉斯斯坦	2	中国	5
	朝鲜	4		
	日本	2	蒙古	5
	韩国	4	中国台湾	1
	土耳其	9	乌兹别克斯坦	6
	秘鲁	1	赞比亚	1
	越南	2	阿富汗	6
北美洲	美国	8	墨西哥	1
	古巴	1		
中美洲	尼加拉瓜	1	危地马拉	1
南美洲	巴西	1	阿根廷	2
非洲	埃及	2	摩纳哥	
	肯尼亚	1		
大洋洲	澳大利亚	1		
合计	126			

表 3　俄语中心和俄语学堂在中国的分布情况

名称	所设地			
俄语中心	北京外国语大学	广东外语外贸大学	吉林大学	澳门
	上海外国语大学	大连外国语大学	陕西师范大学	
俄语学堂	牡丹江	绥芬河	天津	长春（2 所）
	中国台湾			

（四）“俄罗斯世界基金”大会

第一届“俄罗斯世界基金”大会于2007年11月3—4日在莫斯科国立大学召开，这标志着俄罗斯世界基金会正式运作。该会议明确了基金会的目标和任务，几乎涉及到俄罗斯的所有领域。

基金会主席维尔碧茨卡娅宣布基金会正式成立，称基金会的建立是全世界俄罗斯人和操俄语的人的希望。执行主席兼大会主持人尼康诺夫·维亚切斯拉夫在讲话中说道，目前已启动了基金申请工作。俄罗斯外交部长拉夫罗夫、科学教育部长福尔森科和莫斯科大牧首管理局对外处处长阿尔菲耶夫·格利高里·瓦列里耶维奇也发表了讲话，称俄罗斯各部门和教会将维护海外俄罗斯人的利益，并将积极协助基金会开展各项工作。拉脱维亚和乌克兰的代表也高度评价了成立基金会的意义和将要起到的作用。

第二届“俄罗斯世界基金”大会于2008年11月3—4日在莫斯科隆重召开。此届大会的主题是“俄罗斯世界在行动”，旨在强调基金会在一年当中的成果。会议分为小组讨论和圆桌讨论，其中小组讨论的议题是“俄罗斯世界在行动”，圆桌讨论分别围绕“俄罗斯世界和全球化进程”“世界背景下的俄罗斯文化”“俄语—国际交流用语”“俄语的信息空间”议题展开，共计四场。基金会主席维尔碧茨卡娅、执行主席尼康诺夫、俄国家杜马独联体事务委员会主席阿列克谢·奥斯特罗斯夫斯基、印度海达拉巴德城市外语大学校长阿布哈伊·莫里耶等人参与了小组讨论。讨论会围绕三个议题展开：“俄罗斯世界”的定义、俄语的现状和基金会的未来工作导向。尼康诺夫·维亚切斯拉夫以第一批移民的后代虽不会讲俄语但仍认为自己是俄罗斯人为例，指出“俄罗斯世界”是一个已超出了民族、地区和语言界定宽泛的概念。奥斯特罗斯夫斯基认为“俄罗斯世界”不是一个种族、疆域和时间概念。阿布哈伊·莫里耶说道，“俄罗斯世界”首先是指有一颗“俄语心脏”，这是经过俄罗斯文学、艺术等文化熏陶之后的素养。

维尔碧茨卡娅谈道，当务之急是要为基金会找到活动场地，这需要能够立即付诸实施的相关措施。同时，她提议考虑开通以标准语播放节目的电视频道。国际俄语教师联合会大会副主席提议改进美国的俄语教科书，增加书中有关当代俄罗斯状况的内容。讨论会上还签订了基金会与立陶宛沙乌利亚伊城市大学间关于建立俄罗斯世界中心的合作协议。

第三届“俄罗斯世界基金”大会于2009年11月3—4日在莫斯科国立大学图书馆主楼召开，俄罗斯大牧首基里尔发表讲话。会议分为主旨讨论会、圆桌会议和主题讨论会，其中主旨讨论会围绕“俄罗斯世界”这一主题展开，四场圆桌讨论会主题分别是《俄语侨民：身份认同问题》《俄罗斯世界文化优势》《互联网俄语：社交网络与交际特征》《现代俄语教学》，主题讨论会围绕《俄罗斯世界基金会基金程序》《俄罗斯世界：工作总结与发展方向》《俄罗斯世界杂志的编辑方针》展开。

第四届“俄罗斯世界基金”大会于2010年11月3—4日在莫斯科召开，此次会议主题是《俄罗斯世界教师》，俄罗斯总统梅德韦杰夫和总理普京、中央选举委员会主席丘罗夫、俄联邦公民社会学院发展委员会主席施毕盖利亚以及俄联邦教育委员会主席巴雷西娜分别致欢迎辞。大会分为主题会议、工作会议与五场圆桌会议。主题会议的议题是《俄罗斯世界的意义和价值》，工作会议议题为《当代广播业：俄罗斯、欧洲与世界》，圆桌会议分别围绕《俄罗斯世界与俄罗斯现代化》《俄语侨民：身份、价值观与合作》《国外中高等教学机构的俄语教学》《俄罗斯世界媒体》《俄罗斯世界基金项目》《俄语中心法律基础与实践工作》展开。

第五届“俄罗斯世界基金”大会于2011年11月3—4日在莫斯科召开，本次议题是《俄语的今天和明天》。俄罗斯总统梅德韦杰夫和总理普京、国家杜马主席格雷兹洛夫、全俄大牧首基里尔、俄委员会主席马特维延科致欢迎辞。会议分为主题大会、圆桌会议。主题大会议题是《俄语的今天和明天》和《俄语空间里的历史和文化》，圆桌会议议题分别是《俄语——俄罗斯生活的根本》《当代世界的俄语》《俄罗斯世界的俄语中心和俄语学堂》《作为国家用语的俄语》《大众媒体下的俄语》。

第六届“俄罗斯世界基金”大会于2012年11月3—4日在莫斯科科隆会议厅举行，此次会议议题是《俄语与俄罗斯历史》，在此议题框架下分别举行了议题为《俄罗斯历史年》与《俄罗斯历史上的语言政策和国家语言》的主题讨论会，以及议题为《俄罗斯现代化与本土化发展》《俄罗斯世界的文化和教育》的圆桌讨论会，此外还有以《俄罗斯世界基金项目》为主题的主题会议。

第七届“俄罗斯世界基金”大会于2013年11月3—4日在圣彼得堡召开，俄罗斯文化、科学、社会各界代表共计600多人参加了此次会议。俄罗斯总统普京和总理梅德韦杰夫、全俄大牧首基里尔、俄委员会主席马特维延科、外交部长拉夫罗夫和俄联邦出版与大众媒体委员会主席谢斯拉文斯基致欢迎辞。会议依旧分为主题大会与圆桌会议，主题大会议题是《斯拉夫文字书写年》与《俄语与现代世界的号召》，圆桌会议议题为《统一俄罗斯历史课本》《俄罗斯语俄罗斯世界：人民外交的经验与前景》《地区发展的俄罗斯世界：侨民的互动》《俄罗斯世界媒体的传播使命》。

第八届“俄罗斯世界基金”大会于2014年11月3—4日在索契召开，主题是《文化时间》，在此框架下举办了主题讨论会与圆桌会议。主题讨论会议题是《乌克兰、俄罗斯与世界》《21世纪俄语语言文化》，圆桌会议议题分别是《俄语：国家调控的问题》《境外俄语中学：经验、问题与前景》《当下的斯拉夫主义与西方主义》《高加索的囚徒：未知的莱蒙托夫》。俄罗斯总统普京和总理梅德韦杰夫、国家杜马主席纳雷什金、外交部长拉夫罗夫、全俄大牧首基里尔、克里米亚共和国委员会主席阿克肖诺夫等致欢迎辞。

国际活动

俄罗斯世界文化年

斯拉夫文字年

莱蒙诺索夫诞辰300年

“宇宙第一人”活动

“俄罗斯世界—心的记忆”

俄语日

（五）基金会资金

“俄罗斯世界”基金会的资金由俄罗斯和外国非营利组织、俄罗斯或外国个人提供，资金目的是推广俄语、支持俄语学习者，扩大人文合作。该基金会的资助用于自然人和法人无偿资助某些特定项目，是不可回撤的。

基金申请需要在申请报告中写明所申请的具体项目，立项目标应与本基金会目标一致，且拥有该项目固定的受众和场地。基金会为以下机构或组织（以下简称“申请人”）提供相应资金：科学教育组织、机构和基金会，博物馆和其他文化机构，公共和宗教组织，社会保障和其他类似的机构，慈善机构和其他非营利组织机构。

基金会对申请实施竞争机制，基金会的专家和管理委员会成员将根据申请是否具有社会价值、是否可以现实操作性对其作出评判。具体来说，评判标注为以下7个方面：

是否符合基金会的建立目标和活动主旨；

是否符合所申请项目的特征，是否具有现实性，是否具有新意，其现实成果是否能为基金会所支持的相应的科教机构和其他非营利性机构所利用；

是否用对所申请项目感兴趣的受众；

申请资金的理由；

是否具有国际或民族专业团体（联合会或组织）、科教机构、非盈利机构、国家政府或部门关于其支持该项目建设的材料；

是否具有非盈利或商业机构对项目实施进行确定数目资金融资的确认材料；

项目进一步实施的前景或计划，以及资金到位后的使用状况。

在实施关于推进俄语发展的项目审核上，主要考察其目的是否具有以下方面：

俄语教学（包括将俄语作为母语教学和将俄语作为外语教学）；

提高俄语与俄语语言文学的师资水平；

在俄语教师的协助下建立新的俄语教学大纲、俄语教科书和出版出版物；

建立俄语多媒体教学资源；

举办俄语与俄语语言文学大赛；

协助俄语中学相关活动；

利用媒体推广俄语与俄罗斯文学；

进行俄语语言学研究；

举办旨在推广俄语与俄语语言文学的论坛、研讨会、圆桌会议、艺术节等活动。

在关于文化和人文项目的审核上，主要考察其是否能建立或推动俄罗斯与国外的相关合作；

是否可以以传媒或其他信息媒介制作出旨在维护和推广俄罗斯世界价值观的信息产品；

是否能制作和产出承载有关“俄罗斯世界”及其成果的专著、书籍和电影等产品；

举办旨在研究俄罗斯历史、文化和其对世界文明贡献的研讨会、论坛、圆桌会议、主题讨论会等；

举办主题活动节、展览、竞赛等；

举办其他旨在促进文化合作与交流的活动。

不可被接受的申请类型是：

项目申请人商业机构或有商业人员的非盈利机构；

项目申请人是在此申请前已申请过本基金会支持却未能完成规定项目、未能履行项目责任和义务的；

自项目申请人提交申请之日算起，少于一年的；

所申请项目是盈利的；

项目是用来为非盈利组织的活动进行融资的、或是用来发放机构人员工资、修缮机构场地的、抑或是用来为申请人创立基金的。

申请人欲申请基金会资金支持需填写由基金会设制的申请表格，纸质表格原件邮寄地址及电子版申请邮箱投递地址均可在基金会官方网站上找到。

申请接受期限

接受申请的时间：根据项目的具体实施情况分春季期（每年1月至6月30日）和秋季期（每年7月1至12月31日）。申请日期是申请人向基金会投递带有相关附件的纸质书面申请上的日期。申请的项目和申请表的附件及填写满足基金会的相关要求。关于是否向申请人提供资助的决议是由基金会成员和相关专家根据项目实施的春季期和秋季期而作出，分别不超于9月30日和3月30日。被通过的申请在基金会官方网站上挂出，同时也会挂出合同所需文件的清单，清单格式和填写方式也可在官方网站上查询到。若申请人自通知挂出之日起的45天内仍未呈交所需文件，则其所申项目被认为是拒绝。

申请人的责任和义务

基金会按照合同为所申项目提供资金支持，其决议自基金会会长（主席）或相关执行人员与项目申请者（法人、自然人）签订项目合同之时起生效，且资金以卢布、欧元或美元发放。

资金获得者应在合同所规定时期内向基金会呈递有关资金用途及去向的报告。报告应包含项目的进展程度以及在每个阶段的资金使用状况，各个支出的原始证明的复印件，且证明件语言为俄语或被译为俄语。资金获得者应退回项目实施后未被使用的资金。基金会以书面方式通知被获批资助的申请人，且申请人责任在其申请获批之时起确立。

（六）信息化建设

实施信息工程“俄罗斯世界”基金会的信息化工程和项目主要包括“俄罗斯世界”基金会网站、杂志、电视、广播、新闻中心和广告宣传等。基金会实施信息化工程主要是多形式、多途径地宣传基金会的活动，增加境内外对俄罗斯主要的语言推广机构——“俄罗斯世界”基金会的关注。“俄罗斯世界”基金会自2007年成立之后，就开始启动网站建设工作，并对其不断发展和完善。在此过程中，世界不同地区和国家对基金会网站的访问量不断增加，对网站上公布的基金会开展的相关活动的兴趣也不断增加。由此，基金会计划进一步扩大网站的选题范围，增加专栏和建立自己的刊物数据库。网站上很多文章是由知名记者、网络评论员、俄罗斯和其他国家历史和文化方面的专家撰稿。基金会最初的设想是将该网站作为“俄罗斯世界”基金会在互联网中的代表，在该网站上公布基金会开展的主要活动，经过近四年的发展，已经发展成“俄罗斯世界”基金会的门户网站。《俄罗斯世界》杂志也是“俄罗斯世界”基金会信息化工程的一部分。杂志第一期于2007年11月初俄罗斯世界大会召开之际发行，自2008年起杂志每月发行一期。该杂志探讨俄罗斯及其文明的发展，刊载关于维护俄罗斯宝贵的历史文化遗产的文章，讨论俄语和俄罗斯文化的学习和推广问题，发布关于俄罗斯世界的重大事件、活动及其他信息。此外，在基金会实施的信息工程中还有电视和电台发展项目。电视频道“消息”的全球观众数量达到近6亿（俄罗斯、独联体国家、欧洲、亚洲、近东国家和欧洲地区的潜在观众数量）。“俄罗斯世界”基金会选择该频道作为合作伙伴，以宣传建立俄语中心、举办国际大型活动等基金会的活动。此外，“俄罗斯世界”基金会还推出系列电视纪录片《无界限的俄罗斯世界》，向俄罗斯和境外的观众介绍世界不同国家和地区的俄语公民和俄罗斯世界的名胜古迹、俄语及历史文化遗产。自2008年7月22日起开始实施“俄罗斯世界”基金会和“俄罗斯之声”无限广播公司的合作项目——每晚播出的电台节目“俄罗斯世界”，每次直播过程中都会和来自俄罗斯、独联体和波罗的海及欧洲国家的听众进行连线交流，作客演播室的嘉宾有社会、科学和文化方面的公众人物，他们探讨“俄罗斯世界”的人们如何生活和怎样生活，讨论关于俄罗斯文化、传统、习俗、历史和俄语及其维护和发展的问题。

（七）出版物与在线广播

《俄语世界》杂志

该杂志可现在阅读，也可在固定取阅地阅读，自2008年1月创刊以来，每月一期，即月刊。

期刊网址是 http：//www. russkiymir. ru/media/magazines/all. php，内容涉及俄罗斯历史、文化、风俗、文学、艺术、戏剧、自然风光等各个方面。

在线杂志网址是 http：//www. russkiymir. ru/media/magazines/；

在线广播

节目：

《XX 的一生》介绍俄罗斯各领域名人的生平事迹；

《俄语世界之星》介绍各国操俄语的明星；

《文学客厅》了解俄罗斯文学；

《俄语世界精品讲座》与俄语和俄罗斯世界相关的各种讲座；

《莫斯科—休斯顿空中连线》讨论发生在美国的与俄语和俄罗斯文化有关的新闻；

《俄语世界》介绍发生在俄语世界的文化新闻；

《俄语世界在行动》介绍俄罗斯世界基金会的最新消息；

《俄罗斯之美》介绍俄罗斯自然风光；

《智慧语言》介绍俄语谚语、俗语；

《文学谜语》讲述俄罗斯文学创作趣事（花絮）；

《电台剧院》播放俄罗斯戏剧；

《俄罗斯女性》讲述著名俄罗斯女性人物故事

《诗友会》朗读和理解俄罗斯诗歌；

《读懂俄罗斯人》讨论俄罗斯民族性格的形成与特点。

四、俄罗斯俄语推广战略与“俄罗斯世界”基金会的成功经验

（一）从国家战略的高度重视俄语的对外推广

苏联时期，当时的政府并没有明确的俄语推广战略和政策，但由于苏

联的国际地位，俄语在世界范围的影响非常大。世界范围内学习俄语和为俄罗斯文化感兴趣的人数巨大。苏联解体后，俄罗斯面临的国内外环境空前激烈，一方面，独立之后的苏联加盟共和国为了巩固国家独立和本国主体民族的地位，纷纷采取了发展主体民族文化、加强主体民族语言地位的政策。与此同时，世界其他各国学习俄语的人数锐减。另一方面，俄罗斯联邦国内讲俄语的人数也呈下降趋势。在此情况下，独立后的俄罗斯联邦将发展俄语上升到国家战略的高度，力图挽回俄语的颓势。

俄罗斯联邦的语言战略和语言政策在不同时期呈现了不同特点。独立初期，俄罗斯联邦政府的语言政策的重点聚焦于巩固俄语在国内的国语地位。1991 年，俄罗斯出台首部明确俄语地位的法律，即《俄罗斯联邦民族语言法》，该法明确提出：“俄语在俄联邦境内具有国语地位”，在法律上确立起俄语的国语地位。在实践中，联邦政府增加了俄语教育的预算，加强了对国内俄语教师的培训，改善了教学条件。这些措施产生了积极的效果，表现在各类学校的学生人数日益增加，接受教育的年轻人的比例有所增长。

这一时期，数以千万计的俄罗斯人生活在俄罗斯境外，为了保护这些俄罗斯人的利益、文化和价值观念，俄罗斯联邦也出台了相应的法律措施，支持境外（主要是苏联加盟共和国）的俄语教学、培养俄语师资队伍，但受制于俄罗斯经济衰落的现实，俄罗斯难以出台详细的战略规划，并缺少稳定的资金投入来保障俄语的对外推广。

进入 21 世纪以来，俄罗斯的俄语对外推广战略逐渐形成并发展成熟，作为俄罗斯对外文化战略的重要组成部分，俄语对外推广战略不仅明确了战略的目的、战略实施的重点，而且成立了“俄罗斯世界”基金会这一实现俄语与对外推广战略的重要组织。

在 21 世纪俄罗斯首部《对外政策构想》中，明确提出了“俄罗斯应致力于全面维护境外同胞的权利和利益，树立俄罗斯积极正面的国际形象和促进俄语和俄罗斯文化在境外的传播和推广”，表明俄罗斯俄语对外推广战略的目标在于维护境外俄罗斯人的权利和利益、树立俄罗斯积极正面的国际形象。由于苏联国家、东欧各国的俄罗斯人占据了境外俄罗斯人的大多数，因此这些国家成为俄罗斯对外推广俄语的重点。通过整合俄语对外推广资源，俄罗斯成立了“俄罗斯世界”基金会这一机构具体负责俄语对外推广战略的实施。

总体而言，俄罗斯自独立后，一直从战略高度出发重视俄语的对外推广。俄语的对外推广是俄罗斯对外文化战略的重要组成部分，而对外文化战略是俄罗斯国家对外战略的重要组成部分，与俄罗斯国家利益紧密相关。“俄罗斯世界”基金会在很短的时间内就取得了很大的成绩，与俄罗斯政府在战略高度上重视俄语的对外推广密不可分。

（二）俄语对外推广政策的连续性和稳定性

“俄罗斯世界”基金会的成功与俄罗斯对外推广俄语政策的连续性和稳定性密不可分。进入21世纪以来，俄罗斯政治发展稳定，虽然经历了普京、梅德韦杰夫两位总统四任总统时期，但俄罗斯政府的俄语对外推广政策保持了连续性和稳定性的特点。2008年梅德韦杰夫成为俄罗斯联邦的第三位总统，在当年出台的俄罗斯联邦《对外政策构想》中，再次提出了“在境外支持俄语发展、推广俄罗斯文化是俄罗斯对外政策的主要任务之一”。这与普京政府时期的俄语对外推广战略设想保持了一致。更重要的是，在体现俄罗斯俄语政策的政府专项纲要中，俄罗斯俄语对外推广政策无论是在巩固俄语的国语地位、提高俄语的国际地位以及联邦财政预选方面都保持了政策的连续性和稳定性。截至到目前，俄罗斯联邦政府出台了三个俄语专项纲要，分别为2001年的《俄联邦2002—2005年“俄语”专项纲要》、2005年通过的《俄联邦2006—2010年“俄语”专项纲要》、2011年通过的《俄联邦2011—2015年“俄语”专项纲要》，这些俄语对外推广的重要文件是俄罗斯俄语对外推广政策连续性和稳定性的重要体现。如《俄联邦2011—2015年“俄语”专项纲要》明确提出这一阶段的专项纲要是基于前两个“俄语”专项纲要实施的基础上制定的，并对前两个纲要的内容、实施方法和实施效果的评估做了进一步的补充和完善。

在“俄罗斯世界”基金会的项目实施过程中，俄罗斯俄语对外推广政策的连续性和稳定性也得到了体现，如“俄罗斯世界”基金会在设立俄语中心和俄语学堂方面，主要选择在苏联国家、东欧国家这些境外俄罗斯人最为集中的国家和地区设立，体现了俄罗斯一贯重视维护境外俄罗斯人的利益、社会价值观念和俄罗斯文化的立场。在资助项目选择上，“俄罗斯世界”基金会优先选择那些有利于俄语传播、宣传俄罗斯文化的项目。在具体的实践中体现了俄罗斯对外推广俄语政策的连续性和稳定性。

（三）“俄罗斯世界”基金会宗旨和目标明确，重点突出，项目可操作性强

“俄罗斯世界”基金会是俄罗斯联邦在巩固俄语国际地位、提高俄罗斯文化国际影响力的内在动力和国际语言文化竞争加剧的外在压力情况下设立的非盈利性机构。如前所述，“俄罗斯世界”不仅包括俄罗斯族人、俄罗斯公民、境外俄罗斯同胞、移民及其后裔，还包括“学习俄语、教授俄语和讲俄语的外国公民，所有对俄罗斯感兴趣、关心俄罗斯的未来发展的人。”这也意味着“俄罗斯世界”基金会的使命不仅是为境内外的俄罗斯人及其后裔提供俄语和俄罗斯文化的支持，其工作范围扩大到了世界其他国家和地区对俄语学习、对俄罗斯文化感兴趣的人。因此，“俄罗斯世界”基金会的宗旨和目标非常明确，就是向境内外俄罗斯人的俄语教育提供支持，维护境外俄罗斯人在所在国的地位和利益。与此同时，以项目资助的方式对国外民众学习俄语提供支持，提高国外民众学习俄语的热情和扩大俄罗斯文化的影响力。

“俄罗斯世界”基金会是俄罗斯借鉴西方国家推广本民族语言的经验成立的负责在境外推广俄语和俄罗斯文化的专门机构，该机构工作广泛而全面，其主要工作是对世界各地致力于在俄罗斯境外推广俄语和俄罗斯文化的组织和机构进行资助，其中也包括俄罗斯国际科学文化合作中心、国际俄罗斯语言文学教师协会和国立俄罗斯普希金学院所开展的一些活动。

俄语中心和俄语学堂是“俄罗斯世界”基金会的主要品牌，目前为止，“俄罗斯世界”基金会在全球范围内建立了 98 个俄语中心，126 家俄

语学堂。基金会通过捐建、捐助和提供俄语教师等方式支持俄语中心和俄语学堂的建设。这些俄语中心、俄语学堂具有开放性的特点，通过提供俄语书籍、音像制品以供阅览、为开展与俄罗斯相关的研讨、座谈、交流提供场地等方式扩大了俄语中心和俄语学堂在当地的社会影响力。

在设置俄语中心和俄语学堂的地域选择上，“俄罗斯世界”基金会重点突出，一方面，苏联国家、东欧、波罗的海地区由于生活着为数众多的俄罗斯人，这些国家和地区成为俄语中心和俄语学堂的重点设置区域，如在乌克兰、保加利亚、摩尔瓦多、哈萨克斯坦、塔吉克斯坦、吉尔吉斯斯坦等国，俄语中心和俄语学堂数量较多，且分布区域较广。另一方面，在中国、美国、德国、英国国等国家，“俄罗斯世界”基金会设立了数量较多的俄语中心和俄语学堂。这表明，俄罗斯俄语对外推广的重点，一方面意在加强与俄语和俄罗斯文化有传统影响力的国家和地区的文化联系。另一方面，俄罗斯通过发展与世界主要国家的文化交流，参与国际语言文化的竞争，扩大俄罗斯语言和文化的国际影响力。

（四）“俄罗斯世界”基金会与其他文化推广机构分工明确，配合密切，构成了俄罗斯语言文化对外推广的体系

目前，除“俄罗斯世界”基金会外，俄罗斯语言和文化对外推广的主要机构还包括俄罗斯外交部所属的俄罗斯国际科学文化合作中心、教育机构国立俄罗斯普希金学院以及国际性的非政府组织国际俄罗斯语言文学教师协会等，这些机构分工明确，配合密切。其中俄罗斯国际科学文化合作中心通过借助计算机网络和卫星电视建立远程俄语教学体系，开展丰富多样的俄语教学。作为国际性的非官方非盈利性机构，国际俄罗斯语言文学教师协会主要致力于推动俄语和俄罗斯文化的成功教授，发展从事俄语、俄罗斯文学、俄罗斯文化研究的教师和专业人员的交流与合作和尽可能地在国际各民族交流中为俄罗斯语言文学教师工作问题的解决提供帮助。国立俄罗斯普希金学院的主要工作是帮助外国人学习俄语，以教学为基础进行教学法理论与实践研究和教材的编纂。

自2007年俄罗斯外交部启动“俄语年”以来，“俄罗斯世界”基金会与上述俄语对外推广机构在对外推广俄语方面分工明确，相互协调和配合，从而有利于其在具体工作领域取得显著成果，整体上推动俄语对外推广推广工作全面有效地开展。

（五）俄罗斯领导人和俄罗斯政府的高度重视

俄语的兴衰与俄罗斯的战略利益休戚相关。俄罗斯独立后，从叶利钦、普京到梅德韦杰夫，俄罗斯的最高领导人均把“俄语地位问题”作为国家最为关注的非传统安全问题之一加以对待。2001年，普京签署总统令，要求纯洁俄语，以“确保俄语作为国语的最重要地位”。“俄罗斯世界”基金会也是在普京的授意下成立的。2007年，普京亲自发起了世界“俄语年”活动，并由时任俄政府第一副总理的梅德韦杰夫亲自担任“俄语年”活动组委会主席。俄罗斯外交部负责活动的具体承办。梅德韦杰夫担任俄罗斯总统后，将俄语在互联网的传播视为其任内的一项重要任务。梅德韦杰夫呼吁俄罗斯应当获得一个斯拉夫语的互联网域名。他认为全世界有3亿人使用俄语媒体，斯拉夫语互联网域名将是提高俄语重要性的一个关键部分。并将其视作俄语和斯拉夫语重要性的一个标志。普京第三任总统任期以来，在总结俄语对外推广经验的基础上，于2014年6月9日，下令成立总统俄语委员会，以支持和促进俄语的发展。该指令指出，成立俄罗斯总统俄语委员会的目的是保证俄语的发展，保护和支持俄语作为俄罗斯联邦国家语言的地位以及提高俄罗斯国家权力机关在该领域的工作效率。

“俄罗斯世界”基金会的主要资金来源是俄罗斯联邦政府的财政拨款，在2011—2013年，“俄罗斯世界”基金会每年获得的财政拨款约5亿卢布。尽管在资金上严重依赖财政拨款，但“俄罗斯世界”基金会仍然是非盈利性的组织，而非政府组织。政府主要提供俄语和文化对外推广的政策支持和财政支持，而不对基金会的具体活动加以干涉。

“俄罗斯世界”基金会监督委员会汇集了来自俄罗斯政界、商界、教育界和宗教界的众多知名人士，其中包括俄罗斯总统助理福尔森科、外交部部长拉夫罗夫、文化部部长梅金斯基等人，这体现了俄罗斯政府对“俄罗斯世界”基金会在承担俄语对外推广任务的期望和重视。

五、结论

俄罗斯独立之初，俄语和俄罗斯文化的影响急剧衰落，世界范围内讲俄语的人数锐减，甚至俄语在俄罗斯国内的地位也有所动摇。与此同时，进入21世纪以来，国际语言文化的竞争日益激烈，俄语面临其他主要语言对外推广的挑战。在巩固俄语地位、提高俄罗斯文化国际影响力、维护境内外俄罗斯人的利益的内在动力和国际语言文化挑战的外在压力的驱动下，俄罗斯出台了俄语和俄罗斯文化的对外推广战略和政策。

通过整合俄罗斯国内资源，2007年俄罗斯总统普京签署命令，成立“俄罗斯世界”基金会。自成立之初，“俄罗斯世界”基金会即肩负着对外传播俄语和俄罗斯文化的使命，在短短几年时间内，“俄罗斯世界”基金会在全球范围内成立了近百家俄语中心和一百多家俄语学堂。通过分析“俄罗斯世界”的宗旨、目的、机构设置和项目实践，可以了解该基金会的运行机制和成功经验。

俄罗斯世界基金会的成功经验主要包括：俄罗斯联邦政府从国家战略的高度重视俄语的对外推广；制定的俄语对外推广政策的连续性和稳定性强；“俄罗斯世界”基金会宗旨和目标明确，重点突出，项目可操作性强；“俄罗斯世界”基金会与其他文化推广机构分工明确，配合密切，构成了俄罗斯语言文化对外推广的体系；俄罗斯领导人和俄罗斯政府的高度重视等方面。

俄罗斯俄语对外推广战略是俄罗斯对外文化战略的重要组成部分，通过分析俄罗斯俄语对外推广战略和“俄罗斯世界”基金会的运行机制，对于理解俄罗斯的对外文化战略，进而理解俄罗斯国家发展战略，无疑具有重要的现实意义。此外，目前我国也面临着对外推广汉语的文化战略任务，我国在海外建设了众多的孔子学院和孔子学堂。他山之石，可以攻玉，总结“俄罗斯世界”基金会的成功经验，对于我国汉语的对外推广以及孔子学堂的建设，也不无借鉴意义。

（章自力 韦进深）

第三章
英国文化委员会运作机制研究

【摘要】 英国文化委员会（British Council）成立于1934年，是一个以促进国际文化教育交流为目的的准官方机构。它通过遍布全球的230家分支机构和110家教学中心开展英语教学、艺术、科技、法制、管理和信息等项目。委员会在英语海外推广方面发挥着重要作用，已成为一个规模庞大、有巨大影响力的跨国文化组织。不仅如此，英国文化委员会还是英国公共外交的重要执行机构，在全球范围内开展了大量公共外交活动。其公共外交策略包括：注重公益事业的开展、通过隐性方式进行文化推广、与创意产业优势紧密结合、以青年精英为重点目标群体以及充分发挥英国的高等教育和科研优势。通过运用这些策略，英国文化委员会在公共外交方面取得了良好效果，使英国在其他国家民众心目中的形象得到改善。

英国文化委员会（British Council）成立于1934年，是一个以促进国际文化教育交流为目的准官方机构。它通过遍布全球的230家分支机构和110家教学中心开展英语教学、艺术、科技、法制、管理和信息等项目。在其成立伊始，英国文化委员会就明确地将对外文化宣传和推广英语语言作为自己的组织使命，以服务于英国的国家利益为根本目的。正如英国文化委员会所直言："委员会并不假装成慈善性的施舍机构，我们所有的工作都是致力于英国的长远利益。"① 英国的海外英语推广的确已成为本国外

① British Council. British Council Annual Report: 1963 – 1964. London British Council. 1964. p. 18.

交活动中除政治、军事和经济以外的第四个层面，这也是菲利普森称英国文化委员会实际上是英国政府间接对外施加影响的宣传工具，是英帝国主义对外文化扩张的急先锋的原因。①

英国文化委员会在英语海外推广方面发挥着重要作用，已成为一个规模庞大、有巨大影响力的跨国文化组织。其作用如英国前驻伊朗大使安东尼·帕森斯（Anthony Parsons）所言："英国有两样发扬英国文化和英国标准的利器。我指的是英国文化委员会和英国广播公司的海外服务。"②

目前，英国文化委员会组织的各项文化、教育和科技活动共吸引了全球 3000 万人参与，通过网络、电视、报纸等媒体对总数达 6 亿的人群产生影响，总收入达 6.92 亿英镑。经过近 80 年的发展，英国文化委员会已经在全球 110 个国家的 229 个城市设有分支机构，拥有员工 7900 名，其中包括 1800 多名富有教学经验的英国本土的英语教师，为近 60 万名各国学生提供面对面的英语教学。除提供教育资助项目和英语教学外，委员会的工作范围还包括艺术、科学、技术、体育、公共治理和人权等领域，涵盖现代社会生活的方方面面，各种项目的影响人群达到 1.12 亿人。③

不仅如此，英国文化委员会还是英国公共外交的重要执行机构，在全球范围内开展了大量公共外交活动。相关民意调查结果显示：通过英国文化委员会的努力，外国民众对英国形象的认识变得更加丰富和多元，对英国的信任度也随着参加主题活动次数的增多而增多。因此，研究英国文化委员会的运作机制及其执行英国公共外交的行动策略，借鉴其成功经验，对于推动我国孔子学院建设、提升我国汉语海外推广效果和公共外交质量具有重要价值和意义。有鉴于此，本报告将对英国文化委员会的组织架构、资金来源、运作机制和公共外交策略进行系统研究。

---

① Robert Phillipson. Linguistic Imperialism. Oxford: Oxford University Press. 1992. p. 137.

② Anthony Parsons. "Vultures and Philistines: British Attitudes to Culture and Cultural Diplomacy". International Affairs. Vol. 61. No. 1. 1985. p. 7

③ 徐波：《当代英国海外英语推广的政策研究——以英国文化委员会为中心》，西南大学，2009 年博士学位论文，第 136 页。

一、英国文化委员会的成立

英国文化委员会成立于两次世界大战之间，那是一个短暂的和平年代，也是一个危机四伏的年代，对英国而言则是处境异常艰难、“内外交困的20年”。[①]

第一次世界大战后，英国政府亟需通过建立文化组织来维系英联邦。当时的英国虽然取得了第一次世界大战的胜利，但却失去了一个帝国。由于在一战中受到的创伤，英国国力急剧下降，对海外殖民地和国际事务的控制力大不如前，各自治地民族独立运动兴起，希望获得与英国平起平坐的地位。英国议会在1931年制定并通过了《威斯敏斯特法》，以法律形式将英联邦的地位固定下来，自治领获得独立地位。为了保证英国对自治领的影响力，英国需要加强与这些国家的经济文化联系。

“英国政府的实践倾向于承认殖民地的自治，并且将这股力量引导至保持对英国的好感及维持大英帝国的情结上去，但绝不是建立主权国家间的联系”。[②]

“根据1926年帝国议会通过的‘鲍尔弗报告’和1929年专家会议的建议案，英国议会于1931年制定并通过了具有深远意义的《威斯敏斯特法》，以法律的形式将以上两个文件的精神和原则及帝国内部关系所发生的种种变化肯定下来，这标志着英联邦的正式形成。该法的精神实质是肯定了英国的平等地位和承认自治领立法机构享有完全独立的立法权”。[③] 联邦的成立使建立专门机构来加强英联邦成员之间的文化联系成为英国政府的迫切需求。这一设想中的专门机构就是后来的英国文化委员会。

---

① 蒋孟引：《英国史》，北京：中国社会科学出版社，1985年版，第705页。

② Johb Donald Bruce Miller. The Commonwealth in the World. Cambridge: Harvard University Press. 1963. p. 19.

③ 钱乘旦、陈晓律、潘兴明等：《日落斜阳—20世纪英国》，上海：华东师范大学出版社，1999年版，第309页。

成立英国文化委员会的另一个历史背景是，法国、美国、德国、意大利等国相继成立语言文化推广机构，这给英国带来了压力。到20世纪30年代，世界大国几乎都建立了文化外交组织，面对如此迅猛的发展形势，英国政府也开始考虑建立文化组织。早在1888年，法国就建立了专门从事对外法语教学和传播法兰西文化的“法语联盟”。此后，美国、德国、意大利等国步法国后尘，纷纷建立国际文化交流组织，从事文化外交活动。美国于1917年设立了“公共信息委员会”（A Committee on Public Information），德国也建立了“海外保护德意志精神德国学校协会”（The German Schools Association for Preservation of Germanism Abroad）。面对这一态势，英国政府为了抵御其他国家对本国意识形态的渗透，宣传本国的文化传统和价值观，也逐渐将建立英国文化委员会的事宜提上议事日程。[1]

建立英国文化委员会的直接原因则是《迪·阿伯伦报告》和《乔治·威斯特会谈报告》提出的。迪·阿伯伦（D’Abernon）在其报告中指出，在南美洲国家，英国仅在传统行业进行投资但缺少对新兴产业和文化产业的重视，这不利于英国在该地区的发展。在报告最后，他还指出文化宣传与商业有着密切的联系，加强海外教育有利于英国的出口贸易。[2] 该报告以阿根廷英语文化协会为例，认为这个成立于1928年的机构在推动英语和英国文化宣传方面成绩卓著，但由于缺乏资金，这个协会连组织一场学术演讲都很困难。由于缺乏相应的支持，英国的教育在阿根廷影响极小，当阿根廷人把一批又一批的教师送往法国、德国、意大利培训时，就是看不到英国的影子。《迪·阿伯伦报告》出台后产生了较大影响，威尔士王子在1931年访问南美洲后，也公开表示支持该报告，这使得报告获得了政治上的支持。

乔治·威斯特（George West）是伦敦大学国王学院的一名讲师。1934年他接受葡萄牙库巴大学（Coimba University）的聘请前往库巴教学。到库巴后，他惊讶地发现在库巴没有一所英国资助的学校，只有一间阴暗潮湿

---

① 茅晓嵩：“英国文化委员会”，《国际资料信息》，2005年第8期，第37页。

② Report of British Economic Mission to Soth America, 18 January 1930. Public Record Office. Foreign Office 371/14178. A 1908/77/51.

的英语教室。在费力打开这间教室之后，他只发现了一个记载着230本英语书籍的目录簿，而这个目录的文字也大部分残缺不全，英语教学在这里根本不受重视。但是，他在这里却发现有三所学校分别致力于法语、德语和意大利语推广，还有一间西班牙语教室。见到这些景象，威斯特径自乘火车赴到里斯本，未经预约就去见英国驻葡萄牙大使柯劳德·卢梭爵士（Sir Claud Russel）。在会谈中，威斯特向大使讲述了自己在葡萄牙的所见所闻，并指出英国政府对海外教育缺乏重视会损害英国国家利益。这次会谈记录被整理成《乔治·威斯特会谈报告》分发至英国外交部及相关部门，英国政府开始把建立英国文化委员会放在了优先考虑的地位。[①]

在英国文化委员会的筹建过程中，理吉纳·利普尔起到了至关重要的作用。利普尔1888年出生于悉尼，曾就读于牛津大学，并以优异成绩获得了奖学金。他精通俄语，是一名优秀的语言学专家，长期供职于外交部。委员会在创建之初，面临着资金匮乏、人员缺乏、办公条件差和行政管理体系不健全等诸多困难，利普尔凭借顽强的毅力，奔走呼号，克服重重困难，争取政府的资金支持。1935年，他在《当代评论》（Contemporary Review）上撰文写到："我们在阅读别人撰写的关于我们的书籍时总是饶有兴趣，对别人在书中所描述的事实和评论也总能一下子就发现不足的地方。但是，我们却很少意识到，外国人对我们的想法和行为也因不理解而烦恼，当他们表现出不理解时，我们依然无动于衷，不去努力消除造成这种问题的局面。"[②] 他认为，为消除别人的误解，很有必要加大文化宣传力度。此外，他还利用和外交大臣罗伯特·范西塔特（Sir Robert Gilbert Vansittart）私交甚笃的条件，争取到外交部对创建英国文化委员会的大力支持。正是利普尔执着的精神和强烈的事业心使"英国文化委员会从起初一个较小规模的组织变成一个资金充裕、组织庞大的机构，……他是创建英

① Frances Donaldson. The British Council: The First Fifty Years. London: Jonathan Cape. 1984. pp. 23 – 24.

② Reginald Leeper. "British Culture Abroad". Contemporary Review. Vol. 148. No. 3. 1935. p. 201.

国文化委员会的工程师”。[①]

在阿伯伦、威斯特和利普尔的积极倡议下，作为语言文化推广机构的英国文化委员会最终于 1934 年成立。1936 年，英国外交和联邦事务部正式宣布将“英国对外关系委员会”（British Council for Relations with Other Countries）简称为“英国文化委员会”（The British Council）。1940 年，英国文化委员会获得英国皇家特许状，成为正式的社会团体。

二、英国文化委员会的战略目标和工作内容

按照英国文化委员会官方网站的表述，英国文化委员会是“一个在英国注册的非营利性组织”，其宗旨是“在英国国民和外国国民之间建立起互惠关系，让更多人了解英国、学习英语，加深他们对英国创造性思想及其成就的赞赏之情”。[②] 英国文化委员会还在官方网站上对其目标、设想和价值进行了界定。其公开宣称的目标是：通过在全世界范围内不同人群间的知识和观念交流，增进世界人民与英国的联系与信任。委员会认为，在当前这个人口众多、充满危险同时又魅力无穷的世界，英国的未来取决于生活和工作在不同文化背景下的不同人群的协作，而这些又以不同人群的受教育程度、相互理解、尊重和信任为基础。[③]

为实现上述宗旨和目标，英国文化委员会必须开展语言和文化传播这一基础性工作。自建立之初，英国文化委员会就承担着传播英国语言并由此传播英国文化，寻求对英国外交政策的支持和发展对外贸易的重任。1935 年，当时的威尔士王子、后来的爱德华八世就曾说过：“我们工作的出发点必须是我们的语言……但是我们的目标不能止于传播我们的语言，而是更有意义的东西。我们的目标在于帮助尽可能多的人欣赏我们文学的

---

① Frances Donaldson. The British Council：The First Fifty Years. London：Jonathan Cape. 1984. p. 16.

② http：//www. britishcouncil. org

③ British Council. Our Vision，Purpose and Values

荣耀，我们对艺术和科学的贡献，以及我们在政治实践上所取得的杰出成就。要达到这个目的，最理想的办法就是鼓励外国人学习我们的语言。”[①] 对于英国海外英语推广的价值，威尔士王子在英国文化委员会的成立大会上就明确表示其根本目的在于“帮助尽可能多的人认可我们无上辉煌的文学，我们英国人对世界艺术和科学发展的贡献，我们对世界政治文明实践无与伦比的贡献。”[②]

值得注意的是，英国文化委员会的命名经历了多次细微的更改，这一奇怪现象的背后隐藏着深刻的原因。一位在英国文化委员会工作了一辈子的学者曾在其著作中写道：“虽然今日英国文化委员会的挚友遍布五湖四海，但在它的办公大楼走廊里，工作人员不停地在掩饰这样一个事实：99%的英国人不了解英国文化委员会，即使在了解它的1%的人中也很少有人知道‘British Council’究竟代表何意。被省略了的英委会名称既不明了也不利于表达，这正是它为人忽视的原因所在。”[③] 1934年英国政府建立“英国对外关系委员会”（British Committee for Relations with Other Countries）后不久，便改名为英国对外关系协会（British Council for Relations with Other Countries）。但1935年英国外交部又正式宣布：“鉴于众多的批评意见，‘英国对外关系协会’改为‘英国委员会’（British Council）。”[④] 之所以在机构名称中隐去文化推广和对外关系的内涵，是因为这些目标不便被反复明言。如果人们已有“被传播者”的意识在先，很可能会给英国文化委员会的语言文化推广工作带来阻力。

英国王室成员对英国文化委员会的目标定位在英国文化委员会的战略目标中得到体现。英国文化委员会成立初期对外明确宣布的战略目标包括：1. 鼓励人们学习和使用英语，加深他们对英国文学，以及英国对繁荣

---

① Robert Phillipson. Linguistic Imperialism. Oxford: Oxford University Press. 1992. p. 138.

② Alastair Pennycook. The Cultural Politics of English as An International Language. New York: Longman. 1994. p. 147.

③ Frances Donaldson. The British Council: the First Fifty Years. London: Jonathan Cape. 1984. p. 1.

④ Frances Donaldson. The British Council: the First Fifty Years. London: Jonathan Cape. 1984. p. 1.

全世界的音乐、艺术、科学、哲学思想和政治实践所作出的贡献，以更广泛地建立起各国人民对英国文化和文明的赏识；2. 鼓励英国与其他国家的教育合作，帮助海外学生能方便地到英国的学习基地、技术中心和工厂学习，也帮助英国的学生更好地到国外学习；3. 为维持和增强英国的文化传统，在自我管理的范围之内提供相应的机会；4. 确保英国的教育模式在殖民地国家和新独立国家的延续。[①] 具体而言，英国文化委员会的工作内容包括以下五个方面：1. 开展合作项目以加深英国与其他国家之间的联系，建立长期的合作伙伴关系；2. 与其他国家同类组织相互合作并为其他国家的高等教育改革、法制改革提供支持；3. 将英国的艺术和科技活动带到其他国家，促进文化交流；4. 协助英语教学专业人员在其他国家更广泛和更有效地推广英语教学计划，同时该委员会在世界许多城市开设考试中心，通过组织考试使考生有机会评估自己的能力；5. 代表英国的教育和专业机构，免费提供有关英国教育的咨询。

1993 年 11 月，英国皇家协会在追加的皇家授权中提出了委员会的组织目标：在海外建立公众对英国的创造性和科学革新的赏识，加强它们接触英国文化多样性的工作；增强对来自英国的学习机会的范围和质量的国际认可，促进英语学习，加强英国与其他国家之间的教育合作；增强对英国民主价值观念和各项进步事业的共识，与其他国家共同工作以改善政府管理质量、维护人类的普遍人权。这促使英国文化委员会对其工作重点进行了重新定位，引入了更多有助于“增强对英国民主价值观念和各项进步事业的共识”的内容。

英国文化委员会当前的工作重点主要有三项：跨文化对话、气候变化、英国的创造性和知识经济。该委员会在这三个领域的资源分配是有所侧重的。具体来说，委员会把 10% 的资源用于气候变化领域，43% 的资源投向跨文化对话领域，47% 的资源投向英国的创意和知识经济上，通过设立大项目的方式来涵盖英国文化委员会名目繁多的实施项目。[②]

---

① Frances Donaldson. The British Council: the First Fifty Years. London: Jonathan Cape Ltd. 1984. p. 1 – 2.

② British Council. Corporate Plan 2008 – 2011. London: British Council 2007. p. 4.

在气候变化领域，英国文化委员会的工作重点包括：增加人们对处理气候变化问题的意识；支持国际社会为应对气候变化而采取的相关措施并加强有助于减少气候变化影响的关系和网络建设。以国际气候冠军项目（International Climate Champions）为例，委员会从巴西、加拿大、中国等“G8 +5”国家中，选择中等教育阶段的优秀学生，让他们聚在一起各自提出自己应对气候变化的对策。

在跨文化对话领域，英国文化委员会的工作重点包括：增强英国和其他国家民众间的理解和信任；强化反对各种形式的极端主义的全球共识；提升个人和组织的能力，以推动积极的社会变革和建立公民社会；更多地将英语作为国际交流和跨文化理解的工具。为此，英国文化委员会实施了全球青少年交流计划，预计第一阶段将组织 9 次大规模交流，让全世界 550 万青少年通过各种渠道建立友好关系。

在英国的创意经济和知识经济领域，英国文化委员会的工作重点包括：更多地认可英国在国际教育市场上的价值；提升英国作为包括英语教学在内的专业知识和技能发展的来源地的声望；向国际社会介绍英国的创意产业，并增强国际社会的积极参与；加大英国对国际合作研究和创新领域的贡献；确保全球每一位英语教师和学生能够从英国得到高质量的语言服务。为此，委员会实施了一系列项目，其中包括委员会专门设立的国际青年创意活动家奖（International Young Creative Entrepreneur Awards），为年龄在 18—25 岁的各国优秀青年创意活动家提供到英国交流的机会。

三、英国文化委员会的经费来源

英国文化委员会是作为慈善机构登记注册的（英格兰和威尔士的登记号为 209131，苏格兰的登记号为 SC037733）。1940 年，英国文化委员会获得了皇家授权，并在 1993 年获得了追加授权。就组织机构和管理者的构成而言，英国文化委员会的规格是很高的。它的庇护人（Patron）是伊丽莎白二世女王，副庇护人（Vice - Patron）是威尔士亲王查尔斯。外交和联邦事务部（FCO）负责就委员会的政策、运作和业绩接受议会的问询，因为这一机构是英国文化委员会的发起和赞助部门。根据“外交和联邦事务部与英国文化委员会的管理规程”（Foreign and Commonwealth Office/British Council Management Statement）规定，英国文化委员会的活动在满足 FCO 的战略目标和“公共服务协议”（Public Service Agreement，PSA）的前提下能够获得 FCO 的资助。而双方共同确认的“财务备忘录”（Financial Memorandum）则对 FCO 在什么情况下以何种方式向委员会提供资助进行了界定。①

在资金方面，英国文化委员会最开始的费用几乎全部为政府拨款，虽然近年来政府拨款占总预算的比例有所下降，但仍然是相当可观的。1934 年在委员会刚成立时，英国政府的拨款额仅为 5000 英镑，而现在来自政府方面的拨款每年都在 2 亿英镑左右。2007 年，单单来自联邦和外交事务部的拨款就高达 1.89 亿英镑。②

成立之初，英国文化委员会面临的最大问题是资金不足。1935 年度，英国财政部原打算只拨付 5000 英镑给委员会，正因为此，特里尔勋爵在英国文化委员会成立大会上特别提到鲁特斯（W. E. Rootes）等人的慷慨解囊。而同一时期，法国、德国和意大利等国用在文化宣传机构上的费用却达到了 500 万英镑。在各方人士的努力下，英国政府把当年的拨款额提高到 1.5 万英镑。当第二任主席皮尔斯勋爵（Lord Eustace Percy）卸任时，委员会收到的年拨款已从 1.5 万英镑提高到 3 万英镑。但是，要实现委员会设定的雄心勃勃的目标，这些经费仍然是微不足道的。1935 年 11 月，皮尔斯勋爵就曾向政府报告，如果英国文化委员会要实现其目标，除每年的 7.5 万英镑固定资产投入外，还需要每年增加 10 万英镑投入以确保组织正常运行。③

---

① 徐波：《当代英国海外英语推广的政策研究—以英国文化委员会为中心》，西南大学 2009 年博士学位论文，第 70 页。

② British Council. British Council Annual Report：2007－2008. London British Council. 2008.

③ Frances Donaldson. The British Council：the First Fifty Years. London：Jonathan Cape Ltd. 1984. p. 56.

根据英国文化委员会同FCO签订的“财务备忘录”（Financial Memorandum），英国文化委员会必须在满足一定条件下才能获得FCO等政府机构的资助，其预算和执行方式也要符合相关规定。同时，备忘录还对英国文化委员会的资金来源渠道进行了说明。

英国文化委员会的预算收入主要来自资助款、年度资助款余额、预留灵活款项、学费、广泛的市场活动收益以及捐赠收入等。政府提供给英国文化委员会的预算开支主要基于定期开支评估，委员会要在估计全年各项公共开支之后，拟订一份为期三年的预算方案。同时，委员会还需每月向FCO提交其财务信息，以便FCO对委员会的资金使用状况进行监管。根据1993年的皇家授权，英国文化委员会有权利接受、拥有和处置相关财物，拥有同法人团体和个人签订合同的权利，拥有购买或者租借建筑物等物质资产的权利，以及接受团体及个人捐赠等多项法律上认可的权利，但委员会也必须遵守相应的财务管理制度。在开支上，委员会必须遵守一些基本原则，包括公认会计原则（generally accepted accounting principle，GAAP）以及财政部惯常的操作程序等。同时，来自政府的合同项目都有竞争，政府公共开支项目原则上都应采取公开招标的形式，以符合FCO相关的公共采购制度。委员会自身也有一套内部审计制度，以预防欺骗和盗窃事件的发生，一旦发生之后也有相应的处理机制。对于非政府资助款项，英国文化委员会拥有一定的自主权，但需要提交相应的商业风险报告。在员工福利待遇上，除了在当地聘用的临时工外，所有的正式员工都享有养老金和赔偿金权利。委员会超过200万英镑的开支，包括新建办公用地、扩展现有建筑、购买固定资产等花费，都需要向FCO的投资委员会提交备案并批准，必要时还必须向财政部提出申请。①

从“财政备忘录”及实际情况看，英国文化委员会的资金来源主要包括政府资助和自身经营收入两大部分。由于其官方身份，英国文化委员会每年都可以从政府获得大量的财政资金支持。英国外交和联邦事务部（FCO）每年都会向英国文化委员会拨款，以海外发展署（ODA）为代表

---

① 徐波：《当代英国海外英语推广的政策研究—以英国文化委员会为中心》，西南大学2009年博士学位论文，第74页。

的英国其他政府机构也会给予大量的资金支持。据英国文化委员会统计，2007—2008 年度英国文化委员会的总收入达到了 5.51 亿英镑。其中 2.32 亿英镑来自海外英语教学、英语考试、教育及发展合同收入，外交和联邦事务部的拨款为 1.89 亿英镑，其他政府部门的拨款为 700 万英镑。另外，英国文化委员会还通过代管、赞助及储蓄等方式获得了 1.22 亿英镑。①

迄今为止，外交和联邦事务部为英国文化委员会提供了巨额拨款。20 世纪 70—80 年代，政府拨款总和占到总收入的绝大多数（75% 以上）。最近几年，则维持在总收入的 1/3 左右。从近几年的发展趋势及《英国文化委员会规划 2010—2015》报告来看，政府拨款在总收入中的比例越来越低，英国文化委员会对政府资金的依赖程度越来越弱。这一方面是由于政府拨款的减少，另一方面源于英国文化委员会越来越大的全球影响力，与世界各国越来越密切的文化、教育、科技等交流活动使得其能够在各种活动和服务中获得更多收入。②

四、英国文化委员会的组织架构

理事会（Board of Trustees）是英国文化委员会的决策机构。其主要职责包括确立组织的战略发展方向，监督委员会开展的工作，维护组织的理念与治理方式，支持首席执行官和执行委员会实现委员会的使命和目标。理事长由英国文化委员会主席兼任，而主席的任命则需要经过公开的招聘程序，选举结果必须经过外交和联邦事务部同意，其根本的使命在于确保英国文化委员会的政策与组织章程保持一致，并定期就委员会事务向外交和联邦事务部等政府机构汇报。主席任期三年，可连任一届。理事会成员通过选举产生，但有两个成员需由外交和联邦事务国务大臣提名。除了任

① British Council, How we are funded, http: //www. britishcouncil. org/new/ about – us/who – we – are/how – we – are – run/how – we – are – funded/.

② 吴泽林：“英国对华新公共外交：以英国文化协会为例”《国际论坛》，2012 年第 5 期，第 37 页。

命和监督首席执行官外，理事会的根本目标在于确保委员会的政策和行动符合英国的国家利益，切实遵照委员会的章程行事。理事会每年召开六次会议，所有理事任期五年，可以连任。

英国文化委员会的日常行政管理，则由首席执行官负责。在首席执行官下面还有四名常务董事，分别处理委员会的日常运作、创新、资源、战略和对外关系事务，他们共同组成一个执行委员会（Executive Board）。执行委员会是2007年马丁·戴维森（Martin Davidson）上任后设立的，之前相应的机构为“总会长”（Director General），以及之下的“副总会长”（Deputy Director General）、“总会长助理”（Assistant Director General）和一个高级管理战略团队。值得注意的是，英国文化委员会的高级官员从来没有产生于本机构内部，所有的高层管理者都有政府工作的经历和背景。

为帮助委员会更好地制定和执行政策，英国文化委员会还建立了三个全国性的咨询委员会（分别位于苏格兰、威尔士和北爱尔兰）和三个部门性质的咨询团（advisory groups），分别是教育和治理咨询团、英语咨询团、科学和工程咨询团。在各咨询团下面，还有为数众多的顾问团（advisory panels）。“资询团扮演着‘智囊库’的角色，其主要功能是向理事会及首席执行官提供咨询建议”。具体而言，他们的作用包括：1. 对英国文化委员会具有长远战略意义的机会、趋势和问题发表看法；2. 通过充当“回声器（a sounding board）的角色和激发新想法以支持英国文化委员会提出的大规模的、全球性的倡议；3. 提供英国国内主要领域的最新发展信息，帮助英国文化委员会建立同相关个人和组织的联系；4. 在英国国内扮演英国文化委员会的鼓吹者角色；5. 适当地受邀参与英国文化委员会开展的某些特殊项目。

英国文化委员会的一切活动都要接受政府和公众的定期检查，从而保证它的各项活动同政府的导向保持一致。除此之外，该委员会的领导层还要保证它的管理团队，包括由政府机关、商界和出版界任命的各类人员和它的顾问组均要体现大众的广泛兴趣。海外发展署（ODA）负责挑选由它赞助的各种项目的地点，外交和联邦事务部（FCO）负责做出重大决策，诸如在新的国家设立办事处以及实行全球战略大转移等。[①]

五、英国文化委员会的海外英语推广工作

向海外推广英语是英国文化委员会的核心工作。正如英国文化委员会主席在1983—1984年度报告中所指出的："我们的语言是一笔极为巨大的财富，甚至远比北海的石油还要丰富，因为它的储量是取之不尽的。尽管我们不搞垄断，但这一特殊品牌始终极为抢手，我还要高兴地补充一句，指导我们国家命运的人也有此同感，认为有必要对这笔无形的、上帝恩赐的财产进行投资，予以充分开发。"[②] 英国各界人士普遍认为，"如果在世界各地广泛推广英国的女王英语，并对有意学习英语的各国民众大力支持的话，将会是英国人让各国人民普遍接受其商业行为、价值观以及宗教信仰所迈开的最成功的第一步。这样一来，便能复活当地居民的人心和情感，比起舞刀弄剑，或用加农炮征伐来得更有效。"[③]

英国文化委员会一直将海外英语教学视为各项工作的核心，声称"我们所有工作的基础无疑是英语语言"。[④] 在英国文化委员会成立50周年纪念大会上，安东尼·帕伦斯爵士（Sir Anthony Parons）也极力推崇对外英语教学所蕴含的经济及社会价值："如果你十分熟悉别国的语言、文学，如果你了解和喜爱其国家、城市、艺术、人民，在其他因素相同或接近相同的情况下，你会本能地买他生产的产品，而不是买你不了解和喜欢的国家的产品；当认为他做得对时，你会积极地支持他；当他犯错误时，你会

① 徐波：《当代英国海外英语推广的政策研究—以英国文化委员会为中心》，西南大学2009年博士学位论文，第73页。

② David Graddol. The Future of English. Beijing: Foreign Language and Research Press. 1999. p. 127.

③ 大卫·克里斯托著：《英语帝国》，郑佳美译，台北：猫头鹰出版社，2002年版，第111页。

④ Alastair Pennycook. The Cultural Politics of English as An International Language. New York: Longman. 1994. p. 147.

赞成尽量避免给予他过重的处罚。”[①]

与文化传播相比，海外英语教学活动可以更加有效地帮助英国文化委员会掩饰其官方背景。澳大利亚学者阿拉斯泰尔·彭尼库克（Alastair Pennycook）认为，英国文化委员会之所以能声称自己是中立和自治的机构，一个重要原因是“英语国际学习（EIL）这个术语把英语推广描述成了自然的、中立的和双赢的过程。因此，委员会也一直以互利的观点看待双方的关系，把自己定位在这个范围，进而有理由声称英语推广是一件正当的事情。同时，通过把英语推广和英语语言教学同“文化交流”、“发展援助”联系在一起，进而坚持把全球市场看作一个平等的交易。[②] 在1981年美国国际交流署（USICA）同英国文化委员会召开的文化对话论坛上，双方也共同强调：“虽然USICA和英国文化委员会的海外英语教学项目确实而且也应该有自己的利益要求，但两国更一般的目的在于促进英语知识在海外的传播，确保受援国长期有效地使用英语资源，这才是各方都能接受的长期性目标。”[③]

英国文化委员会帮助爱丁堡大学成立了英国第一个应用语言学院，该委员会资助的学者仍然是英国应用语言学专业的主要学生来源。在对外英语教学研究方面，英国文化委员会是英语语言教学杂志《语言教学摘要》和《英国教学文献》的出版者。同时，委员会还是政府资助的联邦英语援助项目（Aid to Commonwealth English，ACE，1962—1976）和重要英国语言教学（Key English Language Teaching，KELT，1977—1989）项目的管理者，广泛涉及教师教育、课程开发、专门英语教学等领域。[④]

为了实现提高教学水平的目标，英国文化委员会积极为英语教学政策制定者和相关机构提供信息和政策咨询，努力提高政策制定者对英语政策

---

① Mitchell. J. M. International Cultural Relations. London：Allen & Unwin. 1986. pp. 19 - 20.

② Alastair Pennycook. The Cultural Politics of English as An International Language. New York：Longman. 1994. p. 151.

③ John Michael Phillips. An Analysis of U. S. Overseas English Language Policy：1938 - 1990. Faculty of the Graduate School. University of Southern California. 1996. p. 545.

④ 徐波：《当代英国海外英语推广的政策研究——以英国文化委员会为中心》，西南大学2009年博士学位论文，第104页。

改革与海外英语教学机会的关注；促使有关英语教学政策的出台，提高教师能力，建立高校英语教学机制，增进世界对英国的理解，建立良好的声誉。英国文化委员会也为从事英语教学的教师提供教学课程资料，进行教师培训，共享网络资源，提高教师的英语水平与课堂技巧，提供更好的教学设施，提高英语教学的整体质量和效率，提高英语教学的权威性和影响力。英语文化委员会还为学习者提供英语课程和学习资源及考试，提高人们对英国英语教学品质的认可，使人们对英国的教育产生一种信赖与渴望，激发世界人民到英国求学的渴望，吸收世界各地的优秀人才，用英国式的价值观念影响他们。①

在海外英语推广过程中，英国文化委员会通过传统媒介或新媒介为更多的学习者提供资源。2010 年 12 月，英国文化委员会开始启动“英语学习广播”项目，启动了第一个广播系列内容“Obla Air”，目前有 40 多个国家和地区的广播电台在播放这个系列的内容。该节目针对处在初级和中级英语水平、年龄在 16—25 岁的年轻听众，介绍工作环境下的社交英语。“英语学习广播”项目 2011 年进入中国，与上海和南京的资深电台建立了合作关系，通过中方合作伙伴的电台以日播和周播的方式为中国听众带来新鲜、有趣、地道的英语资源。② 英国文化委员会还通过“英语学习报纸杂志”项目，致力于为全球 6 岁以上的英语学习者提供寓教于乐的学习资料和互动练习。项目参与的国家遍布亚洲、欧洲、南北美洲、非洲和大洋洲。在中国，英国文化委员会和多家有影响力的报纸和杂志进行内容合作，使学习资源能够传播到中国的各个地区。此外，英国文化委员会还与北京外国语大学的外语教学与研究出版社合作，在 20 世纪 80 年代创办了《中国英语教学》杂志，以求促进英语教学的推广。③ 英国文化委员会还根据各个年龄段英语学习者的特点和需求，制作了专门的英语学习网站，为学习者提供视频、音频、动画、游戏、歌曲和其他文字资料。这些网站针对不同年龄学习者的特点，分为儿童英语学习网站、青少年英语学习网站

① British Council. 2010 - 2011 Annual Report. p. 30.

② http：//www. britishcouncil. org/zh/china - education - learn_ english - radio. htm.

③ http：//www. britishcouncil. org/zh/china = education - teachingenglish - teic. htm.

和适合成年人以及大学生的英语学习网站。学习者也可以通过社交网站、手机、英语学习报纸杂志、广播电台等渠道接触这些内容。丰富的内容通过多种渠道的传播，使学习者可以随时随地找到所需的英语学习和教学资料。①

近年来，网络虚拟服务成为英国文化委员会重点推进的工作。委员会希望借助视频会议和电子社区等方式，通过同世界银行全球发展学习网络（Global Development Learning Network）及其远程学习中心开展合作，进一步扩大其影响范围。与此同时，委员会加大了远程教育和在线学习发展的力度，帮助一些有志于学习英语但又承受不起留学费用，或因工作及家庭原因无法出国学习的人群更方便地学习英语。

除海外英语教学外，英国文化委员会还积极介入了国际英语考试业务，委员会在其 1959—1960 的年度报告中强调："英语作为母语的国家需要帮助指导那些将英语作为第二语言的国家，让他们的变体英语保持在一个能够被理解的范围之内。"② 为海外英语学习者提供英语能力测试就是被英国文化委员会用于减少海外英语变体的重要手段。

"国际英语测试系统"（International English Language Testing System，IELTS，中文简称"雅思"）是由英国文化委员会、剑桥大学考试委员会（Cambridge English for Spokers of Other Languages，ESOL）和澳大利亚国际开发署（IDP）三家机构在 1989 年联合推出和经营的标准化测试项目。该项目主要测试学生的综合英语水平以判断其在英语国家学习或生活的适应能力，内容涵盖听力、阅读、写作和口语四项语言技能。该考试项目目前在国际上影响颇大，其受关注程度与美国的"托福"（TOFEL）考试和 GRE 考试不相上下。③ 全球有超过 6000 所院校机构、政府部门和职业机构认可雅思成绩并将其作为一项权威有效的测试英语沟通能力的方法。每年

① http：//www. britishcouncil. org/zh/china – education – learning_ english_ webs. htm.

② British Council. British Council Annual Report：1959 – 1960. London：British Council. 1960. p. 9.

③ 徐波：《当代英国海外英语推广的政策研究—以英国文化委员会为中心》，西南大学 2009 年博士学位论文，第 106 页。

全球有超过150万人参加雅思考试，并借此获得前往英语语言国家的机会。雅思考试在全世界120多个国家和地区举行，是世界上增长最快的考试之一。在中国，英国文化委员会和澳大利亚教育集团（IDP）共同管理雅思考试，每年向超过20万中国考生提供考试服务。①

博思职业英语水平测试（BULATS）是英国文化委员会承担的另一专门为雇主、应聘者和商业英语学习者设计的快速、可靠、经济的英语测试方式。现在博思已被100多个国家的政府机构广泛采用，其中包括意大利、法国、德国、俄罗斯、土耳其、巴西、日本、韩国、越南和印度尼西亚。它是公司经理、人力资源和培训经理最可靠的评估工具。在中国，包括中兴通讯、微软、阿迪达斯、联邦快递、普华永道、西门子在内的近200家公司选择博思作为招聘、人员培训、选拔和晋升的理想评估工具。上海、杭州、辽宁选择博思作为公务员考试的评估工具。②

为提升海外英语教学效果，英国文化委员会十分注重其内部管理和能力建设。作为一个直接面对消费者的组织，英国文化委员会每年需要同超过1500万消费者进行直接接触。委员会定下的目标是在七天之内回答所有的邮件，在两分钟之内回答所有的电话咨询。为评价自己的工作质量，委员会开发了一套业绩卡，内容涵盖消费者和投资人的满意度、委员会的声望、委员会员工的看法、委员会项目的影响等。在2008—2011年计划中，委员会对自己的业绩设立了一个标准，具体的得分细则为：低于75分表示对委员会业绩不满意并需要修改；75—80分表示委员会的工作在一个可接受的良好水平；超过80分意味着委员会的工作业绩达到优秀。委员会设定了消费者满意值得分要达到80—85分的目标，并准备引入政府的消费者服务优秀标准作为参考以评价和改善委员会的业绩水平。

为切实提高英语教学质量，英国文化委员会在2002年设立了一项英语语言教学创新奖（ELTONS），旨在鼓励英语语言教学新创意和新资源的开发。该奖项被誉为英语教育领域的“奥斯卡”奖。2007年，三款采用多媒体技术的英语教学产品获得此项大奖。同时，委员会通过其教学和考试中

① http://www.britishcouncil.org/zh/china-exams-ielts.htm.

② http://www.britishcouncil.org/zh/china-exams-otherelexams_bulats.htm.

心，收集消费者的消费数据，用长期性结果评估系统（Evaluations of Long－Term Outcomes，ELTOS）评价委员会的工作质量。中东地区还在各分办公室设置了消费者服务经理，启动了消费者卓越服务项目（Customer Service Excellence Project）。此外，委员会还同外交和联邦事务部合作评价他们的工作对公共外交政策的影响。[①]

英国文化委员会的海外英语推广工作具有鲜明的利益导向。正如英国文化委员会所直言："委员会并不假装成慈善性的施舍机构，我们所有的工作都是致力于英国的长远利益。"[②] 英国的海外英语推广的确已成为其外交活动中除政治、军事和经济以外的第四个层面，这也是菲利普森称英国文化委员会实际上是英国政府间接对外施加影响的宣传工具，是英帝国主义对外文化扩张的急先锋的原因。[③]

从经济上看，英国的海外英语推广为英国带来了可观的利益回报。对外英语教学已经成为一个巨大的服务产业，各英语国家都在积极开展对外英语教学活动。在这些国家中，英国无疑具有举足轻重的地位。[④] 时至今日，"英语教学产业（English Teaching Industry）每年给英国带来了数十亿英镑的有形和无形收入，同时也解决了成千上万英国人的就业问题。这对经济不景气的英国而言意义是不言而喻的。此外，英国还是世界上继美国之后的第二大留学生目的国，英国高校每年为英国带来了近40亿英镑的直接收入，这还不包括大量的难以计算的间接收入。英国还是世界上最大的图书出口国，培生教育等出版公司出版的英语推广类书籍，在国际市场上很有竞争力。根据英国高等教育政策中心（Higher Education Policy Institute）的最新统计数字，包括留学在内的"英语产业"每年为英国带来超过

① 徐波：《当代英国海外英语推广的政策研究——以英国文化委员会为中心》，西南大学2009年博士学位论文，第155页。

② British Council. British Council Annual Report：1963 – 1964. London：British Council. 1964. p. 18.

③ Robert Phillipson. Linguistic Imperialism. Oxford：Oxford University Press. 1992. p. 137.

④ British Council. British Council Annual Report：1974 – 1975. London：British Council. 1975. p. 23.

100 亿英镑的收入。[1] 这些都是与英国文化委员会的努力分不开的。

六、英国文化委员会的公共外交策略

从根本上说，英国文化委员会从事语言和文化工作的目的是提升英国在海外民众心目中的形象。这就意味着英国文化委员会事实上承担着公共外交的任务。

公共外交作为一个概念，于 1965 年首次出现。当时美国塔弗兹弗莱彻法律外交学院院长埃德蒙德·古利恩（Edmund Gullion）将其定义为："公共外交旨在处理公众态度对政府外交政策的形成和实施所产生的影响。它包含超越传统外交的国际关系领域；政府对其他国家舆论的开发，一国私人利益集团与另一国的互动，外交使者与国外记者的联络等。公共外交的中心是信息和观点的流通。" 1987 年，美国国务院在其出版的《国际关系术语词典》中将公共外交定义为："由政府主办的交流项目，利用电台、电影、出版物等信息传播手段，意在指导和影响其他国家的公众舆论，减少其他国家政府和民众对美国产生错误观念，避免引起关系复杂化，提高美国在国外公众中的形象和影响力，进而增加美国国家利益的活动。" 从不同的角度出发，学界对公共外交有各种不同的界定。汉斯·塔克给出的定义比较有代表性。他既是一位从事美国公共外交的资深外交官，又是一位研究美国公共外交的权威人士。他提出，公共外交是"政府与外国民众进行交流的一个过程，目的是使自己国家的观念、理想、制度和文化以及国家的目标和现行政策为外国民众所了解"。[2]

公共外交在英国政界得到了高度重视。英国前任常驻欧盟代表迈克尔·巴特勒（Michael Butler）认为，公共外交的目的在于对目标国家施加

---

① Phil Vickers and Bahram Bekhradnia. The Economic Costs and Benefits of International Students. Higher Education Policy Institute. 2007.

② 高飞："公共外交的界定、形成条件及其作用"，《外交评论》，2005 年第 3 期，第 106 页。

舆论影响力，让英国政府、英国公司或英国机构更容易达到它们的目标。英国在目标国国家形象的重要性不言而喻，但这并不意味着这只是唯一的影响因素，最重要的是英国政府实行和阐释的实际政策。[①] 2003年，英国公共外交战略管理委员会（Public Diplomacy Strategy Board）将公共外交定义为“以建立关系和构建伙伴关系让英国之外的个人和组织对英国以及英国的活动、英国女王殿下的目标形成一种积极的影响力”。[②] 该委员会认为，“语言、教育、新闻传媒都是文化的组成因素，其目的是改变他国国民对英国的印象和看法”。

公共外交一词没有在英国文化委员会的官方报告中出现。但事实上，作为英国最重要的语言文化推广机构，该委员会在实施公共外交所需要的资源、渠道等方面有着明显优势，在实践中发挥了旨在提升英国国家形象的公共外交功能。结合其语言文化推广工作，英国文化委员会主要采用了以下公共外交策略：

（一）注重公益事业的开展

英国文化委员会十分注重公益事业的开展。这一工作可以起到提升委员会自身形象的作用，进而为英国赢得“公益事业推动者”的形象。公益事业包括减少气候变化、促进公共卫生、维护国际和平与安全、保护生物多样性等诸多方面。在这些公益事业领域，英国文化委员会实施了一系列项目。

青年酷派项目（Climate Cool）是减少气候变化领域实施的专门项目。该项目开始于2007年，是英国文化委员会在气候变化方面的首个青年项目。项目把亚洲各地的学生和英国的学生联系在一起，旨在帮助年轻人讨论、学习和研究气候方面的议题，使他们更加深入地理解气候变化的影

---

① Mark Leonard. Catherine Stead and Conrad Smewing. Public Diplomacy. The Foreign Policy Centre. 2002. p. 1.

② House of Commons Foreign Affairs Committee. Public Diplomacy. Third Report of Session. 2005 – 2006. p. 12.

响，协助他们寻求现实的解决方法。项目支持当地相关课程的发展及新教学法的创新；创立学习平台，使学生们可以在线共同学习；支持实地考察和研讨会，使学生能够有机会面对面讨论气候议题。[①] 到2008年，英国文化委员会已建立了一个大约有500名来自11个国家的积极会员的网络，项目的形式是帮助年轻的气候倡导者和青年领袖在他们当地的社区开展有利于气候发展的项目，英国文化委员会帮助接洽项目资金，使青年人的想法能够变成现实，并提供领导力方面的培训，参与项目管理。这一项目将英国文化委员会推到了东亚气候变化争论的最前沿，使其成为在东亚地区公共外交和文化交流的一个重要参与者。[②]

英国文化委员会在公共卫生领域推进公益事业的主要案例，是使印度尼西亚的新出现的机会性致病寄生虫感染的诊断实验室程序得到更新并实现标准化。印度尼西亚大学和苏格兰寄生虫诊断实验室之间的双边合作伙伴关系开始于2006年，目的是提高印度尼西亚大学诊断寄生虫感染的能力，以便向社区提供更好的服务；在寄生虫诊断方面为其他实验室提供培训，以改善治疗和管理艾滋病毒感染的病例；并将诊断实验室与临床医院实验室结合起来。对免疫力较低的人群，特别是艾滋病患者来说，机会性致病寄生虫感染也是一个严重的健康问题。在大城市的贫民窟和贫穷的农村地区，感染是很常见的。由于在确定生物体方面缺乏知识和经验，这些感染造成的临床发病率和死亡率很高。通过早期的识别，感染将得到更好的控制，可以避免更严重的后果，这也将间接影响公共健康和经济。[③]

近年来，英国文化委员会还在英语学习项目中注入了维护国际和平与安全的公益内涵。从1996年起，英国文化委员会代表英国外交部、英国国防部和英国国际发展部管理着一个名为“维持和平英语（Peacekeeping English Project，PEP）的新项目，旨在通过提高英语交流能力而减少、解

---

① http：//www. britishcouncil. org/cc_ press_ release_ e_ final. pdf.

② British Council. British Council Annual Report：2008 – 2009. London British Council. 2009. p. 59.

③ 王磊：《世界大国（地区）文化外交：英国卷》，北京：世界知识出版社，2013年版，第287页。

决和预防世界各地的争端。与此同时，委员会还在 21 世纪发起了一个“梦想家团队”的运动节日，40 多个国家的青年人参与到这个项目中，培训了5000 名未来领袖，帮助更多的年轻人为成为“全球公民”（global citizenship）而准备。通过其管理的国际大学生实习交流协会（The International Association for the Exchange of Students for Technical Experience，IAESTE）在英国的项目，达到促进技术和专业发展，提高在校学生、学术团体和企业以及更加广泛的人类社区之间国际理解和合作意愿的目标。[①]

在保护生物多样性方面，英国文化委员会也实施了相关项目。巴基斯坦拥有 1050 公里长的海岸线，具有数量众多的海洋动植物。然而，许多物种已经或正在濒临灭绝。同样，在孟加拉国的圣马丁岛，迫切需要采取措施保护和保全独特的生物栖息地与生物多样性。英国文化委员会推动巴基斯坦卡拉奇大学的卓越海洋生物中心（the Centre of Excellence in Marine Biology，University of Karachi）与孟加拉国的吉大港大学（the University of Chittagong）、伦敦大学（the University of London）、英国海洋生物站（the Marine Biological Station）与英国斯特林大学（the University of Stirling）之间建立了多边伙伴关系。英国文化委员会希望该项目可以提高印度和孟加拉评估、检测、管理保护生物多样性的能力，并根据英国的经验选择有利于环保的水产养殖和渔业技术；同时，希望印度和孟加拉国的合作伙伴能够使所在国的决策者和其他利益相关者意识到制定可持续性的策略来使用和管理自然资源的重要性，这些合作伙伴的工作包括收集样本，进行各领域的研究，比如研究巴基斯坦小溪的浮笼里水产养殖的鱼类；在孟加拉国圣马丁岛进行生物多样性评估；沿巴基斯坦海岸进行生物多样性的评估。研究的成果既出版学术著作，在巴基斯坦和孟加拉国的学术期刊和国际期刊上发表文章，也在两国发行量很大的全国性报纸上发表文章，以提升项目对决策者和普通民众的影响。项目还致力于提供一系列的课程和培训，比如吉大港大学研究生层次的课程以解决在圣马丁的珊瑚和鱼类多样性方面研究的不足为主要内容；在巴基斯坦卡拉奇大学卓越海洋生物中心为 20

① 徐波：《当代英国海外英语推广的政策研究——以英国文化委员会为中心》，西南大学 2009 年博士学位论文，第 104 页。

名学生提供水产养殖的短期课程，这一课程又进一步推广为完整的本科和硕士层次的专业。另外，英国文化委员会还在巴基斯坦和孟加拉举行针对研究人员和学生的短期研讨会，讨论微型浮游生物多样性评估技巧以及海洋生物、水产养殖和渔业多样性保护等问题。研讨会既有著名科学家展示的论文，也支持研究人员和学生进行实地考察。①

英国文化委员会还通过高等教育发展伙伴项目（Development Partnership）推进全球减贫事业。该项目的合作伙伴有英国国际发展部（Department for International Development）、英国文化委员会和参与国的高等教育机构。2006 年开始运作，项目持续 7 年时间，到 2013 年结束。这个项目支持高等教育机构建立伙伴关系，合作推进联合国千年发展目标的实现，旨在使高等教育机构成为非洲和亚洲减少贫困、实现可持续发展的催化剂。②

除全球公益事业外，社区公益事业也受到英国文化委员会的高度重视。英国文化委员会于 2008 年 7 月在中国和东亚开展了“社会企业家技能”项目，这一项目延续至今。该项目为致力于改变社区的人提供社会企业的培训，旨在推广企业家社会责任意识。参加者可以为他们的社区带来新的就业机会、提供更多更好的卫生和社会服务的创业计划。英国文化委员会帮助联系英国和全球的社会企业家网络，获得他们的支持、监督和注资。项目的试验阶段为 2008 年 7 月至 2009 年 3 月，由英国文化委员会中国办公室与中国友成企业家扶贫基金会合作开展。英国文化委员会收到了 300 多份申请，这充分说明了人们对此项目的强烈兴趣和需要。英国文化委员会从中挑选了 50 名申请者参加在北京举行的“社会企业家技能”培训，这些参与者包括资深非政府组织从业人士和在扶贫、助老、就业、教育、环保、残疾人和农村发展等各个领域工作、有创新思想的人士。尽管来自不同背景，但他们都希望对社会企业有更好的了解、增强技能并找到应对社会挑战的有效方法。培训师包括 5 名中国专家和 1 名英国专家。培

① British Council. British Council Annual Report：2007 – 2008. London British Council. 2008. p. 23.

② 王磊：《世界大国（地区）文化外交：英国卷》，北京：世界知识出版社，2013 年版，第 234 页。

训鼓励所有参加者积极参与到讨论、自我分析和小组合作中。为期六天的培训包括使命和价值、环境分析、战略发展、战略实施、财务管理以及影响力评估等主题。参与者运用从培训和小组合作中获得的知识，发展它们的商业计划。由专家组成的委员会从 50 名参与者的方案中评选出最佳方案，该方案获得由中国友成企业家扶贫基金会提供的 5 万英镑作为启动资金。同时，公益组织发展中心（NPI）提供场地、技术和财政支持。该项目使很多参与者意识到企业家的社会责任感，发生了从商业企业家到社会企业家的身份转变。这一项目表明英国文化委员会强调社会责任感，将项目与社会发展相结合，支持草根阶层通过其项目实现自身梦想，同时提升社会责任感。[①]

就业能力技巧项目（Skills for Employability）的中心目标是应对全球化经济发展对技能的需求，强调在竞争日益激烈的劳动力市场中专门技能的重要性，使教育和培训体系能更好地应对劳动力市场的需求和学习者的需要。英国文化委员会通过这一项目，建立了与巴基斯坦、孟加拉国、哈萨克斯坦、乌兹别克斯坦、阿富汗、尼泊尔之间的合作，帮助这些国家建立职业教育和培训的框架，加强英国与这一地区的联系。英国文化委员会借此项目加入到世界银行、英国国际发展部和欧盟共同出资的技术支持类项目中。该项目还为政策制定者、教师、培训者和年轻人在技能培养和创业方面的合作提供机会。英国文化委员会主要在三个领域开展这个项目：进行关于在全球经济中所需技能的政策对话、在科学研究机构之间建立国际合作、推广就业所需英语与技能。在东南亚地区，英国文化委员会与该地区相关机构和部门合作，已经针对就业能力技巧项目达成了三个谅解备忘录，在英国高等教育大学和该地区的技术类大学之间建立了 13 个伙伴关系，同时在创建新课程、教师交流发展和学生与学生之间的互动中也开始展开新的合作。英国文化委员会还在 5 个国家举行了 10 个影响力较大的政策对话，超过 500 名政策制定者参与，并举办了有雇主参与的、职业标准的制定、在职学习质量和保证方面的研讨会和讲习班。超过 1.5 万名年轻

① 王磊：《世界大国（地区）文化外交：英国卷》，北京：世界知识出版社，2013 年版，第 309—310 页。

人参与了英国文化委员会发起的 6 个国家级的创业大赛。在巴基斯坦，就业能力技巧项目与国家职业技术教育委员会（the National Vocational and Technical Education Commission）密切合作，和捷豹路虎（Jaguar Land Rover）这样的公司一起帮助发展就业所需的相关课程以及工作基础方面的培训。英国文化委员会还与工程、时装、纺织品、旅游业和酒店管理等行业领域的 4 个学院合作，提供技术职业教育和培训课程。[①]

英国文化委员会在发展公益事业方面做出的努力广受赞誉。2005 年，英国文化委员会同意大利但丁协会、德国歌德学院、西班牙塞万提斯学院、法语联盟一起获得了著名的阿斯图里亚斯王子和谐奖，以表彰这些机构在促进人类交流和人道主义方面的杰出贡献。用英国文化委员会主席尼尔·基洛克勋爵（Lord Neil Kinnock）的话说，“能够同其他欧洲国家著名的文化机构一起获得这个奖项，是英国文化委员会的莫大荣幸。这是对我们在推动各国间发展卓越的文化和教育关系方面所开展工作的认可”。[②]

（二）通过隐性方式进行文化推广

与语言推广相比，文化推广因可能对他国文化产生冲击，更容易引起他国政府和民众的警惕。为减少他国政府和民众的警惕，提高公共外交效果，英国文化委员会多以较为隐性的方式进行文化推广。英国文化委员会在世界各地举办“英国最美图书”的主题书展和“最美图书之诞生”主题讲座、《莎士比亚》选段朗诵、牛顿、达尔文等英国名人的纪念诞辰等活动。与此同时，委员会还在世界各地推广英国电影、英国音乐，为戏剧舞蹈项目设立奖学金，资助视觉艺术的展览及文学作品的翻译等。这些活动都是在不刻意强调英国文化独特性和优越性的氛围中进行，以淡化其文化传播色彩。

---

① British Council. British Council Annual Report：2008 – 2009. London British Council. 2009. pp. 42 – 43.

② British Council. Communication and Humanity Prize：Principe de Asturias Foundation［EB/OL］.

英国文化委员会还通过组织全球调查、戏剧演出等活动来隐性地宣传英国及英语文化。2004 年，英国文化委员会就进行了一次全球性的评选活动，邀请世界各地的人们选出他们最喜爱的 70 个英语单词，以此纪念该委员会成立 70 周年。英国文化委员会向 46 个国家的 7000 名英语学习者发放了问卷，另有大约 35000 名非英语国家人士也参加了投票，此类活动无疑极大地激发了各国民众对英语的兴趣。2005 年，英国文化委员会在阿富汗资助上演了莎士比亚的戏剧“迷失的爱”，时隔 17 年后英国戏剧在该国的首次上演。虽然戏剧是用阿富汗传统语言达里（Dari）语演出，但观众也可以透过这部永恒的经典了解英国文化。2008 年，英国文化委员会在中东地区实施了一个名为“我父亲的房子”（My Father's House）的图片展览，通过建筑来激发中东地区人民探索文化传统的作用和价值，特别是建筑对一个国家文化传统的影响。英国文化委员会也强调电影、戏剧、文物、绘画等艺术项目对宣传英国文化的重要作用，2008 年出台的“英国文化委员会未来项目中的艺术内容”（Arts Content in Future Council Programmes）报告，也特别强调要加大对艺术展览的资助力度，建议英国文化委员会每年至少投入 3000 万英镑用于英国艺术的海外宣传。①

在以图书为媒介的文化传播中，受众有相对较强的主动性，这使其不失为一种相对隐性的传播媒介。因此，英国文化委员会把图书馆视为文化传播的最佳媒介。在世界范围内，英国文化委员会以本国图书馆系统为原型建立了有 160 多座分馆的图书馆网络。② 英国文化委员会每年在新书和新报刊上的财政支出约为 420 万英镑。图书馆每年流通的图书总量达到 870 万本，向公众提供 120 万人次书目的查询服务。进入 21 世纪以来，英国文化委员会越来越重视电子产品和电子服务。为了获得大英图书馆的资料供给中心的收藏资料，英国文化委员会与大英图书馆进行了密切合作。③

---

① Graham Devlin. Arts Content in Future British Council Programmes. British Council. 2008. p. 8.

② 陶明远、杨贵山：“英国文化委员会与书业的不解之缘”《中国图书商报》，2002 年 4 月 16 日，第 13 版。

③ 陶明远、杨贵山：“英国文化委员会与书业的不解之缘”《中国图书商报》，2002 年 4 月 16 日，第 13 版。

在派驻代表的每个国家，英国文化委员会都会从当地招募并培养合格的专业图书馆工作者。英国文化委员会图书馆都是针对当地的需要选择馆藏资料、图书、期刊，由图书馆专家具体负责实施。2001—2002 年，委员会有超过 30 万名图书馆成员，回答了 180 万次关于英国和在英国求学的咨询，在英国举办了 40 场研讨会，来自 107 个国家的 1000 名专家出席了各种会议。但委员会的图书和信息服务一直面临着资金上的压力。1979—1984 年间，相关投入在委员会的总投入中减少了 18%，1998—1999 年间又减少了 12%。委员会的许多图书和信息服务被迫转向更有针对性的服务，以使有限的资源发挥最大的影响。[①]

出于与重视图书媒介相同的原因，英国文化委员会把图书贸易视为传播文化的重要途径。委员会不仅积极参加大型国际书展，展示英国出版业的成就，而且经常在海外寻找合作伙伴，以进一步推动图书贸易。英国文化委员会每年都积极参加大型国际书展，在展会上介绍英国的图书和多媒体产品。同时，为扩大英国文化产业在发展中国家的影响，英国文化委员会一直努力发展出版和信息产业的基础设施。[②]

为使当地特点得到更多尊重，英国文化委员会允许世界不同地区的图书和信息服务中心根据本地情况选择自己的目标人群。1994 年，各地区的分支机构的目标人群实现比例各有不同。从马德里的 10% 到博洛尼亚的 21% 不等。英国文化委员会信息服务主任曾建议各地的图书和信息服务中心应该重点服务法律、经济、社会政策、现代历史、政府和公共管理方面的人群，他们被看作是应该争取的高端人群。随着信息技术运用普及程度的提高，英国文化委员会在世界上的许多图书和信息服务中心也正在弱化其借阅功能，而将其重点放在信息中心上，许多相应的机构也改名为英国研究中心，有的机构则调整为英国专业书籍的代理机构。2007 年 3 月，委员会宣布将加大对中东、南非、中亚和南亚地区的投入，削减其他服务开

---

① Wayne Harper. "British Council LIS in Italy: A Marketing Perspective". New Library World. Vol. 59. No. 11. 1998. pp. 149 – 155.

② 温李鹏：《英国的文化外交及其在中国的运用》，外交学院 2009 年硕士学位论文，第 19—20 页。

支，关闭在欧洲的图书馆和办公室。2007 年 6 月，特拉维夫和耶路撒冷的图书馆被关闭，雅典和贝尔格莱德地区的图书馆也在当年 7 月被关闭。委员会的目标是减少在这些国家的物质消耗，把资金转向文化、教育、科学和研究领域。[1]

双向文化交流可以强化受众的主体意识，减少其排斥心理。因此，英国文化委员会注重双向文化交流。正如英国文化委员会前会长尼尔·金诺克（Nell Kinnock）所强调的："我们所有的活动都致力于促进、推动和培育人们对英国的认识，同时也通过建立多样的伙伴关系以及各国艺术家、记者、学者、政治家或其他团体到英国参访的形式，接受各种世界不同文化的影响。英国文化委员会自成立之日起，就与众不同，因为它从不单方面输出文化，我们一直是注重发展双向交流的文化关系。"[2]

康米纽斯计划（Comenius）和伊拉斯莫斯计划（Erasmus）是英国文化委员会参与欧盟推出的苏格拉底计划（SOCRATES）中的两个教育项目。在这两个项目中，双向文化交流得到了充分体现。苏格拉底计划是一个综合教育计划，其内容包括从幼儿教育到成人教育的全部内容，目的是加强各类教育工作；促进和普及欧盟语言知识；加强教育合作与教学人员流动；鼓励教育实践和教材创新；促进教育机会均等。在此项目下进行的康米纽斯计划旨在鼓励英国的学校和大学与欧洲建立校际伙伴关系或采用欧洲的课程体系；伊拉斯莫斯计划则希望在高等教育领域促进学生交流和提高师资能力，支持英国学生到其他欧盟国家学习或工作，学成回国后其学习成绩根据欧洲学分体系得到承认，也资助英国大学教师到欧洲的大学或企业进行教学或培训。[3] 英国文化委员会对参与为期两年的项目的老师所作的调查显示，97% 的老师能力得到提高，87% 的老师自觉性提高，93% 的老师跨文化意识或欧洲认同感提高；97% 的教师所教学生的跨文化意识

---

① Helena Smith. "Outcry as British Council Quits Europe to Woo Muslim World". The Observer. 5 August 2007.

② Ali Fisher. A Story of Engagement: the British Council 1934 – 2009. British Council. pp. 4 – 5.

③ British Council. 2009 British Council Activity Report Comenius and Erasmus Yearly Report on Programme Implementation. London: British Council. 2009. p. 4.

提高。由此可见，该项目有助于教师自身的能力提高和欧洲认同感的增强，并且使学生的能力和欧洲认同感得到增强。也有参加过伊拉斯莫斯项目的学生感到此项目增加了他们的语言能力，丰富了他们的海外经历，提高了他们进行跨文化交往的能力，使他们在求职时具有更多的优势。[①] 通过这两个项目，英国与欧洲其他国家在教育领域交流互鉴，在本国学生和教师的跨文化交往能力得到提高的同时，英国文化与欧洲其他国家文化也实现了双向互动。

（三）与创意产业优势紧密结合

英国曾经是头号制造业大国，并因此被称作“世界工厂”。时移世易，英国的制造业早已日薄西山。但近年来，英国创意产业的蓬勃发展使“英国制造”重新焕发出生机和活力。譬如，英国广播公司制作的纪录片播放版权出口到世界各地，被译制成多种语言版本在各个国家电视台播放；《唐顿庄园》《神探夏洛克》等英国电视剧受到全球观众的狂热追捧；许多世界著名品牌的创意设计灵感都来自英国设计师；目前全球生产每一辆车的原型中，都有英国皇家艺术学院学生或毕业生的创意。

英国的创意产品风靡全球，与英国政府对创意产业的大力推动有着密切关系。事实上，创意产业的理念就是英国政府在 20 世纪 90 年代首先提出的。根据英国政府的官方定义，创意产业是指源自个体创造力、技能和天分，通过对知识产权的开发和运用，具有创造财富和就业潜力的行业。具体而言，创意产业包括广告、建筑、艺术与古董市场、手工艺、设计、服装设计、电影与音像、互动娱乐软件、音乐、表演、出版、软件与计算机服务、电视与电台等 13 个行业。在提出这一理念后，英国政府很快就将创意产业提升到国家战略高度，积极推动创意产业发展。

英国发展创意产业有其深刻的社会背景。20 世纪 90 年代，英国经济发展长期处于停滞状态，政府亟需找到新的经济增长点。经过一段时间的

---

① British Council. 2009 British Council Activity Report Comenius and Erasmus Yearly Report on Programme Implementation. London：British Council. 2009. p. 9.

考察和研究，英国政府决定将新的经济增长点确定为创意产业。1997年，英国政府成立了“创意产业特别工作组”，由时任工党首相托尼·布莱尔亲自担任主席。他提出将创意产业作为振兴英国经济的重要手段，要“通过英国引以为豪的高度革命性、创造性、创意性来证明英国的实力”。

这个特别工作组负责协调和指导全国创意产业的发展，包括制定各项政策、规划发展蓝图、制定预算和划拨资金等。卡梅伦联合政府上台后，又成立了创意产业委员会。该委员会由来自不同领域的企业家、投资者和专家学者组成，针对产业发展中的具体问题提供更加专业的指导和咨询。

在英国政府的积极推动下，英国的创意产业实现了蓬勃发展，并且起到了带动英国经济发展的预期作用。目前，创意产业在英国国内生产总值中的比例已达8.2%，其增长速度是整个国民经济增速的两倍；创意产业的出口增长更为迅速，平均年增长率达到11%；创意产业吸纳的就业人数占英国就业人口总数的8%以上，其就业率的增长速度是英国平均就业率增长速度的5倍，每小时为英国经济贡献800多英镑。可以说，创意产业已成为英国经济的支柱产业之一。

英国政府发展创意产业的成功实践，离不开一项又一项实实在在的政策支持。经常被分析家提及的政策支持包括对创意产业基础研究的支持、对从业人员技能培训的支持以及对相关企业的财政扶持、融资支持和税收减免。除这些政策支持外，英国政府还在创意人才培养上下足了功夫。英国孩子从12岁开始一直到大学都要学习设计理念，并且一般都邀请专业领域的相关专家授课。英国政府还通过出资支持一些专业协会开展创意教育，使33万英国青年被纳入创意合作伙伴计划。由此，英国政府在创意教育方面做到了从娃娃抓起和向大众普及。

英国政府在创意人才教育上的投入还在继续加强。2013年年底，英国政府又启动了一项名为“建设创意国家”的项目，计划联合英国的创意企业和教育部门，帮助年轻人学习创意产业的基本知识和技能，推动其日后在创意产业就业。对于启动“建设创意国家”项目的原因，英国创意与文化技能委员会的解释是：应对人才断层危机的需要。其实，英国创意人才教育方面的持续投入已使创意产业具备了较好的人才基础。创意与文化技能委员会所说的危机应该是一种危机感。当然，有危机感，对创意人才教育和培养的重视就会有增无减，这对英国创意产业的持续繁荣也非常重要。

英国通过精心打造形成的创意产业优势在英国文化委员会开展的文化推广活动中受到高度重视。创意产业优势与文化推动活动的紧密结合，使创意产业的软实力成为英国公共外交的“助推器”。

作为一种重要的创意产品，当代艺术品被用于英国文化委员会的文化推广活动。英国文化委员会的艺术珍藏被公认为全球最精美的英国当代艺术收藏之一。经过70余年的积累，英国文化委员会收藏了超过8500件出色的英国艺术品。这些艺术收藏品在全球巡展中亮相并部分陈列于英国文化委员会在100多个国家的办事处。作为英国参加2010年上海世博会的重要项目之一，英国文化委员会在上海民生现代美术馆举办了“未来总动员：英国文化委员会当代艺术珍藏展”。参展作品中创作时间最近的一幅，是丽贝卡·沃伦的《P/D》（2009）钢板装置艺术，这件极富当代精神的作品可以让观众体验到英国当代艺术的最新面貌。此次展览展出了41位英国艺术家的作品，包括达明安·赫斯特（Damien Hirst）、安尼诗·卡普尔（Anish Kapoor）等蜚声国际的22名特纳奖得主和被提名艺术家。展览呈现出英国当代艺术发展的缤纷历程，为中国观众带来了一场精彩的英伦视觉艺术大餐。在运输此次展览的全部89件展品时，一共动用了72个大型集装箱盒，仅《民间档案》系列作品就动用了29个大型集装箱盒。这次展览是2010年上海世博会的重要文化交流项目。除在世博会上展出外，还在中国进行了全国巡展。英国文化委员会联系了多个省市的6位策展人进行联合策展。这是英国领事馆文化教育处以及英国文化委员会有史以来规模最大的一次展览，体现了英国政府对在中国推广英国新形象的高度重视。①

英国文化委员会还积极开展创意英国宣传活动。2003—2004年，英国文化委员会耗资500万英镑，在北京、上海、广州、重庆四大城市举办了

① 王磊：《世界大国（地区）文化外交：英国卷》，北京：世界知识出版社，2013年版，第313—314页。

主题为“中英共创未来”的创意英国宣传活动。上海世博会期间的六个月，英国总共安排了2007场演出。除了向将近800万名英国馆参观者展现英国艺术文化外，还与很多艺术机构建立了长期的文化艺术合作关系。[①]时任英国驻沪总领事艾琳表示：“英国在上海世博会上的展示将颠覆人们对英国的传统印象。”时任中国驻英大使刘晓明称赞：“英国馆以其创意和创新吸引了800多万中国观众，并获得世博会设计金奖。”[②]

（四）以青年精英为重点目标群体

英国文化委员会以青年精英为重点目标群体，长期实施以海外青年精英为对象的文化交流项目。“志奋领”奖学金（Chevening Programme）就是此类项目之一。该奖学金是英国政府最具代表性的旗舰奖学金项目。无论就奖学金金额还是其声望而言，该奖项在世界很多国家都享有很高的知名度。该项奖学金由英国外交和联邦事务部出资，由英国文化委员会负责管理。在基于竞争的基础上，为拥有学士学位并能运用所学的新技能为各国的社会及经济发展作出贡献的专业人士提供硕士知识和技能培训。该奖学金项目已落户到130多个国家和地区，每年向全球提供超过1000份奖学金，还有200多份助学金项目。获得“志奋领”奖学金项目的学生每年可获得最高额度为1.2万英镑的学费资助，还有9500到1.1万英镑的生活补贴，同时提供一次国际往返机票及签证费用，部分奖学金获得者还可得到英国外交和联邦事务部合作伙伴或赞助商的联合资助。这使得“志奋领”奖学金在全球颇具吸引力。与此同时，这一奖学金项目的要求也颇高，要求申请者具有他们认可的“志奋领”特质：雄心壮志和领导潜能、致力于改革、灵活多变、有创新能力、能适应瞬息万变的环境等。据英国文化委员会调查，那些获得“志奋领”奖学金的25到35岁的年轻人回国后通常

---

① British Council. British Council Annual Report：2010 – 2011. London British Council. 2011. p. 35.

② British Council. British Council Annual Report：2010 – 2011. London British Council. 2011. p. 35.

都能在本国找到一个很有影响的职位，并把他们在英国的学习经历带到国内和国际事务当中。①

英国的奖学金项目和其他教育资助在英联邦国家培养了很多了解英国、甚至认同英国的精英，也促进了奖学金获得者在本国的事业发展。2008 年，在对英联邦奖学金委员会进行的调查中，一位来自斯里兰卡的学者说："通过英联邦奖学金，我曾在牛津大学学习金融法。这使我现在可以对我国的财政和经济管理施加重要的影响。"英联邦奖学金委员会在 2008 年对曾获奖学金人员的调查中发现，70% 的受访者一直保持着与英国大学的联系。52% 的受访者保持着与英国的工作联系，72% 的受访者保持着与英国的社会联系。②

除"志奋领"奖学金外，英国文化委员会还适时推出其他青年领袖训练项目。委员会为非洲撒哈拉以南地区 60 多万年轻人提供领导力、创业和其他与工作相关的技能培训；还为 650 万人提供专业考试和其他项目。此外，英国文化委员会还通过国际发展部门（Department for International Development）的"学校伙伴项目"（Global School Partnership）与"链接教室项目"（Connecting Classrooms），与 3000 多所学校以及大学等教育机构建立了联系，覆盖了 550 万人。③

为迎接伦敦奥运会的到来，英国文化委员会与伦敦奥组委、英国国际发展部、英国体育部门（UK Sport）、联合国儿童基金会（UNICEF）等合作伙伴一起发起了"国际激励"项目，该项目的宗旨是利用体育的感召力，通过高质量及包容性的体育教育、运动和游戏丰富发展中国家学校和社区中数以百万计儿童和青少年的生活。此项目目标的实现在拉美面临着巨大挑战，因为很多地区生活条件极为恶劣，儿童缺乏基本的生活保障，缺乏高质量的体育和运动条件。为在拉美地区实现其目标，英国文化委员

① 徐波：《当代英国海外英语推广的政策研究—以英国文化委员会为中心》，西南大学 2009 年博士学位论文，第 126 页。

② 王磊：《世界大国（地区）文化外交：英国卷》，北京：世界知识出版社，2013 年版，第 188—189 页。

③ 王磊：《世界大国（地区）文化外交：英国卷》，北京：世界知识出版社，2013 年版，第 227—228 页。

会直接培训教师，使他们能够对年轻人进行高质量的体育教学，同时训练年轻人成为青年领袖，让他们在自己的社区组织体育盛会，真正使青年学生在体育运动中受益。“国际激励”项目的成果是非常可喜的。英国文化委员会培训了250多名青年领袖，5000多名儿童从他们组织的体育活动中受益。体育和运动也成为学校和社区解决争议的一种途径。①

（五）充分发挥英国的高等教育和科研优势

英国文化委员会通过充分发挥英国的高等教育和科研优势来提高文化交流项目的吸引力。“志奋领”奖学金项目之所以能吸引来自全球各地的大量学生，各种青年领袖训练项目之所以能在世界各地顺利实施，部分原因在于英国文化委员会充分发挥了英国在高等教育和科研领域的优势。

英国拥有牛津大学、剑桥大学、帝国理工学院、伦敦政治经济学院、伦敦大学学院等世界一流大学。在各类世界大学排名中，英国大学一直表现不俗。在世界前100名大学排行榜中，英国大学数量仅次于美国。高质量的学术研究以及英国政府推行的以质量为导向的科研评估机制是英国在高等教育领域保持领先地位的重要原因。

近年来，由于为招收更多海外学生而降低入学门槛、一年制硕士项目学习时间过短等原因，很多不像牛津、剑桥那样名声赫赫的英国大学在中国的认可度呈下降趋势。或许是因为受此影响，一些对英国高等教育持负面评价者对英国的科研实力也不以为然。

然而，实际情况并不是他们想像的那样。总体而言，英国的学术研究堪称卓越。这可以从以下数据中得到体现。根据英国商业、创新和技能部（BIS）发布的《2011年英国学术研究现状国际比较报告》，尽管英国学者产出论文的总量并不处在世界领先位置：2010年为12.4万篇，明显低于美国的46.5万篇，也低于中国的33.1万篇。但从被引频次和高引论文总量看，英国仅次于美国，居世界第二位；再从研究人员中每万人高引论文

① British Council. British Council Annual Report：2007 – 2008. London British Council. 2008, pp. 45 – 46.

量这一指标看，英国位居世界首位，高出我国近12倍。

为什么英国学术研究能有如此卓越的表现呢？英国政府在全国范围内开展的以质量为导向的“科研评估机制”（Research Assessment Exercise，RAE）是其中主因。科研评估机制于1986年开始推行，是“撒切尔计划中公共开支问责制”的一部分。英国政府以RAE评估结果作为分配科研经费和确定院系排名的依据。在过去的20多年时间里，RAE分别于1986年、1989年、1992年、2001年和2008年开展了六次科研评价活动。在2008年评估结束后，英国政府决定以“研究卓越框架”（Research Excellence Framework，REF）取代RAE，2014年开展的新一轮科研评估将采用REF评价体系。

无论是RAE还是REF，科研成果质量都是核心指标。RAE和REF均规定，每一名参与评估的科研人员最多提交4份代表其研究水平的作品，评审专家组根据代表作质量对科研人员水平作出判断。这一规定的直接影响是：对于科研人员来说，追求成果数量没什么好处。因为，再多的数量也不会带来更高的评估得分；相反，追求成果数量难免会造成科研人员精力分散，从而影响其用于RAE或REF评估的代表作质量。有这条规定在，科研人员自然会精心打造自己的“拳头产品”，而不会片面追求更长的发表清单。

为进一步强化质量导向，RAE和REF还采用加权式评分方法。具体做法是，各学科评审专家组对各单位提交的代表作按质量高低分为若干个星级，并对不同星级赋予不同权重。星级数量并不固定，有时采用五星等级，有时采用七星等级。2008年RAE评估和2014年开展的REF评估均采用五星等级。在五星等级体系中，4星为“世界领先”，3星为“国际优秀”，2星为“国际认可”、1星为“国内认可”，0星则意味着“研究质量尚达不到国内认可标准”。不同星级成果的权重分别为：4星为3，3星为1，其他星级均为0。这样的加权评分方法意味着：2星及以下的成果没有意义，科研人员只有产出“世界领先”的4星成果或者至少是“国际优秀”的3星成果，才有分可拿；科研人员也只有做出“世界领先”或“国际优秀”的成果，才能对提高其所在院系及大学的评估得分有所帮助。

由于 RAE 和 REF 评估结果不仅是英国政府分配科研经费的重要依据，还直接关乎各大学的学术声誉，各大学通常会想方设法聘请至少能够做出“国际优秀”成果或者有此潜力的优秀学者。出于这一目的，很多英国大学的师资招聘范围都不限于英国，而是实行全球招聘。由于实行全球招聘，英国大学里随处可见外国教授的身影。

在以质量为导向的科研评估机制激励下，英国在高等教育和科研领域长期保持着领先优势。这一领先优势帮助英国文化委员会确立了各类教育交流项目和青年领袖培训项目的良好声誉。

七、结论

英国文化委员会是一个具有官方背景的语言文化推广机构。海外英语推广是英国文化委员会的核心工作。该委员会注重内部管理和激励机制建设以及传统媒介与新媒介的结合，这为其海外英语教学提供了质量保证。在从事海外英语推广工作的同时，英国文化委员会还大力开展文化推广和文化交流活动。从本质上说，这些活动属于公共外交的范畴。其公共外交策略包括：注重公益事业的开展；通过隐性方式进行文化推广；与创意产业优势紧密结合；以青年精英为重点目标群体以及充分发挥英国的高等教育和科研优势。通过运用这些策略，英国文化委员会在公共外交方面取得了良好效果，使英国在其他国家民众心目中的形象得到改善。

以英国在中国民众心目中的形象为例。2002 年，英国政府在中国开展了一项民意调查，试图了解中国人对英国的印象。调查结果显示，中国人对英国形象的认识仍停留于负面印象中。对英国形象的描述也仅仅是“经典的”、“传统的”、“有礼貌的”等词汇。这种印象反映了中国民众对英国形象的认识还比较陈旧和落后，而 2012 年，英国开展的一项民意调查显示：尽管“经典的”、“传统的”仍是许多中国民众对英国的印象，分别占到总数的 16.81% 和 15.08%。但是“有创意的”（14.5%）、“多元的”（12.48%）、“国际的”（10.9%）、“精彩的”（9.9%）等这些词汇也得到了较多的票数。从调查结果可以看出，通过英国文化委员会多年的努力，中国民众心中的英国形象已不再停留于传统的看法，对英国形象的认知更加丰富和多元，并且形象认知从“传统”向“现代”、“创新”、“活力”的转变倾向愈益明显。另据英国著名的民调机构 YouGov 曾经在中国开展的关于“英国文化委员会的活动对中国年轻人的影响”的调查结果，“英国文化委员会的活动与中国的参与者对英国的参与者与对英国的信任度呈正相关关系，参加活动的中国年轻人对英国的信任程度比没有参加过活动的年轻人高 10%—20%。并且，这种信任度随着参加活动数量的增多而增加。①

与英国文化委员会一样，我国孔子学院也扮演着语言推广机构和文化推广机构的双重角色。英国文化委员会运用的某些策略以英国在特定领域的优势为前提，很难为孔子学院复制。但注重内部管理和激励机制建设，注重公益事业的开展、通过隐性方式进行文化推广、以青年精英为重点目标群体等策略和经验值得孔子学院借鉴。

（刘宏松）

① 吴泽林：“英国对华新公共外交：以英国文化协会为例”，《国际论坛》，2012 年第 5 期，第 40 页。

第四章

法语联盟文化推广战略研究

【摘要】法语联盟于1883年由当时法国社会一些名流精英发起创立，原名“为在海外殖民地推广法兰西语言的全国性协会组织”，协会自创立起便得到法国政府大力支持，并吸引了更多各界知名人士参与。法语联盟因奉行不参与政治活动，不介入宗教、种族矛盾的原则，很快得到海内外积极响应，各地纷纷成立法语联盟当地协会。除遭受两次世界大战曲折外，法语联盟总体发展顺利，至今在全球137个国家共有819个成员机构，上千所法语培训学校，每年注册学员超过50万；法语联盟历史之悠久、成员网络覆盖程度之广、办学规模之大、口碑之好，均为外国类似语言文化推广机构难以匹敌。法语联盟总部为非营利公益性基金会性质，法语联盟成员则是依据所在地法律组建、受所在地法律管辖并通常具有独立法人资格的机构，绝大多数属于非营利协会组织；它们彼此之间不存在法律上的隶属关系。法语联盟的宗旨为：在全世界传播法语，扩大法国思想和法国精神的影响，尤其是团结生活在海外的法国人和热爱法国的外国友人，使他们继续保持或发扬对法国语言及思想的热爱。总部法语联盟基金会和各联盟成员采用理事会模式管理；总部通过向相关国家或区域派驻总代表的方式，加强与各联盟成员的协调；总代表往往兼任某个联盟成员的负责人。法语联盟活动范围涵盖五大洲，总部的工作职责主要包括审核批准分支机构组织章程，授予“法语联盟”冠名权，监督分支机构章程实施，协调分支机构活动，对分支机构提供培训管理等支持。法语联盟成员的主要工作职责为组织法语教学和文化艺术活动，推广法国语言文化；各成员享有教师聘任、教学组织自主权；课程形式多样，完全按照当地需求设置，教学以互动模式为主。法语联盟资金来源包括法国政府资助、企业或个人赞助及办学收费三方面，其中办学收费比重最大，政府资助规模趋于减少；2013 年法语联盟网络分支机构自筹资金的总体比例超过 96%，基本上做到了用外国人钱财实施法语及法国文化推广工作。

通过调研，本章对孔子学院建设提出七个方面借鉴建议，即：针对不同国家或地区尝试采用不同创办模式，弱化政治因素；广泛吸收国内外知名人士积极参与；拓宽资金筹措渠道，增强资金自筹能力；通过派驻国家或区域总代表的方式加强对整个网络的管理；做好教师选拔工作，注重师资能力培训；注意教材更新，课程设置多样化；同时在国内开设孔子学院，通过内外联动，增强品牌宣传效果。

一、引言

根据 2014 年“法语国家及地区国际组织”（Organisation internationale de la Francophonie）观察机构发布的最新全球法语状况报告，目前全世界五大洲共有 2. 74 亿人说法语，其中 2. 12 亿人以法语为母语，其余 6200 万人则多数通过中学或大学期间学习作为外语掌握该门语言。此外，目前约有 1. 25 亿人在学习法语；与英语一样，法语是全球非母语国家人士首选的学习语言之一。根据评估，从语言的使用人数统计，法语是世界上第五大语言，位列汉语、英语、西班牙语和阿拉伯语之后。

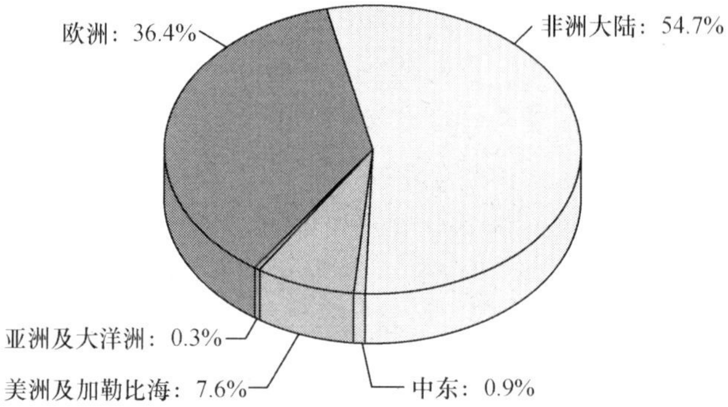

图 1　全球以法语为母语与生活语言国家及地区的分布情况

2014 年，在亚洲及大洋洲区域，0.3% 的人日常用语为法语，6% 的中学生和大学生作为外语学习法语。

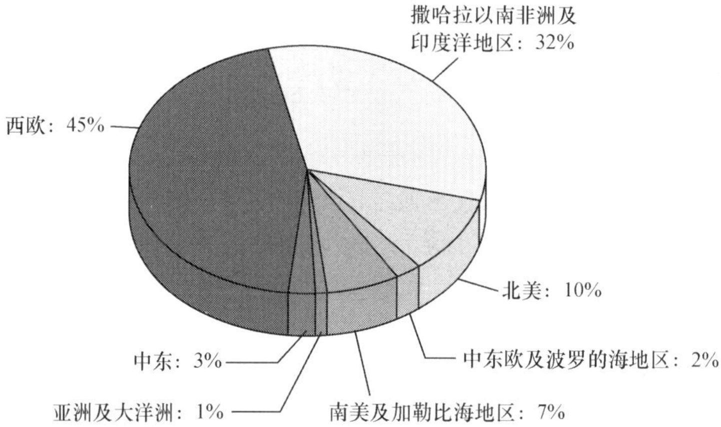

图 2　2015 年法语人口在世界各地的分布情况

1.25 亿法语学习者中，4900 万以法语作为外语学习，他们分布于 159 个国家，其中北非和中东、撒哈拉以南非洲及印度洋地区、美洲及加勒比海地区、亚洲及大洋洲和欧洲各有 19 个、25 个、34 个、37 个和 44 个国家；就学习者人数而言，北非和中东地区远居首位，超过半数（52%），其次为欧洲（22%），后面依次为美洲及加勒比海地区（13%）、撒哈拉以南非洲及印度洋地区（7%）和亚洲及大洋洲（6%）。最后两大区域尽管目前人数占比最低，但却是近年来增长速度最快的区域，自 2010 年以来分别增长 44% 和 43%。

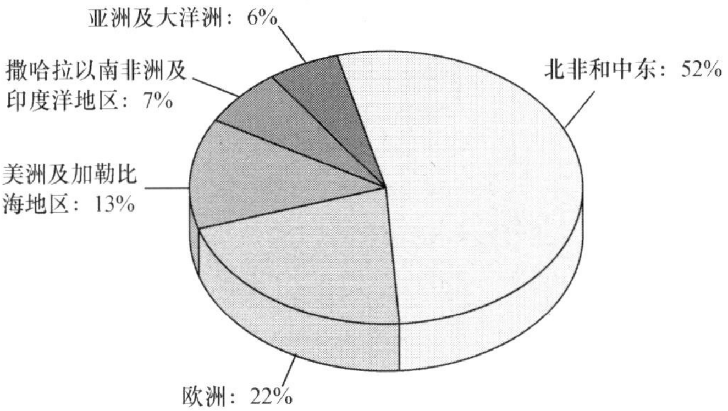

图 3 全球法语（作为外语）学习者的分布情况

目前在全球范围内致力于法语语言文化推广的网络主要有三个，分别是“国际高校法语联合会”（Agence Universitaire de la Francophonie，简称“AUF”）、法国外交部所属的官方机构“法国文化中心”（法语名为“Institut français”，又译“法国学院”），以及总部设在法国巴黎的“法语联盟”网络（Alliances françaises，在我国港澳台被译为“法国文化协会”）。

国际高校法语联合会是全世界规模最大的高等教育与研究机构联盟之一，于 1961 年在加拿大成立，总部设在蒙特利尔大学校园内，它是推动和促进全球法语高校教学与科研合作的国际性组织，其主要使命是在全球范围内构建一个以法语为媒介的学术空间，推动学术合作，开展培训和科研活动，分享办学经验；2013 年度预算达 4110 万欧元，主要来自法国、加拿大、罗马尼亚、比利时、瑞士等国政府的拨款。该组织由来自一百多个国家近八百所高等教育与研究机构成员组成（其中中国大陆有七所高校为其正式成员或协作成员，包括外交学院、上海交大、同济大学、武汉大学、华南师大、昆明医科大学及四川外国语大学），在全世界各大洲设有十个区域机构、一个代表团，近七十个办事机构（包括大学办公处、分部、数字校园、培训学院等）。联合会致力于联合各法语大学，在尊重语言和文化多样性的基础上，推动大学法语教学，运用法语进行科研合作；其具体行动包括：为成员高校本地及远程教育提供资助、对法语课程提供资助、博士及博士后资助、研究资助、学生交流资助、帮助建立数字校园及其他专项资助。

"法国文化中心"（Institut français）是法国政府依据2010年7月《国家对外行动法》组建的专门负责对外文化运作执行的官方机构，由此前承担法国文化对外推广任务的公益性协会"法兰西文化署"（CulturesFrance）改组设立，为政府管理对外文化网络的中央机构，中央机构设在巴黎，受外交部直接管辖。该机构于2011年初正式开始运作，由"法国对外文化政策大使"格扎维埃·达尔科（Xavier Darcos）出任主席职务；达尔科此前曾经担任教育部长、劳工部长等多个政府要职。为加强巴黎中央机构与遍布世界各国的法国文化推广机构之间的联系，同时出于提高法国文化外交网络能见度及影响力的考虑，法国政府决定将此前在国外设立的文化机构统一以"法国文化中心"（Institut français）命名，整个机构网络遍布全球161个国家，包括设在中国首都的"北京法国文化中心"（Institut français de Chine）。《国家对外行动法》及"法国文化中心"的设想出台于法国右翼执政时期，最初的设想是将分布国外的各"法国文化中心"均归集由巴黎中央机构管辖，并据此开始一系列的试点工作；2012年，法国政府政权更迭后，左翼政府以政策协调性及机构问题等原因否决了上述计划的进一步实施，为此，目前大多数"法国文化中心"归法国驻当地使馆管辖。

"法国文化中心"肩负多项使命，具体包括：向国外推广法国文化；发展与欧洲、法语国家及外国文化的交流；支持不发达地区艺术创作、开拓与传播；电影及视听作品的传播；法国思想、知识及科学文化的对外推广；支持作品、著作，尤其是法语作家成果的广泛流通；法语的对外推广、传播和教学；有关法国对外文化网络、法国文化提供机构及国外专业人士的资讯提供；为法国对外文化网络工作人员提供顾问及职业培训，等等。该机构在实施各项任务时遵循外交部和文化部共同确定的政策大方向，与专业从事法国文化产品出口的机构、法国及国外文化创作与传播机构（包括我们本次调研的对象—法语联盟）保持紧密合作关系。

法语联盟是以传播法语、弘扬法国文化为宗旨的非营利公益性机构，于1883年经法国政府批准创办，至今已有130多年的历史；该组织成立后不久便开始在很多国家及地区开设独立的法语联盟地方机构，发展至今已成为在全球137个国家和地区拥有上千所法语培训学校、在校学生接近50万的庞大的法语教学网络，在法语及法国文化国际推广中扮演着极其重要的角色。不论从历史悠久性角度，还是从机构规模及影响范围之广度看，相对其他语言文化推广机构而言，法语联盟的地位首屈一指。

下面我们将结合调研成果，详细介绍法语联盟各方面的情况，突出分析该机构的特色，在此基础上提出可供我国推进孔子学院建设借鉴的一些建议。

二、法语联盟的历史与现状

（一）历史背景

公元843年，加洛林王朝的三位继承人“秃头查理”、“日耳曼路易”及他们的长兄洛泰尔订立《凡尔登条约》，[①] 曾经盛极一时的查理曼帝国一分为三，“法兰西”作为独立国家逐步形成。公元12世纪末至14世纪初，卡佩王朝的菲利普·奥古斯都、圣路易和“美男子菲利普”[②] 三位君主统治下的法兰西王国成为西欧最为强大的封建君主国。此后虽遭遇英法百年战争的重创，法国在西欧的主导地位依然在逐渐巩固。从文艺复兴时期的

① 洛泰尔、“秃头”查理和“日耳曼”路易均为查理曼大帝的孙子和“虔诚者”路易的儿子，三人之间为同父异母的兄弟。

② 菲利普四世：法国国王，卡佩王朝最后一位强大的君主，曾一度囚禁罗马教皇，后邀请躲避罗马内乱的教皇克莱芒五世将教廷迁往法国南部的阿维尼翁。

弗朗索瓦一世，到“太阳王”路易十四，直至拿破仑帝国，法国在欧洲的霸权达到顶峰，而法兰西民族的“大国意识”与法兰西文化的“优越感”也随之形成并强化。1815 年 6 月 18 日，滑铁卢一役，拿破仑彻底被反法联军击败，可以说成为法国在西欧霸权终结的标志。1852 年，拿破仑的侄子路易·波拿巴称帝，即拿破仑三世，法兰西第二帝国建立。拿破仑三世尽管一度凭借克里米亚战争（1853—1856）和奥意法战争（1859）在欧洲获得颇高的声望，并一度致力恢复昔日拿破仑帝国的盛世，但终因 1870 年 9 月 4 日色当惨败而告终。

1870—1871 年的普法战争不仅导致第二帝国覆亡，交战双方签订的《法兰克福条约》更是给新生的共和国①套上了极其沉重的枷锁。割地、赔款使得法国不可能在短时期内通过经济、政治和军事实力重新占据欧洲的霸主地位，而普鲁士一举跃升为德意志帝国，英国则在迅速拓展海外殖民地，这更加刺激着备受屈辱的法兰西民族的神经，促使精英阶层积极寻找新的强国振邦之路。19 世纪 70 年代之后，资本主义逐步由自由竞争阶段进入垄断阶段，即帝国主义阶段，海外殖民地成为欧洲列强争夺的焦点。普法战争后诞生的第三共和国秉承 1789 年大革命的理念，将“自由、平等、博爱”视为普世价值观向世界推广，在通过军事征服“硬实力”对外殖民扩张的同时，极为重视政治制度、社会模式、思想观念和文化艺术等“软实力”的运用，而向殖民地民众传授法语则成为实现上述理念最为有效的手段之一。1883 年 7 月，法国将北非的突尼斯变为自己的“保护国”。为巩固在突尼斯的统治，同时防止英国、意大利及其他欧洲强国对突尼斯的“渗透”，从而实现独霸突尼斯的目的，法国必须制定出一系列行之有效的殖民政策，尤其是在推广法兰西语言和文化方面，最终实现其所谓“文明传播者”的责任。这可以说是法语联盟产生的直接原因之一。

① 1871 年 5 月，法德双方签订《法兰克福条约》，普法战争正式结束。条约规定：法国割让阿尔萨斯（除贝尔福地区）和洛林一部分给德国，赔款 50 亿法郎，分三年付清。

（二）创立过程和成员

1883 年 7 月 21 日，巴黎圣日耳曼大街 215 号举行“圣西门俱乐部”（Cercle Saint - Simon）成立大会，法国政坛、经济界、知识界的一批名流显贵汇聚于此。协会首任主席、外交家保罗·康邦①和著名地理学家及国际事务专家皮埃尔·丰桑②共同向各成员介绍一项旨在恢复法国因战败而遭到严重损害的国际声望的宏大计划，其具体执行方式正是建立一个“为在海外殖民地推广法兰西语言的全国性协会组织”，法语联盟应运而生。

事实上，康邦自 1882 年 1 月起担任法国派驻突尼斯的“总驻扎官”，就着手把推广法兰西语言作为对突尼斯殖民行动的重要组成部分。他的主张得到罗马教廷任命的驻突尼斯使团代表、枢机主教拉维日里③的大力支持。而与会成员的身份也可谓迥异，包括前任公共教育部长、生理学家保罗·贝尔④，外交部和公共教育部的两位高官费迪南·德·莱赛普⑤和路易·里亚尔⑥，协会的财务官、犹太教徒阿尔弗雷德·梅拉尔格，大学教师、新教徒保罗·梅隆。虽然上述成员从事的职业不同，宗教信仰不同，但在一点上达成共识：教育是传播和发扬法兰西文化、推进殖民进程的正确途径。

法语联盟的成立还应归功于法国政府的支持，时任政府首脑（相当于总理）的著名政治家、教育家儒勒·费理⑦对该协会的成立态度积极。同

---

① 保罗·康邦（Paul Campon，1843—1924）：法国外交家．法语联盟主要发起人之一。

② 皮埃尔·丰桑（Pierre Foncin，1841—1916）：法国地理学家，法语联盟的主要发起人之一。

③ 查理斯·马修·拉维日里（Charles Martial Lavigerie，1825—1892）：法国人，曾担任巴黎大学历史教师，“非洲传教士协会的缔造者，1882 年由教皇利奥十三世封为枢机主教。

④ 保罗·贝尔（Paul Bert，1833—1886）：法国生理学家和政治家。

⑤ 费迪南·德·莱赛普（Ferdinand de Lesseps，1805—1894）：法国外交家和实业家，苏伊士运河开凿工程的发起人和主持者。

⑥ 路易·里亚尔（Louis Liard，1846—1917）：法国哲学家和政治家。

⑦ 儒勒·费理（Jules Ferry，1832—1893）：法国政治家。

时，该协会的委员会成员包括路易·巴斯德、[1] 儒勒·凡尔纳、[2] 恩斯特·勒南[3]等在法国家喻户晓的人物，对于扩大法语联盟在法国国内的影响非常有利。

（三）主要发展阶段

1. “美好年代”的迅速发展阶段

“美好年代”通常指从普法战争结束后到第一次世界大战前的40年，法语联盟恰好诞生在该期间。这段时间是欧洲自路易十四、拿破仑统治以来少有的长期和平阶段，经济、科技发展迅速，人民生活条件有较大改善，这为法语联盟的快速成长提供有利的客观条件。

法语联盟1883年7月在巴黎成立之后，迅速在法国各地建立起“行动委员会”（comité actif，相当于协会的领导机构），组织者中不乏让·饶勒斯[4]、夏尔·纪德[5]这样的政界和经济界的权威人士。科幻小说家凡尔纳与著名政治家让·卡西米尔－佩里耶[6]各自出资，分别在法国的亚眠市和特鲁瓦市设立法语联盟。随着法语联盟知名度的不断提高，其他国家的入会者数量迅速增加，相继在伦敦、巴塞罗那、摩洛哥的丹吉尔和菲斯、突尼斯城、东京、伊斯坦布尔、墨西哥城和毛里求斯（当时称为“法兰西岛”）成立行动委员会。1886年，巴黎法语联盟被法国政府确认为公益性协会组

---

① 路易·巴斯德（Louis Pasteur，1822—1895）：法国微生物学家、化学家，现代微生物学的奠基人，狂犬病疫苗的发明者。

② 儒勒·凡尔纳（Jules Verne，1828—1905）：法国十九世纪著名小说家、博物学家和科普作家，现代科幻小说的开创者之一。

③ 恩斯特·勒南（Ernest Renan，1823—1892）：法国哲学家、语文学家和宗教学家。

④ 让·饶勒斯（Jean Jaurès，1859—1914）：法国著名左翼政治家，法国社会党和法国共产党的创始人。由于宣传和平政策，1914年7月遭到右翼民族主义分子暗杀。

⑤ 夏尔·纪德（Charles Gide，1847—1932）：法国经济学家，“合作化”运动领袖，社会经济学理论家，作家安德烈·纪德的叔父。

⑥ 让·卡西米尔－佩里耶（Jean Casimir－Périer，1847—1907）：法国政治家，1894—1895年之间担任共和国总统。

织；次年，苏伊士运河工程的主持者、外交家和工业家费迪南·德·莱赛普当选协会主席，皮埃尔·丰桑则担任协会首任秘书长。

作为协会当之无愧的“总规划师”，丰桑首先着手在与法国本土距离最近的殖民地拓展法语联盟的生存空间，具体目标马格里布地区，尤以阿尔及利亚为重。法语联盟在该地区广建学校、捐赠图书、发放津贴，并首次举办成人语言学习班。对于撒哈拉以南的“黑非洲”，法语联盟在塞内加尔一国就创办了13所学校，其会员来源更是扩展到留尼旺岛、马达加斯加，甚至进入属于英国和德国势力范围的桑给巴尔。[①] 同时，法语联盟也向东方发展，在地中海与爱琴海沿岸的国家，包括希腊、土耳其、波斯和埃及等地设立机构和创办学校。法语联盟以“中立性”作为办学宗旨，无论教会学校还是世俗学校，无论何种宗教信仰，一律平等对待，给予大力支持。可以说，去政治化和去宗教化是法语联盟在殖民地国家成功发展的关键所在。

伴随着法国殖民扩张步伐的加快，亚洲也成为法语联盟重要的目标。依靠17世纪建立的东印度公司，[②] 法语联盟在法属印度的本地治里（Pondicherry）、加里加尔（Karikal）、昌德讷戈尔（Chandannagar）等地，以及印度支那地区迅速办学。我国的广州、北京和上海成为法语联盟最早出现的城市。1890年，墨尔本委员会成立，成为澳大利亚第一家法语联盟。

美国独立战争期间，法国予以大力支援，派遣由拉法耶特侯爵率领的志愿者参战，由此开启法美友好关系的先河，成立了数量可观的法美友好协会组织。这些组织主动提出加入法语联盟的要求，进而在纽约和旧金山建立法语联盟学校。拉丁美洲虽然是西班牙语的传统势力范围，但却在20世纪成为法语联盟的一艘“旗舰”，这要归功于在墨西哥城（1885年）、哥斯达黎加和古巴（1886年）、加拉加斯、蒙得维的亚、利马、门多萨、

① 桑给巴尔（Zanzibar）：坦桑尼亚联合共和国东部的岛屿，历史上曾为桑给巴尔帝国的中心。

② 1664年经路易十四许可，由财政大臣和海军国务大臣柯尔贝尔整合原有的中国公司、东方公司和马达加斯加公司而设立，主要目的是与英国、荷兰争夺在印度殖民地的利益。

图库曼等多地成功建校。1886 年，里约热内卢法语联盟建立伊始，当地的一份报纸对此做了如下报道："这里（指法语联盟学校）不分国籍、年龄、性别、地位、贫富、肤色或种族，向所有人教授一种语言。正是用这种语言，人类第一次书写出人权。"[①] 1889 年巴黎举办世界博览会，法语联盟凭借所支持建立的各类学校获得一项大奖和三枚金质奖章。上述学校每年都会从巴黎总部获得相当于 10 万金法郎以上的补贴，而协会则通过包括组织协商会、舞会、宴会、博彩、义卖，甚至以挨家挨户募捐在内的各种方式筹集资金。法国各省政府和外交部在协会成立之初就决定大力加以扶持，而法国外交部协同公共教育部（之后更名为国民教育部），成为法语联盟最为可靠的合作伙伴。1894 年，法语联盟创办面向年轻读者的一份月刊，倡导年轻人多谈论其他民族的风俗习惯、服饰、进步成就以及可借鉴的好经验，谈论其他民族的儿童和他们的学校等。对于其他民族文化的关注在今天被称为文化多样性，这正是法语联盟建立的基本原则之一，也是它获得成功的关键要素之一。

在随后的几年内，法语联盟渐渐勾勒出法国现代文化政策轮廓，具体措施包括开设成人语言课程、巡回讲座、资助出版、为外籍教师提供奖学金等，而实行联系与交流政策是法语联盟与所在地区维持良好关系的保证。正如法国当代历史学家弗朗索瓦・肖贝（François Chaubet）所言："法语联盟在发展历程中所实行的行动策略，对于 20 世纪文化外交机构的价值是不可估量的。"[②]

法语联盟在国内和国外都得以顺利发展，领导层决定选择一处地皮为协会建造总部大楼。经过论证，巴黎大学附近的拉斯帕耶大街 101 号（101 Boulevard Raspail）入选。由于此地直至 1910 年还属教会所有，协会理事会遵照礼仪，首先向罗马教廷提出请求，并很快获得后者的许可；与此同时，阿尔芒・科兰、阿歇特、弗拉马里昂等知名出版社对此举予以实际支持。1913 年 7 月 12 日，时任法国政府首脑的路易・巴尔图[③]亲自主持

---

① Julie Cloris, Alliance française 130 ans, Nouvelles Editions de l'Université 2013, p20.

② Julie Cloris, Alliance française 130 ans, Nouvelles Editions de l'Université 2013, p20.

③ 路易・巴尔图（Louis Barthou，1862—1934）：法国政治家。

奠基仪式，法语联盟的发展达到第一次顶峰。

2. 第一次世界大战和“疯狂年代”时期的艰难阶段

1914 年 7 月，第一次世界大战爆发，持续 40 年的“美好年代”宣告终结，整个欧洲陷入空前的灾难之中。1915 年 9 月，协会秘书长阿尔贝·马莱①战死，这对处于上升阶段的法语联盟造成不小的冲击。第一次世界大战后，具有声望的政治家相继担任协会主席或对协会的恢复发展予以支持，其中几位后来当选共和国总统，如雷蒙·普安卡雷②（两度担任协会主席）、保罗·德沙奈尔③和保罗·杜梅④。由巴黎总部或外省协会委员会资助的学校有百余所之多。在国外，美国的法语联盟机构近 200 个；1921 年，新生的苏维埃政权同意在莫斯科建立法语联盟；墨西哥城、布宜诺斯艾利斯、上海和悉尼的法语联盟招收的学生不断增加；捷克斯洛伐克、波兰、加拿大、埃及和叙利亚则成为法语联盟大家庭的新成员。几位重量级的人物加入巴黎法语联盟：汉学家保罗·佩利奥⑤、社会学家莱维—布吕尔⑥、作家安德烈·莫鲁瓦⑦、律师莫里斯·加尔松⑧和古罗将军⑨。

遗憾的是 20 年代到 30 年代的所谓“疯狂年代”，实质上是人们用美酒、时装、舞蹈和爵士乐营造的歌舞升平来掩饰或者回避“一战”所造成的远未平复的伤痛。可以说在一种近乎歇斯底里的疯狂之下，经济危机的

---

① 阿尔贝·马莱（Albert Malet，1864—1915）：法国历史学家，“马莱”系列历史教材的编纂者。

② 雷蒙·普安卡雷（Raymond Poincaré，1860—1934）：法国政治家，第三共和国时期最为著名的政治人物之一，1913—1920 年任共和国总统。

③ 保罗·德沙奈尔（Paul Deschanel，1855—1922）：法国政治家、作家。

④ 保罗·杜梅（Paul Doumer，1857—1932）：法国政治家，1831 年当选共和国总统，次年遭暗杀身亡。

⑤ 保罗·佩利奥（Paul Pelliot，1878—1945）：法国汉学家、探险家。

⑥ 莱维—布吕尔（Lévy－Bruhl，1857—1939）：法国哲学家、社会学家和人类学家。

⑦ 安德烈·莫鲁瓦（André Maurois，1885—1967）：法国小说家、传记作家和散文家。

⑧ 莫里斯·加尔松（Maurice Garçon，1889—1967）：法国小说家、散文家、词作家和律师，法兰西学院院士。

⑨ 古罗（Henri Joseph Eugène Gouraud，1867—1946）：法国军人，在非洲扩张殖民和第一次世界大战中军功卓著。

阴云愈加密布，新的战争最终不可避免。法语联盟从20世纪30年代初期开始，学生数量开始负增长，财政状况愈发严峻。1938年9月的《慕尼黑协定》对于法国国际信誉打击颇大，原本是法国盟友的捷克斯洛伐克人对“三色旗”极为失望。捷克斯洛伐克法语联盟的总主席此刻来到巴黎法语联盟总部通告慕尼黑的悲剧，杜梅总统所能做的仅仅是尴尬地表示同情。这一事件引起连锁反应，法语联盟“走下坡路”的趋势明显。

3. 二战德国占领时期：迫害与反抗

1940年6月，号称“欧洲第一陆军强国”的法国在不到一周时间即被纳粹德国击败，双方签订了所谓的“停战协议”，法兰西第三共和国实际上不复存在。时任德国驻法大使奥托·阿贝茨依据希特勒的命令，禁止部分“敌视新秩序”的政党、工会和协会，尤其是人权联盟、共济会、世俗教会和法语联盟。纳粹当局认为法语联盟是传播抵抗精神的重要媒介，强行予以关闭，并将所有档案文献送至柏林。出于某些政治目的，德国人对这些资料进行仔细研究。1945年5月，苏联红军攻占柏林，又将上述资料带到莫斯科。直到2000年，经过一系列严格筛选之后，部分资料得以回归祖国，其中包括安德烈·纪德①、塞林纳②等著名作家的手稿。

德国占领期间，经巴黎法语联盟理事会的要求，伦敦的法语联盟代替巴黎成为协会在世界各地机构的领导中心，这不能不说是和当时流亡伦敦的戴高乐将军有密切的关联。这既体现出法语联盟顽强的生命力，也为它在第二次世界大战后复兴打下了基础。戴高乐将军欣然接受协会荣誉主席的称号，以“第一个支持并为自由法国运动服务的组织”给予法语联盟极高的评价，从此对于该协会的事业始终予以支持。1942年11月盟军在北非登陆，戴高乐将军在阿尔及尔组建法兰西共和国临时政府。法语联盟领导机构跟随戴高乐将军，在阿尔及尔发起建立一个“旨在为捍卫法兰西威

---

① 安德烈·纪德（André Gide，1869—1951）：法国20世纪著名作家，以反对殖民和同情同性恋著称。

② 塞林纳（Louis－Ferdinand Céline，1894—1961）：法国20世纪最为重要的作家之一，因其作品中的悲观厌世风格以及在二战期间与“法奸”分子的来往而备受争议。

望的知识和文化阵地”的运动。1943 年 10 月 30 日，时值法语联盟诞生 60 周年纪念之际，戴高乐将军发表演说，盛赞法语联盟为“自由法国”和抵抗运动作出的贡献：“法兰西精神鲜明的活力，若是没有吸收如此之多的其他民族思想的精华，何以能够获得和保持它的辉煌？我们最终坚信正是通过我们自己与其他民族之间所建立的自由的精神和思想联系，法兰西文化的影响范围得以越发广阔，而其他民族文化中为我们所赞赏的东西也越发珍贵。……建立和组织这些联系，恰是法语联盟创立、生存和坚持下去的理由所在。”[①] 1944 年 8 月 19 日起，由勒克莱尔将军指挥的“自由法国”第 2 装甲师与巴黎城内的抵抗运动配合，对占据法兰西首都的纳粹德国军队发动反攻。经过一周激战，德国占领军投降，巴黎得以解放。9 月 4 日，法语联盟机构在德国占领期间被纳粹没收的钥匙正式交还给战争期间始终担任协会主席的著名爱国作家乔治·杜阿梅尔[②]手中，可以视为法语联盟获得“解放”的标志。

法语联盟在德国占领期间遭到纳粹及其仆从维希分子的压制、破坏，大批珍贵的历史文献被掠走、损毁和遗失，不能说这给战后的恢复造成极大的困难；但法语联盟作为“非政府机构”在战争中态度鲜明，并用实际行动坚决支持以戴高乐将军为首的“自由法国”运动和国内的抵抗运动，使得它在法国国民及海外侨民，乃至殖民地国家人们心中的威望大为提高，为以后的重建、发展提供了极为有利的客观条件。

4. 战后重建与发展阶段

法国在 20 世纪 20 至 30 年代的“疯狂年代”，本身不过是虚假繁荣掩盖下的进一步衰退。两次世界大战之间的间隔又不过 20 多年，法国均为主要战场之一。因此从某种意义上说法国等于连续遭到两次致命打击，其恢复的难度可想而知。战争初期的军事失败、德国占领以及战争后期雅尔塔会议将法国排除在外等不利因素使法兰西的威望一再下降。法语联盟在二

---

① Julie Cloris，Alliance française 130 ans，Nouvelles Editions de l'Université 2013，p. 22.

② 乔治·杜阿梅尔（Georges Duhamel，1884—1966）：法国作家、诗人和医生，法兰西学院院士。

战后的恢复也同样举步维艰，除了自身所受到的摧残之外，还有一个制约因素存在，即新政府中的高层人士希望依照法国历来的“中央集权”传统，将法语联盟改造为政府直属的分支机构。诚然，面对上述种种现实，确实应该承认失败，进行深刻地反思，某些时候也必须做出让步。

1944 年，法语联盟任命马克·布朗潘①为协会秘书长，由此启动了该组织“奇迹般”恢复和迅速发展的阶段。布朗潘是一位富于个性的作家和法语教师，他顶住多方压力，始终秉承法语联盟的初衷，坚持独立、自主和非官方的原则。在他担任法语联盟秘书长（1944—1978）和协会主席（1978—1991）这近 50 年中，法语联盟以法兰西语言为载体，推广、传播法兰西文化的活动取得了令人瞩目的成就。布朗潘大力推行“教科书政策”，即向法语联盟所在的国家和地区无偿赠送权威的语言教材，其中以莫热②编撰的教材和语法书最为著名，被后人称为“莫热时代”。教材以及各类法语学习图书是传播法语语言文化的基石，尤其是新近编纂的大量图书，为打造法国在国际社会，特别是殖民地地区的新形象有相当的积极作用。

布朗潘主持法语联盟差不多有半个世纪之久，在此期间巴黎的协会总部一再扩大，而在中南美洲的墨西哥、巴西、智利、秘鲁等国也有相当发展，同时始终得到“老伙伴”法国外交部的支持和参与。协会的行政部门进行改组，让·德莱教授③、时任法国海外领土部部长的弗朗索瓦·密特朗④、哲学家加斯东·贝尔热⑤、学者勒普林斯－兰盖⑥、塞内加尔总统列桑格尔⑦和时任法兰西中央银行行长的维尔弗里德·博加尔特内等知识界、政界、经济界的人物成为理事会新成员。他们所掌握的资源对于法语联盟

① 马克·布朗潘（Marc Blancpain，1909—2001）：法国作家、记者。

② 加斯东·莫热（Gaston Mauger）：法国语法学家，多部法语教材的编写者。

③ 让·德莱（Jean Delay，1907—1987）：法国精神病医生、神经学家和作家。

④ 弗朗索瓦·密特朗（François Mitterrand，1916—1996）：法国政治家，1981—1995 年担任共和国总统。

⑤ 加斯东·贝尔热（Gaston Berger，1896—1960）：法国工业家、政治家。

⑥ 勒普林斯－兰盖（Leprince—Ringuet，1901—2000）：法国物理学家、通讯工程师。

⑦ 桑格尔（Léopold Sédar Senghor：1906—2001）：诗人、作家、政治家，法兰西学院院士，塞内加尔独立后首任总统。

拓展空间客观上起到了极大的促进影响。与此同时，协会在巴黎创办的国际学校的规模也在逐步扩大。1952 年，外国学生总数超过百人。为了保证这些来自不同国家，但对法语和法兰西文化都十分热爱的年轻人能够顺利学习，协会投资扩建国际学校，建造专门的学生公寓。自 1961 年起，鉴于生源数量不断增加，又再次购置地皮，扩建教学和住宿面积，达到每年可接待 3000 名学生的水平。赵无极①、艾克多·比安切奥蒂②、程抱一③、克洛狄娅·希弗④、肯佐⑤等名人的名字都曾经出现在学校学生注册名单之中。

纵观法语联盟诞生、壮大、挫折与重建的历史，可以说就是一部法国对外文化政策的发展历史。1958 年 12 月，戴高乐将军亲临法语联盟创建 75 周年纪念大会并发表演说，其中有一段成为有关法语联盟的经典论断，“任何人都无法抵抗法语联盟的力量。……法语联盟在我眼中就如同一位超越了政治、时代变迁、分歧，不惧任何艰难与批评的常任大使，现代法国的所有活动它都参与其中……”。⑥

（四）法语联盟的现状

进入 21 世纪之初，法语联盟保持原来的良好发展势头。2000 年，法语联盟成员多达 1135 个，遍布全球 138 个国家。自 2001 年起，随着信息技术的发展，法语联盟加速其在全球各地分支机构的现代化改造进程。在全球化的背景下，为加强各地法语联盟的联合及其网络的发展，顺应国家开展文化外交的需要，同时出于资金筹措便利性的考虑，2006 年起，在巴

① 赵无极（Zao Wou - Ki，1921—2013）：著名旅法华裔画家，享有“西方现代抒情抽象派的代表”的美誉。

② 艾克多·比安切奥蒂（Hector Bianciotti，1930—2012）：出生于阿根廷的法国演员、导演。

③ 程抱一（François Chen，1929— ）：法国著名华裔作家、书法家、诗人，法兰西学院院士。

④ 克洛狄娅·希弗（Claudia Schiffer，1970— ）：德国著名演员和世界级名模。

⑤ 高田贤三（Kenzo Takada，1939— ）：日本著名时装设计师和同名品牌的创始人。

⑥ Julie CLORIS，Alliance française 130 ans，Nouvelles Editions de l'Université 2013，p24。

黎法语联盟国际部的基础上开始筹建法语联盟基金会。法语联盟基金会的启动基金为3560万欧元，作为其法定资本，具体构成如下：

1. 巴黎法语联盟提供位于拉斯帕耶大街101号（101 boulevard Raspail）及弗勒鲁斯路33—35号（33－35 rue de Fleurus）的不动产，估价3150万欧元，外加“法语联盟”品牌；

2. 来自CIC银行集团、蓝带厨艺集团、道达尔石油集团和皮耶法柏实验室的捐助共计210万欧元；

3. 法国政府（通过外交部）资助200万欧元。

2007年7月26日，法国官方公报刊登批准设立法语联盟基金会的决定；这一被赋予公益性质新的法律机构于2008年1月1日正式开业，总部设在拉斯帕耶大街101号。巴黎法语联盟更名为巴黎大区法语联盟，与基金会共享办公场地；作为历史最悠久、规模及影响最大的成员，巴黎大区法语联盟不仅为基金会的运作提供财政支持，同时与基金会签署协议，受托实施整个联盟网络教师、管理培训以及职业化建设等具体工作。

基金会秉承1883年法语联盟协会的历史使命，成为整个法语联盟国际网络的核心；法语联盟从此进入一个新的阶段。基金会成立之前，法语联盟的国际联络工作由原先巴黎法语联盟国际部负责进行，巴黎法语联盟与分布全球的多数法语联盟成员一样，基本属于协会组织性质，彼此间不存在上下隶属关系，这不利于整个网络的协调与发展。法语联盟基金会作为全球法语联盟的总部，任何联盟新成员的成立，“法语联盟”的冠名均须得到基金会的认可；基金会为各法语联盟成员的管理提供支持，与法国外交部共同提供管理和行政方面的培训，委派专家到各地区，为遭遇困境和难题的法语联盟提供教学或技术上的建议，帮助各联盟成员更好地开展活动并保持与当地法国外交机构的联系。

根据法语联盟基金会网站发布的信息，目前法语联盟网络在全球共有819个联盟成员，在册学员46.4万。在各大洲的分布情况依次为：非洲及印度洋地区124个联盟，37个国家，7.1万名学员；北美洲118个联盟，2个国家，3.6万名学员；拉美及加勒比海地区204个联盟，33个国家，16.7万名学员；亚洲和大洋洲118个联盟，32个国家，10.4万名学员；

欧洲 255 个联盟，33 个国家，8.6 万名学员。所有联盟成员中，有 385 个与各自所在地的法国使馆签订有合同关系，接受法国外交部的资助。受当地经济因素及法国政府对外文化外交网络调整的影响，与法语联盟基金会成立之初相比，近年来北美、拉美、非洲及欧洲等地区联盟成员及学员数量均有不同程度的减少。与之相反，法语联盟成员及学员数量在亚洲和大洋洲地区的增长较为明显。法语联盟在亚洲的兴起始于 20 世纪 80 年代，这些法语联盟在全球率先为企业界专门开设课程；同时，亚洲地区法国企业的赞助大大提升了法语联盟举办活动的规模和质量。

2013 年，在庆祝法语联盟成立 130 周年之际，法语联盟基金会决定在巴黎第十六区缪塞街（rue de Musset）以自有资金加上 20 年按揭的方式购买一处房产，主要作为学生用房出租；在增加资产的同时，此举有望为基金会带来约 8% 的年投资收益。

三、法语联盟的性质、宗旨、目标及使命

（一）法语联盟的性质

作为整个网络的核心及总部，法语联盟基金会是经法国政府批准设立的公益性基金会，为非营利组织；遍布各国的法语联盟成员（包括设在法国国内的成员）则是依据所在地法律组建、受所在地法律管辖并通常具有独立法人资格的机构，绝大多数属于非营利协会组织；其中我国内地的各法语联盟成员均为“中外合作办学机构”性质，由法语联盟总部与我国国内教育机构依据中国法律、经教育主管部门批准设立，均为具有法人资格的非营利性机构[1]。基金会与联盟成员之间并不存在法律、行政或财务方面的从属关系，两者之间的关系更像特许经营中的“特许方”与“加盟方”之间的关系；基金会许可各成员使用“法语联盟”这一品牌，协助指

① 1992 年与上海市虹口区业余大学合作成立的上海法语培训中心是上海市首家中外合作办学机构。

导各成员的工作，根据统一标准对各成员提供的服务实施监督，确保服务产品质量，维护品牌形象。

根据法国法律，相对于协会组织而言，公益性基金会组织在资金筹措方面有着更大的自由度，有利于吸收机构或个人的赞助，特别是取得政府的财政支持，这也是2007年在原巴黎法语联盟协会国际部的基础上筹设法语联盟基金会的一大原因。当然，接受政府财政支持并未改变法语联盟基金会作为私营机构的性质，也不影响基金会在具体行动上所表现的独立性和自主性。

此外，“去政治化”“去宗教化”是法语联盟基金会及其各联盟成员的共同特点，各自组织章程中均明确规定不介入当地的政治、宗教和种族争议等条款；也正是基于这一点，法语联盟能够在世界各地不同政治背景、宗教环境下扎根，开展教学及文化传播交流活动，并持久发展长盛不衰。

（二）法语联盟的宗旨和目标

法语联盟的宗旨是，在全世界传播法语，扩大法国思想和法国精神的影响，尤其是团结生活在海外的法国人和热爱法国的外国友人，使他们继续保持或发扬对法国语言及思想的热爱。

法语联盟基金会章程的第一条就写道：2006年创办的本法语联盟基金会的目标，符合1883年在巴黎创立的法语联盟的理念，即：

1. 在全世界推广法语教学与法语的使用；

2. 致力于提高法国在文化及精神领域的影响力，弘扬所有法语地区的文化；

3. 促进不同文化之间的相互交流及文化多样性的繁荣。

为实现这些目标，法语联盟基金会为现有的及将成立的法语联盟提供支持；后者是依照当地法律成立的自主协会，以聚集国外法国的友人，在世界各地开设通用及专业法语课程、组织文化合作活动为使命。基金会本着尊重当地特点的原则，确保法语联盟理念与目标的协调性和一致性。

（三）法语联盟的使命

法语联盟的三项基本使命为：向外国人有偿教授法语、全方位传播法国及法语区文化和促进文化多样性。

为实现上述目标和使命，法语联盟自1883年成立至今一直遵循以下三大主导思想：

其一，依靠一个非官方组织来扩大国家在世界上的文化以及教育方面的影响。这在成立伊始法国社会意识形态下尤其难得；

其二，借助于音乐会、展览、电影、讲座等等各种丰富多样的文化活动推广法国文化；

其三，也是最具革命性的，法国人把令法语与法国文化发扬光大的任务交给了热爱法国文化和语言的外国人。这是其他类似语言文化推广组织都没有采取过的。

法语联盟基金会实现上述使命的具体行动方式包括：

1. 通过批准组织章程的方式，赋予那些已经成立或计划成立的联盟成员合法使用“法语联盟”名称的权利；

2. 建议全世界范围包括法国国内的法语联盟成员成立教学、管理及技术委员会；

3. 向某一国家或地区委派总代表，负责协调并发展法语联盟在该国或该地区的网络；

4. 为了法语联盟的整体利益，与某些国际组织、欧洲组织、法国组织及某些企业进行交涉，建立合作关系；

5. 为某些联盟成员理事会协助推荐主任人选；

6. 尽其所能地为文化活动组织提供支持；

7. 必要时组织一些竞赛，颁发奖学金和奖品。

四、法语联盟的组织管理模式

法语联盟的组织管理可从基金会和联盟成员两个层面进行分析。

（一）法语联盟基金会的组织管理

根据组织章程，法语联盟基金会由16名成员组成的理事会负责管理，这16名成员按照相同的比例分别来自创始人、法定代表、资深人士及捐助友人团体。创始人团体代表包括巴黎大区法语联盟主席或主席的代表，以及根据基金会内部规章在全世界范围内指定的三所法语联盟的在任主席，其中至少有一位需要来自法国的法语联盟；从基金会网站公布的材料看，目前创始人团体代表分别为巴黎大区法语联盟主席 Mme Guilhène MARATIER - DECLÉTY 女士、布宜诺斯艾利斯法语联盟主席 Máximo BOMCHIL 先生、波尔多法语联盟主席 Máximo BOMCHIL 先生以及阿布扎比法语联盟主席 Zaki NUSSEIBEH 先生。法定代表团体的成员由基金会组织章程明确规定，包括法兰西学院终身秘书、外交部长、内政部长及法语国家及地区国际组织的秘书长①。资深人士团体代表现包括基金会理事长、法国著名媒体及文化人士、作家 Jérôme Clément 先生，基金会财务负责人 Jean - Luc Schilling 先生②。捐助友人团体代表系根据基金会内部规章规定的条件指定的四名捐赠者代表，目前的四名代表分别为：CIC 银行集团董事长 Michel LUCAS 先生、道达尔石油集团董事长（由道达尔基金会总裁 Catherine FERRANT 女士作为代表）、蓝带厨艺集团董事长 André COINTREAU 先生、巴黎国际银行原董事长 Pierre MOUSSA 先生。理事会成员任期为三年，可连任一次；基金会内部规章规定理事会成员更新的条件。此外，除法定代表团体成员及捐助友人团体代表

① 作为具有公益性质的基金会，法国法律规定理事会中须至少包括两名政府人士作为国家的代表。

② 其余两名成员暂时空缺。

外，理事会成员任命或连任之时，年龄均不得超过 75 岁。

根据基金会章程第 7 条的规定，理事会的职责包括：

1. 确定基金会的总体方针，决定基金会的行动方案；

2. 通过基金会办公室和秘书长递交的年度工作及财务报告；

3. 表决通过办公室提议的机构预算、预算修正以及人员预测；

4. 接收、讨论并批准财务负责人递交的年度账目及凭证；

5. 表决通过办公室提议的内部规章；

6. 接受捐赠及遗赠，批准超出日常管理范围的动产与不动产购买与转让、交易、出租及租赁合同、不动产抵押、借款以及以基金会名义所做的担保和保证；

7. 为基金会指定一名或数名审计员；

8. 确定员工及主要负责人的招聘政策、薪酬标准；

9. 就基金会的其他重大合同事项进行议决。

理事会每年至少召开两次会议，讨论基金会及整个法语联盟网络的重要议题，并可应理事长或四分之一以上理事的提议召开临时会议。

法语联盟基金会下设管理委员会，由秘书长领导，作为执行机构负责基金会的日常管理事务；管理委员会的组织机构图如下：

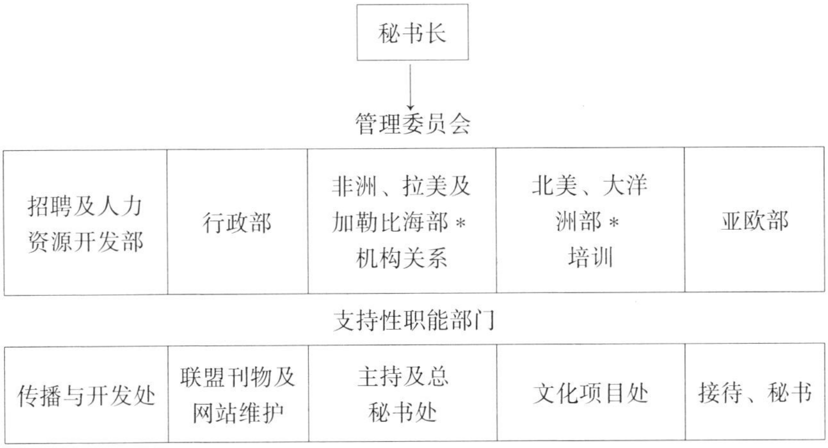

除此之外，基金会还设有一个指导委员会（Comité de parrainage），成员由文化界著名人士、国外政要、法国原政府部长、欧盟委员会原委员等组成。法国总统担任法语联盟基金会荣誉主席。

（二）法语联盟成员的管理

我们在分析法语联盟的性质时曾经讲到，法语联盟在世界各地的分支机构都是根据所在国家法律设立、受所在地法律管辖、并通常具有独立法人资格的机构。法语联盟在国外的教学机构大多采取联合办学的模式，主要教育资源取自当地，如租用教学场所、教学设备，聘请部分当地法语教师等。

各联盟成员与法语联盟基金会之间不存在法律、行政或财务方面的从属关系；除了巴黎大区法语联盟对基金会提供资金支持外，其他联盟成员在财务上实行独立管理，对基金会不负有财政方面的义务。然而，法语联盟基金会是全球法语联盟的总部，任何联盟新成员的成立，冠名“法语联盟”均须得到基金会的认可；法语联盟基金会通过委派总代表等方式加强对联盟成员的协调与管理。

除了在中国内地由法语联盟总部与当地大学机构合作设立“中外合作教育机构”外，[①] 遍布世界各地的其他法语联盟成员基本上都采用非营利性的协会组织形式。

1. 中国内地法语联盟成员的管理

在中国内地，根据中国法律法规的有关规定，法语联盟创造了独一无二的合作办学方式——与大学机构建立有力的合作关系。截至目前，中国内地共有 13 所法语联盟成员，分别为：中山大学（广州法盟）、上海虹口业余大学（上海法语培训中心）、北京语言大学（北京法盟）、武汉大学（武汉法盟）、大连外国语大学（大连法盟）、南京师范大学（南京法盟）、

---

① 此外，我国香港、澳门及台湾省均设立有法语联盟成员，它们都采用协会组织的形式，当地翻译为“法国文化协会”。

四川外国语大学（重庆法盟）、成都电子科技大学（成都法盟）、浙江工商大学（杭州法盟）、山东大学（济南法盟）、中国海洋大学（青岛法盟）、天津师范大学（天津法盟）和西北大学（西安法盟）。这些非营利性质的“中外合作教育机构”基本上都采用理事会模式进行管理；理事会多有5名成员组成，其中中方合作学校指定3名，法语联盟总部指定2名，理事长由中方代表担任，副理事长由法语联盟方代表出任；学校设置中方校长和法方校长“双校长”机制，负责机构的日常管理，确保向公众提供高质量的教学服务与高品质的文化活动。

2. 其他法语联盟成员的管理

遍布世界各国的法语联盟成员主要采用协会组织的形式，一般由各自协会会员大会选举产生的理事会负责管理。理事会通常由5名或7名成员组成，任期2至3年，多数协会章程规定理事会成员可以连任，但对于可连任的届数及年龄有不同的要求；理事长由理事会成员选举产生。协会章程一般规定，理事会每年需至少召集4次会议，并且应理事长或四分之一理事的提议，可随时召集临时会议。理事职务不收取报酬；理事一年内如无正当理由不出席理事会会议的，则视为自动辞职。理事会下设办公室（执行局），负责实施理事会的决策及机构的日常管理。

会员大会是协会的最高机构，每年至少召集1次会议，经理事会提议可召集临时会议。大会成员包括截至会议通知之日协会的全体在册会员。协会章程通常规定会员大会需全体会员过半数出席会议方为有效，否则需再次召集。大会审议并表决通过协会上年度财务报告及营运报告、决定下年度预算、选举理事会成员、讨论列入会议日程的其他事项等。

3. 法语联盟总部与各地成员的协调

法语联盟总部（即基金会）尽管与分布在世界各国的法语联盟网络成员不存在法律上的隶属关系，但这并不影响它对各地分支机构实施某种程度上的管理；这种管理主要通过总部派驻各国的代表而实现。事实上，在对各地分支机构的管理中，法语联盟总部向分支机构数量达到一定标准的国家派出总代表，协调各分支机构理事会、巴黎总部及法国驻外使领馆之间的关系；该总代表往往也是该国某法语联盟机构的负责人。以我国为例，法语联盟基金会在首都北京设立总代表处，派驻总代表，负责协调各地法语联盟成员的教学及文化活动；[①] 该总代表同样也是北京法语联盟的法方校长。代表处设有专门的网站介绍我国各法语联盟机构的活动及链接。

在一些国家，分布于同一国家内的各法语联盟机构共同组成该国的法语联盟联合会，由各机构选举产生联合会理事会，负责协调该国所有法语联盟分支机构的运行，管理章程并监督其执行。其中最著名的要数 1902 年由当时该国已设立的 33 个法语联盟机构共同在纽约成立的美国法语联盟联合会（The Federation of Alliances Françaises，USA）；目前该联合会共有超过 100 个法语联盟机构，它们遍布美国各地，从事法语教学及法语国家文化传播活动。

五、法语联盟的活动范围、工作内容及成效

（一）法语联盟的活动范围

法语联盟的活动范围遍及全球，是世界上涉及范围最广的语言及文化传播机构。与世界上多数语言文化推广机构往往只侧重于在国外开展语言文化推广活动不同，在法国本土，法语联盟本身就是其国内规模最大的法语培训网络，向来自世界各国的学员提供最高质量的法语语言培训；它是法国国内为数不多荣获法国外交部、高等教育与研究部以及文化和传播部三部门联合认定的“对外法语教育优质品牌”（label Qualité FLE）机构之一。除总部——法语联盟基金会和历史最悠久、最具盛名的巴黎大区法语

① 法语联盟总部驻中国总代表处的管辖范围包括内地各法语联盟及香港和澳门法国文化协会（即法语联盟成员）。

联盟①外，埃克斯（Aix）、波尔多（Bordeaux）、比亚里茨（Biarritz）、第戎（Dijon）、格拉斯（Grasse）、格勒诺布尔（Grenoble）、里尔（Lille）、里昂（Lyon）、马赛（Marseille）、尼斯（Nice）、鲁昂（Rouen）、圣马洛（Saint - Malo）、斯特拉斯堡（Strasbourg）、图卢兹（Toulouse）、图尔（Tours）、旺多姆（Vendôme）、维西（Vichy）等26个城市均设立有独立的法语联盟协会组织，这些城市分布于法国不同区域，各自拥有独特的地方风貌和丰富的人文资源；来自各地的学员除了语言学习外，还可以领略当地的文化，加深对法国的了解。

在法国以外，法语联盟机构遍布目前世界上五大洲137个国家的主要城市，包括800多个联盟成员，管理着上千所法语语言学校，每年在册学员超过50万；其活动范围之广为世界上其他类似的语言文化推广机构无法匹敌。

（二）法语联盟的工作内容

1. 法语联盟基金会的工作内容

作为整个网络的总部，法语联盟基金会的职责及工作内容主要包括：

（1）负责审查及批准来自世界各地申办机构提交的分支机构章程。基金会认可章程及分支机构设置的重要因素包括：首先，章程应符合法语联盟传播法语和法国及法语地区文化的宗旨；其次，新成员应有恰当和可行的当地法律支持，拥有必要的设施和传播手段；最后，当地应有相当的法语生源，并能保证良好的师资和有条件开展文化活动。

（2）决定是否授予该机构“法语联盟”的称号。只有得到基金会认可的项目，才可使用“法语联盟”的称号及标识。

（3）监督分支机构章程的执行情况，并在章程执行不力时撤销分支机构“法语联盟”的称号。

---

① 巴黎大区法语联盟是一个名副其实的国际聚会中心，每年有来自160个不同国家的10500名学生去那里学习法语；其学校性质为私立高等教学机构。

(4) 编辑并印发基金会以及反映全球整个法语联盟网络年度活动报告；该年度报告全文在基金会网站上刊登。

(5) 组织年会和各分支机构之间的交流活动。年会是整个法语联盟网络的一项重大活动，通常为期3天，来自世界各地的校长和主席聚会一堂，交流心得。每一届年会通常确定一个主题，最近几届年会的主题分别包括“文化对话”、“语言多样性与南北对话”、“语言的地域战略”、“数字化和娱乐时代的语言和文化”、“传承”等。2013年7月16—17日，正值法语联盟成立130年之际，来自99个国家的550名成员校长和主席围绕“文化是一项盛会”主题进行了为期两天的交流讨论；7月16日，奥朗德总统在爱丽舍宫亲切接见了与会代表，并作了热情洋溢的致辞。

(6) 培训对外法语教师。此项培训活动由法语联盟基金会通过协议委托巴黎大区法语联盟具体执行，包括对法国外派教师的培训、各法语联盟分支机构派遣的国外法语教师乃至国外其他法语教学机构选派教师的专业培训。

(7) 组织法语联盟、教育部和巴黎工商会等各类法语水平考试。该等考试在遍布世界的众多法语联盟分支机构内定期举行。

近年来，法语联盟基金会在联盟成员专业化（professionnalisation）指导方面、质量评估以及章程修订方面做了大量工作。比如，在2013年期间，基金会总共对法国及国外法语联盟成员进行了46起实地指导评估、出席地区性会议及其他重要活动；2011至2013年3年期间，共修订批准了81个法语联盟机构的组织章程；鉴于各国立法环境的不同，章程修订工作往往会十分复杂。

2. 法语联盟成员的工作内容

除法语联盟基金会外，大部分法语联盟分支机构的工作内容主要为法语教学和文化艺术活动。尽管根据各地的实际情况不同而有所差别，但作为教学机构，法语联盟对教师、教材等教学资源、课程设置等方面均有具体的要求，针对学员的需求提供高质量的教学服务。

法语联盟各分支机构拥有教师聘用的自主权，但法语联盟对专业教师有严格的选任标准，总部及总部派出的总代表、法语联盟国家联合会等对教师选拔提供协助或直接参与相关选拔工作，包括对教师的专业培训；各机构对教师的课程质量实施有效监督评估，并以此作为教师续聘的主要依据。成为法语联盟的教师，首先必须喜爱法语以及法国（及其他法语国家）文化并致力于推广法语和传播法国文化，对法国历史、政治、经济、文化有较深的了解；其次，法语必须达到熟练掌握程度，相当于大学法语专业毕业生水平；第三，需拥有法国认可的大学以上学历或相当于大学学历的专业教师资格。以上海法语培训中心为例，我们从该中心向市教育行政主管部门提交的2013年度《办学报告》中看到，该中心2013年度任课教师共计72名，其中外籍教师41名，中籍教师31名；全体教师中拥有硕士、博士学位的达58名；其他均具有学士学位，而且他们中的绝大多数为相对年长的资深教师，拥有丰富的教学经验。有关教师的选拔，该中心在2010年度《办学报告》中明确讲到：在教师的聘请方面，中心的教学管理层严格把关，从简历的筛选，到面试时间的安排，再到课程的监督，以确保中心的法语教师都是能力优秀，适合学生及符合中心的教学模式的。中方教师的学历和资历是经教育主管部门审核认可的，无论兼职或专职，均具有留法经历，持有中国教育部颁发的教师资格证，其中不乏中国高校在职或已退休的法语专业教师，或者在法国拿到“对外法语”（FLE）文凭的中国人；中方教师通常担任初级课程（欧标的A1级别）教学工作。外籍教师的流动性相对大，但法培规定他们必须持有法国教育部门颁发的“对外法语”（FLE）资格证书或相关硕士文凭或本科文凭加上两年及以上相关工作经验。该中心对课程进行一定的监督。

凭借多年的积累，特别是普遍经过现代化改造后，各地法语联盟都拥有相对先进的教学设施。以上海法语培训中心为例，其所属虹口、长宁及松江三个校区校舍总面积已达到4000余平方米，各校区均设有多媒体学习中心、图书馆、多功能厅、教室、办公室等设施，为学员提供良好的教学条件。

法语联盟在教材、辅助性学习资料、教学设备、影像资料、实物资料等教学资源的建设上同样精益求精，针对不同人群采用不同的教材、配备有丰富的图书和影像资料以及先进的教学设备。在教材方面，法语联盟与CLE国际、迪迪尔、哈切特等以提供优质语言教材著称的出版社长期紧密合作，选用或编制最适合当地教学培训的教材及成果。

为了科学有效地开展教学活动，法语联盟的课程设置非常细致，针对不同年龄阶段分为少儿法语、学龄儿童法语、成人法语等；针对学生法语基础的良莠不齐，设置了初级法语、中级法语和高级法语课程；针对学员的不同学习目标，开设了商务法语、精读法语、实用法语甚至还有医学法语。从上海法语培训中心的《办学报告》中，我们还看到《生活在魁北克》《TCFQ考前辅导》《TEFAQ考前辅导》《留法直航》《法国史》《文学》《音乐史》《艺术史》《法式烹饪》《法式甜点》《TV5看电视学法语》等文化、实用课程，以及专门为某些企业量身定做的培训课程，甚至“一对一”课程。此外，法语联盟十分重视学生需要打造个性化服务，有专门的教学秘书为学生推荐安排不同类型的课程、班级（大班、小班）甚至上课时间。

从课程设置的灵活性来看，法语联盟并没有严格的学制和期限，只要学员具备了相应的法语水平，顺利通过资格考试即可授予其证书，甚至批准其留学申请。

法语联盟的教学目标非常务实，普遍实施互动式教学方式，强调语言的实际运用能力，在法语联盟口语的学习被作为核心课程和评价目标。初级水平更加注重口语的学习和训练，主要是采用教师辅导和活动参与相结合的教学模式。中级水平和高级水平的学习同样也十分注重口语的学习，通过提高口语理解和表达水平来提高听说读写的综合能力。同时，法语联盟在课程设置中从一开始就对语言的四种基本能力——听、说、读、写十分重视，力求达到语言综合能力的全面发展。法语联盟的授课规模都是小班授课，人数控制在20人以内，这样可以最大程度上保证每一名学员都可以得到个性化的教学辅导以提高学习效果。

除提供法语课程教学外，法语联盟的另一项重要工作内容就是举办或参与形式多样的法语国家（特别是法国）文化推广活动。以上海法语培训中心为例，该中心结合互动教学法原则，在教学活动之余，常常举办各类文化活动、开设专题讲座，利用师生自编杂志、自排小品节目等形式，形成跨文化交流和学习的良好氛围。比如，在2010年度内，中心总共组织了118个活动：其中讲座为25个、晚会为4个、音乐会14场、戏剧表演2场、竞赛组织5次、34个电影活动、11个兴趣班、14场展览、9场文学之夜等。这些丰富多彩的文化活动一方面激发了学员对法语和法国的兴趣增进对法国的认同感和好感；另一方面也有效地宣传了法国文化。当然，中心组织的大多数活动向公众开放，因此，活动的影响远远超出中心在册学员范围。除了自行组织各类活动外，上海法语培训中心与法国驻华使领馆文化处、当地高等院校、文化机构及众多企业密切合作，协办或参与法语文化国际周、当代法国、法国教育、法国音乐节等多方面展现法国文化及创意的活动。2014年，借中法两国建交50周年之际，在中国设立、包括上海法语培训中心在内的各法语联盟机构组织的文化艺术交流活动更是层出不穷。

（三）法语联盟的工作成效

法语联盟是世界上首屈一指的语言教学及文化中心网络，曾接受过该网络法语教学培训的人员数量很难确切统计。根据法语联盟基金会2013年、2014年度报告中提供的数据，在世界很多国家持续经历经济危机的情况下，2013年，整个法语联盟网络注册的学员数量保持基本稳定的状态，达到464316人（2014年为461270人）；而受该网络语言活动影响者（即包括教学协助），总数则超过54万。2013年内，法语联盟网络提供的课时数量近3300万（2014年略有增加，达到3352万），共组织1.9万多个文化活动（2014年则增加到21302个）；整个网络的正式雇员12384名，其中教师7717名。

下表为2013年、2014年度法语联盟各大区域注册学员数量概况：

各类课程（不包括教学协助）注册学员表

区域	国家数量	法盟数量	教学类法盟数量	2014 年注册学员	2013 年注册学员	2014/2013 比较
非洲、印度洋	37	124	118	68419	70781	-3.34%
北美	2	118	79	34799	36404	-4.41%
拉美	18	180	178	143984	145232	-0.86%
安的列斯、加勒比海	15	24	23	20925	21747	-3.78%
亚洲	25	72	72	95151	92051	3.37%
欧洲	33	255	197	83982	85952	-2.29%
大洋洲	7	46	40	14010	12149	15.32%
合计	137	812	707	461270	464316	-0.01%

下表为世界上法语联盟注册学员最多的10个国家的情况，根据法语联盟基金会2014年度报告数据整理。

注册学员最多的10个国家（按注册总数顺序排列）

排名	国家	2013 年注册学员（教学协助除外）	2014 年注册学员（教学协助除外）	2013 年总注册学员	2014 年总注册学员
1	阿根廷	14270	14956	35315	42128
2	秘鲁	16304	16544	35145	36926
3	巴西	33975	33524	34422	33918
4	哥伦比亚	27256	24320	32701	31148
5	法国	28147	27954	28155	28854
6	美国	25026	24146	27179	26705
7	马达加斯加	27297	26432	27297	26471
8	中国	25088	23703	25240	23853
9	墨西哥	24738	22565	24738	23756
10	印度	21402	22835	24235	22855
全球总计		464316	461270	543736	543969

从上表中可以看到，在前10个国家中，拉美国家占据5个，为法语联盟教学活动最活跃的区域；法国本土和马达加斯加的注册学员人数极其可观，而且相对2013年，2014年法国本土注册学员有小幅度提高，这些学员的绝大多数直接来自海外。此外，与2013年相比，2014年在美国与中国法语联盟注册的学员均有较明显的减少；就中国而言，其很大一部分原因在于2013年开始包括法语区魁北克在内的加拿大对中国移民政策的收紧，当然，由于此前几年发展过猛做些适当的回调也是一个因素。

六、法语联盟的资金来源与财务运作

（一）法语联盟的资金来源

法语联盟以推广法语和传播法国文化为第一要务，坚持非营利性同时积极筹措资金保障机构的正常运转。其资金来源由三部分组成：1. 法国政府财政补贴；2. 企业或个人赞助；3. 自身运营资金收入等。

1. 政府财政补贴

政府财政补贴主要通过外交部对法语联盟基金会及设立在境外的法语联盟成员资助实现，此外，文化部、教育部等也会通过项目合作等方式提供相应经费。下面我们以法语联盟基金会2013年度报告及法国政府相关预算文件为依据，着重介绍近年来法国外交部对法语联盟的资助情况。

目前，法国外交部对法语联盟实施资助的原则经两机构签署的三年度框架协议确认。首个框架协议在《国家对外行动法》背景下，于2010年10月1日由法国时任外长贝尔纳·库什内（Bernard Kouchner）和法语联盟基金会主席让－皮埃尔·罗努瓦[①]（Jean－Pierre de Launoit）分别作为

---

① 让—皮埃尔·罗努瓦（Jean－Pierre de Launoit，1935/01—2014/11），比利时实业家，文化人士、慈善家。自2004年起担任法语联盟主席直至2013年6月，由法国媒体及文化人士、作家热罗姆·克莱芒（Jérôme CLÉMENT）接替。

代表签署，涵盖2011至2013年度；涵盖2014至2016年度新的框架协议于2014年11月24日由法国外交部全球化、发展及合作司司长安娜-玛丽·德斯哥特（Anne-Marie Descôtes）女士和基金会主席热罗姆·克莱芒先生分别代表双方在基金会总部签署。该框架协议确定了法国外交部与法语联盟的合作方式，并为各地法语联盟组织在法国驻外代表机构开展的“影响力外交”（diplomatie d’influence）框架内实施具体的行动提供参考样本。

根据框架协议，法国外交部每年向基金会提供一笔资金，一方面支持基金会对法语联盟网络实施现代化、专业化行动；另一方面承担基金会派驻国外总代表的运作与协调费用；具体金额由外交部逐年确定，于每年开始前通知基金会。此外，法国外交部还可以为实现某些有着共同利益的专项行动向基金会提供资助。

法国外交部承担法语联盟费用最重要的一块是担负一部分外派人员的工资。这些人员一般担任基金会派驻各国的总代表或分支机构[①]的负责人，由外交部和法语联盟总部共同选定并聘任，纳入外交部人员编制。近年来，法国遭遇的财政困难同样波及到外交部门；2007年至2013年期间，外交部的总体人员编制削减了9%，2014年又有新的削减，法语联盟的编制也因此受到影响，比如仅仅2013年一年就减少了20个外交部编制。与2013年相比，2014年又削减了16个外交部外派人员编制，减少到285个。2013年，外交部为法语联盟网络提供的外派人员编制为301人，其中包括近90名国际志愿者（volontaire international）；2011年和2012年则分别为353人和321人，下降幅度显而易见。2013年，外交部为法语联盟上述外派人员提供的工资待遇支出共计3200万欧元；2014年，该支出降至2741万欧元。

2014年，法国外交部直接向法语联盟基金会提供的资助金额为159万欧元（2013年为168.1万欧元），其中43万欧元（2013年为50万）用于运营开支，22万欧元（2013年为25.8万）用于法语联盟分支机构的专业

① 这类法语联盟分支机构往往为外交部的签约机构。

化实施项目，93 万欧元（与 2013 年 92.2 万基本持平）用于法语联盟外派总代表的实施行动。除了对法语联盟基金会的资助外，外交部还通过驻外使馆间接地向一些法语联盟分支机构提供资助；此类资助通常与具体的项目（如培训、认证、文化活动）挂钩，2013 年，总额达 613.8 万欧元，而 2012 年和 2010 年分别为 642.8 万和 710 万欧元，下降幅度分别达 4.5% 和 13.5%。据法语联盟基金会 2013 年度报告所载，2008 年至 2013 年，在法国外交部对外文化行动预算中，用于法语联盟机构的支出减少了 53%。

从法国外交部全球化、发展及合作司代表外交部提交议会审议的有关国家对外行动——“文化及影响力外交”项目①预算草案中，我们可以看到，2015 年，外交部对整个法语联盟网络的资助预算总额为 702.2192 万欧元，② 其中法语联盟基金会 135.4697 万欧元，通过驻外使馆对法语联盟地方分支机构的资助为 566.7495 万欧元，与 2013 年的数据相比，均有所下降。

从以上分析中，我们可以看到，政府对于法语联盟网络的资助金额十分有限，而且存在逐年减少的趋势；法语联盟之所以能长盛不衰，依靠的主要还是自身运营资金收入。事实上，大多数发展好的法语联盟机构并不需要依靠政府补贴才能顺利运转，它们完全可以自给自足甚至有所结余。

2. 赞助

赞助是法语联盟资金的另一大来源，争取赞助往往是法语联盟各成员机构的一项重要常务工作；提供赞助者多为当地企业（尤其是法资企业）、各种类型的基金会，也包括个人。法语联盟与很多世界知名企业（尤其是法资企业）保持着良好的合作关系。这些企业需要大量掌握法语的当地员工，法语联盟经常与赞助企业举办招聘会，给赞助企业供给掌握法语的员工进而赢得企业的大量赞助，实现学员、企业、法语联盟三方互惠互利，

---

① 即国家预算第 185 项。

② 2015 年，外交部用于其所属的“法国文化中心”（Institut français）网络的预算总额为 29956570 欧元，2014 年则为 39491943 欧元，同样有较大幅度的削减。

取得了良好的经济和社会效益；另外，各种基金会和教会组织的赞助也是其资金的重要来源。法语联盟与这些组织合作开展形式多样的公益活动，如向艰苦地区派遣法语教师、组织公益宣传等，并获得这些组织的慷慨赞助，真正实现社会效益和经济效益双丰收。

这里，赞助同样应区分对法语联盟基金会的赞助和对法语联盟各地分支机构赞助两种情况。受多种因素影响，法语联盟成员机构获得赞助的情况较为复杂，彼此之间存在很大的差别，我们在这里无法做专门介绍。与2012年的情况相比，2013年法语联盟基金会得到的赞助有较大幅度提高，达到293406欧元（2012年为204389欧元，增幅达43.5%），其中：13145欧元为个人捐赠；108598欧元为企业对研讨会活动的赞助，包括BRED银行、CIC跨大西洋银行、蓝带厨艺集团；专用于法语联盟成员机构的特别赞助款85663欧元；来自地方政府的赞助款86000欧元，包括卢瓦尔河地区、马提尼克、巴黎市政府等。2014年，法语联盟基金会得到的赞助为103515欧元，与2013年相比有大幅度的减少，这主要原因在于本年度没有组织大型研讨会，同时没有前面提到的特别赞助款收入；与2013年相比，2014年获得的个人捐赠款高出一倍多，达29515欧元。除了资金赞助外，基金会还得到来自企业机构的其他方面的援助，如免费提供设施、活动场地①等。为扩大赞助来源，法语联盟基金会近年来适当增加了宣传力度，如连续几年在法国公证人大会设置宣传台，并定期向法国上千名公证人寄送资讯介绍基金会的项目。②

3. 运营收入

法语联盟自身运营收入是资金来源的主要部分，主要包括：教学收入、考试收入、向其他学校派遣教师收入、出版物收入以及出租教学资源收入；其中教学收入占据主要部分。

据法语联盟基金会2013年度报告提供的统计数据，2013年法语联盟

① 庆祝法语联盟成立130周年之际，巴黎著名的蓬皮杜文化中心免费提供晚宴场地；当时出席该盛宴的人数超过800。

② 公证人负责处理财产继承、捐赠等事务。

网络各分支机构的自营收入为1.82亿欧元[1]（2014年更是达到2.03亿欧元），法国外交部通过驻外使馆等间接为它们提供的资助613.8万欧元，从这个角度看，如果不考虑那些纳入外交部预算、派驻法语联盟人员薪资费用因素，[2]法语联盟网络分支机构自筹资金的总体比例已经超过96%（2014年则上升到97.13%；2012年仅为83%，2007年只有75%）；某些国家，如澳大利亚，甚至达到99%，基本上实现资金完全自筹，换句话说就是，法语联盟机构基本上不花法国政府的财政资金，但履行着推广法国语言及文化的使命。

（二）法语联盟的财务运作

法语联盟基金会及其成员机构设置有较为完善的资金筹集、管理和分配制度，严格实行预算管理，财务运作稳健，每年基本上都能做到收支平衡或略有积余。

从法语联盟基金会层面，2013年度基金会的总收入为477.5万欧元，包括：外交部资助168.1万欧元（其中50万欧元用于运营开支，92.2365万欧元用于外派总代表的支出，25.8636万欧元用于法语联盟分支机构的专业化规划项目）；租金收入96.5159万欧元；投资收入（购买债券、存款、用益权等）43.1万欧元，基金会投资组合的复合年均增长率（taux actuariel du portefeuille）达5.71%。2013年度基金会的总支出为475.8518万欧元，其中：基金会运作直接相关的费用102.8万欧元，员工工资及社保支出99.9061万欧元，外派总代表相关开支184.4万欧元，联盟成员专业化规划项目支出25.8万欧元，其余45.3333万欧元为办公楼翻新准备金。这样，年度实现盈余1.699万欧元。

与2013年度报告相比，法语联盟基金会2014年度报告未对收入与支出的主要事项有详细的说明。根据损益表中提供的数据，2014年度基金会的总收入为420.9453万欧元，总支出420.7万欧元，年度实现盈余2453

---

① 包括赞助收入。

② 该部分的费用达3200万欧元，详见上文政府财政补贴章节。

欧元；与2013年相比，三个数据均有所下降，但还是实现了财务收益平衡；其中收入项目的下降主要来自外交部资助的相对削减。

为了更好地说明法语联盟基金会的财务情况，我们从该基金会历年的年度活动报告中摘录翻译了基金会的资产表、负债表及损益表，而且为便于比较，我们把各年度的报表合并放在同一表格内（详见随后表格）。从资产表中，我们可以看到，除2010年度略有减少外，其余基金会的资产总值相对稳定，2013年因新购置房产有较大的增长。从损益表中，我们可看到基金会每年有少量积余。

作为法语联盟最负盛名的成员，巴黎大区法语联盟每年接待来自不同国家一万多名学员学习培训法语。根据我们查阅到的巴黎大区法语联盟2010年财务审计报告中的数据，该机构2009年和2010年经营收入分别为1099.7198万欧元和1201.1358万欧元，其中绝大部分为授课收入；经营支出分别为1069.2304万欧元和1135.1585万欧元，年度积余分别达30.4895万欧元和65.9774万欧元。

在我国设立的法语联盟成员机构同样有着较为突出的表现。以上海法语培训中心为例，该机构的主要来源为学费收入，同时接受法国政府和企业的赞助、捐助。中心自1991年创办以来，一直以教学为核心，不断提高办学和服务质量，在上海及邻近地区赢得了较好的口碑，学员生源充裕，财务状况一直保持良好状态，办学资金充盈；此外，为应对可能出现的突发事件，中心每年做到有一定的经费积累，作为“风险金”，以便财务上做出调整，保证中心正常运作。根据我们掌握的最新数据，中心2013年度共招收8900余名学员，机构的总收入达18777969.67元，总支出18347571.13元，积余430398.54元，取得了较好的业绩。

资产表	2008 年	2009 年	2010 年	2011 年	2012 年	2013 年	2014 年
法定资本的缴付	560000	60000	20000	–	–	–	–
专利许可	2317	2165	508	–	–	–	–
场地	6300000	6300000	6300000	6300000	6300000	6300000	6300000
建筑物	25215000	25200000	25200000	25200000	25200000	29695587	30772162
其他有形固定资产	38440	49047	43267	38229	38429	84705	30509
其他金融资产	917	17	17	17	256	256	256
固定资产	32116674	31611228	31563792	31538246	31538685	36080548	37102927
预付款及部分付款	7210	8447	6775	13130	54080	15151	16141
应收账款及相关账户	177239	194734	199318	182817	53101	91408	59614
其他应收账款	–	10346	2730	1017	–	1187	3870
有价证券投资	5016032	5475395	6272767	6547062	7280166	6257945	6633173
可用资金	1260592	2593925	1337634	1160877	1226728	2495281	1399015
应计预付费用	2110	2366	4884	3349	1000	1180	–
流动资产	6463183	8285212	7824108	7908252	8615075	8862152	8111813
资产总计	38579858	39896440	39387900	39446498	40153760	44942700	45214740

负债表	2008 年	2009 年	2010 年	2011 年	2012 年	2013 年	2014 年
法定资本	35600000	35600000	35600000	35600000	35600000	35600000	35600000
协会资金	1363867	1363867	1466884	1491884	1507129	1515714	1515714
未分配利润	–	27873	364535	409340	418818	447495	464485
当期利润	27873	336661	44806	9477	28678	16990	2453
所有者权益	36991714	37328220	37476225	37510701	37554625	37580199	37582652
费用准备金	69633	54672	204672	304672	454672	544514	569192
风险及费用准备金	69633	54672	204672	304672	454672	544514	569192
金融机构贷款				905	551991	4821784	5028208
客户预付款及部分支付			2000	–	–		
应付账款及相关账户	110357	95818	72921	78730	58489	142097	199486
应付税收、工资等	228948	199527	249719	237477	248879	258804	261453
其他负债	1169798	2206615	1382363	1310849	1285104	1592718	1573749
应计预收费用	9381	11587		3164	–	2584	–
负债	1518484	2513548	1707003	1631125	2144463	6817987	7062896
负债总计	38579858	39896440	39387900	39446498	40153760	44942700	45214740

损益表	2008 年	2009 年	2010 年	2011 年	2012 年	2013 年	2014 年
商品销售收入	587	179	18	-	-	-	-
服务收入	497638	575422	563036	651758	1226561	1174509	1102196
补助	3427138	3770183	2288969	2305114	1681000	1755500	1674322
其他收入	1050	2222217	871706	1073845	1068135	1044964	876493
准备金回冲	563	15140	-	-	-	363491	55323
经营收入	3926977	6583141	3723728	4030717	3975696	4338464	3708334
购置及外部费用	2676026	5605278	2925782	3186703	3126531	3131802	2843665
税、费及类似支出	-	81866	93165	98840	99563	102594	89320
薪金	615281	546189	617946	630101	618165	651381	586882
社会保障费用	306340	256789	283564	316593	329924	347680	327127
折旧和准备金	76660	10186	177943	145280	210942	524083	354530
日常管理其他支出	329390	-	-	69	2	197	33
经营支出	4085776	6500308	4098400	4377586	4385127	4757737	4201557
经营损益	-158800	82833	374672	346869	-409431	-419273	-493223
财务收入	192869	252298	422411	370264	437511	431786	498499
财务支出	125	12342	37	18916	80	260	4263
财务收支	192744	239956	422373	351348	437431	431526	494236
当期税前利润	33944	322788	47701	4479	28000	12253	1013
额外收入	92	28874	435	10127	3098	5258	2620
额外支出	6163	15001	3331	5129	2420	521	1180
额外损益	-6071	13873	2896	4998	678	4737	1440
收入合计	4119937	6864312	4146574	4411108	4416305	4775508	4209453
支出合计	4092064	6527651	4101768	4401631	4387627	4758518	4207000
净利润	27873	336661	44806	9477	28678	16990	2453

七、对推进孔子学院建设的借鉴意义

据悉，自2004年在韩国首尔成立首所孔子学院起至今，全球已有130多个国家设立500多所孔子学院和上千个孔子课堂；孔子学院仅仅用了短短十年时间，走完并超越了包括法语联盟在内的各国语言推广机构数十年乃至一百多年的路程，发展速度之快堪称奇迹。这充分说明海外汉语学习的巨大需求，说明孔子学院有超强活力。在称颂孔子学院喜人成绩的同时，我们也不时听到海内外媒体有关孔子学院的负面报道、批评责难甚至抵制的消息。我们认为，新生事物成长壮大过程中遭遇一些批评指责在所难免，而且成绩绝不能掩盖问题。我们需要做的是，分析问题的根源，通过学习借鉴国外类似机构较为成功的经验，完善孔子学院项目，使之成为被国外广泛接受的汉语学习权威场所、了解中华文化的沟通桥梁。

法语联盟自1883年创办以来经历了130多个年头，经久不衰，其历史之悠久、成员网络覆盖程度之广、办学规模之大、口碑之好，均为外国类似语言文化推广机构难以匹敌；而且更为奇特的是，法国政府官方每年对于这么一个网络的资金投入非常有限。正如我们前面介绍，如果不考虑少部分纳入外交部预算、派驻法语联盟人员①薪资费用因素，整个法语联盟网络分支机构自筹资金的总体比例已经超过97%；有一个形象的说法，那就是：法语联盟是利用外国人的钱、外国的资源，实施法语教学培训，宣传法国文化。确实，法语联盟的成功，有不少方面值得我们参考。

下面我们结合前面几个部分所介绍的内容，分析法语联盟对孔子学院建设的一些借鉴建议，具体有七个方面。鉴于我们对孔子学院的总体情况未做过全面深入的了解与调研，因此，我们所提出的借鉴建议有的可能已经被实施，或者已纳入孔子学院总部考虑的范围。

---

① 目前，此类纳入外交部预算的人员仅为301人（2014年减为285人），而法语联盟整个网络的正式雇员达12384名，其中教师7717名（2013年度数据）。

（一）针对不同国家或地区尝试采用不同创办模式，弱化政治因素

目前，孔子学院主要采用中外合作的模式开办，即由孔子学院总部委托中国国内高等院校与境外教育机构合作共同设立，由双方委派代表组成理事会作为学院的决策机构，日常管理实行双校长制，双方各指定一名校长；教师主要由孔子学院总部委派，他们的工资及国际旅费由总部承担；孔子学院总部提供启动经费，并逐年提供一定数量的项目经费。这种模式与法语联盟在我国设立的分支机构有一些相似之处，如中外合作、共同管理、双校长制等，所不同的是，在我国设立的法语联盟成员机构均由法语联盟总部直接出面与国内的高等院校合作经教育主管部门批准设立，教师则由法语联盟成员机构直接聘任（主要经法方校长面试决定），教师工资由机构自行承担。

我们认为，孔子学院可以尝试类似法语联盟广泛采用的协会模式，比如直接使用现存具备办学条件及资质的海外协会组织，或者动员海外有名望的爱国华侨及当地友好人士发起成立类似协会性质的组织，授予其“孔子学院”名称使用权，在初期可给予资金、师资等方面的支持，并提供长期技术指导，对办学质量等实施有效跟踪监督及考核。采用这种模式的优点是可以避免某些国家/人士运用意识形态、学术自由等借口对现有孔子学院办学模式的抵制与责难；这种模式可以起到“弱化政治因素”的作用。其实，法语联盟从最初成立之时，就确立了不参与政治活动，不介入宗教、种族矛盾的原则；这种“去政治化”和“去宗教化”特点也正是法语联盟能为世界不同政治、宗教环境国家人们所接受、得以健康发展而且长盛不衰的根本原因。而且，通过协会等其他模式，同样可以达到推广汉语、传播中华文化、宣传“孔子学院”品牌的效果，同样可以增强我国的软实力。

（二）广泛吸收国内外知名人士积极参与

从法语联盟的发展历史看，该机构诞生本身就是当时法国社会一些名

流精英推动的结果，他们中有外交家、政治家、地理学家、作家、科学家、宗教人士等，协会成立后又吸引了更多领域的知名人士加入，并成为一项传统，他们以各自的名声及行动为联盟的推广发展壮大贡献力量；国外成立的法语联盟分支机构也是如此，它们不仅得到法国本土、法国驻当地外交机构的大力支持，同样受益于当地名人、法国侨民及企业界的积极工作。从法语联盟基金会决策机构——理事会的组成人员中，我们可看到法语国家及地区国际组织（OIF）秘书长、法兰西学院终身秘书等享誉国内外的人物，基金会指导委员会（Comité de parrainage）同样由法国国内外名声显赫的人士组成，各分支机构理事会组成人员也是如此，他们都有着共同的特点，那就是会法语、热爱法国及其他法语国家文化；所有这些知名人士的积极参与，同时加上政府的扶植，为法语联盟的成长及稳步发展打下了坚实的基础。此外，我们还需补充说明的是，法国历届共和国总统担任法语联盟荣誉主席。

孔子学院是由中国官方（国家汉办）推出并管理的语言文化推广机构，与法语联盟由民间人士（但一开始就受到法国政府的支持并扶植）发起设立的协会性质组织存在差别，但这与孔子学院吸引国内外广大知名人士积极参与并不矛盾。事实上，更大范围地吸引境内外各界知名人士参与孔子学院的管理、顾问工作或者参加孔子学院组织的多种活动，对于扩大孔子学院的声誉、赢得所在地人们的理解与支持，将起到事半功倍的作用。据了解，孔子学院在这方面确实已经做了不少工作，但我们认为还有继续挖掘的余地。我们国家在不同领域不乏在国际范围享有盛誉的名人，诺贝尔奖获得者、著名科学家、文艺名人、在任或离任外交官员、院士、国际组织原任或现任高管等等，他们都是祖国最珍贵的财富，祖国最好的名片；如果能够吸引他们进入孔子学院的决策或咨询机构，吸引他们积极参与孔子学院在境内外组织的一些活动，那将是对孔子学院的最好宣传。法国的一些诺贝尔获得者、科学家、著名导演、作家、大学教授、影视明星、年度法国小姐等受邀（很多由法国驻当地使领馆出面）在法语联盟机构进行讲演、座谈等宣传活动极为频繁。就具体某个国家而言，我们觉得发动当地中国投资企业、华侨、当地对华友好人士、中国曾出任该国使领馆官员、该国曾派驻中国任职的官员、中国精通该国语言的学者专家等等，都将是很好的挖掘对象。

（三）拓宽资金筹措渠道，增强资金自筹能力

上文中曾做过介绍，法语联盟接受法国政府的资助金额十分有限，其办学资金主要来自课程收费，外加企业及个人的一些赞助；目前整个联盟网络总体资金自筹比例超过96%，也就是说，法语联盟基本上做到了用外国人钱财实施法语及法国文化推广工作，法国政府的实际投入极其有限。与法语联盟相比，孔子学院在这方面还存在较大的差距。当然，孔子学院目前尚处在“初创期”，还需要中国政府的支持，不过如何增加自身创收能力，如何拓宽资金来源，这是摆在各孔子学院机构面前的一个大问题，这将直接关系到机构的可持续发展。而且，资金自筹比例越高，我们就更有理由驳斥西方某些人士针对孔子学院有关政府操纵、实施新殖民等诸如此类的指责与发难。

对此，我们可以借鉴法语联盟的做法，拓宽资金来源渠道，首先从教学质量上狠下功夫，建立良好的口碑，通过精心设计的营销手段，争取更多生源，并努力按照当地市场运行规则收取学费；其次，借助品牌宣传，在当地法律法规合理允许的范围内，积极吸引各类基金会、企业（特别是中资企业）、个人多种形式的资助，包括直接提供资金赞助、在学院设立奖学金、提供物质条件等。

（四）通过派驻国家或区域总代表的方式加强对整个网络的管理

发展至今，一些主要国家在不同城市设立有多家孔子学院的现象已比较普遍；某些地区相邻国家之间也设有各自的孔子学院机构。这些孔子学院的国内合作方通常不是同一所院校，它们分别与当地教学机构合作，彼此之间不仅缺少有效的沟通协调，相互之间还可能存在某种竞争关系。这种现象对孔子学院总体品牌建设十分不利。为此，如何有效协调相应国家

或地区范围内不同孔子学院机构的活动，进而加强对整个孔子学院网络的管理，是一个急需解决的问题。我们认为，法语联盟总部向各主要国家或区域派遣总代表、协助有条件的国家成立法语联盟联合会的做法值得借鉴；而且法语联盟派遣的国家（或区域）总代表通常也负责该国（或该区域）某一个分支机构的管理工作，即采用兼职方式，这样不增加人员编制，所产生的相应费用开支非常有限。

总代表可被充分授权负责统筹协调所在国家（或区域）各所孔子学院的工作活动安排，与所在国相关部门、中国驻该国的外交机构统一联络沟通，运用统一设置的网站或其他途径（如创办所在国家、区域孔子学院资讯快报）集中宣传，促进区域内中文教师的流动，实现资源共享，在不增加投入的基础上更好地推进相关孔子学院的工作，取得更好的效果。

（五）做好教师选拔工作，注重师资能力培训

众所周知，对于任何教学机构，拥有一支高素质的教师队伍是关键。就对外汉语教师而言，我们认为对他们的要求应该更高：他们不仅需要精通汉语语言知识，掌握必要的教学技能，作为中华文化传播使者，还需要具备极高的文化素养；除此之外，还应该具备所在地语言的基本技能，熟悉所在地的人文历史，熟悉当地学员的学习习惯等等，因为，很难想象一位不懂当地语言、不了解当地文化习俗的教师，能够与当地学员有效地沟通，有效地传播中华文化，积极参与所在地各项活动，加强与当地的联系和交流。根据法语联盟的经验，实行有效的联系与交流政策是与所在地区维持良好关系的保证。要做到这些，教师选拔、师资持续针对性培训显得十分重要；另外，我们还需考虑如何充分利用当地的教师资源，包括当地华侨、汉语教师。在法语联盟，各分支机构享有教师聘用自主权，比如在中国，每一位法语教师均由法方校长面试确定，并需通过严格的考核机制；总部和分支机构根据需要对教师实施持续培训，训练教师的能力。

（六）注意教材更新，课程设置多样化

法语联盟在教材选用、课程设置方面有不少地方值得孔子学院借鉴。在教材方面，法语联盟一方面与法国教育部下属的各教学研究机构保持有效合作，确保选用的教材能反映该领域最新研究成果，做到及时更新；具体而言，法语联盟采用法国最著名的几大教学专业出版社新发行的教材。另一方面，各联盟成员往往根据不同国家、不同年龄层次学员的特殊情况，结合自身教学实践以及经验积累，编制一些自用教材。总体而言，法语联盟使用的教材内容比较新颖，更新较快，而且适合法语联盟成员机构普遍采用的互动式教学模式。

课程设置方面，法语联盟完全根据市场需求，课程种类繁多，以面向不同程度学员的语言课程为主，兼顾法国文化类课程，此外还有专业类、考证类、少儿类、留学类及为企业客户量身定做的课程，甚至一对一授课；一句话，那就是满足客户的各种需求。各课程按照市场标准收取学费。

（七）同时在国内开设孔子学院，通过内外联动，增强品牌宣传效果

法语联盟除了在国外传播法语语言文化外，同样也是法国国内规模最大的法语教学网络，学校遍布法国27个城市，其中巴黎大区法语联盟每年接待来自160多个国家1万多名学员在那里接受不同层度的法语培训学习；来自各国的学员除了语言学习外，还可以领略法国当地文化，加深对法国的了解。法语联盟也是法国国内为数不多荣获法国外交部、高等教育与研究部以及文化和传播部三部门联合认定的“对外法语教育优质品牌”（label Qualité FLE）机构之一。“学法语，到法语联盟”这一宣传口号完全符合实际。

我们认为孔子学院可以学习法语联盟的这种做法。孔子学院总部可以向符合要求的国内机构授予“孔子学院”品牌使用权，或者至少可以要求

孔子学院国内各合作院校对外汉语教学部门使用“孔子学院”品牌，如“上海外国语大学孔子学院”，并且用孔子学院标准对各机构实施定期考核，督促其不断提高教学管理质量。我们认为，这种做法既可以产生内外联动效果，促使更多的国外学员前往当地孔子学院或者前来中国孔子学院学习，同时，可以大大增强“孔子学院”品牌宣传效果，真正做到“学汉语，到孔院”。

（谢军瑞）

【参考文献】

1. CHAUBET F.，《L'Alliance française ou la diplomatie de la langue（1883－1914）》［J］，Revue historique，2004/4 n° 632

2. CHAUBET F.，《La politique culturelle française et la diplomatie de la langue，l' Alliance Française（1883－1940）》［M］，Paris，L' Harmattan，2006

3. CLORIS J.，《Alliance française 130 ans》［M］，Paris，Nouvelles Éditions de l' Université，2013

4. DE LAUNOIT J.－P.，《L' Alliance Française：un facteur de rayonnement de la culture française》［J］，Revue internationale et stratégique，2006/3 N°63

5. DESCOTES A.－M.，《PLF 2014 － Extrait du bleu budgétaire de la mission：action extérieure de l' État》［R］，Paris，Ministère des Affaires étrangères et du Développement international，octobre 2013

6. DESCOTES A.－M.，《PLF 2015 － Extrait du bleu budgétaire de la mission：action extérieure de l' État》［R］，Paris，Ministère des Affaires étrangères et du Développement international，octobre 2014

7. DUBOSCLARD A.，《Diplomatie culturelle et propagande françaises aux États－Unis pendant le premier vingtième siècle》［J］，Revue d'histoire moderne et contemporaine，2001/1 no48－1

8. Fondation Alliance française，Rapport d'，《activités 2007－2008［R］，Paris，Fondation Alliance française，

9. Fondation Alliance française，Rapport d'，《activités 2009［R］，Paris，Fondation Alliance française

10. Fondation Alliance française, Rapport d', 《activités 2010 [R], Paris, Fondation Alliance française

11. Fondation Alliance française, Rapport d', 《activités 2011 [R], Paris, Fondation Alliance française

12. Fondation Alliance française, Rapport d', 《activités 2012 [R], Paris, Fondation Alliance française

13. Fondation Alliance française, Rapport d', 《activités 2013 [R], Paris, Fondation Alliance française

14. Fondation Alliance française, Rapport d', 《activités 2014 [R], Paris, Fondation Alliance française

15. GAZEAU – SECRET A., 《Francophonie et diplomatie d'influence》[J], Géoéconomie, 2010/4 n°55

16. Organisation internationale de la Francophonie, 《La langue française dans le monde 2014》[R], Paris, Éditions Nathan, 2014

17. SPAËTH V., 《Mondialisation du français dans la seconde partie du XIXe siècle: l'Alliance Israélite Universelle et l'Alliance Française》 [J], Langue française, 2010/3 n° 167

18. 贾聪.《一战前的法语联盟与第三共和国》（法文），上海，上海外国语大学，2012.

19. 吕冬.《法语联盟教学发展对汉语国际教育海外推广的启示》，浙江大学，2012.

20. 孙鹏程.《孔子学院和国际语言推广机构的比较》，山东大学，2008.

21. 尚晋.《非洲中法语言推广机构语言及文化推广比较研究》，江西师范大学，2012.

22. 上海法语培训中心.《2010 年度办学报告》，上海，2011. 3.

23. 上海法语培训中心.《2013 年度办学报告》，上海，2014. 3.

24. 王明利、戚天骄.《法语联盟文化传播策略研究》，法国研究，2012，84.

25. 吴建义.《孔子学院与四大语言文化推广机构对比研究》，厦门大学，2014.

第五章 歌德学院语言推广战略研究

【摘要】歌德学院在其半个多世纪对外开展的语言教学与文化交流活动中，促进了国外的德语语言教学，有效推广了德语语言与文化，借助有关德国文化、社会和政治生活等方面的信息介绍，也全面展现了积极的德国形象，而且，通过一系列举措和活动，大大推动了国际间的人文交流与合作，充分落实了其在对外文化和教育政策方面所肩负的责任与任务，成效显著，是世界级文化学院。但它也曾遭遇资金、人员和所在国政策规定等方面的发展困境，只是采取有效措施，克服了相关问题。因此，研究其正反两方面的发展经验，能丰富中德教育和文化交流活动中我们作为交往主体之一的工作方式、路径和策略，深化中德两国之间的人文交流，而且，有利于中国孔子学院更有语境针对性地展开建设工作。

相关的启示主要包括：将海外孔子学院的设立与运作，置于政府间的交流框架下，以利于孔子学院更具法律保障和更安全、有效地发展；像歌德学院那样，更好地集中用力，重点拓展，充分考虑不同国家与地区的语言与文化传统和现实来开展工作，而且在政府色彩和独立运作之间，更有效地兼顾平衡；孔子学院的汉语教学和文化推广活动，既要考虑体系性，又应根据需要设立清晰的活动重点，还应特别重视和落实活动的民间参与性、活动的互动性、交流手段的多样性；此外，还应与相关机构间、企业间和文化产业间，与所在国的机构或组织间建立更广泛的合作关系，且应能充分认识人文交流的双向性并将之付诸实践。

歌德学院（Goethe Institut）成立于1951年，在其半个多世纪对外开展的语言教学与文化交流活动中，成效显著，但也曾遭遇发展困境。在我国与国外政治、经济、文化、教育与科技交往日益密切并高度紧密的背景下，研究歌德学院的运作机制与推广战略，借鉴其正反两方面的经验，能丰富中德教育和文化交流活动中我们作为交往主体之一的工作方式、路径和策略，并深化中德两国之间的人文交流，而且，有利于我国孔子学院更有语境针对性和适应性地展开建设工作，让中国文化更有效地走向世界，从而为切实提升我国文化软实力，为实现我国作为经济与文化大国快速而稳健地向经济和文化强国发展作出贡献。

一、歌德学院的性质、宗旨、任务

歌德学院以德国诗人歌德的名字命名，是德意志联邦共和国在世界范围内积极从事文化交流活动的文化学院。作为一个文化机构，它是德国外交政策的重要组成部分，与德国外交部签订的框架协议明确了歌德学院在对外文化教育政策方面所肩负的责任与任务。此外，它还与德国驻外使领馆联合举办各类活动。

歌德学院是一个注册协会，采取独立运作方式，自负其责。其工作内容的独立性，通过与联邦政府1969年签署的关于其法律地位的合作协议和最终于1976年签订的框架协议获得保障。2004年，歌德学院又与德国外交部文教司重新签署了双方合作的框架协议。

歌德学院属于非营利性文化机构，总部设在德国慕尼黑。它也是德国公共与私人文化机构、各联邦州和经济团体的合作伙伴。

依据1976年与德国外交部签订的框架协定，歌德学院受托执行一系列对外文化政策范畴内的任务，以此为基础为国家服务。

除了框架协定中列举的任务范围，歌德学院在事先征得外交部同意的情况下，可从事其他对外文化交流活动。框架协定确定了歌德学院与外交部的关系，即在执行协定所规定任务时密切合作的关系。在例外情况下，外交部可以直接干预歌德学院的活动，例如，驻外机构可以提出反对阻止外国分院的某项活动，当派驻国外的雇员有损害国家的行为时，外交部可以要求其立即停职。因此，歌德学院虽然可说是独立负责自己的工作，而且如其所宣称的，不带有任何政治色彩，但框架协定加上德国外交部的资金与行政资源调控作用，依然使其事实上成为了为国家利益服务的国家官方性质文化机构。

作为德国最大的媒介机构，它以在全世界范围内推广德语、推动并促进文化交流、宣传德国与全方位展示德国形象为宗旨，在全球从事德语语言教学和文化活动，是德国对外文化政策主要的执行机构之一。其主要的工作任务是：

1. 促进国外的德语语言教学，推广德语语言与文化；

2. 推动国际文化合作；

3. 借助有关德国文化、社会和政治生活等方面的信息介绍，全面展现德国形象。

二、歌德学院的历史与发展格局

第二次世界大战结束后，作为战败国的德国，经济上又一次处于崩溃状态，文化上也遭受前所未有的质疑。“纳粹德国”的乌云笼罩着德意志民族。为了与纳粹统治时期形成的德国国家形象划清界限，重建德国作为世界文化大国的形象，建立并发展可以深切参与，乃至构建正面与积极德国形象的文化交流组织，对德国来说变得刻不容缓。歌德学院与其他相关文化机构一起，正好适时而充分地满足了这一迫切的文化与政治需求。

歌德学院将其建院的时间起点定在1951年，但其发展最早可追朔至20世纪20年代。不管是否特别认可，歌德学院都是与“德国学院”联系在一起的。米歇尔斯认为：“1923年在慕尼黑成立、1945年被美国占领当局解散的‘德国学院’，被视作歌德学院的前身。这种连续性是不容忽视的。毕竟，‘歌德学院’这一名称并非新创，而是对成立于1932年肩负着同样使命的‘旨在继续培训国外德语教师的德国学院之歌德学院’的明显效仿。”①

第一次世界大战结束后，德国在军事和经济上损失惨重，政治上空前孤立。1923 年，原巴伐利亚驻巴黎公使冯·李特在一次聚会中谈到，德国必须寻求一种文化力量，以恢复德国严重受损的国家形象，应及早建立类似于“法兰西学院”的对外文化机构。其倡议随即在德国得到了广泛响应。1925 年 5 月 5 日在慕尼黑大学成立了德国学院，目标定位于改善德国在国际上的形象并促使德国国民获得统一的文化认同意识。所设科学部和应用部二部，前者负责相关研究工作；后者则是在国内外宣传科学部的研究成果并向国外输出德国文化。1930 年起，德国学院开始获得德国外交部资金支持，工作的重点确定为在国外促进德语语言教学。1932 年正值德国伟大诗人歌德 100 周年忌辰，德国学院在慕尼黑新设一个专门用于定期培训德文教师的下属机构，定名为歌德学院。到 1943 年，德国学院的分院几乎遍布整个欧洲，甚至远及美洲等。这也引起了纳粹政权的注意，并开始不断为学院增加活动经费。在第二次世界大战后半期，在纳粹宣传部长戈培尔的授意下，这些海外分院不再仅从事德语教学，而更多地对驻在国直接施加政治影响。② 德国学院虽然也曾试图摆脱纳粹的政治影响，但还是留下了一段不光彩的历史。1945 年 12 月 31 日，它被美国占领区当局强制关闭，成为四大占领国在德国强制关闭的唯一一家文化媒介机构。

歌德学院与德国学院的联系性与连续性具体体现在：第一，组织结构上的连续性。也就是说，重建的歌德学院，构架上颇有仿效德国学院之处；第二，重建之初人员上的连续性。德国学院的教师、工作人员和成员，虽然在二战后受到压力，但并未有真正的道德反思，而是大部分得以留用或保留；第三，理念上的连续性。20 世纪 50 年代，歌德学院的董事会为了在公共性工作上更好地发挥作用，在工作内容与理念上承接德国学

---

① Michels E.. Keine Stunde Null: Vorgeschichte und Anfänger des Goethe Instituts [A]. 50 Jahre Goethe - Institut [C]. München: Goethe - Institut/Inter Nationes. Verlag C. H. Beck, 2001. S. 13.

② 张帆：歌德学院的历史考察。

院的传统，同样未有真正足够的反思。甚至语言教学课的方法，在细节上都是一种复制。[①]

但歌德学院一定又是自创历史的。自 1951 年建立/重建以来，它经历了 4 个发展阶段，[②] 成效显著。其发展历程与德国对外文化政策的调整和变化相一致，时代印记明显。

（一）1951—1969 年，属于歌德学院的发展初期或重建初期

此一时期，歌德学院有德国学院作为前例仿效，搭建起相关机构，规划相关活动内容，并借助外交部成为德国最大文化媒介组织，在西方阵营国家纷纷建立起国外分院。

1951 年 8 月 9 日，应时任黑森州经济部部长库尔特·马克努斯邀请，9 名相关人士共聚慕尼黑滕恩大街 20 号，决定建立“旨在继续培训国外德语教师”的歌德学院（das Geothe – Institut e. V. zur Fortbildung ausländischer Deutschlehrer）。1952 年 6 月 28 日，在慕尼黑协会登记处，协会正式登记注册为“旨在促进德语国外发展的歌德学院”（Geothe – Institut e. V. zur Förderung der deutschen Sprache im Ausland）。

建立歌德学院的目标在于，通过这一协会来推进“非德意志人民”中的德语教学，为未来的德语教师提供培训课程以及为外国的日耳曼学学者举办专业研讨会。

在 20 世纪 50 年代及其后一段时间，联邦德国对外文化政策的核心是通过文化自我宣传，重新赢得外国的好感与信任。歌德学院正是围绕重建德国“文化国家”形象这一中心任务，来展开有清晰步骤的体系性建设工作。同一时期还出现了其他推广德国文化政治活动的机构，它们或以“德意志文化机构”（deutsches Kultur – Institut）或“德意志书舍”（deutsche

---

① Vgl. Kathe. S. R.. Kultur um jeden Preis. Die Geschichte des Goethe – Instituts von 1951 bis 1990［M］. München：Martin Meidenbauer. 2005. S. 140 – 141.

② 这一分期构架，主要参考了卡特的观点。Kathe. S. R.. Kultur um jeden Preis. Die Geschichte des Goethe – Instituts von 1951 bis 1990［M］. München：Martin Meidenbauer. 2005. S. 6 – 9.

Bücherei）之名，由外交部管理；或是划归“德意志—外国文化协会”（deutsch－ausländische Kulturgesellschaften）管辖。1959 年，歌德学院与德国外交部约定，将所有在国外的德国官方文化推介机构纳入自己的管理体系，让它们成为其分支机构。

1953 年，歌德学院在雅典开设了第一家名为“课程任务”（Dozentur）的机构；1954 年在曼谷、贝鲁特以及都灵也开始教授德语。当时的阿登纳政府在外交政策上选择紧密依靠西方联盟，所以，歌德学院的发展从一开始就面向西方阵营：起初主要是在西欧和与德国相邻的国家设立分院，因为那些地方受纳粹戕害最严重；随后逐渐在美国等国家开设，因为这些国家是德国非常重要的合作伙伴。在 20 世纪 50 年代，先后开设歌德学院分院的国家包括：希腊、意大利、土耳其、葡萄牙、玻利维亚、西班牙、法国、日本、巴基斯坦、哥伦比亚、巴西、美国、印度、英国、挪威、埃及和比利时等。

（二）1970—1982 年，属于歌德学院发展的蜕变期

这一时期，歌德学院成功实现了由语言培训机构向文化交流中心转变，且因为联邦德国对外文化政策的变化，而开始发挥其政治性角色作用，虽然这也一直伴随着相关争议，以至于德国外交部与歌德学院总部均禁止歌德学院国外分院介入所在国内政方面的政治活动。[①] 此外，在此阶段，歌德学院在众多亚洲、非洲和拉丁美洲国家建立起数量可观的分院。只是在东方集团国家并无特别进展。

1969 年 10 月，社民党主席维利·勃兰特（Willy Brandt）上台执政。他制定了旨在以“接近求转变”的新东方政策，致力于改善同苏联与东欧各国的外交关系。这是德国外交政策上突出的转变。在这种缓和的外交关系新格局中，对外文化政策被提升至一个新的高度，被视为与对外政治和对外贸易同等重要，成为勃兰特所说的“德国外交的第三支柱”。作为德

① Vgl. Kathe S. R.：ebd.，S. 284－285.

国从事对外文化交流的最大媒介组织，歌德学院得到联邦政府的高度重视。它紧密配合政府的外交政策，将任务领域由语言教学向文化交流拓展，实现了由语言学校向文化交流中心的转变。这一时期，西德政府与苏联、波兰、捷克斯洛伐克、匈牙利、保加利亚、蒙古、越南、古巴和中国等社会主义国家建立了外交关系并签署文化合作协定。与此相关的是，歌德学院分院也得以适时在部分国家，例如1970年在南斯拉夫、1973年在克罗地亚和1979年在罗马尼亚相继设立。[①] 但整体看，冷战时期东西两大阵营的对峙，还是严重阻碍了歌德学院在东欧和其他社会主义国家开展工作。

（三）1982—1990年，属于歌德学院向东方阵营和社会主义国家阵营拓展的时期

这一时期歌德学院成为德国联邦政府接近东欧国家的一个基本举措，而且也被这些国家作为相互交流的形式加以接受。[②] 其任务此时体现于：

1. 在歌德学院内部结构和资金支持遭遇很大困难时，[③] 仍艰难东扩，在社会主义阵营国家举办文化周等大型活动，并加强机构合作，为相关海外分院的开办做准备，例如为在保加利亚索菲亚开设分院和在波兰华沙开办第二家分院做准备。只是在莫斯科开办分院的谈判并无实质进展；[④]

2. 1989年11月9日柏林墙开放后，歌德学院经过谈判将民主德国的“赫德尔学院”纳入自己的体系，并开展语言教学活动等。按照计划，从1990年10月1日起，歌德学院将成为民主德国土地上的文化中心；[⑤]

3. 歌德学院在中国尚处于改革开放初期的80年代，便已着手在中国

---

① 参见张帆、王红梅. 文化的力量：德国歌德学院的历史和启示［J］. 比较教育研究. 2006（11）pp. 24－25。

② Vgl. Kathe. S. R.. Kultur um jeden Preis. Die Geschichte des Goethe－Instituts von 1951 bis 1990［M］. München：Martin Meidenbauer. 2005. S. 367.

③ Vgl. ebd.，S. 366.

④ Vgl. ebd.，S. 360.

⑤ Vgl. ebd.，S. 364.

的发展：其开办分院的努力有了初步成效，而且至少得以在北京开办起语言培训班。

此外，歌德学院在这一时期还发生了其他一些变化。

1. 20世纪70年代起，它陆续关闭了在西欧开设的规模较小的分院，因为在当时，一个开放、民主的德国形象已颇有接受基础，纳粹德国作为历史，已与德国的现实政治区分明显；

2. 其工作重心在转向东欧的同时，也将其版图逐渐延伸到其他大洲；

3. 歌德学院所做的工作，也不再是单向地以重塑德国形象为目的的文化输出，而是转向了双向的文化交流。

（四）1990年以来，属于歌德学院发展史上的深刻调整期

由于20世纪90年代初期苏联解体、东欧剧变和德国重新统一，东西两大阵营的对峙不复存在，国际政治、经济和文化格局发生了深刻的改变。一方面，歌德学院开始在中、东欧大量设立分院，仅1990年至1998年间在这些地区就新设了11家分院；另一方面，在90年后期主动地或者是迫不得已地调整了其机构布局与工作重心：

1. 因为德国东部新联邦州的重建，需要大量的资金投入，政府财力吃紧，一些对外文化机构被关停或者合并，原隶属联邦新闻局的国际交流中心（Inter Nationes，创建于1952年），2001年正式并入歌德学院；

2. 歌德学院由于所获得的经费逐年下降，到2003年整个预算下降了11%，不得不关闭越来越多的分院，仅1999年一年就关闭了3家国内和9家国外分院，[①] 例如加拿大的温哥华分院和巴基斯坦的拉荷尔分院等；

3. 由于欧盟一体化进程的深入发展，2000年歌德学院作为德国的代表进驻欧盟理事会下属的外语中心，参与欧盟的外语促进计划和项目，以促

① 参见张帆、王红梅．文化的力量：德国歌德学院的历史和启示［J］．比较教育研究，2006（11）。

使德语成为欧洲教育体系内有吸引力的第二外语；[①]

4. 其工作职能也由于国际交流中心的并入而有所扩展，例如影像制品的出版与翻译工作等，且文化输入工作日益凸显，例如每年大量邀请国外艺术家来德国演出或邀请记者来德国访问；

5. 工作的重点国家和区域的选择性变得更加鲜明。除了欧盟、俄罗斯与中东欧国家外，重点对象还包括中东、东亚和伊斯兰国家。其中，大幅度拓展中国的工作范畴与深度，与伊斯兰国家展开对话，成为歌德学院工作的重中之重。[②]

三、歌德学院的组织管理模式

歌德学院在过去的60余年间发展迅速。最新统计结果表明，它目前在95个国家和地区建立有160家分支机构。[③] 其中，包括在德国国内设立的歌德学院总部与13家分院以及12个海外联络处。它还是相关交流与合作网络的核心，借助其众多的分院，与各种文化协会、歌德中心、阅览室、考试中心和语言学习中心等共同构成了一个拥有近1000个运作单位的非常有效的语言和文化传播网络。截至2011年，它有雇员2997人，其中国外分支机构雇员2273人。

歌德学院分为总部、国内分院与国外分院。它在法律形式上是注册协会，最高权力机构是“协会成员大会”，最高管理机构是“代表委员会”，董事会则负责日常事务管理。在日常管理这一部分，又实行董事会、理事会和院长三级管理模式。

“协会成员大会”成员主要包括联邦政府代表、相关机构代表、政治家、

---

① 参见杜巍．孔子学院与歌德学院在文化推广方面的比较研究［D］．杭州：浙江大学．2013（12）。

② 相关的观点和数据来源参见张帆、王红梅．文化的力量：德国歌德学院的历史和启示［J］．比较教育研究．2006（11）．24。

③ 信息来源：歌德学院官网：https：//www. goethe. de/de/uun/auf/iub. html：2014. 10. 15。

来自文化、科学和社会生活诸领域的专家与名流。“协会成员大会”每半年举行一次会议，对歌德学院运转过程中的重大问题提出咨询意见。“代表委员会”设主席1名，副主席2名，由“协会成员大会”选举产生的代表6名。代表委员会的职责是召开“代表委员会”会议，提出董事会成员名单，对董事会提出的协会基本路线、方针和财政计划等进行表决，审查董事会年度工作报告并向“协会成员大会”提出报告。① “代表委员会”主席任期4年，现为克劳斯·迪特尔·雷曼教授（Prof. Dr. h. c. Klaus－Dieter Lehmann）。

董事会则是歌德学院的日常管理机构，与“代表委员会”主席一起对外代表歌德学院。② 董事会由至少2—3人组成，其负责人称为总秘书长。现任总秘书长为约翰内斯·艾伯特（Johannes Ebert）。董事会成员任期5年。董事会负责歌德学院机构章程修订、分支机构的设立和财政预算的申报等；理事会则主要负责执行董事会的决议，审查并通过机构的工作计划，负责机构的整体运营；各分院院长分别负责所在国歌德学院的日常管理与行政工作，统筹学院各项业务与活动。

位于德国慕尼黑的歌德学院总部设有一个“代表委员会”办公室、一个董事会总秘书长办公室，同时下设9个职能部门和一些专业委员会与咨询委员会等。其核心职能部门包括信息、文化、语言、人事、财政和中心服务等部门。

针对其所属国、内外分院，歌德学院采取分区管理方式，共分13个分区。具体是：（1）德国分区，分部设在慕尼黑；（2）西北欧分区，分部设在伦敦；（3）西南欧分区，分部设在布鲁塞尔；（4）中东欧分区，分部设在布拉格；（5）东南欧分区，分部设在雅典；（6）东欧/中亚分区，分部设在莫斯科；（7）南亚分区，分部设在新德里；（8）东南亚/澳大利亚/新西兰分区，分部设在雅加达；（9）东亚分区，分部设在首尔；（10）北非/中东分区，分部设在开罗；（11）南撒哈拉/非洲，分部设在约翰内斯堡；

① 宁继鸣．汉语国际推广：关于孔子学院的经济学分析与建议［D］．济南：山东大学，2006. 转引自杜巍．孔子学院与歌德学院在文化推广方面的比较研究［D］．杭州：浙江大学，2013，第17—18页。

② 信息来源：https：//www. goethe. de/de/uun/auf/iub. html；2014. 9. 8。

（12）北美分区，分部设在纽约；（13）南美分区，分部设在圣保罗。

此外，歌德学院与众多机构与组织合作，并与四个机构与组织签订有合作协议。其中包括：

1. 德国国内的机构，例如德国国际文化交流网、法兰克福书展等6家机构与组织；

2. 其他传媒机构，例如德国之声与德意志学术交流中心等，共计8家；

3. 德国联邦州：柏林与北莱茵—威斯特法伦州；

4. 歌德学院国外分院在所在国建立的合作伙伴关系。[①]

四、歌德学院的重点活动区域

歌德学院的重点活动区域，有一个变化的过程。

1. 自20世纪50年代成立/重建之初至70年代初，歌德学院建立国外分院的主要方向放在西欧国家和西方阵营国家，例如美国。

2. 20世纪70年代至90年代初，歌德学院工作的重点则是东欧社会主义国家和苏联以及中国。

3. 20世纪90年代初期以来，歌德学院展开工作的重点国家和区域，除了欧盟、俄罗斯与中东欧国家外，还包括中东、东亚和伊斯兰国家。其中，大幅度拓展中国的工作范畴与深度，与伊斯兰国家展开对话，成为歌德学院工作的重中之重。[②]

---

① 信息来源：https：//www.goethe.de/de/uun.html；2014.12.1。

② 参见张帆、王红梅．文化的力量：德国歌德学院的历史和启示［J］．比较教育研究．2006（11）24。

五、歌德学院的活动范畴与工作内容

歌德学院的活动与工作内容，分为三大范畴：

1. 语言培训：提供作为外语的德语课程，开办语言培训班，编撰教材，培训德语师资，参与科学研究和语言政策倡议活动；

2. 举办各类文化活动，促进国际间的文化合作：举办大量涉及电影、舞蹈、音乐、戏剧、文学、翻译与展览等范畴的文化活动。据统计，这类活动每年高达5500项。全世界每年参与歌德学院文化项目的人达到900万。[①] 这类文化与培训项目，旨在促进跨文化对话和文化协作、扩大文明社会结构并促进世界范围内的流动性。

3. 信息咨询服务：其图书与信息中心、各类论坛、各种视听和印刷材料以及众多访问计划，展现最新的德国形象，并促进全球化社会核心主题的国际性话语发展。

如果更深入地分门别类，尚可以有这样的归纳：

在各类任务与活动中，可细分为教育、造型艺术、电影与电视及广播、音乐、舞蹈与戏剧、文学、科学与时事、语言等类别。在教育这一栏，针对不同培训与举办活动的对象，又细分为德语教师、德语学习者、大学生与专业人员、文化与媒体从业者、儿童与青少年诸类别；造型艺术方面的活动则以当代艺术为主。

在信息与图书馆服务方面：歌德学院的图书馆网用60多种语言传播与德国相关的信息，在全世界95个国家和地区提供80多万个媒介物，每天得到的信息咨询请求达1000个。歌德学院还提供网上电子书、论文、影像资料等电子媒介的借阅，每周7天、全天24小时开放。资料无须归还。目前上网的媒介资料达2.5万种。

在各国外分院，歌德学院则致力于促进其所在国与德国在语言、文化

---

① 信息来源：北京德国文化中心·歌德学院（中国）［M］. 北京：北京今日风景印刷有限公司. 2013. 27。

和社会方面的交流。

在各类访问计划中，歌德学院面向世界各地的记者、官员，来自教育、艺术和文化领域内的专家发出邀请，并组织他们参加德国信息之旅，以期通过专业交流与个人体验让受邀人认识现实、多彩的德国。每年应邀来访的客人达4000名左右。[①] 此外，“在参与歌德学院海外分院组织的文化对话与合作项目的艺术家与学者中，每年有400人有机会获得奖学金，赴德接受德语培训”。[②]

在出版物这一类别，歌德学院编撰出版12种出版物，其中包括年鉴、杂志、小册子和统计报告，例如《歌德学院年鉴》《报道/图片/谈话》等数种杂志，《歌德学院与欧洲》和《世界中的德语》及《德语学习在德国》等小册子。[③]

歌德学院在中国的工作重心，早期主要局限于德语语言教学；大约自20世纪90年代中期起，转移到文化传播上来，但不仅仅是德国文化和德国传统文化的传播，“而是要介绍非典型的，也就是要介绍文化的差异性和多样性，因为文化是个体的”，歌德学院（中国）现任院长安德思如此说。[④] 而且，在中国，歌德学院也同样清醒地认识到并致力于在双方对话与合作的基础上，展开文化的双向交流活动。

六、歌德学院的资金来源与财务运作方式

作为一家非营利性民间机构，歌德学院主要由德国政府拨款资助，采用独立运营机制。

歌德学院的经费大部分由德国外交部拨款。拨款比例由与外交部签订

① 信息来源：北京德国文化中心·歌德学院（中国）［M］．北京：北京今日风景印刷有限公司．2013. 45。

② 同上。

③ 信息来源：歌德学院官网。

④ 杂志特别报道．歌德学院不是政府的喉舌［J］．颂雅风．2013. 33。

的框架协议确定。来自德国外交部的财政拨款，2008 年度为 2.114 亿欧元，2009 年度为 2.225 亿欧元，2010 年度为 2.231 亿欧元，2011 年为 2.1891 亿欧元。[①] 歌德学院预算的 1/3 来自歌德学院的自主性收入以及赞助方和合作伙伴的捐助。具体的做法是：通过开办语言培训班等补充资金，接受各类基金会、机构和个人为其所举办各类项目提供的资助。

在经费支持上，歌德学院区分明晰：

1. 国内分院按企业模式运营，自负盈亏，其主要收入来源为语言班课程、考试和远程教学所获费用；

2. 总部和海外分院则按事业单位模式操作，经费主要来源为德国外交部的财政拨款。此外，运营经费 1/3 来自语言教学方面的收益和其合作伙伴的捐助。

以歌德学院北京分院的经费构成为例，据歌德学院前任院长阿克曼介绍，歌德学院在中国地区每年的运营费用差不多为 400 万欧元。这其中2/3 系国家拨款，1/3 是他们教授德语的学费所得。北京分院的德语培训收入每年为三四十万元人民币。这期间，经济问题不是他们主要考虑的问题，他们主要是推广自己的文化品牌。[②] 不过，现任院长安德思在采访中也曾强调："我们若想在中国做自己想做的事情，必须得有强大的合作伙伴的支持才能成功。"[③] 显然，这合作伙伴的支持，也包含经济上的支持。

歌德学院在发展的过程中，的确遇到过经费不足所带来的发展制约问题。这主要是政府拨款减少。具体有 3 次财政危机：

1. 在 1956/1957 年度，歌德学院可以支配的经费虽已倍增，但仍带来运营过程中的财政危机。董事会曾试图发行特别纪念邮票筹措更多资金，但最终以失败告终。最后，只好向外交部求援，与之认真谈判；[④]

2. 1967—1969 年间，因为政府预算削减，歌德学院遭遇了严重的财政

---

① 数据来源：参见李湘萍．孔子学院与歌德学院比较研究［J］．当代教育理论与实践．2012（11）29。

② 吉颖新．歌德学院向中国输出什么？［J］．中国企业家．2009. 8. 128。

③ 杂志特别报道．歌德学院不是政府的喉舌［J］．颂雅风．2013. 2. 33。

④ Vgl. Kathe. S. R.. Kultur um jeden Preis. Die Geschichte des Goethe-Instituts von 1951 bis 1990［M］. München：Martin Meidenbauer. 2005. S. 104.

危机，最后的出路是大幅削减各分院的项目资金和解雇当地的雇员；[①]

3. 1999—2003 年，歌德学院所获得经费逐年下降，特别是来自政府的财政拨款减少，2003 年整个预算下降了 11%，而不得不关闭越来越多的国内与国外分院。

毫无疑问，政府的财政拨款在歌德学院的发展过程中，发挥着决定性作用。歌德学院的资金有政府保障，但并非总是特别充足，其间引发的几次财政危机，在一定程度上影响了歌德学院更大的发展。

七、歌德学院北京分院作为语言文化推广典型个案的价值与意义

1988 年，歌德学院北京分院［现名北京德国文化中心 歌德学院（中国）］正式成立，成为中华人民共和国成立以来批准设立的第一家西方国家在华教育机构。自此之后，它又先后在上海、天津、南京、重庆、西安、青岛和沈阳等地与相关高校或教育机构合作建立了 7 家歌德语言中心。此外，在我国香港地区，设立有香港歌德学院（1963 年），在台湾地区设立有歌德学院的分支机构——台北德国文化中心（1963 年）。

歌德学院与歌德语言中心，职能上相区分而又有交叉。前者功能齐全，专注于德国艺术、社会和知识层面的传播与交流，当然也包括德语语言和德语教师培训这一部分。而后者，也就是歌德语言中心和考试认证中心，主要职能则是德语教学和德语教师培训、提供歌德学院的一部分考试并积极参与中德文化交流活动。

整体上看，歌德学院北京分院在德语教学、文化合作与资讯交流等三方面发挥了重要作用，同时也推动了中德之间的文化和教育交流。

歌德学院北京分院的历史发展与工作范畴扩展，详述如下。

① Vgl. Kathe. S. R.. Kultur um jeden Preis. Die Geschichte des Goethe - Instituts von 1951 bis 1990［M］. München：Martin Meidenbauer. 2005. S. 183 - 184.

（一）1977—1987 年，属歌德学院北京分院建院前的准备阶段

20 世纪 70 年代初，德国便派遣专家赴华从事德语教学工作。1976 年，为实施一个中国德语教师培训项目，3 名歌德学院的教师来到北京，但因唐山大地震殃及北京，此行无果而终。70 年代末，德国想在北京建立一个歌德学院分部，未获得许可。

中国与歌德学院比较深入的合作始于 1977 年。根据中国政府的要求，歌德学院当时派遣专家组来到北京第一外国语学院、上海外国语学院和同济大学，对中国高校德语教师进行培训。从 1977 年至 1987 年的 10 年间，歌德学院共开办了 12 期这样的教师培训课程。

1979 年 10 月 24 日，中德两国政府在波恩签订了《中华人民共和国政府和德意志联邦共和国政府文化合作协定》。双方合作的范围包括科学、教育、艺术、体育、新闻、广播、电影、电视、语言培训、书籍出版以及青年和其他社会团体活动等。文化协定的签订，无疑也为歌德学院北京分院的催生做了铺垫。

1979 年，7 名歌德学院教师开始在新成立的上海同济大学预科班授课，[①] 其中便包括日后成为歌德学院北京分院第一任院长的阿克曼先生。同济大学留德预备部，主要为中国的研究生赴德国大学深造提供语言培训。这一机构，实际上由中德双方共同领导，可以说是中华人民共和国在教育领域与西方国家合作的一个新尝试。

1985 年，时任德意志联邦总理的赫尔穆特·科尔第一次访问中国，在与邓小平的一次对话中首次在最高政治层面提到了歌德学院的建立。但进展不顺。当时最大的障碍是德方希望歌德学院是一所建立在中国国土上的德国机构，而中方则坚持歌德学院必须是，至少在形式上必须是中国机构。此外，中方还遇到了另一个问题：在建院涉及的部门中，没有一个愿意与这个不明来历的歌德学院发生关系，承担一旦失败的责任。因此，相

① 歌德学院（中国）公共事务部．歌德二十岁/ Goethe－Institut 20 Jahre in China［M］．北京：歌德学院（中国）．2008. 25。

关部门间激烈而漫长的争执一直未停。在1988年春天正式签约前，反复商讨后起草的协定曾分别被中方与德方退回过一次。1988年3月25日，中德两国政府在波恩正式签订了“关于在中华人民共和国建立德意志联邦共和国歌德学院分院的议定书”。

（二）1988—1999年，属于歌德学院北京分院正式成立并在德语语言推广上取得良好成绩的时期

歌德学院第一任院长阿克曼先生后来在回忆中将歌德学院北京分院的成立定义为邓小平送给当时的德国总理科尔的一个礼物：“怎么说呢，在16年的时间里，北京分院也是中国唯一的一个‘西方文化机构’，‘法国文化中心’是2004年才成立的。中国从原则上不允许搞一个西方文化机构，北京分院等于是邓小平送给科尔的一个礼物。1984年科尔访问中国，在私下场合，向邓小平提出想在中国开设歌德学院。当时，中国正在和欧洲建立紧密的外交关系，邓小平同意了。外交部派小组来跟歌德学院谈办学细节的时候，才发现歌德学院是德国政府官方的文化交流机构。当时的中国文化国际政策比较保守，文化部和外交部都不想挑这个头，推给教育部，几年之内没有进展。后来，科尔又来中国，看到邓小平的时候说，歌德学院北京分院还没有成立，邓小平说：‘看看我们的官僚主义多么厉害！’因为这句‘最高指示’，1988年，北京分院才正式成立。对我们来说，这是一个特别大的意外，也可以说是突破。”①

根据中德双方签订的相关协议规定，歌德学院有一名由中国教育部任命的中方副院长，主要负责咨询事务。据北京外国语大学德语系教授陈杭柱回忆：“上世纪80年代初，德方向中方提出在中国开设歌德学院的要求。此后，1986年到1987年两年中，中德双方就此问题进行了三次艰苦的谈判。在最高领导层的支持下，中德两国1988年3月最终达成了在北京开设歌德学院北京分院的协议。根据协议，歌德学院在中国只从事与德语

① 歌德学院（中国）公共事务部. 歌德二十岁/ Goethe - Institut 20 Jahre in China［M］. 北京：歌德学院（中国）. 2008. 25。

教学有关的活动。随后正在北京语言学院参与德语教材编写工作的阿克曼先生被德方任命为歌德学院北京分院的院长，我则被国家教委任命为代表中方的副院长。”[①] 除了院长人选，协议还规定歌德学院必须选址在一所中方机构中。在多方考察与斡旋之下，歌德学院落户于北京外国语大学；最后，歌德学院的工作范围直到1993年，都只限于德语语言教学，中国教育部负责监管歌德学院北京分院与语言教学有关的业务工作。

1988年11月1日，德国外交部长根舍参加了歌德学院北京分院的开幕式。歌德学院北京分院正式宣告成立。

1988年歌德学院成立之初，其活动范畴都只局限于在中国的德语语言推广，且所有活动都必须向中国教育部报备。[②] 按照“关于在中华人民共和国建立德意志联邦共和国歌德学院分院的议定书”，歌德学院北京分院的宗旨应是“促进中德的德语教学、传授知识，增进两国人民之间的友谊”，其主要活动范围包括：

1. 面向各领域的专业人员，举办各种形式的德语培训班；

2. 为中国德语教师组织有关德语语言学、文学、教学法及专业德语的进修活动；

3. 举办口、笔译人员的培训班或进修班；

4. 协助中方有关方面编写德语教学和培训方面的教材；

5. 为中国德语教师、德语学习者及其他专业人员举办介绍德国国情的活动；

6. 经双方同意，举办一些旨在促进中国德语教学的活动；

7. 在条件具备时，经双方事先协商一致，分院的工作可以适当扩大。[③]

此外，根据协议，歌德学院北京分院在校外举办的文化活动须报中国文化部审批。

1988年10月，歌德学院第一期语言班开学，其学员共12人，全部是

---

① 歌德学院（中国）公共事务部．歌德二十岁/ Goethe - Institut 20 Jahre in China［M］．北京：歌德学院（中国）．2008，pp. 12 - 13。

② 同上书，p. 12。

③ 参见李湘萍．孔子学院与歌德学院比较研究［J］．当代教育理论与实践．2012（11）28。

在国家教委安排下，由国家教委的公派赴德留学德语培训班直接转到歌德学院的。

单一的语言推广活动一直持续了5年。之后，在1993年中德双方的文化会谈中，中方允许北京歌德学院在文化项目上扩展其活动范畴。无论对于德国对外文化政策还是歌德学院，这都是一个重要进展。① 起初每一项活动须经教育部（1994年后由文化部）批准，后来学院也有了自主权。歌德学院北京分院自此逐渐开始开展文化交流与资讯服务工作。其文化活动涉及文化、艺术、科学、体育和政府事务等。尽管1999年以来，由于经费紧张，歌德学院被迫关闭一些国外分院，但中国始终是歌德学院的重点发展地区。2003年，歌德学院北京分院迁出北京外国语大学，迁入北京市海淀区中关村南大街2号数码大厦B座17层。

（三）2000年以来，歌德学院北京分院在语言推广之外，逐渐向文化交流与资讯服务工作倾斜

随着中德经贸往来的日益密切，同时也因为互联网带来的“地球村”效应，越来越多的中国人渴望了解德国，甚至渴望前往德国留学、工作。他们对参加德语语言培训的需求与热情高涨。针对这一趋势，歌德学院北京分院作出积极回应。2006年以来，它主要与中国大学等机构合作，先后开设了7个歌德语言中心。具体是：2007年9月2日，与西安外国语大学合作创办的西安外国语大学歌德语言中心；2007年年底成立的上海锦创歌德德语培训中心。该培训中心的建立得到了德国驻上海总领事馆的大力支持；2008年7月，与天津外国语学院合作创办的天津外国语大学歌德语言中心；2008年年底与江苏省教育国际交流服务中心（苏教国际）合作建立的苏教国际歌德语言中心；2008年年底，与四川外语学院合作创立的四川外国语大学歌德语言中心；2010年，与青岛大学合作建立的青岛大学歌德

① Kahn - Ackermann. M.. Über die Schwierigkeit, einzigartig zu sein. Sonderfall China [A]. 50 Jahre Goethe - Institut [C]. München: Goethe - Institut/Inter Nationes. Verlag C. H. Beck. 2001. S. 90 - 91.

语言中心；2013 年 10 月，与东北大学合作建立的东北大学歌德语言中心。[①] 它们主要从事德语语言教学、教师培训与文化交流活动，提供以“欧洲语言共同参照标准”（GER）为依据的语言培训和考试。除了传统的德语培训，歌德学院语言部的工作重心还包括与中国教育部有关部门及全国高校的德语系合作开展对中国德语教师的培训以及组织多种旨在提高公众学习德语兴趣的活动。

德语在国外推广成功与否，与目标国家德语教师的德语水平与教学方法直接相关。因此，歌德学院非常重视中国德语教师的培训工作。例如1995 年，歌德学院便开展了针对德语教师的长期培修活动。为此，它设立了一个持续三年的教师培训项目，希望借此提高中国年轻德语教师的语言水平和教学能力，并于第二年在一所中国大学第一次设立了“对外德语教学”专业。歌德学院在中国的 26 年间，始终没有间断开展类似项目。而且经过与中方商谈，1998 年 8 月起，它开始培训中国“教官”，也就是培训能继续培训或与歌德学院一起共同培训中国德语教师的师资。当年来自全中国的 11 名大学教师或教授，接受了歌德学院北京分院开办的第一期培训进修课程。此外，自 1996 年起，歌德学院北京分院与德意志学术交流中心北京办事处的教师紧密开展合作，提供相应培训课程，以满足中国高校对经济德语或职业德语教学大幅上升的需求。[②]

在提高公众学习德语兴趣方面，歌德学院北京分院也作出了多方面努力，例如，2007 年它曾在北京国际图书博览会上组织了名为“轻松学德语半小时”的活动。

对于德语专业赛事，歌德学院北京分院也一向非常重视。自 2007 年开始，它与中国教育部高等学校外国语言文学类专业指导委员会德语分委员会联合举办了 8 届全国高校德语专业学生辩论赛，为德语专业学生提供了重要的交流学习平台。

---

① 信息来源：歌德学院北京分院官网：http//www. goethe. de/ins/cn/zh/pek/lrn/sprachlernzentrum. html；2014. 10. 18.

② 歌德学院（中国）公共事务部．歌德二十岁/ Goethe - Institut 20 Jahre in China［M］．北京：歌德学院（中国）. 2008. 33.

网络建设也是目前歌德学院在中国工作战略中的一个重点。中德文化网（www. de - cn. net）项目由歌德学院与罗伯特·博世基金会合作进行，主要目的是为从事中德跨文化交流的双方机构及个人提供交流的平台和帮助。①

在德语教育推广和德中人文交流方面，歌德学院北京分院近年来特别注重同中国相关机构的合作。共同举办了2007年的“德国室内乐”系列活动、2008年的“德国当代设计”系列活动、2009年的“柏林—北京：首都文化”系列活动、2010年的“文化与气候变迁”系列活动等；② 同时，它与德方相关机构，并同中方合作伙伴主持或重点参与进行了几个大型教育或人文交流项目，获得很大成功。下面介绍其中的3个项目。

1. “德中同行”项目

“德中同行”是一个历时三年的德中友好合作活动。时任德国总统霍斯特·克勒与中国国家主席胡锦涛共同担任“德中同行”活动的监护人。

“德中同行”最初的动议是由德中双方共同发起的。2004年，时任中国国家总理温家宝访德达成共识。德国总理安格拉·默克尔于2007年8月28日在南京为“德中同行”活动揭幕。整个活动在南京、重庆、广州、武汉等六座中国城市举办，并在2010年于中国上海世博会期间落下帷幕。

“德中同行”活动由德国外交部主办，德国经济亚太委员会、歌德学院和“德国—灵感与创新”国家形象宣传机构协办。德国联邦各部、各联邦州、地方、企业和其他机构也广泛参与其间。中方伙伴则是中国外交部与活动各站的省、市政府。

“德中同行”以“可持续发展的城市化进程”为主题。在此主题下，德中双方就城市规划、建筑和设计、能源效益、环境保护、教育、文化设施、交通和移动等议题进行了探讨，开拓新的合作领域；德国企业和机构

---

① 歌德学院（中国）公共事务部：歌德二十岁/ Goethe - Institut 20 Jahre in China ［M］. 北京：歌德学院（中国）. 2008. 19.

② 参见杜巍：孔子学院与歌德学院在文化推广方面的比较研究［D］. 杭州：浙江大学，2013. 25.

介绍其针对未来问题的解决方案；而中德艺术家和科学家则就城市生活经验和城市生活研究贡献其创意。在每座城市中心广场举行的“德国大道”活动，是“德中同行”每站活动的重头戏。参与者有机会欣赏到德国艺术展、德国电影节、古典及流行音乐会，参与丰富多彩的文化与教育交流活动，从而体验原汁原味的德国文化。

“德中同行”活动，增进了中德双方的相互理解与信任，为双方长期成功的合作奠定了基础，开拓了中德合作新领域，同时，塑造并维护了一个积极的、富于创新的、面向未来的德国国家形象。

2. “学校—塑造未来的伙伴”（PASCH）项目

2014 年 10 月 10 日，国务院总理李克强在柏林同德意志联邦共和国总理安格拉·默克尔共同主持第三轮中德政府磋商。中德两国制定并发表了《中德合作行动纲要：共塑创新》。此乃落实 2014 年 3 月国家主席习近平对德国成功进行国事访问时与默克尔总理达成的共识。

在纲要第四部分“交流互鉴：教育和文化合作”第 106 条展望性地写道：“双方高度重视中小学生交流，特别是‘学校—塑造未来的伙伴（PASCH）’项目框架下的中小学生交流，鼓励两国更多中小学建立伙伴关系。中国 100 多家‘学校—塑造未来的伙伴’项目中小学将继续获得全面支持。”

2008 年，“学校—塑造未来的伙伴”（PASCH）项目即已在中国启动。

受德国外交部委托，歌德学院（中国）与德国国外学校教育司、德意志学术交流中心和教育交流中心一起，共同推进该项目在中国开展。“学校—塑造未来的伙伴”（PASCH）项目的目标是建立 1000 所伙伴学校组织网络。其具体行动方案是：

（1）由支持伙伴学校引入德语课程或者扩大德语课规模，持续将德语课纳入教学计划；由课程专家为伙伴学校德语课程安排提供指导；

（2）由歌德学院提供现代化的教学与学习材料；

（3）支持国际交流，包括邀请优秀学生参加在德国举办的语言夏令营和青年夏令营，邀请中方德语教师参加国内外相关培训；

（4）为中国学生提供参加歌德学院语言分级考试的便利；

（5）帮助中方学校介绍德国的伙伴学校。[①]

这一方案的核心就是推动相关小学和中学开展德语教学和教师培训。这也表明，歌德学院将语言和文化推广领域更进一步推广到了中小学，为未来中德关系的发展，做了具有战略意义的准备。因此，我们的孔子学院在发展的过程中，应更清晰地定位对象国的目标人群，而且要采取一切有效的措施，将汉语教育与中华文化推广至德国中、小学。

中学教师培训的案例之一，是上海外语教育出版社与歌德学院（中国）等前不久合作举办的教师培训会。

2014 年 11 月 14—16 日，由北京歌德学院及德国驻上海总领事馆文化教育处主办、上海外语教育出版社承办、德国康乃馨教育出版集团协办的“德国 PASCH 伙伴学校教师培训”及“上海及周边 PASCH 伙伴学校教师培训”在上海外语教育出版社成功举办。本次培训来自全国各地 30 余所中学的 40 多名中学德语教师及多名德国文化志愿者参加了培训。

本次培训活动，主要以两本教材的使用，展示相关教育理念、方式和途径，并通过课程设计与分析等具体任务来训练学员。其中，以《快乐德语》为教材蓝本，德方培训老师教授学员们如何进行以任务型语言学习为主线的课堂教学并促进学生的跨文化学习能力；如何使语法学习脱离枯燥的语法规则的训练，使其完全融入交际能力的培养中；如何通过德国概况的教学提升学生的学习兴趣和热情；如何贯彻全程式的语音教学，并将语音教学融入词汇及对话学习中；如何在课堂上处理德语视频材料，如何循序渐进地培养学生独立自主学习的能力。

以《交际德语教程》为蓝本，展示交际互动型德语课堂教学的方式，让学员们认识和了解《交际德语教程》的基本理念、理解外语教学“学以致用”的原则，使他们认识教材的宏观和微观设计、掌握如何通过螺旋上

---

① 参见杜巍．孔子学院与歌德学院在文化推广方面的比较研究［D］．杭州：浙江大学，2013. 25.

升式的练习和任务来提高学生的各项语言能力。①

3. “中德语言年”活动

2012 年，在北京举行的第二轮中德政府磋商会议作出举办“中德语言年”项目的决议，这一项目旨在促进中德两国语言领域的文化交流。

2013 年 5 月 26 日，李克强总理和德国总理安格拉·默克尔共同在柏林为“中德语言年”揭幕。“中德语言年”于 2014 年 7 月结束。

北京德国文化中心·歌德学院（中国）以“来德语吧!”为主题，通过戏剧表演、电影周、巴士环游、辩论赛和其他一系列教育和文化项目参与其中，以此来回应中国对德国和德语日益增长的浓厚兴趣。

在接下来的一年多时间里，歌德学院在德国外交部的支持下，推出一系列视听活动：一辆巴士驶向中国 40 个拥有百万以上人口的大都市，在当地的大中小学校宣传德语；举办了首届“德国电影周”；柏林德意志剧院在中国国家话剧院举行客座演出；联合相关中德伙伴，在北京 798 艺术区策划了一场超过 20 位知名中国和德语作家参与的作家对话活动；在一场“职场平台”中使德国驻沪企业和中国学生相聚在一起，通过信息展位、展示以及一对一的对话，促进双方建立联系，并考察合作的可能性等。歌德学院通过一系列丰富多彩的活动，激发人们对德语和德国文化的热情，让人们了解德国的现状。

而中国方面在德国举办的相关活动则包括：“汉语桥”德国大中学生中文比赛；德国中学生赴华夏令营活动；全德 14 所孔子学院 2013 年 9 月 28 日同时开展的“汉语日”活动；2013 年 11 月 17 日，由中国驻德国大使馆主办，中德青年学子合作编导、在柏林艺术大学音乐厅举行的中德语言年主题活动等。这些活动为德国民众更深入地了解中国语言和文化提供了充分的机会。

2013 年 12 月 8 日，来自中、德两国 70 余名专家学者及政府官员齐聚北京，参加中国教育部、中国国家语言文字工作委员会和德国驻华大使馆

① 参见“上海外语教育出版社联合北京歌德学院等机构开展中学德语教师系列培训活动”[OL]。

联合举办的中德语言文化政策高层论坛。本次论坛是“中德语言年”项目重要的组成部分，由北京外国语大学承办，教育部高等学校外国语言文学类专业教学指导委员会德语专业教学指导分委员会和德意志学术交流中心协办。论坛以“语言—中德文化之桥”为主题，聚焦中德语言文化政策及语言传播，旨在进一步加深对中德语言和文化的理解，促进两国人民的沟通和友谊，成为在“中德语言年”框架下又一桩中德文化交流的盛事。

纵观歌德学院在中国的发展，不难看出，在中国的改革开放初期，歌德学院北京分院成为中国知识分子、艺术家和学生了解西方世界的窗口，因为当时出境限制，互联网革命尚未开始。其间的一个例证便是，歌德学院北京分院图书馆为相关读者提供了很多当时在书店或其他图书馆不可能获得的书籍。而随着中国改革开放的不断深入，出国游成为越来越多人休假的选择，尤其是互联网的迅猛发展，人们每天所获得的信息数据在成倍增长，西方早已不再是20世纪七八十年代神秘的远方，因此，歌德学院很大程度上已完成作为“通向西方窗口”的作用。鉴于此，歌德学院北京分院在致力于德语语言与文化的推广之外，还广泛而深入地参与德中两国在文化领域内的合作工作。它非常注重而且积极与中国的大学、博物馆、美术馆以及其他文化艺术机构和媒体展开合作，开展音乐、戏剧、舞蹈、电影、艺术、建筑等领域内的文化活动。正如阿克曼先生以“德中同行”系列活动为例所言，活动里几乎没有一项完全是德国或中国的项目，90%以上都是双方共同举办的。统计表明，“目前歌德学院每年开展的项目中，纯粹介绍德国文化的项目只占20%，而德中文化交流合作项目占到了80%”。所以，我们在考察歌德学院北京分院建院前的工作和建院后的发展时，可以归纳出几个相关的特点：

1. 建院之前，歌德学院既注重政府高层接触与推动，又着意在谈判基础上进行协商，而且通过合作建立替代性语言培训机构，为其北京分院的建立做了大量细致的前期准备与铺路工作；

2. 建院后能严格按照协议精神循序渐进地展开规定的工作。相关的语言培训与推广工作做得扎实而系统。同时也寻机拓展工作新方向；

3. 在发展成熟阶段，歌德学院北京分院大力推动中德文化交流活动的拓展，而且特别注重文化交流的对话性与互动性，并适时合作举办或参与大型文化交流项目，将德中双向文化交流的深度与广度提升到一个新层次；

4. 在语言推广与文化交流项目的对象选择上，歌德学院北京分院面向各阶层民众和各领域专业人士，但核心目标人群首先选定于中国德语教师、大学生和青少年。尤其是近年来，随着“学校—塑造未来的伙伴”（PASCH）项目的开展，歌德学院北京分院及时将目标前瞻性地锁定在中国的中、小学生身上。

八、歌德学院与德意志学术交流中心等文化和学术交流机构在对外文化推广和交流战略与策略方面的异同

德意志学术交流中心（Deutscher Akademischer Aust auschdienst），简称DAAD，最早成立于1925年，1945年曾一度被迫关闭，1950年得以重建。它是代表德国高校联盟以及大学生团体的一个独立协会，代表着德国231所高校和128个大学生团体，是全世界范围内规模最大、资助学生与学者参与国际学术交流的学术机构。其经费主要由德国政府不同部委提供。其中主要资助来自德国外交部、欧盟以及企业、组织机构和外国政府。德意志学术交流中心也是德国文化和高等教育政策的对外执行机构。

德意志学术交流中心总部设在波恩，此外，在首都柏林还设有一处办公室，知名的柏林艺术家项目也归属该办公室负责。一个由世界各地办事处和信息中心组成的网络，与各洲最重要的伙伴国家保持着联系，并在当地提供咨询服务。目前，德意志学术交流中心在世界范围内设有14个办事处。

作为德国高等院校的联合组织，德意志学术交流中心多年来一直致力于促进德国高校和科研机构同国外的学术交流，其主要任务是扶持德国和其他国家大学生、科学家的交换项目以及国际科研项目，并以此来促进德国大学同国外大学的联系。具体而言，它不单是提供奖学金资助，其他任

务还包括支持德国高等院校的国际化进程，促进日耳曼学和德语语言学在国外的发展，帮助发展中国家建立高水平高校，并为教育、对外科研以及发展援助政策的制定者提供建议。它拥有一个广泛的由德语讲师、分支机构以及奖学金生组成的网络。自 1925 年成立以来，它一共资助了 190 多万国内外学者。

德意志学术交流中心自 1994 年开始在中国设立分支机构，其中包括成立于 1994 年的北京办事处和分别在上海、广州、香港以及台北设立的信息中心。这些信息中心除免费提供在德国学习和研究的咨询服务与奖学金信息外，还定期在相关高校举办留学讲座，并且每年组织“留德校友聚会”、“赴德行前准备会”和“德国高校日”等活动。此外，DAAD 还为中国大陆高校、香港地区高校和台湾地区“德意志学术交流中心台北信息中心”分别派遣了 30 位、2 位和 1 位教师。

德意志学术交流中心在中国的主要合作伙伴是中国教育部、中国国家留学基金委员会以及中国的大学和其他教育与学术机构。

德意志学术交流中心的工作重点是：

1. 资助德国和其他国家的学生、科学家间的人员交流。2013 年，德意志学术交流中心在世界范围内共资助了近 12 万名德国人和外国人。资助项目包括：青年学生交换、攻读博士学位、实习、客座教授以及考察和创建国外高校。奖学金的评审由独立的评审委员会进行。委员会成员由德意志学术交流中心理事会根据具体准则任命；

2. 推动德国高校、科研机构与国外高校和科研机构间的合作交流，并通过市场推广、出版物刊发、会展活动与学习深造等方式支持和推进德国高校的国际化战略；

3. 推动国际间的科研合作；

4. 派遣德意志学术交流中心教师前往世界各地合作高校教授德语，从事德语教学与文化推广工作；

5. 与歌德学院等合作，在国外从事人文交流活动；

6. 提供在德国学习与研究的相关咨询、维护德意志学术交流中心校友网络等。

德意志学术交流中心在中国的主要任务是：

1. 通过颁发奖学金资助中国优秀年轻学者和科研人员前往德国高校和科研机构进修或深造；

2. 通过颁发奖学金资助优秀的德国学生、研究生及科研人员到中国进行学术交流；

3. 建立并促进德中高校间的合作；

4. 推广和促进日耳曼学、德语、德国文学在中国的发展；以及对德国国情的了解；

5. 建立并维护留华校友和留德校友在华校友网络，开展多种校友交流项目；

6. 提供在德国学习与研究的相关信息咨询。

不难看出，德意志学术机构与歌德学院在机构性质、任务和工作重点等方面，具有相同、交叉与差异处：

1. 机构性质上，两者都由德语联邦政府提供资金，均系德国教育和文化政策的对外执行机构，都属于全球最大的非政府、非营利性教育和文化交流机构。但不同处在于，德意志学术交流中心主要是德国高等教育政策的对外执行机构，注重促进高等教育的国际化工作与国际性高等教育营销。

2. 在对外交流的目标上，两者都肩负着推广德语语言与文化推广的任务。但如果说歌德学院以推广德语为优先考虑目标，那么，德意志学术交流中心并不直接致力于德语语言在国外的推广工作。

3. 在工作重心上，歌德学院的工作分为德语语言培训、文化交流和资讯服务三大区域，而德意志学术交流中心的工作重点在于以人员交流和科研合作为基础的德国与国外高校、科研机构间的合作交流，尤其体现于学术交流。

4. 因性质、宗旨和任务上的联系性，德意志学术中心和歌德学院在国外的发展过程中，常常携手开展人文交流工作。至少，这种情况近年来在中国表现非常明显，例如德意志学术中心与歌德学院合作举办“中德语言年”论坛活动等。

因此，德意志学术交流中心与歌德学院在语言、文化推广与交流途径和方向上，根据其各有侧重的目标与任务，分工清晰地各有选择，但又互有工作交叉和协作。而且，非常突出的一点是，这两个机构非常注重与所在国机构或组织的合作，能充分认识人文交流的双向性并付诸实践。

九、歌德学院作为语言文化推广机构的工作成效与问题及其评估

歌德学院重新建院60余年来，虽历经困境，但在机构建设上稳步推进，目前已在95个国家和地区建立有160家分支机构，成为世界上最大的文化中介与德语语言和文化推广机构之一；在工作内涵上，表现为由早期的语言培训与推广，拓展为语言和文化推广并重；在人文交流理念与实践上，则由单向的输出发展为文化交流的双向并举。因此可以说，歌德学院在德语语言和文化推广、德国国家形象重塑、德国与其他国家间双向人文交流等方面，都作出了非常积极的贡献。但问题也是存在的。

1. 歌德学院发展过程来自自身的问题

一方面，在建院初期和冷战时期，因为受到德国外交政策和对外文化政策的限制与影响，歌德学院在发展对象上主要以周边国家和西欧国家为主，因而一度发展格局失衡，又因其独立性受到国家利益牵制，使其一度为意识形态之争与阵营之争所累；另一方面，在发展过程中，曾三度遭遇财政危机。特别在20世纪90年代中后期，因为经费上的困境，歌德学院被迫收缩阵线，相关项目也受到影响。

2. 在发展过程中与所在国协商、沟通时所产生的问题

以歌德学院北京分院为例。一方面，德方认为，建院实在不易，而且在开办早期，也受到诸多掣肘；另一方面，这困难与纠葛里面，很明显存在一个文化语境和制度语境的差异性所带来的认识、理解与沟通问题。而

且，在歌德学院在中国的发展推进到一个相当高度的今天，仍存在如何更尊重和更好地与合作伙伴协商的重要问题。例如，在“学校—塑造未来的伙伴”（PASCH）项目推进过程中，歌德学院直接与合作学校接触，基本上绕开了我国当地教育主管部门等等。

3. 时代语境要素所带来的问题

还是以歌德学院在中国发展所面临的挑战为例。一方面，歌德学院相关负责人认为，政治因素对他们工作的限制几乎让人察觉不到了；但另一方面，文化活动中普遍出现的过度商业化倾向，已经使近年来的思想和文化成果受到很大的影响。

十、歌德学院发展经验对推进孔子学院建设的启示作用

（一）孔子学院的宗旨、任务、构架和发展格局

随着中国经济的发展和国际交往的日益广泛深入，世界各国对汉语学习的需求急剧增长。为推动汉语加快走向世界，提升中国语言文化影响力，从2004年开始，我国在借鉴英、法、德、西等国推广本民族语言经验的基础上，探索在海外设立以教授汉语和传播中国文化为宗旨的非营利性教育机构“孔子学院”。10年来，孔子学院发展极为迅速。各地孔子学院充分利用自身优势，开展丰富多彩的教学和文化活动，逐步形成了各具特色的办学模式，已成为世界各国人民学习汉语、了解中华文化、认识当代中国的重要场所，中外文化交流的平台，加强中国人民与世界各国人民友谊合作的桥梁，受到广泛欢迎。然而，高歌猛进之中，也伴随着些许杂音。在北美地区和瑞典等，有数家孔子学院被或将被当地大学叫停。具体是：2012年5月，美国审查孔子学院学术资质，要求部分教师离境；2014年9月与10月，美国芝加哥大学和宾夕法尼亚州立大学分别宣布，与中国孔子学院停止合作或于该年年底终止合作；2014年10月，加拿大多伦多

地区学校委员会投票取消了当地的孔子学院建校计划；据“德国之声”中文网2015年1月11日报道，瑞典斯德哥尔摩大学近日宣布将于2015年6月30日关闭孔子学院。该学院开办于2005年，是欧洲第一所孔子学院。2014年12月，中国外交部曾就孔子学院是否限制了美国大学学术自由作出回应。

孔子学院的关停，数量上极少。这其中固然是一定程度上，西方担心孔子学院是“政治工具”或是在进行文化渗透，有意识形态偏见的成分，但还是值得我们警惕并思考。从发展成熟的歌德学院等文化学院处借鉴经验，检讨得失，也不失为一种建设性尝试。

1. 宗旨

《孔子学院章程》明确规定，孔子学院作为非营利性教育机构，其宗旨是增进世界人民对中国语言和文化的了解，发展中国与外国的友好关系，促进世界多元文化发展，为构建和谐世界贡献力量。

2. 职能

其主要职能是：

（1）面向社会各界人士，开展汉语教学；

（2）培训汉语教师；开展汉语考试和汉语教师资格认证业务；

（3）提供中国教育、文化、经济及社会等信息咨询；

（4）开展当代中国研究。

具体涉及：

开展以“长城汉语”为主的多媒体汉语教学课程及其他汉语学习课程；

开展各类中文教师培训并组织实施汉语作为外语教学能力认定测试；

建设中文图书馆并提供中文资料查阅服务；

组织开展汉语和中国问题研究等学术活动；

组织为推广汉语和传播中国文化的展览、演出或竞赛活动；

组织实施汉语水平考试（HSK）及开发实施其他适合当地需求的汉语

考试；

提供留学中国咨询服务；

推介中国的各类文化产品（如图书及音像制品、传统艺术品、纪念品等）。

3. 建设模式

孔子学院可采用总部直接投资、总部与国外机构合作、总部授权特许经营三种形式设立。现阶段主要以中外合作方式建设孔子学院，具体合作方式由孔子学院总部与国外合作方共同协商确定。

从第一所孔子学院诞生起，孔子学院就坚持中外合作办学。其申办、审批严格遵守《孔子学院章程》规定。具体程序是：外方自愿首先提出申请，中外双方在充分协商的基础上签署合作协议 。

4. 管理体制

在管理体制上，孔子学院实行总部、理事会和院长分级管理制。

（1）孔子学院总部具有法人资格，在理事会领导下履行日常事务，负责管理和指导全世界范围内的孔子学院。其职责是：制定孔子学院建设规划和设置、评估标准；审批设置孔子学院；审批各地孔子学院的年度项目计划和预决算；指导、评估孔子学院办学活动，对孔子学院运行进行质量管理；为各地孔子学院提供教学资源支持与服务；选派中方院长和教学人员，培训孔子学院管理人员和教师；每年组织召开孔子学院大会；制定中方资金资产管理制度。

（2）按照《孔子学院章程》，孔子学院总部设立理事会，由主席、副主席、常务理事和理事组成。其中主席 1 名，副主席和常务理事若干名，具体人选由中国国务院教育行政部门提出建议，报国务院批准。理事 15 名，其中 10 名由海外孔子学院的理事长担任。第一届理事由总部聘任，以后选举产生或按孔子学院成立时间顺序轮流担任；其余 5 名由中方合作机构代表担任，由总部直接聘任。理事任期为两年，可连任一次。理事会成员任职期间不从孔子学院总部获取任何报酬。理事会设立总干事、副总干事。总干事为总部法人代表，由常务理事担任。理事会的具体职责是：制定、修改孔子学院章程；研究孔子学院建设的重大事项；审议总部年度工作报告和工作计划；审议全球孔子学院的发展战略和规划 。

（3）全球范围内的各孔子学院院长则负责本院的日常运营。

5. 经费安排

根据《孔子学院章程》，对新开办的中外合作设置孔子学院，中方投入一定数额的启动经费。年度项目经费由外方承办单位和中方共同筹措，双方承担比例一般为1∶1左右。

6. 发展格局与孔子学院在德国的发展

据“国家汉办/孔子学院总部2013年年度报告”，孔子学院对各国孔子学院的总支出，2013年为2.78371亿美元。

自2004年第一所孔子学院在韩国首尔开设以来，在中外双方的共同努力下，截至2014年10月，已在全球125个国家和地区合作开办了471所孔子学院和730个孔子课堂。其中，孔子学院设在119国（地区）共472所：亚洲32国（地区）102所，非洲29国42所，欧洲38国158所，美洲17国152所，大洋洲3国17所；孔子课堂设在54国共730个（科摩罗、缅甸、马里、突尼斯、塞舌尔只有课堂，没有学院），其中，亚洲14国58个，非洲8国11个，欧洲22国178个，美洲7国424个，大洋洲3国59个。

在发展过程中，2005年7月启动了新标示，全球孔子学院都有该标示使用权；2007年4月9日，孔子学院总部在北京成立，直接管理和指导我国在海外设立的孔子学院，结束了孔子学院各自为政的局面；2007年12月，孔子学院理事会讨论通过了《孔子学院章程》，后又相继制定了“国家汉语教师标志”“国际汉语能力标准”“国际汉语教学通用大纲”等标准文件；2009年3月，孔子学院总部开办了《孔子学院》院刊，从而为总部与国外各孔子学院间搭建起交流和宣传的平台；截至2013年底，孔子学院共有专兼职教职员工28670人，注册学员85万人。开办各类汉语教学班约4万班次，举办各类文化活动2万多场，参加人数920多万人。孔子学院总部继续加大对各国孔子学院的支持力度，增设项目，开辟渠道，着力加强本土师资培养，支持外国高校建立汉语师范专业，资助设立骨干教师岗位，优选来华留学生回国任教；加强教材标准建设，修订《国际汉语教学通用课程大纲》，开发《国际汉语教材编写指南》，推进数字化建设，上线运行孔子学院数字图书馆、孔子学院教学案例库、信息库，开发出版考教结合标准教材《HSK标准教程》；而且，提升办学层次，加强研究：为帮助世界各国青年深入了解中国和中华文化，繁荣汉学研究，促进孔子学院可持续发展，增进中国与各国人民之间的友好关系，孔子学院总部启动了“孔子新汉学计划”，包含人文学科和社会科学领域内的博士生培养、访问学者、青年领袖、国际会议和出版资助等6个项目。“孔子新汉学计划”招收30个国家70名青年来华攻读人文社会科学博士学位，开创中外联合培养人文交流高端人才新模式；加强对孔子学院支撑服务能力建设，探索在美国、拉美设立孔子学院地区中心，促进信息交流和资源共享；加速建立全球汉语考试服务体系，推动考试市场化运作，900多个汉语水平考试（HSK）考点覆盖107个国家。

孔子学院总部与德方高校或机构合作开办的15所孔子学院，在德国相关中学和外国语学校，合作开设3个孔子课堂。同时，在奥地利合作开设2所孔子学院与1个孔子课堂。

2006年4月以来（除2012年以外），在德国合作开办的孔子学院和孔子课堂，基本上以每年建设1—3所的速度发展，具体是：

（1）柏林自由大学孔子学院

承办机构：柏林自由大学

合作机构：北京大学

启动运行时间：2006年04月27日

（2）纽伦堡—爱尔兰根孔子学院

承办机构：纽伦堡—爱尔兰根大学

合作机构：北京外国语大学

启动运行时间：2006年05月02日

（3）杜塞尔多夫大学孔子学院

承办机构：杜塞尔多夫大学

合作机构：北京外国语大学

启动运行时间：2006年12月06日

（4）汉堡大学孔子学院

承办机构：汉堡大学

合作机构：复旦大学

启动运行时间：2007年09月20日

（5）汉诺威孔子学院

承办机构：汉诺威汉语中心

合作机构：同济大学

启动运行时间：2007年04月24日

（6）莱比锡大学孔子学院

承办机构：莱比锡大学

合作机构：中国人民大学

启动运行时间：2008年04月09日

（7）法兰克福大学孔子学院

承办机构：法兰克福大学

合作机构：复旦大学

启动运行时间：2008年04月25日

（8）特里尔大学孔子学院

承办机构：特里尔大学

合作机构：厦门大学

启动运行时间：2008年10月29日

（9）慕尼黑孔子学院

承办机构：慕尼黑东方基金会

合作机构：北京外国语大学

启动运行时间：2009年02月17日

（10）伊斯堡—埃森鲁尔都市孔子学院

承办机构：杜伊斯堡—埃森大学

合作机构：武汉大学

启动运行时间：2009 年 11 月 06 日

（11）弗莱堡大学孔子学院

承办机构：弗莱堡大学

合作机构：南京大学

启动运行时间：2009 年 11 月 01 日

（12）海德堡大学孔子学院

承办机构：海德堡大学

合作机构：上海交通大学

启动运行时间：2010 年 4 月 22 日

（13）埃尔福特应用科技大学孔子学院

承办机构：埃尔福特应用科技大学

合作机构：浙江科技学院

启动运行时间：2011 年 11 月 07 日

（14）不莱梅孔子学院

承办机构：不莱梅科技大学

合作机构：首都师范大学

启动运行时间：2013 年 10 月 23 日

（15）哥廷根大学孔子学院

承办机构：哥廷根大学

合作机构：北京外国语大学

启动运行时间：2014 年 07 月 02 日

（16）浮士德文理高级中学孔子课堂

所在城市：巴登州

承办机构：浮士德文理高级中学

合作机构：华中师大附属第一中学

协议签署时间：2010 年 3 月 8 日

启动运行时间：2010 年 7 月 14 日

（17）G. E. 中学孔子课堂
所在城市：下萨克森州
合作机构：重庆八中
协议签署时间：2010 年 3 月 1 日
启动运行时间：2010 年 7 月 5 日
（18）图林根州外国语学校孔子课堂
所在城市：图林根州
承办机构：图林根州立外国语学校
协议签署时间：2011 年 8 月 21 日
启动运行时间：2011 年 10 月 8 日

（二）歌德学院经验对孔子学院发展的启示

从上述对孔子学院的概述中，可以清晰地看出，孔子学院虽然开办仅有 10 年，却在制度建设上，在发展速度、规模与模式上，都取得了长足进步。但是，其有效的持续发展之路，也的确令人深思。

毫无疑问，借助歌德学院的得失经验探讨，我们可以得到有益的启示。

1. 从孔子学院的主体性角度考虑，需有提升。孔子学院的运作主体是高校，相关合作一方面显得更直接、更具个性，但另一方面因为海外孔子学院不是像歌德学院那样是在政府间协议框架下设立的，不属于国家层面的教育与文化交流。因此，将海外孔子学院的设立与运作，置于政府间的交流框架下，有利于孔子学院更具法律保障和更安全、有效地发展，至少能防止国外合作高校动辄以学术自由等借口关停孔子学院。

2. 比之歌德学院在 60 余年间在全球范围内共设立 160 家分支机构，孔子学院的发展可谓异常迅猛。在成绩之外，这种非常快速的扩展模式，带来了不少问题，例如教材、师资、固定校舍等方面的问题。这值得我们反思。我们要做的，是解决好相关问题，并像歌德学院那样，更好地集中用力，重点发展，而且充分考虑不同国家与地区的语言与文化传统和现实来开展工作。

缺乏有经验教师的问题，在许多海外孔子学院的发展过程中尤其具有共性。目前，从事孔子学院教学工作的老师，绝大多数在国内都是英语教师出身，对于对外汉语教学，缺乏足够的教学经验和教学方法训练，相对一部分教师不是那么了解对象国的文化和汉语学习者的心态。师资的制约影响了孔子学院的办学质量并限制了其办学层次。歌德学院在开办/重建的初期，也同样曾面临师资力量不足和缺乏合格师资的问题。其解决办法是致力于对于目标国德语教师的培训，而不是一味地派遣德国教师前往从事语言教学和文化推广工作。本土化师资在掌握本国文化与语言方面有着明显优势，在接受了良好的专业培训后，更能融会贯通地展开语言教学和文化交流工作。因此，孔子学院可以既大力在国内培养相关合格师资，也应注重培养当地师资；同时还应挑选高质量志愿者，加强他们的语言和跨文化沟通能力培训。

3. 孔子学院总部隶属国家教育部，似乎是一个地地道道的官方机构，政府色彩浓厚；而另一方面，在世界各地设立的孔子学院，又往往是合作大学汉学系的一个部分，独立运作似嫌不足。所以，在政府色彩和独立运作之间，需更有效地兼顾平衡。歌德学院既服务于国家的对外文化政策和外交政策，又能自主地独立开展工作，给我们很好的启示。在孔子学院总部领导下，我们应给海外分支机构更大办学自主权，并采取措施鼓励它们更迅速和更好地融入所在国和当地的教育与文化传统和现实，应注意建立、维护和宣传其独立或相对独立工作的姿态与实施措施。

4. 孔子学院的汉语教学和文化推广活动，应有广度和深度上的拓展。既要体系性地开展相关语言与文化活动，又应根据需要设立清晰的活动重点，还应特别重视活动的民间参与性、活动的互动性、交流手段的多样性。在交流内容上，应特别注意重点介绍、宣传现代化的、依法治国的现代中国形象；在宣传中国传统文化时，例如在德国的孔子学院，应加大对中国古代科技的介绍，有针对性地突出中国悠久的科技传统，不要一介绍中华文化传统，就八股性地弄点书法、太极、京剧或饮食，以至于这些内容被浅俗地符号化为中国的传统文化，应将更深刻的内容和活动发掘出来。

5. 孔子学院应与相关机构间、企业间和文化产业间，与所在国的机构或组织间建立更广泛的合作关系，且应能充分认识人文交流的双向性并付诸实践。歌德学院，包括我们也纳入比照的德意志学术交流中心，在这方面做得颇为成功。孔子学院总部应与我国文化部、科技部等更多合作，同时也与歌德学院和德意志学术交流中心等这类语言、文化和学术推广机构合作，一体性地举办大规模人文交流活动，以期获得广泛而深入的语言与文化交流效应；应与文化产业合作，开展更多、更好和更有特色的文化交流活动；应与企业、基金会等大规模合作，将它们作为不同范畴的合作伙伴纳入进来，建立更多的有效的资金筹措渠道，以补足主渠道资金来源，同时也能冲淡孔子学院政府投资色彩。同时，对孔子学院的国外承办单位，我们应有更严格的审查机制，特别是在对方资金投入上真正做到有刚性要求。据我们所知，歌德学院在中国开办歌德语言中心的过程中，与中方合作高校或机构就教学条件和资金等问题展开谈判时，是毫不退让的。

6. 孔子学院可仿效歌德学院的做法，在对象国中、小学建立更多孔子课堂。我们应更清晰地定位对象国目标人群，采取一切有效措施，及早将汉语教育与中华文化推广至对象国中、小学，让对象国青少年学习中文、了解和认识中华文化。这一举措，既具有现实需求性，也是中外人文交流的战略性举措，对未来中外关系的发展，将起到战略性准备作用。

7. 针对孔子学院的发展问题，应成立相关研究机构，建立相关项目机制，有组织地展开重点和体系化研究工作。

总之，歌德学院在其半个多世纪对外开展的语言教学与文化交流活动中，促进了国外的德语语言教学，有效推广了德语语言与文化，借助有关德国文化、社会和政治生活等方面的信息介绍，也全面展现了积极的德国形象，而且，通过一系列举措和活动，大大推动了国际间的人文交流与合作，充分落实了其在对外文化和教育政策方面所肩负的责任与任务，成效显著，是世界级的文化学院。但它也曾遭遇资金、人员和所在国政策规定等方面的发展困境，只是采取有效措施，克服了相关问题。因此，借鉴其正反两方面的发展经验，非常有利于我国孔子学院更有效地展开建设工作。

国家主席习近平在致信祝贺全球孔子学院建立十周年暨首个全球“孔子学院日”时指出，孔子学院属于中国，也属于世界 。孔子学院无疑是中国与世界间语言与文化交流的又一座桥梁，将推动汉语加快走向世界，提升中国语言文化的影响力和文化软实力，为当代中国国家形象的构建与传播发挥重要作用，而且作为中外文化交流的平台，将大大加强中国人民与世界各国人民间的友谊与合作。

（谢建文　王羽桐　孙瑜）

【参考文献】

1. Kahn－Ackermann，M.. Über die Schwierigkeit，einzigartig zu sein. Sonderfall China ［A］. 50 Jahre Goethe－Institut ［C］. München：Goethe－Institut/Inter Nationes，Verlag C. H. Beck，2001.

2. Kathe，S. R.. Kultur um jeden Preis. Die Geschichte des Goethe－Instituts von 1951 bis 1990 ［M］. München：Martin Meidenbauer，2005.

3. Michels E.. Keine Stunde Null：Vorgeschichte und Anfänger des Goethe Instituts ［A］. 50 Jahre Goethe－Institut ［C］，München：Goethe－Institut/Inter Nationes，Verlag C. H. Beck，2001.

4. 北京德国文化中心·歌德学院（中国）. Sprache/Kultur/Deutschland ［M］. 北京：北京今日风景印刷有限公司，2013.

5. 陈雪菲. 瑞典将关欧洲首所孔子学院。专家：西方对华偏见［N］. 人民网－环球时报，转载于 http：//news. cnwest. com/content/2015－01/12/content_12041557. htm：2015. 1. 12.

6. 德意志学术交流中心北京办事处官网：http：//www. daad. org. cn/zh/germanistik－und－deutsche－sprache－in－china/daad－lektorenliste：2014. 11. 5.

7. 杜巍. 孔子学院与歌德学院在文化推广方面的比较研究［D］. 杭州：浙江大学，2013.

8. 歌德学院官网：http：//www. goethe. de/de/uun/auf/iub. html

9. 歌德学院北京分院官网：http：//www. goethe. de/ins/cn/zh/pek/lrn/sprachlernzentrum. html

10. 歌德学院（中国）公共事务部. 歌德二十岁/ Goethe - Institut 20 Jahre in China [M]. 北京：歌德学院（中国），2008.

11. 霍小光、刘奕湛. 习近平：孔子学院属于中国，也属于世界 [OL].

12. 吉颖新. 歌德学院向中国输出什么？[J]. 中国企业家，2009，8.

13. 孔子学院总部/国家汉办官网：http：//www. hanban. edu. cn/

14. 李湘萍. 孔子学院与歌德学院比较研究 [J]. 当代教育理论与实践，2012，11.

15. 刘平丽、蒋鑫鑫. 从歌德学院看孔子学院可持续发展之路 [J]. 当代教育与文化，2011，3.

16. 宁继鸣. 汉语国际推广：关于孔子学院的经济学分析与建议 [D]. 济南：山东大学，2006.

17. 上海外语教育出版社联合北京歌德学院等机构开展中学德语教师系列培训活动.

18. 杂志特别报道. 歌德学院不是政府的喉舌 [J]. 颂雅风，2013，2.

19. 张帆. 歌德学院的历史考察 [OL]. http：//blog. sina. com. cn/testdaf：2008. 4. 29.

20. 张帆、王红梅. 文化的力量：德国歌德学院的历史和启示 [J]. 比较教育研究，2006，11.

第六章 塞万提斯学院语言推广战略研究

【摘要】本课题基于语言规划框架，以“习得规划”和“声誉规划”为核心，系统调研塞万提斯学院的西语推广理念和组织管理模式，以期为上海和国家政府部门及有关机构制定相关中国语言和文化“走出去”战略提供咨询和参考。

一、引言

西班牙语世界总人口超过5亿，[①] 横跨欧、美、亚、非四大洲，涉及23个国家。在全球化背景下，塞万提斯学院（Instituto Cervantes）在西班牙语语言和文化推广方面发挥着举足轻重的作用，该学院在对外西语推广20余年间所作贡献对孔子学院建设和汉语国际推广具有较高的参考价值和借鉴意义，相关研究亟待深入开展。本章基于语言规划框架，拟以“习得规划”和“声誉规划”为核心，系统调研塞万提斯学院的西语推广理念和组织管理模式，以期为上海和国家政府部门及有关机构制定相关中国语言和文化“走出去”战略提供咨询和参考。

① El español：una lengua viva. Informe 2013. Instituto Cervantes. 2013.（http：//cvc. cervantes. es/lengua/anuario/anuario_ 13/i_ cervantes/p01. htm）

（一）文献综述及调研框架

目前，国内相关西班牙语言文化对外推广的研究主要从以下几个角度展开：

1. 在语言政策研究框架下总结西班牙语对外推广的经验，如张西平、柳若梅（2006）、刘建（2008）介绍了西班牙政府对外推广西班牙语的经验，尤其是“塞万提斯学院”对外西语教学和文化推广的模式。

2. 研究塞万提斯学院在中国的运作情况，如申宏磊、牛景华（2009）介绍了塞万提斯学院在中国进行语言和文化传播的情况。

3. 从对比角度开展中西语言推广机构研究，如洪晓楠、林丹（2011）、陈海芳（2012）、杨德春（2013）分析了塞万提斯学院在语言文化推广方面的经验对孔子学院的借鉴意义。莫嘉琳（2009）、杨敏（2012）等比较了“塞万提斯学院”和“孔子学院”在办学模式、对抗英语霸权、经营理念和哲学基础等方面的异同。总之，国内学术界在该领域虽已有一定研究，但很多研究仅停留于描述阶段，缺乏理论框架和深入分析。并且，对于塞万提斯学院的研究不够系统；相关的启示研究，即“塞院”对于汉语国际推广和中国文化国际传播借鉴意义的研究也不够深入。此外，鲜有关于塞万提斯学院在全球化背景下策略调整方面的研究。

基于上述研究基础，本调研选取“塞万提斯学院”① 这一典型西班牙语语言文化推广机构作为研究对象，通过文献梳理和调研访谈研究其功能理念，深入剖析其组织构架和活动模式，在全面调研的基础上揭示其“可复制、可借鉴”的经验与做法。本次调研将以 Kaplan 和 Baldauf（2003）提出的语言规划框架为基础，结合本课题的研究内容，关注其中“习得规划”和“声誉规划”两大核心，对研究对象开展系统调研和分析。在习得规划层面，我们主要考察塞万提斯学院的对外西班牙教学组织情况，包括教学师资、教材教法和西班牙语国际水平认证考试（DELE）等。在声誉

---

① 感谢北京塞万提斯学院院长 Inma González Puy 对于本章的大力支持。

规划层面，我们主要调研该学院运营现状，包括学院整体发展战略制定、产业化发展、本土化和信息化建设等。开展调研时，我们将特别关注西班牙语在传播过程中所体现出来的政治属性、经济属性和文化属性，从而进一步揭示语言作为政治经济资源和文化软实力的重要性。研究框架图如下：

表1　语言规划框架图

方法类型 （显性—隐性）	政策规划目标 （形式上）	培育规划目标 （功能上）
习得规划 （关于学习）	语言确定 教学人员 课程建设 教材教法 测试评估	语言再习得 语言维护 外语／二语 语言变迁
声誉规划 （关于形象）	语言推广 官方／政府机构 利益集团 个人	知识化 科学语言 专业语言 雅文化语言

本章第一部分介绍西班牙对外语言文化推广的背景；第二部分在声誉规划层面研究塞万提斯学院的创建和运作情况；第三部分在习得规划层面考察该学院的活动方式和领域；第四部分则是塞院本土化，即塞院在中国的发展研究；第五部分研究塞院对汉语国际推广和孔子学院建设的启示。

（二）西班牙语的传播历史及其国际地位

西班牙推广自己语言的历史非常悠久，1492 年哥伦布发现美洲新大陆后，伴随着殖民扩张，西班牙语在新大陆得到推广甚至普及。同年，内布里哈编著的第一部《卡斯蒂利亚语语法》出版，极大地推动了西班牙语的规范化，也推动了西班牙语在新大陆的传播。1768 年，卡洛斯三世下令必须使用西班牙语来对殖民地当地人讲解天主教义。当时，在殖民地的西班牙语人口还很少。然而，仅仅过了三十多年，西班牙在新大陆殖民地的西语人口就猛增到了 1700 多万（1800 年），这个数字远远超过当时伊比利亚半岛 1000 万左右的西语人口（García，2007）。19 世纪初，西班牙语已在殖民地确立其统治地位，并且在与当地土著语的接触过程中形成不同的变体。在美国，因民主化进程的深入，西班牙语的地位也有所上升，在 20 世纪 70 年代还有一段时期进入国家双语教育体系①。

如今，西班牙语是联合国六种工作语言之一，全世界以西班牙语为第一语言的人数近 5 亿，在使用人数上西班牙语是仅次于汉语和印地语的世界第三大语言。就使用面积而言，使用西班牙语的地区占到世界总面积的 9.1%，仅次于英语、法语和俄语。以西班牙语作为国家官方语言的国家有 21 个，列表如下：

表 2　以西班牙语为国家官方语言的国家

洲	国家	个数
欧洲	西班牙	1 个
拉美	阿根廷	19 个
	玻利维亚	
	智利	
	哥伦比亚	
	哥斯达黎加	
	古巴	
	多米尼加共和国	

① Crawford, J., Educating English Learners. Language Diversity in the Classroom. Los Angeles. CA. Bilingual Educational Services. 2004.

续表

洲	国家	个数
拉美	厄瓜多尔	19 个
	萨尔瓦多	
	危地马拉	
	洪都拉斯	
	墨西哥	
	尼加拉瓜	
	巴拿马	
	巴拉圭	
	秘鲁	
	波多黎各	
	乌拉圭	
	委内瑞拉	
非洲	赤道几内亚	1 个

1945 年在旧金山大会上签署的《联合国宪章》使用了汉语、法语、俄语、英语和西班牙语五种语言，采用西班牙语是因为有众多的拉丁美洲国家参加了创建联合国的旧金山大会，这表明西班牙语因其使用国家众多并积极参加国际重大事务而受到重视。另据联合国教科文组织、国际原子能机构、国际电讯联盟、世界贸易组织、世界卫生组织、国际劳工组织、联合国粮农组织、国际货币基金组织、国际复兴开发银行、国际奥委会、国际足联、国际新闻学会等主要国际组织统计，使用的语言按其用作章程文本语言、正式语言和工作语言的次数之和顺序为：英语 23 次，法语 21 次，西语 16 次，俄语 10 次，汉语 9 次，阿语 7 次，德语 2 次，意、葡、印第语各 1 次。这一数字表明，西班牙语在国际事务中的受重视程度仅次于英语和法语。此外，根据《西班牙信息网》2009 年的统计，西班牙语已成为第三大网络语言，16 亿网民中的 8.2% 使用西班牙语进行交流，这个数字

在2000—2008年期间增长了619.3%。同时，据该网预测，[①] 到2030年，世界人口中的7.5%是西语人口，大约5.35亿，远远超过俄语人口（2.2%）、法语人口（1.4%）和德语人口（1.2%）。上述种种数据表明，西班牙语是世界上当之无愧的世界通用语种。

（三）西班牙语言政策简介

作为西班牙一个重要的语言规划机构，塞万提斯学院的创建与发展必定纳入该国整个语言规划体系，因此，在对该学院进行研究之前，我们有必要先对该国语言政策作一梳理。梳理从以下三方面进行：

西班牙语与西班牙的语言：西班牙国内语言政策；

世界西语区的西班牙语："泛西班牙语"语言政策；

西班牙语的国际推广：塞万提斯学院。

1. 西班牙语与西班牙的语言：西班牙国内语言政策

西班牙是一个多民族、多语言的国家，使用人口最多的几种语言分别是西班牙语（卡斯蒂利亚语）、加泰罗尼亚语、巴斯克语、加利西亚语和巴伦西亚语，其中西班牙语是唯一的国家官方语言，其他几门语言是自治区官方语言。

在佛朗哥独裁统治时期（1939—1975年），伴随着专制统治，西班牙政府实行完全的"单语政策"，卡斯蒂利亚语是国内唯一的官方语言，被视为中央集权的工具，用以操纵公众舆论、法律、媒体以及公共教育体系。从20世纪60年代开始，西班牙逐步走出封闭的状态。1975年佛朗哥去世后独裁政权被君主立宪制取代，西班牙逐步融入欧洲议会民主体系。1978年颁布的《西班牙宪法》是西班牙语言政策规划民主进程的一个关键转折点，该宪法第三条确立了卡斯蒂利亚语作为西班牙官方语言的地位，同时又尊重其他民族的语言习惯，对多语社会模式[②]的建立作出重要贡献，

① 《西班牙信息网》，2009年6月16日。

② Modelo de sociedad multilingüe (Mar-Molinero 2007).

被相关语言政策研究学者广泛引用并受到褒扬。

1978 年的《宪法》从语言政策与规划角度来讲是一大进步，它不但承认了语言在政治和国家身份代表层面的重要性，也在非卡斯蒂利亚母语自治区建立起当地语言的使用权利，这对少数民族语言的保护和促进意义重大。六个自治区先后颁布自治区法，作为《宪法》的补充，强化各地语言自治：1979 年通过的《巴斯克自治区法》宣布巴斯克语和卡斯蒂利亚语同为巴斯克地区的官方语言，1982 年通过的《巴斯克语言规范法》则对巴斯克语的使用问题作了更为细致的规定；纳瓦拉也把巴斯克语作为自治区官方语言；同样于 1979 年颁布的《加泰罗尼亚自治区法》确立了加泰罗尼亚语在该自治区的官方语言地位，随后颁布的关于加泰罗尼亚语规范和公共场所、教育、媒体中语言使用的几项法令进一步对该语言的使用作出明确的规定；此外，在巴利阿里群岛，加泰罗尼亚语也被视为自治区官方语言；与此类似，巴伦西亚语是巴伦西亚自治区的官方语言；加利西亚语则是加利西亚地区的官方语言，1981 年颁布的《规范化法》明确了这一地位。

西班牙 1978 年宪法颁布至今已有 30 多年，正如西班牙著名社会语言学家西古安（Siguan，2007）所述，实践经验表明宪法第三条有关国内语言政策的规定有效推动了西班牙人民对西班牙语和地区语言的认识和掌握，而全球化的进程又使得国家级官方语言西班牙语在媒体中的使用比率进一步提高。可以预见，西班牙在未来一段时间将继续维持现有语言模式和政策规划，国内各语言的生存和发展状况也较为稳定。

2. 世界西语区的西班牙语："泛西班牙语"语言政策

实施"泛西班牙语"语言政策是当代西班牙对外语言推广的一项重要经验。该政策的具体内容是承认西语地区的多语共存以及各种西班牙语变体，倡导在一个地区内西班牙语与其他语言的和平共存，而世界各地的西班牙语变体也都是西班牙语。"泛西班牙语"语言政策有利于西语世界二十多个国家整合优势，联合起来以一个整体的形象在全球化激烈的竞争中与英语抗衡（Carreira，2007）。北京塞万提斯学院院长易玛女士（Inma

González Puy）在接受我们调研团队采访的时候就提到，她到北京塞院做的第一件事就是在世界地图上把说西班牙语的国家都标示出来，告诉大家塞院推广的西班牙语不仅是西班牙的语言，而是世界上二十多个国家共同拥有的语言，这就是“泛西班牙语”的概念。塞院开展文化活动时，也不仅仅推广西班牙的文化，也推广拉美西语国家的文化。

“西班牙皇家语言学院”和“西班牙语学院联合会”是“泛西班牙语”语言政策的主要执行机构。“西班牙皇家语言学院”成立于1713年，负责规范语言的使用，统一并且维护西班牙语的纯正与优雅。20世纪中叶起，拉美各西语国家纷纷成立西班牙语学院，致力于西班牙语普及使用的规范化，进一步发展“泛西班牙语”语言政策。西班牙皇家语言学院和其他21个美洲和菲律宾的学院一起构成世界西班牙语学院联合会，由西班牙皇家语言学院院长任联合会主席，各西班牙语学院院长任秘书长。联合会成员基于共同的责任和平等的地位共同合作，致力于词典编纂、语法和正字法的修订，组织召开世界西班牙语学院大会，寻求西班牙语多样中的统一。

2009年12月，《新编西班牙语语法》出版，该书将拉丁美洲等西班牙以外地区使用的西语语法汇集其中。在西班牙首都马德里举行的新书推介会上，西班牙皇家语言学院院长维克托·加西亚·德拉孔查形容这套书是“所有西语国家西班牙语语音和语法的大集合”。该部语法书是皇家语言学院自1931年以来首次出版的语法书，也是第一部反映所有西班牙语语法和语音变体的学院语法书，该书的出版在一定程度上折射出西班牙政府对于“泛西班牙语”语言政策的强化。

3. 西班牙语的国际推广：塞万提斯学院

塞万提斯学院是目前西班牙对外语言推广的主要机构，该学院于1991年由西班牙国王签署法令成立，国王亲自担任学院董事会名誉主席，主席为西班牙首相。学院如今在全球43个国家设有86个附属机构，其中包括65个地方学院（centros）、10个分部（extensiones）以及11个塞万提斯教室（aulas Cervantes）。该学院在实施语言推广时以西班牙语为主体，兼顾主要西语地区的其他语言和文化，与西班牙皇家语言学院和西班牙语学院联合会合作，借助“泛西班牙语”语言政策，联合拉美西语国家，在世界各地推广传播西班牙语和西语国家的文化。

在对外语言教学方面，塞万提斯学院根据《欧洲关于语言教学及其评估的统一框架文件》制订了统一的教学大纲，用于指导教学活动。2013年的统计资料表明，2012—2013年度在塞万提斯学院一共开班15336班次，其中，普通西班牙语课程占绝对多数，教师培训课程数量最少。全球注册学习西班牙语的人数达到237937人次。此外，该学院负责组织以西班牙语为外语的学生为对象的水平考试（DELE），并以教育科学部的名义签发DELE证书。至2013年，塞万提斯学院在全球设立的DELE考点数量达到833处，遍布全球123个国家地区。

在文化活动组织方面，1992—1993年，塞万提斯学院在全球共组织举办文化活动700场，至2012年，活动数量达到6800场，几乎翻了10倍。此外，各地塞万提斯学院都建立了图书馆和资料中心，2013年学院图书数量达到125万册，是创建之初的3倍多。该学院的经费绝大部分是国家拨款。成立之初，西班牙政府拨款约为300万美元，1998年为3600万美元，2002年为5054万欧元，2009年达到1.02亿欧元，2014年则高达1.1亿欧元。

从上述数据中我们不难看出西班牙对语言推广的重视程度。西班牙语对外传播的规模和取得的成绩将促进西班牙政府对此的进一步支持，从而形成良性循环。我们可以预见，当代西班牙积极有效的语言推广政策必将使西班牙语在巨大的全球语言市场上占据更大的空间和更重要的位置。

二、塞万提斯学院的运作

（一）塞万提斯学院的创建

1. 创建背景

1975年西班牙独裁者佛朗哥去世，西班牙迎来新的国王胡安·卡洛斯一世，自此走上民主化进程的道路。从1978年宪法通过至20世纪末，西班牙的政治稳定，政府致力于在基础建设、教育、卫生、财政、军队、工业等各个方面进行发展，偿还历史欠债。在国际政策方面，西班牙全面加入了民主国家阵营。1977年7月28日，西班牙申请加入欧洲经济共同体，并于1986年1月1日正式加入欧共体。在政治和经济顺利发展的现实环境下，西班牙政府进一步制定了向外推广其语言和文化的国家策略。

西班牙政府1991年3月21日颁布7/1991号法令，正式宣布建立塞万提斯学院，并通过《塞万提斯学院建立章程》。该章程在描述塞万提斯学院的创建动机时表示，对于一个历史悠久、语言使用广泛和文化古老的发达国家而言，长期、持续和积极的海外活动是其战略目标。语言与文化深刻地勾画出国家的自我身份，反映其特有品质，透出统一而又多元的现实理念。西班牙语是世界上使用最广泛的语言之一，人们对西班牙语以及西语文化的学习和研究日益增加，西班牙在此过程中承担着举足轻重的作用，因而需要一个专门机构保质保量地推动西班牙语和西班牙语文化的传播。在以上主旨思想的指导下，塞万提斯学院承载着“传播西班牙语和西语文化”的任务诞生。西班牙政府对塞万提斯学院的成立和运作给予了极大的支持，西班牙国王胡安·卡洛斯亲自担任学院的董事会名誉主席。

《塞万提斯学院建立章程》中指出，西班牙政府在1991年建立塞万提斯学院有一个特殊的意义：1492年，第一本卡斯蒂利亚语（即西班牙语）语法书出版，同年，“西班牙语成为世界的语言”。而1992年即该事件发生500周年，对于西班牙有较为重要的历史意义。所以在此之前一年进行准备，建立塞万提斯学院亦具有“西班牙语走向世界”的象征意义。值得注意的是，尽管《塞万提斯学院建立章程》对1492年的描述是“语法书的出版”和“西班牙语成为世界的语言”之年，却有一个更为重要的信息被弱化：对内，这一年是西班牙天主教国王夫妇击退外族取得“光复运动”胜利，统一全国的一年；对外，该年更是哥伦布发现新大陆，西班牙对美洲殖民开始的一年。这一年对西班牙的意义可以说比任何一个年份都重大，《塞万提斯学院建立章程》在陈述塞万提斯学院的创建背景时特意模糊了对这一年的表述，我们认为是为了方便推行“泛西班牙语”政策，避免与美洲的西班牙语国家产生更大的隔阂。

1992 年的历史象征意义如上所述，而西班牙实际上在这一年也获得了前所未有的国际影响力。巴塞罗那奥运会的召开，塞维利亚世博会的举办，马德里被评为欧洲文化首都等事件均为西班牙提升国际影响力提供了良好的支持。西班牙再次回到了国际舞台，推动伊比利亚美洲峰会的召开，在伊比利亚美洲进行大量的投资，参加联合国维和行动，同时也替作为对外传播语言与文化机构的塞万提斯学院准备了活动平台。

以上论述试图从历史角度分析塞万提斯学院的创建背景。从国际形势来分析，泛民族思想在拉美各国独立之后就在新兴国家中逐渐出现，1898 年美西战争之后，无论是拉美国家还是西班牙都更清楚地意识到美国在拉美的影响越来越大，因而无论对于哪一边来说，泛民族政策始终是应对美国影响的重要对策之一。佛朗哥统治结束后，西班牙与拉美的关系迅速拉近。对于世界来说，这是一个特殊的时间点，与之相关的国际事件很多，包括苏联解体以及海湾战争的爆发。西班牙政府敏锐地意识到了自那时起未来国际形势将会发生的变化——从对立走向合作，在反战与和平的主题下，以交流互助为手段，对资源与经济的全球化竞争日趋激烈。而在其国内，以埃塔为代表的民族分裂势力活动仍然频繁。面对民族分裂主义，西班牙也亟需建立一个正义统一的国际形象，在国际上得到对国内打击民族分裂主义措施的认可与支持。如何应对全球化浪潮的冲击，布局 21 世纪的国家利益版图，在这样的新千年背景下，西班牙政府提前十年创立了塞万提斯学院。

2. 创办宗旨

1999 年 10 月 12 日，西班牙政府颁布皇家法令 1526/1999 号，通过《塞万提斯学院建立章程（修订案）》。该文件是之前《塞万提斯学院建立章程》的修订版本，对《塞万提斯学院建立章程》的部分条款进行了修改。根据《塞万提斯学院建立章程（修订案）》的描述，塞万提斯学院具有以下三大主要任务：

在全球范围内推广西班牙语的教学、研究和使用；

采取措施和行动，提高上述活动的质量；

与国家在海外设立的其他机构合作，为在海外传播西班牙文化作出贡献。

最值得注意的是第三点，法律中明文标示塞万提斯学院应该为在海外传播“西班牙文化（cultura española）”作出贡献，而在旧法令中仅是用“文化”一词笼统盖过，在现今的塞万提斯官方网站上亦仅表述为“开展文化推广活动”。可见“塞万提斯学院的创建目的是推广西班牙文化还是推广西班牙语国家文化”，这个问题在多个官方文本中存在着不一致性。然而，无论是推广西班牙文化还是西语国家文化，该学院所有活动的策划和运营主要围绕两个重心，即保质保量地进行“语言推广”和“文化推广”是毋庸置疑的。正如著名文学家巴尔加斯·略萨（Mario Vargas Llosa）在《塞万提斯学院2009年年鉴中》所做的评价：“当今时代，西班牙语已然在世界范围内掀起了一股热潮，塞万提斯学院的建立，对于推动世界范围内的西班牙语教学，推广西语国家的文化具有深刻的意义。”

“语言推广”意在世界范围内非西语国家及地区发展西班牙语外语教学，扩大西班牙语的语言使用范围，提高西班牙语在世界上的影响力。塞万提斯学院创建时期，以英语为首的强势语言在全世界范围内占据垄断地位，要挑战并改变这一语言格局，西班牙必须针对国际形势制定推行有利于本国的语言政策，而塞万提斯学院就是西班牙语推行本国语言政策的理想平台。

“文化推广”对于塞万提斯学院而言，具有极其丰富的含义。塞万提斯学院是西班牙创立的公共机构，理应承担着宣传本国文化的使命。但是，事实上该机构更是全世界西语国家文化的重要载体。世界各地的塞万提斯学院，无论是教师队伍的组成，文化活动的主体，还是图书影像的内容，无不体现了世界各个西语国家地区多样化的特点。所以，塞万提斯所推广的“文化”不仅仅是“伊比利亚半岛文化”，它还具有更加广义的外延，同时也包容着丰富多样的内涵。本章主要阐述塞万提斯学院针对这两个中心所提出的多方面工作目标和行动准则及其原因，围绕该中心开展的具体工作内容将在下一章介绍。

3. 发展目标

塞万提斯学院在学术、文化以及图文资料等方面设定了一系列的发展目标和战略，以求在上述各个领域得到长久持续的发展，并逐步扩大学院在世界范围的影响力。

（1）教学领域的发展目标和战略

塞万提斯学院2009年年鉴指出，学院在策划、组织和开展相关学术活动时秉承“综合质量”（calidad integral）的准则，在此基础上根据各个国家的实际情况，制定更为具体细化的活动准则，确定活动的目的，打造各具特色的多元化活动。塞万提斯学院的具体活动准则和目标任务如下：

保持并进一步发展成效显著的学院活动和项目；

巩固提高正在开展的学院系列活动；

与学院各部分通力合作，共同策划实施各项学院活动；

增强与学院总部及各地分部之间的互动交流；

发挥学院内部行政及教育团队中各个成员的能力。

在同一个文献中，我们找到了塞万提斯学院在教学领域中设定的目标任务，基本可以归结为以下六点内容：

提高教学质量；

提高教学团队的专业素质；

完善塞万提斯学院的学术资料；

优化扩展塞万提斯学院的课程内容；

制定西班牙语外语教师的培养方案；

开发远程教学项目。

在此活动准则和目标任务的基础之上，塞万提斯总院进一步针对各个学院及部门的语言文化活动制定了较为具体的目标任务，以长远发展的角度，力求对学院的发展起到良好的引导作用。在教学管理方面，学院提出以下目标任务：

更新和完善课程大纲；

推动教师职业生涯的发展规划；

制定实施学术活动的评估工作；

制定发展针对不同应用领域的西语课程。

根据塞万提斯学院所制定的发展策略，课程大纲的完善工作势在必行：首先需根据西班牙语分级标准制订针对不同级别和需求的教学计划；另外，在西班牙语语言能力分级标准的制定方面，需以《欧洲语言共同参考框架》（Marco común europeo de referencia para las lenguas）为基础，通过与高校、研究中心以及出版社等机构通力合作，以教学与评估为核心，制定科学合理的分级标准。

教师的职业发展与学院自身的长远发展息息相关，因此塞万提斯学院需要不断推动教师职业发展规划的完善工作，力求制定一整套完整的职业发展体系（从教师入职直至退休），其中职业发展空间、科研奖励等因素对该体系的完善程度具有较大的影响。塞万提斯学院认为，只有这种清晰完善的发展规划才会给予教师员工职业归属感，鼓励教师发挥专业所长，促进学院工作的稳步发展。

制定科学的评估体系有助于学院对各项工作进行总结，并针对问题进行有效的改革。为此，塞万提斯学院制定了相关的发展计划，以求推进学术活动的评估诊断工作，这其中包括：学术活动评估、项目价值评估、教师能力评估、问卷评估、教学跟踪等。

在常规教学不断规范的基础上，塞万提斯学院将战略眼光投向更为专业的应用领域，计划开发针对不同教学对象的西语课程，其中包括：商务西班牙语、儿童西班牙语、移民西班牙语等。尤其是针对移民群体的语言教学，其需求度在近几年不断显现，使得塞万提斯学院开始在该领域制定详细的发展战略，以满足社会对西班牙语教学的不同需求。

在教师培训方面，塞万提斯学院提出的目标是：

建立教师培训基本框架；

建立课堂及远程教师培养模式。

为了建立完善的对外西班牙语教学队伍，塞万提斯学院计划制定对外教师培训工作的规章和细则，分级别、分对象、分专题地对教师进行能力培训。这一教师培训基本框架将有利于加强世界各个西语教学中心的统一性，简化各教师教学能力的评估，协调贯通各国培训活动，开展教师教学能力的认证工作。此外，为了推动教师培养工作在全球范围内的发展，塞万提斯学院也制定了相应的规划，以求在完善的对外西班牙语教师培训基本框架之下，开发多样化的教学模式，如课堂教学、远程教学、混合式教学等。

在技术开发应用方面，一直以来，塞万提斯学院都非常重视信息通信技术在学术活动中的应用，而西班牙语在线课堂（Aula Virtual de Español，简称 AVE）就是网络科技与教学实践结合的成果。而在此基础上，塞万提斯学院希望将其作为交流平台，针对不同的西语学习者开发远程网络教学课程和混合式教学课程。同时对这一网络教学活动进行跟踪式监控和评估，并针对评估结果对活动进行优化和改革。塞万提斯学院技术开发应用目标任务为：

推动信息通信技术在学术活动中的应用；

在新技术领域完善开发网络学习的应用服务技术。

随着西班牙语网上教学的不断发展，针对不同人群的网络自学课程的需求也会随之增长。因此，开发针对西班牙语 DELE 考试的网络自学课程被纳入塞万提斯学院的发展战略之中。此外，塞万提斯学院正计划开发网络技术平台，用以上传分享电子教学资料、视听材料等资源，建立庞大的西班牙语网络资料空间。

（2）文化传播领域的发展目标和战略

塞万提斯学院在文化传播方面任重道远，而“文化活动”和“图文资料”是文化传播的两大重要方式。因此，塞万提斯学院在文化领域的各项事务主要由学院文化事务部和图文资料部负责。在两大部门的协同合作之下，共同策划学院文化宣传活动，描绘学院文化传播的发展蓝图。

文化事务部在组织开展文化传播活动方面设定了全方位的基本发展目标：以西班牙语为媒介宣传西班牙及其他西语国家文化；着力普及宣传西班牙现代社会的多样文化，营造西班牙的国际新形象；努力在公众舆论中树立对西班牙及其国家文化价值的正面评价；支持对西班牙及其他西班牙语国家文化的研究工作；向世界展现当今西班牙及其他西语国家的真实面貌。从中可以看出，塞万提斯学院文化事务部的主要目标是改变世界范围内对西班牙的刻板偏见，还原真实的西班牙科学文化面貌。

为实现这一目标，学院文化事务部也制定了相应的发展策略：加强以文化作为社会人文发展基础的活动和项目；响应联合国教科文组织和国家政策，推动文化的多样性发展；重视女性在世界科学文化领域中的作用；与各国就社会文化主题展开对话；扩大文化传播活动的参与群体，开展以儿童及家庭为对象的活动；与各国文化机构加强合作，巩固已取得的活动成果；加强不同文化风俗之间的交流、了解和认识；不断加强与西班牙各机构（表3）在文化传播领域的合作，共同推动本国文化在世界范围内的影响。

表3　塞万提斯学院主要合作机构

西班牙国际合作发展署	西班牙国家对外文化推广署
西班牙文化纪念协会	西班牙文化部
西班牙国家研究委员会	瓦伦西亚现代艺术学院
瓦伦西亚音乐学院	马德里政府
安达卢西亚政府	加利西亚政府
西班牙各个大学及博物馆	

以此发展战略为指导，塞万提斯学院文化事务部在电影电视、历史、科学、美术、建筑、音乐、舞台艺术等领域制定了更为详细的活动规划，围绕“树立全新的西班牙国家形象”的目标不断发展文化传播活动。

西班牙语图文资料网络的建立对西班牙语学术及教学活动的发展、西班牙及其他西语国家文化的传播都具有强大的推动作用。图文资料部在该领域的工作活动中建立了一套基本的原则：图书馆与其他各相关机构的合作是图文资料工作的重要动力；图书馆的管理工作以“质量”为先；信息通信技术在日常工作、公众交流、机构服务等方面的应用是发展的重心；图文资料的收集和维护是塞万提斯学院的巨大财富；开展专业论坛，推动交流探讨，在多文化环境中开展自身的活动。

在具体的工作中，图文资料部的发展战略重心主要有四大块：人员与组织、质量评估和优化、信息化、图文资料的维护和扩充。围绕这四大重心，学院制定了更为详细的发展战略：

表4　塞万提斯学院图文资料工作发展战略

序号	内　容
1	组建理想的图文资料工作团队
2	推动发展能力培训活动
3	制定合理的评估体系
4	编订评估流程手册
5	加强图书馆与读者之间的交流互动
6	提高图书资料网络使用的便利性
7	提高信息化素养
8	维护和扩充图文资料
9	保存和修复图文资料
10	加强图文资料的传播力度

这10项发展战略涉及图文资料部工作的方方面面：在人员配置和管理方面，制定满足工作需求的员工标准；将员工的筛选和流动工作规范合理化。在能力培训方面，员工能力培训需适应不同级别的员工特点和需求；组织方便员工参与的培训活动，不干扰正常的员工工作。在评估方面，将图文资料机构的资源服务质量评估不断系统化；加强读者与其他相关方面的调研，帮助制定相应的战略规划。在制定流程手册方面，需要全方位考虑到评估的基本步骤、评估数据的收集、信息服务等工作要点。在交流互动方面，要充分利用社交网络平台推动与读者的零距离接触。在网络便利性方面，要注重培养工作团队，完善网络资源的优化和维护工作，建立规范化的资料使用平台。在信息化素养方面，优化联机公共目录查询系统的应用；设置方便查询服务的应用指南服务。在图文资料的维护、修复和宣传方面，加强与各个图书馆之间的合作；实施图文资料的电子化；制定图文资料保存工作的细则；优化图书资料的描述信息。

（二）组织结构和财务运作

1. 塞万提斯学院的组织结构

根据《塞万提斯学院建立章程》，塞万提斯学院的本质是隶属于西班牙外交部的“公法部门”（Entidad de Derecho Público），而《塞万提斯学院建立章程（修订案）》对此做了修改，把塞万提斯学院定性为“公共机构”（Organismo Público）。这个改动一方面使其在运作过程中拥有更大的自主权和灵活性；另一方面也隐去了“公法”这个较为敏感的提法。由于公法的基本内容是规范国家权力和政府行为，以权力为轴心，奉行“国家或政府干预”的理念，“公法部门”的表述突显了塞万提斯学院背后的西班牙国家和政府意志，同时表露出该组织服务于国家利益的实质。使用“公共机构”的表述则一定程度上减弱这一形象，有利于塞万提斯学院联合其他西班牙语国家进行“泛西班牙语”的政策活动。

塞万提斯学院一方面与西班牙国家外交部密切联系，以获得教育资源的保障；另一方面与西班牙在海外的其他公共机构联合，以确保这些机构相互之间的活动具有统一性，从而更充分合理地利用各种资源。从组织机构方面看，该学院以独立机构身份隶属于西班牙外交部下属的国际合作与伊比利亚美洲国务秘书处，该院隶属如表 5 所示：

表 5　塞万提斯学院及其上级机构

序号	名　称
1	西班牙外交部 （Ministerio de Asuntos Exteriores y de Cooperación） ß
2	国际合作与伊比利亚美洲国务秘书处 （Secretaría de Estado de Cooperación Internacional y para Iberoamérica） ß

续表

序号	名　称
3	塞万提斯学院 （Instituto Cervantes）

法令规定了塞万提斯学院是非营利性质的机构，具有独立的法人资格，由董事会（Patronato）、理事会（Consejo de Administración）和领导机构（Dirección）组成。加上世界各地的塞万提斯学院，组织结构如表6所示：

表6　塞万提斯学院内部组织机构

序号	名　称
1	董事会、理事会 ß
2	塞万提斯学院总部领导机构 ß
3	世界各地的塞万提斯学院

董事会负责给予学院活动方向性指导。其名誉主席由西班牙国王担任，执行主席是西班牙首相。除了这两位以外，法律规定董事会由固定成员（miembros natos）和轮选成员（vocales）组成。固定成员包括西班牙外交部部长、教育文化体育部部长、塞万提斯学院理事会主席和副主席、学院院长、西班牙学院院长、西班牙皇家语言学院院长、西班牙语学院联合会（ASALE）常务委员会秘书长和历届塞万提斯文学奖的获得者。轮选成员有22名西语世界文学和文化代表，其中7位是西班牙文学和文化代表，7位是西班牙语美洲文学和文化代表，5位大学和皇家学院代表以及3位其他社会文化机构团体代表。轮选成员由西班牙政府根据外交部和教育文化体育部的建议每六年提名一次，每三年更换其中的一半。此外，董事会秘书由塞万

提斯学院秘书长担任，他也是董事会成员，但只拥有发言权没有投票权。

根据学院2013年公布的年终工作报告，① 现任董事会固定成员组成如表7所示：

表7　塞万提斯学院董事会成员

固定成员	执行主席 （即西班牙首相） Mariano Rajoy Brey
	外交部部长 José Manuel García – Margallo Marfil
	教育文化体育部部长 José Ignacio Wert Ortega
	理事会主席 （即外交部国际合作与伊比利亚美洲国务秘书） Jesús Manuel Gracia Aldaz
	理事会副主席 （即教育文化体育部文化国务秘书） José María Lassalle Ruiz
	塞万提斯学院院长 Víctor García de la Concha
	西班牙学院（Instituto de España）主席 Antonio Bonet Correa

① Memoria del Instituto Cervantes 2012 – 2013.

续表

固定成员	西班牙皇家语言学院院长 José Manuel Blecua Perdices
	西班牙语学院联合会常务委员会秘书长 Humberto López Morales
	塞万提斯文学奖获得者 Mario Vargas Llosa Jorge Edwards Alvaro Mutis José Jiménez Lozano Rafael Sánchez Ferlosio Sergio Pitol Antonio Gamoneda Juan Gelman Juan Marsé José Emilio Pacheco Ana María Matute Nicanor Parra José Manuel Caballero Bonald
	西班牙文学和文化代表 Montserrat Caballé Valentí Puig Manuel Gutiérrez Aragón Jesús López Cobos Carme Riera Guilera Gregorio Salvador Caja Susana Solano

续表

轮选成员	西班牙语美洲文学和文化代表 Isabel Allende José Luis Acosta Herrera Paz Alicia Garciadiego Federico Luppi Jaime Labastida Ochoa Laura Restrepo Juan Villoro
	大学和皇家学院代表 Fernando Galván Reula Jaume Casals Pons José Regidor García Alberto Galindo Tixaire Marcelino Oreja Aguirre
	其他社会文化机构团体代表 Enrique González Macho Juan Van – Halen Acedo Isabel de Andrés Bravo

如果把2013年根据《塞万提斯学院建立章程（修订案）》制定的董事会成员名单与《塞万提斯学院建立章程》相比，可以发现，旧法令没有要求把西班牙学院院长、西班牙皇家语言学院院长、各国西班牙语学院联合会常务委员会秘书长和历届塞万提斯文学奖的获得者归入长期成员中，新法令做了如此改动。这样的改动使得塞万提斯学院得到以下提升：

西班牙学院——西班牙八大皇家学院联合会，向学院提供语言领域之外的学术支持。

西班牙皇家语言学院——负责制定西班牙语语言规范。

各国西班牙语学院联合会——不仅包含西班牙皇家语言学院，还涵盖了世界各国的西班牙语语言学院，为西班牙皇家语言学院的规定提供支持和补充。

塞万提斯文学奖获得者——增强了学院文化底蕴的同时，加强了“塞万提斯学院”之名的合理性。

理事会负责审议学院的主要计划。理事会主席由西班牙外交部国际合作与伊比利亚美洲国务秘书担任，副主席为教育文化体育部文化国务秘书。成员由董事会、各相关部委以及塞万提斯学院代表组成。理事会秘书同样由塞万提斯学院秘书长担任。

塞万提斯学院领导团队负责学院日常管理工作，院长对外代表学院。现任院长为维克多·加尔西亚·德·拉·贡查（Víctor García de la Concha），1934 年出生，神学与西班牙语语言文学双专业学士。他曾是西班牙著名学府萨拉曼卡大学教授，1998 年至 2010 年任西班牙皇家语言学院院长。2012 年开始担任塞万提斯学院院长。根据学院 2013 年年终报告，该学院领导团队的主要成员如表 8 所示：

表 8　塞万提斯学院现任领导团队成员

院长	Víctor García de la Concha
秘书长	Rafael Rodríguez – Ponga Salamanca
办公室主任	Luis Prados Covarrubias
技术部主任	Javier Galván Guijo
教学部主任	Julio Martínez Mesanza
文化部主任	Montserrat Iglesias Santos
推广部主任	Hernando Fernández Calleja
战略与研究部主任	Eduardo Sánchez Moreno
人力资源部主任	Gloria Bodelón Alonso
法律顾问部主任	María Luisa Estevan Estevan

截至 2013 年 8 月 31 日，塞万提斯学院总编制人数为 1052 人，其中

838 人工作在世界各地的塞万提斯学院，与西班牙语教师和当地工作人员共事。人员队伍中一线教师比例最大，约占 31%，其次是基层行政人员，约占 30%。塞万提斯学院编制人员数按照国家给予其的财政预算进行增加或减少，人员最多一年是 2009—2010 年度，达 1166 人。近年来受经济不景气的影响，学院收到的国家拨款有所减少，因而工作人员亦呈减少趋势：2009—2010 年度 1166 人；2010—2011 年度 1160 人；2011—2012 年度 1114 人；2012—2013 年度 1052 人。

《塞万提斯学院建立章程（修订案）》规定，塞万提斯学院的人员编制和薪酬制定均由理事会根据秘书长的报告审议决定。学院工作人员必须具有岗位所要求的学位和经历；教师必须具有学位和培训经历，从事西班牙语作为第二语言或者作为外语的教学工作。学院通过公平、公正、公开的方式选拔招聘人员。北京塞万提斯学院院长易玛女士于 2014 年接受本章研究小组的采访时表示，塞万提斯学院的教师刚进入学院时不编入编制，需要经过一段时间的工作实践后才能进入编制。进入编制以后便可能会被派到世界各地的学院进行工作。塞万提斯学院的工作人员从主管到基层员工均会不定期地在世界各地轮转工作。

《塞万提斯学院建立章程（修订案）》规定，学院在海外的分属机构隶属于西班牙在海外的外交机构，很多情况下即是该国驻外使领馆。外交机构的总负责人需承担直接监督海外塞万提斯学院的职责。在尚无条件设立外交机构的地区，塞万提斯学院可根据当地法律进行变通，与西班牙其他驻外机构建立关系，方便自身开展活动。

海外塞万提斯学院的建立由塞万提斯学院理事会（Consejo de administración）根据领导机构（Director）的建议进行商议和决定。海外塞万提斯学院的内部组织结构以及运作由塞万提斯总院的秘书长根据学院理事会的意见决定。每个海外学院设有一名院长，该职位由总院秘书长向外交部国际合作与伊比利亚美洲国务秘书提交报告，获得其认可，并知会理事会后，由总院院长任命和任免，海外院长职务属于西班牙高级官员（alta dirección）级别。各国塞万提斯学院院长会议每年举行一次，讨论和决定各学院的发展事宜。2014 年的院长会议在 7 月 23 日举行，决定在美国圣安东尼奥和非洲阿尤恩开设塞万提斯学院。海外塞万提斯学院内部的人事管理模式参见第四章《塞万提斯学院在中国》的相关介绍。

2. 塞万提斯学院的财务运作

《塞万提斯学院建立章程》第一章第2条明确规定塞万提斯学院是非营利机构，其绝大部分资金来源由国家财政预算拨款。作为一个公共机构，尽管奉行的是非营利形式，但是对于其他形式的“利润需求”是明显的。在西班牙，语言是与旅游业占有相同份额的财富；语言学产业创造了一个复杂的文化符号，它通过“西班牙语”这个品牌保护伞，通过各种服务和产品，可以渗透进许多不同的市场；例如，地处南美洲的巴西，全国1.65万人口，其中5000万是西语学生，大约需要20万西语教师，随后还需要书籍、电影和音乐产业。仅仅在巴西，就设立了8所塞万提斯学院，巴西国内对于西班牙语相关的资源需求可见一斑。由此可见，塞万提斯学院绝不仅是简单的非营利模式。

对于西班牙政府来说，西班牙语是具有“政治价值”的语言。西班牙政府相信，通过推广西班牙语，西班牙的国际形象将会得到提升，西班牙文化的普及将会促进世界对其国家的了解，有利于推动各国对西班牙及其相关事物的认可，有利于西班牙政府在国际事务中不断发出自己的声音，谋求本国在世界政治舞台中的一席之地。

1991年塞万提斯学院仍然拥有独立的经费预算，而1992年的总预算只有42.19亿比塞塔（约为2535万欧元）；之后塞万提斯学院的预算纳入国家预算体系之中，且年预算量不断提高，至2009年达到1.02亿欧元，可谓投资巨大。国家对塞万提斯学院的资金支持是为了使学院可以“全心全意”地致力于西班牙文化的传播，可见西班牙对文化输出的积极态度。近5年来，随着全球经济形势的变化，西班牙全国的经济情况亦不容乐观，分拨给塞万提斯的财政预算在2009年到达最高峰以后逐年递减。为此，2012年开始担任院长的维克多·加尔西亚·德·拉·贡查致力于探索新的运营模式，力求维持资金使用的持续性，同时又保障学院使命的完成。2014年预算的回升表明政府的支持力度在回升。

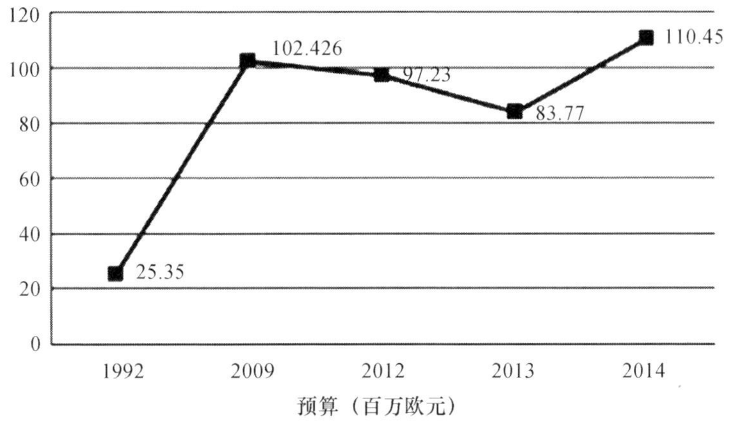

图1　1992—2014 年塞万提斯学院预算情况

预算的改变对塞万提斯学院的组织结构、金融体系、服务内容、技术支持以及世界各国学院的分布产生一定影响。2013 年 10 月，塞万提斯学院官方网站刊登了一篇题为《自力更生和控制支出——2014 年学院预算之关键》（Instituto Cervantes 2013）的文章。文章表示在 2013—2014 年度塞万提斯学院计划在不关闭全世界任何一所分属机构的条件下实现财政上自给自足 54%。文章强调，54% 是个前所未有的比例，也是塞万提斯学院的资金来源第一次大部分由学院自身承担。为达到这一目标，学院将严格控制支出，并继续保持人手紧缺状态，原则上不为空缺的职位填补人力。对比学院在 2012—2013 年度的财务状况（该年度学院的年支出中 68% 来自国家财政拨款，其余 32% 由学院自身承担）可以看出，此次塞万提斯学院确实下了较大决心。开源节流的主要思路是：加大力度在各地学院开设西班牙语班（尤其要大力发展西班牙语在线课堂 AVE）、加大力度组织 DELE 考试从而获得更多资金支持，同时减少岗位、控制日常开销、与其他组织合作开展文化活动以争取赞助、对外租借学院场地等。2012－2013 年度塞万提斯学院收到约 350 万欧元的社会财物资助，其中 37% 为资金赞助。比起前两个年度 500 多万的资助有所减少。塞万提斯学院的主要赞助者有伊比利亚航空（Iberia）、西班牙电力公司基金会（Fundación Endesa）、伊维尔德罗拉电力公司基金会（Fundación Iberdrola）等。

从学院支出项目构成来看，2012—2013 年度 64% 的经费用于人员工资支出，33% 用于维持日常工作，3% 用于投资，基本维持学院一贯的支出构成。2012 年 3 月，西班牙颁布法律要求各部门财务透明，公开部门负责人的收入，从而使公众第一次了解到塞万提斯学院院长的收入。塞万提斯学院 2013 年工作报告显示，塞万提斯学院院长的年薪约为 9 万欧元；秘书长的年薪约为 8 万欧元，世界各地的学院院长根据地区不同差别较大，年薪从 5 万欧元至近 15 万欧元不等。年薪较低的是英国直布罗陀地区，约 5.4 万欧元；年薪较高的有日本东京塞万提斯学院院长，收入约 14.8 万欧元，以及俄罗斯莫斯科塞万提斯学院院长，收入约 14.4 万欧元。在此列出几项参考数据作为比较：2012 年西班牙首相年薪约 7.5 万欧元（El Mundo 2013），同年西班牙民众平均收入约为 2.4 万欧元（Rodríguez 2014），西班牙大学教授年薪通常不超过 5 万欧元（Malagahoy 2014）。对比之下可以发现塞万提斯学院院长的年薪比较高，这从一个侧面体现出西班牙对语言输出和文化输出的支持力度之大。同一个报告显示，北京塞万提斯学院院长和上海塞万提斯图书馆负责人的年薪都约为 11.5 万欧元，比全世界大多数地区的院长高，仅次于纽约、哈佛研究所、东京、莫斯科和伊斯坦布尔的塞万提斯学院院长。从这一点能窥见塞万提斯学院对中国的重视。

从以上关于塞万提斯学院的组织机构、人事管理、运作机制和经费来源等方面的研究可以发现，塞万提斯学院的整个运作过程都具有相当强烈的独立性。作为一个长期驻外并且需要与当地政府和民众发生密切互动的机构，它的运作和管理全部由西班牙政府掌控和维系，与海外当地政府的合作性管理几乎没有。这就导致了它在有些国家无法与当地政府和高校进行深入合作，开展更有影响力的文化和教学活动。

（三）发展现状和总体战略

1. 塞万提斯学院的世界分布

从 1991 年建立以来，塞万提斯学院经历了二十多年的发展。在这个过程中，有高潮也有低谷，呈现出总体平稳的发展态势。

塞万提斯学院在西班牙国内共有两个实体中心：一个是位于西班牙首都马德里市中心的塞万提斯学院总部；另一个是设立在阿尔卡拉·德·埃纳雷斯城（Alcalá de Henares）的分部。1991 年塞万提斯学院建立之初，总部设在阿尔卡拉城，2006 年，塞万提斯学院得以搬入位于马德里心脏位置阿尔卡拉大街的总部大楼。古典风格的总部大楼共有约 15000 平方米，名为卡里阿蒂得斯大楼（Edificio de las Cariátides），1918 年建成，是当时著名建筑师安东尼奥·帕拉西奥（Antonio Palacio）的杰作，使用的是当时最高级的建材，供西班牙一家银行办公使用。该大楼后成为西班牙文化教育体育部的财产。在塞万提斯学院迁入该总部大楼时，西班牙国王亲自为其剪彩。

学院在西班牙的另一个中心位于作家塞万提斯故乡阿尔卡拉城。该城位于马德里自治区，距离马德里市约 35 公里，具有悠久的历史，被评为世界文化遗产。作为塞万提斯的故乡，阿尔卡拉自然而然地成为了塞万提斯学院之一。它设立在同样拥有悠久历史的阿尔卡拉大学前国王学院楼，主要职能是作为图书馆，其特色是具有丰富的西班牙语教学以及应用语言学专业藏书和相关文献。西班牙阿尔卡拉大学于 1499 年建校，是欧洲最古老的大学之一，五百多年来，该校在师资力量、教育质量、科研领域及科研成果等方面的多项评估中始终名列西班牙最好的十所大学之一，尤其在西班牙语语言文学研究方面成果显著，许多著名西班牙语语言学家和文学家毕业于这所大学。

除了两个实体的中心，塞万提斯学院还拥有一个基于网络的虚拟中心（Centro Virtual Cervantes，简称 CVC）。该虚拟中心于 1997 年建成，主要向教师、学生、翻译、记者以及其他使用西班牙语工作和学习的人士提供学习和工作素材。CVC 提供的内容大致分 5 部分：教学、文学、语言、艺术和科学，材料中不仅有文字素材，还有电台和电视等多媒体内容。用户注册完全免费。

早在塞万提斯学院正式建立之前，1990 年 4 月，西班牙政府就已经决定在英国利物浦开设塞万提斯学院第一个海外学院，原因是当时 80% 的当地西班牙学生正学习英语，只有 2.5% 的英国学生在学习西班牙语（Bayón Pereda 1990）。经过二十多年的发展，根据本章研究小组向塞万提斯学院总部索取的最新官方信息显示，学院如今在全球 43 个国家设有 86 个附属机构，其中包括 65 个世界各地的塞万提斯学院（centros）、10 个分部（extensiones）以及 11 个塞万提斯课堂（aulas Cervantes）。根据学院总部的解释，三者的区别如下："世界各地的塞万提斯学院"具有较为完整的组织机构和人员配置，是塞万提斯学院在海外最普遍的存在形式。它们以独立机构的身份在世界各国进行运作，在组织机构、人事、财务等方面不与当地政府或机构发生直接的关系；"分部"是塞万提斯学院与当地政府和教育机构合作开设在学院附近的工作和教育场所；在尚无条件开设塞万提斯学院的地区，为了满足当地急切的西语学习需求，塞万提斯学院采取了灵活应变措施——与当地大学合作开设教授西班牙语的教学场所，当地大学负责提供教学场地，这些通过学院与大学合作设立的西班牙语教学场所就是"塞万提斯课堂"。

从分布情况来看，86 个机构中 37 个分布在欧洲，占 43%；非洲 19 个，约占总数的 22%；北美的塞万提斯学院分布相对较少，主要集中在美国。

表 9　欧洲地区塞万提斯学院分布情况（共 37 处）

学院所在国家	学院所在城市	学院所在国家	学院所在城市
德国	柏林	斯洛文尼亚	琉布里亚纳
	慕尼黑	斯洛伐克	布拉迪斯拉发
	不莱梅	希腊	雅典
	法兰克福	塞尔维亚	贝尔格莱德
	汉堡	克罗地亚	萨格勒布
意大利	米兰	葡萄牙	里斯本
	那不勒斯	捷克	布拉格
	巴勒莫	比利时	布鲁塞尔
	罗马	塞浦路斯	尼科西亚

续表

学院所在国家	学院所在城市	学院所在国家	学院所在城市
英国	伦敦	爱尔兰	都柏林
	曼彻斯特	瑞典	斯德哥尔摩
	直布罗陀*	保加利亚	索非亚
	利兹	奥地利	维也纳
法国	莱昂	俄罗斯	莫斯科
	巴黎	土耳其	伊斯坦布尔
	波尔多	罗马尼亚	布加勒斯特
	图卢兹	匈牙利	布达佩斯特
波兰	克拉科夫	荷兰	乌得勒支
	华沙		

* 直布罗陀是英国的海外领地，是英国与西班牙两国的争议地区。

表 10　非洲地区塞万提斯学院分布情况（共 19 处）

学院所在国家	学院所在城市	学院所在国家	学院所在城市
摩洛哥	马拉喀什	埃及	亚历山大城
	纳多尔		开罗
	埃萨维拉	阿尔及利亚	阿尔及尔
	查乌恩		奥兰
	卡萨布兰卡	塞内加尔	达喀尔
	拉巴特		穆斯塔加奈姆
	丹吉尔	突尼斯	突尼斯
	得土安		
	阿加迪尔		
	菲斯		
	梅基内斯		
	拉拉切		

表 11　亚洲及大洋洲塞万提斯学院分布情况（共 15 处）

学院所在国家	学院所在城市	学院所在国家	学院所在城市
黎巴嫩	贝鲁特	越南	河内
	特里波里	约旦	安曼
	卡斯利克	印度	新德里
中国	北京	以色列	特拉维夫
	上海*	马来西亚	吉隆坡
日本	东京	菲律宾	马尼拉
韩国	首尔	印度尼西亚	雅加达
澳大利亚	悉尼		

* 上海为塞万提斯图书馆。

表 12　拉美塞万提斯学院分布情况（共 8 处）

学院所在国家	学院所在城市
巴西	贝洛奥里藏特
	圣保罗
	巴西利亚
	阿雷格里港
	里约热内卢
	累西腓
	萨尔瓦多
	库里奇巴

表 13　北美地区塞万提斯学院分布情况（共 7 处）

学院所在国家	学院所在城市
美国	阿尔伯克基
	波士顿
	芝加哥
	纽约
	西雅图
	圣塔菲
加拿大	卡尔加里

院长维克多·加尔西亚·德·拉·贡查认为学院虽然在五大洲都有塞万提斯学院，但分布十分不均。数据显示塞万提斯学院在欧洲发展得较为成功，尤其是莫斯科，是世界上最大的中心，每年能吸收 5000 多名注册学生。然而，随着西班牙语在世界上扮演着越来越重要的角色，欧洲许多国家已经把西班牙语纳入学历教育，在公立或私立学校中教授。这个情况对塞万提斯学院的学生数量会产生不利影响，学院虽然力求在教育质量上突出自身优势，充当西语教学模范式样，但仍旧需要在欧洲以外寻求发展。

2. 塞万提斯学院对外语言文化推广的总体战略

从地域角度分析，目前西班牙实施的对外语言文化推广总体战略可归结为 20 个字：立足欧洲、联合拉美、聚焦美国、拓展非洲、争取亚洲。

欧洲是西班牙本国所在地，地理位置上的方便性自然而然使西班牙政府较为集中地在欧洲建立了数量较大的塞万提斯学院。作为欧盟国家之一，西班牙与其他欧洲国家的经济和文化交往频繁，欧洲各国之间的文化距离和他们的语言之间的语际距离均相对较近，有利于西班牙语言文化的对外传播。因此，欧洲是西班牙政府对外文化推广不可能忽视的“大本营”，要走向世界，必须首先立足欧洲。

基于“泛西班牙语”语言政策，塞万提斯学院长期与拉美西语国家并肩作战，以期为西班牙语在世界上的传播增添力量。仅2012—2013年一个年度，塞万提斯学院就与玻利维亚、智利、哥伦比亚、古巴、多米尼加、厄瓜多尔、危地马拉、乌拉圭、尼加拉瓜、巴拿马、巴拉圭、波多黎各、萨尔瓦多、委内瑞拉等14个西语国家的语言学院，以及墨西哥自治大学签署合作协议，一同致力于开展西班牙语教学和组织文化活动。此外，巴西深受重视：目前塞万提斯学院在南美一共设立的8个学院全部在巴西。近年来塞万提斯学院正在酝酿新国际西班牙语水平测试体系，巴西也被列为该测试体系最先推广的地区之一。西班牙对巴西的强力语言输出体现了该国希望把整个拉丁美洲纳入语言战略同盟的想法。另一方面，巴西的邻国是众多西班牙语国家，巴西本身有着与地区文化大环境融合的意愿，这个意愿与塞万提斯学院的活动目标一拍即合，双方充分合作，因而形成了如今巴西一国拥有8个塞万提斯学院的现状。

除了拉丁美洲之外，西班牙语言文化推广的另一大战场就是美国。2013年塞万提斯学院与美国西班牙语学院（La Academia Norteamericana de la Lengua Española，简称ANLE）签订协议，建立合作基地，共同开展西班牙语教学、组织西班牙语活动。2013年4月19日，塞万提斯学院与美国哈佛大学签订合作协议，在哈佛设立研究中心，主要研究内容就是西班牙语在美国的生存状态。塞万提斯学院对此次合作非常重视并且感到自豪，院长在多个场合提到此事，称之为“塞万提斯学院进入了哈佛的心脏”。2014年6月，美国西班牙语语言学院在成立40周年之际首次召开大会，会议的主题是“美国的西语人口和美国的西班牙语：差异中的统一”。

针对美国不同的西语人群，西班牙在对外语言文化推广中的关注点也有所差异：针对母语是西语者，关注其后代的语言使用情况；针对西语学习者，大力开展优质的西班牙语教学。无论从使用者的数量还是从国际交流使用场合来看，西班牙语都是世界上第二大语言，使用人口上仅次于汉语，使用场合上仅次于英语。西班牙对于在不久的将来西班牙语将在国际交流使用场合上超过英语充满信心和期待。要达到这个目标，美国是决定性区域。同时，西班牙需要借助拉美国家的力量一同维护西班牙语在美国的生存空间，尤其是作为美国西语人口主要来源的墨西哥和中美洲国家。

联系上文提到的2013年与塞万提斯学院签订合作协议的15个拉美国家和机构可以发现，塞万提斯学院寻求合作的首要对象主要分布在中美加勒比地区和南美北部，这与西班牙的美国战略不无关系。

在世界各地的塞万提斯学院中，位于非洲的学院占有相当大的比例。塞万提斯学院在北非已经具有较为广泛的影响，附属机构数量已经达到近20个。据2014年5月西班牙《ABC报》报道，学院计划在阿尤恩（Aaiún，位于西撒哈拉地区）和廷杜夫（Tinduf，位于阿尔及利亚西部）设立分部，试图恢复西班牙语在撒哈拉人中的使用规模。西班牙已经与摩洛哥、阿尔及利亚当局以及波利萨里奥阵线（Frente Polisario）进行了沟通，从沟通情况看，该计划没有政治方面的阻碍。西撒哈拉地区曾是西班牙的海外省，直至1976年西班牙撤出该地区。根据西班牙在1970年开展的调查显示，当地大约有1.7万人说西班牙语（约占总人口22%）。据估计，现今有2.2万人拥有西班牙语知识。与当地总人口相比，撒哈拉地区拥有西语知识的人数显得较少。由此可见，在非洲发展西班牙语教学具有历史基础。

此外，从地理位置来看，西班牙是非洲人进入欧洲的门户，每年大批非洲移民通过非法途径进入西班牙。西班牙社会对此相当关心，仅《国家报》一家报社的官方网站在2014年上半年就刊登了近30篇关于“非洲移民”的文章。2014年5月28日，近千名非洲人试图强行通过摩洛哥和西班牙的边界，其中500人成功进入西班牙，类似事件时有发生。虽然这样的事件令人遗憾，但从文化传播角度看，非洲人有强烈的进入欧洲改善生活的愿望，而掌握西班牙语能够使这个愿望变得更为现实，因而在非洲传播西班牙语语言文化不仅具有历史基础，而且具有现实优势。考虑到非洲人口基数较大，人口密度较高，塞万提斯学院把非洲列入发展策略的重要地区之一有一定道理。

亚太地区和中国人口众多，近年来经济发展迅速，引起国际社会广泛关注。因此，该地区也已构成西班牙对外语言文化推广过程中不可忽视的战略高地。为此，塞万提斯学院一直设法更深地扎根以中国为代表的亚洲国家。目前，学院正在酝酿一套新的国际西班牙语水平测试体系，有可能会逐步代替现有的 DELE 考试，这个新体系的首批推广对象中就有中国。在不久的将来，学院就要在中国重庆，菲律宾马卡蒂区、宿务岛、三宝颜市开设新的分部。在现今整个亚太地区仅有 10 所附属机构的情况下，塞万提斯学院计划在菲律宾连开 3 家可谓“大举措”。菲律宾历史上被西班牙统治 300 年，虽然后来被美国人接管进而官方语言使用英语，但这个国家仍旧具有较好西班牙语基础。因此，塞万提斯学院希望在菲律宾大力传播西班牙语有其逻辑性，这一点与学院在非洲发展所使用的战略思路十分相似。

三、塞万提斯学院的活动领域

根据塞万提斯学院的创办宗旨，学院的主要工作内容可归结为两点：第一，在全球范围内推动西班牙语的教学、研究和应用。第二，向世界宣传文化。塞万提斯学院官方网站把这两点分化成以下具体工作：

表 14 塞万提斯学院主要工作内容

序号	内 容
1	组织开展西班牙语课程，同时在西班牙国内开展自治区官方语言教学
2	以西班牙教育文化体育部名义颁发 DELE 证书，并组织 DELE 考试
3	组织教师培训，更新教学方法
4	为西班牙语语言文化学者的工作提供帮助和支持
5	参与西班牙语的传播和推广项目
6	与西班牙或西班牙语美洲的其他机构，以及世界各地的塞万提斯学院所在国的机构合作，组织文化传播活动
7	向公众开放拥有最先进技术的图书馆

在这 7 条具体工作中，前 5 条为推广语言，后两条为传播文化。以下

按照“语言规划框架”下的“习得规划”层面的内容，首先将塞万提斯学院语言教学方面的工作内容进行梳理。

（一）教学活动

1. 语言课程

塞万提斯学院主要以开班方式开展西班牙语的教学活动，开班类型包括普通西班牙语课程（面向一般大众学生）、专门用途西班牙语课程（面向特定学生群，比如儿童、青少年、经贸类、医学类等具有特殊要求的人群）、线上教学（西班牙语在线课堂 AVE）以及教师培训课程。

表 15　塞万提斯学院开设的西班牙语课程类型

序号	内　容
1	普通西班牙语课程
2	专门用途西班牙语课程
3	线上教学

课程的具体安排、进度和收费等根据不同学院而有所差异，但总体以每 30 小时课程为单位进行组织和叠加。普通西班牙语课程通常需要 60 小时，专门用途西班牙语课程一般以 30 小时的课程为主。学费按不同地区居民的收入水平和消费水平进行调整，例如：开罗 60 小时课程约需要人民币 2000 元，马尼拉同样课程仅需人民币约 1000 元；北京 60 小时课程需要 2400 元；而东京则至少需要约合人民币 7000 元的学费。

2013 年的统计资料表明，2012—2013 年度在塞万提斯学院一共开班 15336 班次，其中，普通西班牙语课程占绝对多数，教师培训课程数量最少。全球注册学习西班牙语的人数达到 237937 人次。用这一数据与 2009—2010 年度 15216 班次和 210147 人次，2007—2008 年度 12459 班次和 172185 人次比较可以发现，塞万提斯学院 5 年内的发展呈稳步上升趋势，并未显现出爆炸性的发展。

课程建设方面，在1994年塞万提斯学院曾出版过内容较为简单的教学大纲，该大纲共172页。2006年，依据《欧洲语言共同参考框架》，颁布了《塞万提斯学院教学大纲》（Plan curricular del Instituto Cervantes）。该大纲出版了多个版本，比如精装版、经济版、口袋版等，其中最大最全的版本共有2018页。相比我国孔子学院总部/国家汉办2014年研究出版的《国际汉语教学通用课程大纲》（修订版）218页的篇幅，塞万提斯学院的教学大纲是比较有规模的。大纲中把西班牙语的难度划分分为A1－A2，B1－B2和C1－C2，分三卷详细规定了每个水平需要达到的语言及文化认知水平。以下是本大纲主体13章内容标题：

表16　《塞万提斯学院教学大纲》主要内容

序号	内　容
1	主要目标（概述）
2	语法项目
3	语音和正音法
4	书写规则
5	表达功能
6	语用策略与技巧
7	语篇类型及文本产出
8	普通意念
9	特殊意念
10	文化内容
11	社会文化行为和知识
12	跨文化交际态度和能力
13	学习策略

北京塞万提斯学院院长易玛女士告诉我们，塞万提斯学院要求教师必

须有教学经验，至少拥有应用语言学相关专业的硕士学位，但并不一定需要会说当地语言，也不需要事先了解当地文化。当教师来到位于世界各地的塞万提斯学院和分中心后会组织面向教师的当地语言及文化的培训课程。教师不仅来自于西班牙，也有来自拉美各国的西班牙语母语使用者，为的是让学生能够接触到不同的西班牙语口音。然而，我们有理由相信，“不一定需要会说当地语言”是因为这样的师资可遇不可求，与其说“不需要”不如说“无法要求”。

通常认为，塞万提斯学院是西班牙“对外”传播语言和文化的主要机构。《塞万提斯学院建立章程》以及《塞万提斯学院建立章程（修订案）》中对这一点也进行了较为清晰的表述。然而，上述塞万提斯学院官方网站上列出的工作内容第 1 条明确规定：塞万提斯学院不但负责在海外传播西班牙语，也承担在西班牙本国教授自治区（Comunidad Autónoma）官方语言的职责。于是我们查阅塞万提斯学院官网上教授本国自治区语言的内容，发现学院在西班牙国内确实开设了加泰罗尼亚语、加利西亚语、巴斯克语的课程。进一步研究发现，虽然已是 2014 年底，网站内的课程信息基本停留在 2012—2013 学年且开课数量少，课程体系不全，授课地点仅为马德里市内一处教学点。这与塞万提斯学院遍布全球 86 个附属机构，共 430 多个对外西班牙语教学场地比起来重要性十分有限。因此，我们还是认为塞万提斯学院的主要工作重心仍旧是对外西班牙语。

2. 测试评估

塞万提斯学院始终致力于推出在全世界均有效用的官方西班牙语水平标准认证。自 1991 年起，塞万提斯学院负责 DELE 考试的组织工作，起初该考试的难度分“初级”“中级”和“高级”三级。2001 年，欧洲理事会共同通过《欧洲语言共同参考框架》，开启了 DELE 考试的改革工作，力求与《欧洲语言共同参考框架》完成对接。对此，塞万提斯学院制定了阶段性的战略，逐渐实现了 DELE 考试 A1、A2、B1、B2、C1 和 C2 各能力的分级考试，但是考试的信度和效度需要进一步的论证，并根据论证结果对 DELE 考试进行优化。同时，DELE 考试的发展离不开对测试者的培训，这也意味着学院将进一步开展针对语言测试者的能力培训和学术研讨等活动。另外，以 DELE 考试为基础，塞万提斯学院计划开发针对不同专业领域的语言能力测试，如商务、医学、国际关系等。

西班牙语 DELE 考试在全球的考点分布稳步发展，1993 年塞万提斯学院在全球设立的 DELE 考点数量达到 101 处，遍及全球 37 个国家；至 2013 年塞万提斯学院在全球设立的 DELE 考点数量达到 833 处，遍布全球 123 个国家和地区。1994—1995 年，报名人数为 1 万人，至 2011—2012 年，报名人数为 65535 人，比 2011 年增加了 5%，相较于 1994—1995 年人数增加了 555%。

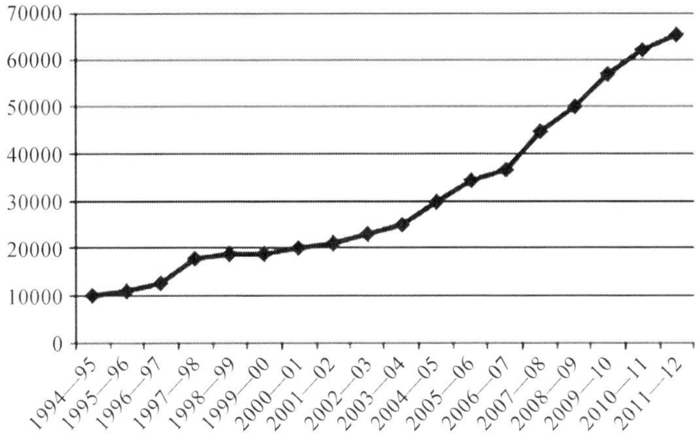

图 2　1994—1995 年至 2011—2012 年 DELE 考试报名人数情况

数据来源：El español：una lengua viva. Informe 2013.

欧洲范围内，在社会公开招标等活动中，对语言能力评估服务的需求与日俱增。塞万提斯学院成功完成了法国学生西语水平认证工作，参与了欧洲人员选拔办公室的合作项目，而在这一领域，塞万提斯学院也希望有进一步的发展，以扩大西班牙语在社会范围内的影响力。

更新的“西班牙语外语水平国际认证系统”（SICELE）于 2007 年 3 月在哥伦比亚获得通过，这一体系在世界范围内的西班牙语国家中具有重大的影响力，在以各国西语教学机构和塞万提斯学院为主体的世界西语教学网络中扮演着重要角色。塞万提斯学院希望“西班牙语外语水平国际认证系统”在语言认证方面发挥自己的以下作用：协调制定各西语国家对西班牙语外语能力认证的标准；制定语言考试及认证工作的国际化标准；对制定标准的实施效果进行评定论证；获取各西语国家对该体系内的语言能力证书的官方认可。虽然在2007年便提出了“西班牙语外语水平国际认证系统”的概念，但该认证发展并不快，如今在世界上比较有影响力的西班牙语国际水平认证仍旧是DELE考试。

3. 师资培训

在2013年，16000多名西班牙语教师在塞万提斯学院接受培训，完善自己的职业水平。学院的教师培训中心设在阿尔卡拉城的实体分部中。塞万提斯学院的教师培训主要有三方面内容：学院独自设立的教师培训课程；学院与其他机构合作开设的教师培训课程；对外西班牙语硕士课程。课程有实体课程，也有通过网络开设的网上课程。教师可以通过电子邮件发送报名表进行报名。

独自设立的教师培训课程分为三个层次展开：

表17　塞万提斯学院教师培训课程

序号	内　容
1	面向未来教师或新教师的A课程
2	面向已经有教学经验，希望进一步提升能力的教师之B课程
3	面向可能要担任领导职务或要从事与西语教学相关的其他工作者，如学术负责人、编辑、管理者等的C课程

A课程面向有意向或刚刚开始从事西班牙语外语教学的教师，这些教师具有较少的教学经验。该课程主要呈现的是概论性质的内容，教授教学方面的基本知识。B课程的对象为具有一定经验的教学工作者，建议需要至少有200小时的教学经验的教师参加。帮助教师进一步提高教学能力，

继续其职业生涯。C 课程面向可能要担任领导职务或要从事与西语教学相关的其他工作者，如学术负责人、编辑、管理者等。更深入地进行职业能力培养，推荐参加者需要有至少 2400 小时教学经验，除此之外，近期还新设了面向教师的语言学和文化课程。

塞万提斯学院从 1991 年建院开始始终进行着与其他机构合作培训教师的工作，一方面为了提供更好的培训内容，另一方面也意识到仅靠学院自身无法满足所有教师的培训需求。因此，合作课程主要用来作为塞万提斯学院在世界各地开展培训课程的补充，以满足由于地理限制或其他客观原因无法前去马德里或阿尔卡拉城参加培训的教师。学院官网上列出的合作机构有 35 个，其中有 18 所大学，比如内布里哈大学、阿里肯特大学、巴塞罗那自治大学，秘鲁里卡多帕尔玛大学等；其余合作机构中包括阿尔卡拉大学的语言培训部（Alcalingua），萨拉曼卡大学的国际教育课程，柯米亚斯基金会，西班牙语学校联盟（西语缩写 FEDELE，由 90 所得到塞万提斯学院质量认证的语言学校组成的联盟）等。大部分机构来自西班牙，个别来自拉美地区。此外，塞万提斯学院会特别为拥有“塞万提斯学院中心授权系统（SACIC，Sistema de Acreditación de Centros Instituto Cervantes）”的培训机构以及西班牙语学校联盟成员单位的教师开设一系列专属课程。

塞万提斯学院与梅南德斯·佩拉尤国际大学（UIMP）以及西班牙远程教育大学（UNED）合作开展西班牙语外语教学的硕士课程。与梅南德斯·佩拉尤国际大学（UIMP）的合作课程主要集中在两个暑期，授课地点在该大学所在的桑坦德市，形式为面授，每期最多招收 35 人。学生需要修满 60 学分，其中 18 学分是在导师指导下的课堂教学实践，教师来自西班牙 22 所大学，均在语言学、教学法、教材设计等方面具有较高声望。毕业论文占 12 学分，需要公开答辩。

与西班牙远程教育大学（UNED）的合作由该校语言文学系负责实施，开课方式为远距离和在线课堂授课，部分必修课的考试在实体课堂举行，每期最多招收 30 名学生。整个硕士课程需要修满 65 个学分，分必修课和选修课两个模块。必修课主要有西班牙语外语教学方法和基础理论、从语言学角度描述西班牙语及其使用的相关课程；选修课包括社会文化交际能力、语言规划、话语和历史视角课程等。此外，必须完成5个学分的教学实践和10个学分的硕士毕业论文。

学院在“外语教师应该具备的素质”问题的研究上取得不少成果。在学院进行相关研究之前，英国南安普顿大学迈克尔·凯利（Michael Kelly）与迈克尔·格伦费尔（Michael Grenfell）两位学者受欧洲理事会赞助带队研究，于2004年发布报告《欧洲语言教师教育参考》（European Profile for Language Teacher Education），对语言教师培训提出40项内容，以期使教师具有更好的职业发展。2007年奥地利格拉兹大学（University of Graz）大卫·纽比（David Newby）带队研究发布《欧洲未来语言教师手册》（Portafolio Europeo para Futuros Profesores de Idiomas），为立志成为外语教师的学生提供教学技巧和教学知识方面的自我评估和思考依据。在这两份报告的基础上，2011年塞万提斯学院发表了题为《一名好西班牙语外语教师是什么样的?》（¿Qué es ser un buen profesor o una buena profesora de ELE?）的报告，主要就学院中的学生、教师、行政人员对“好教师”的看法进行研究，找到其中的共同点和不同点，从而为学院对教师的评估起到参考作用。一年以后，学院发布另一份报告，题目为《二语和外语教师的关键素质》（Las competencias clave del profesorado de lenguas segundas y extranjeras），对学院教师各方面应该具备的素质进行了定义和要求。值得注意的是，塞万提斯学院所发表的两份报告多面向学院自己的教师，而学院的教师均是西语为母语的语言文学专业硕士。因而报告对教师的语言水平并未过多涉及，关注点主要在于学习过程的控制、教学方式、跨文化交际意识和工作主动性等方面。最后，学院与欧洲委员会合作，完成项目《欧洲语言教师素质标准》（European Profiling Grid for Language Teachers，简称EPG）并在2013年西班牙外语教学协会国际大会上发表了该研究成果。

（二）文化活动

“文化传播”是塞万提斯学院的创办宗旨之一，更是学院的重要使命。“文化”的传播主要以活动的组织和图书影像资料的传播两大途径来实现。

塞万提斯学院依照全面发展的战略，在全球范围内积极组织各类活动，以求增强西班牙及其他西语国家的文化影响力，营造全新的西班牙国家形象。活动的组织方面的工作主要是组织展览、文化讲座、圆桌会议、文学交流会、音乐表演和戏剧表演等。图书影像资料方面的工作主要电影放映和图书借阅等。其文化活动主要有三大特点：涉及面广、质量和趣味并重、数量稳定。受到经济不景气的影响，2013 年学院文化活动的预算较 2012 年削减了 65%，但文化活动的数量仅仅减少了 25%，共计 5022 次。其中电影放映占所有活动的近一半，随后是讲座。

电影放映一直是塞万提斯学院开展次数最多的文化活动，这种方式所需人力和财力较少，从节省开支角度来看是较为合理的做法。但是，值得注意的是虽然电影放映数量最多，全年活动参加人数统计却显示参加者最多的活动是与语言和文学有关的活动（比如讲座、研讨会和新书推荐会等）。所以，如果以活动效果作为评判标准，放电影虽然能够增加活动数量，但对于文化传播效果而言，这并非是最好的选择。放电影效果有限的原因在于塞万提斯学院播放的电影往往是西班牙语原声配英文字幕，这给非英语母语国家人士带来了相当大的理解障碍。

讲座、新书推荐会等活动通常会聘请专业翻译人员，从而解决了语言问题。从文化活动组织的地域分布来看，根据葛海燕的研究，存在“欧洲地区偏多，亚洲、大洋洲地区偏少”的情况，离西班牙较近的地区文化活动数量开展较多。在塞万提斯学院的官方网站上提供“文化日历”的服务，网页浏览者能清楚地得知每一天全世界的塞万提斯学院分别在组织什么样的文化活动。比如，根据“文化日历”显示，2014 年 12 月 10 日，全世界正在同时举办近 90 个文化活动，包括展览、工作坊、讲座、对话等。每个活动都设有具体介绍的链接。

从历时角度统计，1992—1993 年，塞万提斯学院在全球共组织举办文化活动 700 场，至 2011—2012 年，活动数量达到 6800 场，与 1992—1993 年相比增加了 871%。同时，塞万提斯学院不断推动图书馆的发展与建设，在“质”与“量”上不断提高。1992—1993 年，全球塞万提斯学院藏书量为 383453 册，至 2013 年已达到 125 万册。

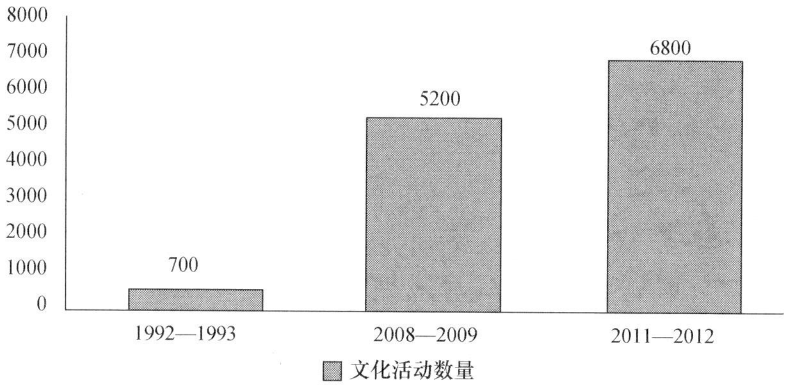

图 3　1992—1993 年至 2011—2012 年文化活动数量变化情况

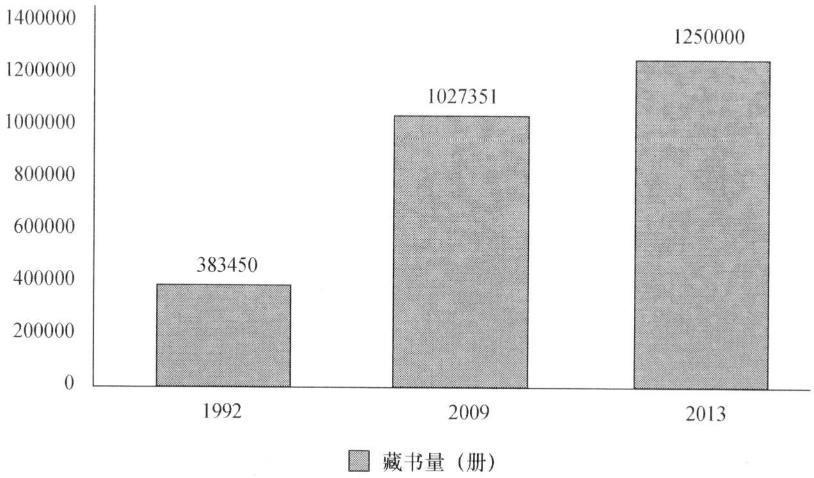

图 4　1992—2013 年塞万提斯学院藏书量情况

更多塞万提斯学院文化活动的组织信息参见第四章《塞万提斯学院在中国》。

（三）学术活动和出版物

作为开展语言教学和文化活动的平台支持，塞万提斯学院积极与世界各国相关部门、机构和大学签订合作协议，以建立学习和文化传播基地，共同组织召开学术会议，合作开展研究活动，联合组织 DELE 考试培训。2012—2013 年度学院一共签署了 95 份合作协议，其中较为突出的是与巴拿马教育部签署协议，一同组织 2013 年 10 月在巴拿马召开的“第六届国际西班牙语大会”（VI Congreso Internacional de la Lengua Española，简称 CILE）。该大会每 3 年在西班牙语国家举办一次，组织单位为西班牙皇家学院、西班牙塞万提斯学院、国际语言学院联合会以及承办国，参加者有来自所有西语国家的政府官员、语言学者、文化人士等。主要就西班牙语在世界上的情况、遇到的问题和挑战进行思考和讨论，引起与会者对推广和统一西班牙语的共鸣和认识。

塞万提斯学院还通过“塞万提斯学院中心授权系统（SACIC）”来吸收愿意加盟塞万提斯学院培训系统的组织和学校，从而使得学院在自身数量有限的基础上通过加盟组织和学校传播西班牙语。申请机构所在的城市原则上必须没有塞万提斯学院，塞万提斯学院就教学质量、硬件设施、行政管理和信息公开四方面对申请机构进行评估并每三年更新评估。截至 2012—2013 年度，全球已有 166 家获得塞万提斯学院认证。

塞万提斯学院负责主持与西班牙语世界有关的题材多样的研究活动，并与出版社合作，将研究成果发行成册。一部分出版物在塞万提斯学院官方网站上有免费电子版阅览，另一部分可以通过西班牙政府官方出版物网上商店（BOE. es）购买电子版。所有的出版物在遍布世界各地的学院中提供借阅。学院的出版物主要分为以下大类：

纪念性出版物：以“纪念”为中心概念，主要对西语世界具有重大意义的文学经典作品进行再版、对知名作家进行传记式介绍、出版塞万提斯学院周年纪念文集等。代表出版物参见表 18。

表 18　塞万提斯学院主要纪念性出版物

书　名	出版年份	简介
《堂吉诃德》	1998	《堂吉诃德》1998 年版
《堂吉诃德》	2004	《堂吉诃德》2004 年版
《堂吉诃德在全世界》	2005	纪念《堂吉诃德》出版 400 周年出版的评论性文集
《ñ 的味道》	2011	结合文学作品介绍西语世界的美食
《塞万提斯学院第一个 20 年》	2011	分析学院在 1991 年到 2011 年间开展的活动，介绍成功历程
《纪念巴尔加斯·略萨获奖文集》	2011	由文学界著名人士撰写的 20 篇纪念巴尔加斯·略萨获得诺贝尔奖的文集
《塞万提斯的行李》	2012	世界各地儿童重写堂吉诃德之冒险的文集

《世界上的西班牙语—塞万提斯学院年鉴》系列：从 1998 年开始，每年出版一本，及时更新世界上西班牙语和西语文化的最新情况和动态，并邀请全世界西班牙语知名学者撰稿，介绍西语世界大事件。其中，2006 年与 2007 年、2010 年与 2011 年合并成一册。同时不定期出版《美国西班牙语百科全书》（2008）等衍生书籍。

2014 年，塞万提斯学院邀请上海外国语大学陆经生教授为其当年年鉴撰稿。陆教授应邀以《中国西班牙语教学的创始及发展》为题发表文章，该年鉴已正式出版。

以下列出最新出版的 2014 年年鉴主要内容：

表 19　塞万提斯学院 2014 年年鉴内容

地区报告	《西班牙语：充满活力的语言——塞万提斯学院关于 2014 年全球西班牙语状况的报告》
	《西班牙语在摩洛哥》报告摘要
	《西班牙语语言文化学者》
	《意大利的西班牙语语言文化简介》
	《法国最新西班牙语语言文化研究》
	《葡萄牙的西班牙语语言文化研究》
	《英国的西班牙语语言文化研究》
	《德语国家与西班牙语语言文化》
世界各地的西班牙语语言文化研究	《后苏维埃时代的西班牙语语言文化研究》
	《一位美国西班牙语语言文化学者的经历》
	《加拿大的西班牙语语言文化研究》
	《中国西班牙语教学的创始及发展》
	《西班牙语语言文化的日本之旅》
	《北非的西班牙语语言文化研究》
	《西班牙语语言文化国际传播视野下的西班牙语外语教师》
西班牙语语言文化相关论文	《马蒂·德·里盖尔和他的新拉丁语文学讲堂》
	《写作空间中的六个声音》
	《2014 年纪念画家埃尔·格雷科》
塞万提斯学院报告	《美国的西班牙语和哈佛大学里的塞万提斯学院》
	《全世界的塞万提斯学院》

1. 国际西班牙语大会（CILE）论文集。

2. 西班牙语研究性书籍：主要用于规范西班牙语在世界各地的使用和教学，包括词汇类、语法类的工具书和介绍西班牙语写作、阅读、发言等功能的教辅类书籍。如：《学会写作》（2006）、《西班牙语实用语法》（2007）、《学会说话》（2008）、《学会阅读》（2010）、《西班牙语中最常见的500个疑问》(2013)等。其中最为突出的作品之一是前文提到的《塞万提斯学院教学大纲》。

3. 宣传手册：为介绍西班牙语世界杰出人物和重大活动制作的宣传产品。

4. 电子出版物：仅以电子形式发表在塞万提斯学院虚拟中心中的出版物。如《西班牙在欧洲》《对外西班牙语关键词词典》等。

5. 塞万提斯学院杂志：2008年以前每2—3个月出版一次，主要介绍塞万提斯学院最新活动、西语世界文化、学术信息等，共计18期。

塞万提斯学院根据每个学院所在地区的特点出版具有当地特色的书籍。北京塞万提斯学院的出版物主要以汉西双语为特色，主要以推广西班牙语和西语文化为主题，加上中国少数主要城市介绍以及总结已有的双语版本文学作品，如：每年西班牙语日举办的《故事竞赛文集》《北京指南2012》《汉语译成西班牙文学作品目录》《菜谱》《上海指南》《西语汉语百句手册》等。

除了研究和出版以外，塞万提斯学院还不定期组织系列讲座。近年来，较为突出的是以“伊比利亚语言的空间”为主题开展系列讲座，从影视、翻译、写作、社会、国际关系、语言使用等方面深入探讨伊比利亚半岛上语言的多样性问题。

四、塞万提斯学院在中国

基于前文在历史和现实层面对于塞万提斯学院的全面考察，本节选取中国这个点，开展塞万提斯学院本土化研究，以期点面结合，提升研究深度。本节第一部分介绍北京塞万提斯学院和上海塞万提斯图书馆的创建及发展情况，第二部分研究塞万提斯学院在中国的运作及管理，第三部分分析塞万提斯学院在中国的工作和活动情况。

（一）创建和发展

2006年正值塞万提斯学院建立15周年，西班牙语在世界范围内的扩张态势明显，全球西班牙语学习热情高涨。据统计，全球共有1400万学生投身于西班牙语作为外语的学习中（Molina，2007）。在中国，随着中国加入世界贸易组织，以及与拉美许多国家外交政策的调整，奥运会、世博会等多个重要国际盛会在中国举办，西班牙语的学习势头也呈明显的上升趋势：2000年高校西班牙语专业点仅14所，[①] 而到了2011年约有50所高校开展西班牙语专业本科教学，有10余所高校进行西班牙语高职高专教学，正规注册的本科生和大专生近万名。[②] 越来越多的优秀学生在高考中选择西班牙语专业作为自己的第一志愿，各高校西班牙语专业的录取分数线逐年走高。除了专业学生，把西班牙语作为第二外语学习的非专业学习人数也在增加，各高校、语言学校和其他社会机构纷纷开设基础西班牙语培训班，以满足西班牙语在中国的学习需求。

西班牙政府和塞万提斯学院总院正是在这样的背景下决定在北京开设中国的第一家塞万提斯学院的。2005年1月底塞万提斯总院在北京设立代表处，当年即主办了第一届西班牙语教师培训班，介绍DELE考试和塞万提斯学院的西班牙语在线课堂（AVE），邀请上海外国语大学陆经生教授作主题报告。同时也介绍了塞万提斯学院倡导的西班牙语教学方法，以及西语教师可利用的网络教学资源。同年，北京代表处与北京外国语大学共同组织了两次DELE考试，参加考生118人；与北京大学合作为赴西中国企业家举办了沉浸式的密集培训；参加了中国教育展、中国国际教育巡回展、北京书展、第二届北京西班牙语国际研讨会等活动。可以说，塞万提斯学院虽未在北京正式建院，但各项主要工作却已经开展起来，可见学院对于中国西班牙语学习高涨的热情和巨大的市场需求有充分的认识。

中国加入世贸组织以后，国家在教育方面做出了一系列承诺，其中明

---

① 《中国外语教育发展研究（第六章）：西班牙语专业教育发展研究》（陆经生，2009）。

② 《2011中国外语教学年度报告（第七节）：西班牙语专业》（陆经生，2013）。

确指出“在教育服务的商业存在方面，不允许外国机构单独在华设立学校及其他教育机构，在市场准入上允许中外合作办学，并允许外方获得多数拥有权，但不承诺国民待遇”（中国网 2013）。塞万提斯学院作为外国机构原则上不具备单独在华设立学校的资格，必须与中国教育机构合作才能办班。然而，2005 年 7 月，时任西班牙首相的萨帕特罗访问中国，就塞万提斯学院在北京建院与中方签署了备忘录。同年 11 月，时任国家主席胡锦涛应西班牙国王胡安·卡洛斯一世的邀请对西班牙进行国事访问，双方建立中西全面战略伙伴关系。访问期间两国签订双边协议，在北京和马德里互设文化中心。在北京建立的西班牙文化中心即北京塞万提斯学院，全称北京塞万提斯学院—西班牙文化中心。同时，经过胡锦涛的首肯，北京塞万提斯学院被允许破例在其所在地开班进行教学活动。

2006 年 7 月 14 日，北京塞万提斯学院在北京市朝阳区工体南路甲一号落成，由 Inmaculada González Puy 担任院长，西班牙王储和王妃到场为学院揭幕。学院地处北京市核心地带，占地面积 3200 平方米，共有四层。学院拥有齐全的现代化教学和公共设施，如多功能厅、展厅、图书馆、教室和多媒体教室等，周一至周五对公众开放，图书馆周二至周六开放。北京塞万提斯学院的主要工作包括：开设西班牙语课程；在中国组织 DELE 考试并颁发证书；开设对西班牙语教师的培训课程；为西班牙语学者的研究活动和西班牙语教师的教学提供支持；组织文化活动。

2007 年，为扩大塞万提斯学院在北京以外地区的影响力，由北京塞万提斯学院筹建和运作的“米盖尔·德·塞万提斯图书馆”（Biblioteca Miguel de Cervantes，以下简称“塞万提斯图书馆”）于 2007 年 11 月在上海落成，西班牙王储和王妃亦出席了落成典礼。该图书馆位于上海市徐汇区安福路 208 号，拥有 9000 多本书籍，音像资料以及多媒体教室，每周一至周六对公众开放。

自创建以来，北京塞万提斯学院明确了自己“在中国推广西班牙语和西语国家文化”的使命，努力在北京乃至中国逐渐建立并巩固学院的权威地位。北京塞万提斯学院一方面提供丰富多样的语言课程，组织一年两次的 DELE 考试，为教师提供专业的培训和全面的文献支持；另一方面，致力于西班牙语文化的传播，开展有声有色的文化活动，其中比较重要的有：邀请2010年诺贝尔文学奖得主略萨进行亚洲巡回演讲，并在中国科学院和上海外国语大学进行了演说；邀请阿根廷著名诗人胡安·赫尔曼来中国，在上海外国语大学等著名学府进行诗歌朗诵会和演讲等，不仅吸引培养了公众对于西班牙语文化的了解和兴趣，对专业学生了解西班牙语文化也起到了相当大的促进作用。北京塞万提斯学院更是确立并深化了其在语言文化推广中开展“对话”的工作模式，把“促进中、西方文化的互动，加深对彼此的了解”作为战略目标。在建院的头四年里，北京塞万提斯学院语言课程的注册学生数实现了60%的年增长，成为全球学生人数最多的三个塞万提斯学院之一（见图5）。

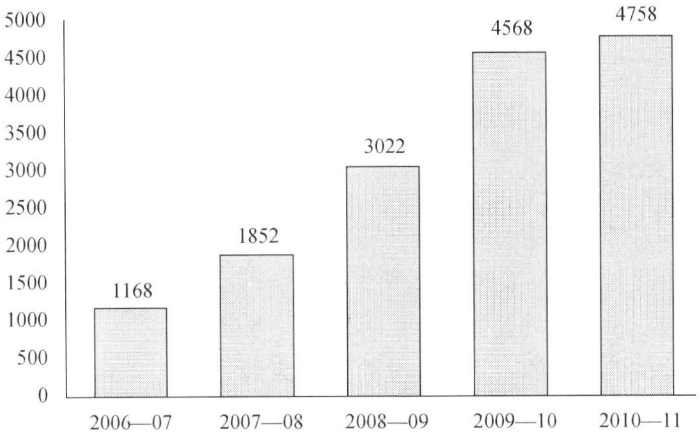

图5　北京塞万提斯学院2006年至2011年注册学生数

数据来源：González Puy，2012。

北京塞万提斯学院官方网站显示现中国地区DELE考试考点增加到三个[①]（北京、上海、香港），报名人数呈现明显增长（见图6）。

① http：//pekin. cervantes. es/cn/diplomas_ spanish/examscentres_ spanish. htm.

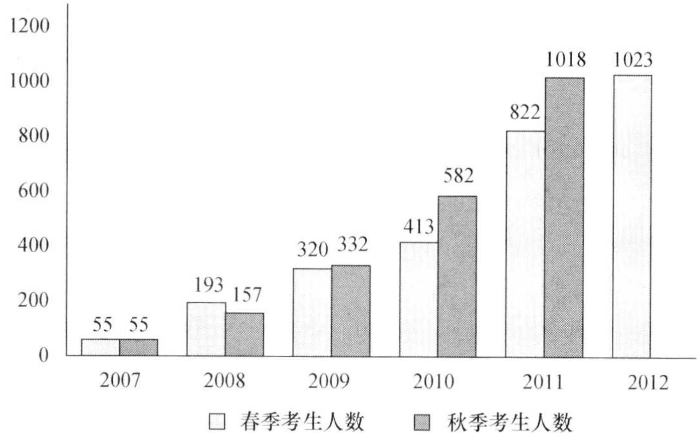

图6　北京塞万提斯学院主办的历届 DELE 考试报名人数

数据来源：González Puy，2012。

（二）运作和管理

北京塞万提斯学院是塞万提斯学院在中国的机构，其运作和管理模式与总院及世界其他地区的塞万提斯学院基本保持一致。前文提到，《塞万提斯学院建立章程（修订案）》规定，世界各地的塞万提斯学院隶属于西班牙在海外的外交机构，很多情况下即是该国驻外使领馆。外交机构的总负责人需承担直接监督海外塞万提斯学院的职责”。作为西班牙政府的驻外机构，北京塞万提斯学院受西班牙驻华大使馆领导，并与西班牙国际合作发展署（Agencia Española de Cooperación Internacional para el Desarrollo，AECID）密切合作。上海塞万提斯图书馆除受北京塞万提斯学院领导外，受辖于西班牙驻上海总领事馆。

以下，我们从组织人事、品牌授权和推广合作三个方面具体分析北京塞万提斯学院的运作及管理情况。

1. 组织人事

北京塞万提斯学院设院长一名，由塞万提斯学院总院任命。自建院以来，由易玛女士担任，她同时兼任上海塞万提斯图书馆的馆长。虽然塞万提斯学院任命的院长可在全球学院间轮岗，对于院长的选拔也没有把目的国家语言作为必要条件之一，但由于中国语言文化的特殊性，以及塞万提斯学院对中国的重视，总院仍旧倾向于选择一名对中国语言文化较为熟悉的人士担任院长。易玛女士早年就读于北京语言大学，自1983年起就担任西班牙驻华使馆的文化专员，又在西班牙取得了国际文化合作硕士学位，可谓熟识中、西语言文化，因此，塞万提斯学院不仅请她协调北京塞万提斯学院的筹备工作，更任命她为北京塞万提斯学院院长至今（其间，2010年2月至2014年3月任上海塞万提斯图书馆协调人）。她在中国有很强的活动能力，先后接受过新华网、凤凰网、新周刊、搜狐出国频道等多家媒体的采访，更与国家汉办、中央电视台西语频道和国内多所高校保持着良好的合作关系。

根据工作需要，北京塞万提斯学院下设管理部、文化部、图书馆部和教学部，设一名院长助理。根据上海塞万提斯图书馆官方网站显示，下设文化部、图书馆部和教学部，设一名行政助理。各部门的负责人均为西方人员，由塞万提斯学院总院统一招聘、任命，一经录用可在全球各塞万提斯学院间流动任职。各部门根据需要在中国招聘助理人员，助理人员不进入塞万提斯学院编制。学院网站的维护则通过购买服务的方式外包给当地专业人员。

教学部的教师全部是母语为西班牙语的外方人员。塞万提斯学院总院对教师的选拔有严格的规定，要求候选人具有对外西班牙语教学或应用语言学的相关学位、具有对外西班牙语教学的经历和相当的英语或法语交流的能力，候选人需要通过至少三轮选拔。受聘的教师同样可在全球各学院间流动任职，但北京塞万提斯学院对于在北京任教的教师进行额外的针对中国学生特点的培训。除上述正式教师以外，北京塞万提斯学院同时拥有助理教师，这些教师在当地聘用，但一般也是母语为西班牙语的人士。

2. 品牌授权

前文提到，为了拓展塞万提斯学院在所在地以外地区的影响力，塞万提斯学院总院设立了“塞万提斯学院中心授权系统（SACIC）”，允许符合塞万提斯学院质量标准的教学机构使用“塞万提斯学院认证”（Centro Acreditado）的标志（见图7）。

图7　塞万提斯学院认证标志

2012年10月，湖南涉外经济学院国际教育学院与长沙卡斯蒂亚西班牙语教育咨询有限公司共同组建的西班牙语言中心通过评估，获得了塞万提斯学院的授权，这也是迄今为止中国大陆地区唯一一家使用塞万提斯学院认证标志的教学机构。

3. 机构合作

目前，塞万提斯学院在中国仅在北京设有学院，在上海设有图书馆。如何突破地域的限制把学院的影响力辐射到北京、上海以外的广大地区是北京塞万提斯学院自建立之初就面临的挑战。另一方面，虽然北京塞万提斯学院成立于中国掀起西班牙语学习热潮之时，但总体上来说，学习西班牙语的人群毕竟不及学习英语的人群庞大，西班牙语依然顶着“小语种”的帽子，普通中国百姓对于西班牙语文化更是知之甚少。北京塞万提斯学院在建院至今的八年中通过各种渠道努力推广西班牙语教学和西班牙语文化。

（1）与本国及其他西语国家的机构合作

在北京塞万提斯学院的合作单位名录中，西班牙的埃菲通讯社（EFE）、西班牙国际合作发展署（AECID）、西班牙旅游局和西班牙驻华使馆都位列其中。埃菲通讯社是西班牙最大的新闻通讯机构，对北京塞万提斯学院的新动态做及时的报道。西班牙国际合作发展署（AECID）是西班牙外交部下辖推动国际合作的主要执行机构，在各大洲有广泛的网络，也时有文化教育方面的项目在中国开展，如2014年在国家博物馆展出的毕加索版画展、2013年在北京和上海两地举办的上海双年展巴塞罗那展厅作品“双城之味”的巡回展。北京塞万提斯学院通过与西班牙国际合作发展署（AECID）合作承办具有影响力的文化活动。西班牙旅游局致力于推动中国游客赴西旅游，曾多次与北京塞万提斯学院、上海塞万提斯图书馆开展旅游线路推介活动，后两者在为中国潜在游客群体展现西班牙多元文化的同时，也将“塞万提斯学院”的标志与西班牙语言文化紧紧联系在一起。西班牙驻华使馆不仅指导北京塞万提斯学院的各项工作，也是其重要的合作伙伴，[①] 北京塞万提斯学院更是将“在树立和推广西班牙形象的工作中与西班牙大使馆紧密合作”作为其重要使命之一。

除了与西班牙各官方机构开展合作外，北京塞万提斯学院也积极与西班牙企业、高校、出版社等各种机构开展广泛合作。例如，西班牙桑坦德银行（Banco Santander）邀请北京塞万提斯学院一同开展其在清华大学、中国人民大学、北京理工大学、复旦大学的交流合作项目，为这几所大学的在校学生开设基础西班牙语课程。以北京理工大学为例，根据其教务处网站提供的信息，2009年上半年起开设西班牙语选修课，共设5个教学班。2009年下半年开设第二期，共设6个教学班，选课学生累计达到220人。[②] 西班牙内布里哈大学（Universidad Nebrija）携手北京塞万提斯学院于2013年春季举办了摄影大赛“Imágenes de España en China”（西班牙在中国的形象），面向北京塞万提斯学院2012年秋季入学以及2013年1月入学的所有学生，优胜者获得内布里哈大学西班牙语言文化中心培训课程的全额奖学金，于2013年7月赴西班牙参加相关培训课程并获得相应证

---

① 根据北京塞万提斯学院网站提供的2013年文化活动目录信息做的统计，2013年学院举办的52项文化活动中有9项是与西班牙驻华使馆开展的合作，是当年北京塞万提斯学院最亲密的合作伙伴。

② http：//www.bit.edu.cn/xxgk/gljg/xzjg/jwc/52559.htm.

书。各类文化活动的合作更不胜枚举。根据北京塞万提斯学院网站公布的信息，2013 年北京塞万提斯学院共与西班牙机构合作举办文化活动 14 场。

塞万提斯学院推广的不仅是西班牙文化，更是西班牙语文化，即属于广大以西班牙语为母语的国家的多样文化。北京塞万提斯学院在贯彻总院的这一方针时积极与兄弟国家驻华使馆及其他机构合作，丰富了自身文化内涵，更借助这些活动扩大了影响力。以 2013 年为例，北京塞万提斯学院分别与阿根廷、秘鲁、哥伦比亚、智利、墨西哥等国驻华使馆合作举办了文化活动，其中，墨西哥、智利、阿根廷、哥伦比亚四国还专门举办了主题电影展，与西语国家机构合作举办的文化活动达 11 项。

（2）与中国高校合作

北京塞万提斯学院与国内设有西班牙语专业的几所名校都有过合作：与北京大学合作举办多场西班牙语文学专题讲座，共同承办中国西班牙语教师培训；与上海外国语大学、北京外国语大学就 DELE 考务工作有过合作，也曾共同举办座谈、讲座。上海塞万提斯图书馆与上海外国语大学自 2011 年 9 月起共同创办“汉西语言与文化交流平台”，举办多场讲座，内容涵盖中国文化、西班牙语语言、西班牙语教学及中国学生学习西班牙语。另外，塞万提斯学院参加了分别由北京外国语大学和上海外国语大学主办的第七届、第八届亚洲西班牙语学者协会国际研讨会并做大会发言。总之，塞万提斯学院与上述高校保持着良好的合作伙伴关系，在西班牙语文化推广、DELE 考试和西班牙语研究方面时有合作，但不涉及西语专业人才培养，而在其他领域中也缺少长期、深入的合作项目。

（3）借助当地媒体提升关注度

虽然北京塞万提斯学院和全球其他塞万提斯学院一样已经拥有内容丰富、信息实用的网站，并且有中文和西班牙文两个版本，北京塞万提斯学院依然十分重视社交网络对于当下中国年轻人的影响。尽管 Facebook、Twitter、YouTube 等国际惯用的社交网站的使用在中国大陆受到限制，但北京塞万提斯学院很快把握住了中国网民们的使用习惯，在几乎所有时下热门的社交网站上均注册了账号，不断更新信息（见表 20）。

表 20　北京塞万提斯学院本地社交网络使用情况一览表

社交网络	名　称	账号/网址	描述及数据
微博	北京西班牙文化中心	http：//weibo. com/u/1865445673	实名认证，粉丝数 24914 人，微博数 3706 篇
优酷	北京塞万提斯学院	http：//i. youku. com/u/UMzA1OTYyNzI0	粉丝数 131 人，视频 105 个，视频播放数 47988 次
豆瓣	塞万提斯学院（西班牙文化中心）	http：//site. douban. com/cervantesbj/	豆瓣小站，粉丝数 15373 人
微信	北京塞万提斯学院	微信订阅号 cervantes_pekin	

* 数据更新至 2014 年 8 月 22 日。

更为有利的是，北京塞万提斯学院充分发挥了年轻人的主人翁精神，通过网站招募志愿者来对上述网站上的信息进行维护和更新。志愿者具体需要完成的工作有：参与北京塞万提斯学院的媒体推广工作；完善关于西班牙以及西班牙语美洲文化在微博、微信、优酷等网络平台的推广；简单的中西互译文字工作；担任塞万提斯学院活动的摄影师；参与组织学院活动；担任文化活动外事陪同。一方面，担任志愿者的学生可以将所学的西班牙语知识付诸实践从而激发更高的学习积极性；另一方面，担任志愿者的学生将由北京塞万提斯学院赠与一套 60 学时的课程。

除新媒体外，北京塞万提斯学院依然重视与传统媒体的合作，与中央电视台西语频道、中国国际广播电台保持着稳定的合作关系。新华社、中央政府门户网站、人民日报网站、光明日报网站、凤凰网等国内主流新闻媒体也多次报道或转载北京塞万提斯学院的教学文化活动。近期，有两档塞万提斯学院与媒体的合作节目引起广泛关注：一是 2013 年塞万提斯学院与中央电视台西语频道合作举办的首届 CCTV 西班牙语大赛，北京塞万提斯学院院长易玛女士亲自担任评委。二是 2014 年春季在湖南卫视热播的旅游真人秀节目《花儿与少年》。该节目不但将西班牙作为主要拍摄地，更是前往北京塞万提斯学院取景，安排节目主角们上了一堂西班牙语课。

（4）通过参与当地事务塑造品牌形象

除了主办或承办各类教学活动和文化活动之外，北京塞万提斯学院还积极参与中国当地重大活动，通过这些活动的影响力树立塞万提斯学院优质的品牌形象。

北京塞万提斯学院成立之初正值北京奥运会筹备之时。应西班牙最高体育委员会（Consejo Superior de Deportes）、西班牙奥委会（Comité Olímpico Español）等的要求，2006 年学院一成立就启动了奥运西班牙语翻译的培训课程，对选拔出的 98 名学生进行为期两年的免费专题培训，再从中选拔了 30 名于奥运开幕前赴西班牙格拉纳达大学深造，并前往西班牙最高体育委员会和西班牙奥委会实习。奥运会和残奥会期间，这批西语人才为西班牙奥运代表队提供了优质的翻译服务。

2010 年上海世博会期间，北京塞万提斯学院和上海塞万提斯图书馆在西班牙馆举办了"塞万提斯学院周"，推出了西班牙语速成教学、舞蹈、音乐和话剧展示等精彩纷呈的节目。北京塞万提斯学院还组织师资为世博会编写了《西语汉语百句手册》，在活动现场免费赠送。活动周期间，北京塞万提斯学院还向西班牙馆的第 500 万名游客赠送了免费课程。

近几年，"中国文化走出去"成为新的热点。据北京塞万提斯学院院长易玛女士介绍，学院与国家汉办密切合作，为前往西语国家的汉语教师进行语言培训。从北京塞万提斯学院的官方网站可以查到，借着汉办的汉语师资在其教学场所新开了面向西班牙语母语人士的汉语基础课，课程共 60 小时，收费 2400 元人民币。[①] 作为国家汉办的顾问单位，北京塞万提斯学院在汉语国际教育、中国文化推广与传播方面为孔子学院提供了宝贵的借鉴经验。

除此以外，塞万提斯学院的标志还不断出现在北京、上海的各大艺术节、教育展、图书展和其他文化盛事中，近年来，较有影响力的有 2013 年卡雷拉斯（José Carreras）独唱音乐会、2012 年西班牙歌后露兹·卡莎尔

① 北京塞万提斯学院网站，http://pekin.cervantes.es/es/cursos_espanol/cursos_chino.htm（2014-11-16）。

（Luz Casal）访华巡回演唱会等。

（三）工作和活动

本节利用语言规划框架梳理北京塞万提斯学院在习得规划层面所做的工作，主要分为语言教学、测试评估、师资培训、文化活动和语言学习资料建设五个方面。

1. 语言教学

（1）普通课程

北京塞万提斯学院提供丰富多样的西班牙语学习课程。根据授课内容不同可分为普通课程、专门用途课程、企业课程、少儿及青少年课程和在线课程。

普通课程按照《欧洲语言共同参考性框架》分成 A1－C2 共六个级别，每个级别又根据需要分成 2 至 3 个 60 课时的课程（见表 21）。每个课程的费用是 2400 元。① 学生在首次入学前需参加分级水平测试。已参加过课程的学生只需通过课程结束时的考试，即可报名更高一级的课程，而不必参加水平测试。②

表 21　北京塞万提斯学院普通课程

A1	A1.1，A1.2
A2	A2.1，A2.2
B1	B1.1，B1.2，B1.3
B2	B2.1，B2.2，B2.3
C1	C1.1，C1.2，C1.3
C2	C2.1，C2.2，C2.3

① 参考自北京塞万提斯学院网站。

② 参考自北京塞万提斯学院分级水平测试一般收取 300 元费用，但对于测试后 30 天内报名学习课程的学生则免除测试费用。

北京塞万提斯学院的课程采用小班教学，每班学生数为7至14人。使用西班牙出版社出版的教材。所有教师均是母语为西班牙语的外籍人士，基本采用交际法和浸入式的教学方式，即在课堂上只使用西班牙语并鼓励学生从第一堂课起就开始使用西班牙语交流。虽然北京塞万提斯学院的教学模式给中国的西班牙语培训市场注入了新鲜空气，纯正的“血统”也使许多学生不出国门就有了接触地道西班牙语的机会，但是塞万提斯学院教师队伍的“纯粹”也在本土化进程中遭遇不少问题。

我们所说的“纯粹”是指北京塞万提斯学院的教师全部以西班牙语为母语，编制内教师来自塞万提斯总院向全球发起的招聘，助理教师则来自北京塞万提斯学院的聘用。由于塞万提斯总院招募教师时并没有将派往地的语言作为招募教师的必需技能，而只是要求候选人具备相当的英语或法语交际能力，这就意味着北京塞万提斯学院的教师未必熟悉中文和中国文化，更不一定对西班牙语和汉语的差异，中西文化在学习、课堂反应等环节的差异有所了解，因此，教学的效果也就不能得到保障。这一点，只需翻看“百度贴吧”“豆瓣小组”等几个主流公共论坛上学生们对北京塞万提斯学院课程的评价就可知一二：有的教师被评价为“很负责”“很风趣”“很有方法”“讲得很清楚”，有的教师则“讲得太粗”“不备课”“没有条理”；也有的教师“比中国老师还填鸭”。这样的差异很有可能与教师个人对学生的母语及母语文化的了解程度有关。对学生了解多的教师可以根据汉西语的差异有的放矢地讲解和练习，懂得如何把交际法的原则与中国课堂实际相结合。而对汉语及中国文化了解欠缺的教师如果拿欧美盛行的交际法生搬硬套，就会给学生留下“不负责、讲不清楚”的印象。而如果凭借对中国学生的误解，以为他们只会死记硬背，则会被当下已经有丰富外语学习经验的年轻学生所抛弃。于是，学生们在初次报名时像是买彩票，遇到好老师的暗暗庆幸，遇到不称心的老师，则只好暗暗叫苦，而有了经验的，会上公共论坛看看“学长”“学姐”们的评论再挑老师。

除了师资“纯粹”带来的一些问题之外，塞万提斯学院教师的“流动”机制也存在一些弊端。北京塞万提斯学院编制内的教师，按照总院的规定，可在全球塞万提斯学院系统中流动任教，对于教师在一地任教的时间长短没有明确规定，可与教师自身的职业发展和生活规划相结合。流动机制的好处是使教师具备更宽的视野、更丰富的经验和阅历，给各塞万提斯学院不断带来新气象。但这种机制的负面效应是教师队伍的不稳定。这一点，在公共论坛中学生的评论中也可看出，学生们往往为了一名优秀教师的匆匆调离而惋惜。

（2）其他课程

专门用途课程是为配合特殊专题准备的课程，开课时间不固定，另外收费。现有专门用途课程和其对应的级别参见表22。

表22　北京塞万提斯学院专门用途课程

课程名称	级别	学时
语音课程	A1. 2	10学时
语法加油站	A2. 1，A2. 2	各9个学时
戏剧课程	A1. 1，B1. 2以上	各8个学时
漫画创作	A1. 1	8个学时
19世纪、20世纪西班牙历史	B1. 1以上	30个学时
经贸西班牙语入门	A2. 2以上	30个学时
大学西班牙语	B2. 3以上	30个学时
21世纪文学	B2. 3以上	30个学时

企业课程是为需要西班牙语语言或西班牙语文化培训的企业量身定制的课程，在内容、进度、时间、地点、方式上都非常灵活。少儿及青少年课程是针对8—12周岁儿童，以及12—15周岁青少年的西班牙语课程。课程兼顾实用与针对性强的特点，用具有趣味性和创造性的方式来教授相应课程的教学内容。北京塞万提斯学院同时推出针对4—12周岁的母语为西班牙语的儿童及青少年课程。旨在完善孩子西班牙语的听说读写能力，并为他们创造一个与同龄孩子共同练习母语的环境。

前文提到，西班牙语在线课堂（AVE）是塞万提斯学院专门为非西班牙语国家的西班牙语教学设计，以互联网为媒介的虚拟环境。北京塞万提斯学院提供两种形式的在线课堂：学生版和公司版。学生版分为远程无指导教师课程和 DELE 考试准备课程。前者类似普通课程，同样有 16 个级别的子课程，每门课程有 3 个主题，附有批改功能的练习。每个主题还有一项结业作业、一套自我测评和一个互动冒险游戏。后者提供 B1 和 B2 级别的备考指导，使用者可以通过练习熟悉题型。在线课程的使用额外收费，但北京塞万提斯学院的注册学生可以享有一定优惠，并且可以在北京塞万提斯学院和上海塞万提斯图书馆的多媒体教室进行课程试用。公司版是为企业定制的远程课程，分为半面授课程和远程无指导教师课程。后者类似学生版的虚拟课堂，而前者有老师的指导和监督，在在线学习过程中，老师会通过虚拟平台回答学生问题，鼓励学生参加论坛交流，并且作出相应反馈，课程的面授部分则有利于使用者练习西班牙语发音。

2. 测试评估

DELE 证书是塞万提斯学院以西班牙教育文化体育部的名义颁发的官方证书。在中国，它是由西班牙颁发的权威性西班牙语水平等级证书。它有助于申请前往西班牙的留学签证，也有助于申请就读于西班牙的大学或申请奖学金。

DELE 考试的形式全球统一，考试时间略有差异。中国大陆长期设有三个考试中心，分别是北京塞万提斯学院、上海塞万提斯图书馆和香港城市大学语言学院。上海和香港考点每年 5 月和 11 月组织两场 DELE 考试，春季的考试覆盖 A1 到 C1 级别，秋季的考试覆盖所有级别。北京塞万提斯学院自 2013 年起在春秋两季考试之外增加一场考试，对应级别 B1、B2、C1。2014 年考试场次增加到 4 场，除 5 月和 11 月外增加 4 月和 7 月两场考试，分别对应 A2、C2 级别和 B1、B2、C1 级别。台湾地区也举办 DELE 考试，但相关事务由马尼拉塞万提斯学院统筹安排。

3. 师资培训

北京塞万提斯学院意识到，要想推动西班牙语在中国的传播，不能没有合格的师资队伍。因此，在组织西语教学之余，学院还组织了多轮西班牙语教师培训。北京塞万提斯学院每年与西班牙驻华使馆教育处、[①] Sino-ELE 杂志合作举办一期中国西班牙语教师培训，至今已是第七届。每届培训针对中国西班牙语教学中广泛关注的一个专题邀请相关领域的专业人士做大会发言，参与培训的教师也可以在培训期间围绕专题宣读论文、介绍经验或组织讲学，培训结束前再由与会教师提出下一届培训的主题。近五年来“中国西班牙语教师培训”专题参见表 23。

表 23　近五届中国西班牙语教师培训专题

年份	专　题
2010 年	Integración de destrezas comunicativas en el aula de ELE en China：dificultades y propuestas de aplicación 中国西班牙语教学课堂中对话技能的综合运用：困难和实际应用建议
2011 年	Didáctica y materiales en el aula de ELE en China 中国西班牙语课堂教学和教材
2012 年	Las manifestaciones artísticas como instrumento de aprendizaje de ELE en China 艺术作为中国西班牙语学习的工具
2013 年	El enfoque intercultural en el aula de ELE en China 中国西班牙语课堂中的跨文化视角
2014 年	La motivación a través de actividades y materiales dirigidos a sinohablantes 运用针对中国学生的教材和练习来激发兴趣

自 2013 年起，北京塞万提斯学院与香港大学、Edinumen 出版社合作开办每年一届的“香港西班牙语教师培训”，便利了南方地区教师们的交流和切磋。

---

① SinoELE 网站：www. sinoele. org（2014 - 11 - 12）。

2014年下半年起，北京塞万提斯学院计划开设系统的教师培训课程，由30小时课程、3小时见习和5小时个人作业组成，将涉及语言教学基本概念和流派、欧洲语言共同参考性框架、塞万提斯学院教学大纲、语法教学、词汇教学、课堂教师语言、教案编写等西班牙语教学的方方面面。在此之前，北京塞万提斯学院于2014年上半年尝试举办过系列教师培训讲座，包括语音、网络资源、塞万提斯学院在线课堂三个主题。

4. 文化活动

与各方机构的广泛合作给予北京塞万提斯学院无限的创意，于北京和上海两地举办精彩纷呈的文化活动，形式涵盖电影展映、讲座、音乐会、文化课程等。我们统计分析了2013年北京塞万提斯学院和上海塞万提斯图书馆举办的文化活动，两地共举办文化活动109项，其中电影展映和讲座是最受欢迎的形式。北京全年展映电影56部，上海53部；北京全年举办讲座15场，上海举办21场，另外两地共举办6场圆桌座谈会和4场新书推介会。“作坊”是富有特色的文化活动形式，围绕一个主题可以有单次或多次，形式类似文化课程，但比课程具有更强的实践性。北京与上海举办的“作坊”也是内容丰富的，有舞蹈和音乐教学，也有艺术欣赏、文学创作，甚至也包括中国文化入门。如需聘请教师，“作坊”会收取一定费用。

“泛西班牙语”和“建立对话”是北京塞万提斯学院主导的文化活动的两大特点。将西班牙语美洲国家文化融入西班牙语文化的大家庭，一直是塞万提斯学院总院的方针。塞万提斯学院的领导机构之一西班牙外交部部长在2014年全球塞万提斯学院院长培训开幕式上这样预测塞万提斯学院的未来：“塞万提斯学院必将日益去西班牙化，而更加带有伊比利亚美洲的烙印。”[①] 北京塞万提斯学院在组织文化活动时充分体现了文化多样性。以2013年北京塞万提斯学院和上海塞万提斯图书馆举办的文化活动为例，全部109项活动中有44项活动以拉美西语国家文化为主题，占到全部活动

① 作者译自塞万提斯学院网站新闻。

的 40%。

“建立对话”的活动形式则是北京塞万提斯学院在多年文化推广中收获的经验。所谓“建立对话”就是在推广西班牙语文化的专题活动中邀请与之相关的当地文化界知名人士参与、发表观点，努力在活动中促成观点的交锋和文化的交融。例如 2012—2013 年举办的女性主题画展《解绎夏娃》（Desnudando a Eva）挑选了近两个世纪以来西班牙语世界最为杰出的 19 位女艺术家的作品，以展现女性在艺术史上的地位和生活中的女性视角。展览同时收录了中国女艺术家林天苗的系列作品《可能一样》，她的作品被认为最能代表亚洲国家的女性创作艺术。又如 2011 年 12 月开幕的《栏外看斗牛》摄影影像展。展览由 24 幅摄影作品和一部视频短片组成。北京塞万提斯学院邀请中国作家莫言为展览开幕撰写了小文，发表对斗牛的看法。[①] 莫言的文章反映出斗牛的争议性，与活动主旨格外契合。2012 年莫言获得诺贝尔文学奖后媒体关注度提升，他的这篇小文被转载。他的参与不仅为塞万提斯学院的活动带来了具有代表性的观点，也为北京塞万提斯学院提高了知名度。

“建立对话”的初衷是使西班牙语文化更容易接近中国本地的民众。北京塞万提斯学院院长易玛女士在参加由北京师范大学人文宗教高等研究院和凤凰新媒体举办的《中华文化怎样“走出去”》论坛时提到，西班牙的文化，中国人可能不理解，可能没有兴趣，就不会参与。北京塞万提斯学院的做法是请中国作家或者艺术家参与，与要探讨的文化主题结合起来，通过融合的方式来接近对方。[②] 但如今，“建立对话”的活动形式已经不再仅仅出于文化包装的需要。“塞万提斯学院在中国正系统性地寻求本地文化生活中重要人士的参与……他们把塞万提斯学院的活动传递给本地社会，也提升了学院的形象和影响力。我们无意在所在国树一家之言，而

① 全文见 http：//pekin. cervantes. es/cn/culture_ spanish/moyan_ cn. htm。

② http：//culture. ifeng. com/huodong/special/zhonghuawenhua/content - 3/detail_ 2011_ 11/05/10438827_ 0. shtml.

希望为各方提供对话和交流的平台，来促成文化间的接近”。[①]

5. 语言学习资料建设

北京塞万提斯学院下辖两座图书馆：北京安东尼奥·马查多（Antonio Machado）图书馆和上海米盖尔·德·塞万提斯（Miguel de Cervantes）图书馆。安东尼奥·马查多图书馆于2007年4月23日国际图书日正式对外开放，该馆拥有400平米的阅览室，馆藏图书及其他资料超过1.8万册，针对安东尼奥·马查多的相关文献收藏和汉学研究资料收藏是北京图书馆馆藏的两大特色。米盖尔·德·塞万提斯（Miguel de Cervantes）图书馆于2007年11月对外开放，馆藏图书9000余册，另有丰富的影音资料、儿童绘本、电影剧本等。诺贝尔文学奖获得者马里奥·巴尔加斯·略萨（Mario Vargas Llosa）的全套文献收藏是上海图书馆的特色。同时，读者可以使用电子图书馆下载电子图书、有声读物，通过塞万提斯学院提供的搜索引擎检索期刊、论文集、数据库等其他出版物。值得一提的是，两座图书馆还收藏有西班牙其他官方语言（加泰罗尼亚语、加利西亚语、瓦伦西亚语和巴斯克语）的书籍，也不断补充西班牙语书籍中译本的藏书量。

图书馆阅览室免费向公众开放，如需借阅或使用电子资源则需要办理图书卡。图书卡使用期为一年，读者需缴纳相应的年费。在中国，学生、退休人员及儿童享受半价优惠，任何参加塞万提斯学院课程的学生、西班牙及西语国家驻华使馆工作人员、北京塞万提斯学院合作机构工作人员、为西班牙政府工作的人员、受西班牙政府奖金资助的人员、西班牙语研究者和西班牙语教师可免费办卡。资料的借阅和查询等操作都可以通过两座图书馆的网站实现。近期推出的手机图书馆使读者可以使用手机软件MOPAC实现在移动设备（如手机、iPad）上使用电子资源、访问目录或进

---

① 作者译自：“Desde los centros del Instituto Cervantes en China se busca sistemáticamente la participación activa y la implicación de representantes destacados de la vida cultural local … que actúan como transmisores del proyecto cervantino entre la sociedad civil local y contribuyen a potenciar nuestra imagen y visibilidad. No se pretende llegar al país anfitrión para impartir un monólogo, sino propiciar el diálogo y la comunicación en ambas direcciones, contribuir al acercamiento intercultural.”。

行图书预约、续借或查询。为方便读者检索和研究、配合图书馆的馆藏管理，北京塞万提斯学院组织编写了《汉译西班牙语文学目录》，可在两馆网站上下载。

五、塞万提斯学院启示研究

本节结合前文对于塞万提斯学院“点面”结合的分析与考察，研究该学院对于汉语国际推广以及孔子学院建设的启示。

（一）对汉语国际推广的启示

根据 Kaplan 和 Baldauf（2003）提出的语言规划框架中“习得规划”层面的内容，本节我们将开展有关塞院对于汉语国际推广的启示研究。

1. 教学和评估标准

塞万提斯学院根据《欧洲语言共同参考框架》制定了《塞院教学大纲》和评估体系。上述框架是欧洲理事会制定的关于语言学习、教学及评估的整体指导方针与行动纲领，是对几十年以来欧洲语言教学理论与实践的系统总结。从宏观层面来讲，根据该框架制定的教学大纲和评估体系使得塞万提斯学院拥有了更为科学的外语教育价值观；从微观层面来讲，根据欧标制定的教学大纲和评估标准有利于世界各地塞院组织教学时明确目标、统一步伐。此外，教学大纲和评估体系的统一欧标也有利于教学和评估之间的良性循环。如，学生修完 B2 的课程后可以去参加相应级别，即 B2 的考试，通过考试后又可以继续学习 C1 的课程。

孔子学院在教学和评估标准制定方面也可以参照塞院的模式。参照《欧洲语言共同参考框架》，国家汉办于 2008 年编写了《国际汉语教学通用课程大纲》，从指导国际汉语教学实践的角度出发，对课程目标及学习者所应具备的语言知识、语言技能、策略和文化意识等方面，进行了分级分类描述。建议全球各个孔子学院根据《大纲》组织汉语，以便明确教学目标并统一每一级别所要达到的语言技能水平。此外，孔院还可以塞院模式为范本，将汉语水平考试（HSK）考试与《大纲》结合以来，统一教学和评估的标准，促进教学与评估之间的互动和良性循环。此外，全球统一的标准也利于异地间学分的互认以及全球孔院汉语教学和汉语水平考试的组织。

2. 教材和教法

在教材和教法方面，塞万提斯学院坚持自己的教学理念，使用交际法教材；开展全西语、沉浸式的小班化教学（每个班级学生不超过十四名）。在这方面，孔子学院也要尽快树立自己的教学特色和理念，并将其贯穿于各地孔院的教材和教学方法中。例如，针对汉语文字的特点，开展“字”本位教学；针对汉字书写较为困难的情况，实施“听说”领先，“读写”跟上的教学步骤等。总之，孔子学院确立的教学特色和理念要符合汉语的特点和汉语习得的规律，并始终贯穿孔院的教材和教法。

对外汉语教材编制除了要体现孔院的教学理念和特色外，还要适当注重国别性，以满足不同国家汉语学习者的需求。当前，孔子学院使用的汉语教材主要由中国内地各大学主编出版，国内人士在编写对外汉语教材时，对外国学生不同的文化背景、语言习惯、生活环境考虑得不够，由此导致孔子学院缺乏富有地方特色和较强针对性的优秀教材。而国际社会特别需要一套适应时代需求、符合外国学生学习规律的对外汉语教材。教学法方面同样面临本土化实践的问题，针对不同国家的汉语学生，可以在贯彻孔院基本教学理念的基础上有所调整和优化，以达到最佳的教学效果。教学规模方面，在有条件的情况下建议参照塞院模式，组织小班化教学，注重“卓越”学生的培养，保证汉语教学的质量。

3. 师资建设与培训

在教学师资方面，塞院向国外派遣的西班牙语教师都具有语言研究与教学方面的专业知识，教师队伍专业化程度较高，并且相对稳定。在塞院的对外西语教师的应聘条件中并未规定应聘者需要掌握外语，但规定了相应的加分因素，其中一条就是掌握外语语种并具有相关语言水平证书。此外，塞万提斯学院非常注重当地师资的建设与培训。比如，北京塞万提斯学院就经常举办中国西班牙语教师培训班，在培训班上就针对中国学生的西语教学方法开展讨论，旨在提高中国西班牙语教师的学术水平和教学素养。

在师资建设与培训方面，目前孔院的师资队伍多为汉办从国内各高校抽调的教师或者志愿者，因此整体师资队伍流动性较大，专业化程度也有待提高。孔院在这方面可以借鉴塞院的经验，一方面加速本国师资的培养，建立起较为稳定和专业的师资队伍，在选拔教师时应该将应聘者的外语能力作为加分因素而非必要条件；另一方面，要考虑培养孔院所在国的当地师资，充分调动当地汉语学习者的积极性，让他们充当中国语言和文化推广的使者。

4. 文化活动

文化推广与语言教学密不可分，塞院在开展文化活动时“经典与现代”相结合是一条可借鉴的重要经验。例如，北京塞院不但向中国人民介绍“堂吉诃德”、普拉多博物馆“无人花园”等经典之作，也参与中国青年群体喜闻乐见的“花儿与少年”节目的录制，推介西班牙 80 后作家的作品《二十五岁的世界》。

孔子学院在开展文化推广活动时也要注意经典性与现代性的有机结合。一方面，在文化传播时注重推介中华民族的经典作品及其承载的文化观念；另一方面，要努力把中国最新的文化形象推介出去，不能让国外对于中国的印象还停留在历史某个时期。此外，文化传播的对象应侧重于青年人、学生群体，因为该群体规模大、可塑性强，对中国文化的接受和传播具有不可估量的潜力。近年来《失恋三十三天》《北京青年》《老有所依》、《媳妇的美好年代》等反映中国现实题材的文化作品走出国门，也传递出文化传播的一个新的讯息：文化传播应当更具时代感，要为外国友人打开一扇了解当代中国的窗口。

在“经典与现代”相结合的基础上，孔子学院的文化活动还要注重从“术”到“道”的转变。目前，孔子学院在传播语言的同时已经充分意识到将文化和语言相融合，在孔院志愿者和院长的培训中也都增加了文化板块，例如编织中国结、打太极拳、写书法等，这些当然都是中国文化，但仅仅还是“术”，还不是“道”。孔子学院在传播文化的过程中，在“术”的基础上，还要进一步挖掘其“道”，传播中华民族的哲学观和价值理念，传播不论是“经典”还是“现代”中都具有的、一脉相承的文化精髓。

（二）对孔子学院建设的借鉴意义

根据 Kaplan 和 Baldauf（2003）语言规划框架中与“声誉规划”层面有关语言推广机构的内容，本节我们将开展有关塞院对于孔子学院建设的启示研究。

1. 语言推广机构整体战略制定问题

在全球化的浪潮中，面对英语和西班牙国内地区官方语言的挑战，塞万提斯学院整合西班牙国内各地区和世界各地西语国家的优势，实施“泛西班牙语”语言推广策略，并选择美洲，尤其是美国和巴西这两个国家作为语言推广主战场。北京塞院院长易玛女士在接受采访时就反复强调，近5亿人都在讲西班牙语，光美国就有5000万西语人口，比西班牙人口还要多。北京塞院开展文化活动时也注重与拉美国家驻华使馆的合作，开展墨西哥女性艺术家作品展，举办智利电影周、乌拉圭电影周、阿根廷电影周、古巴电影周、哥斯达黎加电影周等等。这一切都是“泛西班牙语”战略在塞院语言文化推广时的具体表现。该战略的制定和主战场的选择充分考虑到语言的政治价值和经济价值。首先，“泛西班牙语”语言推广策略有助于提高西班牙语在美洲推广时的接受度，并且有助于西班牙国家形象在该地区的整体提升。该地区对待西班牙和西班牙语的积极态度又会反过来刺激对西班牙产品的购买，并且会产生对于西班牙公司在南美发展的包容性。此外，美国西语人口的消费能力占到所有西语人口的1/4，该国巨大的消费潜力决定了塞院将其作为语言推广的主要战场。塞院非常重视“美式西班牙语”（Spanglish）这个话题的研究，2008年塞院更是把当年年报设定为“西班牙语在美国”专刊。而就另一个主战场巴西而言，作为一个被西班牙语国家包围的南美发展中国家和南方共同市场的成员国，塞院的选择由其地理位置、经济发展、区域融合等因素而决定。

由此可见，塞万提斯学院不仅把语言教学作为一项收入来源，而且将其作为宣传的工具以支持西班牙政府在更为广阔的市场上获得政治和经济利益。同样，孔子学院在汉语推广方面亦可借鉴经验，要全面考察汉语在传播过程中所体现出来的政治价值和经济价值，并在此基础上制定合理的整体战略并确定汉语推广的主战场，在全球布局的同时选择重点发展的国家与地区，给予政策资源上的一定倾斜。此外，语言教学、文化传播成效的显现必须经历较长时间，这是一项长期而艰巨的任务。因此，孔子学院要实行其办学宗旨，更好地服务国家软实力建设，整体战略的制定和主战场的选择必须从长远着眼，符合孔院可持续发展的目标。

2. 语言推广机构产业化发展问题

塞万提斯学院组织的西班牙语国际水平认证考试（DELE）走的就是产业化的道路。作为国际范围内有效的官方证书，西班牙语国际水平认证考试（DELE）用以证明外国人对西班牙语的掌握水平。该证书经西班牙教育文化体育部核准，由塞万提斯学院院长签发。从报名费用到考前培训，每年西班牙语国际水平认证考试（DELE）考试市场收入可观。此外，为了推动西班牙语国际水平认证考试（DELE）考试进一步发展，规定中国学生申请留学西班牙签证时持有该考试B2级证书就可以免予签证面试。

相比之下，孔子学院产业化发展刚刚起步，还存在很大的提升空间。国家汉办主任许琳就曾指出，[①] 海外“汉语热”是中国社会经济发展直接推动的结果，世界各国对汉语的重视在学理上是一种市场经济现象，因此我们必须用市场经济的眼光来看待对外汉语教学工作。既然对外汉语教学

① 新华网：《对话国家汉办主任许琳：汉语文化软推广》，2008年5月6日。

是一种市场经济现象，那么我们就应该按照市场经济的规律来对待。孔子学院要想长足发展，必须走产业化的道路。汉语国际推广不是纯教育，因为语言本身是一种产品，特别在向国际上推广的时候，就更是一个文化产品，必须以产业、市场的方式来运作。语言推广不走产业、市场之路是绝对没有发展前途的。

通过合作办学、联合授课、开发本土教材及语言教学配套产品、举办汉语资格考试及认证、开展全球孔子学院课程与学分互认体系等方式促进孔子学院的产业化，是孔子学院可持续发展的必经之途。当然，正如张西平（2008）指出的那样，在走产业化道路的同时，孔子学院依然需要葆有自己的软实力特征。产业化道路与孔子学院彰显中国“软实力”的出发点并不构成必然冲突。经济上的盈利从来不是孔子学院追求的必要目标，孔院作为软实力象征应遵守一些基本规律和原则。当我们对孔子学院的软实力特点有了这样的认识后，对那些以追求经济利益为其目的的合作者就会采取正确的态度。同时，我们对今后孔子学院的建设也会更为理性与科学。此外，孔院产业化发展也需要吸纳市场营销、公共关系、品牌管理等方面的人才。因此，国际汉办在建立全球各地孔院领导层的时候要进一步拓宽视野，不能完全局限于各所高校的外语类人才，而是要在更大范围内注意吸收运营管理和产业发展方面的人才，从而进一步推动孔院的建设和发展。

3. 语言推广机构本土化问题

本土化就是外界事物在特定的本土环境中实现生存和发展，本土化的过程可以概括为：了解认识—接受认同—自觉内化。通过有关塞万提斯学院在中国的发展研究，我们可以看到，建立语言文化推广活动“对话机制”是塞院进行本体化发展的一项有效途径。该对话机制的主要内容在于在进行语言文化推广活动之时邀请当地相关人士一起参与，从而形成一个良性互动效应，有利于当地人民了解认识、接受认同并自觉内化所推广的西班牙语语言文化。例如，2009 年 9 月，塞院邀请中国导演孟京辉改编话剧《堂吉诃德》，并在中国国家大剧院上演。这是基于“对话机制”本土化实践的一个非常成功的案例，本土知名导演在与西班牙经典名著的对话中碰撞出火花。一方面，受邀的本土导演背负一种使命感，为此远赴西班牙参观、交流，重走堂吉诃德之路，以便更准确地将西班牙文化传递到中国。另一方面，作为中国一个非常重要的话剧导演，由孟京辉来执导西班牙经典之作本身就具有一种很好的广告效应，中国版的《堂吉诃德》也更符合中国观众的审美标准，从而大大提高西班牙文化在中国传播的认同感和接受度。另一个本土化经典案例就是塞院和中国湖南卫视联合打造“花儿与少年”大型真人秀节目，在这档广受中国中青年喜欢的节目中穿插入西班牙游览考察的内容，非常有效而生动地传播了西班牙文化，并且广为中国人民所接受和喜爱。

全球各个孔子学院也可借鉴塞院的经验，在宏观层面保持一致的基础上寻求与当地文化的互动，以便进一步优化语言文化在当地的传播效果。丁忠毅、魏星提出孔院在文化传播过程中要注重与所在国的文化对话与交流，高度重视吸引民众目光。宋佳也认为本土化是孔子学院的前进方向，孔院在建设过程中要充分考察设立地的具体情况，在符合设立地国家的规范要求下适应当地人的价值理念和行为方式，或是做到使当地人最大程度地理解孔子学院的服务内容。本土化是一个非常细致并且需要智慧的进展过程。孔子学院虽成立的历史较短，尽管也出现了一些对象国的不同声音，但目前来看，发展态势还是积极乐观的。未来的孔子学院要不断优化生存发展环境，在此基础上积极探索，做好本土化功课。就具体孔院本土化实践而言，要在充分考察设立地的基础上联合当地政府机构、教育部门、新闻媒体和出版业等单位和组织，考虑到不同国家和不同民族的具体情况，因地制宜，深入了解对象国的人文与社会背景、不同群体间的需求，制定出切实可行的推广战略，才能取得最优效果。因此，各地孔院要注重与对象国的政府部门建立联系与合作，取得成立和发展的“合法性地位”；联合当地学校合作办学，开展包括在师资和教材上的合作等；与新闻媒体和出版社合作，利用对象国本土的传媒加大宣传和推介自己。

4. 语言推广机构信息化建设问题

20 世纪 90 年代中期以来，塞万提斯学院一直在信息化建设和发展方面保持领先地位，建立了西班牙语网络虚拟课堂，在线西语水平测试平台、网络虚拟中心和网络图书馆等信息化平台。此外，塞万提斯学院还紧跟信息化互动发展潮流，设立了网站评论、博客、微博、博客、APP 应用程序等互动功能。塞院较为成熟的信息化建设大大促进了西班牙语语言文化传播的效率，而新颖的传播方式也更受青年群体的欢迎。

在新时期互联网科技的推动下，在财政预算减少的限制下，塞万提斯学院近年来越来越重视基于互联网的线上教学模式。这一理念的直接体现是西班牙语在线课堂（AVE）的建成。西班牙语虚拟课堂提供各种多媒体活动和学习平台，按照 4 个月或 6 个月为一期收取学费，学生可以根据自己的时间安排进行学习。塞万提斯学院院长多次在不同的场合表示要加大虚拟课堂的推广力度，利用英特网开展新形式的西班牙语教学。数据显示，2012 年虚拟课堂 AVE 的使用人数是 2009 年的 1.5 倍，占当年注册学生总数比例由 28% 提高到了 38%。我们有理由相信随着科技的进一步发展，个性化教学的逐步推进，虚拟课堂会成为塞万提斯学院开展西班牙语教学的一个新的增长点。

相比之下，孔子学院虽然已经建立了网站，但存在网络教学评估资源不够系统、互动性不强、更新不及时等问题。借鉴塞院的经验，孔子学院首先要有效整合教学评估资源，进行合理的板块设置并及时更新材料。在网络教学方面，可以参照塞院网站的经验，在划分级别的基础上配置相应的教学资源。每个级别都按照《国际汉语教学通用课程大纲》的要求提供系统的听说读写教学材料，同时完善课后反馈系统，如课后作业、学习进度跟踪等。与此同时加强目前已有的免费在线交互式课堂——汉语学堂的建设和宣传力度，将其打造为一个孔院知名的学习平台。除了教学资源以外，还建议设置汉语水平在线测试功能，以便学习者了解自己的语言水平，从而更加科学合理地选择相应级别的汉语课程。

其次，孔院在信息化建设方面要加强与社交网站的联系，开展网络互动环节和应用程序的建设。塞院信息平台就非常注重与 Facebook、Twitter 和 YouTube 等社交网站的关联互动，从而在更广泛的平台上形成与学习者，尤其是青年学习者的良性对接与互动。孔院应在传播渠道上参考上述经验，积极增强与社交媒体的融合度，比如建立与腾讯、微信的关联等，以青年人更易接受、更高效便捷的方式进行对外语言文化传播。此外，孔院还应紧跟信息技术潮流，为手机、ipad 等移动终端提供有关孔院语言学习和文化推广活动的应用程序下载，同时积极开发相关游戏或电子产品，充分利用最新的信息技术为汉语的推广进行服务。孔院应当意识到相关移动终端的信息化建设意义非凡，因为有别于任何人都能随意浏览的孔院网站，每个主动下载孔院汉语学习应用程序的终端客户都是孔院语言文化传播的潜在对象，而且往往是信息技术水平掌握程度较高的青年群体，这一群体面向未来，决定了汉语对外推广的前景。在信息化建设团队方面，孔院可采取信息技术外包的形式，学院方注重语言文化推广核心业务，而将其 IT 系统的全部或部分外包给专业的信息技术服务公司。

（三）总结

本节旨在系统调研西班牙塞万提斯学院的组织运作和活动方式，充分发掘、归纳、分析其运作模式和成功经验。基于语言规划框架，以其中的“习得规划”和“声誉规划”为核心，在“面”上考察塞院的发展历程和运作现状；在“点”上重点考察该学院在中国推广语言文化的情况；并在“点面结合”研究的基础上总结其可“为我所用”的经验和做法。希望相关启示研究能给汉语国际推广和中国文化国际传播提供借鉴，助力中国文化“走出去”战略的实施，增强中国文化软实力，不断提高中国文化的国际影响力和话语权。

（陆经生　曹羽菲　陈旦娜　沈怡　李戈）

【参考文献】

1. Appadurai, A. Modernity at Large: Cultural dimensions of globalization [M]. Minneaplis: University of Minnesota Press, 1997.

2. Bayón Pereda, M. Creado el Instituto Cervantes para la promoción y difusión del español en el mundo [OL].

3. http: //elpais. com/diario/1990/05/12/cultura/642463202_ 850215. htm 引用日期: 2014 年 8 月 12 日.

4. Carreira, M, M. Español a la venta: la lengua en el mercado global [A], Lingüística aplicada del español [C]. Madrid: Arco/Libros, 2007.

5. Casilda Béjar, R. Una década de inversiones españolas en América Latina. 1990 - 2000. El idioma como ventaja competitiva [OL].

6. Cela, C. Aviso de la defensa de nuestra lengua común: El español [OL].

7. Córdova Abundis, P. Estudios de variación en español [J]. Función: Sistema y variación, 2002, 25 - 26.

8. De Bergia, F. La internacionalización del español: Lengua, conocimiento, industria [OL].

9. El mundo. Rajoy ingresó casi dos millones por trabajo brutos en 10 años [OL].

10. García, O. Lenguas e identidades en mundos hispanoHablan - tes: desde una posición plurilingüe y minoritaria [A], Manel Lacorte. Lingüística aplicada del español [C]. Madrid: Arco/Libros, 2007.

11. González Puy, I. Español en China [A]. Instituto Cervantes. Anuario del Instituto Cervantes 2006 - 2007 [C]. Madrid: Instituto Cervantes, 2007.

12. González Puy, I. Español en China [OL]. http: //cvc. cervantes. es/lengua/anuario/anuario_ 12/default. htm, 引用日期: 2014 年 7 月 7 日.

13. González Puy, I. Pekín [A]. Instituto Cervantes: Memoria 2012 - 2013 del Instituto Cervantes [C]. Madrid: Instituto Cervantes, 2013.

14. Instituto Cervantes. Las competencias clave del profesorado de lenguas segundas y extranjeras [OL]. http: //cfp. cervantes. es/imagenes/File/competencias _ profesorado. pdf, 引用日期: 2014 年 7 月 9 日.

15. Instituto Cervantes. ¿Qué es ser un buen profesor o una buena profesora de ELE? [OL].

16. Instituto Cervantes. Autofinanciación y contención del gasto, claves de los presupuestos del Cervantes para 2014 [OL].

17. Instituto Cervantes, El español: una lengua viva. Informe 2013 [OL].

18. Kaplan, R. B. & Baldauf, R. B. Languageand Language - in - Education Planning in the Pacific Basin [M]. Dordrecht: Kluwer Academic Publisher, 2003.

19. Kelly & Grenfell, European Profile for Language Teacher Education [OL].

20. Leeman & García, Ideologías y prácticas en la enseñanza del español como lengua mayoritaria y lengua minoritaria [A] . Manel Lacorte. Lingüística aplicada del español [C]. Madrid: Arco/Libros, 2007.

21. Lipski, John M. , El español de América en contacto con otras lenguas [A] . Manel Lacorte. Lingüística aplicada del español [C] . Madrid: Arco/Libros, 2007.

22. Lu, J. Enseñanza del español en China [A] Selección de textos del 11°Encuentro Nacional de Profesores de Lenguas Extranjeras [C], México D. F. , 2005.

23. Malagahoy, Los profesores de la UMA cobran un sueldo medio bruto de 2. 100 euros al mes [OL] .

24. http//www. malagahoy. es/article/malaga/1556144/los/profesores/la/uma/cobran/sueldo/medio/bruto/euros/mes. htm, 引用日期：2014 年 7 月 1 日 .

25. Mar – Molinero, C. Derechos lingüísticos, política lingüística y planificación lingüística en el mundo de habla hispana [A] . Manel Lacorte. Lingüística aplicada del español [C] . Madrid: Arco/Libros, 2007.

26. Molina, C. El valor de la lengua [A] . Instituto Cervantes. Anuario del Instituto Cervantes 2006 – 2007 [C] . Madrid: Instituto Cervantes, 2007.

27. Moreno, F. Perfil histórico – geográfico de la lengua española [A] . Manel Lacorte. Lingüística aplicada del español [C] . Madrid: Arco/Libros, 2007.

28. Moreno, F. Las variedades de la lengua española y su enseñanza [M] . Madrid: Arco/Libros, 2010.

29. Newby, D. Portafolio Europeo para Futuros Profesores de Idiomas [OL] .

30. Pavlenko & Blackledge. Negotiation of Identities in Multilingual Contexts [M]. Clevedon & NY: Multilingual Matters, 2004.

31. Rodríguez Pantoja, T. La lengua española y los grandes retos del nuevo milenio, Unidad en la deiversidad [OL] .

32. Rodríguez, Q. Un salario medio en España de 23. 650 euros anuales, pero con muchos mileuristas [OL] . http: //www. teinteresa. es/empleo/salario – Espana – euros – anuales – mileuristas_ 0_ 1135086695. html, 引用日期：2014 年 8 月 1 日 .

33. Siguan, M. El español en contacto con otras lenguas en España [A] . Manel Lacorte. Lingüística aplicada del español [C] . Madrid: Arco/Libros, 2007.

34. 陈海芳 . 基于西班牙语言推广机构的孔子学院发展研究 [J] . 现代语文, 2013 (8) .

35. 丁忠毅、魏星．孔子学院：中国国家软实力建设的有效平台［J］．文化与精神文明建设，2011（5）．

36. 樊钉．孔子学院质量评估体系研究［J］．云南师范大学学报（对外汉语教学与研究版），2012（9）．

37. 洪晓楠、林丹．孔子学院的发展历程和文化意蕴［J］．文化学刊，2011（5）．

38. 刘建．第三章：西班牙［A］．张西平，柳若梅．世界主要国家语言推广政策概览［C］．北京：外语教学与研究出版社，2008.

39. 刘晓黎、李慧、桂凌．世界其他语言文化推广机构发展模式对孔子学院可持续发展的启示［J］．长江学术，2012（3）．

40. 陆经生．西班牙语专业教育发展研究［A］．戴炜栋，胡文仲．中国外语教育发展研究［C］．上海：上海外语教育出版社，2009.

41. 莫嘉琳．孔子学院与世界主要语言文化推广机构的比较研究［J］．云南师范大学学报（对外汉语教学与研究版），2009（7－5）．

42. 申宏磊、牛景华．塞万提斯学院如何在中国办学［J］．国际视野，2009（9）．

43. 宋佳．全球化时代八国语言教育推广机构文化使命的国际比较［J］．比较教育研究，2013（8）．

44. 文秋芳、徐浩．2011 中国外语教育年度报告［M］，北京：外语教学与研究出版社，2013.

45. 许丹．西班牙塞万提斯学院与我国孔子学院异同探析［J］．重庆第二师范学院学报，2014（27－1）．

46. 杨德春．汉语对外推广和中国文化对外传播的新战略［J］．华北水利水电学院学报（社科版），2013（29－2）．

47. 杨敏．孔子学院与塞万提斯学院发挥国家认同功能之比较［J］．新疆师范大学学报（哲学社会科学版），2012（11）．

48. 杨敏．孔子学院与塞万提斯学院之比较［J］．当代外语研究，2012（3）．

49. 张西平．汉语国际推广中的两个重要问题［J］．长江学术，2008（1）．张西平、柳若梅．研究国外语言推广政策，做好汉语的对外传播［J］．语言文字应用，2006（1）．

50. 赵守辉．语言规划国际研究新进展［J］．当代语言学，2008（2）．

51. 中国网．教育服务业［OL］．

第七章

意大利但丁协会语言推广战略研究

【摘要】但丁协会是意大利最重要的语言文化推广机构之一，专为居住于意大利的外国人举办不同类型的活动，并通过其海外分支机构为国外对意大利语言和文化感兴趣的人士提供服务。协会宗旨是通过举办专为外国人而设的意大利语及意大利文化课程，保护意大利语言，并把意大利文化传播到世界各地。章程规定协会的首要目标是“在世界范围内保护和传播意大利语言和文化，加强居住在外国的同胞与祖国的联系，培养外国人对于意大利文化的热爱和崇尚”。

一、概述

在人类历史发展的进程中，意大利留给世界文化的财富是深远而多样的。尤其在罗马帝国和文艺复兴时期，即亚平宁半岛成为人类文明中心的两个时代里，意大利在人类知识的历史中扮演了重要角色。作为古罗马、文艺复兴的发源地，意大利在世界文明中占有举足轻重的地位，曾影响着人类的发展和进步；同时，它也是一个发达的工业国家，是世界第七大经济体、第八大贸易大国和出口大国，其农业、服务业、旅游业和高新技术等领域在国际上具有相当的竞争力。尽管意大利近几年的国民经济呈现疲软，甚至倒退的状况，失业率不断上升，近来金融市场受到债务危机的重挫，但是上述国情加上意大利一直以来较为宽松的移民政策，仍然吸引着大批外来移民，而意大利对非法移民宽容的人道主义态度，更使得偷渡潮屡禁不止。截至2013年，意大利成为继德国、西班牙和英国之后，欧洲第四大移民输入国。无数人前往意大利进行学习和深造，这使得意大利成为了重要的旅游和留学国家，重要的移民输入国家，学习意大利语言也成为了他们学习和工作的开端。据权威专家统计，全球以意大利语作为母语的人，数量大概只有7000万左右，但就学习语言者的数量而言，意大利语的排名却相当靠前：位于英语、汉语、西班牙语之后，排名第四。之所以有数以亿计的人学习意大利语，究其根本原因还是由于意大利语在绘画、建筑、音乐、时尚、设计、文物保护、机械制造等各个领域的领先地位和重要影响。为了在这些领域内工作和开展活动，就必须将自己的意大利语水平提高一定的等级。

目前，前往意大利留学受到意大利政府认可的意大利语言水平考试主要有四种：佩鲁贾外国人大学（Università per Stranieri di Perugia）举办的CELI考试、锡耶纳外国人大学（Università per Stranieri di Siena）举办的CILS考试 、罗马第三大学（Università degli Studi Roma Tre）举办的I. T.考试，还有就是意大利但丁协会（Società Dante Alighieri）举办的PLIDA考试。这些考试都分为六个不同的级别进行，其划分都是以欧盟委员会规定的《欧洲语言标准框架》（Quadro Comune Europeo di Riferimento）下的外国语言测试等级为标准。由于外国留学人数不断增多，意大利政府也越来越重视意大利语言等级考试，2012年在意大利外交部的推动下，经过上述四所机构的合作与努力，诞生了CLIQ（高水平意大利语言证明）联合会，其主要职责对各类语言考试进行统一管理。

在这四所主要的语言培训机构中，三所都是高校，只有但丁协会是非盈利性质的文化推广机构。除了语言培训之外，协会通过其在意大利境内和境外总计超过500家的分支委员会，每年举办许多文化活动，涉及领域包括文学、艺术、历史等，活动形式多种多样，包括学术研讨会、专题讲座、带讲解的户外游览、美食品鉴等等。其中多数活动都免费对外开放，其宗旨就是在世界范围内保护和传播意大利语言和文化，加强居住在外国的同胞与祖国的联系，培养外国人对意大利文化的热爱和崇尚。

本章的主要目的是结合意大利但丁协会所举办的各类具体的活动，对其组织架构进行梳理，对其语言和文化推广政策进行深入研究，主要内容针对其免费性质的文化推广活动和收取费用的PLIDA语言考试培训。当然，语言推广有广义和狭义之分。广义的语言推广指一国出于政治、经济和文化的需要，为推动本民族语言的传播和发展而开展的活动、提供的产品和相应的服务，既包括对国内各民族不同语言的统一和规范，也包括面向国外的语言教育和语言传播。对内的语言推广往往被纳入国家国内语言政策和语言规划范畴，对外语言推广是以民族国家为单位的。狭义的语言推广是指面向国外的语言教育和推广活动，可以称之为语言国际推广。本章中所提到的语言推广指狭义的语言推广。意大利语言推广机构成立得较早，积累了成功的经验，而中国建立国际语言推广机构时间较短，一些工作仍处于摸索阶段，如何保证孔子学院的可持续发展已成为一个重要而迫切的课题。文化和语言密切相关，相互促进。语言是体现文化独特性的价值观和传统的传播工具。对外语言推广一直受到西方各国的高度重视，甚至成为一种重要的外交手段。当今世界，语言推广与文化传播已成为增强国家软实力、提升国际地位的重要战略举措。研究西方国家语言推广的主要措施，认真总结其成功经验，对我国的汉语国际推广工作有积极的借鉴意义。语言机构是语言推广的基本条件。本章希望通过对意大利但丁协会运营模式的分析、研究、探讨与学习，为中国保护和宣传汉语以及本土文化的机构，尤其是海外孔子学院的运营，提供值得借鉴的经验和范例，并带来思考，确保孔子学院沿着正确的方向发展。

二、协会简介和发展历程

意大利但丁协会（Società Dante Alighieri）是意大利最重要的语言文化推广机构之一，是意大利非营利社会服务组织（ONLUS）成员。该协会是意大利官方注册机构，专为居住于意大利的外国人举办不同类型的活动。

同时通过其海外分支机构为国外对意大利语言和文化感兴趣的人士提供服务。协会的宗旨是通过举办专为外国人而设的意大利语及意大利文化课程，保护意大利语言，并把意大利文化传播到世界各地。协会总部设在意大利首都罗马的“翡冷翠大楼”（Palazzo Firenze），现任协会主席由意大利国际合作部部长安德烈·里卡迪（Andrea Riccardi）担任。协会在意大利各大区都设有自己的分支机构。

意大利但丁协会成立于1889年，创始人为意大利著名诗人、当时意大利文坛领袖、诺贝尔文学奖得主乔苏埃·卡尔杜齐（Giosuè Carducci），他通过联合了当时许多著名的知识分子共同建立了该协会。2004年协会加入意大利非牟利社会服务组织（Onlus）。

协会的历史和复兴运动后期意大利的民族主义精神紧密相连，其发展历程也历经曲折。在第一次世界大战中，协会积极主张意大利参战，从战争中争取欧洲话语权，成为欧洲强国。从20世纪20年代开始，协会便支持当时的意大利法西斯派，它和当时的文化法西斯协会（Istituti Fascisti di Cultura）合作紧密，通过独立承办或双方合办的一系列活动宣扬民族主义。因此，协会在最初创立时具有浓重的民族主义情结和政治色彩。但是在一战结束之后，协会渐渐褪去身上的政治色彩，转而以文化服务机构的角色开始在全世界范围内推广意大利的语言和文化。

协会的首要目标是“在世界范围内保护和传播意大利语言和文化，加强居住在外国的同胞与祖国的联系，培养外国人对于意大利文化的热爱和崇尚”。为了达到这一目标，但丁协会建立了500多个分支委员会，其中超过400个活跃在意大利境外。

这些分支委员会组织各种语言课程和文化展示，从艺术绘画到音乐，从体育到电影，从戏剧到时尚，当然也包括历史文学。此外，通过海外的分支委员会，但丁协会还在世界各地建立了各种学校和图书馆，为意大利语学习者提供便利，宣传意大利文化，并推动书籍出版发行，组织各种专题研讨会、文化讲座、文化、艺术、音乐巡展，颁发各种奖项，并面向不同的群体为他们提供奖学金。

但丁协会在意大利本土共有95个分支委员会，几乎遍布意大利所有

20 个大区和重要城市当中，这些分支机构开设有超过 130 门意大利语言文化课程，注册的外国学生人数超过 6000 人，并且和协会的海外分支委员会进行合作，开展注册学生相互间的交流活动。

协会在意大利境外活动的开展更加活跃。在海外有 423 家分支委员会，分布于约 70 个国家和地区，开设的意大利语言文化课程总计 8698 门，注册学生超过 19 万人。但丁协会更是在世界各个国家和地区开设图书馆，提供意大利书籍，书籍数量超过 50 万册。此外，从 2009 年开始，但丁协会和玛丽亚－戈弗雷多・贝隆奇基金会签订协议，正式成为意大利最权威的文学奖项斯特雷嘉文学奖的评委会成员，进一步提高了自己在文化领域的话语权，提高了自身的影响力。

在语言推广层面，但丁协会通过和外事部、罗马智慧大学（Roma ‘La Sapienza’）合作，开展意大利语言水平测试，并被授权向考试通过者颁发 PLIDA（Progetto Lingua Italiana Dante Alighieri）（但丁意大利语计划）语言证书，对作为外语的意大利语语言能力给予证明。该语言证明从低到高共分为 A1、A2、B1、B2、C1、C2 六个等级，等级标准的划分以欧盟指定的《欧洲语言标准框架》下的语言测试为基础。2012 年开始，但丁协会加入 CLIQ 联合会（Certificazione Lingua Italiana di Qualità）（高水平意大利语言证明），这个联合会将主办意大利语言等级证明测试的机构（包括但丁协会、锡耶纳外国人大学、佩鲁贾外国人大学、罗马三大）联合在一起，旨在推出针对全世界范围内学习意大利语的学生的一个统一的语言认证体系，解决一直以来认证过于分散和多样化的问题。

但丁协会以其出色的文化组织工作，在整个欧洲的文化推广机构当中也颇有影响和声誉。2005 年 6 月 1 日，但丁协会同欧洲其他大型文化机构一起被授予西班牙最高荣誉的艾斯图里（Asturie）王子奖，表彰其“通过向世界各大洲众多人士教授本国语言而为保护和宣传欧洲文化遗产，以及宣扬奠定西方文化根基的文学、艺术传统和伦理、道德价值所作出的突出贡献”。为了能够和欧洲其他文化机构更好地开展合作，实现资源共享并进一步提高自身的影响力，从 2012 年 7 月开始，但丁协会加入 Eunic（European Union National Institutes for Culture）（欧盟文化中心合作组织），这是一个非常重要的文化组织，旨在通过各成员机构的文化合作，在世界范围内推广欧洲文化。

2007 年 7 月 16 日，意大利文化遗产与活动部授予但丁协会黄金勋章以及第一等级认证，表彰其为宣传意大利文化所作出的突出贡献。

2003 年，协会通过与佛罗伦萨博物馆和佛罗伦萨储蓄银行等不同领域的机构与部门合作，开创性地举办了第一届意大利语言史展，主题为“Si 响起的地方：意大利人和他们的语言”，并取得巨大成功。开幕式在佛罗伦萨知名的乌菲奇画廊（Galleria degli Uffizi）举行，主持开幕式的是时任意大利共和国总统的钱皮（Carlo Azeglio Ciampi）先生。当时共有超过 130 万人参观了展览。因为展览所具有的独创性及其取得的热烈反响，还被引介到苏黎世国家博物馆举行。该展览的目的是表现意大利语言在几个世纪中的演变，从原始阶段一直到今天，展示了在不同历史时期、不同地域意大利语的不同和发展、变化过程，以及意大利语言和民族文化的紧密关系，亦展示了意大利语言文化与其他语言文化的交流。在佛罗伦萨和苏黎世取得的巨大成功，使得该展览在欧洲其他国家也相继进行了展出，在整个欧洲造成了不小的影响。

2005 年 9 月，在马耳他召开了但丁协会第 77 届国际代表大会，会议主题是“联合的海洋，意大利语，地中海开放的语言”。在会上推出了但丁协会第一本年鉴《意大利语的世界，意大利语言和文化推广的分析与展望》。会议还为之后的年鉴确定了主题：第二本主题为“中东欧的意大利语”，第三本主题为“意大利语言和文化在地中海流域的传播”。

经过一百多年的发展，但丁协会已经发展成为意大利面向全世界推广其语言和文化的最重要文化机构。协会将意大利本土和海外的分支机构整合在一起，组织各种语言课程和文化活动，并且开创了许多独具自身特色的文化推广工具，对于中国的语言文化推广机构来说颇有借鉴意义。

三、但丁协会章程及解读

（一）协会总章程

1889 年协会创立之后并没有一个成文的章程。在 1893 年，协会制定了第一部自己的章程，并在接下来的一个多世纪中几经修改，但主要内容都得以保存。通过对章程内容的解读，我们可以对但丁协会的组成和基本运作模式有一个了解。

2014 版最新修订过的协会总章程如下：

但丁协会

根据 1893 年 7 月 18 日皇家特许状 347 号文件设立法人

于 2014 年 5 月 25 日签署，索引：828 号，文件：298 号，于 2014 年 6 月 3 日在罗马税务局登记，第 11120 号，系列 1T。

1. 起源、名称、目的和所在地

但丁协会建立于 1889 年，于 1893 年 7 月 18 日根据皇家特许状 347 号文件设立法人，由 1985 年 8 月 3 日颁布的第 411 条法令规管活动。但丁协会根据 2004 年 7 月 27 日颁布的第 186 条法令，是一个产生社会利益的非营利性协会。但丁协会通过自身举办的活动推广文化和艺术，在全世界保护和传播意大利语言和文化，巩固海外同胞与祖国的联系，培养外国人对意大利的文化、文明和意大利语的热爱。

但丁协会的法定所在地是佛罗伦萨大楼，位于罗马佛罗伦萨广场 27 号。

2. 协会经营范围

为实现协会的目标，但丁协会不仅开设意大利语和意大利文化课程，向公众推广意大利出版业，举办会议、活动、文化旅游和艺术音乐演出，提供奖项和奖学金，还积极地利用适当的举措，以筹集用于开展机构活动和相关活动的必需经费。

但丁协会明确表示拒绝开展除上述活动之外的各类活动，其中不包括与上述活动相关的活动。但丁协会可以开展有助于实现协会主旨的、中央委员会决议认为合适的所有活动。但丁协会可以与任意公有或是私有机构合作开展在协会章程的范围内的活动，或与其他机构联合开展。

3. 协会结构

以下是本协会的结构：

股东大会；

中央委员会；

主席和主席团；

审计委员会。

另，以下是支持部门：

名誉顾问和董事；

协调委员会；

科学学术委员会。

4. 会员

自然人和法人，接受本章程的、不局限于任何特定国籍、宗教或是政治意识的共有和私有机构都能够成为但丁协会的会员。

5. 会员类别

会员分为：

（1）普通会员，需支付规定份额的年费；

（2）终生会员，需一次性支付规定份额的费用；

（3）荣誉会员，针对为但丁协会作出显著贡献和捐赠的会员；

（4）支持性会员，针对那些每年以资金或其他形势捐赠高于普通会员所支付的年费的会员。

协会成员的关系建立在基于统一的原则上，协会的运行方式旨在确保会员本身关系的实际性，把参与协会活动的临时性明确地排除在外，规定年龄较大的协会会员拥有通过和修改本章程以及任命但丁协会领导部门的投票权。

6. 学生

各等级、各种类的学生，以及小学生和中学生，在执行规章的条件下参与但丁协会的文化活动和学习生活。

7. 会员卡

会员卡的发放权力仅限于但丁协会。

8. 股东大会

正常情况下，股东大会由但丁协会的主席组织，每年召开一次，包含议程安排、会议地点和时间等信息在内的通知会通过邮件或是张贴在委员会总部的通知的方式告知每个股东。

中央委员会有权通过上一段所述的方式召开特别会议。股东大会决议关于修改协会章程的提议，选举但丁协会的主席，中央委员会和审计委员会的成员及指定其主席，结合审计报告审阅和通过资产负债表的决算。

按照规定支付份额费用的股东能够参加股东大会。

股东可通过特别法令任命参加股东大会的一名代表，代表的任命仅限于另一名股东，并且持有与委派方所拥有的数目相符的投票数。

不能出席股东大会的股东和代表有权参与主席、中央委员会成员和审计委员会成员的选举，并且按照本章程的执行监管条例，有权通过给中央委员会发送选票批准资产负债表。

9. 中央委员会

但丁协会的中央委员会由一名主席和不超过 14 名由股东大会选举产生的成员组成。

中央委员会的成员任期为四年，可以再次参加选举。

中央委员会在内部至少选举一名副主席和账户管理人组成主席团，但丁协会的秘书长代理书记的工作。

若主席中止职务，在下一届选举前，由副主席履行主席的职责（若副主席多于一人，由年龄最大的副主席担任）。

若整个中央委员会全体辞职，但丁协会的管理由审计委员会承担，并且必须在两个月内举行选举。

10. 中央委员会的职责

中央委员会执行股东大会的决议，向股东大会递交资产负债表的决算，提供为实现协会主旨的需求，在地方部门的活动中为其提供协助，对普通和特殊行政管理条例进行决议。

中央委员会对自身的行为向股东大会负责。

会议至少每年召开四次，或是在主席认为有必要的时候召开，或是在有需求的时候，由第三方的董事事先告知议题后召开。

中央委员会召开的会议在以下情况下是有效的：首次召开的会议有绝大多数的中央委员会成员参加；二次召开的会议至少有 1/3 的中央委员会成员参加。委员会以出席者中的多数作决议。连续五次没有参加会议的委员，若没有正当理由，可被要求解除职务。

11. 主席和主席团

由股东大会选举出的主席是本协会的法定代表，任期为期四年，可以再次参选，并辅助履行主席团的职能。

12. 审计委员会

审计委员会由三名正式成员和由主席提议、中央委员会指定的两名候补成员组成，其中一名正式成员由意大利外交部任命。

审计委员会是但丁协会的会计技术部门，确保会计纪录的定期管理，检查预算和经济财政报表的提案，并拟定专门的报告。审计人员任期为四年且可以再次参选。

13. 荣誉理事和顾问

理事会是由主席提出、中央委员会指派的人员组成的，对实现机构的制度功能性提供建议和咨询。为了更好地商议，每一个成员都能够被邀请参加中央委员会的会议。

14. 协调委员会

在遵守 1985 年 8 月 3 日第 411 号法律的前提下，并且按照该法律的第 2 项条款的执行方法，协调委员会由一位外交部的代表、一位公共教育部的代表和一位但丁协会的代表组成，每年至少聚集召开一次会议。但丁协会能够履行其职责，邀请协调委员会的成员参加每年举行的中央委员会会议。

15. 科学学术委员会

科学学术委员会由为本协会的活动做出显著功绩的人员组成。该委员会成员由主席提出，中央委员会任命。根据民意投票，每位成员都能受邀参加中央委员会的会议，并且被委托特殊的任务。

16. 地区性部门

但丁协会通过各委员会根据地区组织有不少于 50 人组成的分部门。这些成员为执行与但丁协会协商的项目召开会议，特别是为了推广文化活动，筹集资金并与当地的机构一起执行文化项目。

17. 地区性部门的结构

在文化活动的多年度战略计划范围内，地区性部门委员会基于与但丁协会协商一致的三年活动计划进行运作。但丁协会根据中央委员会的决议能够授权地区性部门委员会以注册协会的形式建立，在必要的情况下，如参与投标、地方项目、国家项目、欧洲项目，或是中央委员会认为合适的情况下，承认它们的法律和承袭的自主权。在这种情况下，地区性部门委员会将通过一个由但丁协会的主席批准的、特殊的协定隶属于但丁协会，主席会监视该委员会是否按照本章程和规章制度举办活动。

出于经证实的严重问题，中央委员会有权解除地区性部门委员会和从属关系，终止其与但丁协会间的关系。该委员会可在下一次的股东大会中提出上诉。

地区性部门委员会，在与本章程和条例的规定保持统一、与但丁协会提出的指导路线一致的情况下（作为驻外的委员会，与当地法律保持一致），在必要的时候可以执行自己的管理条例。

在每年的一月之内，地区性部门委员会应把附有说明性报告的活动汇报交至但丁协会。

18. 财政资源

但丁协会利用不同类别的会员、组织和个人的捐助，公司财产的收益，协会活动和语言课程开展的收入开展各项活动。

但丁协会有义务把经营收益或盈利投入机构活动和直接相关活动的实施。

19. 经营盈利

但丁协会禁止在组织年限中，即使以间接的方式，分配经营收益和盈利、资金、储备金或资本，除非其用途或分配是由法律规定的，或其用途或分配用于帮助根据法律、章程或是规章制度，属于同一个联合体系的其他 ONLUS。

20. 无偿职责

协会中所有的选举职务都是无偿的。

21. 章程的修改

对本章程提出修改的建议，经股东大会批准，可以由中央委员会制定，或至少由但丁协会内 1/6 的股东向主席提出。

必须由至少 2/3 的股东和出席代表决定修改后的决议。

22. 但丁协会普通代表大会

但丁协会普通代表大会每四年举行一次。

中央委员会有权召开特殊代表大会。

所有常规具有会员卡的股东、任意一个委员会的主席或该主席的代表都可以参与会议。

代表大会选举主席团和选票的监票人。

由代表大会决议议程的主题，但丁协会的理想目标，以及在意大利境内和海外更合适的发展途径和方法等事宜。指定下一届代表大会的选址同样也在代表大会的职权之内。

23. 规定准则

中央委员会批准本章程的执行规定准则。

解散

在处于任何原因的解散情况下，根据 1996 年 12 月 23 日第 662 号法律 190 段第 3 条款的监管组织的规定，但丁协会都有义务将其资产移交给其他具有社会效益的非盈利性组织（ONLUS）或类似的具有公众效益的组织，除非法律规定有另外的资产用途。

临时规定和最终规定

包含在本章程内的关于但丁协会机构的管理规定在目前职务上的实施期限不得超出 2015 年 12 月 31 日。

（二）对于协会章程的解读

通过研读我们可以发现，这部章程作为总的指导性文件，对于但丁协会的性质、服务内容、组织机构等方面做了规定，从章程当中我们可以看到但丁协会有以下几个基本特点：

1. 但丁协会以会员制度为基础。交纳一定的会费即可成为会员，享受一定的权利。顺应时代的潮流，在网络发达的今天，但丁协会在原有的基础上充分利用网络平台，将网络端口作为自我宣传和推广的重要组成部分。人们可以直接通过但丁协会的官方网站 www. ladante. it 进行会费的缴纳，并可以通过会员登录了解协会发展的历史，掌握协会的最新动态及其组织和举办的各类课程及活动，十分便捷。需要特别注意的是，会员会费是但丁协会日常运作资金的重要来源。

2. 在协会的内部组织机构当中，中央委员会作为最高机构，负责制定协会发展的总体目标和人事任免；科学学术委员会和协调委员会负责具体的项目运作，组织各种培训课程和文化活动，分工非常明确。值得关注的一点是：虽然中央委员会不负责项目的具体运作，但是其功能非常重要。但丁协会非营利的性质决定了协会必须拥有良好的社会关系和网络，以便争取到更多的支持、赞助来开展活动，因此在最高机构中担任职务的成员往往是意大利政府中的官员或代表，比如现任主席安德烈·里卡迪为意大利国际合作部部长，而从 1995 年开始直到 2014 年一直担任主席的布鲁诺·博塔伊（Bruno Bottai）则是意大利外交部总秘书长。这种高级别政府官员直接出任协会主席的制度给但丁协会带来了广阔的平台、丰富的外部资源和社会网络，保证了各项活动的成功举行。

3. 地区性委员会和协会总部的关系统一而对立。一方面，地区性委员会具有一定的自主性，可按照所在地区受众的特点自行安排和组织文化课程（例如米兰分会就利用了该地区工商业较为发达的特点组织了企业意大利语语言培训），安排培训课程进度。而另一方面，在投标和国际项目等重大问题方面地区组织仍隶属于但丁协会，受协会监督。在语言课程和文化活动组织方面，地方性委员会也应当参照协会总会制定的总体方针配合执行，以保证课程标准的一致性，文化活动内容契合。协会也有义务通过制订总体教学方针和活动计划对地区性委员会做出指导。协会 ADA 教学计划的诞生正是基于这种对立统一的关系。

4. 协会从根本上说是非盈利性组织。协会组织的收费项目主要包括：会员费、语言培训费、PLIDA 考试费用等，这些各企事业单位的捐赠是协会运转经费和活动组织经费的主要来源。协会组织的大部分文化推广活动都是面对所有人群而不需要他们缴纳任何费用，也因此吸引了社会上各领域、各国家的众多参与者，保证了活动的宣传效果。就这一点而言，亦值得中国的语言或文化推广机构参考借鉴。

以上是通过解读章程对于但丁协会的一个初步认识。接下来我们从语言培训、文化推广等各个方面具体研究一下协会的语言文化政策。

四、但丁协会的各类语言培训课程

（一）ADA 教学计划和课时证明

除总部外，但丁协会在意大利和海外拥有数量众多的分支机构，受众群体也各有不同，但为了对整个语言和文化教学活动做出统一规划，为了方便管理、监督与评价，但丁协会特别聘请意大利语教学方面的专家、学者制定了专门的 ADA 教学计划。ADA 教学计划是但丁协会总部连同其各个分支机构对外国人进行意大利语语言培训时所要遵循的总体课程计划。它的出台有两个目的：一是为但丁协会几乎遍布世界各个角落的庞大的教学网络提供一个教学标准，这个教学网络中所包含的授课群体非常多样化，他们有着各自不同的文化背景和需求，需要有一个标准化的方案来进行协调；二是为了保障教学质量，确保所有在但丁协会各个分支机构中接受语言培训的学生都能够享受到最高质量的语言教学服务。

ADA 教学计划是协会语言课程的指导性文件，是为协会授课教师制定的协助他们针对不同文化背景的学生进行课程设置和教学内容安排的工具，是课程设置的整体规划，它规定了不同课程类型的结构方式，也规定了不同课程在管理学习方式的要求及其所占比例。同时，按照语言测试分级水平，ADA 教学计划也被细分为六个大的级别—A1、A2、B1、B2、C1、C2，每个级别还有更细微的级别细分。

但丁协会还通过 ADA 教学计划制定了 ADA 课时证明，该证明虽然不能证明持有者的语言能力水平，但是通过与各个意大利文化机构、意大利高校、私立和公立高中等机构的沟通与合作，ADA 课时证明已经受到了包括意大利外交部和意大利最古老的大学罗马大学等机构在内的广泛认可，成为了重要的语言课时证明文件，在移民、社会适应、工作培训、大学预科等各个方面都很有效用。

但丁协会还颁发符合欧洲通用语言标准的、可以证明持有者语言水平的意大利语言等级证书——PLIDA 证书，配合 ADA 课时证明文件，这一双重保障在证明外国人意大利语言水平方面已具有权威效力。

（二）为学生开设的课程

但丁协会的主要活动和工作就是为学习意大利语的学生（主要是外国学生、移民、工作者）提供语言学习课程。这种培训课程种类繁多，各具特色，覆盖面广，有针对语言考试的（主要是针对 PLIDA 语言水平考试的培训），也有针对兴趣爱好的，能够满足不同人群的需求。这些语言课程是协会提供的主要服务和维持协会运作的主要资金来源。

协会所提供的意大利语言课程总体分为六个等级：零起点（A1）、初级（A2）、中级入门（B1）、中级（B2）、熟练（C1）、精通（C2）。这些课程对应 PLIDA 语言测试的六个级别。

但丁协会在意大利各个分支机构中（主要包括博洛尼亚、佛罗伦萨、米兰这几个主要城市，这些分支的课程设置会覆盖其所在地区的周边）针对外国人开设的主要语言课程分为以下几类：

1. 常规课程（适用于所有等级）

常规课程通常授课为 32 个课时，学生可以选择在一个月、两个月、两个星期三种不同的期限内学完，学生可根据自身时间安排选择不同的期限；课程的内容针对所有的六个语言级别。

2. 半强化课程（适用于所有等级）

半强化课程通常授课为 48 个学时，通常在一个月之内完成，与常规课程不同的是半强化班将在期中和期末各进行一次语言能力测试；半强化课程内容同样针对所有六个语言级别。

3. 强化课程（适用于所有等级）

强化课程通常授课为64个学时，通常在一个月之内完成，强化课程将在期中和期末各进行一次能力测试；强化课程内容针对所有六个语言级别。

4. 对话课程

对话课程通常授课为20个学时，在一个月内完成，课程内容主要是针对口语训练和日常交际；对话课程主要针对A2至B2的三个语言级别。

5. PLIDA语言等级证书考前辅导班

辅导班主要是针对PLIDA不同级别考试的考前集中语言能力辅导，对于A1至B2等级通常安排12次课，每次两个课时；对于C1和C2等级，安排10次课，每次3个课时；这些课程会在一个月之内完成。

以上这些语言培训课程的设置会由于城市的不同而稍有差异，课时数和学习期限会稍有变化，课程类型也会有增减，比如在博洛尼亚还会提供个人辅导课，在米兰会提供公司培训课程和商务意大利语课程。

为保证教学质量，语言培训课程多数为小班授课。这些课程的设置基本能够满足各个层次人士的需求，课程内容的设置主要遵循ADA教学计划。

（三）教师培训课程

但丁协会除了为学习意大利语的学生开设语言培训课程之外，针对世界各地教授二外意大利语的教师也提供语言和教学法的培训课程。但丁协会的教师培训课程很有自己的特色，区别于如佩鲁贾外国人大学、锡耶纳外国人大学还有罗马三大所提供的教师培训课程。该类课程每年进行两次，通常在5月份和11月份进行，课程地点都设在协会位于罗马的总部翡冷翠大楼内。但丁协会的培训课程时间很短，通常利用周末时间，从周五进行到周日，总时长为15—17个小时。但每次培训的主题相当明确，培训内容通常涉及两方面：一是针对意大利语教学；二是针对意大利语言测试。教师可以在培训中听到关于教学方面的讲座，接受最前沿的资讯，掌握最新的教学工具，学习最新的教学方法，并和富于经验的意大利语资深教师共同学习。无论在语言培训还是在文化课程设置方面，或者是改进教学方法方面都可以和他们共同探讨，也可以和同行交换意见、交流经验、共享资源，取长补短，并且在进行语言测试试题设置、成绩评量方面得到专业指导，是一个不可多得的意大利语语言文化教学的交流平台。此类课程对于很多非语言类的文化课程教师也非常有益处，所以极受语言、文化方面教师的欢迎，每年都吸引着来自世界各地的教师，无论是在意大利本土还是境外，都具有一定的影响力。

下面我们通过最近两次教师培训课程来看一下此类课程的特点。

1. 第29次教师培训课程

主题：漫画意大利语——以漫画作为新的媒体和教学手段；

培训时间：2014年5月16—18日，培训课程总时长为15个小时；

培训形式：讲座，共设有7场讲座；

报名费：150欧元每人。

这7场讲座主讲人身份和讲座主题分别为：

PLIDA考试中心教师：意大利漫画新趋势；

ALMA出版社编辑：用漫画学意大利语：为什么以及怎样在课堂上利用ALMA出版社的新版彩画图书教授意大利语；

巴里大学教授：在课堂上使用图像语言的发展史；

但丁协会布宜诺斯艾利斯地区分会的负责人：漫画：语言简化的例证；

PLIDA考试中心教师：少年班级里漫画的教学化；

爱尔兰根大学教授：网络与漫画教学；

PLIDA 考试中心教师：二外意大利语课堂的教学活动和教学进程。

2. 第 30 次教师培训课程

主题：头脑中的词汇，交流中的词汇：外语习得中的词汇获取；
培训时间：2014 年 11 月 28—30 日，培训课程总时长为 15 个小时；
培训形式：讲座，共设有 7 场讲座；
报名费：150 欧元每人。
7 场讲座的主讲人身份和讲座题目分别为：
罗马三大教授：词汇学和文本理解；
ALMA 出版社编辑：词汇和教学活动；
爱尔兰根大学教授：词汇学习中的网络工具和资源的利用；
PLIDA 中心教师：口语和词汇；
威尼斯大学教授：学习词汇时的语言学活动；
PLIDA 中心教师：教学活动中的词汇和主观能动性；
维罗纳大学教授：按照教学目标设置词汇学内容。

从以上两次培训课程的内容可以看出但丁协会教师培训课程的一些特点：

第一，教师培训课程的内容涉及最新、最热门教学法的研究，是针对前沿教学技巧的交流，能为来自世界各地的意大利语教师带来颇多收获。

第二，培训课程所邀请的授课教师包括意大利国内和国外的知名教授和行业权威，其中有意大利国内与其他国家的高校教师、出版社代表、语言培训机构教师等，涵盖了包括教材、多媒体使用、考试等教学的各个领域和教学环节；每次教师培训课程都会邀请 PLIDA 语言考试的专家，对于语言课程设置的讨论以及最终教学效果的评量是每次教师培训的重要内容，对于语言考试的培训具有最直接的效果。

第三，该类课程为收费课程，协会会对每个参加者收取注册费。但丁协会的意大利语教师培训班是受意大利高等教育部认可的培训班，颇具权威性，课程结束后亦会为参加者颁发证书，因此很受语言教师的欢迎，各私立、公立学校也十分支持学校教师参加培训。

（四）公司培训课程

除了针对学生和教师的语言培训课程外，但丁协会还针对企事业单位组织一系列公司培训课程和商务意大利语课程。这些课程主要开设在意大利工商业发达的地区，如米兰、热那亚等，针对当地有需求的企事业员工。

但丁协会公司培训课程的宗旨是提高接受培训公司员工的意大利语水平，满足他们在专业工作、专业术语掌握和运用方面的需求。公司培训课程与普通语言课程不同，它需要根据公司和学员的要求、能力和工作领域做事先评估，之后根据评估结果再专门制定授课内容，以确保学员从课程中学到的知识能够与实际工作相吻合，能够保证学以致用。授课地点也很灵活，可以选择在协会分会内部，也可在受培训公司的内部，协会还会定期对学员的学习进度和学习效果进行评估，实时调整课程安排。

商务意大利语课程则针对已有良好意大利语语言基础、希望提高意大利语商业用语能力的人士，帮助他们更好地融入意大利的工作环境，为寻找工作的人提升就业机会，让已经参加工作的人提升企业文化融入度。以米兰为例，该类课程一般开设在两个时间段，每年2—4月和10—12月，每周两次课，每次两课时，使用的教材是为本课程特别编制的教材，涉及房产、旅游、银行、时尚、饮食等各个方面。课程为小班教学，所收取的培训费用要远高于针对普通学生开设的课程。

企业培训课程和商务意大利语课程是但丁协会语言培训的一个重要特色，也深受意大利本土和国外企业的欢迎。曾参加过公司课程培训的著名企业和文化机构包括：

瑞典的阿法拉伐公司（Alfa Laval）、宝马公司米兰分公司、玻利维亚驻米兰总领馆、波斯尼亚和黑塞哥维那总领馆、瑞士联邦铁路公司（SBB）、美国保险业巨头杰柯汽车保险公司（GEICO）、合益集团、米兰希尔顿宾馆、塞万提斯学院、奥的斯电梯公司等。

五、文化活动

意大利作为一个中等规模的区域力量实体，其悠久的历史和丰富的文化遗产是其向全球展示自己独特文化身份的主要支柱之一。从古罗马时代至文艺复兴时期，意大利为世界文化作出了无可估价的贡献，而在最近的200年里，意大利文化的影响力却远不如英法等其他国家。不管从科技还是艺术领域来看，现代文化都并非产生于意大利。然而，意大利虽然不像英、法、西、葡等国在海外拥有大量殖民地，其语言也并非广泛传播，但是却可以以其密集的经济、文化和政治的网络开展文化宣传。语言反映一个民族的特征，它不仅包含着该民族的历史和文化背景，而且蕴藏着该民族对人生的看法、生活方式和思维方式。语言与文化互相影响，互相作用；理解语言必须了解文化，理解文化必须了解语言。文化是形形色色的，语言也是多种多样的。由于文化和语言上的差别。互相了解不是一件容易的事，不同文化间的交流常常遇到困难。作为一个语言文化服务机构，除了语言培训之外，但丁协会也将文化推广活动作为其工作的重要组成部分。语言课程和文化推广活动互相融入和促进，文化活动的资金来源主要是培训课程收取的费用，在语言培训课程中也会有文化的学习课程。无论是在罗马还是在海外，协会的各个分支机构每年都组织包括课程、沙龙、研讨会、讲座在内的形式多样的文化活动，在全世界范围内推广和传播意大利文化，可以说世界上许多关于意大利的文化活动都能找到但丁协会的痕迹，但丁协会已经成为最重要的意大利文化推广机构了。

由于在宣扬意大利文化方面所作出的突出贡献，但丁协会于2007年7月被意大利文化遗产与活动部授予黄金勋章以及文化机构第一等级认证。2012年7月，但丁协会加入欧盟文化中心合作组织，以意大利文化为出发点，利用自身的组织网络和资源在世界范围内推广欧洲文化。

但丁协会的文化推广活动涉及文学、艺术、历史等各个层面，除了和语言培训课程一同被纳入ADA教学计划的文化培训课程之外，多数的推广活动为面向公众的免费活动，其资金来源主要为会员缴纳的会费和语言培训课程的收入。

接下来我们就结合协会的具体活动来了解一下它的文化推广政策。

（一）被纳入 ADA 教学计划的文化培训课程

但丁协会的文化活动之一是各种文化课程。文化课程通常被分为两类：一是被纳入 ADA 教学计划的文化培训课程；二是面向公众的文化普及课程。

被纳入 ADA 计划的文化培训课程和协会的语言培训课程共同开设，同步进行，培训的目的除了学习初级的文化常识之外，同时也是为了配合 PLIDA 语言等级考试中涉及文化部分的内容。PLIDA 考试中心是文化培训课程的主要负责者，负责课程内容和老师的安排。这类文化培训课程为收费活动，主要安排在意大利境内的但丁协会分支机构进行，针对在意大利生活有需求的外国人。海外的协会分支多以组织免费的面对公众的普及课程为主。

1. 协会总部罗马所设置的文化培训课程颇具代表性，主要包括以下内容：

艺术史课程：

该课程共 20 个课时，学习期限为 1 个月，报名费为 150 欧元；课程内容主要围绕意大利文艺复兴的兴起和发展，介绍文艺复兴时期重要的艺术家、文学家及其代表作品。

意大利历史课程：

该课程共 20 个课时，学习期限为 1 个月，报名费为 150 欧元；课程主要内容为古罗马史，介绍古罗马兴起、发展和衰落及其对欧洲的影响。

多媒体艺术史课程：

该课程共 16 个课时，学习期限为 2 个月，报名费为 120 欧元；课程主要内容涉及意大利文艺复兴、巴洛克、新古典主义等，教学手段包括投影展示，参观博物馆、画廊和古代遗迹等，比较直观地学习和体会意大利艺术史知识。

2. 佛罗伦萨的文化培训课程主要分为四类，每一类都为 15 个课时，学生可以选择一门课程或者同时参加，每一种课程收费 150 欧元，四类课程同为入门级别，包括：意大利艺术史入门、意大利文学入门、意大利历史入门、古典音乐及歌剧入门。

3. 米兰的文化培训课程时限较长，一般从每年的 10 月开始至次年的 5 月止，每周两个课时，收费为 450 欧元；常设的课程包括：意大利文学概况、歌剧唱词选读等。

通过以上三个城市的主要文化课程培训设置可以看出，相对于语言培训课程来说，文化培训课程内容较少，主要针对的是意大利历史、文学、艺术，课程也多为入门级别，课程每周的课时数较少，收取的费用也相对较少。文化培训课程主要是对语言培训的知识补充和完善，如果想对意大利文化有更深入的理解和把握，必须借助其他类型的文化活动。

（二）文化讲座和普及课程

但丁协会每年会花很大的精力组织成体系的系列免费讲座和课程，面向生活在意大利的本国和外国公众群体，邀请意大利知名的专家、作家，讲座主要针对意大利艺术、文学、历史等文化领域，甚至包括旅游、饮食文化等，内容主要为知识普及，而并非精深的专业讨论，便于普通民众的接受和认知。

在这些系列讲座和课程当中，关于但丁和《神曲》的探讨始终是重要的组成部分，这是因为但丁是意大利民族文学之父，是意大利文化的最重要的象征符号，同时他也是整个但丁协会的形象象征，在意大利乃至全欧洲针对但丁及其作品的研究始终没有停止过。协会将对但丁及其作品的研读，以及他同现代意大利社会的关系作为文化推广活动的特色板块，自始至终坚持下来。

例如在 2014 年，协会组织的“地狱马拉松”系列讲座就很好地坚持了这一传统。活动针对的是对于但丁代表作《神曲》地狱篇的文本分析和阅读建议。活动总共安排了 10 场面向公众的免费讲座，挑选了地狱篇中最著名的第十歌进行分析，10 场讲座的主题分别为：

第一歌：神曲序幕，但丁在幽暗丛林中遇到了恐惧和希望
第三歌：开始地狱旅程。那个拒绝的人是谁？
第五歌：保罗和弗兰齐斯卡：死恋中的永恒情侣
第十歌：但丁和法力纳塔：古代骑士逻辑中的死敌
第十三歌：自杀的丛林：腓特烈二世宫廷中的神秘阴谋
第十五歌：遇到布鲁内托：但丁对于大师的崇敬。一个新的假设
第十九歌：买卖圣职者：但丁对于那些为了钱篡改上帝本质的教皇的蔑视
第二十三歌：虚伪者的凄凉行进。安娜和盖法斯
第二十六歌：尤利西斯的叙述，但丁面对希腊英雄冒险的矛盾感情
第三十三歌：乌戈里诺伯爵和但丁的孩子

地狱篇中的精华在这10场讲座中得到了充分的体现。由于同意大利文学传统的贴合，讲座也收到了意大利人的热烈响应。

除了关于但丁的讲座和研讨之外，针对意大利文化的其他层面但丁协会每年也会组织很多课程。2014年但丁协会组织了主题为“身处当代”的讲座课程，针对当代艺术邀请了诸多行业专家，面对普通民众开设了共计10场的讲座：

圆桌会议：20世纪艺术：从1945年至今——从艺术的国际历史出发思考意大利的定位
课程：冷战时期的艺术
课程：后原子能时期和主体崩溃
课程：作为“空间事件”的艺术——从未来主义到偶然主义
课程：新先锋派和艺术超越
课程：失落年代的工程师们——杜尚和曼佐尼
课程：罗马和世界的60年代
课程：大事理论——躯体、自然、思维
课程：通过“历史”艺术家及其作品认识意大利主体
课程：当代艺术的未来发展

十场课程包含了历史、艺术、哲学等各个方面的内容，从不同侧面解析了当代文化，内容以意大利为主，同时还扩展到了世界史范畴。

2014 年但丁协会还针对文学举办了题为“伟大诗歌”的系列专题讲座，针对意大利文学史上最著名的四位诗人，邀请各高校的教授学者，对几位诗人自身和他们的作品进行重新剖析，并结合意大利著名城市，在意大利著名风景中寻找诗人的印记。

但丁·阿里基耶利：美丽意大利。活动介绍
托夸托·塔索：哭泣吧，山丘，还有你们，高傲的山峰。罗马和科丽娜的侦探小说
乌戈·弗斯科洛：那片海是你的摇篮：从希腊到威尼斯
乔苏埃·卡尔杜齐：美丽的地方，无以伦比：马雷玛和威斯里亚，起源的地方
但丁·阿里基耶利：我休憩的橄榄园：佛罗伦撒的不同面孔
托夸托·塔索：美妙、已近消失的景色：费拉拉，警笛和监牢
乌戈·弗斯科洛：污秽的吟游诗人：拿破仑、雅各宾时期的米兰
乔苏埃·卡尔杜齐：女神，罗马沉睡于此：古典和世俗的罗马
但丁·阿里基耶利：心在那里腐化：罗马涅大区的城市和城堡
托夸托·塔索：我这迷途的朝圣者：漫游意大利
乌戈·弗斯科洛：我呼喊着，愿上帝护佑你：佛罗伦撒，意大利的象征
乔苏埃·卡尔杜齐：城邦，朴素的品德：城邦时代的意大利

从以上的各种文化活动，我们可以看出但丁协会在组织各类文化活动时有以下几个特点：

按照免费原则，将活动扩展到所有人群。协会在各类文化讲座和沙龙中邀请了意大利知名学者或者高校就职的教授，费用来自协会各种培训课程的收入，在面向公众的时候，采用免费开放的原则，吸引尽量多的人来参与，在确保活动效果的同时，始终贯彻非盈利组织的原则。

活动内容主要涉及文学、艺术和历史，而各种讲座和公开课程的内容也相对比较浅显，多数为普及性的知识，例如我们看到的关于但丁《神曲》的品读，如此，可以面向更广的受众群体，达到宣传、普及文化知识的目的。活动的内容也努力做到贴近生活，让参与者以自己熟悉的简单方式从各种角度来理解意大利文化，比如我们看到的从地缘因素来理解诗歌作品等。这种形式受到了人们的普遍欢迎，仅仅“地狱马拉松”系列课程的10场讲座就吸引了2000多名听课者；活动以意大利文化为中心适当向欧洲和世界范畴扩散，将意大利文化融入更广泛的文化背景之中。

课程时间较为集中。但丁协会主要的系列讲座项目都集中在上半年，从1月到5月，如我们刚刚提到的三次系列课程都是集中在这个时间段。上半年是文化推广活动的高峰期，而下半年则主要是文学公园的活动和书籍推介活动，以及为下一年度的系列讲座做准备。

文化系列活动的主体是罗马但丁协会总部，活动举办地为翡冷翠大楼内部。意大利主要委员会，包括米兰、博洛尼亚、佛罗伦萨等，以罗马活动为指导开展自身活动。例如在2014年2—4月间，当罗马举行“地狱马拉松”的同时米兰举行了系列针对但丁《神曲》天堂篇的讲座。至于海外协会分支则相对比较独立，可根据自己国家的情况组织具有特色的文化活动。

（三）文学公园活动

文学公园活动是但丁协会在文化推广方面的一个创新，活动的内容是通过组织各种旅游路线，参观和游历意大利各时期伟大作家所生活和创作的地方，切身体会作品的内容和作家融入到作品当中的各种情感。这些地方包括城市、乡村，也有作品中提及的古迹、广场、花园、喷泉等，这些经典往往已经成为地方的象征和文化遗产。当人们参观它们的时候，就仿佛跟随着作者一起行走在作品的字里行间，经历着作者当时的情感和生活，让人们品味、触摸、观察当时促使作家创作作品时所知、所感的一切，具有极强的感观效果。

文学公园活动开创性地将文学活动移至户外，配合规划好的线路和导游讲解，将文学理解同其他特色活动结合起来，如表演、饮食、手工活动等，不仅能对文学作品本身有更直接的、更深入的了解，同样也是了解地方文化、体会文化遗产价值、贴近自然的理想手段，这样文学不仅仅为人们的精神世界服务，更成了保护自然、保护文化遗产的工具，而文学公园活动本身的意义和影响也变得更深、更广。

文学公园活动遍布意大利各个大区和主要城市，活动的组织主要依靠当地的但丁协会分支委员会，活动时间通常为一到两天。但丁协会每年会组织十次左右的文学公园活动，活动地点遍布意大利各个地区，活动时间贯穿全年。2014 年上半年罗马文学公园的活动主要包括：

文学公园活动名称	地点所在大区	活动时间
在加尔特利和格拉齐娅·黛拉达一起度过复活节	萨丁	2014 年 3 月 6 日
奥斯蒂亚的帕索里尼：宁静的罗马海滨小城	拉齐奥	2014 年 3 月 20 日
克罗托内的毕达哥拉斯：在大海和山脉之间发现古希腊文化	卡拉布利亚	2014 年 3 月 27 日
一起品尝德·桑蒂斯作品《选举旅程》中描写的伊尔皮尼亚的地方美食	卡拉布利亚	2014 年 5 月 8—9 日
彼特拉克和尤嘉内山丘：艺术家、诗人永恒的灵感来源	威内托	2014 年 6 月 5 日

除了这些短期的活动之外，但丁协会还积极和各地区的旅行社和文化机构进行联系与合作，制定并开展了内容固定的文学公园活动，例如：但丁的足迹（Terre di Dante）。这个活动主要是追踪 700 年前但丁遭受流放时所走过的地区，组织感兴趣的人重游这些地方。协会精心制定了各种线路，活动时间从两天到七天不等，在短期的文学公园活动的基础上增加了丰富性以及更多选择，感兴趣的人可以选择自己参加或者组队共同参加，并可配备导游。这不仅丰富了文化推广活动的内容，还可以为协会增加收

入来源，其形式非常值得借鉴。

六、PLIDA 语言水平考试

但丁协会的一个重要日常工作是组织 PLIDA 意大利语言水平测试以及安排对应的教学活动。作为一个文化大国，意大利向来重视对本国语言的保护，意大利人自己也十分珍视自己的语言和文化。因此，到意大利无论是工作还是学习，甚至是旅游，掌握一定程度的意大利语都是十分必要的。根据意大利教育、大学与研究部在 2006 年 10 月 9 日通过的有关外国留学生意大利语水平的协议，进入意大利大学学习的外国学生，需要具备一定的意大利语语言水平。这一协议更加使得学习意大利语成为必须。在几种意大利语言水平考试中，CELI 和 CILS 考试，依托佩鲁贾外国人大学和锡耶纳外国人大学在教授二外意大利语方面的优势成为最古老、认知度最高的考试，而 PLIDA 则依托自身文化推广的优势和与意大利最古老的大学罗马智慧大学的合作成为自 20 世纪 90 年代以来发展最快的意大利语言等级考试，其先进的考试内容和更加便捷的考试体系受到越来越多前往意大利求学的年轻人的青睐。

PLIDA 考试全称为“Progetto Lingua Italiana Dante Alighieri”（但丁协会意大利语言计划），它是但丁协会根据与意大利外交部签署的协议（4/11/1993《法令》第 1903 条）而颁发的证明所有者意大利语语言水平的官方证书，2004 年 6 月 29 日协会和罗马智慧大学（l'Università“La Sapienza”di Roma）签署协议，智慧大学承认 PLIDA 考试资格，并协助但丁协会进行教学和组织考试活动。此外，意大利劳动和社会政策部于 2002 年 10 月 18 日通过协议，承认 PLIDA 证书的效力。持有 PLIDA 证书的外国学生，在申请报读意大利大学时，可用作证明已具备在意大利留学的语言水平。

PLIDA 考试主要针对的人群是由于学习、工作或者其他原因而需要证明自身意大利语语言能力和水平的母语为非意大利语的外国人，当然母语为意大利语的意大利人也可以参加考试。

（一）PLIDA 考试的等级

PLIDA 考试共分为六个等级，从最低级的 A1 起步水平，至最高级的 C2 精通水平，以评估考生的意大利语水平。PLIDA 考试的等级划分是根据欧洲理事会的欧洲语言学习、教学、评量共同参考架构之语言能力分级参考标准而设定的，具体划分如下：

意大利语等级—基础

PLIDA 证书 A1—起步；

PLIDA 证书 A2—初级。

意大利语等级—进阶

PLIDA 证书 B1—入门；

PLIDA 证书 B2—中级。

意大利语等级—专业

PLIDA 证书 C1—熟练；

PLIDA 证书 C2—精通。

其中，PLIDA A2 级别或更高等级别的证书可用于申请意大利长期居留证。

各等级考试的具体内容根据欧洲语言教学共同纲领的语言能力等级水平设定标准：

A1 起步水平

能了解并使用熟悉的日常用语和词汇，满足基本沟通的需要。能介绍有关自己及他人的背景资料。在此阶段的人士，需要在使用意大利语的对话者的协助下，进行简单的互动交谈。

A2 初级水平

能独立进行基本的沟通，并完成简单的任务，以应付不同语言环境如个人层面、地理环境、工作及购物等方面的沟通需要。

B1 入门水平

在面对熟悉的事物时，能理解口头及书面信息。在此阶段的人士，能用意大利语应付旅游的基本需要，并使用意大利语表达意见和作简单解释。

B2 中级水平

可以在学术环境（例如报考学校和大学）及其他类似场合中使用意大利语（例如报考专业训练课程和在职培训课程），并能应付需要与公众接触的专业活动（例如贸易、工艺）。能在讲意大利语的环境中自然流畅地与别人沟通，及在相关专业领域的活动中使用意大利语。

C1 熟练水平

展示对意大利语及意大利社会有深入的认识，并能参与复杂的工作（例如商业、工业和行政管理方面等专业活动）。能达到此水平的人士，可以理解复杂的文章内容，领悟隐藏的深意；也能针对复杂的议题撰写出结构完整的文章。

C2 精通水平

证明对意大利语技巧的掌握已达到母语水平，也对意大利文化有深厚的认识，可以从事所有类型的专业工作。对于选择教授意大利语为第二语言，或有志投身高层次专业工作的人士，这是必须具备的语言水平。

参加 PLIDA 意大利语水平考试的考生可直接报考其认为最接近自己意大利语语言能力的等级，而不必通过低一等级的考试，也可以同期报考多个等级。

（二）PLIDA 考试结构

PLIDA 意大利语水平考试各等级考试均分为四个部分，分别检测考生听、说、读、写四个方面的基本语言能力。考试时间因等级不同而异，由最低等级的 100 分钟至最高等级的 235 分钟不等。具体的时间标准如下表：

	听力	阅读	口语	写作	共计时间
PLIDA A1	35 分钟	30 分钟	10 分钟	40 分钟	115 分钟
PLIDA A2	25 分钟	30 分钟	10 分钟	40 分钟	105 分钟
PLIDA B1	35 分钟	30 分钟	10 分钟	50 分钟	125 分钟
PLIDA B2	35 分钟	30 分钟	10 分钟	50 分钟	125 分钟
PLIDA C1	35 分钟	45 分钟	15 分钟	90 分钟	185 分钟
PLIDA C2	40 分钟	45 分钟	15 分钟	135 分钟	235 分钟

（三）考试结果评量和颁发证书

PLIDA 意大利语水平考试每项测试总分均为 30 分。要通过考试，考生须在每项能力（包括听力、阅读、口语和写作）测试中均取得及格分数，也就是 18 分。最低及格总分为 72 分（72/120），最高则为 120 分（120/120）。如果考生在 4 项考试里至少有一门达到了及格，就有权在下一期或下二期的考试里补考，并且只考没有通过的项目。这种补考方式非常灵活，非常有利于学生安排时间，因此很受考生的青睐。

考试完结后，试卷将由各等级证书颁发中心送往但丁协会总部，在送达日起 60 天内批阅和评分。总部会向及格考生颁发证书，并送往各中心。证书上除了考生资料外，还会注明考试级别、单项能力分数和考试总分。

根据意大利私稳法例（法令，675/96）的规定，有关资料不能以任何形式对外公开。

（四）考试时间安排

在但丁协会意大利本土机构组织的 PLIDA 考试当中，测试主要安排在每年的 11 月，这个月通常会有从 A1 到 C2 所有等级的考试。在 4 月会安排 B2 和 C1 级别的考试；5 月会安排 A2、B1、C2 等级的考试；6 月会再次安排 B2 和 C1 级别的考试；8 月和 9 月都会安排 B1 和 B2 级别的考试。

对于来意大利留学的外国学生来说，意大利高校的预注册门槛一般是语言等级水平需达到 B1 或者 B2。对于这两个级别的考试安排的是最多的。这种分等级、分月份的考试安排不仅比较灵活，而且也相应地节省了考试的成本。

而在海外考试组织上，各个海外分支机构则有较大的自主性，可根据当地的情况具体安排考试时间。

（五）PLIDA Juniores 青年意大利语水平证书

PLIDAJuniores 青年意大利语水平证书是但丁协会根据与意大利外交部签署的协议（4/11/1993《法令》第 1903 条）而颁发的官方证书，证明持有者的意大利语语言水平。PLIDA Juniores 语言水平考试所针对的对象为 13—18 岁的青年人。PLIDA Juniores 证书的等级结构与 PLIDA 证书相同，二者具有等同的学术价值，两者的差别在于 PLIDA Juniores 考试在内容设计上，特别针对与青年人沟通的内容。PLIDA Juniores 考试的内容以青年人日常生活为基础，针对家庭关系、学校环境及非正式场合的沟通需要。至于有关成年人日常的生活范围，例如工作环境，并不是这个考试所要针对的主题。

PLIDA Juniores 根据欧洲理事会所制定的欧洲语言教学共同纲领的标准，一共分为五个等级，从 A1 起步水平至 C1 熟练水平。该证书与其他语言水平证书不同之处在于它并不设最高的 C2 精通水平。原因是 C2 等级要求考生具备有关工作方面的专业语言能力，超出了青少年的日常生活范围，对学生的学习构成很大的局限。

在考试结构、考试时限、考试结果评量等方面，PLIDA Juniores 与 PLIDA 考试基本相同。PLIDA Juniores 的考试时间通常安排在每年的 6 月和 10 月。

PLIDA 连同 PLIDA Juniores 考试的安排和培训是但丁协会的最重要的工作，也是各个分支协会的重要工作，是协会运作所需资金的最重要来源。课程安排和考试内容以 ADA 教学计划为核心进行统一安排，PLIDA 考试中心也因此成了但丁协会的重要组成部分。考试中心还和意大利著名的教育类图书出版社 ALMA 出版社合作，推出了 ALMA—PLIDA 图书计划，专门针对 PLIDA 考试推出了系列辅导丛书，还有历年真题和仿真试题，方便学生进行学习和考试准备，同时也扩大了协会的收入。

七、但丁协会重要的海外分支

意大利但丁协会在世界 64 个国家和地区的重要城市中设有 400 多个分支委员会。在海外设立分支机构，可以充分利用当地的信息平台与渠道以及丰富的人力资源，可以促进意大利境内与境外相关领域专家与人才的互动与交流，可以为但丁协会的国际交流提供一个长期稳定的窗口，进一步促成协会的国际化，亦可促进协会用人制度、活动组织形式和评价体系的改革。但丁协会设立于海外的这些分支委员会的任务是结合当地民众的文化特征和地理、气候因素，有针对性地组织和开展语言课程和文化活动，在当地推广意大利语言文化。

这些海外分支机构是协会的重要组成部分，它构成了一个巨大的文化网络，使得但丁协会的触角能够触及世界各地的民族和文化，与之进行交流融合。它在协会的两大工作主线，语言培训和文化推广活动中都起到了重要的作用：语言培训方面，海外分会的存在大大扩大了培训课程的招生范围，使得更多的人能够参加到培训和考试中来，扩大了培训课程的影响力，提高了 PLIDA 证书的知名度和权威性；文化推广活动方面，各个海外机构根据当地的具体情况，结合不同的民族特色与文化特色，组织了形式非常多样、富于趣味性的活动，丰富了协会的服务内容，也给协会带来了诸多活动推广的启发，有助于协会的健康发展。

下面选取但丁协会在各大洲的一些重要的、具有代表性的分支委员会，就这几个重要的海外协会的历史发展概况、行政管理构架、课程设置、活动组织与特点等方面进行分析，看看这些海外机构在但丁协会语言文化推广政策中所起到的作用。

（一）美国迈阿密但丁协会

但丁协会共在美国的九座城市中设有分支委员会，包括安克雷奇、丹佛、迈阿密、纽约、波斯顿、西雅图、普韦布洛、密歇根贝城、匹斯堡。几个协会中最活跃的要数最南部的迈阿密分会。

美国迈阿密但丁协会是在时任市长劳尔·弗里和时任意大利驻迈阿密总领事马可·洛卡的大力支持下成立起来的。协会成立于1997年，协会旨在满足城市市民对意大利文化和意大利语言的兴趣，面向所有市民推广意大利传统文化，推动美国和意大利的民间交流。协会第一间办公室位于著珊瑚山墙区（Coral Gables）著名的道格拉斯入口建筑内部。

从成立至今，迈阿密但丁协会始终致力于在整个城市范围内推广意大利语言文化课程，举办各种文化活动，同时配合意大利在美国的各种文化宣传活动，多年来取得了显著的成效，意大利元素在迈阿密城市中越来越多，协会也得到了很大的发展。

协会组织的各种活动包括意大利语言课程、品酒会、烹饪课程等，还有各类暑期留学计划、海外留学计划、意大利驻迈阿密企事业实习计划等，形式多种多样。现在注册于但丁协会的会员和学生超过2000人，协会以意大利驻迈阿密总领馆为主要合作伙伴，其他合作伙伴还包括迈阿密大学建筑学院、迈阿密达德学院（Miami Dade College）、迈阿密达德图书馆、佛罗里达大剧院（Florida Grand Opera）、珊瑚山墙区政府、意大利阿布鲁佐大区政府，罗马巴尔贝里尼博物馆（Museo Barberini）、意大利驻美国商会（Italy America Chamber of Commerce）、迈阿密国际文化联盟（Miami International Cultural Alliance）。协会的宗旨是满足各个年龄层、各个国家、宗教人士对意大利以及这个国家的传统和魅力的热爱。

在语言培训课程方面，协会提供A1—C2所有级别的课程，课程为常年开班，课时为8周，每周两次，每次一个小时，班级人数控制在5—10人。课程为语言学习，但不与语言考试PLIDA严格挂钩。

迈阿密但丁协会的最大特点并非语言课程，而是以形式多样的文化活动，吸引许多文化爱好者的参与。这些文化活动主要包括：

1. 意大利市场：这是迈阿密但丁协会与珊瑚山墙地区博物馆合作举行的活动，每年 10 月、11 月、12 月的首个星期六在博物馆举行，在市场中观众将可以看到和购买到意大利的特色食品、书籍、古董、手工品等。市场面对所有市民开放，免费入场。经过几年的发展，意大利市场活动已经变成了迈阿密的标志性文化活动，每年都吸引着大量的市民前来参观。

2. 烹饪课程和品酒课程：协会在每个月的固定时段举办时长两个小时的意大利烹饪和品酒课程，向参与者介绍意大利饮食文化。

佛罗里达和迈阿密独特的独家文化使得迈阿密但丁协会具有了鲜明的特色，语言培训活动已经不是主要活动，趣味性十足的文化活动成为协会活动的主线，并吸引了大批当地意大利文化爱好者，在一定程度上也扩大了协会在当地和该区域的影响力。

（二）莫斯科但丁协会

但丁协会在欧洲的 42 个国家和地区设有分支委员会，欧洲是但丁协会开设分支委员会最多的大洲。其中在俄罗斯的五座城市中设有分支协会。莫斯科但丁协会无疑是这五家中最重要的一家，并且凭借其与欧洲其他协会的联系和各种活动，使其成为最有特色的欧洲分会。

莫斯科但丁协会成立于 1908 年，推动协会成立的是当时在莫斯科生活和工作的意大利企业家们。1917 年十月革命之后，协会解散。但在莫斯科始终活跃着大量的意大利语言教育者和学者，他们始终致力于协会的重建工作。但协会真正的重建是在 1991 年苏联解体之后。2000 年在莫斯科埃尔米塔日博物馆的花园内举行了但丁像的揭幕仪式。从那时候起，每年的 5 月都会在那里举行意大利诗歌节，这已经成为协会组织的一个固定活动项目。但这仅仅是协会举办诸多活动中的一项。

在意大利语言培训方面，莫斯科但丁协会的语言培训课程从每年的 9 月进行次年到 6 月，每个班级的学生人数控制在 5—10 人。基础班授课时间为 8 个月，每周两次课共 3 个课时。教师为俄罗斯本国教师。基础课程结束之后，学员可以选择跟读意大利母语教师的深化课程。协会还可以根据个人或者企事业单位的需求而定制特殊课程，如商务课程及音乐、艺术史等文化课程。

但莫斯科但丁协会并不以语言培训为主要工作，而是以各种文化活动和与其他协会合作的形式而与众不同。

文化活动形式多样，主要包括：

1. 展览

展览主题不一，包括意大利和俄罗斯的画家与摄影家，还有各类书籍展、文物展等。曾经举办过的展览包括意大利画家多米尼克·安东尼奥所创作的但丁《神曲》插画展；“费拉拉在莫斯科”画展；纪念普希金200年诞辰的“普希金和意大利”文物展；“意大利抵抗运动中的苏维埃战士”文物展等。

地理上莫斯科和意大利相距甚远，而这些活动却将俄罗斯和意大利两个遥远的国度用文化的纽带连接在一起，拉近了两国人民的距离。从这个意义上来说，莫斯科但丁协会在整个但丁协会的语言文化推广政策中起到了不可忽视的作用。

2. 讲座

莫斯科但丁协会所组织的讲座通常被制成一个系列，几次讲座围绕一个共同的主题进行，内容涉及艺术、历史、文学等方面，讲座中间配有各种图片、影片放映，甚至是诗歌朗诵等多种元素，力求讲座气氛活跃。举行过的系列讲座包括罗蒙诺索夫国立大学的各位艺术史教授联合举办的“托斯卡纳美丽的城市和文艺复兴”系列讲座；莫斯科国立大学教授关于威尼斯共和国的系列讲座；莫斯科国立大学艺术学院关于意大利戏剧的系列讲座等等。

与其他但丁协会的共同协作也是莫斯科但丁协会的一大特点。

莫斯科但丁协会每年都会和意大利各但丁协会以及俄罗斯其他地区的协会合作，举办各种活动，包括参观、短期访学、语言学习课程等。从

2008 年开始，莫斯科但丁协会和意大利各城市的但丁协会分支合作，举办了“意大利天才在俄罗斯”的参观活动。意大利但丁协会的会员应邀来莫斯科和圣彼得堡进行为期 8 天的参观，首次合作的对象是塔伦托但丁协会。该活动取得了非常热烈的反响。

（三）埃及开罗但丁协会

意大利但丁协会在非洲的 6 个国家设有分支委员会，分别是：摩洛哥、埃及、南非、刚果共和国、突尼斯、津巴布韦。

由于地域的限制，以及政治和经济方面的各种原因，意大利但丁协会在非洲的分会规模都比较小，活动也比较少。其中埃及开罗的但丁协会历史最为悠久，同时也是开展文化活动最好的一个分支委员会。

开罗但丁协会成立于 1896 年，是协会最古老的海外分支之一。在第一次世界大战之后，协会开始致力于推广意大利文化和教授意大利文学与艺术。协会在埃及广受欢迎，招收学员近千人。在 20 世纪 30 年代，协会开设了新的下属机构，称为“达芬奇课程”，专门为兴趣爱好者提供晚间课程，教授绘画和雕刻。协会活动由于第二次世界大战而中断，二战后协会重新开始它的活动，新开设了克劳迪奥·蒙特威尔第音乐学院，教授意大利音乐及其历史。20 世纪 50 年代协会异常活跃，举办了许多电影展放、音乐欣赏、讲座、考古餐馆、业余戏剧表演等活动。1965 年，在纪念但丁诞辰 700 年时协会在埃及出版了记录但丁生平和作品的阿拉伯语著作。如今，协会提供不同水平的意大利语言文化课程，同样还有为公司和机构提供的特殊定制课程。

（四）香港但丁协会

但丁协会在亚洲 14 个国家和地区开设有分支委员会，在中国的北京和香港有分支协会。北京主要是 PLIDA 考试服务机构，相比较而言，香港的但丁协会提供的活动要丰富很多。

PLIDA 考试依旧是香港但丁协会的主要工作，协会在每年的 5 月和 11 月组织两次 PLIDA 语言水平测试，是香港唯一可以提供意大利语言水平证明的考试。提供的语言培训课程包括大班教学、小班精品教学、私人教学、企业课程等，此外还提供拉丁语和汉语培训，形式多样。

除了语言课程之外，香港但丁协会还和意大利驻香港总领馆、意大利商会、曼佐尼学校以及其他意大利文化机构合作，组织各种文化活动，比如一年一度的秋季葡萄节，还有各类烹饪课程、品酒会、户外意大利语课等。此外协会还为社会提供翻译服务。

由于亚洲，尤其是中国有着庞大的留学潜力，“图兰朵计划”和“马可·波罗计划”为中国学生打开了通往意大利留学的大路，面对庞大的留学市场，无论是香港还是北京的但丁协会，都将语言培训作为资深的最主要活动，争取更多的生源，在和 CELI、CILS 的竞争当中占得先机。

八、结语

通过了解意大利但丁协会及其海外分支的语言文化推广政策，我们可以从中受到一些启发，对于我们推广中国的汉语文化有很大的借鉴意义。

1. 文化推广机构的主管可以由政府官员直接出任。但丁协会的历任主席都曾在外交部或者意大利其他政府部门中担任要职。这样的背景有助于文化机构争取更多企事业单位的支持，构建更大的交际网络，争取更多的经费来源，保障机构的正常运转和活动的有序开展。

2. 在语言培训方面，应当出台统一的教学计划，规范教学内容，对教学活动进行统一指导。拥有 500 多个分支机构的但丁协会靠着 ADA 学习计划协调了所有的教学活动，保证了培训工作有条不紊地进行。在统一教学计划的指导下，根据不同地区的实际情况可以对培训课程作出微调，有不同的侧重点，如米兰分会侧重公司课程培训，佛罗伦萨分会开设更多的文化培训课程，而在学习气氛并不浓厚的美国迈阿密则更加注重基础意大利语的培训。

3. 文化推广机构应当贯彻非营利性的原则，将语言培训工作作为辅助，培训收入仅仅作为推广工作的经费来源，而不应以创收作为主要目的，这样才能在诸多文化机构中赢得信誉和口碑，并面向范围更广的受众群体，扩大机构所组织的各项活动的影响力，从而更有效地宣传和推广语言与文化。

4. 对于文化活动的组织应当成体系，并且有连贯性。但丁协会罗马总部的活动就非常成体系，每年都有同系列的讲座和课程，使参加者能够通过几次课程的学习对一个文化现象有比较深入的理解，这是现代社会中多数人的一个文化需求。连贯性则突出体现在文学公园活动中，其中“但丁的足迹”主题活动将意大利各个大区列入活动范围，使活动成为了一个连贯性的大型主题活动。完整的体系和连贯性可以保证文化活动的深度和广度，让活动参与者体会到学习的乐趣，满足活动参与者的精神需求，更好地达到普及、宣传与推广的效果。

5. 对于成功的文化推广机构来说，建立一个庞大的海外网络是必不可少的，但对于海外分支的管理一定要坚持对立统一的原则。在总体方针上必须遵循总会的要求，同时在各种活动的组织上要考量当地的文化特征而做出具体安排。但丁协会在这一点上做得比较出色，比如在美国的海外机构其活动侧重于丰富有趣的文化活动，而面对培训市场庞大的中国市场，中国的但丁协会则将工作重心放在了语言培训和 PLIDA 考试组织上来，适合当地国情和文化特征。

在全球化进程中，语言不仅仅是国家和民族之间交流和沟通的桥梁，语言的国际化程度更是国家综合实力的体现。世界各国都从战略上高度重视国家语言的对外推广与传播，语言推广与文化传播已成为增强国家文化软实力、提升国际地位的重要战略举措。中意两国国情不同，孔子学院与意大利但丁协会也存在差异。以上几点是但丁协会在文化推广工作方面，从机构构成、活动设置、组织管理等各个方面带给我们的一些启发，是我们在推广自己语言和文化的时候可以借鉴和学习的。

（王建全　陈丽洁）

【参考文献】

1. Pasquale Villari, La società Dante Alighieri e l'attività nazionale nel Trentino, Istituto per la storia del Risorgimento italiano, 1964, Trento.

2. Beatrice Pisa, Nazione e politica nella Società Dante Alighieri, Bonacci, 1995, Milano.

3. Cristina Bosisio, Dagli approcci tradizionali al quadro comune europeo di riferimento, 2005, EDUCatt, Milano.

4. http://www.ladante.it.

5. http://www.enit.it/.

6. http://epp.eurostat.ec.europa.eu/portal/page/portal/statistics/Themes.

7. http://www.esteri.it/mae/it (Rapporto Congiunto Ambasciate/Consolati/ENIT 2012).

8. http://www.istat.it.

9. http://www.italia.it/it/home.html.

10. http://www.italiacomestoyou.com/.

11. http://www.federturismo.it/.

12. http://plida.it/plida/.

13. http://italian.cri.cn/chinaabc/.

14. http://www.ontit.it/ont/.

15. http://www.unesco.int/new/en/member-states/.

16. http://it.wikipedia.org/wiki/Pagina_principale.

17. http://www.scio.gov.cn/xwfbh/gssxwfbh/xwfbh/shanghai/Document/1216631/1216631.htm.

18. http://www.dantemiami.org/.

第八章 卡蒙斯学院语言推广战略研究

【摘要】作为葡萄牙语言文化对外传播的窗口，葡萄牙外交部下属的卡蒙斯学院长期以来一直在语言文化推广方面起着至关重要的作用。本章从葡萄牙语言历史出发，通过介绍卡蒙斯学院的历史与现状，性质、宗旨、使命及战略目标，组织管理模式，工作内容，活动范围，资金来源与财务运作及其工作成效，全面分析了卡蒙斯学院的重要性及其原因，并希望借此能够对推进中国孔子学院建设提供一定的借鉴意义。

一、葡萄牙语简介

葡萄牙语是世界第六大语言，在亚、非、欧、美等四大洲有2.4亿人口说这种语言。葡萄牙语起源于位于欧洲大陆西端的葡萄牙，但在15世纪和16世纪，随着葡萄牙航海家驰骋大海，开辟航路，陆续到达美洲、亚洲和非洲，葡萄牙奠定了海上强国的地位，大大促进了东西方之间的贸易和文化交流，并通过殖民统治的方式使其语言——葡萄牙语得以传播，继而成为其殖民国家和地区的官方语言，其中包括南美洲的巴西、非洲的安哥拉、莫桑比克、佛得角、圣多美和普林西比以及亚洲的东帝汶、中国澳门等。果阿、马六甲等地的官方语言虽然不是葡萄牙语，但也由于葡萄牙航海的缘故，如今仍有少部分老人会说葡语。

巴西这一大国人口超过1.9亿人，因此在全世界说葡语的总人数中，巴西占据了举足轻重的地位。17世纪巴西的淘金热导致大量的葡萄牙移民进入巴西，使说葡萄牙语的人数超过了原先在巴西通用、从印第安人土语中演变而来的语言。而随着大批非洲黑奴被贩运到巴西从事甘蔗种植工作，一些非洲语言里的词汇也被带到了巴西的葡萄牙语中。之后，由于法国人入侵葡萄牙，葡萄牙王室逃往巴西，随同的还有1万多名葡萄牙人，这对葡萄牙语在巴西的推动又起到了一定的作用。接着，1822年巴西独立之后，黑奴交易逐渐减少，随之而来的是欧洲移民潮。这样，意大利语、德语等语言对巴西的葡萄牙语又产生了一定的影响。因此，尽管是葡萄牙人将葡萄牙语指定为巴西的官方语言，但由于语言发展的自然规律和以上种种原因，巴西的葡语具备了自己的特点。正如美洲英语和欧洲英语的区别一样，巴西葡语和葡萄牙的欧洲葡语之间一直以来都存在着语音、词汇和句法等方面的差异。因此，长久以来，减少不同国家之间葡语的差异成为了葡语国家共同体（Comunidade dos Países de Língua Portuguesa，简称CPLP）广为讨论的话题。

葡萄牙政府坚决推行对外文化政策，并通过各个机构注重葡萄牙语言文化的宣传和推广，其中尤为重要的是卡蒙斯学院（Instituto Camões，简称IC）。

二、卡蒙斯学院的历史与现状

葡萄牙的外交部是葡萄牙政府的对外窗口，而其下属的卡蒙斯—合作与语言学院（Camões – Instituto da Cooperação e da Língua，I. P.，简称Camões，I. P.）则承担着对外文化合作和交流政策执行的重任。卡蒙斯—合作与语言学院的宗旨在于提议并执行对外合作政策，统筹合作项目，提议并执行葡萄牙语言文化教学和传播政策等。它具有自主管理、自主财务权，但由外交部监管。

葡萄牙卡蒙斯—合作与语言学院的历史可以追溯到20世纪初。更确切地说，建于1929年的国家教育委员会（Junta de Educação Nacional，简称JEN）便是其雏形。80多年以来，该机构不断发展，也几易其名。但是，1992年启用的名称—卡蒙斯学院由于以葡萄牙最著名的文学家路易斯·德·卡蒙斯（Luís de Camões）命名，简单明了，因此这一名称深入人心，到现在为止还有很多机构或个人喜欢使用这一名称。

（一）1929—1936年

1929年成立的国家教育委员会隶属于当时的公共指导部，具有自治权。它的成立顺应了学者、政客、教育家、研究人员、科学家和艺术家等群体对于科学和文化领域发展日益增长的需求，因为它的宗旨就在于鼓励支持科学研究、学术专攻、艺术成就以及葡萄牙语言文化在全球范围内的传播。

国家教育委员会成立之后，开始设立年度奖学金，以资助学生、研究人员、教师、工程师、音乐家、画家等前往国外留学进修。同时，开始在海外高校建立葡萄牙语专家点，[①] 并给予资金补贴；支持在国外开设葡萄牙语语言课程。在留学人员学成归国之后，委员会还推荐他们进入各个研究中心工作，做到人尽其才。在最初的几年里，国家教育委员会资助的领域涉及医学、教育、物理、化学、历史、植物学、语言、天文学和地质学等。

（二）1936—1952年

1936年，葡萄牙正处于“新国家”（Estado Novo）时期，[②] 为执行政

① 设立专家点是卡蒙斯—合作与语言学院在语言推广方面的重要举措，主要通过选派葡萄牙语专家教师前往高等院校直接参与教学活动，为学生授课，或为其他教师提供培训的方式实现。选派教师通常可为卡蒙斯—合作与语言学院教师，或是由其推荐并为接收院校认可的普通高校教师。

② “新国家”时期始于1933年，结束于1974年。这一时期内，独裁者萨拉查担任总理，政府全面否定一切个人自由，取缔除执政党之外的所有党派，建立严厉的审查制度等。

府的“国家教育”政策，公共指导部被重组，国家教育委员会被正式取消，取而代之的是高级文化学院（Instituto para a Alta Cultura，简称 IAC）。该学院与其他六个部门共同组成了新成立的全国教育委员会（Junta Nacional de Educação，简称 JNE），并协同其上级部门推进与外国机构，如洛克菲勒基金会（Rockefeller Foundation）、德国的亚历山大·冯·洪堡基金会（Alexander von Humboldt - Stiftung/ Alexander von Humboldt Foundation）之间的联系，以促进科学和文化交流领域的合作。

随着第二次世界大战的爆发，国际政局不稳，大批获得奖学金的出国留学人员回到了葡萄牙国内，进入了各个科研中心工作，这在一定程度上促进了葡萄牙科学研究的发展。

（三）1952—1976 年

第二次世界大战结束后，各国的经济恢复发展，科学与工业化进程同时迎来了飞跃的好时机。在这种局势下，葡萄牙的科学发展加强了与经济发展的关联。

1952 年，随着葡萄牙政府一系列改革措施的出台，高级文化学院的葡语名称稍做变动，更名为“Instituto de Alta Cultura”，但机构缩写仍为 IAC，与之前相同。但是，与之前的学院相比较，如今的高级文化学院的归属机构发生了变化，其原先的上级机构——全国教育委员会已不复存在，此时属国家教育部管辖，并拥有财政自治权。在重组中，高级文化学院新设了科学研究委员会和文化扩张委员会，足见其对科学研究与文化传播的重视。但是，从总体上来说，改革并没有满足日益增长的科学研究的需求，尤其是在促进发展的支持手段方面缺乏有效的力度。

1964 年开始，高级文化学院加强了奖学金的发放力度，并参与到了科学研究中心或其他科研机构的工作中，为更好地促进国家生产力而创造可行性技术和经济条件。此外，该学院还加强了与国内和国外其他机构的合作，在资源和资金运作方面更为有效。

但是，由于 1967 年国家科技研究委员会（Junta Nacional de Investigação

Científica e Tecnológica，简称 JNICT）的成立分流了国家很大一部分在科学研究领域的投入，20 世纪 60 年代的高级文化学院的工作重点放在了葡萄牙语言和文化方面。在此期间，学院加强了新专家点的创立工作，支持葡萄牙语的教学，支持海外葡萄牙语言文化中心，资助葡萄牙语出版物及其译本的发行等。

1974 年葡萄牙“四·二五”革命①之后，新政府不可避免地要对各个机构进行改革，其中就包括高级文化学院。1976 年 7 月，该学院被一分为二，分别是国家科学研究学院（Instituto Nacional de Investigação Científica，简称 INIC）和葡萄牙文化学院（Instituto de Cultura Portuguesa，简称 ICAP）。根据这一划分方法，原先归属于高级文化学院的科学研究领域的权限正式转给了前者，而后者则更加与其名称相符合，延续了葡萄牙语言文化对外传播的任务。

（四）1976—1980 年

除了全新的名称之外，新成立的葡萄牙文化学院也完全剔除了“新国家”时期的印迹，彻底投入到国内和海外的葡萄牙语言文化教学和推广工作之中。

在这一民主制度过渡和巩固进程中，葡萄牙的对外文化政策无疑面临着巨大的挑战。除了要参与到当时的欧洲经济共同体事务中之外，葡萄牙还要发展与其前殖民地之间的关系，葡萄牙文化学院也因此而开展其事务。但是，其核心工作还是扶持并统筹葡萄牙语言文化专家及教师网络，还包括向专家点、葡萄牙文化中心和文化学院的最佳学生颁发奖学金，资助他们前往葡萄牙参加暑期班或其他由葡萄牙文化学院组织的课程学习。此类奖学金还可以向从事葡萄牙语言教学以及工作涉及葡萄牙文化的国内外教师、技术人员和研究人员发放。此外，葡萄牙文化学院还向生活在葡萄牙、对葡萄牙文化对外传播有突出贡献的外国研究人员颁发津贴，鼓励

① “四·二五”革命，又名“康乃馨”革命，是 1974 年葡萄牙推翻独裁政府统治的一次未流血的和平革命。在这次革命后，葡萄牙正式成立了民主政府，开始了国家历史新篇章。

他们开展研究工作。当然，学院还继续资助文化研究类书刊的出版、翻译和宣传，并资助相关人员参与文化研讨会等。

1979 年 1 月，葡萄牙文化学院从原先归属的教育科研部转为归属国家文化部。但在其后的项目具体实施中发现，在国外高校范围内传播葡萄牙语言文化应该由教育部门管理更为有效。因此，1980 年 3 月，《共和国日报》上发布的第 50/80 号法令宣布，葡萄牙文化学院再次转为归属于葡萄牙教育科学部。该法令也同时宣布，葡萄牙文化学院的名称改为葡萄牙文化语言学院（Instituto de Cultura e Língua Portuguesa，简称 ICALP）。

（五）1980—1992 年

20 世纪 80 年代，面对葡萄牙与其前非洲殖民地国际政治、文化和经济关系的革新，加之葡萄牙 1986 年加入当时的欧洲经济共同体，葡萄牙文化语言学院必须要出台更加有针对性的语言与文化战略，在对外文化政策和葡萄牙语推广上投入更多。新的战略中，尤为重要的是通过在各国设立新专家点，由葡萄牙文化语言学院对全球的葡萄牙语教学进行最为基本的统筹工作；另外，学院还通过建立葡萄牙语言文化中心，对之进行后续的维护，补充设备和图书资料等，进一步扩大葡萄牙语在全球范围内的影响。

1984 年 8 月，新上任的学院主席费尔南多·阿尔维斯·克里斯多万（Fernando Alves Cristóvão）[①] 推行对外文化关系政策，强调一方面要与欧洲经济共同体同步；另一方面要重新定位葡萄牙与巴西的关系，加快发展与非洲葡语国家之间的关系。例如，学院优先支持巴西和葡萄牙高校与机构之间签订的合作协议，非洲的以葡萄牙语为官方语言的国家优先享有教师培训等方面的特殊支持等。此外，学院重新把与东方有历史渊源的国家和地区也作为战略重点，其中就包括可作为新的出发点的澳门。国内方面，费尔南多·阿尔维斯·克里斯多万宣布成立一个信息化文献中心，以便在

① 原里斯本大学文学系教授，毕业于罗曼语专业，主攻葡萄牙和巴西文学，1984—1990 年期间任葡萄牙文化语言学院主席，也曾担任葡语国家文化协会主席。

全球范围内传播葡萄牙语言文化。学院还建议与国家科学研究学院协商，与科学院和各大高校等合作，促进人文科学领域的研究。此时，用葡萄牙语撰写的关于葡萄牙主题的学士、硕士和博士论文也在被归档，以更有利于葡萄牙语言和文化的研究和传播。

根据 1984 年的年终报告，葡萄牙文化语言学院在全球 22 个国家的 122 所高校设有专家点，共有 1369 名教师从事小学和中学教学，学生共计 187645 名。当年，除了资助会议、课程、出版等之外，学院共发放了 826 份奖学金，资助研究、暑期课程和年度课程的进修等。奖学金的发放对象统计见表 1：

表 1

性质	对象	人数
研究	外国居民	50
	文化协议下奖学金获得者	5
	本国居民	40
暑期课程	文化协议下奖学金获得者	67
	专家点学生 设有葡萄牙语专业的大学或学院学生 个人	399 117 40
年度课程（1984—1985 年度）	文化协议下奖学金获得者及其他	108
总计		826

数据来源：ICALP - 1984 年简报，载于葡萄牙文化语言学院—内部通讯，里斯本，1984 年 12 月。

在这一时期，对于专家点的支持和资助，一方面集中于国外高校中设立的葡萄牙专家点，另一方面集中于由高校或其他机构资助的葡萄牙语国外专家点。前者的葡萄牙语教学主要依靠葡萄牙派驻的专家，后者则由葡萄牙文化语言学院主要确保在教学和图书资料方面的资助。

1987—1988 年间，专家点网络已经延伸到了非洲以葡萄牙语为官方语言的国家，如安哥拉、佛得角、几内亚比绍和莫桑比克。在欧洲，法国仍然以 28 个专家点高居葡萄牙语海外传播规模首位，其后是英国、意大利、德国、西班牙等国。

除了支持专家点的建设之外，葡萄牙文化语言学院还负责向举办对外葡萄牙语言文化暑期及年度课程的葡萄牙高校发放津贴，支持他们为外国学生举办此类课程；同时也向外国学生发放奖学金，以支持这些学生参与课程学习。

另外，虽然国内的科研直接资助已不归属于葡萄牙文化语言学院，但他们在 80 年代还是继续资助部分与应用葡萄牙语言文化领域相关的国内外机构的科研项目申请，向个人发放研究奖学金，并资助葡萄牙语言文化领域的博士论文撰写以及论文的出版等。1984—1987 年间，学院发放的科研奖学金名额见表 2：

表 2

	1984 年	1985 年	1986 年	1987 年
向本国发放的奖学金	48	45	65	73
向外国发放的奖学金：通过文化协议	39	56	56	14
个人	7	11	8	46
总计	94	112	129	133

数据来源：ICALP 年鉴 1984—1987，里斯本，葡萄牙文化语言学院，1989 年。

在这期间，值得一提的是葡萄牙文化语言学院与若干机构签订了合作、科研和交流方面的协议，其中包括澳门文化学会（Instituto Cultural de Macau）、巴西的若阿金·纳布科基金会（Fundação Joaquim Nabuco）、巴西的国家科技发展委员会（Conselho Nacional de Desenvolvimento Científico e

Tecnológico）以及一些外国高校等。

葡萄牙文化语言学院在1984年10月1日与巴西的国家科技发展委员会签订了谅解备忘录，次年1月正式启动。这次的合作旨在加强两个机构之间的科学和技术合作，尤其是教师和研究生的交流以及与葡萄牙—非洲—巴西相关的科研会议的组织，而其中的人文科学领域又尤为突出。与澳门文化学会签订的协议旨在加强葡萄牙与澳门之间的联系，通过建立葡萄牙语言文化研究中心、设立葡语专家点、鼓励科研活动，尤其是文献方面的科研活动和文化传播等手段，希望在澳门回归中国大陆之后仍能继续在澳门推广葡萄牙文化。

然而，葡萄牙教育文化部于1987年1月3日颁布的新组织法取消了葡萄牙文化语言学院在海外中小学葡萄牙语教学的资格，学院的职权范围被大大缩减。

（六）1992—2011年

1992年，葡萄牙文化语言学院正式更名为卡蒙斯学院。这一名称是这一机构有史以来最为简洁明了的名称，因此即便后来再次更名，我们还是更习惯于简称其为卡蒙斯学院。此时的卡蒙斯学院还是归属于教育部，但它与外交部及其他国家对外关系、教育和文化部门的联系十分密切。新学院成立后的主要工作仍然是资助海外葡萄牙侨民的文化活动以及发放奖学金，同时，还负责葡萄牙语作为国际交际语言的推广工作。1994年2月，葡萄牙政府规划了国家的对外文化政策，根据外交部的新组织法，卡蒙斯学院正式归属外交部，承担起了葡萄牙对外文化政策执行者的重任。1992—1995年间，全球范围内由卡蒙斯学院委派的教师人数增加了21%，该学院支持的葡萄牙语教学的高校数目也增加了31%，尤其是在非洲以葡萄牙语为官方语言的国家，其资助力度更是比之前大幅提高。这一时期，卡蒙斯学院专门制定了针对非洲当地的初级及继续教育网络——“非洲特别项目”，包括在安哥拉教育科学高等学院举办的葡萄牙语教师培训、在佛得角教师培训学校举办的葡萄牙语教师培训、在几内亚比绍实施的基础教育葡萄牙语教学/学习项目、在莫桑比克实施的小学和中学及预科葡萄牙语教师培训等。

归属外交部之后，卡蒙斯学院在十年左右的时间里，加强了葡萄牙语教学点的建设，合作伙伴的数目成倍增长，并建立了众多新的文化中心。1996 年，卡蒙斯学院迁入新办公大楼，同年，卡蒙斯学院的网页也正式上线，与全球各地的联络交流进一步加强。

随着葡萄牙对外文化政策的不断调整，除了传统的向海外教学点派遣葡萄牙语专家和发放奖学金之外，卡蒙斯学院开始对戏剧表演、舞蹈表演、电影节、视觉艺术、音乐会等文化活动给予支持和资助，还参与了 RTP（葡萄牙广播电视台）国际频道、RTP 非洲频道、RDP（葡萄牙广播电台）国际台以及 RDP 非洲台等广播电视的发展。

（七）2011 年至今

2011 年，随着发展合作的战略重要性越来越被葡萄牙政府所重视，卡蒙斯学院再次更名为卡蒙斯—合作与语言学院。

学院重视网络的利用，在网页上发布多项信息，并陆续开办网络课程。2014 年 5 月葡萄牙总统访华期间，卡蒙斯学院作为文化代表参与了总统中国之行的行程制定，更把中国有其专家点的两所高校——上海外国语大学和北京外国语大学列入了总统的行程之内，足见葡萄牙政府对于文化和卡蒙斯学院的重视。

三、卡蒙斯学院性质、宗旨、使命和战略目标

（一）卡蒙斯学院的性质

根据中央行政精简与优化计划（Plano de Redução e Melhoria da Administração Central，简称 PREMAC），出于提高公共服务效益的目的，葡萄牙政府于

2012 年宣布合并葡萄牙发展援助学会（Instituto Português de Apoio ao Desenvolvimento，简称 IPAD）和原有的卡蒙斯学院两家机构，重组成立卡蒙斯—语言与合作学院。[①]

合并而成的卡蒙斯学院是一家公立机构，受国家间接管理。该学院在行政和财政上自主，并拥有自有财产。卡蒙斯学院由葡萄牙外交部管辖，受外交部监护。

（二）卡蒙斯学院的宗旨

总部位于葡萄牙首都里斯本的卡蒙斯学院负责发展葡萄牙与各国间语言和文化方面的合作，同时对处于进行中的各项合作事务实行监督、管理和协调，旨在对外推广葡萄牙语言和文化。

作为一家推广葡萄牙语言和文化的公立机构，在其发展过程中，卡蒙斯学院成立之初曾一度由葡萄牙教育部管辖。但是，值得注意的是，这一机构并非对应葡萄牙国内进行统一语言规划的机构，而是面向全世界，特别是向那些在历史发展过程中曾与葡萄牙有过千丝万缕关系的国家和地区推广本国语言和文化的机构。因此，卡蒙斯学院划归外交部管辖便成为了真正意义上的对口管理。

卡蒙斯学院系中央机关，对葡萄牙全境有管辖权。此外，该学院也在葡萄牙国外结合驻外外交使领馆，通过海外葡萄牙语教学网络、海外葡萄牙文化中心开展活动，还向受援助国家的专业技术项目提供支持。

（三）卡蒙斯学院的使命

卡蒙斯学院肩负着一系列艰巨的使命：提议并实施葡萄牙的对外合作政策，并协调其他参与该政策实施的公立单位，以及提议并实施海外葡萄牙语言和文化教学与传播政策，确保向各个国外大学派驻葡萄牙语讲师，

① 葡萄牙外交部第 21/2012 号法令，2012 年 1 月 30 日。

并管理海外小学、中学层次的葡萄牙语教学网络。简而言之，进行广泛合作以及对外推广葡萄牙语言和文化是卡蒙斯学院工作中的重点。

葡萄牙政府之所以致力于对外推广本国的官方语言，是因为葡萄牙语本身所具有的历史文化价值，并在当前世界中颇具传播价值：始于15世纪的葡萄牙地理大发现使得葡萄牙人及其船只出现在世界各地，在所到之处留下了文物古迹，并保留着那个时代的历史文献等待着人们去认识、解读；葡萄牙人的航行给世界带来了深远的影响，使得葡萄牙语直到18世纪一度是世界的通用语言；此外，历史上葡萄牙对非洲、南美、亚洲各地的占领和征服，也让葡萄牙语成为了除葡萄牙本国以外，安哥拉、佛得角、几内亚比绍、圣多美和普林西比、莫桑比克、巴西、东帝汶这7个国家的官方语言。再加上历史上葡萄牙人曾长期定居过的城市或地区，葡萄牙的影响遍布世界各大洲。根据葡萄牙方面的最新统计，现如今，世界上有2.5亿人说葡萄牙语，约占世界人口的3.7%，成为世界第四大语言。[①] 正是因为意识到本国语言的历史文化价值和传播价值，让葡萄牙政府对葡萄牙语的对外传播投入了极大的热忱和支持。

下面我们就卡蒙斯学院在对外合作、推广葡萄牙语言和文化，以及其海外学前、小学和中学阶段进行葡萄牙语教学三方面中的各项职责进行具体描述：

1. 卡蒙斯学院在合作领域的职责

向外交部提议确定对外合作政策和发展公共援助政策；

协同其他国家部委和行业机构，推动发展合作方案、计划和活动；

起草发展合作的多年度方案及其财务计划；

协调葡萄牙发展合作预算方案，以及其他为期一年或多年度、以发展合作为目的与宗旨的横向财政手段；

由其他国家部委、各司局以及公共行政机关所开展的对外合作方案与计划，在其计划、编制、实施和评估过程中确保全程跟进；

---

① “葡萄牙语的经济潜力”展览，上海外国语大学，2014年5月14日，转引自 Reto，Luís，Potencial Económico da Língua Portuguesa，Lisboa：Texto Editores，2012。

对于国家机关及其他公共单位提供经费或进行的发展合作方案、计划和活动发表事先约束意见；

确保与发展合作受益国当局接触联络；

确保卡蒙斯学院直接制定的计划根据实际进行情况筹措资金；

本着改善援助的合理性、效率和效益原则，对发展合作方案、计划和活动的实施结果进行鉴定、分析、跟进和评估；

出于优化资源使用目的，确保与国际机构、国内机构、地区机构、地方机构，以及非政府机构进行协调与联络；

确保并协调葡萄牙参与人道主义援助和紧急援助；

支持国内社会在发展合作领域的倡议；

对发展合作方案、计划和活动方面的补贴、奖学金和其他形式的经费给予支持；

在其职责范围内，确保葡萄牙参与葡萄牙语国家共同体各项活动相关的合作事务；

确保对举办发展合作论坛会议的技术支持和物流支持；

推动并（或）支持进行对外合作领域的研究；

集中管理关于葡萄牙对外合作事务的整体财政投入信息；

落实交际策略，加强公众对于发展合作的理解与支持；

促进关于塑造发展的活动；

确保代表葡萄牙参与关于发展合作和公共援助的国际组织的活动，但不妨碍财政部在相应国际金融机构中的权限，如有特定的专业部门代表权限亦是如此；

集中管理由民间机构发起的对外合作计划信息，无论这些合作计划是否有公共资助，都要本着支持国家间就共同目标协力一致的原则，确保代表葡萄牙出席关于发展合作与公共援助的国际辩论。

2. 卡蒙斯学院在对外推广葡萄牙语言和文化方面的职责

确保代表葡萄牙出席文化协议与相应合作规划的磋商，同时协调国家负责文化、教育、高等教育、青年事务、体育和大众传媒的各部门参与其中；

制订支持在国外大学、学校中创建葡萄牙语教研室、葡萄牙语系或相应机构的方案，以及支持在当地聘用教师的方案；

促进、协调并发展开设葡萄牙语以及其他有关文化内容的课程，既包括当堂授课形式，也包括信息传播技术资源形式；

与葡萄牙大学或国外大学合作开发葡萄牙语教育教学能力和葡萄牙语交际能力评估认证体系；

建立伙伴关系并支持进行有关葡萄牙语言和文化的研究和调研工作，尤其是国际传播前景方面；

构思、推动、提议、支持并实施在海外传播葡萄牙语言和文化的作品及项目；

鼓励、支持并促进有益于传播、实现艺术表现形式的国际交流活动，特别是在大型展出以及国际盛会场合；

制定海外葡萄牙语文化中心的指导方针和优先参与领域，并提议葡萄牙语文化中心的创建；

根据学院内部规定，设计奖学金、补贴或其他源于文化协定或葡萄牙语言文化传播计划的资助；

协调葡萄牙语言和文化教学点的活动；

开展并协调葡萄牙语言和文化领域教师的培训活动；

发展必要的机制来加强面向海外教育机构的教师网络，也就是通过建立葡萄牙语中心来实现；

推动缔结文化合作协议，并跟进其实施情况；

编辑格式多样的资料，宣传葡萄牙语言和文化；

协调海外葡萄牙语言和文化教师的活动，推动不同层次、不同教育形式之间的互动；

通过必要的科研和教育支持，确保海外葡萄牙语言和文化教学的质量；

促进课程体系中的葡萄牙语非母语与外国语教学，尤其是在葡萄牙语共同体国家之中。

3. 卡蒙斯学院在海外学前、小学和中学阶段进行葡萄牙语教学的职责

海外葡萄牙语教学的评定，即开发相应学习阶段证明与评估、认证与相应学分转换的方式和补充样本；

开发合适的机制来培训教师，尤其是以葡萄牙语作为第二语言教学，面向社会教学和葡萄牙文化传播方面；

推动教学材料、文化资料的编写和传播，特别是用于在海外进行葡萄牙语教学的资料；

协调海外初等教育与中等教育层次的葡萄牙语言和文化教师网络的活动；

开发用于葡萄牙语远程教学的平台以及用于传播葡萄牙文化的平台，并推动其使用；

通过葡萄牙教育科学部下属的葡文学校，在海外扩展葡萄牙语教学。

（四）卡蒙斯学院的战略目标

作为公立机构，卡蒙斯学院的战略目标必然与葡萄牙政府《2014—2020年战略要点》相一致。因此，有必要对葡萄牙政府对外合作战略有所了解。在葡萄牙对外政策框架下，其对外合作的根本目标是在尊重人权、尊重民主和尊重伙伴国法制的背景下，为消灭贫困和可持续发展作出贡献。以此为前提，葡萄牙在对外合作的操作过程中注重以下四个原则：

连贯性和配合：强调各种发展政策的连贯性和配合，伙伴国间的跟进与对话，以及干预事务和伙伴关系中的互补性；

集中：根据与每个伙伴国家确定的优先策略，地域上和行业上倾向于大规模、结构化的方案；

适合性：以拓展能力和可持续发展的逻辑来展开计划，其行为应包含在葡萄牙合作指导方针之内；

伙伴关系：使伙伴关系多样化，包括三方合作和新的融资渠道，以及双边、多边基金形式，对应能力和资源上的分担。

为了实现葡萄牙对外政策的根本目标，对外合作主要集中在发展合作、发展教育以及人道主义援助和紧急援助三个领域。从中，可以看到多个葡萄牙参与对外合作的具体方面，如制度建设、维护和平与安全、教育与科技、环境绿化、能源、社会保障等等。

另一方面，由于历史文化纽带、语言等多种因素，非洲的五个葡萄牙语国家和亚洲的东帝汶则成为葡萄牙实施对外合作活动最为优先的对象。[①]在对这些以葡萄牙语为官方语言的国家中，面对对应合作对象日益增长的新需求和本国机构实力和经验的不断增加，葡萄牙既注重在传统合作领域的投入，例如，教育与科学、卫生医疗、制度建设、社会保障等，也注重新领域的开发，例如，绿化与能源发展、私营部门、农村与海洋开发等方面。

作为葡萄牙外交部的下属机构，卡蒙斯学院可以说是葡萄牙对外合作的核心机构，因为是由它来提议并实施葡萄牙的对外合作政策，并协调其他参与该政策实施的公立机构。这样，就奠定了卡蒙斯学院在整个葡萄牙对外合作过程中的核心地位。基于这种情况，在包含有各国家部委、私营部门、非政府发展组织、基金会、城市、大学等一系列的公立、私营合作伙伴之中，卡蒙斯学院具有指导、协调和监督作用。

指导：提议双边、多边政策和倡议；计划、规划整体介入（目标、优先实施）；确定标准、方向和规则；分析、提议选定有待融资的计划、规划和活动。

协调：与葡萄牙国内对外合作参与机构联络，加强连贯性在发展政策中的作用；协调横向预算方案；代表参与多边体系。

监督：跟进、评估计划、规划和活动的实施；进行审计。

根据葡萄牙政府《2014—2020年战略要点》，结合其对外合作、推广语言文化的主要职责，在推动法制和促进适宜投入环境的基础上，卡蒙斯学院需要致力于与葡萄牙国内的合作伙伴加强对话，思考新的倡议和计

① Diário da República（《共和国日报》）. 1.ª série - N.º47 - 7 de março de 2014. p. 1764.

划，并鼓励开拓与私营机构建立伙伴关系的方法和机制。按照以上分析，我们可以清楚地看到这样几个问题：首先，在整合了葡萄牙发展援助学会以后，卡蒙斯学院的战略重点更多地偏向于代表葡萄牙政府进行宏观层面的发展合作；其次，就卡蒙斯学院在合作领域、推广葡萄牙语言和文化、进行海外葡萄牙语教学三个领域的职责，按照葡萄牙《2014—2020 年战略要点》工作要点进行分析，其发展对外合作的职责明显契合了政府在发展合作、发展教育、人道主义援助和紧急援助方面的需求，而且居于各大战略要点的显要位置，必然会成为各项具体工作事务的重中之重；第三，合作伙伴的多元化使得合作方式更加丰富，但与此同时，为保证工作的顺利有序，也要求相应的政府机构具备更大的协调能力。因此，可以预见到，在今后一个阶段，卡蒙斯学院尤为重要的战略目标是确立自身在各项对外合作事务中的管控地位；整合现有和未来可能的合作伙伴，为每个有优势的合作伙伴找到适合投入的项目。

四、卡蒙斯学院的组织管理模式

（一）卡蒙斯学院的主要组织机构

卡蒙斯学院的机构有：理事会（Conselho Diretivo）、单一审计处（Fiscal Único）、葡萄牙语言和文化咨询委员会（Conselho Consultivo para a Língua e Cultura Portuguesas）。此外，与卡蒙斯学院一同运作的还有一个名为合作事务跨部委委员会（Comissão Interministerial para a Cooperação）的机构，该委员会的组成、职责和相应的守则由政府规定明确记载，由负责金融和外交领域的政府成员通过。

1. 理事会

卡蒙斯学院的理事会由一位主席、一位副主席以及两名成员组成，其中主席拥有决定性投票权。理事会在合作事务、推广葡萄牙语言和文化方面有着明确的职责。

（1）理事会在合作事务方面的职责

第一，提请外交部审批多年度合作事务计划；

第二，评估所有发展合作计划、规划和活动，确保其符合对外合作政策和开展公共援助事务既定的方向；

第三，根据政府管辖单位批示，授权启动向从事发展合作的非政府组织给予财政支持的公开招标，并从候选人员中选定评估审查委员会成员；

第四，在政府管辖单位批示既定的范围内，批准计划、规划和活动的资助款项；

第五，准备授予奖学金和进行专业培训的方针与准则，向管辖单位提议年度奖学金获得者分配额度，给予受益国家；

第六，在政府管辖单位批示既定的范围内，批准授予补贴、奖学金以及其他形式卡蒙斯学院可以给予的资金支持；

第七，向政府管辖单位提交计划、规划和活动的资助款项情况，已授予的补贴、奖学金和其他形式卡蒙斯学院可以给予的资金支持情况，以及超过该政府单位批示既定期限的各项公开招标情况；

第八，监督合作计划、规划的准备情况；

第九，批准并与合作方代表签署合同。

（2）理事会在推广葡萄牙语言和文化方面的职责

第一，提交外交部批准海外葡萄牙语言和文化推广活动计划；

第二，根据相应社会制度规定条款，制定海外葡萄牙语教学网络计划；

第三，批准海外葡萄牙语教学培训；

第四，确保所有方案和计划的框架处于海外葡萄牙语言和文化传播教育政策所确定的方针之内；

第五，根据相应规定条款，批准授予卡蒙斯学院补贴、奖学金和其他财务辅助形式；

第六，在海外葡萄牙语教学网络覆盖范围内，批准并与从事海外葡萄牙语教学的教师签订定期劳动合同；海外葡萄牙语教学网络则是由政府负责外交和教育领域的成员依照管理海外葡萄牙语教学法规批准建立的。

2. 单一审计处

单一审计处接受任命，拥有《公立机构框架法》所规定的职责。

3. 葡萄牙语言和文化咨询委员会

葡萄牙语言和文化咨询委员会是咨询机构，支持并参与确立卡蒙斯学院总体行动方针。根据相应的内部守则，葡萄牙语言和文化咨询委员会每年至少召开一次会议。

该咨询委员会由以下成员构成：

（1）行使主席职权的卡蒙斯学院主席，卡蒙斯学院副主席和两名理事会成员；

（2）负责外交、经济、教育、高等教育、科技、文化、青年事务、大众传媒领域的政府成员各派一名代表；

（3）对外政策局局长、欧洲事务局局长、外交部领事与葡萄牙侨民事务局局长；

（4）在教育、研究、艺术、科技领域的五名功勋卓著人士；

（5）在总工会社会咨询常任委员会拥有席位的教育工作者工会各派一名代表。

葡萄牙语言和文化咨询委员会拥有如下职责：

（1）对卡蒙斯学院葡萄牙语言和文化方面的计划和活动发表看法；

（2）对海外葡萄牙语教学相关的培训计划发表意见；

（3）对海外葡萄牙语教学网络计划发表意见；

（4）对在海外创建葡萄牙文化中心和构建葡萄牙语教学协调结构发表意见；

（5）通过本人主动或主席邀请，对卡蒙斯学院履行葡萄牙语言和文化方面的职能发表重要倡议；

（6）促进卡蒙斯学院与国家机关和公共服务机关的交流，为其履行葡萄牙语言和文化方面相关的职能作出贡献。

（二）卡蒙斯学院内部组织

卡蒙斯学院内部组织由合作司（Direção de Serviços de Cooperação，简称 DSC）、语言与文化司（Direção de Serviços de Língua e Cultura，简称 DSLC）、计划与管理司（Direção de Serviços de Planeamento e Gestão，简称 DSPG）三个核心办事机构组成。各个葡萄牙文化中心（Centro Cultural Português）、海外葡萄牙语教育网络（Rede de Ensino Português no Estrangeiro）同样是卡蒙斯学院的组成部分。另外，还有评估与审计办公室（Gabinete de Avaliação e Auditoria，简称 GAA）、文献与联络办公室（Gabinete de Documentação e Comunicação，简称 GDC）以及计划与文化协议办公室（Gabinete de Programas e Acordos Culturais，简称 GPAC）受理事会直接领导。

1. 合作司

在合作司内设置了合作规划处（Divisão de Programação da Cooperação，简称 DPC）、双边合作事务处（Divisão de Assuntos Bilaterias，简称 DAB）、多边合作事务处（Divisão de Assuntos Multilaterias，简称 DAM））、民间团体辅助处（Divisão de Apoio à Sociedade Civil，简称 DASC）四个部门单位。合作司负责根据管辖机关设定的目标和优先顺序制订葡萄牙对外合作活动的计划和方案；推动发展合作方案、计划和活动的实施，并同步跟进，同时发展教育、人道主义援助和紧急援助，在此过程中，协调各种参与行为和参与机构，强化发展政策的连贯性；代表葡萄牙参与欧洲合作体系和多边合作体系；为实现人类、社会、经济和环境全面发展，与各种民间团体进行联络。

2. 语言与文化司

在语言与文化司内设置了规划、培训及认证处（Divisão de Programação, Formação e Certificação，简称 DPFC），海外葡萄牙语教学协调处（Divisão de Coordenação do Ensino Português no Estrangeiro，简称 DCEPE），对外文化活动处（Divisão de Ação Cultural Externa，简称 DACE）三个部门单位。语言与文化司负责就葡萄牙语的国际化、文化领域国际契约进行磋商，并实现跟进；在葡萄牙语言和文化领域进行规划、培训和认证；协调海外葡萄牙语教学；对外推广葡萄牙文化。

3. 计划与管理司

在计划与管理司内设置了计划与人力资源处（Divisão de Planeamento e Recursos Humanos，简称 DPRH）、财务与文化资产管理处（Divisão de Gestão Financeira e Patrimonial，简称 DGFP）、法律与诉讼辅助处（Divisão de Apoio Jurídico e Contencioso，简称 DAJC）三个部门单位。计划与管理司负责协调人力资源管理工作方面的协调事宜；计划并管理财务资源和文化资产；承担司法辅助和行政诉讼辅助事务；进行联络、档案和文献方面的活动。

4. 海外葡萄牙语教学网络

海外葡萄牙语教学网络包含有海外葡萄牙语教学协调机构，学前教育、基础教育、中等教育和高等教育教师团体，葡萄牙语中心。值得注意的是，在面向海外高等教育层面推广葡萄牙语言和文化的过程中，卡蒙斯学院最主要的方法是建立葡萄牙语专家点。①

葡萄牙语中心是用于支持葡萄牙语言和文化传播的场所，可以用作葡萄牙语的学习、培训、研究等方面，由一名海外葡萄牙语教学网络的教师负责其协调事宜。

海外葡萄牙语教学协调机构依照年度活动计划开展活动，这并不妨碍这些协调机构在运作上受各地理区域外交使团负责人或同级别负责人管理。协调机构主要负责一个国家或是地理政治上相近的一系列国家之中教学网络的规划、组织和监督；推动葡萄牙语作为外国语、第二语言、继承语的课程，以及葡萄牙语作为特定用途语言课程，无论这些课程是当堂授

---

① Luís V. Baptista. João Costa. Patrícia Perreira. O mundo dos leitorados：políticias e práticas de Internacinalização da língua Portuguesa. Edições Colibri. Lisboa. 2009. p. 19.

课课程，是远程教育课程，还是混合课程；以当堂授课方式或混合授课方式，推动葡萄牙语教师培训课程。

5. 葡萄牙文化中心

葡萄牙文化中心是为推广葡萄牙语言和文化而创建的单位，位于葡萄牙外交使团或领事机构对应区域范围之内，可以囊括地理政治上相近的一系列国家。葡萄牙文化中心是根据卡蒙斯学院理事会提议，由葡萄牙政府中负责外交、财政和公共管理的成员根据在当地葡萄牙语言和文化推广的条件进行评估之后，批准建立。

葡萄牙文化中心主要负责根据不同的国家、社会和公众情况，开展并实施定期文化规划，尽可能推动与当地组织和培育机构的联络；实现并支持与葡萄牙语言和文化相联系的活动；推动葡萄牙语作为外国语、第二语言、继承语的课程，以及葡萄牙语作为特定用途语言课程；在未创立协调机构的国家，与从事海外葡萄牙语教学的教师保持联络，并跟进其活动；对于与第三方组织在协议的范围内所开展的各项活动，方便其使用文化中心的各种设施。

葡萄牙政府《2014—2020 年战略要点》将卡蒙斯学院定义为“实现其发展战略的核心机构”，① 这就决定了卡蒙斯学院在组织结构设置上必须是一个各部门能够实现高效运作的机构。从它的主要机构——理事会、单一审计处、葡萄牙语言和文化咨询委员会、合作事务跨部委委员会来看，可以达到决策权、执行权、监督权相互制约、相互协调的要求，还注重了专业领域的权威性。其内部组织/核心办事组织——合作司、语言与文化司、计划与管理司则贯彻了精简优化的原则，职责分工清晰明确，有利于提高行政效率。

① Governo de Portugal. Conceito Estratégico da Cooperação Portuguesa 2014 – 2020. p. 27.

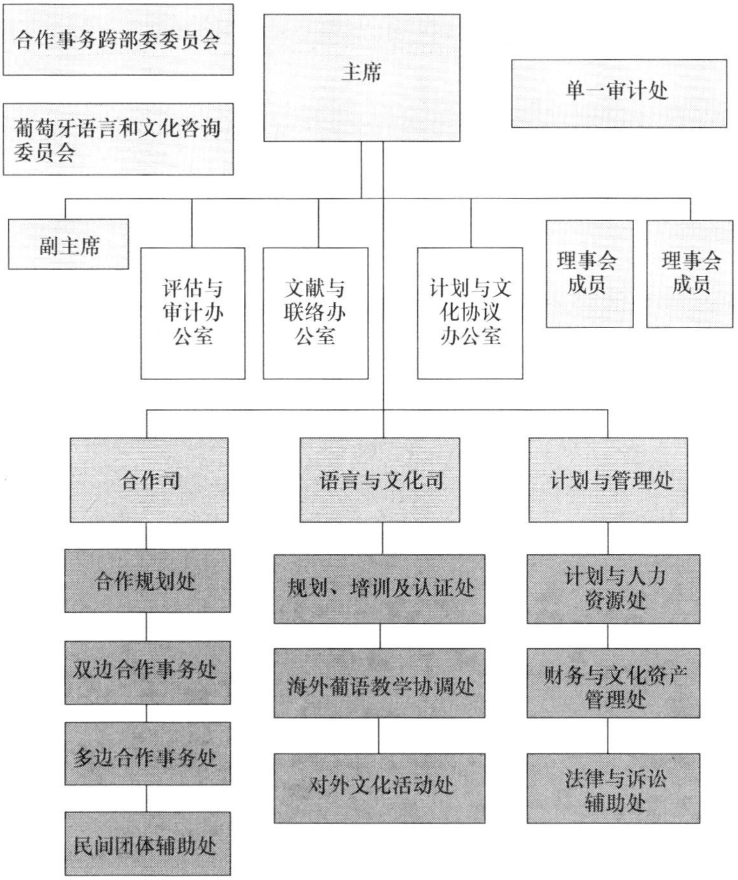

图1　卡蒙斯学院组织机构图

五、卡蒙斯学院的工作内容与活动范围

作为葡萄牙外交部领导下的国家公共机构，卡蒙斯学院主要在推动合作与推广葡萄牙语言文化两方面发挥着重要的作用，这两大领域的工作也构成了其在现当代的核心职能与战略使命。

（一）推动合作

1. 核心职能

推动合作，主要指的是国家合作战略政策的推动、监管与协调，是原葡萄牙发展援助学会的工作职责。2012 年该机构依照国家第 21/2012 号法令与原卡蒙斯学院合并后，该项职能便延续至新生机构，即卡蒙斯—语言与合作学院，纳入其重要工作范畴之内。

在推动合作方面，卡蒙斯学院以国家发展合作战略与政策为导向，“倡议、执行葡萄牙合作政策以及统筹由其他参与执行葡萄牙合作政策的公共机构组织的相关活动”,① 主要体现在如下几个方面：

（1）跟进各葡萄牙合作项目的计划、筹措、实施与评估，保障各环节的顺利进行；

（2）独家资助或与其他公共或私有、国内或国外机构共同资助有关合作项目；

（3）在不损害财政部有关国际金融机构职能的基础上，代表葡萄牙就针对国家发展进行公共合作与援助等国际争端问题表明本国立场。

2. 导向政策

目前，葡萄牙“国家发展合作”政策（Cooperação para o Desenvolvimento）是卡蒙斯学院在促进合作领域的工作重心。该合作政策是葡萄牙的重要对外政策，旨在协同世界发达国家与发展中国家，跨越文化、宗教与种族的界限，始终以世界和平、人民团结、各国民主机制的建立与巩固为行动纲领，基于珍视团结和维护人权的精神，共同联合持续应对社会经济问题，是葡萄牙强化突出其国际参与度的重要举措之一。

在此政策理念的基础上，又衍生出了一系列的方向性政策与计划，

---

① 葡萄牙外交部第 21/2012 号法令，第 3 条第 1 款，2012 年 1 月 30 日。

如：公共发展援助政策、千年发展目标[①]（Objetivos de Desenvolvimento do Milénio，简称 ODM）和人道主义援助政策（Ajuda Humanitária）等。

卡蒙斯学院作为推动国家发展合作政策的核心机构，其各项工作始终围绕着以上的国家政策与计划展开。

3. 主要内容

卡蒙斯学院在合作领域的工作主要体现在其推动葡萄牙对外协作开展公共发展援助方面的作用。

公共发展援助（Ajuda Pública ao Desenvolvimento，简称 APD），是由援助国公共机构向受援国（主要为发展中国家）提供的一种官方国际援助形式，其目的在于促进受援国的经济发展，改善人民的生活条件。公共发展援助的形式多样，可以通过项目开展、资金转移、物资与服务供给、债务减缓、非政府机构或多边合作机构共建等方式实现。

作为经济合作与发展组织（Organization for Economic Cooperation and Development，简称 OECD）属下三大委员之一——发展援助委员会（Development Assistance Committee，简称 DAC）的成员国，葡萄牙通过卡蒙斯学院在国际公共发展援助领域发挥着积极的作用，援助涉及：技术合作、项目协助、投资/设施配备、其他资源支持等多领域。根据发展援助实现的方式，主要可分为：双边公共发展援助与多边公共发展援助。

1. 双边公共发展援助

双边公共发展援助主要指通过直接向受援国提供帮助、通过国内外非政府发展机构进行援助或是通过发起致力于促进发展的相关活动（如教育推广，难民救助等）实现的援助模式。援助类型包括：预算支持、核心捐助与项目及基金援助、援助国学生奖学金及助学名额发放、债务免除、行

① 该计划源于 2000 年联合国成员一致通过的《千年宣言》（United Nations Millennium Declaration），旨在于 2015 年前，实现 8 项发展目标：1. 消灭极端贫穷和饥饿；2. 实现初等教育普及；3. 促进两性平等并赋予妇女权利；4. 降低婴幼儿死亡率；5. 改善孕产妇保健；6. 与艾滋病毒/艾滋病、疟疾和其他疾病作斗争；7. 确保环境的可持续能力；8. 建立全球发展伙伴关系。

政支出援助及其他开支援助等。援助领域常涉及：基础建设与社会服务，如教育、卫生医疗、人口与生殖健康、水资源供给、政府与社会治理以及其他基础建设与社会服务；基础建设与经济服务，如交通运输与存储、信息沟通、能源生产与供应、银行与金融业务、贸易与其他服务；各大产业，如农业、林业、渔业、工业、矿产资源与采掘业、建筑业、贸易政策与贸易规范协调、旅游业；多领域交互，如环境保护、跨领域支持；以及其他一些非领域性援助，如项目援助或是物资支持（预算支持、食品安全、产品出口援助等）、债务处理、人道主义救助（应急救援、灾后重建、灾害防御等）等。

双边公共发展援助是葡萄牙十分重要的发展援助形式，近年来平均占葡萄牙公共发展总援助内容的62%（见图2），受援国分布全球多洲，尤其注重对撒哈拉以南非洲及东南亚葡语国家（即安哥拉、佛得角、几内亚比绍、莫桑比克、圣多美和普林西比、东帝汶等）的支援。2012年，葡萄牙双边公共发展援助惠及国家共计73个，总涉金额3.09073亿欧元。

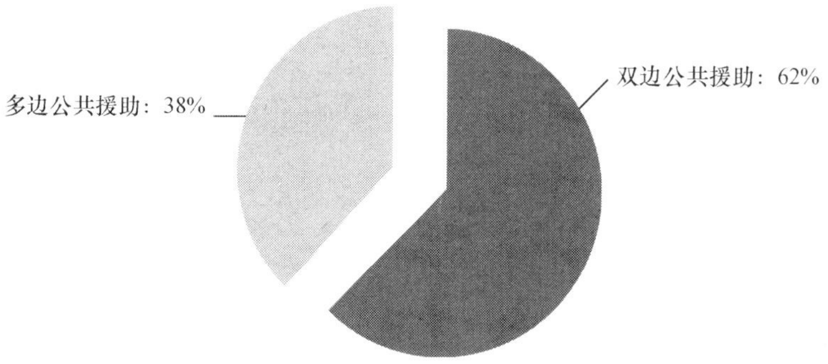

图2 “公共发展援助”比例（2008—2012年）

数据来源：卡蒙斯学院/合作规划处。

在开展双边援助的过程中，葡萄牙通常以受援国所需援助项目为先，同时，十分注重针对语言、历史等潜力领域的开发，多年来，在教育、培训、学校支持等核心层面投入了巨大的努力。

2. 多边公共发展援助

多边公共发展援助是指通过为具备推动发展职能的多边机构提供资金预算支持从而实现对受援国援助的模式，通常这些多边机构都具备资金的独立支配权。在多边援助领域中，葡萄牙主要在两个方面发挥其作用：一方面，通过国际组织维护并引发对于非洲国家，尤其非洲欠发达国家和国内局势不稳定国家的高度关注，以推动“千年发展目标”的执行；另一方面，通过强化葡语国家共同体的国际作用，巩固葡语国家地区关联，发展双边与多边相结合的运作模式，以促进葡萄牙公共发展援助效率。在此基础上，卡蒙斯学院主要通过与如下组织或机构联动开展工作：

（1）联合国及其下属机构

关注并推动葡萄牙参与联合国（尤其是联合国大会和联合国经济及社会理事会）针对发展问题的各类讨论以及有关千年发展目标、欠发达国家、发展援助等主题的国际峰会；同时，通过常规资源供给与针对葡萄牙援助国家的具体项目资助两种方式，与联合国开发计划署（United Nations Development Program）、联合国人口基金会（United Nations Population Fund）、联合国教科文组织（United Nations Educational, Scientific and Cultural Organization）等联合国下设专门机构开展合作。

（2）欧盟

作为欧盟成员国之一，葡萄牙积极参与实践欧盟框架下的共同发展合作政策，在此过程中，卡蒙斯学院负责协调葡萄牙与欧盟各相关工作组的联动，如开发合作工作小组（Council working party on Development Cooperation，简称 CODEV）、人道主义救助与食品安全工作小组（Council working party on Humanitarian Aid and Food Aid，简称 COHAFA）、非洲、加勒比海和太平洋（African, Caribbean and Pacific Group of States，简称 ACP；以下简称非加太）工作小组等；保障葡萄牙在欧盟多个资助委员会中的作用，如欧洲发展基金委员会（针对非加太国家）、人权委员会（支援第三国[①]民

① 第三国，通常被欧盟委员会用于指称除欧盟成员国与欧洲经济区—欧洲自由贸易联盟成员国（即冰岛、列支敦士登和挪威）之外的所有国家。

主、法治、人权等）、发展合作工具（Development Cooperation Instrument，简称 DCI）委员会（为部分区域项目和主题项目提供资助）；筹备并跟进欧盟发展领域相关外长会议、非加太—欧盟部长会议、发展合作负责人及专家会议的工作。

（3）经济发展与合作组织

关注并推动葡萄牙参与经济发展与合作组织及其下属发展援助委员会和经合组织发展中心举办的会议；筹措及参加发展援助委员会的部分工作。

（4）葡语国家共同体

葡语国家共同体是卡蒙斯学院的重要协同合作对象。卡蒙斯学院筹备并参与该共同体相关的各类焦点会议；同时，为共同体下设的合作项目特别基金会提供资金支持。卡蒙斯学院在葡语国家共同体背景下，主要关注的领域有：健康、教育、环境、社会保护、葡语国家人力资源培养和文化等。

（5）伊比利亚美洲首脑峰会

卡蒙斯学院作为葡萄牙援助与合作领域的负责机构代表国家参与伊比利亚美洲首脑会议（Ibero - American Conference）相关议程，主要涉及社会、经济与文化等领域；同时协调葡萄牙多个政府部门在利比里亚美洲地区的工作。

此外，葡萄牙"多边公共发展援助"还与世界银行、世界贸易组织、全球区域性发展银行等机构有着密切的联系。近年来，多边公共发展援助约占葡萄牙公共发展总援助的38%，2012 年，葡萄牙在该领域的总投入为 1.42765 亿欧元。

（二）推广语言文化

1. 核心职能

葡萄牙语言与文化的推广是卡蒙斯学院的重要工作内容，主要体现在如下几个方面：

（1）统筹与构建葡萄牙语言文化在国外的传播与推广政策，将葡萄牙语作为国际交流语言予以普及；

（2）协调国外设立的各专家点、教师培训中心、葡萄牙语言文化教学网络的相关活动（初等教育与中等教育层面）；

（3）协助在国外各类高等院校及国际机构中建立葡萄牙语学术点和葡萄牙语中心，并支持其良好运行；

（4）促进葡萄牙文化中心网络在国外的建立，并予以统筹管理；

（5）在不损害葡萄牙文化机构职能的基础上，推动各类文化合作协议的签订，并持续跟进其实际执行情况；

（6）与葡萄牙教育科学部联动协作，推进葡萄牙语在国外的推广工作，尤其是通过受教育科学部认证的葡萄牙学校的推广与传播。

2. 导向政策

卡蒙斯学院，作为葡萄牙外交部下属机构，以葡萄牙对外文化政策为核心导向及行动纲领开展各项工作。葡萄牙对外文化政策可归结为如下几个重要方面：

（1）与葡语国家共同体广泛合作，建立起有利于强化葡萄牙语作为国际交流语言作用的发展战略；

（2）基于平等互惠的原则，与葡国公民所在国家展开磋商，保障葡萄牙人后裔能够接受到葡萄牙语的学习，推动葡萄牙语教学与国外课程的融合；

（3）借助于视听媒介与信息沟通技术的大量使用，促进葡萄牙语作为非母语的学习；

（4）加强葡萄牙文化在国外的普及与推广（尤其是文学、艺术和科学等）；

（5）促进有关葡萄牙文化与科学溯源作品的系统化英译，并保障其广泛地推广。

在此基础上，卡蒙斯学院肩负起了葡萄牙对外强化葡萄牙语言文化认知与普及度，塑造葡萄牙国际形象与影响力的重要使命。

3. 主要内容

在语言及文化的推广与传播方面，卡蒙斯学院通过多样的形式实现其重要职能，主要有：教学、培训与研究、葡萄牙语中心/学术点建立、奖学金发放、文化活动举办、文化中心创建等。

（1）语言推广

教学：

语言教学是卡蒙斯学院在海外开展葡萄牙语推广最为基本和直接的方式。葡萄牙第234/2012号法令赋予其代表国家在海外开展葡萄牙语教学活动的权利。

在基础教育与中等教育层面，卡蒙斯学院主要负责协调海外葡萄牙语言文化教师的工作，促进不同教学层级与教学模式间的互动，提升葡萄牙语作为非母语及外语教学在海外（尤其是葡语群体聚居国家）课程设置及教学体系中的地位，同时，以各地使领馆为基地，设立教学协调机构，直接服务于葡萄牙语海外教学网络中的一线教师，为葡萄牙的语言文化教学提供后勤支援。目前，在德国、澳大利亚、加拿大、西班牙、美国、法国、比利时等国家和地区共已设有11个该类教学协调机构。

在高等教育层面，卡蒙斯学院着力于通过开展援助项目，推动海外高等院校葡萄牙语专业的建立，协助当地师资的聘用，促进葡萄牙语及相关文化课程的开办与发展，协调葡萄牙语言文化专家点的各项活动，从而实现其对外推广葡萄牙语言及文化的使命。目前，卡蒙斯学院已在全球61个国家的高校开展了葡萄牙语言文化教学活动，构建的葡萄牙语海外教学网络涉及1691名教师和约15.5万名学生，并通过教学网络与207所高等教育机构及国际组织建立了合作关系。

培训与研究：

在教学的基础上，卡蒙斯学院还将工作延伸至各类葡萄牙语相关培训及研究项目的支持。葡语培训涉及方向主要有：

葡语教师培训。分为基础培训和继续教育（可选择课堂授课或远程教学）。前者主要针对海外以葡萄牙语为外语或第二语言教师的初级培训，目前，卡蒙斯学院支持的以葡语为外语的海外教师培训课程有 225 个，葡语第二语言教师课程 14 个（主要通过专家点支持，年均培养学生 5000 人）；后者目前主要针对佛得角、几内亚比绍和莫桑比克的葡语教师，通过 49 个培训中心，每年平均选派 125 名指导教师，年均培养教师 1800 名，惠及中小学生约 35 万人。

非教学人员培训。主要涉及以下专门领域人员的葡萄牙语培训：公共管理人员和安保人员（依照葡萄牙与其他国家间的协议合作项目执行）；国际与区域机构的技术人员、管理人员等，如非洲联盟（African Union，简称 AU）、南部非洲发展共同体（Southern African Development Community，简称 SADC）、西非国家经济共同体（Economic Community of West African States，简称 ECOWAS）、非洲发展银行（African Development Bank，简称 AFDB）等；外交人员；葡资企业人员（葡萄牙语作为工作、法律、外交及商务语言）。

翻译人员培训。主要在口、笔译员培训项目框架下，与欧洲、非洲、亚洲和美洲等地区的大学及相关国际机构协作，推动葡语向国际交流语言方向发展。

在葡萄牙语言文化研究方面，卡蒙斯学院设置了不同类别的研究资金，以鼓励葡萄牙语言文化研究在全球范围内的开展。目前已设立的项目有：

学术研究项目。主要为在海外定居但有意在葡萄牙开展有关葡萄牙语言与文化领域专业研究的非葡籍或葡籍教师及研究人员提供支持。

佩索阿（Pessoa）项目。主要针对海外葡萄牙研究学术点、高校葡萄牙语专业或研究机构负责人设立，支持该群体完成与葡萄牙语言文化领域的相关项目的研究。

埃萨·德·克罗兹（Eça de Queiroz）基金会与卡蒙斯学院联合项目。主要面向海外从事葡萄牙作家埃萨·德·克罗兹作品研究的教师、研究人员及高年级学生，支持他们参与埃萨·德·克罗兹基金会暑期研讨会。

富布莱特委员会（Fulbright Commission）与卡蒙斯学院联合项目。主要面向在美国大学以在美国推广葡萄牙语言文化为目的而开展研究工作的葡萄牙大学教师或在葡萄牙大学学习的美籍硕士或博士研究生，为该群体的研究工作提供相应的资金支持。学术研究可涉及领域包括语言学、历史、社会学、文学、政治学、国际关系、远程教育等。

国家文化中心（Centro Nacional de Cultura）与卡蒙斯学院联合项目。主要为从事葡萄牙造型艺术工作的葡籍艺术家提供支持。

葡语中心与葡语学术点：

为了更好地支持与保障葡萄牙语言文化在海外的推广、教学、研究及发展，卡蒙斯学院特别设立了一系列的葡萄牙语中心及葡萄牙语学术点。

葡萄牙语中心通常由卡蒙斯学院和海外高等院校或国际组织协同创建，由图书馆、放映厅、音乐资料库、信息及多媒体设备等组成。目前，卡蒙斯学院已在南非、德国、澳大利亚、佛得角、西班牙、美国、印度、瑞典等38个国家建立了葡萄牙语中心。

葡语学术点发展于卡蒙斯学院之海外高校葡语专业或同类机构援助创立的项目之下，其主要目的在于突出葡萄牙语作为一门科学语言所发挥的作用。目前，卡蒙斯学院已协助创建并协同管理了35个海外高校葡语学术点，这些学术点的存在保障了各学科领域或多学科领域的研究，尤其是语言学、文学、艺术、历史及后殖民研究等。

奖学金发放：

卡蒙斯学院的系列奖学金项目旨在帮助及促进：葡萄牙语言和文化领域的学习与研究；葡萄牙语作为非母语教学领域的学术研修与职业培训；会议口译与笔译领域的培训与研修。

主要有如下几个常设项目：

葡萄牙语言与文化暑期课程项目。项目所涉暑期课程由受卡蒙斯学院认可的葡萄牙大学或机构开设，主要针对在国外居住、希望精进自身葡语能力的葡籍或外籍学生。

葡萄牙语言与文化年度课程项目。项目所涉年度课程由受卡蒙斯学院认可的葡萄牙大学或机构开设，主要针对在海外定居、希望提高自身葡语能力的葡籍或外籍学生。

费尔南·门德斯·平托（Fernão Mendes Pinto）项目。主要面向参与葡萄牙语作为外语领域学术或职业培训的葡籍/外籍本科毕业生或毕业班学生。项目所涉培训通常由与卡蒙斯学院签有合作协议的海外高校或机构下设的卡蒙斯葡萄牙语中心或专家点开设。

学术研究项目。主要面向在海外定居但有意在葡萄牙开展有关葡萄牙语言与文化领域专业研究的葡籍或外籍教师及研究人员，在葡萄牙大学攻读硕士或博士课程亦属此列。

佩索阿项目。主要面向海外葡萄牙研究学术点、高校葡萄牙语专业或研究机构负责人，支持其完成与葡萄牙语言文化领域相关项目的研修。

维埃拉（Vieira）项目。主要面向参与会议口译和翻译领域培训或/和精修项目、在海外定居的葡籍或外籍本科毕业生。

文化活动举办：

除了语言推广层面的工作，卡蒙斯学院还肩负着葡萄牙外交部在文化领域的使命，致力于保障葡萄牙文化在海外的宣传与推广，构想、倡议、推进、协助并执行有益于不同艺术表现形式传播的各类举措。此外，亦具备对外代表国家商讨文化协议及相关合作项目的职能，协调国家各部门在文化、教育、体育运动等领域的参与与作用。

目前，卡蒙斯学院已代表葡萄牙与77个国家签署了文化领域的相关协议，并通过展览、讲座、电影展映、座谈会、话剧、音乐会、舞蹈表演、工作坊等形式在中国、西班牙、法国、日本、卢森堡、摩洛哥、印度、泰国、安哥拉、佛得角、几内亚比绍、莫桑比克、圣多美和普林西比以及东帝汶等14个国家的18个城市开展了文化活动，初步构建了葡萄牙海外文化推广网络。

文化中心创建：

卡蒙斯学院通过葡萄牙文化中心构建海外文化推广网络。这些文化中心通常与外交使团或葡萄牙驻海外领事馆协同创建，作为国家文化场所使用，其主要目的在于根据跨文化理念，推广葡萄牙语言及文化，促进世界文化多样性，使葡萄牙在更多层面及领域树立形象，获得欧洲及世界的认可，并通过加强艺术家、文化工作者与民间社会的参与度，为葡萄牙及欧洲文化经济注入活力，为葡萄牙文化财富与文化业务之繁荣及其同第三国之间的往来互动提供助力。

六、卡蒙斯学院的资金来源与财务运作

卡蒙斯学院计划与管理司下属财务与文化资产管理处具体负责计划和管理财务资源和文化资产，定期撰写预算报告、工作总结以及管理和财务年度报告。

（一）卡蒙斯学院的资金来源

根据2012年1月30日第21/2012号法令第12条规定，卡蒙斯学院收入包括如下：

1. 国家预算所拨经费

2. 合作收入

欧盟、其他国际机构组织的专门机构或其他国家所拨经费，用于资助合作方案、计划和活动以促发展；

出售资产或资产相关权益所得；

活动或提供服务所得；

合法范围内由公共或私有单位提供的津贴、补助、福利补贴、股金、捐赠、遗产、遗物及任何形式的捐赠物；

任何以法律、合同或其他名义拨发的其他收入。

3. 语言文化推广收入

葡萄牙语中心学习和培训课程报名所得；

出售出版物或其他自有教材所得；

活动或提供服务所得；

财产相关租金或其他收益；

任何以法律、合同或其他名义拨发的其他收入；

第三方以津贴、赞助或补偿名义所拨经费。

4. 葡萄牙文化中心和海外葡语教学协调机构收入

海外葡萄牙文化中心和葡语教学协调机构的学习和培训课程报名所得；

为顾客提供有偿服务所得；

在国外当地市场购买资产和服务的相应退税。

此外，根据2013年3月11日第101/2013号训令，卡蒙斯学院的收入还包括海外葡语教学（海外葡萄牙语教学网络）所得学费和保证金。

根据卡蒙斯学院《2013年度管理和财务报告》，2013年度总收入达7034.9108万欧元，为预期的102%，主要来自国家预算、海外葡萄牙语教学网络所得学费以及葡萄牙语言文化网络培训课程。

卡蒙斯学院获国家预算所拨经费达6726.774万欧元，金额最高的两笔为311号资金来源和480号欧盟为授权合作项目发展提供的资助。具体收入预算见表3：

表3

资助来源	调整预算（欧元）	实际拨款（欧元）	净收入（欧元）
311 总体收入	58725073.00	56401335.33	56401325.01
313 总体收入余额	1.00	1060077.99	1060077.99
412 欧洲区域发展基金	2.00	375135.29	375135.29
480 欧盟资助	7687003.00	7728168.86	7728168.86
520 自有收入转移余额	565762.00	1073033.12	1073033.12
540 国际关系基金	630000.00	630000.00	630000.00
总计	67607841.00	67267750.59	67267740.27

数据来源：《财务资源共享管理》（GeRFiP），2014年4月10日；其中313号和412号未列入国家预算初始提案。自有收入中最高为海外葡语教学所得学费和保证金1501062.31欧元和相应的网络培训课程收入238575.53欧元。

（二）卡蒙斯学院的财务运作

卡蒙斯学院的财务运作坚持精简优化的原则，注重工作流程的持续改善和现代化以及高效管理模式的运行，以更好地满足内外需求。

计划与管理司下属财务与文化资产管理处负责计划和管理财务资源和文化资产，开支主要用于国际合作、扩大海外葡萄牙影响力、海外葡萄牙语教学以及行政管理，根据不同方案、计划和活动要求灵活调整管理方法，提高财务执行率。

1. 支出预算结构

根据卡蒙斯学院《2013年度管理和财务报告》，卡蒙斯学院2013年度初始预算为61164214欧元，分别为运营性支出60564214欧元和投资性支出60万欧元，如表4所示：

表4

资金来源	活动	初始预算（欧元）	调整预算（欧元）	结构比例	
311	178 国际合作	22123876.00	18977710.00	34%	85%
	183 海外葡萄牙影响	5596211.00	5351250.00	9%	
	198 海外葡语教学	25613759.00	25937714.00	46%	
	258 行政管理	6940368.00	6192087.00	11%	
	总计（1）	60274214.00	56458761.00	100%	
480	178 国际合作（2）	0.00	7687003.00	100%	12%
510	183 海外葡萄牙影响	283850.00	206768.00	17%	1.23%
	198 海外葡语教学	0.00	1004347.00	83%	
	258 行政管理	6150.00	5999.00	0%	
	总计（3）	290000.00	1217114.00	100%	

续表

资金来源	活动	初始预算（欧元）	调整预算（欧元）	结构比例	
520	258 行政管理（4）	0.00	565760.00	100%	0.85%
540	258 行政管理（5）	600000.00	615000.00	100%	0.92%
总计（1）+（2）+（3）+（4）+（5）		61164214.00	66543638.00	100%	

数据来源：国家预算法列表 V 和《财务资源共享管理》，2014 年 4 月 10 日。

2013 年期间，由于抵押、增资、取消以及特许贷款等原因而对调整预算支出进行了多次修改，如表 5 所示：

表 5

	初始国家预算（欧元）	调整国家预算（欧元）	备　注
1 月	61164214.00	58915924.00	储备——1150699.00； 抵押——737591.00
5 月	58915924.00	61013438.00	311 号资金来源的附加抵押——2000000.00； 480 号资金来源特许贷款 4097514.00
7 月	61013438.00	60294734.00	附加抵押——718704.00
9 月	60294734.00	62234042.00	假期增加津贴——1939308.00
12 月	62234042.00	66543638.00	取消——284240.00； 480 号资金来源特许贷款——3589489.00； 510 号资金来源特许贷款——1004347.00

数据来源：《财务资源共享管理》，2014 年 4 月 10 日。

经修改调整预算，2013 年 12 月 31 日最终支出达 66543638 欧元，分别为运营性支出65928638欧元（占99.08%）和投资性支出61.5万欧元（占0.02%），其中金额最高的两次修改为占调整预算85%的311号资金来源和占比12%的480号资金来源。

2. 资金来源预算执行情况

2013年，卡蒙斯学院预算管理中包含了5项资金来源：

311一般收入；

480欧盟资助；

510自有收入；

520自有收入转移余额；

540国际关系基金。

截至2013年12月31日，根据所有资金来源，最终用于执行的金额达63167695.97欧元，执行率为95%，如表6所示：

表6

资金来源	初始预算（欧元）	抵押（欧元）	调整预算（欧元）	执行（欧元）	执行率
311一般收入	60274214.00	1386312.00	56458761.00	55271861.46	98%
178国际合作	22123876.00	512299.00	18977710.00	18103810.43	95%
183海外葡萄牙影响	5596211.00	56651.00	5351250.00	5288854.71	99%
198海外葡语教学	25613759.00	500990.00	25937714.00	25834151.39	100%
258行政管理	6940368.00	316372.00	6192087.00	6045044.93	98%
480欧盟资助－其他（a）	—	—	7687003.00	6161615.49	80%
178国际合作			7687003.00	6161615.49	80%
510自有收入	29000.00	69983.00	1217114.00	747954.32	61%
183海外葡萄牙影响	283850.00	69983.00	206768.00	201643.65	98%
198海外葡语教学	—	—	1004347.00	545995.44	54%

续表

资金来源	初始预算（欧元）	抵押（欧元）	调整预算（欧元）	执行（欧元）	执行率
258 行政管理	6150.00		5999.00	315.23	5%
520 自有收入（a）			565760.00	402455.47	71%
258 行政管理			565760.00	402455.47	71%
540 国际关系基金	600000.00		615000.00	583809.23	95%
258 行政管理	600000.00		615000.00	583809.23	95%
总计	61164214.00	1456295.00	66543638.00	63167695.97	95%

数据来源：《财务资源共享管理》，2014 年 4 月 10 日。

2013 年，执行情况最突出的资金来源包括 311 号非用于联合融资项目的总体收入（达 98%），480 号欧盟资助—其他（达 80%）以及 540 号国际关系基金（达 95%）。

311 号总体收入中，用于 198 号海外葡语教学活动的资金执行率达 100%，用于 183 号海外葡萄牙影响和 258 号行政管理，分别为 99% 和 98%。

510 号自有收入中，用于 183 号海外葡萄牙影响活动的资金执行率达 98%，紧接着是用于 198 号海外葡语教学和 258 号行政管理，分别为 54% 和 5%。

3. 经济分类预算执行情况

对不同经济类型进行分析，人力支出达 36026703.14 欧元，执行率为 98%，无偿转移达 23052952.57 欧元，执行率为 94%，累计支出的全球执行情况如表 7 所示：

表 7

支出	调整支出（欧元）	抵押（欧元）	应付（欧元）	已付（欧元）	执行率	结构比例
人力支出	37440172.00	718704.00	36032117.36	36026703.14	98%	57.0334%
资产和服务购置	5108546.00	737591.00	3145617.12	3145617.12	72%	4.9798%
利息及其他开销	1890.00		1018.19	1018.19	54%	0.0016%
经常转移	24471110.00		23052952.57	23052952.57	94%	36.4948%
其他经常性支出	896187.00		890969.54	890969.54	99%	1.4105%
资本货物购置	82028.00		50435.41	50435.41	61%	0.0798%
总计	67999933.00	1456295.00	63173110.19	63167695.97	95%	100%

数据来源：《财务资源共享管理》，2014 年 4 月 10 日。

2013 年，人力支出比重为 57.0334%，经常转移比重为 36.4948%。

而根据表 8 人力支出分析可见，198 号海外葡语教学活动在人力支出中占 69.41%，行政管理占 13.51%：

表 8

资金来源	调整预算（欧元）	执行（欧元）	执行率	结构比例
311 一般收入	35361107.00	35084022.83	99.22%	97.38%
178 国际合作	4626277.00	4369055.56	94.44%	12.13%
183 海外葡萄牙影响	844475.00	842845.47	99.81%	2.34%
198 海外葡语教学	25013737.00	25005560.19	99.97%	69.41%
258 行政管理	4876618.00	4866561.61	99.79%	13.51%

续表

资金来源	调整预算（欧元）	执行（欧元）	执行率	结构比例
480 欧盟资助—其他	1360361.00	942680.31	69.30%	2.62%
178 国际合作	1360361.00	942680.31	69.30%	2.62%
总计	36721468.00	36026703.14	98.11%	100.00%

数据来源：《财务资源共享管理》，2014 年 4 月 10 日。

4. 现金流量

现金流量主要为所得收入和开支额。

2013 年，卡蒙斯学院期初数为 7607466.5 欧元，上交国库 1114849.68 欧元，申请结转额 6393969.9 欧元，现金流入共 63955138.26 欧元，流出共 63167695.97 欧元，该年度服务管理结余为 20435095.06 欧元。

5. 资产分析

2013 年，卡蒙斯学院执行与 1997 年 9 月 3 日第 232/97 条法令相关的会计原则，特别是会计实质原则、一贯性原则、真实性原则、权责发生制原则、历史成本原则、谨慎性原则、客观性原则和不抵消原则，以准确无误得出财务状况、结余和预算执行情况。资产分析如表 9 所示：

表 9

分类	2013 年（欧元）	结构
专项基金	11550987.74	40.34%
负债	17080251.71	59.66%
资产	28631239.45	100.00%

数据来源：《财务资源共享管理》，2014 年 4 月 10 日。

从2013年12月31日截止的资产负债表中可以看到，净资产达28631239.45欧元，其中专项基金11550987.74欧元，占40.34%，负债总额升至17080251.71欧元，占59.66%。

（1）资产负债表

2013年卡蒙斯学院资产达28631239.45欧元，折旧3529287.29欧元，采用2000年4月17日第671/2000条训令规定的直线法计算。

应计和递延达3860298.46欧元，其中第271项应计利润（3847322.05欧元）归于2014年度收入但实指2013年度，第272项递延支出（12976.41欧元）归于2013年度支付金额但与2014年度相关。

负债和专项基金共28631239.45欧元，其中负债17080251.71欧元。

根据权责发生制原则，应计和递延达3823538.06欧元，包括第271项涉及保险、薪资和其他外部服务的将于2014年支付的2013年度应计成本。

储备金包括第29项风险和固定储备金，共计6.06万欧元，用于司法援助和诉讼部门的行政诉讼程式。

第26886项—其他债务人—供应商的保证金，共计49732.15欧元。

（2）结果数据

2013年，卡蒙斯学院经营净结余为703277.91欧元，利润为63448619.36欧元，成本为62745341.45欧元。

收益最高的项目是涉及2013年3月11日第102/2013号训令规定下的海外葡萄牙语教学网络征收的学费和保证金的税金及其他费用，以及经常性转移和国家预算资金转移。具体收益如表10所示：

表10

收益	欧元	百分比
71 出售和提供服务	258072.73	0.4067%
72 税金和其他费用	1558330.31	2.4561%
73 附加收益	2546.83	0.0040%
74 所得经常性转移和津贴	59922476.29	94.4425%

续表

收益	欧元	百分比
76 其他经营收益	2747.07	0.0043%
78 财务收益	231.44	0.0004%
79 非常收益	1704214.69	2.6860%
总计	63448619.36	100%

数据来源：《财务资源共享管理》，2014 年 3 月 24 日。

成本和损失最高的项目是人力成本（35285577.83 欧元），授权转移（23052502.57 欧元）以及对外供应和服务（3189627.59 欧元），相应比重为 56.74%、36.74% 和 5.08%，具体如表 11 所示：

表 11

成本和损失	欧元	百分比
61 销售品和消费品成本	56721.56	0.09%
62 对外供应和服务	3189627.59	5.08%
64 人力成本	35285577.83	56.74%
63 授权转移—社会服务	23052502.57	36.74%
67 运营储备金	260415.16	0.42%
65 其他经营成本和损失	859977.51	1.37%
68 财务成本和损失	22861.87	0.04%
69 非常成本和损失	17657.36	0.03%
总计	62745341.45	100%

数据来源：《财务资源共享管理》，2014 年 3 月 24 日。

6. 管理结余

下一年度转移管理结余为 20435095.06 欧元，包括国家预算资助金额

2189027.24 欧元，业务财产 5091031.87 欧元以及财务经营 13155035.95 欧元。2014 年度转移管理结余如表 12 所示：

表 12

下一年度转移管理结余	欧元
国家预算资助金额	2189027.24
业务财产	5091031.87
财务经营	13155035.95
2014 年度转移额	20435095.06

数据来源：《财务资源共享管理》，列表 7.3 现金流，2014 年 4 月 10 日。

七、卡蒙斯学院的工作成效

作为由葡萄牙外交部管辖监护推广葡萄牙语言和文化的公立机构，卡蒙斯学院在各部门协调合作和高效运作下在推动合作和推广语言文化方面均取得了显著的工作成效。

（一）推动合作

卡蒙斯学院在合作领域的主要工作是推动葡萄牙在国际公共发展援助领域发挥积极作用，采用双边公共发展援助与多边公共发展援助两种方式，涉及技术合作、项目协助、投资/设施配备、其他资源支持等多个领域。

近年来，葡萄牙通过卡蒙斯学院积极参与国际公共发展援助，对开展双边公共发展援助与多边公共发展援助提供了大力支持，惠及全球各大洲众多国家和地区。

以 2012 年为例，双边公共发展援助共投入 309073000 欧元，具体如表 13 所示：

表 13

国家和地区	投入（千欧）	国家和地区	投入（千欧）	国家和地区	投入（千欧）
阿富汗	1833	格鲁尼亚	42	刚果（金）	33
南非	44	瓜地马拉	20	卢旺达	2
非洲	70	几内亚（科纳克里）	142	塞尔瓦多	12
阿尔巴尼亚	2	几内亚比绍	7402	圣多美与普林西比	16705
美洲	801	海地	5	塞内加尔	268
安哥拉	1199	洪都拉斯	9	塞拉利昂	9
阿尔及利亚	12	印度	296	塞尔维亚	86
阿根廷	60	印度尼西亚	91	叙利亚	38
波斯尼亚黑塞哥维那	2	伊朗	3	索马里	2
博茨瓦纳	43	约旦	2	斯里兰卡	31
巴西	5037	科索沃	142	撒哈拉以南	2015
佛得角	130849	马其顿	23	泰国	65
喀麦隆	7	马来西亚	12	塔吉克斯坦	3
智利	56	马里	5	坦桑尼亚	57
中国	7147	摩洛哥	45314	东帝汶	15341
哥伦比亚	53	墨西哥	61	多哥	2
刚果（布）	0	莫桑比克	62429	突尼斯	42
科特迪瓦	46	纳米比亚	74	土耳其	50
古巴	80	尼加拉瓜	17	乌拉圭	57
埃及	70	尼日利亚	50	委内瑞拉	45
厄立特里亚	5	撒哈拉以北	42	越南	17
埃塞尔比亚	34	发展中国家	10458	西岸和加沙地带（巴勒斯坦）	6
欧洲	16	巴基斯坦	7	津巴布韦	48
冈比亚	2	秘鲁	6		
加纳	7	摩尔达维亚	12	总计	309073

2010—2013年，开展多边公共发展援助共投入639312000欧元，具体如表14所示：

表14

援助途径	投入（千欧）
联合国及其下属机构	39184
欧盟	507356
世界银行	33846
世贸组织	3100
区域发展银行	48549
其他多边机构	7276
总计	639312

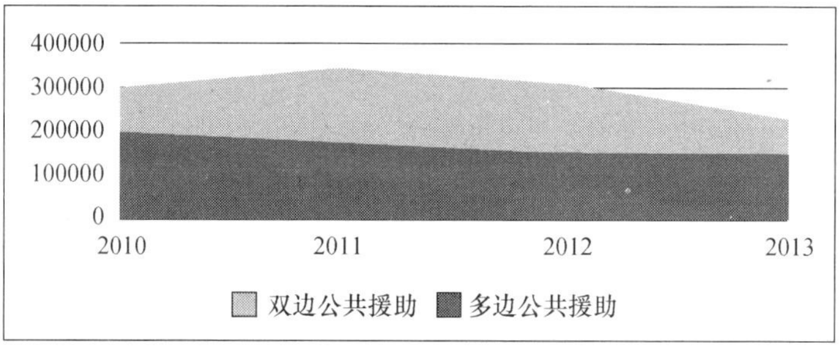

图3　2010—2013年葡萄牙公共发展援助（单位：千欧）

数据来源：卡蒙斯学院/合作规划处。

（二）推广语言文化

1. 卡蒙斯学院海外葡萄牙语教学网络

卡蒙斯学院协调海外葡萄牙语言和文化教师的活动，推动不同层次、不同教育形式之间的互动，推广海外中小学教育课程体系中葡语非母语与外国语教学，尤其在葡语群体聚居国家。

目前，在葡萄牙使领馆共设11处海外教学协调机构，以支持葡萄牙语言和文化的教学，分别为：

南非、纳米比亚、斯威士兰和津巴布韦协调处；

德国协调处；

澳大利亚协调处；

加拿大协调处；

西班牙和安道尔协调处；

美国协调处；

法国协调处；

卢森堡、比利时和荷兰协调处；

英国和海峡群岛协调处；

瑞士协调处；

委内瑞拉协调处。

卡蒙斯学院还积极支持国外高等院校创建葡萄牙语教研室、葡萄牙语系或相应机构，并支持当地聘用教师，促进、协调并发展开设葡萄牙语以及其他有关文化内容的课程，同时协调海外葡萄牙语言文化专家点的活动。

目前，卡蒙斯学院海外葡萄牙语教学网络拥有1691名教师和15.5万名学生，覆盖61个国家和地区，与全球207个高等院校和国际机构签订了合作协议并开展了稳定的合作，如表15所示：

表15

国家	合作	国家	合作	国家	合作
南非	4	爱沙尼亚	1	尼日利亚	2
德国	12	埃塞尔比亚	2	波兰	3
安哥拉	4	法国	12	英国	12

续表

国家	合作	国家	合作	国家	合作
阿根廷	1	格鲁尼亚	1	捷克	8
奥地利	2	几内亚比绍	2	罗马尼亚	4
比利时	4	匈牙利	5	俄罗斯	4
博茨瓦纳	2	印度	6	圣多美与普林西比	1
保加利亚	2	印度尼西亚	1	塞内加尔	1
佛得角	1	爱尔兰	2	塞尔维亚	3
加拿大	4	以色列	1	瑞典	1
智利	2	意大利	11	瑞士	2
中国	4	日本	5	泰国	3
哥伦比亚	1	立陶宛	2	东帝汶	2
韩国	1	马其顿	1	突尼斯	5
克罗地亚	2	马来西亚	1	土耳其	1
埃及	2	摩洛哥	2	乌拉圭	1
斯洛伐克	2	墨西哥	1	委内瑞拉	1
斯洛文尼亚	1	莫桑比克	7	越南	1
西班牙	13	摩尔达维亚	1	津巴布韦	1
美国	15	纳米比亚	1	总计	200

2. 卡蒙斯学院培训和研究

在海外葡萄牙语教学网络的基础上，卡蒙斯学院大力开展各项培训和研究项目。

针对葡萄牙语外语教师的初级培训，卡蒙斯学院共支持开设225门课程；针对葡萄牙语第二语言教师的初级培训，卡蒙斯学院葡萄牙语教学点开设14门相应课程，平均每年招收学员5000名。此外，卡蒙斯学院还在佛得角、几内亚比绍和莫桑比克主办或合作开办葡萄牙语教师的继续培训，设立49个培训中心，平均每年选派125名指导教师，培养1800名学员，学员均为基础教育和中等教育葡萄牙语教师，可惠及中小学生约35万人。

卡蒙斯学院特别针对各类专业人员开展培训，包括公共管理与国防安全部门人员，国际与区域机构行政人员、技术人员和干部，外交人员以及葡萄牙注资企业内以葡萄牙语作为工作、法律、外交和商务语言的在编人员。

卡蒙斯学院还与欧洲、非洲、亚洲和美洲众多高校和国际组织开展合作，联合开办翻译人员培训项目，以提高葡萄牙语作为全球交际语言的国际地位。

此外，卡蒙斯学院支持海外高校创建35个学术点并共同管理，推进多学科和跨学科的教学与研究工作，包括语言学、文学和艺术、历史以及后殖民研究，以突出葡萄牙语作为科学语言的国际地位，如表16所示：

表16

国家	学术点	国家	学术点
德国	2	墨西哥	1
巴西	5	莫桑比克	1
加拿大	1	波兰	1
哥伦比亚	1	英国	4
西班牙	2	罗马尼亚	2
法国	4	瑞士	1
意大利	10	总计	35

3. 卡蒙斯学院葡萄牙语中心

为促进葡萄牙语言和文化的传播，卡蒙斯学院致力于通过与高等院校和国际组织合作，建立葡萄牙语中心，整合图书馆、放映厅、音像资源和多媒体与信息技术设备，以支持海外教学、培训和研究工作。

目前，卡蒙斯已建葡萄牙语中心共65个，分布在全球38个国家和地区，具体如表17所示：

表 17

国家	中心	国家	中心	国家	中心
南非	5（其中4个与法语联盟合作）	爱沙尼亚	1	波兰	1
德国	1	埃塞尔比亚	1	英国	5
安哥拉	3	法国	3	捷克	1
阿根廷	1	格鲁尼亚	1	罗马尼亚	3
奥地利	2	几内亚比绍	1	圣多美与普林西比	1
比利时	1	匈牙利	1	塞内加尔	1
保加利亚	1	印度	1	塞尔维亚	1
佛得角	1	意大利	2	瑞典	1
加拿大	1	摩洛哥	1	东帝汶	1
中国	3	墨西哥	1	突尼斯	1
克罗地亚	1	莫桑比克	6	委内瑞拉	1
西班牙	4	摩尔多瓦	1	津巴布韦	1（与法语联盟合作）
美国	2	纳米比亚	1	总计	65

4. 卡蒙斯学院奖学金

卡蒙斯学院每年向葡萄牙国内外葡语教学研究相关人员发放多项奖学金，大力支持全球葡语教学和科研工作：

葡萄牙语言与文化暑期课程奖学金；

葡萄牙语言与文化年度课程奖学金；

维埃拉项目奖学金；

费尔南·门德斯·平托项目奖学金；

学术研究项目奖学金；

佩索阿项目奖学金；

埃萨·德·克罗兹基金会与卡蒙斯学院联合项目奖学金；

富布莱特委员会与卡蒙斯学院联合项目奖学金；

国家文化中心与卡蒙斯学院联合项目奖学金。

奖学金获得者的最终确定需通过网上申请、专家初审和终审等流程。卡蒙斯学院根据不同项目的具体要求对奖学金获得者的学习和科研工作进行监督和考核，以确保奖学金的合理利用以及项目的顺利进行。

2014—2015 学年，卡蒙斯学院共发放奖学金 38 份，如表 18 所示：

表 18

学术研究项目		年度课程项目	
国家	人数	国家	人数
摩洛哥	2	阿根廷	1
波兰	1	奥地利	1
塞内加尔	2	白俄罗斯	2
塞尔维亚	1	智利	1
		中国	3
暑期课程项目		韩国	1
西班牙	2	印度	1
哥伦比亚	1	日本	2
埃及	2	墨西哥	1
摩洛哥	2	塞内加尔	2
墨西哥	1	泰国	1
英国	1	纳米比亚	1
瑞典	1		

续表

学术研究项目		年度课程项目	
国家	人数	国家	人数
突尼斯	1	维埃拉项目	
美国	1	波兰	1
		白俄罗斯	1
费尔南·门德斯·平托项目			
西班牙	1	总计	38

2013—2014 学年，卡蒙斯学院共发放奖学金 144 份，如表 19 所示：

表 19

学术研究项目		年度课程项目	
国家	人数	国家	人数
安哥拉	1	科特迪瓦	1
比利时	1	奥地利	1
佛得角	1	白俄罗斯	1
埃及	1	智利	1
几内亚比绍	3	中国	4
摩洛哥	2	韩国	1
波兰	1	印度	2
塞内加尔	2	日本	2
塞尔维亚	4	墨西哥	1
坦桑尼亚	1	塞内加尔	4
		罗马尼亚	1
费尔南·门德斯·平托项目		纳米比亚	5
阿根廷	2	津巴布韦	1

续表

学术研究项目		年度课程项目	
国家	人数	国家	人数巴西
保加利亚	2	暑期课程项目	
加拿大	1	西班牙	2
智利	1	白俄罗斯	1
科特迪瓦	3	印度	1
埃及	1	摩洛哥	4
西班牙	1	英国	1
法国	2	俄罗斯	2
匈牙利	5	瑞典	1
印度	5	瑞士	1
摩洛哥	1	突尼斯	1
墨西哥	4	美国	1
莫桑比克	29		
波兰	1	维埃拉项目	
葡萄牙	10	哥伦比亚	1
英国	1	尼日利亚	1
捷克	3		
圣多美与普林西比	1		
塞内加尔	10		
坦桑尼亚	1	总计	144

5. 卡蒙斯学院葡萄牙文化中心和海外文化活动

为对外推广葡萄牙语言和文化，卡蒙斯学院在全球范围内与外交使团或葡萄牙驻海外领事馆合作创立葡萄牙文化中心，目前已在15个国家建立20个葡萄牙文化中心，如表20所示：

表 20

国家	中心	国家	中心
安哥拉	1	日本	1
巴西	1	卢森堡	1
佛得角	2	摩洛哥	2
中国	2	莫桑比克	2
西班牙	1	圣多美与普林西比	2
法国	1	泰国	1
几内亚比绍	1	东帝汶	1
印度	1	总计	20

卡蒙斯学院还积极构思、推动、提议、支持、组织并实施在海外传播葡萄牙语言和文化的项目。根据卡蒙斯学院《2014 年上半年海外文化活动报告》统计，仅 2014 年上半年，卡蒙斯学院已支持海外项目共 558 个，覆盖全球各大洲，涉及文化艺术等众多领域，如表 21 所示：

表 21

地区	项目数	百分比
非洲	155	27. 8%
美洲	59	10. 6%
亚洲	30	5. 4%
欧洲	280	50. 2%
中东和马格里布	31	5. 6%
大洋洲	3	0. 5%
总计	558	100%

国家	项目数	国家	项目数	国家	项目数
南非	3	埃及	5	挪威	2
德国	37	斯洛伐克	1	波兰	14
安哥拉	24	西班牙	42	英国	8
阿尔及利亚	3	美国	16	捷克	5
阿根廷	8	埃塞尔比亚	5	罗马尼亚	23
澳大利亚	3	法国	67	俄国	5
比利时	13	希腊	3	圣多美与普林西比	28
巴西	9	几内亚比绍	5	塞内加尔	5
保加利亚	4	匈牙利	4	塞尔维亚	5
佛得角	42	印度	9	新加坡	1
加拿大	9	以色列	15	瑞典	6
智利	5	意大利	8	泰国	2
中国	7	日本	8	土耳其	4
哥伦比亚	2	卢森堡	18	乌拉圭	7
韩国	3	摩洛哥	8	委内瑞拉	3
克罗地亚	10	莫桑比克	37	津巴布韦	1
丹麦	1	纳米比亚	5	总计	558

项目类别	项目数	百分比
建筑	10	1.8%
视觉艺术	36	6.5%
舞蹈	6	1.1%
戏剧	39	7%
音乐	79	14.2%
交叉艺术	34	6.1%
设计	2	0.4%

续表

项目类别	项目数	百分比
历史与遗产	95	17%
电影	81	14.5%
语言	57	10.2%
文学	91	16.3%
其他	28	5%
总计	558	100%

6. 卡蒙斯学院虚拟中心和远程教育

顺应信息化时代发展需求，卡蒙斯学院不断摸索对外推广葡萄牙语言和文化的新型模式，在网络平台上初步构建卡蒙斯虚拟中心，开放数字图书馆，共享电子资源，并开展远程教育培训课程，以克服地理局限和资源有限等问题，更广泛更有效地促进葡萄牙语言和文化在全球的传播，提高其国际影响力。

远程教育培训课程采用先进的 Moodle（Modular Object - Oriented Dynamic Learning Environment）平台，主要面向海外葡萄牙语教学网络教师、海外本科在读生或本科毕业生以及拥有相关学术职业背景者。

申请人可在课程申请截止前通过卡蒙斯虚拟中心直接网上申请相应的远程教育培训课程，但目前由于远程教育培训课程参与人数有限，申请人需经卡蒙斯学院筛选并最终审核确认才能正式注册，未通过最终审核的列入候补待定名单。

2014—2015 学年第一学期共开设 17 门远程教育培训课程：

《葡萄牙语—A1》

《葡萄牙语—A2》

《葡萄牙语—B1》

《葡萄牙语—B2》

《葡萄牙语—C1》

《葡萄牙语非母语教学》

《新闻写作实验室》

《创意写作实验室—初级》

《创意写作实验室—高级》

《商务葡语》

《司法葡语概论》

《研究生专业课程—葡萄牙和后殖民政策：概念、背景和观点》

《语言信息学和翻译》

《web2.0 中葡萄牙语第二语言教学互动资源》

《葡萄牙语阅读》

《葡萄牙语继承语教学法》

《应用语言学和葡萄牙语教学：口头和书面交流》

八、对推进孔子学院建设的借鉴意义

葡萄牙是欧洲边陲小国，国内人口不足上海人口的一半，但却在人类历史上书写过重要篇章。也正是由辉煌的过去形成的文化价值，进而产生的民族自豪感，使得葡萄牙政府，特别是卡蒙斯学院，在对外推广其语言文化方面不遗余力。在这一过程中，卡蒙斯学院在战略拟定和具体实施方面所做的工作，对我们推动汉语语言文化对外传播有着很大的借鉴意义。

（一）卡蒙斯学院研究所带来的启示

1. 语言文化对外传播的认识

不论是已经从事或是有意加入中国语言文化对外传播事业的单位，有一个问题必须得到正面回答：中国语言文化对外传播的意义何在？换句话说，为什么值得去参与、推动这项事业？如果仅仅从促进世界了解中国，增进中国人民和世界人民的友谊等角度来考虑问题，远不能圆满地解释大量的人力、物力的投入。通过对卡蒙斯学院推广葡萄牙语语言文化战略方面的研究，我们可以认识到，这一问题的核心在于语言的价值：正因为中国有着悠久的历史传承，所以汉语具有其特定的历史文化价值；正因为当今的中国在科学技术等诸多领域均取得了世界前列的成就，所以汉语具备其特有的科技价值；正因为改革开放30多年来，中国经济发展方面的巨大成功，所以汉语特有的经济价值潜力无限。

因此，这一系列价值的存在，使汉语有了向海外大力推广的基础，伴随着这一过程的不断深入，汉语也会继续获得国际社会、外国学习者的广泛认同。

2. 语言文化对外传播的优先策略

卡蒙斯学院在推广葡萄牙语言文化方面的策略对于我们来说颇具启发意义，值得学习：从国家的战略要点出发，优先扶持与葡萄牙有深厚历史文化关系的国家和地区。这样一来，重点突出，各种资源相对集中，所产生的效果非常明显。

那么，在推广汉语语言文化的时候，具体确定哪些是优先合作对象，哪些是潜在合作对象之时，是应该按照对外经贸关系的比例大小，还是国家之间的友好关系，抑或是根据“大国是关键，周边是首要，发展中国家是基础”这一方针来确定呢？

3. 语言文化对外传播的效果评估

政府机关作为推动语言文化对外推广的主要动力，在目标明确以后，必须有评估方法来检测工作是否达到预设目标。理查德·L. 达夫特(Richard L. Daft)① 认为，组织目标主要分为两方面：第一，官方说明组织存在的原因、努力实现的结果和范围的使命价值；第二，组织实际追求的

① 美国著名管理学家，现任范德比尔特大学欧文管理学院管理学教授，主要致力于组织和领导理论的研究。

经营目标，即要完成的主要任务，是具体可测量的结果。[①] 我们可以用哪些方法来衡量语言文化传播过程中所取得的实际效果呢？语言文化传播是一个渐进的过程，其效果在短期内难以评估，深层次的数据挖掘也因学习者的各种变动因素，而难以操作。这一点，卡蒙斯学院针对推广的直接结果，即对葡萄牙语教学的广度，教学点的扩展、学习者人数等较为直观的数据进行定量分析。通过这些数据分析，得以了解推广成果的发展现状，同时预期未来的前景，并判断语言文化的推广任务是否完成。

4. 语言文化对外传播的资金运作

卡蒙斯学院在运作过程中，并非单纯依靠葡萄牙政府或是欧盟的经费拨款来实现语言文化的推广。事实上，社会捐赠以及自营收入也成为其资金来源的一部分。这样一来，也鼓励了社会各界积极参与到本国语言文化推广的过程之中。那么，汉语在推广过程中，是否也能够借助有意积极参与其中的企事业单位等来自于社会各方面的力量？另一方面，卡蒙斯学院在资金运作过程强调的监督和审计环节也让我们意识到，必须从制度上预防各类问题的出现。

5. 重视教师和其他教学要素

教师是教学中至关重要的因素之一，是实施对外推广语言文化的重要成分，既承载着推广机构的期望，又是语言文化的具体传播者。从教师的定期工作成果汇报、开展业务培训等方面来看，卡蒙斯学院与海外葡萄牙语专家点教师保持直接联络，可以让从事语言文化推广的机构及时掌握信息，并且能够保持教师在教学上的积极性，把鲜活的知识内容带给海外学生。

此外，卡蒙斯学院也重视教材的开发，这是实现教学的另一个要素。与此同时，鉴于现代信息技术的不断发展，卡蒙斯学院也较为重视使用多媒体信息技术来辅助教学。例如，其建设的“网上葡萄牙语中心”“虚拟

① 理查德·L．达夫特：《组织理论与设计精要》，北京：机械工业出版社，1999 年版，第 22—23 页。

图书馆”等给予学习者在课堂以外丰富知识的途径。尤其是与葡萄牙古本江基金会合作开发的“葡萄牙语远程教程 Saberportuguês. pt”，与葡萄牙各大高校合作共同制订专门针对中国学生的葡语学习软件和素材，大力拓展中国市场，从中可见他们对中国学生的重视程度。那么，我们是否也能以网络作为联系手段，为从事汉语海外教学的教师和海外汉语学习者提供教学参考资料和学习资料呢？

6. 加强与政府职能部门联系的必要性

“葡萄牙语言和文化咨询委员会”是卡蒙斯学院组织机构中的亮点。该机构囊括了一系列相关的国家部委以及社会人士，参与确立卡蒙斯学院对外推广葡萄牙语语言文化的总体行动方针。从中我们可以看到，语言文化推广并非一个机构或是一个部门的责任，需要政府相关职能部门的通力协作。此外，由于从事教学的葡萄牙语专家点设在海外，加强与本国驻外使领馆机构的工作联络，以此获得驻外机构一定支持的做法在一定程度上也值得借鉴。

（二）以开放的心态推动语言文化对外传播

表面上看，在对外推广语言文化予以大力投入的初衷与最后的结果不一定成正比，有时甚至会发生“为他人做嫁衣”的情况。以卡蒙斯学院设在上海外国语大学的葡语专家点为例，毕业学生就业的工作内容大都与葡萄牙没有关系，而是从事与巴西、安哥拉、莫桑比克等其他葡萄牙语国家相关的业务。但是，从长远角度来看，这种投入足以获得来自学习者的文化认同、来自社会的认可，拓展了各种社会关系、人脉关系，并同时树立起自身正面、积极的形象。

因此，我们应该以这种发展的眼光、开放的心态，来看待语言文化对外传播，而不是去计较眼前的得失。

（三）上海应该在中国文化对外传播中扮演重要角色

作为经济、科技、文化等多方面发展均居于中国前列的上海市来说，完全可以在中国语言文化对外传播的过程中大有作为，起到积极的作用。在配合语言文化对外传播的过程中，多角度推进自身文化建设，从而进一步提升上海市的海外形象，获得来自海外更大范围内的认同和国内各界的认可。以下是我们通过进行卡蒙斯学院及其战略研究，向上海有关方面提出的一些建议和想法：

1. 加强与国家汉办的联络和协作，积极主动地参与到中国语言文化对外传播的各项事务中，争取在该项事务上拥有话语权；

2. 运用上海高校云集的优势，利用每学年的假期时间，组织专家讲师团赴海外或在国内，为从事对外汉语传播的教师提供多角度、多层次的语言教学培训和文化素养培训；

3. 高举中华文化复兴的旗帜，邀请国内外文化领域的专家为重现中华文明中一些由于历史原因出现断代的精华部分而出力，不仅可以扩展海外推广中国文化的内容，其成果也一样可以丰富上海市民的精神文化生活；

4. 支持对外汉语及文化传播方面的教材、辞书、著作以及多语种译著等书籍的编纂、翻译以及出版工作，为对外汉语教学提供形式多样的教学资料；

5. 创建大规模的对外汉语教学资源数据库、数字图书馆以及多媒体库，辅助对外汉语教学和汉语文化传播，丰富研究和学习的内容；

6. 组织具有代表特色的本地文艺团体出访，或在海外进行艺术家创作展，借助海外传播汉语语言文化的平台，向海外观众展示中国当代艺术的成就；

7. 动员社会力量，特别是已经投资海外的企业，为汉语语言文化对外推广奉献自己的热忱；

8. 建立奖励机制，对汉语对外推广进程中有突出贡献的社会人士、外派教师，在学习过程中取得显著进步的学生进行奖励，以表彰他们的成就，鼓励更多人来推广汉语、学习汉语、了解中国。

语言文化的对外推广，是解决世界各文明冲突的重要手段之一。通过研究葡萄牙卡蒙斯学院在推动葡萄牙语语言文化对外传播中的方方面面，我们得以明了语言文化对外传播的意义、目的和方法战略，这对我们在海外进行汉语语言文化传播也是一个富有借鉴价值的实例，并为我们如何把语言文化对外传播事业做好提供了重要的启示。

设在海外的各大汉语语言文化教学平台同时也是一个个展示窗口，为我们提供了展示中国积极正面形象、当代上海繁荣的机会，同样也是建立政府间关系、拓展人脉关系的舞台，值得妥善运用，并进行深度开发。总的来说，中国的语言文化对外推广是展示中华民族的伟大复兴的一个重要方面，是促进世界了解中国的一项重要方法，这一过程既需要各级政府的智慧决策，又需要社会各界的积极参与。

（徐亦行　张维琪　古雯鋆　傅菡钰）

【参考文献】

1. Baptista L. & Costa, J. & Pereira P. O mundo dos leitorados: Políticas e Práticas de Internacionalização da Língua Portuguesa. Lisboa: Edições Colibri, 2009.

2. Canagarajah, S. Reclaiming the Local in Language Policy and Practice. New Jersey: Lawrence Erlbaum Associates, 2005.

3. Presidência do Conselho de Ministros. Resolução do Conselho de Ministros N. o 17/2014. Lisboa: Diário da República, 2014 - 03 - 07, 1. a série, N. o 47.

4. Reto, L. Potencial Económico da Língua Portuguesa. Lisboa: Texto Editores, 2012.

5. Rollo, M. & Queiroz, M. & Brandão, T. & Salgueiro, A. Ciência, cultura e língua em Portugal no século XX. Da Junta de Educação Nacional ao Instituto Camões. Lisboa: Instituto Camões e Imprensa Nacional - Casa da Moeda, 2012.

6. 埃杰．语言规划与语言政策的驱动过程，北京：外语教学与研究出版社，2012年．

7. 理查德·L．达夫特．组织理论与设计精要，北京：机械工业出版社，1999年．

8. 李英姿．美国语言政策研究，天津：南开大学出版社，2013年．

9. 李宇明．中法语言政策研究，北京：商务印书馆，2014年．

10. 斯波斯基．语言政策——社会语言学中的重要论题，北京：商务印书馆，2011 年．

11. 托尔夫森．语言教育政策：关键问题，北京：外语教学与研究出版社，2014 年．

12. 赖特．语言政策与语言规划——从民族主义到全球化，北京：商务印书馆，2012 年．

13. 王辉．澳大利亚语言政策研究，北京：中国社会科学出版社，2010 年．

国文化政

外文化软实力比较研究中心

文化圈视角下的区域国别研究基地项目资助

国外语言文化推广机构研究

曹德明◎主编

时事出版社

第九章
“希腊文化基金会”语言推广战略研究

【摘要】希腊文化基金会是希腊最重要也是最权威的语言文化推广机构。该机构拥有较系统的体制，成立20多年来，一直不遗余力地对外推广希腊文化和希腊语，并且卓有成效。目前在全世界多个希腊裔移民众多的城市设立分支机构，并积极通过希腊后裔向全世界推广欧洲最古老的希腊文明和现代希腊语。本章研究了希腊文化基金会的工作内容、运营模式、资金来源、财务管理以及重要地位，并比较了基金会与希腊其他文化推广机构的差异，以及与中国孔子学院的异同，试图通过该研究取其精华、去其糟粕，借鉴其宝贵经验，更好地对外推广中国语言文化。

希腊语是世界上最古老的语言之一，其代表的古希腊文化是欧洲文明的起源，也一直是国内外研究的对象。这与希腊本国重视且不遗余力地对外推广其灿烂文化是密不可分的，应该说其推广政策也是卓有成效的。本章的研究对象——希腊文化基金会就是希腊拥有最完善、健全、系统体制的语言文化推广机构。该基金会自成立以来在希腊语言文化推广方面作出了卓越的贡献，使得希腊语言文化在全世界的影响力不断扩大，也让更多人更深入地了解了希腊文化。通过对希腊文化基金会开展深入的调研，并进行实地考察、采访，我们对该机构的发展历程、推广理念、运作模式有了一定的了解。通过研究可以借鉴其宝贵经验，以期为上海和国家政府部门及有关机构制定相关中国语言和文化“走出去”战略提供咨询和参考。

希腊文化基金会自成立以来致力于向全世界展示希腊文化、推广希腊语言，在亚历山大、柏林、伦敦、布鲁塞尔、华盛顿等多地成立了分支机构或办事处。基金会提供希腊语课程、组织文化活动、出版图书，并在世界各地的分支机构设立向大众开放的图书馆。在总部的图书馆，基金会还经常邀请各地学者开展研究或举办讲座。通过深入研究该基金会的战略，充分发掘、归纳、分析其运作模式，学习其成熟的管理体制和对外交流合作的成功经验；另外通过研究，发现更多学习希腊语和希腊文化的途径；拓展本专业的国际交流渠道，创造更多与希腊文化机构合作的条件。

一、希腊文化基金会的成立、发展历程与现状

（一）基金会的成立

古希腊文化作为古典文化代表，在西方乃至世界都占有极其重要的地位。爱琴海文明虽较古埃及文明和古巴比伦文明晚，但其影响却更为巨大。著名学者罗素曾经说过，希腊文化、基督教和工业文明是西方文明的三大支柱。古希腊文化可以说是西方文明的摇篮，它具有超常的渗透力和无限的生命力，不时被后起的文明吸收、改造，从而成为人类共同和永远的瑰宝。因此，希腊文明的保护、继承、传播和推广在全球化和信息化时代下显得尤为重要。

在这样的历史背景和现实需求下，希腊文化基金会于1992年在雅典成立，英文全称为“Hellenic Foundation of Culture”，简称为HFC。该基金会的创始人为约翰尼斯·耶欧尔哈基斯教授（Ioannis Georgakis），基金会旨在将希腊语和希腊文化推广到全世界。希腊文化基金会隶属于希腊文化部，日常运作经费主要来源于希腊政府的财政拨款，同时接受各类机构赞助和私人捐款。

（二）基金会的组织机构和发展历程

希腊文化基金会由主席、副主席和理事会成员共同管理运营。基金会首任主席约翰尼斯·耶欧尔哈基斯教授是希腊著名的律师、教育家、政治家，曾担任希腊潘帝欧（Panteio）大学校长和奥纳西斯基金会主席，继任的各位主席均为希腊教育界的杰出代表，享有很高的声望，例如著名的语言学家、词典编撰家、前雅典大学校长乔治·巴比尼奥蒂斯（George Babiniotis）。希腊文化基金会现任主席为希腊潘帝欧（Panteio）大学国际政治学院的赫里斯托杜洛斯·雅鲁里迪斯教授，副主席为潘帝欧（Panteio）大学校长帕帕约迪斯·马克里斯教授，10位理事会成员均是来自希腊各著名大学的教授。

希腊文化基金会雅典总部的下属部门有主席办公室、副主席办公室、人事处、规划处、国际交流处、出版处、新闻公关办公室、科学教育事务处和财务处，各部门分工明确、责任清晰，共同完成基金会日常的运营管理工作。

希腊文化基金会在埃及亚历山大城、德国柏林和乌克兰敖德萨分别设有分部，组织各种文化和艺术活动，并进行希腊语教学。各分部都设有图书馆，提供书籍、报纸、杂志、音频和视频等资料，让当地居民能有更多机会了解希腊的政治、经济、文化、教育、科学、环境和社会生活。与此同时，这三个分部每年还在希腊教育部希腊语言中心的指导下举办希腊语水平等级认证考试，为希腊语的学习者颁发相应的语言水平证书。

以下为希腊文化基金会在埃及亚历山大城、德国柏林和乌克兰敖德萨三个分部的具体信息：

埃及亚历山大分部成立于1994年，拥有对外开放的图书馆、展览室、会议室和希腊语教室。图书馆有各类希腊语书籍、报纸、杂志和影像资料，涵盖希腊的历史、地理、政治、哲学、科学、文化、宗教、习俗、经济等各方面信息。在希腊语教室有专门的教师向对希腊语和希腊文化感兴趣的埃及人教授希腊语。分部经常举办各类演讲、展览和音乐会，此外电影协会定期放映带阿拉伯语字幕的希腊电影。希腊文化基金会亚历山大分部与亚历山大大学、希腊驻亚历山大的领馆、亚历山大当地的希腊人团体和其他国家的文化组织机构建立了多种类型的合作关系，共同举办了各式各样的文化活动，致力于在埃及推广希腊语言和文化。埃及和希腊同为文明古国，在地理位置上又是友好邻邦，两国人民自古以来政治、经济和文化交流不断。亚历山大城早在罗马帝国时期便是重要的文化精神中心，在保存和传承古希腊文化方面发挥了重要作用。近代以来大量希腊侨民聚居在亚历山大城，使得它成为希腊人重要的海外聚居地之一，当地希腊人社区非常活跃，为希腊语言和文化在埃及乃至中东地区的推广奠定了基础。希腊文化基金会在亚历山大城设立分部是很重要的战略之举，通过分部的各项活动，让埃及和中东民众能够更深入地了解希腊文化和希腊人，从而促进两国进行更高层次的战略合作和交流。此外生活在亚历山大城的希腊侨民及其后代也能通过希腊文化基金会的各项活动了解祖国的语言和文化，建立起文化归属感。

德国柏林分部成立于1995年，该机构坐落在柏林市中心，拥有对外开放的图书馆、活动室和希腊语教室。图书馆藏书丰富，涵盖希腊的历史、地理、政治、哲学、科学、文化、宗教、习俗、经济等各方面内容，还有各类希腊语报纸、杂志和影像资料。在希腊语教室有5位专门的教师教授现代希腊语和古希腊语。20世纪以来尤其是二战后很多希腊人前往德国工作并定居下来，这形成了各类希腊人社区，德国也成为希腊人重要的海外聚居地之一。他们的后代融入了德国的文化和生活，但是仍心系祖国。希腊文化基金会柏林分部的成立既能在德国的希腊人社区扩大影响力，又能推动希腊语言文化在德国的传播，为希腊与德国的交流和合作创造机会。

乌克兰敖德萨分部成立于1994年，机构设在敖德萨三座古建筑内，其中一座建筑是敖德萨市长荷里霍里斯·约阿努·马拉斯里斯的旧居。分部开设了一个介绍希腊19世纪著名革命团体“友谊社”（Society of Friends）的博物馆，因为这个团体最初是在敖德萨成立的。该博物馆除了介绍革命团体的历史和贡献，还展出体现希腊民俗的物品，很多希腊和乌克兰民众前去参观，了解希腊近代历史和文化。敖德萨位于黑海边，在公元前1000

多年前便和希腊有贸易往来，古希腊人在黑海边开辟了很多贸易点。几千年的文化交融，乌克兰境内至今仍保留有古希腊的文化遗迹和风俗，而希腊文化中也融入了很多黑海文明的内容，这些历史渊源为希腊文化基金会敖德萨分部开展希腊文化推广奠定了基础。通过各类文化推广活动，现代乌克兰民众能进一步了解希腊文化和语言，从而推动希腊和黑海地区的经济文化交流。

（三）基金会的现状

自2006年起希腊文化基金会增添了两个新的工作重心：一是跨文化和跨语言的合作；二是研究21世纪的现代文化特征表达。基于这两个重心，基金会除了继续运营设在埃及亚历山大城、德国柏林和乌克兰敖德萨的三个分部，在巴尔干半岛的布加勒斯特、索菲亚、提拉那和贝尔格莱德新设立了四个文化中心；基金会进一步加强了其在欧洲和澳大利亚的文化推广工作，分别在意大利文化古城里雅斯特和澳大利亚希腊人聚居地墨尔本开设了文化中心；基金会保留了其在英国伦敦和俄罗斯莫斯科的办事处，并逐步在维也纳、布鲁塞尔、华盛顿和北京相继开设了办事处。在巴尔干半岛地区完成希腊文化推广策略布局后，基金会的重心将转移到亚洲地区，将在同样拥有灿烂文化的中国、印度、日本和韩国开设更多的希腊文化推广中心。希腊文化中心向所在国家的人民传播希腊文化，教授希腊语，组织各类文化交流活动，给当地大学的希腊语专业和研究机构提供帮助，同时与希腊人在当地创建的文化组织进行合作。

二、基金会的性质和在希腊语言文化推广中的地位

希腊文化基金会是一个非盈利性机构，隶属于希腊文化部。该机构致力于推广希腊语言文化，让世界各地对希腊有兴趣的人，尤其是海外的希腊侨民深入了解希腊文化。同时加强希腊与世界各国在教育文化方面的交

流合作，增强希腊软实力。文化基金会在推广语言和古希腊文化的基础上，更注重推广现代希腊文化、艺术，让更多的国家和民族了解当代希腊优秀的艺术家以及现代文化的发展。希腊文化基金会的发展方向是促进世界多元文化发展，构建和谐世界。希腊文化基金会在海外的分部是一个独立的文化机构，不涉及商业贸易运作，原则上受希腊总部的管理，同时也接受希腊驻当地使领馆的监督。

希腊文化基金会作为希腊各类文化机构的代表，在希腊语言文化国内外推广中起到了举足轻重的地位。希腊境内有多家类似的文化机构，其影响力和辐射力与希腊文化基金会相比，都相对较弱，这与机构的宗旨和发展目标有很大关系。如希腊文化中心（Hellenic Culture Center）和希腊语言中心（Center for the Greek Language），都只是致力于对外希腊语教学，通过教授希腊语推广希腊文化，在覆盖面上有一定的局限性。以推广文化为主要目的的希腊文化学院（Hellenic Cultural Institute）、希腊世界（Foundation of Hellenic World，由希腊 Lazarou Hefremoglou 家族资助建立）等机构的活动内容包括举办希腊文化展览、讲座、研讨会、放映希腊文化纪录片等，但是活动范围主要在希腊境内，甚至局限于雅典和几大主要城市，影响力仅限于其国内，传播力度非常有限。与这些机构相比，希腊文化基金会立足点较高，分布较广，且具有针对性。就地理位置来看，基金会选择分部所在地都是有一定针对性的，起初都是选择希腊移民聚居地，因为这些地方拥有了解希腊文化的需求，希腊语言文化首先需要通过希腊侨民及其后代将其繁衍并发展壮大。其次，基金会选择了在研究希腊文化方面比较领先的地区，因为他们对希腊文明发自内心的热爱，也有一份推广希腊文化的责任心。在此基础上，基金会选择了与希腊交往密切且发展前景良好的地区，诸如亚洲地区的中国、日本等，作为其下一步发展战略。这样的规划使得基金会的覆盖领域逐渐扩大到五大洲，希腊语言文化的推广也深入到每一个角落。这一点是其他机构难以企及的。希腊文化基金会在推广希腊语言文化方面起到了非常积极、有效的作用，其代表性是难以取代的。

三、基金会的宗旨、使命及战略目标

（一）宗旨和使命

希腊文化基金会的章程中明确规定，基金会作为非营利性的语言文化教育和推广机构，其宗旨是增进世界人民对希腊语言和文化的了解，扩大希腊文化在世界上的影响力，发展希腊与外国的友好关系，增进希腊和其他国家在政治、经济和文化等各方面的交流，促进世界多元文化发展。

（二）战略目标

希腊文化基金会的战略目标是在更多的国家建立希腊文化中心，面向所在国各界人士开展希腊语教学和希腊文化推广活动；与所在国文化部门、文化机构和各类学校建立合作关系，进行跨文化交流活动；与所在国的希腊侨民社区建立联系，让希腊侨民参与到希腊文化推广活动中来；在所在国培训希腊语教师，支持当地学校的希腊语专业和研究机构的希腊语教学研究活动；开展希腊语水平等级考试；提供希腊教育、文化、经济及社会等信息咨询；开展古代和近现代希腊语言和文化研究。

四、基金会的运营和组织管理模式

成立于1992年的希腊文化基金会是希腊最大的非营利性官方文化机构，直属于希腊文化部。基金会总部坐落于希腊雅典郊区一幢优美的历史建筑内，其宗旨是以希腊为中心，辐射巴尔干地区，通过与欧洲著名文化机构合作推动希腊语海外教学与传播，并向全球推广希腊文化。位于雅典的文化基金会总部主要负责希腊本土的相关文化活动，与希腊各大高校、文化机构、希腊语言中心（CGL）等皆有密切的合作关系。同时基金会在欧洲、亚洲的多个国家和地区设有海外分部、文化中心和文化推广办公室。在希腊总部的统筹协调下，各分支机构相互独立，拥有各自的管理体系和财务系统，具有相当大的自主权。每年，海外分支机构会根据所在国国情开展各具特色的文化推广活动，并与当地文化机构、教育组织保持长期合作。

（一）希腊总部

希腊文化基金会由主席、副主席和理事会成员共同管理运营，每届理事会任期为4年，理事会正、副主席由希腊教育部任命，理事会成员经推荐、投票选举后产生。希腊文化基金会理事会每年举行一次例会，制订当年工作计划，决定理事会的人事任免。两届例会之间，若有必要，也会召开临时理事会。在理事会的决策指导下，各职能部门开展各自的工作。人事处主要负责希腊总部的工作人员、志愿者的招募与管理工作。规划处主要负责在希腊本土开展的文化传播项目的策划、运作、宣传和组织工作。国际交流处负责文化基金会与各海外分支机构的交流、协调、管理等事宜。出版处负责对基金会筹划的文学作品、艺术作品、年鉴、活动手册和宣传资料展开印制、出版和宣传工作。新闻公关办公室负责发布基金会的重要新闻、重大活动，日常维护基金会门户网站、宣传基金会的文化推广项目，以增加公众对文化基金会的了解和关注。科学教育事务处主要负责希腊语海外教学项目的展开，并指导对外希腊语教师的培训工作，除此之外，还负责希腊文化传播领域各种教育推介项目的实施与管理。财务处统筹协调基金会本部以及海外各分支机构的财务管理、物资分配与资金运作。2014年3月，希腊图书中心（EKEBI）正式并入希腊文化基金会，经过重组后机构规模更趋完善。

（二）希腊境外分支机构与办公室

根据机构的大小和工作人员的数量，希腊文化基金会的海外机构可分为海外分部（HFC Branch）、文化中心（HFC Center）和文化推广办公室（HFC Office）三类。

目前，正在运作的三个基金会海外分部位于埃及亚历山大港、德国柏林和乌克兰敖德萨，这三处分部相对规模较大，且都拥有比较完善的设备和场地。在各个分部的展厅会定期举办希腊文化展览和希腊电影放映会。同时各分部还设有图书馆，为当地人士提供希腊文化方面的书籍、报纸、杂志、画册以及影音资料等，此外还设有固定场地开展希腊语课程，举行希腊语水平认证考试。海外分部在人员配备方面也最为完善，分部负责人下设秘书处和日常事务办公室，负责海外分部的日常管理与联络工作。一般来说，分部负责人由总部直接委派，任期为二至四年，人选多为来自希腊高校的教授和多年从事文化传播的专业人士。分部的工作人员大多来自于当地招募的志愿者，负责教授希腊语课程的教师大多来自当地高校希腊语专业的专职教师，教师培训计划所需师资皆由萨洛尼卡希腊语教学中心指派。

希腊文化基金会目前在塞尔维亚贝尔格莱德、罗马尼亚布加勒斯特、意大利的里雅斯特、保加利亚索菲亚、澳大利亚墨尔本和阿尔巴尼亚地拉那设有文化中心。文化中心成立初期的主要工作是希腊语海外教学，在此基础上又进一步发展起文化交流的新功能。通过与当地的大学、文化机构、政府和经济组织合作举办文化展览，向当地大众推介展示希腊当代文化成就，增进人文层面的交往，提高异国文化间的相互理解，推动人类和平发展。文化中心的主要负责人由希腊总部任命，人选主要来自热心文化推广的当地希腊侨民，下设秘书处。工作人员来自当地各文化机构、移民学者或有希腊文化推广热情的私人赞助者。由于规模的限制，文化中心更多采取的是与当地文化机构合作的模式展开工作，工作地点设于博物馆、学校等场所，对外希腊语教学也依托当地拥有希腊语专业的大学展开。

目前，在英国伦敦、美国华盛顿和塞浦路斯尼科西亚设有希腊文化基金会的三个文化推广办公室。这三个办公室在当地希腊大使馆文化处的帮助下展开工作，与当地的政府和私人机构合作举办展览和文化活动，同时对当地希腊语言教学机构提供一定的经济和物资支持。办公室负责人由使馆文化处、新闻处官员兼任，财务与外交系统相互独立，但在工作上受当地大使馆监督管理。

五、基金会的工作内容

（一）希腊语语言教学和推广

1. 语言培训

希腊文化基金会在埃及亚历山大、德国柏林、乌克兰敖德萨、罗马尼亚布加勒斯特、保加利亚索菲亚、阿尔巴尼亚提拉那、塞尔维亚贝尔格莱德、意大利里斯亚特和澳大利亚墨尔本设立的基金会分部基本都开设了希腊语教室，提供希腊语教学和培训；和当地的学校和文化机构合作进行希腊语的推广和研究。

按照学生的语言掌握程度，希腊语教学分为四个等级：初级、中级、高级和专业应用。

各分部的希腊语教室还针对学生的个性化需求开设了特色培训课程，如少儿希腊语、古希腊语、希腊语口语、希腊语写作、希腊语文学作品赏析、希腊语翻译、希腊语水平等级考试辅导等。

希腊文化基金会在德国柏林的分部尤其重视希腊语的推广工作。自成立之初，分部便开始按照学生的语言水平和年龄提供希腊语教学课程。一个学期的学生人数可达 100 人，既有学习现代希腊语或古希腊语的研究人员和学生，还有希腊侨民后代和对希腊文化感兴趣的普通民众。希腊语课程收取的学费也是柏林分部重要的收入来源，有力地支持了分部开展其他方面的文化交流活动。

希腊文化基金会在埃及亚历山大城的分部自 1994 成立之初便设立了希腊语教学部，学员主要为中小学生、大学生和商人。教学部的课程分为 A、B、C、D 四个等级，每个等级包括三个班级，每个班级的课程学习时间为三个月。当三个月的课程学习结束时，所有学生都会参加书面考试并获得相应等级的语言学习证书，证书包含对该学生的学习评价。每年5月，分部会组织所有学员参加希腊语中心举办的希腊语水平等级考试。在2007—2008年的学年中，埃及亚历山大分部的希腊语教学部共有6个班级和136名学生。自1996年起，埃及亚历山大分部就帮助亚历山大大学哲学院开展了希腊语教学，主要面向大二至大四的学生。分部负责培训和派遣希腊语教师，每年还向亚历山大大学提供希腊语教材。此外分部还会定期召开希腊语教学座谈会，邀请希腊的专业教师来做讲座，帮助亚历山大大学提高希腊语教学水平。

希腊文化基金会的乌克兰敖德萨分部自成立之初便开办了希腊语教学部，根据希腊语官方中心的要求开展四个等级的希腊语教学。目前已有超过2600名学生在分部学习希腊语，其中大部分是乌克兰人。此外，教学部还专门开设了针对儿童的少年希腊语培训班。基金会敖德萨分部还积极向敖德萨大学和乌克兰其他地区的希腊语学校提供希腊语教材和教学人员。分部定期举办希腊语教学座谈会，邀请乌克兰各个学校和教育机构的希腊语教师参加，为教师交流和共同提高在乌克兰的希腊语教学水平创造机会。

2. 希腊语水平等级考试

希腊语水平等级考试是希腊最权威的希腊语水平测试，由希腊语言中心组织和管理。希腊语水平等级证书是希腊官方出具的证明持有者希腊语水平的正式证书。该等级考试每年都会在希腊境内及境外某些机构举行。参加考试的考生可向当地的考试中心直接递交考试申请。考试在每年5月举行，分为四个等级。

希腊文化基金会经希腊语言中心指定，是能够举办希腊语等级水平考试的正式机构之一。基金会在埃及亚历山大城、德国柏林、乌克兰敖德萨的分部以及在意大利的分中心都被希腊语言中心认定为希腊语水平等级考试的考试中心。这些分部的希腊语学员可直接在当地参加考试，从而获得语言证书，便于他们前往希腊留学和工作。

希腊文化基金会的乌克兰敖德萨分部是希腊语言中心在乌克兰指定的希腊语官方考试中心。从2001年至今，该分部已有213位学生通过了不同等级的希腊语水平考试，获得了相应的希腊语水平等级证书。获得证书的这些学生分别就职于希腊驻乌克兰敖德萨领事馆，希腊驻乌克兰马里乌波尔领事馆，在乌克兰的各种希腊公司、希腊文化基金会在乌克兰敖德萨的分部及其他与希腊有关的组织机构。此外还有获得证书的学生在乌克兰的希腊语培训班、敖德萨的塞浦路斯学校、克里米亚的塞浦路斯学校和基西维敖伍大学教授希腊语。

3. 奖学金

希腊文化基金会能为境外的希腊语学员申请或直接提供希腊夏季语言和文化培训班的奖学金。奖学金将给学员提供往来希腊的交通费和在希腊的生活费。2002—2003年期间有42名外国学员获得了希腊语言培训班的奖学金。2007年在希腊文化基金会埃及亚历山大分部的支持和帮助下，5名埃及学生获得了雅典大学暑期语言培训班（Thyespa）的奖学金，还有1名埃及学生获得了希腊萨洛尼卡大学希腊语培训班的奖学金。基金会在乌克兰敖德萨的分部与总部密切合作，也积极为乌克兰的希腊语学生争取去希腊学习语言和文化的奖学金。

比较知名的培训班主要有雅典大学暑期语言培训班（Thyespa）、巴尔干半岛研究中心的希腊语言、历史和文化培训班（Imxa）和希腊亚里士多德萨洛尼卡大学的伊阿宋语言项目（Iason）。其中雅典大学暑期语言培训班向所有研究希腊文化的本科生、硕士生和博士生开放，为期六周，课程按学员的语言水平分为三个等级，学员在学完所有课程后可得到由雅典大学语言中心颁发的语言水平证书。希腊语言、历史和文化培训班（Imxa）每年8月开设十个班级，举办一系列的文化讲座，并组织学员游览希腊北部的历史古迹。希腊亚里士多德萨洛尼卡大学的伊阿宋语言项目（Iason）隶属萨洛尼卡大学哲学系，每年会开办针对学生和希腊语教师的语言培训班。

（二）希腊语教师培训

希腊文化基金会在积极做好希腊语语言教学和推广工作的过程中，尤其重视希腊语教学人员的培训。希腊语教师是整个语言教学的关键部分，只有拥有扎实的语言基础、热爱希腊文化和有丰富教学经验的人员才能成为向世界推广希腊语的先锋和向导。

希腊文化基金会的各个分部都开设了希腊语教学部，拥有一定数量的希腊语教师。希腊语教师培训首先需要明确各分部希腊语教学的目标，即以语言运用为主，让学生能熟练地进行希腊语的听、说、读、写。这样的教学目标就决定了教师培训的重点是如何教会学生在实际中运用希腊语，而不是做抽象的学术研究。

希腊文化基金会总部会定期举办希腊语教学研讨会、讲座或培训班，邀请希腊各大学对外希腊语教学领域的教授和各学校有经验的希腊语教师来给基金会各分部的希腊语教学人员上课。除了巩固教学人员的语言水平和专业素养外，这些研讨会或培训班还会交流和讨论不同母语的学生特点、向外国人教授希腊语的教学方法和技巧、教学中遇到的困难以及如何通过语言学习推广希腊文化等等。基金会总部会培训分部的教学人员如何为不同层次的学生挑选合适的学习教材，还会传授如何将课本教学与音像资料、语言游戏、讨论及各种类型的课堂活动结合起来。这些课堂活动包括话题讨论、辩论、歌曲学习、比赛、音乐或喜剧表演、展会导览等。基金会总部还专门开设课程培训指导教学人员如何向儿童教授希腊语。

除了上述座谈会和培训班，希腊文化基金会总部还会向各分部教学人员推荐和提供希腊语教材，如耶欧尔伊欧思·巴比尼奥的斯的《希腊语》，现代希腊研究中心出版的《外国人学习现代希腊语》《用希腊语交流》《外国人说希腊语》《希腊语 1 +1》《希腊语 2 +2》等。总部还会专门介绍希腊语水平等级考试的内容和要求，让各分部教学人员能够帮助学生顺利取得相关等级证书。

（三）希腊文化推广活动

1. 希腊文化基金会活动概况

雅典总部作为希腊文化基金会的核心部门，每年都会制订希腊语言和文化推广的活动计划，在总部和分部的各项活动中发挥着领导、组织和协调的重要作用。希腊文化基金会积极地与希腊文化部，希腊教育部，希腊各级文化教育部门，希腊各类文化组织机构，希腊驻外国的使领馆、欧盟的文化教育机构，希腊博物馆和艺术馆，希腊各类学校和图书馆，希腊文化艺术团体，希腊杰出的专家（学者、教授、艺术家、科学家）等合作，向世界推广希腊语言和文化。基金会还会协同各地分部，与所在国当地的各类文化组织机构、使领馆和侨民社区深化希腊语言和文化在所在国的影响力。此外，希腊文化基金会还作为希腊文化机构的代表参加了众多的国际文化节、欧洲文化推广与教育项目、希腊文化研究项目和各类文化展览会。

希腊文化基金会的语言文化推广活动主要有以下几种类型：

历史文化展览。例如，2014 年 5 月希腊文化基金会和希腊驻伦敦大使馆合作举办了希腊雕刻艺术展。2014 年 10 月基金会和保加利亚国家现代艺术博物馆合作举办国际漫画展，展出希腊和其他巴尔干国家的漫画家的艺术作品。

希腊文化讲座。例如，2014 年希腊文化基金会在总部和各地分部举办了一系列纪念希腊著名诗人卡瓦菲斯和赛菲利斯的文学讲座。2014 年 6 月 21 日希腊文化基金会与伦敦分部合作，在鲁斯博物馆举行了纪念希腊诗人安德烈斯·卡尔沃斯的演讲。

研讨会。例如，2014 年 4 月 4 日和 5 日希腊文化基金会与希腊驻塞浦路斯使馆合作，在塞浦路斯召开了关于约翰尼斯·卡波蒂思特里阿斯的专题研讨会，众多的希腊和塞浦路斯教授及研究人员参加了讨论。2014 年 8 月 25—31 日期间，希腊文化基金会和希腊国际关系学院合作举行了题为

《国际关系和外交政策》的研讨会，邀请了多个国家的外交专家和研究人员参加。

电影放映会。例如，2014 年 8 月在布加勒斯特举行的欧洲电影节上，希腊文化基金会和罗马尼亚文化中心合作，进行了两部希腊电影的公开宣传和放映会。2014 年 10 月基金会在亚历山大分部放映了希腊著名导演阿勒克斯・塞克拉里欧斯的五部代表作，让埃及民众了解希腊现代电影的发展概况，并通过电影了解现代希腊人民的生活和思想。2013 年 12 月基金会在德国柏林举行了希腊新电影《不公平的世界》的放映会。

摄影绘画展。例如，2014 年 10 月希腊文化基金会邀请希腊画家阿勒科斯・勒维迪斯举办了个人绘画作品展。2014 年 9 月希腊文化基金会与意大利教育机构共同举办了名为《希腊，伟大的希腊》的摄影展，展出了希腊和意大利摄影家的作品。

音乐戏剧表演。例如，2014 年 9 月 20 日是欧洲语言日，希腊文化基金会和奥地利、英国、法国、德国、意大利、匈牙利、波兰以及捷克驻希腊使馆合作，在雅典举行展示各国语言的歌舞表演和戏剧演出。2014 年 5 月 23 日希腊文化基金会与意大利的里亚斯特大学希腊语专业和希腊侨民团体合作，举办了希腊民歌演出。

2. 希腊文化基金会德国柏林分部

希腊文化基金会德国柏林分部积极开展各种文化活动，如艺术展览、文学交流会、科学讲座、电影放映会和座谈会等等。这些活动不光在柏林举行，还会在整个德国甚至欧洲中部的德语区举办。希腊文化基金会的基本宗旨是让希腊文明和其他国家的文明进行对话和交流，因此德国分部的这些活动扩大了希腊语言和文化在德语国家和地区的影响力。

基金会柏林分部积极和德国当地的文化组织、使领馆、欧盟的教育机构、其他欧洲国家的文化教育组织以及当地侨民社团进行广泛的交流和合作。希腊文化基金会还作为希腊文化机构的代表参加了众多的国际文化节、全欧洲文化项目和各类文化展会。

此外，德国柏林分部还与许多希腊的文化机构合作，共同在德国举办各类希腊文化推广活动。例如与希腊贝纳基博物馆、新卫城博物馆、萨洛尼卡现代艺术博物馆、萨洛尼卡摄影博物馆等合作，在德国各类博物馆举行希腊文化艺术特展；与希腊的私人文化机构和画廊（如奥纳西斯基金会、ERGOBANK 教育组织、Athens Biennale、Kostopoulou 机构等）合作，开办艺术展会和交流会；与希腊官方的文化机构（如希腊电影艺术中心、希腊国家图书中心、希腊图书出版联盟等）和希腊各高校共同开展希腊语言和文化艺术的研究和推广。

柏林分部 2014—2015 年的年度活动安排主要集中在希腊摄影、希腊现代舞蹈、希腊现代流行音乐、希腊现代电影和希腊著名诗人卡瓦菲斯的介绍。分部将举办一系列的展出、表演、讲座、电影放映会等等。此外，分部还将建立一个戏剧艺术社团，让希腊和德国的年轻戏剧艺术家一起创作戏剧艺术作品。社团将包括两个艺术工坊：一个以“现代歌剧”为主，聚集从事歌剧和音乐剧的希腊和德国艺术家；另一个以“记录·印记·思想”为主，聚集从事电影艺术和现代高新技术的两国年轻艺术家。

3. 希腊文化基金会埃及亚历山大分部

希腊文化基金会埃及亚历山大分部积极和埃及当地的教育部门、学校、文化组织、使领馆、欧盟的教育机构、其他欧洲国家的文化教育组织以及希腊侨民社团开展广泛的交流与合作，共同举办了各种类型的希腊语言和文化推广活动。例如，每年亚历山大分部的希腊语学习班结业时，分部都会举行结业典礼和庆祝晚会，邀请埃及有关的教育文化部门和其他语言文化推广机构，在希腊和埃及的音乐氛围中两国的语言和文化进行碰撞和交流。分部会定期举办希腊音乐活动，邀请希腊的歌舞团或乐团来亚历山大表演，向埃及民众展示希腊的民族音乐和传统舞蹈。例如 2012 年 3 月，分部与希腊驻亚历山大领馆和希腊侨民社团合作，邀请了希腊著名演唱家、小提琴家、钢琴家等举办了一场希腊古典音乐演唱会，受到希腊侨民和埃及民众的热烈欢迎。分部还与希腊和埃及的艺术家或艺术团体合作举办艺术展览，促进两国的艺术交流和合作。如 2013 年，分部与埃及英国文化理事会和亚历山大 Agora 文化艺术团体合作，举办了埃及青年艺术家作品展。分部还经常邀请希腊和埃及的有关专家来做讲座或参加研讨会，向亚历山大的民众介绍希腊的语言、政治、经济、地理、哲学、历史、艺术、古希腊文化、希腊与埃及往来的历史和现代希腊人民的生活等。

此外，亚历山大分部还会与希腊博物馆、文化机构、考古研究机构、埃及的博物馆和各类文化机构等合作，举办各类希腊文化历史展览会。如2011 年，分部举办了《古希腊世界的科学和技术》展览会；与希腊文化部合作举办了亚历山大大帝特展，用 500 件希腊出土的文物向埃及民众展示亚历山大大帝时期的希腊文化和历史。分部还定期举办摄影展和电影放映会，用图片和影像的方式向埃及民众展示希腊人民的思想、生活和文化以及两国人民交往的历史。如 2009—2010 年度，分部举办了亚历山大摄影展，展出了希腊人拍摄的亚历山大城的变迁史；2011 年，分部放映了希腊著名导演米哈里斯·卡郭雅尼斯的三部最具代表性的电影作品。

4. 希腊文化基金会乌克兰敖德萨分部

希腊文化基金会乌克兰分部的图书馆建于 1994 年，在向乌克兰民众推广希腊语言和文化的活动中发挥着重要作用。这个在乌克兰独一无二的图书馆拥有超过 6000 册的希腊语图书，此外还收藏了乌克兰语、俄语和其他语言的译著。值得一提的是，馆藏图书还包括大量儿童图书和音像资料：希腊音乐光盘、传统和现代艺术光盘、希腊歌曲磁带、娱乐和教育录像带和各类儿童教育书籍。图书馆与希腊文化基金会的中心图书馆保持合作，根据乌克兰读者的需求引进新的书籍，举办图书展或文化艺术展。图书馆向所有公众开放，来此借阅的读者主要是 16—25 岁的高中生和大学生，其次是中年读者和学习希腊语的中小学生。敖德萨分部组建了一支希腊歌舞队，经常参加城市的文化活动，展示希腊的民歌和传统舞蹈。

（四）出版

希腊文化基金会积极参与希腊语言和文化领域的图书编辑和出版，与希腊 Estia 出版社和希腊国家银行教育促进中心合作，鼓励并资助希腊语言文化的书籍出版和推广，进而扩大希腊文化在世界的影响力。希腊文化基金会尤其重视外国学者对希腊语言和文化的研究著作，对这些研究成果的发表和宣传给予了大力支持。到目前为止，希腊文化基金会已经支持出版了72本书籍。这些书籍涵盖希腊历史、文学、文化、艺术、宗教、社会等各方面，如2008年出版的希腊诗人卡瓦菲斯作品集、2010年在乌克兰敖德萨出版的希俄双语版《亚历山大·斯迪里阿努迪斯：和谐》、2008年由希腊文化基金会和罗马尼亚国家艺术博物馆共同支持出版的《拜占庭时期和后拜占庭时期的希腊圣像》、2006年在乌克兰敖德萨出版的《孩子眼中的希腊：1996—2006》、2006年基金会与英国图书馆合作出版的《崇拜与激情：希腊绘画》、2004年出版的由乌克兰学者编著的《克里米亚的古希腊遗迹》、2004年出版的由俄罗斯学者编撰的《希腊圣山在俄罗斯的宝藏》、2002年出版的由德国学者编著的《迪奥尼索斯对柏林戏剧的影响》、2002年希腊文化基金会和希腊驻纽约使馆合作出版的《Samios在纽约：绘画》等等。

希腊文化基金会同样也大力支持出版希腊各类作品的译本，借此向世界宣传和推广希腊人的思想结晶和社会文化。例如2014年5月7日希腊文化基金会与埃及国家翻译局合作，在亚历山大分部举行了译著发布会，隆重介绍了希腊作家尼科斯·卡赞扎基斯代表作《希腊人佐尔巴》的阿拉伯语译本。发布会上用希腊语和阿拉伯语朗读了作品的片段，并放映了带阿拉伯语字母的希腊电影《佐尔巴》，加深了埃及民众对希腊文学的了解。2014年10月30日希腊文化基金会意大利分部在威尼斯举办了新版希意字典的发布会，标志着希腊和意大利两国语言学习和文化交流迈上了新台阶。

希腊文化基金会每年都会作为希腊文化机构的代表参加各种国际图书展，展出和介绍希腊各类新书和外语译著。就在2014年，基金会先后参加了以色列拉马拉第9届国际图书展、希腊萨洛尼卡第11届国际图书展、德国法兰克福第66届国际图书展、塞尔维亚贝尔格莱德国际图书展和土耳其伊斯坦布尔国际图书展。在这些展会上，希腊基金会与希腊各出版社、希腊教育部、希腊国家图书中心合作，重点宣传了希腊语言和文化的图书及相关资料。

此外，希腊文化基金会还会帮助各分部出版各类希腊语言和文化宣传资料，给分部的希腊语教学培训班提供希腊语课本。例如在希腊文化基金会总部出版中心的帮助下，敖德萨分部会定期发行分部的活动介绍册和展会宣传册，还会在其他机构的资助下出版关于希腊语言和文化的资料册。

六、基金会的活动范围

（一）希腊本土

希腊文化基金会总部除了统筹协调海外各分部的文化推广活动之外，最大的一项工作便是在希腊本土举办展览、艺术节、研讨会等相关文化活动，增进希腊民众对本国文化，尤其是现当代希腊文化的了解与认识。以下是近期举办的几项规模较大的文化活动：

1. 萨洛尼卡国际图书展

希腊萨洛尼卡国际图书展是由希腊文化基金会主办，萨洛尼卡展览局、希腊图书出版协会与萨洛尼卡市政府承办的国际性书展，每年举办一次。书展始于2004年，经过10余年的发展，已成为希腊境内规模最大的展览会之一，也是当地图书贸易和图书爱好者定期参加的重要文化活动。尽管与其他国际大型图书展览会相比，希腊萨洛尼卡书展历史不算悠久，规模也不大，但是其专业性强，特色鲜明，吸引了不少国家尤其是地中海沿岸、中东、北非等地区出版商参展，为亚洲、非洲等国家地区的文化产业走向欧洲起到了重要的桥梁作用。

萨洛尼卡书展每年设立不同的主宾国，重点推介该国的优秀文化作品。中国悠久的历史文化和当今迅速的经济发展越来越引起希腊民众的关注和兴趣，因此中国作为第七届萨洛尼卡国际书展的主宾国参展。图书是文化的载体，为促进中希两国出版界之间的相互了解与合作，中国与希腊共同启动了中、希互译图书项目，用本国语言介绍、翻译、出版对方国家关于当代戏剧、当代诗歌、当代短篇小说和当代儿童故事的图书。这些互译出版的图书，在中国主宾国展台上进行了集中展示。

除了图书展示、推介和出版商洽谈等活动外，希腊文化基金会通过与高校、文化机构和驻外使领馆的密切合作在萨洛尼卡书展期间为各类文化项目搭起了平台。以 2014 年第 11 届萨洛尼卡国际图书展为例，在整个展览期间举办了多场主题文化活动和讲座。如："欧洲：求同存异"纪念希腊担任欧盟轮值主席国特别企划，在此框架下举办了由马其顿大学、国际关系研究所和希腊文化基金会共同主办的题为"欧盟与欧洲特性"的大型论坛。此外还举行了国际诗歌节、国际漫画节、青少年读书角、希腊作品译介研讨会以及多场希腊、塞浦路斯以及主宾国伊朗作家的专题讲座。同时，希腊文化基金会还与萨洛尼卡国际电影节组委会合作，在书展期间举办了三场与欧洲、移民、欧洲背景下的希腊文化等主题相关的电影放映会，影片选题切入主题，既有新作，又有经典作品，吸引了大批观众，将希腊国家当代形象生动地展示在全世界眼前。

2. "国际关系与文化外交"暑期研讨会

作为 2014 年希腊文化基金会最重要的活动之一，"国际关系与文化外交"暑期研讨会于 2014 年 8 月 25—31 日在希腊奥林匹亚成功举办。随着全球化的不断深入，国际交往已经从过去的经济层面逐渐转向文化层面。文化这一社会价值观的全方位体现，正在国际外交上扮演着越来越重要的作用。本次研讨会旨在探讨全球化视野下不同文化之间的碰撞与融合对各国之间多边国际外交的深层次影响，以寻找更好、更成功的文化沟通方式。研讨会的议题包括：国际关系中的硬实力与软实力、大战略背景下的国际法则、文化外交的对象与手段、公共外交中的跨文化战略、国际关系中文化与经济的相互作用等。

本次研讨会吸引了来自欧洲、北美洲、澳洲、亚洲等多个地区的几十位国际关系与文化外交领域的研究学者、在校研究生与外交人士，他们齐聚奥运会的发源地奥林匹亚，通过培训、研讨、案例分析和影片放映等多样的活动来共同探讨分析西方国家文化外交的政策制定方式，分享国际关系与文化外交的理论与研究成果。

本次研讨会由希腊文化基金会与希腊国际关系研究所合作举办。类似的研讨会每年都会在希腊举行，这也是文化基金会在希腊本土最重要的文化工作之一。

除此之外，希腊图书中心（EKEBI）合并入文化基金会之后，旗下的几项固定文化活动也成为基金会的日常工作。首先，是“书网”信息库的建立。“书网”信息库有18万册图书，为10万个作者提供了一个数字化平台，既方便了作品的发布与宣传，更为世界各地的希腊语读者提供了便利，使他们能够在第一时间读到最好的希腊文学作品。其次，“青年书友会”项目的重启．在欧盟团结基金（NSRF）的资助下，依托文化基金会的海外分支，该项目将首次面向海外希腊裔青少年，为他们提供希腊语书籍和希腊语课程，帮助他们通过书籍了解希腊文化，加强对母语的掌握。另外，在希腊文化部的支持下，基金会还将通过“话语”（Frasis）项目资助优秀希腊语作品的翻译和海外推广工作，将希腊现代文学作品介绍给全世界。

（二）巴尔干地区与埃及

立足于已有10余年经验的海外文化中心，文化基金会在巴尔干地区的文化推广也开展得如火如荼。由于历史和宗教的原因，古希腊文化曾经深刻影响着地中海周边各国的文化与传统。无论是语言还是艺术，巴尔干地区、埃及乃至东欧地区，都有希腊文化深刻的烙印。因此，在文化交往层面，巴尔干地区、埃及能够更快、更准确地理解希腊艺术的根源，因此基金会在文化活动的选择上更加侧重希腊文化与当地本土文化的融合与相互影响，着眼于本土文化中的希腊色彩。在此基础上，相关主题的展览、研讨会和影片放映会将希腊与周边邻国更好地联系在了一起，文化共通性成了国际交往的最佳沟通渠道。以下是一些具有代表性的活动：

1997年在埃及亚历山大港举办的“希腊诗歌、散文在埃及的150年”

展览，展现了19世纪下半叶至20世纪初融入埃及社会的希腊文学社团的历史样貌以及作家眼中的埃及与希腊，其中最为著名的便是出生在亚历山大港的希腊著名作家卡瓦菲斯。展品中包括历史藏书、报纸、杂志以及其他印刷品，如海报、价目表、手稿和大量珍贵照片等来自希腊历史档案馆的珍贵馆藏。展览会期间还举行了关于希腊埃及文化关系的圆桌论坛，并邀请了来自开罗和亚历山大港高校的研究人员共同参加。

2004年秋季，在乌克兰克里米亚地区举行的“克里米亚的希腊人：从18世纪到21世纪初”历史回顾展是文化基金会敖德萨分部最重要的一次文化活动。2001年，一项重要的民俗学研究在乌克兰南部展开，研究的地区聚集了相当数量的希腊裔乌克兰人，他们在那里已经生活了超过1700年，并且至今依然保持着鲜明的希腊民族特色。这项题为“希腊裔族群在乌克兰南部生存现状与历史沿革”的研究成果集结成2004年的展览会，由基金会敖德萨分部和克里米亚敖德萨大学共同筹办。展览一经开幕，就迅速吸引了大量观众，在当地引起了不小的轰动。本次展览共展出了来自克里米亚博物馆和6个私人社团收藏的350件展品和250张历史照片，除此之外，还有来自俄罗斯军方档案馆和克里米亚国家档案馆的珍贵历史档案。所有的展品完整地展现了希腊裔族群在克里米亚地区的生存历史。在长达1700年的历史长河中，虽曾多次面临驱逐，可是生活在克里米亚的希腊族群非但没有从这片土地上离开，反而以辛勤的劳作和坚毅的民族精神为乌克兰的经济、文化、社会与政治生活等各方面带来了积极的影响。这次展览不仅是基金会敖德萨分部10周年的文化巡礼活动之一，对生活在乌克兰的希腊族群来说也是重要的文化里程碑之一。

2008—2009年，在希腊文化基金会贝尔格莱德、布加勒斯特、索菲亚、地拉那文化中心相继落成之际，基金会以“巴尔干文化之旅—从过去到现在”为题组织了一系列文化交流活动，包括巴尔干主题音乐会（由布加勒斯特国家管弦乐队演出）、“巴尔干文学精粹”和“巴尔干的人文与历史”书展、“巴尔干地区的乐与诗”鉴赏会以及主题为“巴尔干文化历史面面观”的研讨会。文化活动的足迹从希腊始发，途经上述四个国家在内的数个巴尔干国家首都，反响强烈。这次活动的展开为希腊与巴尔干地区国家架起了文化沟通的桥梁，增进了双方国家人民的互相了解，更拉近了彼此间的距离。

（三）欧美地区

随着希腊文化基金会在澳大利亚、美国、英国、德国等国开设的文化推广办公室数量越来越多，基金会的活动范围从巴尔干地区渐渐扩大到西欧和美洲国家。在这些经济发达、文化多元，并且对希腊古典学研究有悠久历史的欧美地区，文化基金会的推广更侧重于寻找当代欧美文化中的古典之根，并围绕着这个主题举办了相当丰富的文化活动。

2008 年 3 月，在德国柏林佩加蒙博物馆举行了名为“卫城重建计划与新卫城博物馆”的大型展览，由希腊文化部长米哈利斯·利亚皮斯（Michalis Liapis）揭幕。这次展览由柏林国家博物馆与希腊文化基金会共同筹划，并由约翰·科斯托普洛斯基金会（John Costopoulos Foundation）出资举办。本次展览展出了由希腊著名摄影家苏格拉底·马弗洛马蒂斯拍摄的大量摄影作品，它们真实记录了 30 年来希腊卫城重建这一艰难而缓慢的过程。每一张照片，不仅是光影的纪实，更像是一面镜子，映射出希腊对这一世界文化瑰宝的珍视。同时，由于展览的时间恰好选在希腊新卫城博物馆的开幕之际，因此展览的第二部分便以新卫城博物馆为主题，展示了新卫城博物馆的独特设计理念：建筑在古迹之上，让历史与现实在同一空间重叠，让时间穿越，让文化延续。本次展览中还展出了来自新卫城博物馆的几件雕塑作品，包括柏拉图和亚里士多德的半身像，以体现古典希腊哲学对当今世界的影响。

作为世界文明史上最重要的古建筑之一，一方面，雅典卫城的修缮因其巨大的难度和极高的技术要求吸引了全世界的关注；另一方面，在修缮过程中，如何复原卫城神庙上的精美雕塑作品，如何收回因战乱而流失至英国、德国等西欧国家博物馆中的文物原件也是希腊政府多年来努力的工作之一。因此，本次展览的意义就显得更为重大。展览不仅将希腊璀璨的古典建筑艺术展示给西方社会，同时它所引起的剧烈反响和社会效果也为文物回归的外交工作带来了积极的推动作用。

1995 年夏天，希腊文化基金会在英国伦敦举办了一场名为“希腊的英国旅行者”的主题展览，重点展示了 1750—1820 年在希腊旅行、写作、观察，并用手中的笔将土耳其统治期间希腊的自由民意传向欧洲大陆的英国作家和他们的伟大作品。从埃尔金到拜伦，无数的英伦文豪来到希腊，对她的美充满憧憬，对她的痛苦充满同情，他们的作品描绘了希腊的风土与人情，他们的声音唤起了欧洲对希腊前所未有的关注，这股横扫欧洲的“希腊风潮”为希腊民族 1821 年独立革命争取到了欧洲各国的支持，并为希腊最终的独立奠定了基础。300 年前，文化交往就对政治产生了不可思议的影响，因此在 300 年后的今天，通过那些珍贵的书籍、传单和画稿，文化再次成为外交舞台上的主角，这也是多年来希腊文化基金会不断举办海外文化项目、扩大希腊语海外教学、宣传希腊当代优秀艺术作品的重要原因之一。

七、基金会的资金来源与财务运作

（一）政府拨款与欧盟团结基金

长期以来，作为希腊文化部下属的非盈利性政府组织，希腊文化基金会的主要资金来源为希腊文化部的拨款，日常运作、人员开支、活动组织的资金皆由政府买单。但是 2009 年 10 月初，希腊政府突然宣布，2009 年政府财政赤字和公共债务占国内生产总值的比例预计将分别达到 12.7% 和 113%，远超欧盟《稳定与增长公约》规定的 3% 和 60% 的上限。鉴于希腊政府财政状况显著恶化，全球三大信用评级机构惠誉、标准普尔和穆迪相继调低希腊主权信用评级，希腊债务危机正式拉开序幕。

随着主权信用评级被降低，希腊政府的借贷成本大幅提高。2012 年 5 月希腊组织联合政府失败令它退出欧元区的风险攀升，希腊人担心脱离欧元区后采用的新货币会没人要，纷纷到银行去提领存款，银行开始出现挤兑现象。根据希腊央行的数据，自2010年1月以来，希腊企业和家庭共提取了720亿欧元（约合人民币5796亿元）的存款，截至3月底，所有银行剩下的存款只有1650亿欧元（约合人民币1.32万亿元）。银行资金链紧缩，外部债务激增，迫使希腊政府采取紧缩措施，具体包括养老金改革、提高女性的退休年龄、大幅削减退休金等；同时，整合臃肿的公共事业部门，并撤下属部门，大幅裁撤公务员，减少工资和节日福利；削减政府开支，尤其是教育、文化系统的拨款；推出一系列私有化进程，将电信局、机场、高速公路等国有设施股权投入市场，吸引私人投资。而过于严苛的紧缩政策很快引起了民众的反对，很快希腊国内掀起了一轮又一轮的罢工活动，失业率上升至20%以上，并逐年攀升，使经济发展雪上加霜。直至2014年底，希腊仍在依靠德法等国的救援贷款度日。

在如此严峻的经济环境下，文化基金会的资金来源也受到了极大的影响，文化部拨款减至债务危机前的1/3。因此基金会也被迫进行了内部重组和裁员，将人员规模缩减至危机发生前的2/3左右。2014年通过与国家图书中心的合并，资源得到整合，文化基金会得以以全新的面貌开展工作。同时，文化基金会在2010年获得欧盟团结基金（NSRF）的资金支持（注：该基金于1994年设立，主要目的是帮助欧盟经济发展相对落后的成员国达到《马斯特里赫特条约》为经货联盟设定的经济趋同标准，实际上是对经济实力较弱成员国进行财政补偿）。新资金的注入为其欧洲几个分部的海外推广活动提供了必要的财政支持。

另外，基金会在海外的希腊语教学推广活动得到了希腊教育部、外交部、文化部、希腊语言中心（Center for the Greek Language）、希腊侨民海外教育和跨文化研究所（The Institution for the Greek Diaspora Education and Intercultural Studies）等多个部委和文化机构的财力和物力支持，因而得以定期向海外教学点提供教材和教学所需的设备。

（二）私人捐助

文化基金会在海外机构还有一个重要的资金来源便是私人捐助。据不完全统计，70%的海外分支和文化中心的主要资金来源为私人捐助，捐助人大多为当地希腊裔企业家以及热心文化事业的海外希腊裔知识分子。不同地区的私人捐助规模不一，资金被用于场馆租赁、设备购买、人员薪酬、活动举办等各个方面。为表示对出资人的感谢，许多文化中心会设立以其命名的纪念图书馆、纪念展览中心，有些出资人还会担任基金会海外机构的负责人，负责日常的管理运营工作。

（三）与当地文化机构的合作

文化基金会的海外分支与当地的文化机构、当地希腊大使馆文化处等皆保持着紧密的合作关系，因此许多活动的举办在财力、人力上大多依赖当地文化机构和使领馆的支持和赞助。如位于华盛顿、墨尔本、伦敦的文化中心和文化推广办公室由于规模较小，负责人一般由当地使领馆文化专员兼任，借助大使馆所提供的平台，基金会能够充分利用当地的文化资源，与当地博物馆、高等学府、艺术中心等机构合作举办文化活动。

例如，位于澳大利亚墨尔本的文化中心就与墨尔本希腊博物馆（Hellenic Museum）保持着紧密的合作关系。墨尔本希腊博物馆的前身是英国皇家铸币厂，从1836年开始，这块处在市中心的地皮就一直是墨尔本的地标性建筑。它曾经被用作公共板球比赛场地、舞会、集市和治安营房。1869年时正式成为英国皇家铸币厂的厂址。1972年，由于硬币制造的需求大大减小，于是铸币厂停止运营，开始对公众开放参观。创始人Spiros Stamoulis决定将这座建筑用作展示希腊文化的博物馆。馆中展示了希腊的历史、艺术、文化和古代文物，另外每年还有不同主题的特展，主要介绍希腊当代艺术成就。希腊文化基金会的墨尔本文化中心便坐落在这座具有悠久历史的古建筑内，作为合作的一部分，希腊博物馆免费向希腊文化基金会提供办公场地和展览场所，同时通过文化基金会的牵线搭桥，2014年墨尔本希腊博物馆与位于希腊最大的私人博物馆——贝纳基博物馆成为合作伙伴，目前馆中有来自贝纳基博物馆的部分希腊文物作为固定藏品，包括新时期时代的陶器、爱琴文明时期的人像、克里特文明时期的壁画、迈锡尼文明时期的金饰、希腊化时期的雕塑作品、拜占庭时期的圣像和手稿、希腊独立战争时期的武器与民族服饰以及现代希腊的艺术作品，可谓将希腊5000多年的文化发展轨迹浓缩在了一场展览中。墨尔本是第二大海外希腊侨民聚居的城市，希腊博物馆和希腊文化基金会的合作极大地帮助了希腊侨民更好地融入当地社群，也帮助澳大利亚更好地了解生活在其土地上的希腊侨民和他们所带来的异国文化。

另外，为了节省开支，基金会海外机构的工作人员、希腊语教师和活动组织人员大多在当地招募，并且以志愿的形式为各类文化活动提供服务。各大海外机构希腊语教学点的希腊语教师大多聘自当地高等院校希腊语专业，如德国洪堡大学古典哲学系和塞尔维亚贝尔格莱德大学希腊语系等。这些来自希腊语专业的教师受邀定期在基金会提供的场所为报名前来学习希腊语的学生授课，收取相对低廉的费用。作为回报，文化基金会定期安排希腊语言中心的专家来到海外的教学点为当地希腊语教师举办培训班、研讨会，同时还免费提供最新的希腊语对外教学教材和数字教学资源，为各地希腊语教师提供交流的平台，帮助他们提高希腊语教学水平。

八、基金会的工作成效

希腊文化基金会雅典总部、埃及亚历山大城分部、德国柏林分部和乌克兰敖德萨分部在成立的十几年里，广泛利用各类资源和合作关系，扎实有条理地推进着希腊语言和文化的推广工作，不仅扩大了希腊文化基金会在文化推广领域的知名度，更通过希腊语教学培训班和各类文化推广活动让所在国民众进一步了解希腊人民和希腊文化。与此同时，希腊文化基金会在罗马尼亚布加勒斯特、保加利亚索菲亚、阿尔巴尼亚提拉那、塞尔维亚贝尔格莱、意大利里雅斯特、澳大利亚墨尔本开设的文化中心以及在英国伦敦、俄罗斯莫斯科、奥地利维也纳、比利时布鲁塞尔、美国华盛顿等地开设的办事处都积极与基金会总部合作，进一步扩大了基金会的工作版图，推进了希腊语言文化在欧洲和美国的宣传和推广。2014年11月20日希腊文化基金会和塞浦路斯文化教育部签署合作协议，共同建立基金会在塞浦路斯的分部，这将继续推进希腊语言文化在东地中海地区的交流和推广。

希腊文化基金会与希腊本国、欧洲和世界其他地区的国际文化组织交流密切，成为了欧盟国家文化联盟组织（EUNIC）的成员，也是安娜·林德基金会下属的欧洲与地中海地区文化交流对话组织机构的代表。

九、基金会的对外合作及国际交流

（一）与欧洲文化基金会的合作

除了以上提到与所在国当地文化机构的合作以外，希腊基金会还是欧盟国家文化联盟组织（EUNIC）20 个常规成员国文化机构之一，并且全权负责 EUNIC 在柏林的活动，参与其在华沙和纽约的活动。EUNIC 的主要工作是：在成员国各文化机构间建立有效的合作与沟通网络，在保持欧盟国家的文化多样性的基础上进一步增进各国文化间的互相了解，与非欧盟国加强国际对话与合作。希腊文化基金会也以此为己任，与 EUNIC 的另外 19 个常规成员国文化机构一起全面展开在海外的文化推广工作。

同时，文化基金会还是安娜·林德欧洲地中海文化对话基金会（Anna Lindh Euro – Mediterranean Foundation for the Dialogue between Cultures）在希腊境内的代表机构。在成功建立了欧盟—地中海合作伙伴关系后，安娜·林德基金会成为了欧洲第一家拥有 37 个成员国的文化机构。2004 年成立之后，它受到了来自 37 个伙伴成员国和欧盟委员会的资金支持。同时它还是第一个吸收欧盟以外成员机构的文化基金会，埃及和瑞典也是它的成员国之一。

除了希腊文化基金会以外，希腊还有不少其他文化与社会机构都是安娜·林德基金会的成员。作为其中的领军人物，希腊文化基金会主要负责统筹协调成员机构间的合作与沟通，在安娜·林德基金会年会期间代表各机构将他们的视角、理念与建议反馈给基金会秘书长并且不断发展希腊境内的成员机构。

2008 年 5 月，以“欧盟与欧洲地中海跨文化对话年”为契机，安娜·林德基金会在全球范围内筹划了一次大型文化活动：“一千零一次对话”，旨在让多国文化加深相互认识和理解。通过超过 200 项的各类文化活动，这场大型文化盛事激发了 37 个成员国民众对不同文化的热情。其中的高潮无疑是 5 月 22 日的“对话之夜”，不同的文化活动（如音乐会、研讨会等）在 37 个成员国同时上演。当晚在希腊，由文化部和安娜·林德基金会牵头，希腊文化基金会承办的“对话之夜”系列活动“音乐的传说”大型交响音乐会在雅典音乐厅隆重上演。另外，2008 年 5 月 29—30 日，希腊作为主席国举办了欧盟—地中海合作伙伴国文化部长的第二次峰会。

在此次“一千零一次对话”活动中，希腊文化基金会扮演了非常重要的角色。为了动员更多的民众和私人机构投入到文化推广事业中，文化基金会与安娜·林德基金会旗下的所有希腊成员机构合作举办了为期三天的“公民社会与跨文化交流”国际研讨会。研讨会深入分析了公民社会的实质与其在文化交往中所扮演的角色，将安娜·林德基金会的主要工作意义介绍给希腊各大文化机构和组织，同时增进了希腊和欧盟—地中海合作伙伴成员国的各大文化组织间的交流与合作。

（二）未来的发展方向

2014 年 5 月，希腊文化基金会重组后召开新闻发布会，希腊文化部长帕纳约多普洛斯（Panos Panagiotopoulos）在新闻发布会上称，经过与希腊图书中心（EKEBI）的合并，希腊文化基金会将以全新面貌参与到希腊文化海外宣传事业中。文化部将克服债务危机带来的困难，继续全力支持文化基金会的运作，同时也鼓励基金会吸引更多的私人企业参与到其各大海外分支机构的活动中去。基金会已在塞浦路斯开设了新的文化推广办公室，将希腊与塞浦路斯这两个文化同源的国家紧密联系在一起。同时还将逐渐开设布鲁塞尔、巴黎、莫斯科、马德里文化推广办公室，进一步发展与欧洲文化组织的合作与交流。未来10年内，在已有的海外分支基础上，基金会还会逐渐将工作中心发展到亚洲，尽快在日本和中国开设基金会的文化推广办公室。其中开设中国办公室是文化基金会目前最为重要的工作之一，随着希中两国经济合作的不断深入，两国之间文化合作的前景也逐渐广阔。作为世界上两大最古老的文明，希中文化既有各自的特色，又有极大的共通性，因此文化基金会将立足两国的历史共同点，开创两国文化交往的新局面。

十、基金会的发展模式对推进孔子学院建设的借鉴意义

在推广本国语言文化方面，中国的孔子学院扮演着同样的角色。虽然从规模和数量上来说，孔子学院远远超过了希腊文化基金会，这也是合乎情理的。但是比较孔子学院和希腊文化基金会后，依然可以寻到值得借鉴的经验和实例，毕竟两国都拥有悠久灿烂的文明，在如何传承和发展这一主题上，依然有许多共通之处。

从2004年开始，隶属于中国教育部的国家汉办在借鉴英、法、德、西等国推广本民族语言经验的基础上，探索在海外设立以教授汉语和传播中国文化为宗旨的非营利性教育机构“孔子学院”。其宗旨是增进世界人民对中国语言和文化的了解，发展中国与外国的友好关系，促进世界多元文化发展，为构建和谐世界贡献力量。其主要职能是：面向社会各界人士，开展汉语教学；培训汉语教师；开展汉语考试和汉语教师资格认证业务；提供中国教育、文化、经济及社会等信息咨询；开展当代中国研究。就办学宗旨和主要职能来看，孔子学院与希腊文化基金会有着异曲同工之妙。在推广活动方面，孔子学院以教授汉语为主，而希腊文化基金会以文化展览活动为主，但其达到的效果依然是统一的。另外在组织机构设置方面，孔子学院以中外合作的形式开办，往往有一所海外合作高校，两者共同维护孔子学院的日常运作；而希腊文化基金会的海外分部都是独立机构，在有关高校的支持下开展各项活动。

上述比较孰优孰劣并无定论，根据两国国情的不同，战略也不尽相同。但是希腊文化基金会依然有些值得我们借鉴的地方，主要概括为三个方面：1. 希腊文化基金会的海外分部设立了对外开放的图书馆。图书馆的设立是文化渗透一个非常重要的方面，当地无法参加语言培训的民众依然可以通过阅读了解更多希腊文化，在书的海洋里永远有有限的课堂教学无法涉及的方面，在宣传文化方面起到了积极的作用。2. 培训当地的希腊语教师。希腊文化基金会的活动内容之一，包括组织当地希腊语专业的教师参加培训和研讨，将希腊语的教学从基金会内部扩大到当地学校，实质上扩大了推广语言的范围。3. 吸纳社会捐助。孔子学院的经费大多来自国家汉办，或者来自合作高校，有限的经费不利于孔子学院的运作。适当吸纳社会捐助可以更好地开展活动，加大语言文化推广的力度，通过增加软实力扩大影响力和辐射力。

十一、结论

通过对希腊文化基金会的推广政策进行研究、分析和学习，了解希腊语在推广过程中所体现出来的文化属性；通过对比中希两种最古老语言文化的推广理念和模式基础，我们可以借鉴其成功经验和实例，丰富我国语言推广政策的内容和模式；通过研究基金会的实践活动和运作模式，为中国语言文化的推广提供实践参考，也可将优势和经验运用于希腊孔子学院的建设和运作模式。研究其对外交流合作情况，有助于希腊语专业拓展国际交流渠道，为本专业与希腊文化机构的合作创造更多的条件。

作为两大文明古国，中国和希腊的语言文化都历经了几千年的传承和发展。希腊特别重视本国延续至今的独特语言和文化，在大力保护各种文化遗产的同时，注重整理和研究各类文明成果。只有把本国语言和文化保存得当、研究透彻，才能在对外推广中做到有内容、有条理、有目标。因此，希腊对本国语言文化的梳理、保护和研究非常值得中国借鉴。此外，希腊语言文化对外推广的目标之一是弘扬希腊的思想文明成果，重拾希腊文化在欧洲乃至世界文明中的光辉地位。这一目标体现在各类语言文化政策和语言文化对外推广措施中，研究这些政策和措施也为弘扬中国文化和实现中华文化复兴总结出一些可借用的成功经验。

（胡晶晶 崔文君 王群）

【参考文献】

1. Galani，E. Hellenic Foundation for Culture 1992 – 2008，Aim – Organization – Activities. ［B］. Athens：Hellenic Foundation for Culture，2008.

2. Δ έκα χρόνια Ελληνικό Ίδρυμα Πολιτισμού Βερολίνου. Τρει ςτόμοι. Επετειακ ή έκδοση. ［B］Θεσσαλονίκη：Ελληνικό Ίδρυμα Πολιτισμοό，2005.

3. Σουλογι άννη，Ε. Θ. Η εκδοτικ ή δραστηριότητα των Ελλ ήνων στην Αίγυπτο：Εκατόν πεν ήντα χρόνια παρουσία ς《εν λόγω ελληνικ ώ κ' εμμ έτρω και πεζ ώ》.［G］Αθ ήνα：Ελληνικό Ίδρυμα Πολιτισμο ύ，1997.

4. 陈刚华．从文化传播角度看孔子学院的意义［J］，《学术论坛》，2008 年第 7 期。

5. 李松林、刘伟，试析孔子学院文化软实力作用［J］，《思想教育研究》，2010 年 4 月，第 04 期，总第 179 期。

6. 孙鹏程，孔子学院和国际语言推广机构的比较研究［D］，山东：山东大学，2008。

7. 徐丽华．孔子学院的发展现状、问题及趋势［J］，《浙江师范大学学报（社会科学版）》，2008 年第 5 期，第 33 卷。

第十章

荷兰语语言联盟机制研究

【摘要】 为了确保荷兰语在社会各个领域发挥其价值和作用，统一的语言政策是必不可少的。荷兰、弗莱芒、苏里南政府各国文化及教育部将这个重任委予荷兰语语言联盟，通过这个联盟将各国荷兰语发展紧密联系在一起。荷兰语语言联盟的主要职能分为三大部分：制定语言政策、语言基础建设、语言使用推广。荷兰语语言联盟可以说是荷兰语言教育的智库。除了荷兰语为官方语言的国家，荷兰语语言联盟也在全世界范围共40多个国家和地区推广荷兰语。

一、荷兰语语言联盟成立背景、机构职能综述

荷兰语是荷兰、比利时弗莱芒地区、苏里南、阿鲁巴、库拉索、圣马丁[①]的官方语言。在全世界范围内共有2400万人使用荷兰语作为官方语言。对于这些人来说，语言的角色是非常重要的：它不仅仅是身份及文化的一部分，也在社会生活中起到重要作用。语言联盟作为一个政策制定和语言推广机构，全方位对荷兰语进行支持。

随着全球一体化进程和网络技术的飞速发展，作为相对少数人使用的小语种，荷兰语区受到英语的影响非常大，在一些重要的社会领域，例如

① 阿鲁巴、库拉索、圣马丁三个岛为荷属安特列斯群岛。

科技、经济、创新和教育等，荷兰语存在一定程度的危机。荷兰语在高、精、尖领域的话语权日渐丧失，逐渐成为社交活动中的一种交际手段而已。而这对于荷兰语作为母语的国家和地区是一个巨大的损失。在这种大环境下，荷兰语语言联盟于1980年应运而生。

为了确保荷兰语在社会各个领域依旧发挥其价值和作用，统一的语言政策是必不可少的，因此政府的语言文化部门任重道远。荷兰、弗莱芒、苏里南政府将这个重任委予荷兰语言联盟，通过这个联盟将各国荷兰语发展紧密联系在一起。荷兰语言联盟的主要职能分为三大部分：

（一）制定语言政策

荷兰语语言联盟和各个机构建立联系，共同推广荷兰语的使用和发展。主要涉及的领域有：语言训练机构（针对治疗和克服语言障碍）、文学研究机构、各大公司企业、福利机构等等。语言联盟通过数据和资料收集，为这些机构政策制定者提出建设性的参考意见和建议。

（二）语言基础建设

拼写、词汇和语法是荷兰语三大基础。在这三个领域中，荷兰语语言联盟是最权威的机构，他们利用网络平台为语言使用者提供语言使用规范。此外，语言联盟还为其他职能部门提供语言使用规范，以确保他们在工作中使用规范正确的荷兰语交流。不仅如此，他们还帮助以创新为主的企业开发新的产品和应用程序，例如导航系统、语言导航、自动阅读软件，并为这些产品上市提供平台。

（三）语言使用

语言联盟可以说是荷兰语言教育的智库。除了以荷兰语为官方语言的国家外，荷兰语语言联盟也在全世界范围推广荷兰语。例如，他们为世界其他荷兰语国家的荷兰语专业教师和研究员提供经费赞助，以便他们开展语言相关的研究和活动，并购买语言教学材料，邀请荷兰语专家举办讲座等。此外，还提供给这些研究人员及教师各种培训和研修机会。荷兰语语言联盟结构为：

荷兰语语言联盟主要由四部分构成，也称为四个分支，分别如下所示：

1. 委员会大臣：主要负责语言政策的制定。该委员会由三名成员组成，两名为荷兰人，一名为比利时人。他们每五年制订一次计划，计划细分到每一年具体的活动安排。

2. 事务性秘书：主要负责准备语言政策提议。提议的准备工作通过和各个语言专家、政策制定专家和相关领域委员会成员商讨完成。提议准备好之后上交给委员会。

3. 荷兰语语言文化处：这个分支部门主要由文学专家、资深语言学家组成，他们为委员会即将实施的语言政策出谋献策。

4. 内政委员会：该委员会由荷兰和比利时人民代表组成，监督语言联盟各项工作的透明度①。

二、荷兰语语言联盟语言政策价值取向及战略规划

荷兰是一个多语言文化国家，2015 年荷兰共有近 1700 万人口，其中 1/5 以上人口为荷兰语非母语的外来移民②。而在欧盟国家中，荷兰语更是属于少数人使用的小语种。如果把欧盟看成一个整体，荷兰语的地位则相当于少数民族语言地位。要研究分析荷兰语言联盟政策的价值取向和战略规划离不开对其大环境，即欧盟语言政策价值取向和战略规划的分析。很

---

① 各职能部门分工：http：//taalunie. org/organisatie/samenwerking – met – veld。

② 数据收集与荷兰中央统计局：http：//statline. cbs. nl/StatWeb/Publication/? VW = T&DM = SLNL&PA = 37325&D1 = 0&D2 = a&D3 = 0&D4 = 0&D5 = 0 – 4&D6 = l&HD = 110629 – 1412&HDR = G5，T，G3，G2，G4&STB = G1。

多相关政策的制定都是在欧盟大框架下进行的。

表 1

人口来源	总人口	外来移民	本地人口	非西方国家外来移民	西方国家外来移民
	16829289	3594744	13234545	1997584	1597160

资料来源：摘自荷兰中央统计局 2015 年 1 月人口统计数据。

在多语言欧盟国家中，语言问题承载着诸多社会内涵。在法律与政策领域，少数民族语言权利是实现其他权利的重要前提。在公共服务领域，少数民族语言在政治、司法和教育等领域的应用，是少数民族人口权益保障的关键。在经济和社会生活领域，少数民族人口的语言能力决定着他们公平参与国家经济社会生活的程度。在文化领域，民族语言关涉少数民族文化身份认同和文化的多样性发展，在少数民族文化政策中居于核心地位。因此，少数民族语言问题受到世界各国普遍关注。努力消除少数民族人口在国家生活中的语言劣势，帮助少数民族人口公平参与政治、经济、文化和社会生活，成为当代各国少数民族语言政策的核心目标。

20 世纪 80 年代以来，随着规模扩张和一体化进程的不断推进，欧盟形成了“多元语言主义”政策。这一政策的目标是：鼓励语言学习；推动语言多样化发展；促进经济在多元语言环境中健康发展，让欧盟公民能够用他们自己的语言接触欧盟的法律、程序和信息。欧盟委员会对多元语言主义的解释是：多元语言主义既指个人应用数种语言的能力，也指在同一地域内多种语言社群的共存。①

欧盟扩张进程中，其内部的少数民族（少数人）语言不断增加，英语等强势语言对其他语言的威胁问题日益凸显。与之相应，某些少数民族地区对区域文化身份认同的要求也日益强烈，少数民族语言问题成为不容回

① Com（2005）596：A New Framework Strategy for Multilingualism. p. 3. http：//europa. eu/languages/servlets/Doc？ id =913.

避的挑战。为保证自身的发展前景，促进内部整合的顺利进行，欧盟积极推动各成员国少数民族语言的保护和促进工作，逐渐形成了多元语言主义框架下的少数民族语言保护与发展政策。而荷兰语言联盟的政策制定的价值取向和战略规划也深受欧盟多元语言主义框架下的语言保护与发展政策影响。

（一）欧盟的少数民族语言状况

欧盟的核心目标是实现所有成员国之间经济、社会、政治的一体化，处理好语言问题是欧盟一体化进程顺利推进的重要保证。欧盟内部语言多样，除正式认可的 20 多种官方语言外，还存在着许多区域或少数民族语言。

2004 年欧盟第五次扩张前，欧盟 15 国中使用地区性或少数民族语言的人口大约有 4000 万，分属于 60 个语言社区。其中，只有 6 种语言使用人口在 100 万以上，两种语言使用人口在 50 万以上。第五次扩张后，欧盟 25 个成员国内部的区域或少数民族语言增加到大约 150 种，使用这些语言的人口增加到 5000 万，约占欧盟总人口的 1/9。欧盟将这些区域或少数民族语言分为三类：1. 欧盟一个或数个成员国内全境或某个地区特有的语言，如巴斯克语、布列塔尼亚语言、加泰罗尼亚语、弗里西亚语、撒丁语、威尔士语等；2. 一个成员国内少数民族（人口）使用，且为另一成员国官方语言的语言，如比利时、法国、意大利、丹麦境内的德语社区，德国境内的丹麦语言社区，意大利南部的阿尔巴尼亚语和希腊语社区等；3. 非区域性语言，如罗姆人或犹太人的语言（罗姆语、意第绪语），或亚美尼亚语等。① 在这些语言中，既包括使用人口超过 700 万的加泰罗尼亚语（分布在西班牙、法国和意大利撒丁岛的部分地区）这样活力较强的语言，也包括某些面临灭绝之虞的语言。根据欧洲委员会在 1996 年公布的

---

① See European Commission Directorate – General for Press and Communication. Many tongues. one family: Languages in the European Union. P 8. http://ec. europa. eu/publications/booklets/move/45/en. pdf. 2004.

《欧洲马赛克》研究报告，在当时欧盟的48种少数人语言中，只有“有限的”或“没有”延存能力的有23种，另外有12种处于“将要失传”的境地。

此外，欧盟内部还存在相当数量的移民少数民族语言。经过20世纪几次较大规模的移民浪潮，欧盟已经成为移民人口集中的地区之一。据估计，2000年，35岁以下的西欧城市人口中，超过1/3的人具有移民背景：将土耳其语作为第一语言的人口，在比利时和德国西部达到总人口的2%，在荷兰达到总人口的1%；马格里布阿拉伯语是法国和比利时使用较广的移民少数民族语言；在英国，乌尔都语、孟加拉语和北印度语是广泛使用的移民少数民族语言。巴尔干地区的语言则随着来自该地区的移民的增加，分布在更广泛的欧洲地区。

作为多国家共同体，欧盟赖以发展的基本理念是共同权利、责任和民主、言论自由、法治与尊重人权。在文化多样性背景下，欧盟少数民族语言问题的核心就是如何在一体化进程中有效保护和发展少数民族语言，促进少数民族人口在经济、社会、文化和语言方面与欧盟的整体融合。这涉及法律保障、少数民族语言社区权利、少数民族语言教育体系规划、财政支持等一系列的制度框架设计，也涉及对少数民族语言保护措施与保护力度恰适性的把握。少数民族语言保护与发展问题首先是国家内部问题，欧盟作为一个超国家组织，其政策与措施如何在国家层面得到落实也至关重要。所有这些，都是欧盟在保护和促进少数民族语言过程中所面临的重大挑战。

（二）荷兰语作为欧盟中的小语种对语言政策制定的价值取向

自20世纪80年代开始，随着荷兰语语言联盟的成立，荷兰政府日益重视荷兰语言的保护。20多年来，荷兰语语言联盟呼吁政府通过法律、行政、财政等多种实践形式来支持荷兰语国家和地区的语言的发展。荷兰很少在欧盟甚至国际上使用“少数人使用的语言”这一概念，目的在于有意识地突出语言政策的法理与文化维度，避免少数民族这一词语有可能引起的关于民族自决、分离主义的联想，从而降低政治敏感度，使保护和发展荷兰语言的政策与努力能够顺利推进。此外，荷兰语语言联盟也从法律、政策层面促进语言的保护和发展。荷兰语语言联盟的语言政策的法律基础是保护荷兰文化多样性的诉求。1995 年，《荷兰语语言联盟条约》第 12 条明确规定，荷兰在尊重各个民族与宗教的多样性，积极维护荷兰共同文化遗产的同时，也要保护本国语言在文化、政治、宗教、教育等方面的主导地位，并促进荷兰文化的大繁荣。2000 年，《荷兰语语言联盟条约》第 21 条再次强调：尊重宗教与语言的多样性的同时，强化在学校、工作场合荷兰语的使用。荷兰语语言联盟在荷兰语言政策的形成和推动中发挥了领导角色。在 20 世纪 80 年代语言联盟成立后的一系列条约中，出于尊重文化多样性的同时保护本族本国语言的目的，呼吁除了荷兰本国，所有欧共体成员国保护少数民族语言。而同时，欧洲议会 1981 年 10 月通过的《关于区域性语言文化的共同体宪章及少数民族权利宪章的决议》是欧共体机构首个公开支持较少使用语言的文件。1983 年，欧洲议会通过了《关于支持少数人语言和文化的决议》①，呼吁欧共体委员会加强对少数人语言和文化的支持，并呼吁欧共体的欧洲理事会（欧共体成员国首脑会议）保证欧洲议会关于少数人语言和文化权利的决议的落实。同年，欧洲议会组建了一个跨部门委员会，处理少数人语言问题，这一机构成为迄今欧洲议会中存在时间最长的跨部门委员会。

2000 年，荷兰语语言联盟发布《关于荷兰语言与文化的决议》，这份决议在教育、法律措施、大众传媒、社会与经济等领域对保护荷兰语语言提出了针对性建议，并要求荷兰国家政府、教育部和财政部为荷兰语发展和使用提供充足的财政支持。在教育领域，荷兰语语言联盟在国内相关地区正式进行全荷兰文授课的教育体系，包括从学前教育到大学教育及成人教育的全部过程。该决议还建议在大众传媒领域，在保障各个语言广播节目的连续性与有效性的前提下，增强荷兰语言的广播节目在公共广播电台和私人广播电台中的播出，并确保荷兰语语言群体语言广播节目能够得到

① Resolution on measures in favour of minority languages and cultures. http：//www.ciemen.org/mercator/UE20 – GB. HTM.

与多数人群体的语言节目一样的政府资助。在经济和社会领域，该决议提议在公众关注的领域、路标及其他公共标志、产品标签等消费信息领域中更多地使用荷兰语，而非英语。这份决议使荷兰语言保护方面比以往各种条约迈出了更大的步伐。

2003 年，荷兰政府在语言联盟呼吁下通过了《关于促进荷兰语使用的决议》，该决议明确支持再次为荷兰语的发展提供资助，支持对《关于荷兰语言与文化的决议》的履行，并指出荷兰各个公司和学校有义务要求公司成员和学生使用荷兰语并规范荷兰语的使用。

2005 年 9 月，荷兰政府通过了《关于推广荷兰语使用的提议》，并要求荷兰各学校，包括小学、初中、高中及应用型大学在 2004 年 3 月底之前提出一项包括荷兰语言推广和语言学习在内的法律性提议，并且在小学、初中和高中增加荷兰语授课课时，整体提高学生的荷兰语水平。此外，各地政府要为当地外来移民提供免费或价格便宜的荷兰语课程，通过这些语言学习机构帮助他们更好地克服语言障碍，融入当地生活。到 2010 年，荷兰政府已经开设荷兰语培训机构近 1200 家，确保每个大城市每个区都有 2—3 个荷兰语培训机构，每个中小城市都有 3—5 个荷兰语培训机构。通过免费或者低学费参加这些课程，使荷兰外来移民（土耳其、摩洛哥、中国、印度、巴基斯坦等）荷兰语普及率每年以 9% 的比例增长。

（三）2010—2020 年荷兰语语言联盟政策制定的战略规划

2009 年荷兰语语言联盟将总部从荷兰海牙搬到比利时布鲁塞尔。作出这个决定最重要的原因之一就是布鲁塞尔是欧盟总部，欧盟常任理事会都在布鲁塞尔召开。这是适应欧洲及世纪经济一体化而作出的决定，因为如上所述，荷兰语语言联盟很多政策都是在欧盟语言政策框架下制定和展开的，语言政策的制定应该适应国际大环境，在布鲁塞尔能更加及时地接触到新的政策方针和规定，这样也能对荷兰语的推广起到良好的效果。

此外，荷兰语语言联盟通过网络一体化，将所有数据上传到网站上，这样信息检索更便捷高效，这些网站的建设对普及荷兰语也起到了一定的促进作用。同样，通过社交媒体，老师和学生之间、荷兰语专业教师之间可以不分时间和地域限制随时就教学和教育方法等问题进行探讨。

近十年政策制定的另外一个重要目标就是获得更多的财政支持，以促进政策的推广和实施。政府机构政策的制定必须要迎合社会的需求。而荷兰语语言联盟以及他们的合作伙伴能为社会提供什么？除了文化和学术效应，现在更应该关注其经济价值，荷兰语语言联盟近十年来将工作重心放入社会这个大框架下，其中政府和企业需求为首位。因此，语言联盟及相关政府机构应该通过经济视角来制定新的政策，安排机构的行为规范和活动。这可以通过对不同层面的计划来实现，比如为荷兰各个公司提供语言使用规范和商务语言培训，能够减少员工工作中因为语言导致的错误。通过在世界范围内推广荷兰语，可以为荷兰旅游业和经济发展带来更多的收益；通过将这些活动透明化，纳税人能更清楚地知道自己所缴纳税收的具体去向。无论从经济还是文化价值层面，语言联盟都有很多可以采取的措施，增加收益以进一步保护并推广荷兰语。此外，随着近几年的经济危机，荷兰语语言联盟从教育部和欧盟获得的经费也在不断缩减，如果能从企业获得更多的经济支持和赞助，用于开展各类语言活动，也是非常有意义的。但目前的瓶颈是这种公对私的合作目前暂时没有受到政府的批示，而这类合作在经济危机的大环境下却是至关重要的。

在前文我们提到过，近十年来荷兰语语言联盟战略目标也推向了国际。荷兰语语言联盟通过经费支持和提供各类培训机会在世界范围内推广荷兰语。此外，荷兰语语言联盟于 1995 年赞助成立世界荷兰语协会[①]，该协会有专门的学术期刊，为世界各地荷兰研究人员（语言、文化、历史、文学、政治、外交等）提供发表的平台。此外该协会每三年会在不同国家和地区举办为期三天的世界荷兰语大会。该会议中会邀请荷兰语为母语的研究员分享最新科研成果，此外也邀请世界各地，例如波兰、俄罗斯、意大利、西班牙、中国、韩国、印尼、巴西等荷兰语专业教师或者科研工作者举办讲座、选读论文。论文以期刊的形式出版。每年 7—8 月在荷兰和比

① Internationale vereniging Neerlandistiek：ivvnnl. nl.

利时弗莱芒语言区就文学、教学法、文学等内容展开教师培训和研修，并为学生提供暑期夏令营机会，为期均为三周。作为参加培训的教师，除了需要自己或者由所在学校承担机票费用，其他开支均由荷兰语语言联盟承担。对于经济落后的国家和地区的荷兰语专业教师和研究员则报销所有费用。通过这种方式，吸引了很多荷兰语人才参加语言联盟举办的各项活动。另外，语言联盟和荷兰比利时文学基金委、荷兰翻译专业人才联盟等文化机构合作，邀请世界各地的荷兰语翻译人才参加在荷兰或者比利时举办的翻译研讨会，并将优秀的荷兰语作品推广到中国，这是一种非常有效的通过文学作品将文化推广的方式。每年 8 月，荷兰语语言联盟还会赞助荷兰文学基金委参加北京的国际书展及广州国际书展和上海国际书展，进一步推广荷兰文学。目前已经有 40 余本荷兰语小说、20 余本非小说读物及大量荷兰和比利时儿童文学直接通过荷兰语翻译成中文，并在中国出版上市，得到广大读者的认可，使其对荷兰这个国家有了更全面的认识和了解。

在亚洲，除了中国，荷兰语语言联盟在印尼也设有各类语言推广机构。其中最有名的是伊拉斯姆斯语言中心，该中心为印尼人提供各类荷兰语语言文化培训，主要针对移民、工作、家属团聚等，以帮助印尼人到达荷兰后尽快融入当地生活。

目前荷兰语语言联盟已经和世界 100 多所有荷兰语专业或者科研工作人员的高等院校建立合作，为他们提供经费支持，保证荷兰语推广相关活动的顺利进展。

荷兰在区域性或本族语言保护领域进行了许多积极的行动并取得了丰富成果。但在多种复杂因素的制约下，荷兰语言政策本身及其执行过程存在着明显的局限。例如，荷兰保护本语言的法规不足，而且缺乏约束力。受法律框架和现实条件的双重制约，语言机构在处理文化、语言这类议题时，必须依据辅助原则来开展行动，政策执行困难重重。此外，对移民少数民族语言权利的忽视也是荷兰在少数民族语言保护领域的一个“硬伤”。2000 年以后，荷兰虽然对移民少数民族语言开始有所重视，但从根本上讲，对移民少数民族语言的保护力度还非常有限。

三、荷兰语在世界范围内的推广现状

荷兰语属于印欧语系日耳曼语族下的西日耳曼语支，是荷兰、比利时、苏里南和荷属安的列斯群岛的官方语言，在荷兰全境和比利时北部的佛兰德斯地区通用。欧洲约有 2400 万人以荷兰语为第一语言，还有曾经被荷兰统治了四个世纪的印度尼西亚日常也使用。

17 世纪荷兰继葡萄牙和西班牙之后，凭借其精湛的航海技术成为世界海洋霸主，在世界范围内曾经拥有多达 40 个殖民地。也就是在荷兰的黄金时代期间，荷兰语逐渐发展成熟，有了较为统一的形式。因此，荷兰语的向外推广也就有了内部的动力。荷兰语曾经流行于阿鲁巴、圣马丁等加勒比岛国，亚洲的印度尼西亚、斯里兰卡以及日本，非洲的刚果等国家。

不过目前以荷兰语作为官方语言的国家只剩下六个，这一方面和英语迅速崛起有着极大关系，另一方面同荷兰殖民时期的语言政策失利也有着千丝万缕的联系。因此，如何在 21 世纪再次推广好荷兰语就是摆在荷兰语言联盟面前的一个重大课题。在本节中，我们将着重介绍荷兰语目前在世界范围内的推广情况，以便之后为我国制定荷兰语学习策略打下理论基础。

（一）荷兰语在荷兰语国家的推广

1. 荷兰语的地位及推广简介

作为荷兰语国家的官方语言，荷兰语占有绝对的主导权，这一点毋庸置疑。荷兰、比利时、阿鲁巴群岛、库拉索岛、圣马丁岛以及苏里南在荷兰语语言联盟的统筹之下，拥有相对统一的语言政策。这样操作的目的在于，能够使得母语使用者能够及时了解荷兰语的发展变化以及确保荷兰语的绝对优势地位。

从总体的语言政策制定框架来看，荷兰语语言联盟对于荷兰语的推广主要有以下几个方面：

（1）在高等教育中提升荷兰语地位。目前荷兰语在荷兰高等教育体系中的地位并不十分突出，由于荷兰教育的国家化开展得较早也较为优秀，因此英语在荷兰高等教育体系中的地位甚至要高于荷兰语，于是在语言联盟2013—2017年的政策规划中，把提升荷兰语在高等教育中的地位提上了日程（Baken，2013）。

（2）提升荷兰语在荷兰语国家的地位。目前荷兰语国家都面临着一个共同的问题——多语种共存。这是荷兰语国家的移民政策所导致的，这些国家有着大量的移民，而这些移民对掌握标准的荷兰语并没有什么兴趣，这样也造成了国家归属感不强等一系列社会问题。荷兰语语言联盟意识到了这一社会问题的重要性以及荷兰语对于提升这些移民的认同感的作用。

（3）在荷兰语国家推广荷兰文学。荷兰文学之于荷兰语国家有着特殊的情怀，但随着越来越多的外国文学进入荷兰，荷兰文学的关注度一度下降，2010年荷兰文学巨匠哈里·穆里史（Harry Mulisch）的陨落使荷兰文学跌入历史的低谷。掌握好荷兰语对于文学的创作有着积极的推动作用。

除了以上荷兰语语言联盟推广荷兰语的政策外，荷兰语语言联盟在荷兰语国家内部还通过各种方式积极稳固荷兰语原有的地位，比如：提供资金支持、设置专门的语言机构以及开展广泛深入的语言合作等等。

2. 资金支持

从2008年起，荷兰语国家教育机构的经济预算发生了一些变化，因此也导致了荷兰语语言联盟对资金使用的一些改变。本章中我们以2011年以及2012年荷兰语语言联盟的资金支持作为参照，研究2013—2017年计划预算的变化情况。具体预算情况如表2所示：

表 2　2013—2017 年荷兰语语言联盟资金来源情况与 2011 年、2012 年的比较（单位：欧元）

收入来源	2011	2012	2013—2017
荷兰教育部			
常规拨款	7972000	7576000	7596000
专款	72000	72000	2500
比利时弗莱芒语区政府			
常规拨款	3652000	3470500	3435500
专款	42000	42000	10000
苏里南教育部	无拨款	无拨款	无拨款
皇室拨款	50000	42500	35000
其他	586160	590015	555015
总计	12374160	11793015	11634015

资料来源：荷兰语语言联盟 2013—2017 计划（Baken，2013）。

从表 2 中我们可以看出，荷兰教育部的专用拨款在 2013—2017 年每年会少 69500 欧元，这主要是由于荷兰语词汇研究院（INL）的 Taalbank 项目结项（原本有 69500 欧元拨款），因此这笔专项费用不再发放；与此同时，比利时弗莱芒语区政府也减少了 32000 欧元的资金资助，其中包含了荷兰语词汇研究院（INL）的 Taalbank 项目结项（原本有 32000 欧元拨款）；除此之外，由于荷兰语语言联盟对费尔梅—伏尔泰地区（法国东部安省的一个市镇）的荷兰语教育不再资助，因此弗莱芒语区政府也减少了相应的资金资助（45000 欧元）。由此，我们可以看到一些项目的结项导致了 2012—2017 年预计的资金补助有所下降。

语言联盟在资金的使用上有着自己的侧重点。首先对于荷兰语的教育，语言联盟占了 30% 左右的预算，约为 341.2 万欧元。可以看出，荷兰语教育仍然是荷兰语语言联盟主要资助的方面。因为根据语言联盟的基本政策，推广荷兰语以及提高荷兰语在世界上的地位是核心以及首要目标。其次，我们可以看到语言联盟在非荷兰语区的教育投资力度也相当大，约占30%，达到340.5万欧元，如此大规模的资金投入，可以看出其对海外荷兰语市场的重视程度，而这一点恰恰符合核心政策制定的初衷，在下文中我们会详细介绍荷兰语在非荷兰语区的推广情况。接着是占预算14%的荷兰语文学教育及推广，文学是语言的一部分，为了能够使语言更好地传播出去，其需要一定的文化载体以及思想载体，于是文学成为首选。因此，推广荷兰文学旨在帮助世界了解荷兰语以及荷兰语国家的风土人情。

3. 交流合作平台

为了增进荷兰语国家内部的交流联系，及时更新最新的语言政策以及把握和浏览教育政策的走向，荷兰语语言联盟在这些国家内部设立了交流论坛和交流委员会，以统筹各对象国的行动和最新动向。接下来，我们就来介绍一下这些交流平台。

（1）荷兰语讲坛（Platforms）

荷兰语讲坛是各荷兰语国家之间沟通交流的最好平台。目前只设立在三个荷兰语国家，它们的使命是负责讨论、更新以及实施最新的荷兰语语言政策。而荷兰语语言联盟的秘书处直接负责与这些荷兰语论坛保持沟通，并开展同荷兰语有关的活动，比如：荷兰语教育研讨会、苏里南教育研讨会、语言建议讲习班等。

（2）国际荷兰研究会（IVN）

国际荷兰研究会成立于1970年，是全世界荷兰语及荷兰研究教师组成的一个研讨平台。荷兰语语言联盟对其日常的运营提供资金支持，并且搭建一个广阔的支持平台。目前参与的国家达到了40多个，除了教师之外，也吸引了超过1.5万名学生参加。这些学生毕业之后的去向一般是从事与荷兰语相关的专业，比如：荷兰语教师、荷兰问题研究员、译员、新闻工作者等。

国际荷兰研究联盟主要对荷兰语教育、比较语言学和文学、教学法、文化历史研究等专业提供支持。除了这些定期组织的活动和论坛之外，它还有一个职责就是发布最新的电子版荷兰研究的最新消息，这些电子刊物在荷兰研究领域具有极高的声誉，如科研杂志《国际荷兰研究》《荷兰研究通讯》等。

（3）荷兰语术语委员会（NL－Term）

荷兰语语言联盟主要资助的交流平台还有荷兰语术语委员会。术语委员会成立于1997年，是一个开放的平台，所有从事荷兰语术语研究的教师和研究员都可以加入其中，目前有2500多名成员。

目前，荷兰语学术委员会负责20多个术语论坛以及研讨会，其中最为出名的是荷兰语区术语（Terminologie in het Nederlands Taalgebied）。其中还有部分为国际学术论坛，如术语与社会（Terminologie en Samenleving）、术语在欧洲（Terminologie in Europa）。除了这些研讨会和论坛之外，术语委员会还会组织基于实践的短期课程，给学生讲解术语统一规范的重要性。

（4）苏里南荷兰研究协会（SVN）

荷兰作为苏里南之前的宗主国，对苏里南一直保持着相当的影响力，因此，苏里南的荷兰语研究机构也是非常重要的一支力量。苏里南荷兰研究协会（SVN）致力于推进在苏里南的荷兰研究，其中主要从事荷兰语教育以及荷兰语言文学研究。这一协会通过同苏里南国内外的组织加强联系和沟通，确保其在国内荷兰研究领域的优势（"Doorzoek onderwijstijdschriften | Taalunieversum," n. d.）。除此之外，这一组织还深化了同当地政府的合作，为政府提供政策建议、教育规划建议、媒体以及出版物建议和促进国际交流合作等。同时，苏里南荷兰研究协会也会组织信息平台以及交流平台，以促进荷兰语国家的荷兰研究。

（二）荷兰语在亚洲国家的推广

由于缺少地缘优势，荷兰语在亚洲的影响力确实不如其他欧洲语言来得深远。但由于荷兰的经济以及文化有着其独特的魅力，不少国家对荷兰的研究也处于世界前列。中国，作为荷兰的第二大贸易伙伴，两国之间在多重领域都有着较为广泛的合作，比如港口、金融以及农业等。因此，近年来中国的荷兰语研究也出现了繁荣的景象，而荷兰语语言联盟也看中了这个契机，对中国的荷兰语教学进行了资助，拓展合作空间。印尼，作为荷兰以前的殖民地，宗主国对其的影响一直延续至今，在荷兰语的推广以及使用上，印尼人在亚洲也独具特色。因此，在这一部分中，我们将就这两个主要的荷兰语研究国家进行介绍，并且介绍荷兰语语言联盟对我国以及印尼的推广支持。

1. 荷兰语教育在中国的概况

中国是荷兰最重要的贸易伙伴之一。从2002年起，中荷两国就互为第二大贸易伙伴国（欧盟内部），两国之间的经济交往以及民间交往也日渐加深，因此学习对方的语言成为了两国交流的重要桥梁。2006年中国在荷兰莱顿大学开设了在荷的第一所孔子学院，2011年在格罗宁根开设了第二所，旨在传播弘扬中国的传统文化和推广中文。

为了能够更好地同荷兰开展多层次、全方位的交流合作，中国目前有三所高校开设了荷兰语专业，专门培养中荷之间的交流人才。2002年，中国传媒大学开设了中国第一届荷兰语班，招生规模为20人，当时拥有正高职务专业教师一名（已退休），这批学生主要培养的方向是传媒以及对外广播方向。2005年，北京外国语大学开设了第二届荷兰语专业培训班，这批毕业生的去向主要为国家的外交以及外事服务领域。2007年，上海外国语大学开设了华东地区第一届荷兰语班，这届荷兰语的招生规模达到了19人，拥有两名专业教师，学生毕业之后的主要去向为外交、教育以及外贸等领域，还有部分学生在毕业之后选择去荷兰语国家继续留学深造。在荷兰语学习期间，这批学生就参加了很多大型的国际活动，如2010年上海世博会，曾经受到时任荷兰首相巴尔肯嫩德先生以及鹿特丹市市长的接见，可以说这批学生赢得了荷兰政府的高度认可。

2. 荷兰语语言联盟对于中国荷兰语教育的支持

由于中国荷兰语教育在亚洲各国中处于领先地位，因此，荷兰语语言联盟也对中国的荷兰语教育给予了高度的关注。这一部分，笔者将以一个多年从事荷兰语教学者的身份介绍荷兰语语言联盟对中国荷兰教育的支持，主要有以下几个部分：

（1）学生暑期培训

由于学生是未来荷兰语研究的主力军，对于学生的培养，荷兰语语言联盟也是不遗余力地进行着。在语言联盟的计划中，至少每一名学习荷兰语的学生在学期期间要前往一个荷兰语国家一次，而联盟则负责其中的组织和授课过程。

学生暑期培训一般分别在荷兰的载斯特（Zeist）和比利时的根特（Gent）举行。持续时间一般为三周，主要介绍荷兰语习得的经验以及荷兰的风土人情等。在学生暑期班中，培训教师会侧重培养学生的交际能力，因为他们了解中国学生平时比较内敛含蓄，但语法以及书写能力扎实，如果辅以口语以及交际强化，那么中国学生的荷兰语水平又会有一个大的提升。

除此之外，这一交流平台还给中国学生机会让他们能够接触到来自世界各地学习荷兰语的学生，一方面能够探讨荷兰语的学习经验，另一方面也能够拓展自己的视野，在国际环境中培养自己的交流能力。

（2）教师培训

相比于学生的暑期培训，教师的培训则更为具体化和专业化。荷兰语语言联盟为全世界各地的荷兰语教师提供了不同方向的培训课程，每年的7月到8月间会在荷兰以及比利时的不同地区举行。

教学法、语言及文化讲习班。这一教师培训适合刚刚入职的新教师，由于荷兰语教育在中国的发展还处于起步阶段，因此掌握适当的荷兰语教学法有利于新进教师快速掌握一些基本教学手段，使得课堂教学的效率提升。在课堂中加入相关荷兰语国家的文化概况也能够使单纯的语言学习课堂充满乐趣。

教学法论坛。这一培训班主要传授与教学法相关的内容，针对荷兰语作为第二外语的教学特点，具有多年执教经验的前辈教师会将自己的授课方式同各位教师一起探讨。在培训期间，教师们也会了解到最新的荷兰语发展动向，将这些新词以及新的语言现象带回国内，让学生及时掌握。

荷兰语等级考试CNaVT考官培训。这是荷兰语语言联盟制定的一个等级考试，这个考试的证书被所有荷兰语国家认可。因此，国内目前也比较重视这个考试的组织和培训。荷兰语语言联盟组织的考官培训是一个比较高层次的培训，参加培训的教师一般具有多年的荷兰语教学经验，由于要负责 CNaVT 考试在国内的组织，这些教师要需要有较强的组织能力、培训能力以及公关沟通能力。因此，培训的内容是全方位的，从如何辅导学生进行考前复习，到考场组织以及最后口试考试内容的问答等。除此之外，在培训期满结束之后，荷兰语语言联盟会给通过考核的教师颁发考官证书，只有持证的教师才可以在自己国内组织 CNaVT 的考试。

（3）CNaVT 荷兰语等级考试

CNaVT 荷兰语等级考试是荷兰语语言联盟联合比利时鲁汶大学（KULeuven）共同制定的一个荷兰语等级考试。荷兰语等级考试严格按照欧洲的框架（Europese Framework）来制定，一共有五个等级考试，从低到高依次为：PTT 为旅游交际水平、PPT 为职业需求水平、PMT 为社会生活水平、PTHO 为高等教育水平、PAT 为专业学术水平。

CNaVT 考试每年举行一次，考试时间一般定在 5 月的第一周。考试主要考察学生的听、说、读、写以及社会交际能力。这五大基本能力能够较好地检验一个学生的荷兰语学习水平。

除了检验学生的学习水平之外，CNaVT 等级考试也是中国学生进入荷兰语高等学府的一张语言通行证，如果学生想学习荷兰语的课程，那么他必须掌握一定基础的荷兰语，荷兰语国家的大学需要 CNaVT 等级达到 PTHO，这样学生就可以直接进入大学学习，不需要参加其他的语言培训及考试了。

目前在中国，上海外国语大学是这一考试唯一的大学机构，每年有将近 30 人参加考试。

（4）教师平台的搭建

目前，国内的荷兰语教师平台还处于建设之中。上海外国语大学、中国传媒大学以及北京外国语大学的各专业教师正在荷兰语语言联盟的统筹之下建立一个全国性的教师平台。这个平台的主要目的在于能够协调国内的荷兰语教学，如制定相对比较统一的教学目标、统一的教学素材等。除此之外，教师平台还能够定期举办学术研讨会，对各学校的荷兰语教学方法和教学创新进行评估，从中找出最适合国内荷兰语教学的路子。

教师平台的搭建有利于把原本国内较为分散的荷兰语力量集中在一起，然后整合各个学校的优势项目，从而整体提升目前国内的荷兰语水平。有了这样一个整体的平台之后，荷兰语语言联盟对国内的荷兰语推广力度就会进一步加大，进而可以调用更加多的资源，对于我国的荷兰语教育来说有很大的提升作用。

3. 荷兰语在印尼的推广

荷兰曾殖民印度尼西亚大约300年。同其他宗主国不同，荷兰在这漫长的时间里带给印度尼西亚很多的建设，其中一项是荷兰语教育。目前，仍有一部分在殖民时期接受过高等教育的印尼老人能够流利地使用荷兰语。

但作为过去的宗主国，荷兰对于印度尼西亚的影响一直没有减弱。在印尼大学开设了完整的荷兰语专业课程，并且许多大学是以荷兰语作为教学语言进行直接授课的。而且，很多印尼青年仍非常愿意学习荷兰语，这样在掌握一定的语言技能之后，他们便能进入荷兰的高校或者公司，开展进一步的学习以及工作（“Indonesië | Taalunieversum,” n. d.）。正是由于荷兰语的学习需求量比较旺盛，荷兰语语言联盟对印尼荷兰语推广投入了巨大的人力和物力，如建立伊拉斯姆斯荷兰语中心（Erasmus Taalcentrum），派遣荷兰语专家讲学以及文化讲座等等。在这一节中，我们就将介绍荷兰语语言联盟对印尼荷兰语教育的支持政策。

（1）伊拉斯姆斯荷兰语中心（Erasmus Taalcentrum）

伊拉斯姆斯荷兰语中心是在印尼非常著名的荷兰语培训机构，它得到了荷兰语语言联盟的广泛支持。语言中心成立于1981年，已经培养出了数以万计的荷兰语人才。大多数的学员都是当地的年轻人，而荷兰语学习只是在他们主修课程之外辅修的一门语言技能，这些年轻人学习荷兰语的目的是为了更好地拓展自己的能力，以适应国际化的发展步伐。

除了给学员授课之外，该语言中心还为语言教师提供进修课程，教材多为荷兰或者比利时直接引进的原版教材，多媒体使用的频率也相当高，这些设施设备以及教学素材也多由荷兰语语言联盟提供。

为了能够较好地检验学生掌握语言的情况，印尼的荷兰语也十分注重对接欧盟语言能力标准，学生的学习情况因此能够更加清晰地以数据的形式反映出来，这样就可以根据不同的进度以及不同的水平制订下一步的学习计划。

（2）派遣外籍专家

除了对伊拉斯姆斯荷兰语中心的硬件支持外，荷兰语语言联盟也十分注重外籍专家的选派工作。每年都会有大量的外籍荷兰语教师来到印尼参加荷兰语教学工作。这里我们以荷兰语中心的外教为例（“Gastdocenten,” n. d.）。

2014 年在伊拉斯姆斯荷兰语中心工作的外籍教师就达到 10 名之多，这在其他非荷兰语国家中是不常见的。这些教师能够丰富课堂的语言环境，将课堂带入一个较为原汁原味的环境，这样学生们学到的荷兰语就较为地道和专业了。

除了传播基本的语言知识之外，这些教师还针对亚洲学生学习语言的特点来开展跨文化交际技能的培训。由于亚洲学生大多比较含蓄、内敛，所以这些外籍教师通常会鼓励学生多开口、多了解对象国的交际文化。这是荷兰语语言联盟派遣外籍教师的重要原因之一。

四、荷兰语语言联盟政策对中国荷兰语教学的启示

2002 年，中国传媒大学开设了中国第一届荷兰语专业。五年之后，上海外国语大学开设了华东地区第一届荷兰语专业。到目前为止，荷兰语教学在中国走过了 12 个年头，相比较于其他外语专业（如俄语、英语等）还是非常年轻的专业。因此，如何利用好现有的教师资源以及荷兰语国家提供的语言支持就成为摆在我们专业教师面前的一个大问题。研究好现有荷兰语语言联盟的对外支持政策以及利用好这些资源将对我国的荷兰语发展起到至关重要的作用。我们有必要研究这些政策对我们教学的启示，来

更好地发展自身的教学。

（一）加强国内校际联系

目前在国内只有三所大学开设了荷兰语专业，相对英语以及其他大语种来说，荷兰语的师资以及招生规模都要少很多，加之每届的招生都要相隔四年，因此各校学生之间、老师与老师之间的交流都会少很多。而通过之前的介绍，我们知道，荷兰语语言联盟非常注重荷兰语教学平台的搭建，在一个完整的平台上，教师能够有更多的交流，学术才能够开花。因此，对于目前的国内荷兰语教学部分来说，我们可以通过建立有效的交流机制来促进互相的荷兰语教学。

首先，建立素材共享平台，分享优质资源。目前，国内三所高校的教学资源以及素材各有特色，而且侧重点均有不同。我们以精读教材为例，各个学校使用的教材均不相同，有些院校使用了国内编写的教程（如王文博的《荷兰语教程成》），有些使用了荷兰语国家的原版教材（如荷兰的《CODE》系列教程以及比利时鲁汶大学的《Vanzelfsprekend》）。教师在选用这些教材的时候都看到了其中的独到之处，比如国内教材注重语法以及词汇量的训练，而国外教材则侧重于社会交际能力的培养，各个院校对于不同教材的使用都有自己的心得，因此，只有把这些心得连同教材有机地结合起来，才能发展出更适合国内学生学习的路径，让中国的语言学习者掌握到最实用以及快捷的语言习得法。除了实体教材之外，多媒体素材教学也被视为非常关键的教学资源，这些多媒体教学资源可以从不同方面刺激学生的感官，达到学习语言的目的，而各个院校的素材库也有着自己的优势以及特点，将这些优势资源集中起来服务学生，那么我们国内的荷兰语教学一定能够在短时间有所建树，对接荷兰语语言联盟的语言政策。

再者，加强教师之间的心得交流。只有融会，才能贯通，这在外语界是有共识的一句话。语言教师的教学风格、教学特色、教学强项都不尽相同，当然在实际教学过程中也会产生种种的疑惑与不解，当这些优势与劣势同时出现时，如果没有一个很好的交流以及沟通的渠道的话，教学优势得不到传播和发扬，劣势依旧存在，这势必会造成“闭门造车”的情况。因此，定期组织各高校教师进行荷兰语教学专项研讨，可以将教学中的心得体会以及困惑和广大的荷兰语教师一起分享，这样最新的教学理念以及教学技巧就能够被推广出去，荷兰语小语种缺乏教师交流的局面也会被打破。

最后，打破学生交流的壁垒。在国内的荷兰语教学中我们始终把“学生学”视为教学活动中的主体，因此如何让学生在听、说、读、写各方面发展提高荷兰语水平是摆在专业教师面前的一个重要课题。而单单通过各高校内部的学生交流以及互相学习不能够满足语言日益发展的要求，因此我们建议国内各高校的荷兰语专业建立一个学生交流平台，这样学生在不同的课堂里学到的荷兰语就能够有一个使用的平台，这对于国内的外语学习环境来说至关重要。类比印尼伊拉斯姆斯中心的荷兰语学习方法以及荷兰语语言联盟对其的支持，我们看到他们对于学生之间的互相交流以及学习极为重视，每年派遣学生在假期赴荷兰语国家进行短期学习和交流，这样可以拓展学生的视野，并且培养他们的交流能力。而由于经济以及诸多方面的原因，国内部分院校的学生无法频繁地去往荷兰语国家进行短期学习，因此调动国内的可用资源，发动学生在课余时间或者假期组织短期交流活动，可以让他们互相接触，在一个相对陌生的环境中，接触到同自己本校教学不同的荷兰语，这样一来，语言的多样性就得以体现，学生也能在潜移默化中学习到交流的技巧，锻炼自己的交际能力。

（二）对接欧洲语言水平等级

在 2001 年 11 月欧盟委员会通过一套建议标准，为所有的欧洲语言在评量架构和教学指引、考试、教材上提供基准。其政治与教育上意义在于可用来评估语言学习者所学语言的成就，同时也给予了教育评估的方针。因此，在荷兰语语言联盟倡导下的荷兰语教材编写、等级考试（CNaVT）以及教学素材都以欧洲语言水平等级规范作为行动指南，这样所有的教学活动都有章可循，教学目标也因此变得清晰。所以，我们有必要认真研究欧洲语言水平等级规范，为我国的荷兰语教学走上国际化发展道路做好理论准备。

1. 教材编写与欧洲语言水平等级的对接

教材是专业授课中最为重要的环节之一，一本好的教材既是课堂教学的工具，也是学生课后复习、练习的依据，因此教材的选用对学好荷兰语至关重要。目前，国内使用较多的是从荷兰语国家引进的原版教材，虽然这些教材非常经典，适合大多数国家的学生使用，但是由于中国学生学习语言的特点，这些教材在有些时候并不能够满足课堂教学以及学生练习的需要，因此我们需要编写能够同欧洲语言水平等级对接的教材。

首先，编写的教材要考虑到听、说、读、写各能力的均衡发展。目前我们使用的很多原版教材过分注重单一的能力发展训练，比如有的精读教材偏重于口语，有的则注重语法讲解。这些教材从单一的角度来看都编排得非常好，但如果以欧洲语言水平等级的要求来看的话，则没有全面发展学生的整体语言能力。因此，通过研究欧洲语言水平等级对于不同阶段的语言使用者的要求，国内有必要编写荷兰语系列教程来提升国内教学素材的水平。考虑到国内学生学习语言的习惯以及不足，我们应该在注重语法、篇章理解的同时，增加对听力以及口语能力的培养，通过教材中的训练，帮助中国学生在比较薄弱的听、说两个环节上打下扎实的基础。在足不出国的情况下，全面发展自己的听、说、读、写技能。

其次，编写的教材要引入国内外优秀的文化。由于目前国内使用的教材多为原版荷兰语教材，这些教材一开始的编写目的是为了让学习者融入当地文化，因此书中绝大多数介绍的均为荷兰语国家风土人情。而我国大学荷兰语学习者肩负的最主要任务为对外交流、促进中国同荷兰语国家的发展，因此，加入中国文化的介绍是刻不容缓的任务之一。

2. 日常授课与欧洲语言水平等级的对接

欧洲语言水平等级要求语言学习者对于语言的掌握是多能力的同时发展，既注重使用者的书面表达能力，同时要求语言使用者的口语交际能力，这样使用者才能够在日常生活以及学习工作中保证交际信息的传递无障碍。因此，作为高校的荷兰语教师，日常授课时应该特别注重学生各方面语言能力的培养，我们可以从以下几个方面入手：

首先，夯实词汇与语法基础。作为一名高校语言教师，我们一定要首先对语言教学环境进行认真的分析。外语学习和母语学习有着相似性也有着很大的区别，母语学习者通过外界的不断刺激，获取语言技能；而外语学习者由于缺乏一个良好的语言环境，因此必须通过反复操练基础来达到掌握语言技能的目的。而在整个语言习得的过程中，语法以及词汇是语言技能的根基，只有掌握了一定的词汇量以及语法规则之后，才能够进行遣词造句，才能够开展口头交际。因此，在荷兰语精读课上，教师应着重讲解语法以及基础词汇的用法，尽量在课堂上给学生们讲解那些易错的词汇以及语法点。这一教授过程虽然看起来比较传统，但非常符合我国荷兰语教学的现状，在语法和词汇的学习上没有捷径，只有一步步夯实基础，才能满足欧洲语言水平标准的基本要求。

其次，设置情景教学模式。在精读课上详细讲解的语法以及词汇内容是语言习得的基础，在日常教学活动中，教师还必须加入一定规模的情景教学，这样学生才能够将所学的语言知识点运用到实际生活中去。情景教学中教师需要创设一个虚拟的环境，比如：购物、邀约以及求职等等，在这些特定的场景中要求学生使用精读课上已经学过的语法点以及词汇，帮助学生巩固各项知识点，熟悉实际生活场景，这样有利于他们今后在不同场合使用荷兰语。经过一段时间的情景教学训练之后，学生能够从对话中互相学习，教师则负责引导学生解决对话中出现的语病、补全知识点以及传授交流技巧。这样一来，在语法以及基础词汇巩固的基础上，学生们进一步加强自身交际能力，为今后走上社会做好准备工作。这也符合欧洲语言水平等级的要求，即语言使用者能够在不同场合流利使用语言。因此，情景教学的设置能够帮助学生了解各种语境下的语言使用。

最后，多媒体教学素材贯穿始终。随着时代的飞速进步，“网络”“多媒体”等词已经不再是新名词了，它们正在改变着我们的工作方式、学习方式以及生活方式。多媒体教学的运用已经介入教育教学领域，多媒体辅助教学已成为时代的趋势，成为评价一堂课好坏的标准之一。我们知道，欧洲国家语言之间的互通性非常大，这和他们的历史以及地理环境有着密不可分的关系。而一名中国学生，在学完两三年之后，语法、写作以及阅读都没有什么大问题，但是依然存在严重的“哑巴荷兰语”现象，因此需要外界不同媒体对我们学生的听说能力进行反复的刺激。作为高校荷兰语教师一定要利用好多媒体资源，这些多媒体资源一方面可以丰富语言课堂，使我国学生能够接触到原汁原味的语言环境，丰富课堂教学内容；另一方面，“从生活中学习”潜移默化影响着学生的语言能力，多媒体素材在不知不觉中可以提高学生的听力以及口语能力，多媒体素材作为课堂教材的补充也让学生在课后有了接触较为真实的语言环境的可能。

（三）开展国际化的深入合作

教育合作和交流是展现一个国家或地区软实力的良好平台。通过高等教育的国际化，参与世界范围内荷兰语语言联盟组织的各项教研活动，派出留学生到国外学习荷兰语语言文化，或者招收荷兰语国家留学生来华进行交流学习，对我国的大学荷兰语教育都是良好的宣传方式，一方面提升了大学荷兰语教育的知名度，另一方面又提高了我国大学荷兰语教育的竞争力。现阶段，中国大学荷兰语教育除了“埋头”将现有的些许不足加以改进之外，还可以效仿荷兰语国家的荷兰语教育，积极开拓海外市场，让自己的大学荷兰语教育走出去，比如前往荷兰语国家进行语言技能竞赛或者安排学生参加暑假班，这样一来，不仅对外宣传了我们的荷兰语教育，同时可以同其他国家的荷兰语教育进行比较，进一步提升我们的水平。因此，中国荷兰语教育可以加强以下几个方面的建设：

首先，我们要对我国的大学荷兰语教育有充分的信心，从而争取更多的合作。中国作为世界第二大经济体，对外交流日益频繁，教师以及学生已经具备了一定的国际视野。而且在长期的外语教育发展过程中，我国也发展了自己独到的优势，比如较为扎实的语言基础知识教学等等。我们可以广泛地与其他国家进行荷兰语教育合作，在交流中学习他国语言教育的发展经验，取长补短，从而为我国建立更为完善的大学荷兰语教育体系。此外，我们一定要利用好荷兰语语言联盟为我们搭建好的平台，在这个平台的框架下，同兄弟院校以及国外院校举行定期的论坛或者教师研讨会，积极提出具有自己特色的教育理论，树立具有中国特色的荷兰语教育理论体系。

其次，我们应该积极引进国外优秀的大学荷兰语教育人才，特别是来自荷兰、比利时等大学的荷兰语专家。一般来说，这些外国专家对他们本国的大学荷兰语教育比较熟悉，而且拥有一些先进的教学理念和精益求精的科研模式，这样一来，能给我国大学荷兰语教育带来新鲜的血液，使学生们从一开始接触到荷兰语的时候就具备了国际视野，而且能够帮助他们提升外语口语水平和国际交流能力，为今后出国深造、国外访学都提供了良好的基础。

而我国也只有坚持“走出去、引进来”的战略，才能真正地提升我国大学荷兰语教育的层级，对接国际先进模式，在交流中把自己的理念传播到世界，将别人先进的管理、授课技术、科研成果转化成适合我国发展的资源。这样的话，我们的大学荷兰语教育之路才能走得更宽更远。

五、荷兰语语言政策实践对中国教学及语言政策制定的启示

（一）保证国家语言主权是双语教学的前提

汉语普通话是我国的官方语言，在我国的语言政策规划中，将国家通用语言——普通话的地位提到了“维护国家统一、民族团结和社会稳定”的高度，确立了其“国家语言文字主权”的地位。目前在中国，双语教学是指除汉语外，用一门外语（目前主要是用英语）作为课堂主要用语进行学科教学。它要求用正确流利的外语进行知识的讲解，但不绝

对排除汉语，避免语言滞后造成学生的思维障碍；教师应利用非语言行为，直观、形象地提示和帮助学生理解教学内容，以降低学生在外语理解上的难度。

新加坡、加拿大、印度是双语国家，语言环境并不是中外并重。在我国，语言使用环境决定英语只能是一门外语，汉语作为本族语，普通话作为官方语言，外语教学并不足以使孩子丧失汉语学习能力，影响汉语教学。中国的双语教学环境决定了它的目的性，属于“外语”教学范畴，语言环境的弱势明显，我国语言政策已规定汉语普通话为我国的官方语言，这意味着英语在我国只能是外语教学，双语教学是搞好外语教学的一种形式。在我国进行第二语言的教育，不是 Bilingual Education（双语教育），而是 ESL（第二语言学习）或 FLL（外语学习）。

（二）分层次、有重点地逐步推进是双语教学的有效方法

中国目前的双语教育发展还缺乏统一指导，发展还很不平衡。在一些大城市或各地方的重点中小学有双语教学的试点或双语学校，但不是每个孩子都能有机会接受双语教育。由于学生的教育背景不同，不同学生需要不同层次的英语水平。对所有学生都提出同样统一的标准和要求也是不切实际的，分阶段、分层次进行是可行的。从语言习得的角度看，儿童期是学习语言的关键期，大学时期应该是更多地学习专业外语。根据语言学习规律，在小学以听说为主，中学以阅读及语法为主，大学应是强调专业外语的学习，有最高层次的要求，既能阅读有关自己专业的原著，也能进行口头或书面的评论。

地区差异、师资等各方面的因素决定了双语教育在中国不可能大规模展开，而要分层次地进行，但这种分层双语教育会造成学生未来就业不平衡，比如外语好的孩子无论是进入大学学习还是将来进入社会都会有一定的优势。分层次进行双语教学是现实可行的选择，应有与之相对应的评估保证体系，以实现教育的真正公平性。

（三）自觉自愿是双语教学必须遵循的原则

Tollefson 指出，对语言，人们有自由和理性的选择，但受他们所出生的社会历史条件的限制。语言的选择既非理性的也非自由的，语言制度是竞争博弈的结果，它反映了社会力量和权利的不均衡性。Hakuta 曾将教育歧视划分成三类：主动性歧视、被动性歧视和系统性歧视。主动性歧视是指学生由于种族或其他因素而被否决了教育的公平性，而不是由于学生本身受教育的需要。被动性歧视是指不能按学生的特别情形提供特别的教育项目。系统性歧视是由学校教育组织体系造成的，它并不一定是故意的。在我国，明确规定汉语普通话是官方语言，是我们的母语，是我们日常交际、受教育、工作的语言，但外语学习在中国并没有选择的自由。外语（英语）是中小学必学科目以及高考的必考科目，如果想继续读研也必须学习外语。事实上，有些人在语言学习上确实存在障碍，这将可能导致学生由于外语学习不好而无法进入好的大学或有更好的就业机会。随着社会发展的需要，人们已愈来愈意识到学习外语的重要性，即使不规定学习英语，相信也还会有很多人去学习英语，外语学习终将走向自愿选择。

（四）在新的时代背景下发展和完善少数民族语言政策

荷兰在欧盟框架下从落实少数人权利、促进自身的整合统一、保护欧洲文化多样性等角度出发，构建了多元语言主义框架下的少数民族语言保护与促进政策。这一政策本质上有利于消除少数民族人口在全球化和现代化进程中形成的语言边缘感，有助于增强其文化归属感和生活幸福感。荷兰的经验为我国提供了丰富的启示。从国际环境来看，首先，从法理和道义上讲，国家对少数人权利的保护负有积极义务已经成为国际社会的共识。这些积极义务包括：通过适当立法、优惠政策、特别措施、资源支持、促进多元文化教育和跨文化教育、促进平等参与等积极作为，全面推进少数民族文化权利的落实（参阅周勇：《少数人权利的法理》，社会科学文献出版社，2002 年版，第 41—47 页）。民族语言作为少数民族人口文化权益保障的核心因素，是少数民族权利保护的重点领域之一，我国应该发展和完善相关政策，更加积极、主动地保护和发展少数民族语言。其次，跨境民族的存在，使少数民族语言成为国家间争夺影响力的阵地。我国有 30 多个少数民族属于跨境民族，只有积极保护、发展这些民族的传统语言文化，才能增强这些少数民族的人口在语言、文化上的国家认同感，并扩大我国文化的对外影响力。

从国内环境来看，首先是少数民族语言面临现代化进程的严峻挑战。随着我国现代化进程的快速推进，在市场经济的冲击下，少数民族原有的生活习俗、文化传统日益衰落并快速“遗产化”、“碎片化”，一些少数民族人口产生了文化失落感和疏离感。民族地区与国内发达地区日益扩大的发展差距也使部分少数民族人口对自己的民族语言、民族传统文化认同感下降。这些因素导致少数民族语言面临传承危机，对我国的文化多样性带来挑战。其次，随着经济的发展，我国已经进入人口高流动性阶段。语言能力上的劣势在很大程度上制约了少数民族人口的自由流动、就业和个人发展，使他们不能够平等地参与社会竞争，从而制约了民族地区的经济整体发展，也潜在影响了民族关系的融洽。

因此，在新的时代背景下，我国应当针对不同少数民族语言的活力保持状况，采取积极措施，发展和完善少数民族语言政策。这将为全球化背景下我国民族地区的全面发展和长治久安赢得战略先机。

（五）以完善“双语”教育体系为抓手，促进少数民族语言保护与发展

全面提高少数民族人口的语言能力是保护和发展少数民族语言的关键。现阶段，提高少数民族语言人口语言能力的有效“抓手”就是积极完善民族地区的“双语”教育体系。

在“双语”中，国家通用语言是从心理上、情感上和价值观念上将全国各民族人民紧紧凝聚在一起的最重要的文化纽带，是巩固中华民族“多元一体”文化格局的基石。母语是少数民族传承民族文化和凝聚民族情感

的基本载体。国家通用语言的习得、使用关系到少数民族人口对国家历史的认同感和社会归属感。母语的学习、使用关系到少数民族人口民族文化身份的归属感和幸福感。

因此，要从增强少数民族人口发展竞争的文化资本、增加国家凝聚力和文化认同感的战略高度，加快完善民族地区双语教育制度。国家应该以更大的力度、更大的投入努力解决民族地区语言教育整体水平落后、师资不足等问题，尽快构建旨在全面提高少数民族人口语言能力的高质量的“双语”型继续教育、全民教育体系。

（六）为少数民族语言保护和发展创造良好的语言环境

少数民族语言保护和发展的目的是保持与增强其活力。提供良好的语言环境是保护少数民族语言的必要条件。这要求国家在司法、行政、传媒、教育培训和公共服务等社会生活领域为少数民族语言文字提供更多的应用空间。还应该鼓励民族地区的人口相互学习彼此的语言，增进民族地区各族人口之间相的理解和交融，为少数民族语言注入更多的活力。

（七）从民族地区整体发展的战略高度促进少数民族语言的保护与发展工作

现阶段，我国民族地区发展水平落后于全国总体水平，民族工作的最主要任务是加快民族地区的整体发展。少数民族语言的保护和促进只有与民族地区的政治、经济、文化和社会生活整体发展结合起来，才能取得实质效果。这要求加快民族地区经济、社会的发展速度，不断缩小少数民族人口与国内发达地区人口之间的物质生活和文化生活水平差距，激发少数民族人口对本民族语言、文化的自豪感以及学习使用本民族语言的意愿。

（王奕瑶　陈琰璟）

【参考文献】

1. Baken, N. (2013). De Nederlandse Taalunie 2013 – 2017.

2. Cursussen voor studenten | Taalunieversum. (n. d.). Retrieved January 22. 2015.

3. Doorzoek onderwijstijdschriften | Taalunieversum. (n. d.). Retrieved January 20. 2015. http://taalunieversum. org/onderwijs/tijdschriften/tijdschrift. php? tijdschrift_ id = 19.

4. Gastdocenten. (n. d.). Retrieved March 4. 2015. http://www. erastaal. or. id/tentang – kami/dosen – tamu.

5. Geschiedenis van het Nederlands – Wikipedia. (n. d.). Retrieved December 15, 2014.

6. Indonesië | Taalunieversum. (n. d.). Retrieved March 4. 2015. http://taalunieversum. org/inhoud/indonesi% C3% AB.

7. 荷兰语. (n. d.). Retrieved December 7. 2014. http//zh. wikipedia. org/wiki/% E8% 8D% B7% E8% 98% AD% E8% AA% 9E。

第十一章
瑞典文化推广机构及战略研究

【摘要】作为瑞典外交部下属的一个行政管理部门，成立于1945年的瑞典对外交流委员会致力于执行政府下达的任务，力求让瑞典在一系列关键领域达到国际化的目标，尤其是要为瑞典增加好感和信任。这个使命涵盖外交、发展合作、改革合作以及教育政策。它围绕着“公共外交”和“民族品牌”建立了指导性思想和参考，旨在将瑞典的文化和经验传播于世界，为瑞典开拓更大的国际市场。随着瑞典官方网站Sweden. se的建立，有关瑞典信息和文化的传播进入了一个新阶段。如今无数的人在世界各地都可以随时接收到与瑞典有关的最新信息。

从总体上看，瑞典的软实力发展非常迅速，仅从教育角度来看，目前全球已有229家高等院校开设有瑞典语专业，在中国就有三所高校开设有瑞典语本科专业，还有一些学校包括复旦大学，则开设有瑞典语选修课程。而邻国丹麦、挪威、芬兰的文化拓展则始终落后于瑞典，仅拿芬兰与瑞典做比较，无论是通晓芬兰语的人数、芬兰在华企业，还是芬兰文学作品在华编译出版数量都几乎是瑞典的一半。与同属北欧地区的其他几个国家相比，瑞典在文化外交方面无疑是最具影响力的一个国家。

一、历史与现状

瑞典对外交流委员会成立于1945年，第二次世界战争刚刚结束，百废待兴，国际合作重新兴起。当时无论是瑞典官方还是民间都有意在全球范围内建立起瑞典积极正面的形象。多方共同努力的结果是建立起了一个组织，主要负责传播瑞典国家知识，并对与其他国家间广泛的文化交流提供全方位的支持。

（一）20世纪40年代——战后瑞典

第二次世界大战即将结束。1945年5月，当和平来临的时候，负责进行文化交流的瑞典对外交流委员会，简称瑞典对外交流委员会，已经运行了三个月。委员会的工作内容是促进文化交流，在文化、经济、民主运动等各方面提高国家在国际间的声誉。

国际社会对瑞典有着巨大的兴趣。第一批印刷宣传册《介绍瑞典》和《真实的瑞典》出版。无数社会工作者、工会工作者、企业家和研究人员参观访问了这个福利国家，他们都接受了委员会的咨询和指导。学习交流的大趋势主要是与美国、其他北欧国家、英国和德国合作开展的。联合国要求瑞典对国际间的学习交流提供帮助。因此瑞典语教师在国外供不应求，瑞典的工艺品在巴黎和米兰被展出。展览“瑞典的今天”踏足了各个大陆。阿恩·萨克多弗斯的电影《都市人类》由瑞典对外交流委员会代表出品，于1949年赢得了奥斯卡奖。当时瑞典对外交流委员会有25名员工，由国家政府和私人捐助两个渠道共同提供资金。

（二）20世纪50年代——瑞典援助工作的起步

瑞典国民生活水平提高了，因此瑞典有条件帮助周边世界。扶贫救助的呼声在瑞典国民心中日渐响起，因此瑞典对外交流委员会也在此项领域开辟业务。国际社会对于来瑞典访问的兴趣日益浓厚，世界各国都想要来瑞典学习研究医疗保健、国民教育、科技、经济发展和城市规划。瑞典对外交流委员会就负责为这些来访者规划访问行程并提供支持。

这是一项开拓性的工作，直接奠定了国际援助组织（NIB）的建立基础。该组织正式在20世纪60年代初形成，从瑞典对外交流委员会手中接过国际援助的大旗，逐渐发展为一个独立的国际组织。该组织进一步发展，并成为瑞典国际开发合作署。关于瑞典的知识信息已经开始生产成各种主题和多国语言宣传物。约80所国外大学有瑞典语教师，这对于传播瑞典知识具有相当重要的作用。瑞典模式的鼎盛时期就开始了。瑞典设计协会和瑞典对外交流委员会合作筹办了全球性的展览和旅游。瑞典对外交流委员会的雇员数目增加到60名。

（三）20世纪60年代——如何使瑞典深入人心

如何使国际社会对瑞典印象深刻、兴趣盎然？当时的瑞典政府为此动足脑筋。1966年建立了瑞典信息学院，该学院负责协调在身处海外的各领域的瑞典人才，争取在国际社会中为瑞典建立积极正面的国家形象。该倡议需要建立国家预算，并导致委员会的资源大增。瑞典对外交流委员会因此将业务扩展到多个领域。瑞典在各个戏剧节和音乐节的出现机会增多了。瑞典玻璃艺术逐渐受到了国际社会的公认赞誉，而在瑞典对外交流委员会的努力下，电影导演英格玛·伯格曼在国际影坛上名声显赫。瑞典与东欧国家的交流也增多了，许多交流计划逐步落实。委员会有了资源和条件得以用多种语言出版印刷物和实况报道瑞典。宣传书籍《真实的瑞典》被翻译成多种语言大量印刷。1969年瑞典之家在王室园林中落成。

（四）20世纪70年代——与世界新版块的交流

瑞典对外文化交流会于1970年更名为瑞典对外交流委员会，成为一个由政府资助的机构。此时与西欧和美国的关系已经非常成熟，在东欧地区也有了一些影响。这时瑞典对于发展中国家越来越有兴趣。瑞典对外交流委员会的奖学金在教育和科学研究领域也作出了越来越多的贡献。除其他事项外，客户奖励计划是开放给来自世界各地的申请。联合国提供给瑞典对外交流委员会的奖学金意义非凡，如何授予和管理成为奖学金工作的一部分。专家、政治家和科学家仔细研究了如何民主地进行工作运转，并与瑞典其他协会建立了可持续发展的联系。在1973—1974年间瑞典对外交流委员会成功完成了近1300次的访问计划。1971年在巴黎落成的瑞典文化中心（CCS），此后至今源源不断地举办展览、会议、音乐会、瑞典电影展，安排瑞典语培训课程。该中心已成为传播瑞典文化的重要组成部分。

（五）20世纪80年代——更多的资源提供了更大的投资

这十年中最大的投资是在美国进行的大型系列展览——“斯堪的纳维亚的今天”，它以北极光、北欧艺术为展出重点，展览内容之丰富令世界瞩目。其次是另一个项目——“全新的瑞典”，70多个以探讨社会问题为主题的研讨会在美国各地举办。在70年代和80年代，瑞典对外交流委员会每年为科研项目提供25万克朗的奖学金。瑞典对外交流委员会对与发展中国家交流的兴趣依然很高，有一些援助计划专项用于文化交流。每年有来自非洲、拉丁美洲和亚洲的音乐和戏剧团体到瑞典演出，瑞典文化工作者蜂拥而至。20世纪80年代最伟大的成就非“相遇印度”莫属，这是一个始于王室继而推广到全国的节日。瑞典在爱沙尼亚、拉脱维亚和立陶宛等国的八所院校都设有课程。新的信息技术的发展为瑞典文化的传播创造了新的机遇。从80年代开始的计算机浪潮为瑞典国民创造了更多的有针对性的信息交流。

（六）20世纪90年代——东方的新邻居

柏林墙倒塌之后，瑞典对外交流委员会在整合新邻居与欧洲的合作过程中起到了非常重要的作用。瑞典对外交流委员会受到了意义非凡的来自波罗的海地区的更多显著资源，并加强了与周边东方国家的联系。在教育和科研领域，与波罗的海国家、波兰和俄罗斯西北部的交流项目——维斯比计划诞生了。维斯比计划是瑞典对外交流委员会最大的奖学金计划。在 20 世纪 90 年代中期，每年有 500 名奖学金获得者在瑞典对外交流委员会的资助下来到瑞典交流和学习。瑞典对外交流委员会为瑞典高等教育在海外的传播作出了巨大贡献。关于瑞典政治体制、民主和人权的研讨会吸引了众多记者、有抱负的议员和学者。在巴黎大皇宫举办的项目“太阳与北方之星”是瑞典对外交流委员会迄今为止实现的最宏大的文化项目。世界对瑞典舞蹈的兴趣愈加浓厚，于是瑞典对外交流委员会为国际艺术节的瑞典参与方提供了支持。在当地电影协会和机构的帮助下，瑞典对外交流委员会组织了瑞典电影展到 84 个国家展出了 3500 余次。此时瑞典对外交流委员会拥有 110 名员工。

（七）21 世纪初——瑞典推广成为主要焦点

瑞典对外交流委员会是一个要为瑞典增加好感和信任的机构。它围绕着“公共外交”和“民族品牌”建立了指导性思想和参考，旨在将瑞典的文化和经验传播于世界，为瑞典开拓更大的国际市场。随着瑞典官方网站 Sweden. se 的建立，有关瑞典信息和文化的传播进入了一个新阶段。如今无数的人在世界各地都可以随时接收到与瑞典有关的最新信息。瑞典对外交流委员会还采取主动措施在选定的国家加大投入，例如意大利和匈牙利。瑞典对外交流委员会开发和利用校友网络来联系每年来瑞典的许多学生。瑞典对外交流委员会于 2002 年从“瑞典之家”搬到了老城区。瑞典书店——用多种语言诠释瑞典的瑞典对外交流委员会官方书店，也一同搬离，现在城堡山吸引了众多游客。

（八）2010 年后——世界舞台上的新国家

国际舞台风云变幻，新兴国家的崛起将导致这些国家具有地区优势，如中国和印度如今在国际舞台上分量更重，而且在非洲、亚洲其他国家和南美洲的一些国家也不外如是。在数字信息化急速发展的当代，瑞典对外交流委员会作为代表机构越来越多地成为国际交流的数字场所和平台。经济全球化的发展使得瑞典对外交流委员会在各项任务之间的合作形成了重点——促进不同国家、不同文化、不同经济状况的国家和地区之间的合作，创造彼此的协同效应。瑞典国家竞争力的需求使瑞典对外交流委员会更加注重人才的流动性，尤其是要保持与校友和奖学金获得者之间的联系。瑞典对外交流委员会的使命扩展到为来自欧盟以外的学生提供奖学金。另一项任务是促进波罗的海地区的交流合作，这对促进瑞典的长期竞争力具有非常重要的意义。如今瑞典对外交流委员会拥有约 140 名员工，在斯德哥尔摩、维斯比和巴黎设有办公室。

（九）历届主任

古那·格兰贝耶 （1945—1954）
古那·赫克歇尔 （1954—1957）
托勒·塔罗斯 （1957—1963）
佩尔－阿克希尔·希尔德曼（1963—1977）
跃然·略夫达尔 （1977—1983）
安德士·克拉松 （1983—1993）
佩尔·索尔勃姆 （1993—1997）
艾尔兰德·林伯格（1998—2005）
邬勒·韦斯特贝耶（1998—2005）
安妮卡·兰博 （2010— ）

二、性质

瑞典对外交流委员会是一个能够为瑞典和国家竞争力的发展建立信心

的机构。国家信任感的建立是瑞典在国内和国外发展的坚实基础。其实，瑞典从冷战期间就一直秉承着中立主义的外交传统，它积极配合国际组织进行裁军活动，并参加联合国名义下的各种维和行动。与此同时，它还借助诺贝尔奖项，在每年12月的颁奖典礼上乘机扩大瑞典在国际舞台上的影响力。瑞典对外交流委员会也是为瑞典的“公共外交”所服务的一枚棋子，其性质就是在向全世界推销瑞典的形象。除了传统的伸张正义、捍卫人权以及维护世界和平的形象之外，瑞典对外交流委员会要在国际社会中打造的，是富有创新性、旅游和商业目的地的形象。①

瑞典对外交流委员会（简称SI）的工作内容是通过不同的方式把瑞典的国家优势完美地呈现给全世界，为瑞典和其他国家之间的长期友谊关系打好坚实基础。瑞典对外交流委员会在世界范围内通过会议、交流和对话，使其他国家了解、喜爱并信任瑞典，使它更容易成为一个在世界范围内对企业、高校、文化机构、市政当局和其他机构都极具吸引力的国家。

信息的传播、国家竞争力的发展、文化合作和奖学金是瑞典对外交流委员会的主要工作渠道。这些工作通常与瑞典驻外大使馆或领事馆合作，而有时如果有一些其他社会部门或机构需要发展国外关系，瑞典对外交流委员会也可以提供帮助与支持。

通过在他国举办一系列的展览和文化交流活动，瑞典对外交流委员会企图给目标群体留下深刻的印象。这是公共外交的一种有效的运行方式，被称为“战略沟通”，即在特定的时间段内，通过活动和事件预先设定一个新闻议程，有计划地增强核心信息和有影响力的理解，即提升本国的战略信息。这种类似于政治或广告宣传活动的方式，往往让小事放大。从2000年开始，瑞典对外交流委员会就在世界各国启动了一系列的战略沟通项目。在2005年，仿古船“哥德堡”号进行了环球之旅，瑞典对外交流委员会在西班牙、巴西、南非、澳大利亚、印度尼西亚和中国等国家进行了一系列的展示瑞典形象的文化交流活动；在2009年，正值波尔塔瓦战役300周年，瑞典对外交流委员会在瑞典、乌克兰和俄罗斯举办了青年摄影

① 李德放：《试析瑞典“新公共外交”》，《世界经济与政治论坛》，2011年5月，第3期。

比赛，并在波尔塔瓦举办学术研讨会，就是为了要突出瑞典与相关国家在教育、文化和研究领域的开放度和持久关系；在2008—2010年，瑞典对外交流委员会和瑞典大使馆联合推出了“面向未来”（Facing the Future）的战略沟通项目。作为其中的项目之一，“视觉电压”展先后在上海、华盛顿、布鲁塞尔、柏林和北京展出，并计划继续到东京等国际性大城市展出，在唤醒目标观众的节能降耗意识的同时，也让在场者深切地感受到了瑞典人的创新精神和环保理念。①

瑞典在创建可持续发展的环保型社会和创新型社会方面颇有成功经验，因此瑞典对外交流委员会在亚洲、美洲、欧洲和非洲等经济体也正努力地把成功之道传播出去。当代瑞典的故事也通过瑞典对外交流委员会与国外特定族群的对话慢慢发酵，其中包括能影响当代和未来的思想领袖人物、政治决策者和其他人才。信息媒体技术、瑞典驻世界各地的大使馆以及建于法国巴黎的、除了文学院之外还有重大意义的瑞典对外交流委员会等都是很重要的平台。

基于瑞典和世界其他国家互惠互利的基本理念，瑞典对外交流委员会与波罗的海附近的国家和东欧国家加强合作。与周边地区的良好关系也将促进瑞典的可持续发展。

瑞典对外合作委员会与发展中国家也有广泛的合作，工作重点主要集中在发展国家竞争力，帮助减少贫困人口、发展民主以及人权问题。通过与这些发展中国家的合作与交流，建立互惠互利的良好国家关系，以求共同发展。

创造人才流动，即为学生、研究人员和劳动力创造一个良好的流动环境，是许多国家面临的主要挑战。瑞典对外交流委员会一直强调瑞典是一个非常好的国家，适宜生活、学习和工作，无论是短期或长期的。委员会有很大一部分的援助活动是为了帮助发展中国家建立这样的良好环境和一个更好的知识积累体系。

对外交流委员会的核心业务为：

---

① 思考能源全新角度的“视觉电压”在北京开展。中国新闻网，2010－04－08 http：//www.chinanews.com.cn/tp/news/2010/04－08/2215297.shtml。

跟踪分析SI的关注者们对瑞典的看法以及它如何影响到瑞典国内；

为那些希望与瑞典进行交流、学习瑞典经验的各种私人和公共机构提供专业支持；

传播信息，例如有关瑞典在创新、可持续发展、文化创意和社会问题解决方案等领域的价值观和经验；

在波罗的海周边地区加强合作，这对瑞典和地区的长远发展是一个先决条件；

要帮助与瑞典有合作关系的国家，促进民主发展，帮助减少贫困，同时在世界范围内增强他国对瑞典的信任感；

在全球范围内建立瑞典政党和未来能影响世界的国家决策者之间的关系；

与大学、学院合作，为来自瑞典国内国外的学生、研究人员和有资质的技术人员提供更多交流机会和更大的流动性，这无论在瑞典国内外都能促进发展和创新；

为国外的瑞典语教育和瑞典知识教育提供支持；

在法国巴黎开设瑞典唯一的海外文化中心——瑞典对外交流委员会巴黎办事处。

三、使命宗旨

瑞典对外交流委员会致力于执行政府下达的任务，力求让瑞典在一系列关键领域达到国际化的目标。这个使命涵盖外交、发展合作、改革合作以及教育政策。瑞典对外交流委员会（SI）是瑞典外交部下的一个行政管理部门。瑞典对外交流委员会是通过一系列指令，以及通过对该部门的资金和特殊要求作详细说明的规章文件来运营的。

政府对瑞典对外交流委员会下达的使命包括：

创造外界对瑞典的兴趣及信任，同时在海外继承发展“瑞典形象”，还要对海外的“瑞典形象”进行同行业评估；

推动在文化、教育、研究以及其他社会领域的国际交流，推动国际经验以及媒体的交流互动；

发展瑞典同东部沿海地区各国的关系；

促进瑞典发展合作框架内的民主、经济和社会发展及合作框架的开放性；

加强建立国家的开放性以及民主结构，并促进东欧国家的民主文化发展；

给其他国家高等教育院校内的瑞典语教学予以支持和帮助，并负责统筹规划国家提供给海外非瑞典居民的瑞典语教育资助；

在其他国家宣传并推广瑞典高等教育；

激发海外的求职居民对瑞典的兴趣，担任该领域内国际信息投放的协调机构。

如果做成一张图表的话，最核心的部门就是要让一切的努力和付出迎合目标人群的心意。这是增加吸引力的第一步，接下去之后便是随着吸引产生的近相关效应：认识、兴趣、知识、竞争力、工具、满意度、国际关系。第三层则是期待达到的目标：积极地参与活动，并增加外界对瑞典的信任，随之而来的便是人才的流动。最终的目标就是推动瑞典的发展，推动瑞典与周边地区国家的友好关系，以及瑞典在全世界中的地位和发展。

瑞典对外交流委员会的各种分任务之间都是紧密联系的。赢得一份对瑞典及瑞典合作伙伴的强大信心，对包括开展发展性合作、帮助东部海岸地区各国发展，以及增加瑞典高等教育和瑞典商业产业的国际化水平在内的一系列使命，都起着非常重要的作用。创造对瑞典及瑞典竞争力的信任度这一项使命，是贯穿所有瑞典对外交流委员会的一条主线，重要度可见一斑。为了评估自身对瑞典完成国际化这一目标所做的帮助和投入，瑞典对外交流委员会因此对各项任务都遵循着一套共同的行事逻辑。

（一）战略目标

根据政府下达的指示和任务，瑞典对外交流委员会的管理层已经制定好了2014—2016年的战略体系。该战略成功与否有以下三个关键因素：

目标群体的适配性：也就是说在开展活动的时候，将会为目标群体量身定做，根据目标群体的需求以及爱好，同时根据与瑞典之间有无一定的相关性，来开展项目。

协作：挖掘不同任务之间的协同作用，厘清内部开支领域与外部开支领域；为增加瑞典对外交流委员会及其合作伙伴的影响力，要管理好一切收集来的资源。

合作伙伴：为了真正将影响力传到国外的目标群体，要求瑞典对外合作交流协会与瑞典境内外的各有关组织机构通力合作。例如：市民社会、教学单位、私人企业、各省市地区，以及该国国内的使领馆。

（二）目标群体

首要的目标群体包括政治决策者、舆论引导者以及精英人才——一切被视为对瑞典与该国的长期双边关系有最大影响力的人群皆可。瑞典对外交流委员会特别强调与目标群体中的青年一代进行沟通交流，因为创造与未来的决策者之间的良好关系，对实现瑞典的长期目标非常重要。同时，年轻一代对瑞典的认识，从深度和广度上来看，也属于各年龄层中最浅薄的一群，他们也属于瑞典对外交流委员会的目标人群。

记者的采访以及针对外国媒体的战略性工作：记者属于受到优先关注的目标人群，他们是重要的信息传递者，能够将瑞典的相关画面传到全球各地。为此，瑞典对外交流委员会会组织记者来访，让记者及时更新并增加关于瑞典各个领域的情况和新闻，如创新科技的发展、瑞典社会问题的解决方案、各种尖端设计和音乐。这些主题一部分建立在瑞典对外交流委员会的投资程度，另外一大部分则取决于外国当局的要求。

瑞典对外交流委员会发起了许多活动和项目，以此来传播关于瑞典的知识，并且促进瑞典与其他国家之间的合作。这些活动主要被安排在国际舞台上，但是在某些情况下也被安排在瑞典。瑞典对外交流委员会在外部伙伴发起的活动中也有着积极的参与。

活动的安排是从瑞典对外交流委员会以下角度出发的：地域优先、目标群体和主题创新、可持续发展性和环境、文化和创意以及社会问题。

（三）主题优先次序

瑞典对外交流委员会应向外界传达瑞典在如下主题领域的观点和视角：环境与可持续发展、创新、社会问题、文化及创造性产业。一些基本以及更具体的信息、案例、工具及渠道会在每个领域内有详细安排。例如发放大量的关于瑞典信息的印刷品，包括书籍、宣传册、电影海报以及唱片等。发放单位主要是全球的瑞典使领馆，另外还包括学生、企业及旅行者。力求在宣传瑞典的基本价值理念——新思维、开放性、包容性、可靠性的基础上，传递瑞典信息。

（四）地理优先次序

瑞典对外交流委员会的工作领域横垮全世界。根据明确的地理优先次序，工作的战略性、长期性以及与当地合作伙伴建立合作的有效性前提都会得到提升。

在瑞典对外交流委员会的长期工作中，有一些国家占据着比较重的分量。因此为提高瑞典的国际地位，瑞典对外交流委员会有理由与该国的当地机构开展近距离且长期的合作。有些国家和瑞典的地理或者环境的相近程度较高，而有些国家和瑞典的联系较弱，在与这两种国家进行合作工作时，所采用的工作方式是有明显区别的。另外一些国家，瑞典对外交流委员会容易做更灵活的投资。具体的优先次序见表1：

表 1

	邻近国家	偏远国家
长远发展路线	俄罗斯 法国 英国 德国 土耳其	巴西 埃及 印度 日本 中国 南非 美国
灵活发展路线	西欧国家 波罗的海国家 （爱沙尼亚、拉脱维亚、立陶宛） 波兰 乌克兰 塞尔维亚	肯尼亚 尼日利亚 印度尼西亚 马来西亚 越南 韩国 加拿大 墨西哥 阿根廷 沙特阿拉伯 阿拉伯联合酋长国 伊拉克

（五）指导文件

瑞典对外交流委员会运用公开的外交手腕行事。瑞典对外交流委员会将致力于促进在瑞典进步及发展合作领域达到瑞典的外交政治目标。通过公开的外交手腕——对话形式或以外国的大众、学术、文化及商业领域促进双边关系，来让对方看到并创造对瑞典的信心和信任。我们的工作目的就是为了达成瑞典的国际目标，并且为瑞典及合作国家的发展创造前景。

以下附瑞典对外交流委员会的指导文件：

使 命

瑞典对外交流委员会的使命是向外国传递关于瑞典的信息与知识，同时促进与其他国家在文化、教育、研究、民主及其他社会生活领域的合作。

瑞典对外交流委员会主要在文化领域内运作，此文化领域将为建立对瑞典的信心、引起对瑞典的兴趣及好奇构筑一个充满意义的平台。文化会传递出一幅关于我国充满前途又多才多艺的画面，并将有利于在国与国之间建立对话及长期交往机制。以往给外国创造的形象会受到挑战，这就能帮助我们用一种崭新的方式来介绍瑞典。除此之外，在某些特定国家，文化领域的合作是解决关于人权问题以及言论自由问题的唯一途径。文化及创新领域甚至还有很大的发展空间，对于经济和社会领域的创新发展是非常重要的助推器。

瑞典对外交流委员会在直接对瑞典有促进性的事务领域、发展性合作领域，以及为促进创新产业而做的特别投资领域内，与文化机构以及从事文化事业的人通力合作。总体来说，我们的工作是要帮助建立外界对瑞典的信任，与此同时，我们将扮演文化工作者的角色，一起帮助去创造并建立与国外的联系机制，还要为艺术领域的发展更新提供可能和前景。即使瑞典对外交流委员会并非在力求达到文化政策目标的框架内工作，但瑞典对外交流委员会所发起并参与的合作项目对瑞典文化产业走向全球具有重大意义，比较显著的例子就包括瑞典对外交流委员会驻巴黎办事机构，这是瑞典在国外唯一的文化场所。

瑞典对外交流委员会在与文化产业内的机构或个体从业人员开展合作工作的时候，是以对艺术的自身价值以及艺术家的正直品德的基本尊重作为出发点的。当我们在致力于将文化及有关瑞典方面信息的其他社会领域结合起来的时候，我们也会对设立文化项目或文化工作特别注意，避免背负损害其独立性及质量的风险。在执行发展性项目合作的时候，互惠性、长期性的当地独资企业起到了重要的引导作用。

在与其他为文化事业国际化所服务的公共机构的交往中，瑞典对外交流委员会致力于追求一份鲜明的角色分配。要让文化事业的合作工作成功，就需要与这些机构保持长期的对话关系，与该领域内的机构和部门保持近距离的合作关系，同时将合作内容明确围绕瑞典对外交流委员会使命宗旨中包含和展示的内容。

（六）文化和创意

瑞典对外交流委员会的使命之一，是在外国促进瑞典的文化和创意产业。瑞典的创意和创新能力构建了发展、福利和生活质量。

在文化方面，瑞典对外交流委员会与瑞典以及国外的文化实践者共同合作，为的是唤醒其他国家的兴趣。在文化及创意领域中，瑞典对外交流委员会和瑞典的国外机构共同将重点放在以下的六个领域中：音乐、文学、游戏、时尚、摄影和设计。瑞典对外交流委员会还通过出借用来展示在电影节、展览、研讨会和类似场合上的电影影片，来给其他机构以及推广瑞典的组织以支持。阅读更多关于瑞典对外交流委员会在电影方面的工作。

（七）社会

很多国家对瑞典社会以下方面有很大的兴趣：广泛覆盖的福利体系，以及关于平等和权力的工作。为了围绕这些展开一场对话，瑞典对外交流委员会有战略性地与一系列项目和活动合作。

（八）环境和可持续发展性

当社会、经济和环保的发展在合作中出现时，可持续发展也随之产生了一种对于社会发展全方面的透视。更具体地说，瑞典对外交流委员会与不同的项目和活动合作，为的是突出实现可持续发展的重要性。

因此，瑞典对外交流委员会也应成为一支注重环境问题的部门机构，所有的工作人员都应在处理日常事务时关心到环境问题。在做环境工作的时候，现行的环境法及自然保护局为国家部门所设定的环境问题路线方针将起到一定的作用。

（九）环境问题的工作宗旨

瑞典对外交流委员会的环境工作将保持长期性和开放性的特点。这将被视作为一种持续性的改善过程，并将融入到各个层次的实业项目中去。

在大宗采购的时候，我们始终会考虑到环境的因素，在做任何关于项目的决策时，我们也会衡量环境的因素。环境政策应在管理层、工人层面以及工会代表人员中深入渗透。在做环境工作时，每年都要遵从设定的可测量目标。行动方案每三年就要进行修订和审查。每一个下属部门以及项目层都要有一个自己的行动方案来对应总的行动方案。瑞典对外交流委员会应在内部教育及信息方面进行投资，并由此通过参与此工作的、有能力、有担当的工作人员取得良好的结果。

四、组织管理模式

瑞典对外交流委员会由一名总主任安妮卡·兰博领导，同时由主任办公室及三个部门组成，三个部门的工作人员都具有各个领域的专业知识。每个部门有一位部门主管，这三个部门在不同的项目领域里具有特别的竞争力。在每个部门下还设有若干个工作小组，分别处理专项业务，形成一个有机整体。瑞典对外交流委员会共有约 140 名工作人员，在全球的办公地点有斯德哥尔摩、巴黎及维斯比（瑞典哥特兰省省会）。为保证委员会的运作得到大众的监督，瑞典外交部设置了咨询委员会。具体参见图 1。

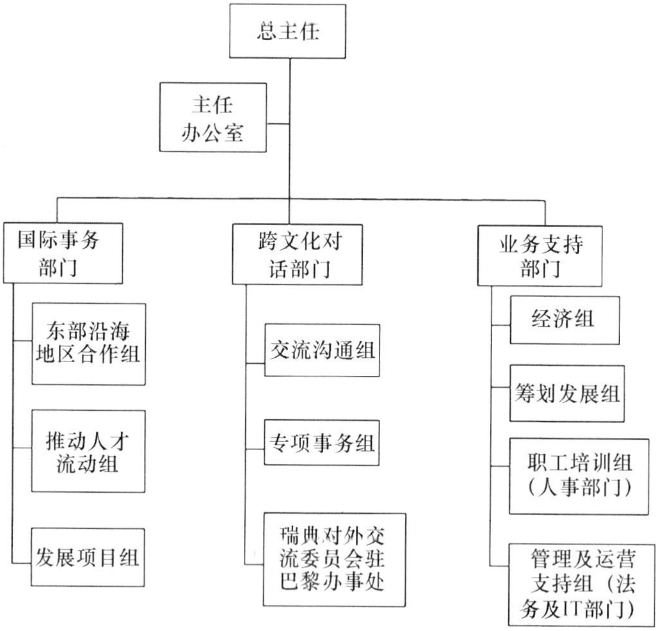

图 1

建立对瑞典和瑞典能力信任的重要性，如同一根红线将所有瑞典对外交流委员会的运营联系起来。因此，瑞典对外交流委员会执行的是一种共同的结果逻辑，为的是来评估机构的投入是如何对实现瑞典整体的国际目标起作用的。

以下是人员及机构介绍：

（一）总主任

安妮卡·兰博是瑞典对外交流委员会总主任，也是瑞典对外交流委员会咨询委员会的主席，同时她还是一名律师和作家，除此之外，她已经连续15年致力于发展瑞典国家吸引力和创新环境等问题的工作。

下附安妮卡·兰博的个人简历：

安妮卡·兰博从2010年10月1日起担任瑞典对外交流委员会的总主

任及咨询委员会的主席一职。在推广瑞典海外形象的事务上，安妮卡·兰博具有非常丰富的经验，在2010年，她作为瑞典的总代表，参加了上海世博会的展览。在此之前，她是瑞典政府投资促进署（前身为瑞典投资委员会，2013年的时候与瑞典出口委员会合并为瑞典商业协会）的交流部主管。

安妮卡·兰博是瑞典商业协会以及全球瑞典人协会的领导层成员，同时，她还是瑞美基金理事会和瑞典旅游创新中心的顾问委员会的成员。除此之外，她还担任瑞典女性领导力项目的导师，这个项目是女性创业者和领导者的交往平台。

安妮卡·兰博还是EUNIC（欧盟国家文化研究院）的主席。此前，她在媒体和出版领域担任过不同的职务，其中包括律师、首席执行官、出版商和作者。

她毕业于斯德哥尔摩大学，取得了法律专业的学士学位。

（二）主任办公室

主任办公室负责处理主任及其他领导层的支持工作，委员会的内部交流问题也由该部门负责。对于委员会在全球的品牌战略、品牌分析及其他有关瑞典形象的工作也都由该部门负责。除此之外，媒体方面的工作，以及瑞典对外交流委员会的品牌和沟通问题的总职责也由该部门承担。

办公室主任：阿格奈斯·古德蒙德松·利德贝克。

（三）国际事务部门

国际事务部门负责文化交流、竞争力发展及人才流动等项目，并依照瑞典对外交流委员会的使命，负责东部沿海地区的合作事务。针对瑞典对外交流委员会的目标群体，该部门促进并推动委员会的合作、发展及经验交流项目。基于提高瑞典竞争力及个性化的出发点，该部门致力于与全世界优秀人才、政策建议人员及政策制定者，建立长期稳定、活跃的关系和社交网络。如果有任何关于瑞典对外交流委员会的资助、教育及东部沿海地区国家的问题，都可以联系该部门。

部门主管：库特·布拉特比。

1. 下属部门：东部沿海地区合作组

小组办公地：维斯比（哥特兰省省会）。

小组主要致力于加强瑞典与东部沿海地区国家的双边关系。通过创造国际交流和合作的机遇，通过集结全球各地区的领导人及青年英才的方式，并通过组织其他营造国际关系的活动，小组努力促进两岸在经济、环境及社会可持续发展方面的合作和发展。政府下达给该小组的大部分任务都是基于欧盟对波罗的海地区的发展战略、欧盟的东部伙伴关系战略，以及欧盟与俄罗斯的伙伴关系战略来制定的。小组工作从以下四个领域展开：交流/信息；业务支持；领导人项目；欧盟项目。小组工作人员共21人。

小组负责人：海莲·尼尔森。

2. 下属部门：推动人才流动组

该小组主要负责推动全球的人才流动，并对瑞典的高等教育、国家奖学金项目（包括瑞典高校校友网络、海外的瑞典语教学及瑞典研究工作的支持，以及瑞典求学的信息）做市场推广工作。小组工作人员共20人。

小组负责人：莫妮卡·维尔卡拉。

3. 下属部门：发展项目组

该小组设置专人来负责瑞典对外交流委员会“领导人项目”中从中国及印度来的参与者。小组工作人员共13人。

小组负责人：奥萨·伦德马克。

（四）跨文化对话部门

跨文化对话部门致力于通过各种途径加强瑞典对外交流委员会与全球精英的交流，包括利用数字方式、印刷品方式以及通过在国外开办展会和各项活动。瑞典对外交流委员会驻巴黎办事处也属于该部门。对于瑞典对外交流委员会与欧洲合作的问题，以及瑞典自身提升知名度的问题，都可以咨询该部门。

部门主管：亨利克·塞林。

1. 下属部门：交流沟通组

该小组可称为整个瑞典对外交流委员会的 IT 部门，专门负责网络渠道的瑞典形象推广。如对委员会的总体运作或机制有疑问，可以咨询该小组。瑞典对外交流委员会下属介绍瑞典的门户网站 www. sweden. se，以及关于瑞典留学与瑞典就业的网站（www. studyinsweden. se 与 www. workinsweden. se），也由该小组负责。小组工作人员共 21 人。

小组负责人：弗瑞达·罗伯茨。

2. 下属部门：专项事务组

关于瑞典对外交流委员会向驻外的瑞典政府部门或机构提供资助等事宜，如开展文艺类活动，包括音乐、电影、展览等，都由该小组负责。小组工作人员共 18 人。

小组负责人：苏珊娜·瓦尔格连。

3. 下属部门：瑞典对外交流委员会驻巴黎办事处

瑞典对外交流委员会驻巴黎办事处是瑞典唯一一所驻外的文化场所，同时它也为瑞法及国际文化合作提供了一处活跃的平台。办事处位于玛莱区的一座迷人宫殿之内。在巴黎办事处里，容纳有展示厅、电影厅、音乐厅及艺术展品厅。办事处每周为 250 名法国人提供瑞典语学习课程。如有瑞典研究学者及文化工作者访问巴黎，办事处同时还是一所招待所，所内提供会议室，还配备着郁郁葱葱的花园设施。

园内还有供公共使用的咖啡馆 Suédois，咖啡馆经营着自己制作的烘焙品，这也成为吸引顾客的一大特色。办事处处理一切事务争取吸引当地的合作伙伴、独立的或者公共事业型的机构。瑞典对外交流委员会驻巴黎办事处每年有逾 1000 人拜访。

办事处负责人：韦德勃姆·玛茨，他同时兼任瑞典驻法国大使馆的文化参赞；办事处工作人员共 13 人。

（五）业务支持部门

业务支持部门集合了瑞典对外交流委员会的所有后台支持功能：经济、法律、信息技术服务、人力资源、档案、筹划及后续行动。若有关于瑞典交流委员会的使命目标、后续工作、管理、大宗购买及人员等事务，就可以咨询该部门。米凯拉·弗雷德里克森·托林从 2014 年 9 月 1 日起担任委员会的副总主任及部门的领导。

1. 下属部门：经济组

该组不设小组负责人，共有 6 名工作人员，分别是行政人员 2 名、审计师 1 名、经济责任人 1 名、律师 1 名。

2. 下属部门：管理及运营支持组

该小组负责储存瑞典对外交流委员会的文档和各种材料，也是整个委员会的后勤人员。小组不设负责人，共有 7 名工作人员，若想查阅该机构的事务资料，就可以咨询该组。

3. 下属部门：职工培训组

该小组共有 4 名工作人员，小组负责人为理查德·斯托尔。该组作为整个瑞典对外交流委员会的人事部门，负责委员会的招聘事项、工作政策、工作环境、工作薪酬及职工培训等事务。

4. 下属部门：筹划发展组

该小组共有6名工作人员，小组负责人为耶尔克·颂德斯特朗德。该组主要负责瑞典对外交流委员会的筹划、后续跟进、评估和业务发展的工作。

（六）咨询委员会

瑞典对外交流委员会受代表国民咨询委员会的监督和审查。委员会的成员名单如下：玛蒂亚斯·费雷纽斯、来自诺贝尔相关媒体人员的米娅·霍恩·让特茨恩、来自社会业务研究协会的肯特·哈尔斯泰德、议会议员奥拉夫·拉夫松以及议会议员凯萨·马默德。

（七）与欧盟的合作关系

为汲取关于欧盟各种项目运作的实际经验，经挑选，瑞典对外交流委员会积极参与到欧盟的项目中，成为欧盟项目的合作伙伴。

（八）网络平台

1. 官方网站

为了更广阔地深入全世界，瑞典对外交流委员会灵活运用网络平台，让更广范围的公众了解瑞典——Sweden. se。这个网络平台由瑞典对外交流委员会负责经营和发展，这也是它们的官方门户网站。从网站上可以获得有关瑞典的从社会到经济事务、政治、新闻、文化活动等几乎所有的信息，并能够查阅瑞典学院的所有出版物。

2. 在中国的官方网站

此外，瑞典对外交流委员会还与瑞典政府及政府办公室、瑞典贸易投资委员会、瑞典旅游局和瑞典外交部合作，创立了专为中国公民设计的网站——www. sweden. cn。网页内容包括瑞典的签证申请、投资、就业、留学等便民类话题，以及瑞中关系和一些近期在国内举办的活动介绍，是中国公民认识瑞典的最佳网络平台。

3. 深入论坛和微博

由于青年人是瑞典对外交流委员会的主要目标人群，该委员会在中国年轻人比较多的豆瓣论坛（www. douban. com）上也设立了专门的账号，进行活动推广和宣传。

在现在受关注度极高的微博平台上，瑞典对外交流委员会也开通了“瑞典官方网站”的微博账号，粉丝达到6.9万多人。[①]

五、工作内容

瑞典对外交流委员会的主要工作内容就是为目标人群设计各种有吸引力的项目，项目的形式可以是资助其前往瑞典留学，或是开展一些文艺类的交流参观活动，地点不限。而发放奖学金往常一般是教育部的管辖范围，但在瑞典，给海外留学生发放奖学金的主体，除了各大高校本身及欧盟的庞大资助之外，最大的奖学金来源便是瑞典对外交流委员会。

值得一提的是，对于援助海外瑞典语文学及非文学类作品的编译事务，包括对出版商及译者的资助等，目前均不在委员会的工作范围之内，有关文学作品的推广和资助则是由瑞典文化部下属的瑞典艺术委员会（Swedish Arts Council）来负责。

① 瑞典对外交流委员会：微博、微信齐上阵，招生方式更多元，http：//edu. ifeng. com/a/20141028/40849262_ 0. shtml，登陆时间：2014年12月20日。

（一）长期类：发放助学金和福利补助

瑞典对外交流委员会组织并传播各种助学金项目，既有针对留瑞学生的，又有针对留外的瑞典学生的（2011 年秋季之前，瑞典对全球学生免收学费，2011 年秋季则针对欧盟及欧洲经济合作组织成员国与北美国家之外的留学生征收学费，年收费平均为 12 万人民币），同时也为波罗的海地区的合作进行资助，奖学金发放的数量和规模在全球也是不可小觑的。通过奖学金的报名，瑞典对外交流委员会也搜集到了一份对瑞典感兴趣人士的长名单。

在助学金期限之内，包括了参与建立人际关系的人际网络项目——为未来全球领袖建立的瑞典对外交流委员会网络——的学生，目的是与参与者以及在参与者之间构建更好的交流和联系。瑞典对外交流委员会也运行了一个活跃的校友网络项目，来给之前的助学金接受者和被资助者一个在项目结束后和瑞典加深关系的可能。

1. 为留外学生提供的助学金

瑞典对外交流委员会提供单项助学金，也为寻求支持的机制合作提供机会，主要针对大学和高等学校等级上的交流项目。去以下国家学习的瑞典学生可以申领该助学金：比利时、巴西、冰岛、意大利、日本、中国、墨西哥、波兰、捷克共和国、德国和美国。

瑞典对外交流委员会也通过维斯比项目为去以下国家留学的瑞典学生提供助学金：爱沙尼亚、拉脱维亚、立陶宛、波兰、乌克兰、俄罗斯、白俄罗斯、格鲁吉亚和摩尔多瓦。

2. 为 N2N 项目的留外瑞典学生提供的助学金

N2N 学生交换项目，为在吕勒奥理工大学、中瑞典大学、于默奥大学和斯德哥尔摩大学的，到加拿大或阿拉斯加（美国）的伙伴学校留学一至两个学期的瑞典学生，提供助学金以及免费的学习地方。这个奖学金旨在提升瑞典与北美的学术交流，是一个有针对性的项目。

3. 创意力量

瑞典对外交流委员会发起的创意力量项目，旨在在文化、媒体和相关领域中，构建起对话沟通和创意交流地。通过出版物和对话，特别支持瑞典与西巴尔干地区、东欧和中东地区，以及非洲的合作项目。该项目包含了许多不同的文化表现形式，从马戏团和当代舞蹈，到新戏剧和新电影。

4. 为留瑞学生和瑞典学生提供的助学金

瑞典对外交流委员会为超过700名国外学生、博士生和研究者提供学期制的以及学年制的助学金。这些被资助者，是通过一系列侧重于不同国家和学术领域的不同项目来被资助的。关于助学金项目的信息以及如何申请助学金的信息，可以在瑞典对外交流委员会的网站——Studyinsweden. se上找到，这是一个为外国学生和研究者提供关于在瑞典学习的信息门户网站。

瑞典对外交流委员会也为在瑞典学习瑞典语的学生们提供资助和助学金。

5. 为与波罗的海地区合作项目提供的助学金

瑞典对外交流委员会在维斯比项目中签发了助学金，该项目是一个旨在在波罗的海地区及其邻近地区（爱沙尼亚、格鲁吉亚、拉脱维亚、立陶宛、摩尔多瓦、波兰、俄罗斯、乌克兰和白俄罗斯），促进经济、环保和社会可持续发展的项目。

6. 为与波罗的海地区合作项目提供的资助

瑞典对外交流委员会在两个领域中资助了两个在波罗的海地区的合作项目：项目启动和专题合作。在以下国家的合作项目可以申请这项资助：爱沙尼亚、拉脱维亚、立陶宛、波兰、白俄罗斯、乌克兰、俄罗斯、格鲁吉亚和摩尔多瓦。种子资金是计划被用来在波罗的海地区启动新的项目，或者扩大现有的合作项目。专题合作的目的，是支持在不同区域以及不同机构之间的、以行动为导向的项目。

7. 对于有关拉乌尔·瓦伦贝格的项目和研究的支持

拉乌尔·瓦伦贝格于2012年满百岁，而他的百岁生日引来了全世界的关注。拉乌尔·瓦伦贝格是瑞典在人权运动方面的杰出代表。瑞典对外交流委员会已经将其视为自己的使命，即要在2012年对以拉乌尔·瓦伦贝格项目衍生的身份给予支持。这次的支持以下面两种形式呈现：

项目支持提供给有海外联系的，并且是为了纪念拉乌尔·瓦伦贝格和他的工作的，以及他对于人权和民主的重要性的公共项目，并且主要是针对儿童和青少年的项目。

研究奖学金的支持提供给致力于研究拉乌尔·瓦伦贝格这个人和他的一生的独立研究，尤其是在国外的档案馆中的研究项目。

（二）灵活类：策划对外交流及发展项目

瑞典对外交流委员会的使命是促进瑞典在文化、教育、研究、社会以及国际经验交流和国际媒介交流领域中的国际交流。五个对外交流和发展项目的目的，是通过会议、教育和文化经验来建立长期的关系和共同的教育程式，同时加强开放性和民主架构。

瑞典对外交流委员会也积极地与校友网络合作，为的是在活动时间结束之后，也能提供一个加深与瑞典关系的机会。

1. 管理项目

瑞典对外交流委员会的管理项目是一个独特的领导力培训项目，针对的是来自中国、印度、爱沙尼亚、拉脱维亚、立陶宛、波兰、俄罗斯、白俄罗斯和乌克兰的年轻领导者。其目的是将未来的领导者们编入一个持久稳定的且积极活跃的人际网络结构中，以此来加强那些参与国之间的关系和事务合作。位居结构中心的，是企业，以及对人以及环境条件的领导力。

2. 女性企业家

女性企业家是一个领导力培训项目，针对的是来自阿尔及利亚、埃及、约旦、黎巴嫩、摩洛哥、突尼斯、叙利亚、伊朗、约旦河西岸、加沙、也门和瑞典的年轻的社会女企业家。该项目的目标是能够给学员创新工具来进行可持续发展的工作，并且为寻求社会变革的年轻女性创建一个独特的人际网络。

3. 年轻领袖访问项目

年轻领袖访问项目（YLVP）是一个跨文化的领导力培训项目，旨在为在瑞典和在中东和北非地区的年轻领导人建立一个对话和知识交换的平台。该项目为参与者提供了新的知识、更广的人际网络和创新的工具，以加强他们在人权和民主社会发展的工作。

4. 波罗的海领袖项目

波罗的海领袖项目是一个针对应急准备的领导力培训项目。这个教育项目是一个独特的试点投入项目，目标是通过加深有关负责部门之间的合作，来改善波罗的海地区的应急准备能力。

5. 在数字环境下的社会创新

在数字环境下的社会创新项目（SIDC），是一个为来自中东、北非和南亚地区的社会和数字创新者开设的一个学术项目。该项目聚焦数字科技和社会政治转变之间的联系，以及这如何能被用来改善我们的社会。在数字环境下的社会创新项目既包括了理论成分也包括了实践成分，并在瑞典隆德大学通过合作工作的方式呈现。

6. 城市发展项目

城市发展项目为来自中国的、希望在那些快速发展的城市中看到一个可持续的发展的城市规划师、设计师、建筑师，提供了一系列高品质的讲座、工作坊活动和实地考察活动。

7. 未来的年轻接头人项目

未来的年轻接头人项目（YCF）是一个领导力培训项目，参与者是来自南亚的为了人权和民主社会发展工作着的年轻领导者。该项目将跨文化的领导力教育和研讨会、工作坊、学习考察和项目工作相结合，把重点放在了人权和民主问题上。

8. 专家造访和记者探访

为了宣传瑞典并且开始知识交换，瑞典对外交流委员会安排了国外记者的探访项目和一个专家造访的项目。这些项目的主题和方向则是瑞典的传统特色问题，也是瑞典长期以来非常著名的长项：民主、人权、言论自由、政治透明度以及男女平等。造访的期限一般在 3 到 4 天左右，而造访的地点则在瑞典的相关部门或机构。这些造访活动都是依照当地大使馆的长期工作方针进行策划和实施的，负责挑选参加造访的专家团队也是外国使馆等机构的任务。

（三）基础类：印刷宣传瑞典形象

瑞典对外交流委员会一直致力于制作并印刷瑞典对外的宣传图册，这些图册制作精美并被翻译成各国文字。图册系列被分为几大文化专题，包括瑞典的生活方式、瑞典的电影大师——英格瓦·博格曼、瑞典儿童文学作品《长袜子皮皮》作家——阿斯特里德·林格伦等。

除用印刷品来宣传瑞典形象外，瑞典对外交流委员会还策划各种文化专题活动，如 2014 年的上海“瑞典瑞士”文化沙龙，就成功地在中国民众心中进行了一次瑞典瑞士的彻底区分，大大地提高了瑞典在中国民众心中的知名度。当瑞典乐队或瑞典艺术家在海外举办各种展览及表演活动时，瑞典对外交流委员会也积极地进行推广和介绍，常常发动各种网络平台来加强观众人气。这些形形色色的活动也都会出现在瑞典对外交流委员会自制的网络简报上，定期地发送给曾经留学瑞典的校友们。

六、互动范围

瑞典对外交流委员会致力于加强瑞典的国际关系并发展同波罗的海附近地区国家的合作和友谊，所以其核心活动范围围绕在波罗的海国家周围，次要活动范围则辐射在欧洲大陆，通过在巴黎设立办事处就可见一斑，而全球发展则是其长远发展方向，投入程度较低。

为了在波罗的海地区促进经济、环境和社会可持续发展方面的合作，委员会创建了众多国际交流与合作的机会，将来自外国的国家领导人及一批才华横溢的青年人组织到了一起，并通过其他活动来建设和促进国际友谊。

根据政府的安排，委员会的工作任务有很大一部分植根于欧盟的波罗的海地区战略、欧盟的东部伙伴关系以及欧盟与俄罗斯的伙伴关系。

（一）首要互动范围：波罗的海地区战略

瑞典对外交流委员会开展了一项名为“年轻专业人士暑期学院”的活动，针对25—35岁、专业领域为公共管理以及在乌克兰、白俄罗斯、格鲁吉亚和摩尔多瓦等地具有相关学科硕士水平的学生。

瑞典对外交流委员会暑期学院学习的内容主要是有关可持续的现代国家管理，即学习如何增加透明度、效率、支持度和应变能力等管理才能。委员会的目标是让与会者能够在本国各自的组织内部，推动可持续发展的现代国家管理。

该项目由三部分组成，并由一场瑞典对外交流委员会在瑞典组织的欢迎派对拉开帷幕。在瑞典进行为期两周的强化训练之后，学生们就要回到自己国内参加一场归国派对，该派对的组织者正是该项目的前一批受益者。

针对波罗的海地区的常规项目：

1. 提供项目资金支持：瑞典国内的组织可以针对自己的项目向瑞典对外交流协会寻求支持，甚至一些波罗的海地区国家的组织也可以申请支持，或成为瑞典对外交流协会的合作伙伴。这些组织适用于大学、学院、市、地区、地方议会、区县议会、行业议会、非政府组织和非营利组织。申请国家包括有爱沙尼亚、拉脱维亚、立陶宛、波兰、俄罗斯、乌克兰和白俄罗斯。格鲁吉亚和摩尔多瓦也是SI的合作伙伴，但主要参与学术机构的合作。挪威、丹麦、德国、冰岛等其他波罗的海地区的国家也被欢迎参与项目合作，但瑞典对外交流协会不提供支持。

需要向瑞典对外交流协会申请的项目可以通过两种方式进行申请：用于启动短期项目的资金支持和为期三年的合作项目。

2. 领导能力培训项目：瑞典对外交流协会有三个以波罗的海地区为目标族群的领导能力培训项目。

北欧管理项目是针对来自爱沙尼亚、拉脱维亚、立陶宛、波兰、俄罗斯、瑞典、白俄罗斯和乌克兰的私营和公共部门的年轻领导人，而开设的领导能力培训项目。该计划的培训目标是加强领导人在改善本国人民的生活条件、促进与瑞典和伙伴国家之间可持续贸易等方面的责任感。该项目已经具有10次的开展经验，经2012年对前9次的成果评估，该项目取得的效果非常良好。目的就是为波罗的海国家公共领域内的年轻领导人及决策者提供一个交流的平台。这个平台旨在加强参与国之间的商业合作关系。

波罗的海地区领导培训计划（简称BLP）是瑞典对外交流委员会针对波罗的海地区的领导人所设立的管理培训项目，主要面向处理波罗的海战略重要问题各组织内的现任及未来领导人。该计划将有助于这一地区的稳定发展，并帮助未来的领导人掌握跨境合作所需要的技能，同时助其建立人际关系网络。2013年共开展了2次培训课程，2012年开展的培训课程也在2013年进行了收尾工作。三次课程的主题分别是：危机处理、健康安全及海洋安全；共有63名参与者加入了培训课程，成员来自波罗的海合作圈的所有国家，其中有23位女性。

波罗的海实验室是一个网络，该网络是为了帮助那些想要在波罗的海地区建立新的伙伴关系，或为实现周边地区一体化的发展而努力探寻新方法的青年才俊们而建立。该计划是波罗的海国家秘书处（CBSS）与瑞典对外交流委员会之间的合作。它最先是在波罗的海东南地区合作伙伴（SEBA）的框架内发起并连接到欧盟战略波罗的海地区以及俄罗斯西北部的俄罗斯发展战略地区。

3. 奖学金：瑞典学生和研究人员如果有意在波罗的海地区工作的，可以通过维斯比计划申请瑞典对外交流协会的奖学金。瑞典对外交流协会为那些想要对瑞典的合作伙伴国之一进行研究或访问的学者提供资金支持。

从任何与瑞典有伙伴关系的国家毕业的学生都可向瑞典对外交流协会申请资助教育和研究奖学金。

4. 增进人际关系的创意活动：瑞典对外交流协会组织举办各种会议、培训课程和参观考察，以此促进瑞典与的伙伴国家建立新的网络和伙伴关系。瑞典对外交流协会还致力于与传播欧盟的方针和政策，普及关于该地区的欧盟资助项目的相关知识。

（二）次要互动范围：欧盟内部项目的参与

瑞典对外交流协会还积极地以合作伙伴的角色参与一些特定的欧盟项目，以获取有关如何运行不同的欧盟项目的实践经验。

1. 供热革新（Innoheat）

“Innoheat”即供热革新计划的英文缩写。该计划是由加里宁格勒、波兰、立陶宛、德国和瑞典工作人员合作分析这些区域供热系统的状态，并为升级和重建供热系统提供相应的专业建议。

该计划与这些地区的区域供热企业、行业协会、高等院校和地区的本地合作伙伴进行合作。在该计划的三个阶段将探索出改进的方法，并针对领导方法、组织机构和技术提出改进建议。该计划的最后阶段将重点解决投资与潜在投资者的配套工作。该计划由欧盟的南部波罗的海项目提供部分资金支持，并计划在2011—2014年结项。瑞典对外交流协会负责了一家加里宁格勒的区域供热公司，并有机会参加这个项目。同时立陶宛也进行了分析工作。波兰和瑞典也将实施该区域的供热系统。瑞典对外交流协会同时还负责传播有关该项目的信息。

2. 波罗的海区域一体化计划

波罗的海区域一体化计划旨在加强波罗的海地区的品牌效应。该项目的目标是为创建波罗的海地区的形象和名片打下坚实的基础。所需注意的一点是，目前波罗的海区域尚不具有公开的完整的品牌形象，同时市场营销也不够发达。

之前欧盟有一个项目叫作"遇见波罗的海推广计划"，为该地区的发展提出了许多重要建议，而"波罗的海一体化计划"将继续遵循这些建议。该计划将与开发新的国际市场发展旅游合作，比如美国。同时也将在产业界、大学和政府（三重螺旋）等各方面开展有利于招聘国际人才的各项活动。它也将有新的举措，专注于在该地区的投资工作中寻求更多的合作机遇。希望通过这样的形式的品牌建设，结合各种社交媒体活动能够更多地传播知识，以此促进波罗的海地区品牌效应的建立。

赫尔辛基市在该计划中起到了领导作用。其他参与合作的城市分别是汉堡、里加、斯德哥尔摩和华沙。圣彼得堡市自己提供参与经费。其他合作伙伴包括瑞典对外交流委员会、波罗的海发展论坛、北欧—波罗的海组织和ARS波罗的海组织。许多国家和地区的发展公司也以合作伙伴的方式参与其中。瑞典对外交流委员会在该计划中主要负责专注于为该地区留住专业人才。

3. "14.3计划"

"14.3计划"是欧盟战略下的旗舰项目，处于波罗的海地区14项优先领域。该项目将使用自定义工具来分析在波罗的海地区存在的风险，据此来制订相关方案，并采取方法处理跨境灾害。项目参与者将会代表应急管理领域内的机构，来与他人分享如何更有效地预防重大事故的经验，并简述自己的风险管理机制。该项目的一个关键点在于团结波罗的海附近各国的各项机构和组织，一起增强和改善互相之间跨境合作、处理和预防重大事故的能力。该项目的三个主题领域分别是：预防水灾和森林火灾，以及加强核安全领域的合作。

目前共有 12 个合作伙伴参与该项目，其中包括瑞典民事紧急局（MSB）、挪威的民防和应急计划（DSB）、芬兰的辐射安全监控中心（STUK）和其他一些国家机构。通过从瑞典对外交流协会得到的资金支持，圣彼得堡市的依莫柯姆斯学院，即俄罗斯官方的民事紧急事件处理机构，也参与到了该项计划中。瑞典对外交流委员会还负责在该项目的中期考察阶段组织一个会议，进行成本核算并对项目进行评估。项目领导由波罗的海各国秘书处担任，项目经费则依赖于欧盟的财政部门、民事防护欧盟委员会的拨款。

七、工作成效

（一）年度报告

瑞典对外交流委员会的年度报告是叙述该机构如何实现全年目标的追踪报告。管理和后续追踪是瑞典对外交流委员会的一个重要工作。在完成促进和协助领域的长期及短期目标时，方法和手段也需要得到相应的发展。

（二）总体成效

2013 年，瑞典对外交流委员会在 130 多个国家内开展了业务。以下提供一些成功开展的业务数据①：

---

① https：//si. se/om－si/resultat/，登录时间：2014 年 5 月 24 日。

委员会发展了7个关于瑞典交流沟通的网站，访问人次达580万；

24次记者访问，包括120名记者；此外，瑞典对外交流委员会在媒体宣传方面有重大突破，共发表1500篇相关报道，读者数量预计可达6050万；

23项大型的项目投资，遍布全世界152个不同的地方，以促进世界和瑞典之间的交流，并创造瑞典的全球性发展；

在巴黎办事处共举办了40场活动，以及7场展览；

共有174个项目资助，投资于促进波罗的海地区的合作项目，以及瑞典对外交流委员会的创意力量之资助项目；

共举办10个涵盖852名访问学者及助学生的奖学金项目，在全球各地共拥有7000多名校友；

组织了12场领导人项目，参加者共计250名，分别来自中东地区、北非、亚洲及北欧各国；

接待了专家访问团15次，参加者共计69人；

对39个国家内的228所高校的瑞典语教学进行了资助，在非北欧地区的高校中共有38200名人员学习瑞典语，而在北欧地区则共有14500名人员学习瑞典语。

（三）2013年年度报告

瑞典对外交流委员会的年度报告，是解释机构如何实现全年目标的一个正式跟进文件。每一年的年度报告都不会迟于2月22日提交给政府。总体上来看，瑞典对外交流委员会在2013年取得了不错的成绩，并优异地完成了预期目标。

在“创造对瑞典的兴趣及信任”业务领域，委员会为了瑞典交流，向海外推出了一个新的身份，这项举措取得了很好的成果，尤其是在树立Sweden. se网站及其他数字媒体渠道的身份上。同时瑞典海外形象促进委员会（NSU）内的各个有关机构，也在该项事业上加紧了合作。在发展性项目领域内，瑞典对外交流委员会目前正在做的则是给驻外机构及其他国外的促进瑞典形象者予以资助。在公共业务方面，最大的成就莫过于瑞典对外交流委员会巴黎办事处所开展的业务，这也证明瑞典对外交流委员会当初在“优先发展对象”的国内成立办事处的价值所在。

在“发展瑞典邻近地区”业务领域，委员会针对有潜力的未来领导人及政策建议人开展了领导人项目。这一项目是促进波罗的海地区的区域性可持续发展的重要工具。在2013年，项目数量稳定上升，总共开展了5个项目。其中的两项——“波罗的海实验室”及“波罗的海领导人项目”被选为欧盟“波罗的海区域战略”框架内的旗舰项目。瑞典对外交流委员会正在对“波罗的海地区合作”框架下的业务进行完善和修订，为取得最大的回报，在2014年，这项修订工作需要继续进行下去。

在“发展瑞典邻近地区”业务领域，委员会实施了一个小型的试验计划——瑞典赞比亚计划。通过一种创新的方法，瑞典的这项计划起到了增强瑞典企业在赞比亚地位的作用。在2014年，瑞典对外交流委员会将在该地区巡回地继续发展这一理念，目标就是要建立起当地的人才网，培养出有能力的人员，树立引人注目的企业形象，并以此作为发展当地民主和经济的推动力。

最近几年来，瑞典对外交流委员会在“人才流动”项目领域承担了更广阔的任务。和2012年相比，2013年的资助多了84项。从瑞典对外交流委员会的追踪报道来看，该项业务和目标人群有非常大的相关性。同时，委员会还注意到瑞典校友网络的活动也在稳步增加，其中还归功于驻外机构对这些活动产生的未来效果所投注的兴趣。

通过向海外推广这一种更强大、更新鲜的瑞典形象，委员会已经为实现政府的出口形象做好了充分的铺垫。所谓的出口形象，其中有一部分是服务于政府给予优先地位的创新产业。2013年，这些产业内容包括：音乐、电影、电脑游戏、市场交流、时尚设计及文学领域。瑞典对外交流委员会实施了该框架下的一系列活动，都是围绕着上述主题而开展的。活动将推广瑞典形象与为各个领域协作者的利益结合起来。另外一个有助于政府实现出口形象的业务则是“创意瑞典”的展览。

创新：

"创意瑞典"的活动在柏林、东京和首尔进行了巡回展览。该项展览为驻外机构和当地合作伙伴提供了一个平台，激起了别国对瑞典的兴趣，并将瑞典包装成全球最具创新力的国家之一。与此同时，展览还创造了与其他国家进行文化交流的机会。与该展览相联系的一些业务则涉及了环境科技、生命科学以及女性领导人的主题，并围绕各个国家的创新及领导力提出了一些相关问题。委员会与 Vinnova（瑞典创新社，代理欧盟研究及创新工作的国家机构）、瑞典商会、增长分析局（国家工商部下属，网站地址：http：//www. tillvaxtanalys. se/sv/specialsidor/other - Languages/chinese - kinesiska. html）、瑞典公司及高校都有合作和交流，通过这些合作，展览促进了瑞典的国际化交流沟通，这将长期有利于瑞典的发展、瑞典的商业及瑞典高等院校的受关注度。

瑞典对外交流委员会的后续调查表明，在展览中被展出的瑞典公司都为能代表瑞典而感到自豪。这些公司也由于参展而获得了更紧密的商业联系契机。该项展览共计有逾 2. 9 万位访客进行了参观，并被 87 家媒体进行了相关报道，取得的广告价值已经超过了 1500 万瑞典克朗，这个成绩非常不俗。

可持续性与环境：

"面对气候"这项展览展示了气候问题的方方面面，这是瑞典对外交流委员会向瑞典驻外机构所传达的一个简单理念，用来指导可持续性及环境方面的工作。这项展览旨在促进瑞典及其他国家之间的对话，一方面涉及到气候问题对各个国家的意义，另一方面则关系到瑞典如何同其他国家进行合作。在 2013 年，该项展览至少在全球 16 个地方进行了展出，包括南非、拉脱维亚、立陶宛、乌克兰和阿尔巴尼亚，来访的人数超过 3 万。展览所宣传的概念可以被灵活运用，并可以和其他资源组合在一起。

2013 年，瑞典对外交流委员会又推出了一项新的概念词——"智慧生活挑战"。许多驻外机构都受邀参加一项公开的国际化创新比赛。比赛旨在促进商机，并为都市环境营造出可持续性的生活理念。

瑞典社会解决方案：

应广大委员会目标人群及驻外机构的要求，委员会只做了一项名为

"生活谜题"的纪录照片展览。展览从男女平等的角度提出了关于如何平衡工作与家庭的问题，这个话题和社会经济学的讨论联系在了一起，在父母养老保险与儿童关怀上，瑞典也分享了自己的经验。在2013年度该项展览共在6个国家的11个城市进行了展出，其中华沙、圣彼得堡还与瑞典驻外机构以及当地的合作伙伴进行了协作。这两个国家还在华沙及圣彼得堡的其他城市举办了小型的展览。委员会以展览作平台，决策者、专家、媒体、政策建议者及一些资源机构齐聚在一起，共同讨论、辩论这些问题。在2014年即将到来的当口，"生活谜题"发展成为驻外机构可以自行利用来安排活动的一项工具。

文化及创造力：

根据外交部的任务，瑞典对外交流委员会在2013年继续资助并推动七项创新产业，他们都在市场推广的平台"信必优创造"内。这七大产业就是：时尚、设计、音乐、电影、电脑游戏、市场交流以及文学。这些工作是在"促进日志"的框架下展开的，同时还与驻外机构与一些推动委员会工作的机构进行了合作。在2013年，作为驻外机构的支持者，瑞典对外交流委员会还为上述提及的这些产业提供了很多丰富多彩的活动。

在2013年，瑞典成为了北欧部长理事会的主席国，因此，瑞典对外交流委员会接到了一项给驻外机构分发经济资助的任务。这项使命的目标就是让委员会扶持以创造力、创新以及可持续性为重点的北欧地区的活动。瑞典及北欧的驻外机构共发起并承担了13项计划。例如，瑞典驻上海总领事馆就同其他北欧国家一起合作开展了"上海北欧设计与创新周"的活动。

除此之外，瑞典对外交流委员会还与"家具帝国"、"瑞典形象"、瑞典设计协会以及40余家公司一起参加了全球设计的最佳聚集地之一——米兰的"家具展览设计周"。名为"瑞典设计走向米兰"的这项投资，目的就是让瑞典的设计产业齐聚在同一个展厅里，给大众留下瑞典作为设计民族的深刻画面，以此来推动瑞典的设计出口。瑞典对外交流委员会还与本地的卡尔·马尔姆斯蒂恩学联手举办了一场，以瑞典文化遗产、手工业传统以及新创的"拒绝说YES！——孩子们的文化权"为重点的展览会，在意大利的博洛尼亚城市里还伴有其他各式各样的相关活动。展览旨在讨论并促进孩子们接触文化的权利，主打项目便是一场名为“颠倒”的插画展，展品由七位女性瑞典插画家提供。展览共计约有 5000 人参观。委员会还与当代博物馆以及诺贝尔博物馆一起安排了十余场的研讨会，供各路专家聚首交流。该项展览之后也前往巴黎进行了展示，在 2014 年还将继续在其他国家进行展出。

在瑞典对外交流委员会的协作下，“瑞典商店”活动与洛杉矶的 E3 游戏共同合作，推出了双年展。以瑞典斯科纳省为基地的媒体谷“媒体革命”，同电子游戏产业以及洛杉矶的瑞美商会一起，承担了这项展览的主要工作。当然，这项工作也得到了一大批参与者支持，部分参与者的信息保密。这项活动以全新的方式展现了瑞典在国际环境中的创新能力，并且在主题的广度以及参与访问者的数量上都有所突破（2013 年 1100 人参加，2012 年 600 人参加）。委员会对此类活动的投入促使创意领域的相关人员可以互相交流。70% 的参加者在各自的企业中担任高级职位或是管理层职位。

在伦敦设计节，瑞典对外交流委员会与“瑞典形象”、大使馆以及“商机瑞典”携手举办了“瑞典设计走向伦敦”的活动，旨在突出瑞典的形象，并刺激出口增长。在 9 月的一个星期，“青春瑞典形象”展览在“Desingersblock”的协助下，成功在英国的艺术中心“Southbank centre”及艺术画廊“Mint Shop”展出，共有十支瑞典队伍（包括单人形式的队伍）参展。与此相关的是“商机瑞典”为瑞典时尚公司组织了一场“型秀空间”的活动，活动由有关部门及分支机构共同合作举办。根据“瑞典形象”及大使馆的评估，这场活动加深了大众对瑞典设计的了解，也增加了对瑞典设计的需求度。

2013 年 6 月委员会与戛纳国际创意节“Cannes Lions”合作开展了“瑞典制造”的培训课程。课程的宗旨是要借助知识、经验以及方法的转移来突出瑞典的创造力。目标人群则是锁定在该领域内的学生、决策群体以及专家身上。该课程还得到了瑞典交流局、外交部以及一系列的瑞典通信交流部门的合作和支持。在开展课程的同时，委员会还安排了一场早餐圆桌会议，内容是来讨论交流通信行业及相关创新产业的男女平等问题。通过一系列的圆桌会议、讨论以及小组活动，十个国家的参与者提高了自己的能力和水平。这项活动也在媒体界获得了全球的高度关注。

在2013年，瑞典对外交流委员会在印度、中国、俄罗斯以及美国举办了很多音乐会以及周边的活动，总体在瑞典的音乐上投资不少。这些活动主题多样，其中包括音乐界的男女平等。从中国来的专家访问团为中瑞之间创造了良好的合作环境，这让瑞典乐队得以与唱片公司签约，并能在中国开巡回演唱会。

瑞典电影协会（SFI）是瑞典对外交流委员会向所有外国机构提供的基础供应商之一，这也是委员会的电影打包套餐。在2013年，67个国家借助委员会的电影资助金投放了共336部影片。委员会同驻外使馆联手举办了23场电影沙龙活动，共有33名瑞典电影艺术家参与协作。科技的发展让不同国家同时上映同一部影片成为可能。这份电影套餐帮助瑞典电影在全世界打开市场，并在某些外国市场增加了新的销售量。韩国的电影周就是一个很好的例子，2013年是韩国举办瑞典电影周的第三年，有三部瑞典影片在韩国发行开来。观影人数最多的莫过于长纪录片《帕尔梅》了。为了进一步加强电影在推广瑞典形象工作中的分量，委员会和瑞典电影协会联手推出一个蓝光格式的瑞典电影盒，将于2014年的时候发放到各个驻外机构手中。

八、资金来源及财务运作①

瑞典对外交流委员会为瑞典外交部下属机构，其资金来源均为议会拨款。资金的具体数目则会参照前一年度出具的年度报告进行适当的调整。在政府换届之年，瑞典对外交流委员会的拨款可能会有较大的调整。2014年瑞典进行议会大选，由于反移民的极右翼政党瑞典民主党的支持率大幅上升，议会对发放提供给海外留学生奖学金的力度也随之降低。2015年度

① 数据来源：SI2013年财务年度报告。

的海外留学奖学金项目被大面积取消，所涉国家包括中国，但2016年又将继续恢复。

每年的年度报告中都会对每一个领域的支出有详细的说明和汇报。

以下是2012年与2013年在不同业务领域的支出情况，单位为千克朗（1瑞典克朗=0.8505人民币元）。

表2

	业务支出		管理费		合计	
业务总类	2013年	2012年	2013年	2012年	2013年	2012年
创造对瑞典的兴趣及信任	32503	35479	52015	50886	84518	86365
瑞典周边地区的发展	36446	64885	21715	22890	58161	87775
业务总类	2013年	2012年	2013年	2012年	2013年	2012年
全球发展	45925	35939	18757	15046	64682	50985
人才流动项目	125212	95509	25287	23579	150499	119088
总计	240086	231812	117774	112401	357860	344213

（一）管理费用

管理费是由瑞典对外交流委员会的机构拨款提供。下表展示了各项业务划归在同一个支出领域的经费支出，如“创造对瑞典的新区及信任”与“瑞典周边地区的发展”的项目中，都有涉及到国际合作方面的业务，这些费用属于同一个条目，即国际合作。委员会的管理费也需要在这一个层面上进行统计和分配。

表 3

各支出领域分配的管理费用（千克朗）	2013 年	2012 年	2011 年
领域 5：国际合作：财政拨款	65870	63841	46773
领域 5B：国际合作：波罗的海国家地区合作	22950	22950	9353
领域 7：国际资助：国际发展合作项目	18124	14749	18668
领域 7B：国际资助：东欧改革合作	4850	4850	5678
领域 13：团结及男女平等：特殊男女平等措施	189	600	1305
领域 16：教育及高校科研	4881	4881	10775
领域 100：任务拨款（内部人员编制）	1000	531	
管理费用总计	117774	112401	92552

管理费用包括委员会自己员工的工资、场地费用、办公室设备费用、计算机技术运行费用、经营维护费用、财务及行政费用、档案保管、差旅费用、固定资产费用、竞争力发展以及其他管理上产生的费用。

管理费用在各个业务领域的分配以及在各个会计条目中的分配要进行三步走。首先要对委员会整个年度每个事务部门的劳动力进行清算。劳动力以各个部门为单位计算，除此之外还要加上委员会执行各项事务时，员工的出勤时间。在这三步都完成了之后，就意味着委员会的总管理费在各个业务领域以及各个拨款和特别条目之间的分配都已完毕。

（二）业务支出

业务支出指的是机构所从事的一系列推广业务所产生的直接费用，包括机构获取的所有专项事务经费。业务支出费用主要涉及奖学金及补助金的部分，就拿 2013 年的数据来看，其中有约 1.47 亿克朗用于奖学金及补助，约 9300 万克朗用于其他的直接业务费用，这其中也包括委员会在投资各项设施中牵涉到的相关费用，例如与建立网站相关的差旅费用及咨询费用、瑞典教育以及通信投入的费用。

（三）数据比较

为了更逼真地呈现委员会的各项业务情况，在 2013 年的财务审计中，会将 2012 年的少部分项目挪到别的事项领域。因此，上述表格中的 2012 年数据都是根据 2013 年的结构做了新的调整，以便还原出一组更贴近现实的比较数据。另外，此次还将原先属于 2012 年财务审计中的“建立伙伴关系的会晤”事项领域剔除出去，该领域的所有事项被挪动到“瑞典海外形象”的领域之下，或者是移动到“瑞典对外交流委员会巴黎办事处”的事项领域下。2012 年审计中的“项目创始资助”下的一些事项也被划分到“项目资助”的领域之下。

（四）各业务事项及财务明细

为更清晰地了解瑞典对外交流委员会近两年的财务运作和业务发展规模及趋势，我们可以从财务明细表和事项数量对比表中获得直观的了解。

1. 业务一：创造对瑞典的兴趣及信任

表 4 创造对瑞典的兴趣及信任

事项领域（千克朗）	业务		管理费		合计	
年度	2013	2012	2013	2012	2013	2012
瑞典海外形象	1116	1231	5424	6083	6540	7314
数字及印刷媒体的通信交流	13593	13912	21184	20631	34777	34543
媒体工作团来访事宜及针对外国媒体的战略工作	2142	2239	2488	2431	4630	4670
实体活动	14671	17140	20086	19579	34757	36719
巴黎办事处	981	957	2833	2162	3814	3119
总计	32503	35479	52015	50886	84518	86365

2. 业务二：瑞典周边地区的发展

表 5 瑞典周边地区的发展

事项领域（千克朗）	业务		管理费		合计	
年度	2013	2012	2013	2012	2013	2012
信息投资及建议	2193	5167	5297	7045	7490	12212
项目支持（类似于现场指导）	25986	54181	11596	12051	37581	66232
领导人项目	8114	5254	3928	2047	12042	7301
欧盟项目	153	283	895	1747	1048	2030
总计	36446	64885	21715	22890	58161	87775

3. 业务三：全球发展

表 6　全球发展

事项领域（单位：千克朗）	业务		管理费		合计	
年度	2013	2012	2013	2012	2013	2012
专家学者访问	1290	1868	2366	1993	3656	3861
专家学者文化互访的项目支持	13100	12872	4101	3133	17201	16005
领导人项目	22260	17670	8524	7607	30784	25277
信息投资及社交活动	9275	3529	3766	2313	13041	5842
总计	45925	35939	18757	15046	64682	50985

4. 业务四：人才流动项目

表 7　人才流动项目

事项领域（千克朗）	业务		管理费		合计	
年度	2013	2012	2013	2012	2013	2012
将瑞典作为学习与工作目的地的市场推广	5440	4570	6310	6600	11750	11170
瑞典语的教育投资	13431	13008	5263	5702	18694	18710
奖学金发放的投资	102779	75080	9191	8268	111970	83348
组织获奖学金人员及校友的活动	3562	2851	4523	3009	8085	5860
总计	125212	95509	25287	23579	150499	119088

（五）小结

根据2013年瑞典对外交流委员会发布的财务明细表来看（利润表、资产负债表以及现金流表），委员会在2013年得到的财政拨款总计约为2.1亿瑞典克朗，较2012年增长了2000万的拨款，但财务情况却有所改善。2012年委员会超支64万多，而2013年却并无超支，与财政拨款恰好相抵，仔细观察发现在人员的开销成本上，委员会有近700万的缩减。另一方面，委员会在无形资产方面数额降低近半，而有形资产却有所增加，另外其可支配现金数额也有大幅度的降低。

2011年到2013年，瑞典对外交流委员会的财政拨款上涨了37%。如此一来，各业务也随之扩大，机构内的员工数量也相应地有所增长，在2011—2013年间，共有27名新进职工。随着人员的增长以及外部管理的日趋复杂，机构的内部行政管理要求也随之提高。从2013年起，委员会开始实施一项新的经济任务，即对各项开支进行监督和审核。

在2013年，瑞典对外交流委员会继续发展经济管控，尤其涉及计划、业务追踪领域。目标是要让所有的业务都要经过预算和相关目标的追踪，以确保业务和经济支出有明确的相关性。而为了简化计划与追踪工作，瑞典对外交流委员会还制定了一项追踪模型，这样可以方便对各业务现金流的管控和整理。

九、软实力分析及对孔子学院的借鉴

从总体上看，瑞典的软实力发展非常迅速，仅从教育角度来看，目前全球已有229家高等院校开设有瑞典语专业，在中国就有3所高校开设有瑞典语本科专业，还有一些学校包括复旦大学，则开设有瑞典语选修课程。而邻国丹麦、挪威、芬兰的文化拓展则始终落后于瑞典，仅拿芬兰与瑞典做比较，无论是通晓芬兰语的人数、芬兰在华企业，还是芬兰文学作品在华编译出版数量都几乎是瑞典的一半。与同属北欧地区的其他几个国家相比，瑞典在文化外交方面无疑是最具影响力的一个国家。

瑞典从 20 世纪 50 年代就开始非常注重海外人才的引进工程，为培养有利于加强瑞典在世界中地位的海外决策者，瑞典常走和平路线（未加入任何军事组织，如北约），以创新、简约等标签，为自己创造与周边国家的良好关系。到目前为止，瑞典已经成为欧洲较具有影响力的中坚力量，包括欧盟在内的诸多国际组织的决策领导层都有瑞典的身影，而这其中不乏瑞典对外交流委员会的功劳。

瑞典对外交流委员会创立于 1945 年，相较于孔子学院，其创办的历史更为悠久，积累的经验也更为丰富。纵观瑞典对外交流委员会的各大项目和创办目的，其关注点首先在于精英阶层，这与孔子学院向海外广泛普及中华文化和汉语的初衷有所不同，其行事模式也有必然的区别，但在吸引海外对本国的兴趣与热情这一点上，两国却是不谋而合，其对孔子学院的启示作用大致有以下几点：

（一）宗旨明确，名副其实

瑞典对外交流委员会的使命宗旨非常明确，并且贯穿于所有的行事始终。瑞典外交部对其的要求就是尽量多地吸引海外国家对瑞典的兴趣并提升好奇心，吸引的法宝则是瑞典的环保理念、创新技术以及其简约现代的设计感。首先，瑞典提供的游学项目就让海外的学生切身地体会到了瑞典以上几方面的成就和突出之处。虽然瑞典以前曾以前称霸北欧，国土面积覆盖如今的挪威一地，但在对外宣传时，瑞典更着眼于现在与将来，并深切关注建立国与国之间的友好关系。

孔子学院想要提高海外学子对中国的好奇心和探索欲，则灌输了很多孔子、孟子或中国传统的道德和思想，而这些思想难以用物质层面等实际物体来展示和验证，所以在灌输的理念和实际的体验上产生了一定的距离，这也让中国的形象变得比较模糊。与此相对照的是，孔子学院对于中国今天所取得的发展和未来欲走向的道路则阐述得较少，海外学子透过孔子学院所获取的信息与外界媒体的报道有一定的差距，孔子学院可以在宣传内容的时效性上有进一步的发展和改善。

（二）形式多样，活动丰富

瑞典对外交流委员会对于开设丰富有趣的活动非常有经验和心得，并且常常联合国外的大使馆和瑞典公司一起合作举办活动和项目。在资源和人力上，单单一个委员会并不能起到很大作用，但是通过当地的公司和外事机构，委员会可以因地制宜地设置一些活动，或者参与一些由其他机构主办的活动，更有针对性地接触一些当地的目标人群。

瑞典对外交流委员会开设的活动面向各种层次的人群，包括针对学生的奖学金项目、针对归国留学生的校友聚会活动、针对已工作人群的访问活动、针对媒体界的邀请互访项目。孔子学院如果只锁定海外高校机构的话，是一个很好的开始，在此基础上可以将局限性慢慢消除，渐渐将目标人群的数量变得更大一些。

除此之外，委员会还依托欧盟的平台，加入并参与很多集团性的活动，不仅获得了外交部的支持，更得到了欧盟的资助和关注，通过欧盟为自己走出国门打开一扇窗。我们的孔子学院也应该多寻找一些合作伙伴，通过合作才能将自己推向更广阔的世界舞台中去。

（三）人员简洁，管理便捷

瑞典对外交流委员会其实只在全球设有三处办公室，其一就是设立在本国首都斯德哥尔摩的总部，另外一处是方便与波罗的海交流接触的维斯比岛办事处，最后一处也是唯一在国外的巴黎办事处。在行政级别的设置上，委员会共下设三大部门，每个部门下设 3—4 个小组，在处理业务上，人员的效率非常高，办事流程也很精简：一是可以让委员会的大小官员都实实在在地了解到正在处理的业务；二是让各个部门之间的交流沟通也非常透明和便捷。

如果能有效地利用到驻外机构，如使领馆和跨国公司，语言文化机构其实并不需要设置过多的驻外办事处，而应将精力与物力等更多地投资在实实在在的活动和项目上。由于委员会是下属于瑞典外交部，所以在海外举办各类项目和活动时，主办方与承办方常常是委员会与外交部及活动相应的驻外机构，如推广设计与创新，委员会则首先会联系驻外的宜家家居公司，而在环保和技术行业，委员会则会联系瑞典北部矿产大亨“力矿贸易”公司及沃尔沃等行业内知名企业。另一方面，通过留学瑞典的校友圈的建立，瑞典对外交流委员会能够招募大量志愿者来帮忙负责现场主持、组织等事务，达到精简人手的目的。而委员会则真正起到了信息集合、信息发散、信息统筹的功能，既能发挥辅助效能，又能起到组织联系的牵头作用。委员会不仅内部分工明确，与外部机构的合作分工也相当分明。通过委员会的人脉，海外企业可以瞄准并成功招募符合要求又有实力的年轻人；通过海外企业，委员会本身也可以成功吸引对在瑞典企业工作有兴致的目标人群。

在顺利举办一场活动的背后，一个人员并不庞大的机构要在各个领域施展拳脚，是缺少不了相关部门的扶持与指导的，如在对海外留学生发放奖学金的事务上，孔子学院就可以利用国家留学基金委的长足经验，以达到事半功倍的效果。合理发挥每个部门所长，不进行重复配置，是资源利用的一大要素，这一点也是值得孔子学院学习的地方。

（四）筹备周详，项目完整

瑞典对外交流委员会的活动常常在策划阶段就充分地考虑到项目的影响度问题，所以一个计划的诞生和成熟往往需要长期的准备，如此一来，才能使得项目保有长久的持续性和可行性，并且能让活动在世界各处进行巡回，以圆满达到传播全球的使命和目标。瑞典对外交流委员会所筹备的项目往往会归属于一个大的事项领域之下，属于该事项的各种活动可能持续整整一年。例如为未来决策人量身定做的培训课程，往往都会持续半年之久，后续的跟进和落实是至关重要的环节。

孔子学院则经常在海外高等学府挂牌，并签订较多的合作协议和框架协议。高等学府确实可以助一臂之力，但要挖掘外国人才对中华文化及中文的兴趣，包括网罗同一国内修习中文或曾前往中国留学的人群等事务，这份责任则仍然要回归到孔子学院本身。在有了初步的计划之后，最需要的就是可行性分析。前期的失败是必要的，在获取宝贵的经验之后，要及时地推出下一步的改进版计划，这样才能让学院的运作流程慢慢通顺起来，同时也能培养学院的实践能力。

（五）财务清晰，效果挂钩

瑞典对外交流委员会每年都会提交一份年度报告，报告的主要内容就是有关资金的流向说明，这份年度报告相当于普通企业的一份年度财务报告。资金首先被划分为两大类：一类是常规类支出，即管理费用；另外一类则是委员会的四大业务支出。四大业务其实是以业务的目的来进行归类的，分别是创造对瑞典的兴趣及信任、瑞典周边地区的发展、全球发展及人才流动。这些业务的执行和后台运行所花费的款项被详细地分配到各个具体事项中，每个事项的花费都清晰地在报告中进行了说明。除此之外，报告中还把当年与上年的数据进行了比较，对于出入比较大的数据报告都会做解释说明，比如人员的削减导致管理费用的下降等。

值得一提的是，财务报告结合了资金与工作效果评析，对于效果达标的项目和活动，后一年的财政支持力度往往也会得到加强，对于一些没有取得预想效果的项目，如对瑞典语教学的海外投资，这些项目将会遭到无情的撤换。根据2014年年度报告来看，2015年还将取消原有的面向海外留学生的奖学金项目，这一举措将影响到高等院校对某些区域的招生情况，并对瑞典的海外吸引力造成严重影响。但根据网站的新闻分析，2016年该项目会继续恢复，这或许是委员会的另一高招，他们将集中资金挑选对瑞典有真实兴趣的有志之才，以期达到最初发放奖学金的目的。

（沈贇璐　王馨蕾）

【参考文献】

1. 瑞典对外交流委员会官方网站：www. si. se。

2. 瑞典中文门户网站：www. sweden. cn。

3. 瑞典艺术委员会官方网站：www. kulturradet. se。

4. 瑞典政府官方网站：www. regeringen. se。

5. 瑞典议会官方网站：www. riksdagen. se。

6. Rikard L. ，Emma R. . 瑞典：朴实无华的北欧之珠 . 斯德哥尔摩：瑞典对外交流委员会 . 2009 年。

7. Magnus B. och Torbjörn B. . Eu och Sverige—ett sammanlänkat statsskick. Malmö：Libe. 2005 年。

8. Jacob Westberg. Svensk neutralitetspolitik. Stockholm：SNS Förlag. 2010 年。

9. Olof P. Svensk Politik. Stockholm：Norstedts Juridik. 2007 年。

10. Lars O. Lagerqvist. A history of Sweden. 斯德哥尔摩：瑞典对外交流委员会. 2005 年。

11. Jonas T. och mfl. Demokratirådets rapport 2010. Stockholm：SNS Förlag. 2010 年。

第十二章

匈牙利巴拉斯学院文化推广战略研究

【摘要】该报告首先考察了匈牙利巴拉斯学院的发展历史、宗旨、语言推广和文化活动范围以及其在匈牙利文化外交中发挥出的作用；然后对中国孔子学院的文化活动和运作提出一些建议，以期更好地在欧洲和匈牙利推广汉语语言文化、宣传现代中国、提升中国文化软实力的建设。

一、课题研究背景

在世界日趋一体化的现在，随着经济和科技的发展，各国之间的文化交往和联系变得日益频繁和密切，推进了世界不同文明的碰撞、交流与融合，对外文化推广已逐步上升发展为政治和经济之外的推动国际关系发展的“第三根支柱”。语言推广与文化传播是提升国家软实力的重要途径。语言文化推广机构作为跨文化传播的重要载体和国际文化交流的重要窗口，越来越受到世界各国政府、媒体和学界更多的关注和重视。

目前，我国学者已开始重视对国外文化推广机构发展模式的研究。例如：张西平、柳若梅的《研究国外语言推广政策，做好汉语的对外传播》，莫嘉琳的《孔子学院与世界主要语言文化推广机构的比较研究》，刘晓黎等人的《世界其他语言文化推广机构发展模式对孔子学院可持续发展的启示》，段奕的《硬实力——软实力理论框架下的语言——文化国际推广与孔子学院》，张国斌的《借鉴法国文化推广经验，改革中国文化“走出去”方式》等。然而，令人遗憾的是，目前的研究多是针对英国文化委员会、法国法语联盟、德国歌德学院、西班牙塞万提斯学院等发达国家的运作较为成熟的“老牌”文化推广机构，对中东欧地区关注不够。随着我国对欧洲和中东欧关系发展战略的制定，急需关注和了解这些国家的文化推广，而这些在很大意义上仍是一片未知的“处女地”，急需人们的关注、努力和研究。

中东欧国家在欧洲的政治地理经济中一直占有重要的战略地位。匈牙利，位于欧洲大陆的中心，在交通和物流方面四通八达。匈牙利历来与我国交好，有着较为悠久的中匈友好合作关系。近年来，随着我国与欧盟交往的频繁和欧盟关系日益密切，对中东欧关系的发展日益重视，匈牙利正逐渐发挥出“小码头，大世界”[①] 的作用，对我国推进中东欧发展具有举足轻重的作用。

匈牙利的巴拉斯学院在促进匈牙利语教学和文化推广方面作出了很多的努力，并已在世界20多个国家和城市建立了匈牙利中心，建立了成熟的语言培训课程体系、奖学金机构、海外文化分支机构等诸多功能于一体的综合性文化推广机构的运行模式。考察研究匈牙利巴拉斯学院语言文化的推广历程，总结、思考并借鉴其成功的发展模式，对于制定出适合我国国情的语言推广方针政策和汉语国际化的可持续发展具有举足轻重的意义。

二、巴拉斯学院概述

（一）巴拉斯学院的历史与现状

匈牙利语言、文化的海外传播和海外匈牙利学研究最早可以追溯到奥匈帝国时期。19 世纪七八十年代，第二次工业革命科技成果传播到匈牙

① 这是中华人民共和国驻匈牙利特权大使肖千在2014 年匈牙利汉语教师/留学生联谊会发言中这么描述匈牙利的重要性。

利，伴随着经济、铁路运输和科学技术的快速发展，文化也得到较大发展。匈牙利建筑、艺术、音乐、服饰、美食等社会文化深受欧洲贵族的青睐，布达佩斯一时成为欧洲贵族十分喜爱的旅行地。为了适应这一潮流，1895 年，在罗马设立了第一所匈牙利历史研究中心。该机构 1913 年停办，1923 年重新开张。1920 年，维也纳也设立了匈牙利历史研究中心。

柏林大学匈牙利籍教授 Robert Gragger 是最早提出“匈牙利学”（Hungarology）这一术语的学者。他为匈牙利文化在德国的传播作出了巨大的贡献。1916 年，他在柏林大学创建匈牙利语系，1917 年创办柏林匈牙利科学研究所（the Hungarian Institute of the Friedrich – Wilhelms – Universität in Berlin），1921 年创办《乌戈尔研究年鉴》和《乌戈尔文库》丛书。他的学术研究成果和学术实践活动极大地推动了匈牙利语言和文化在德国乃至欧洲的研究和推广。

20 世纪 20 年代，匈牙利霍尔蒂政府时期（全名为霍尔蒂·米克洛什，匈牙利语：Horthy Miklós，1868 年 6 月 18 日—1957 年 2 月 9 日），为了加强与国际科学界的联系，在时任文化部长库诺·克勒贝尔斯贝格（Kunó Klebelsberg）的主导下，匈牙利在欧洲几个大城市设立了旨在发展和传播科学和教育的“匈牙利中心”。1924 年在维也纳和柏林，1927 年在罗马和巴黎分别设立了匈牙利中心。这是匈牙利政府在国外设立的最早的一批文化推广中心。这些中心的运作模式被之后此类教育科研机构的建设和运行广泛借鉴。1927 年，匈牙利出台 13 号法案，对国外匈牙利语机构的运作和高级学者奖学金的设立作出专门规定。

二战结束后，匈牙利于 1949 年成立了文化关系研究院，专门负责对外文化推广、文化政策研究与决策等。匈牙利文化推广也开始走出欧洲，先后在索菲亚（1948 年）、华沙（1948 年）、布拉格（1953 年）、东柏林（1973 年）、开罗（1974 年）、德里（1978 年）、赫尔辛基（1980 年）、斯图加特（1990 年）、莫斯科（1990 年）、布拉迪斯拉发（1991 年）、布加勒斯特（1992 年）、塔林（1992 年）、伦敦（1999 年）、纽约（2001 年）等世界各地设立了以推动匈牙利文化传播为宗旨的匈牙利学院。

基于保存、发展、展示、传播、研究匈牙利语言和文化、整合已有匈牙利学机构的目的，匈牙利教育部于2002年1月1日宣布正式成立巴拉斯学院（Balassi Institute）。巴拉斯学院继承并整合了匈牙利语言学院和匈牙利学国际研究中心两个机构的所有职能，目标定位为不仅向海外传播和推广匈牙利文化，而且要向居住在匈牙利国民介绍和传播境外匈牙利人所保存的匈牙利传统和文化。

（二）巴拉斯学院的宗旨

巴拉斯学院是一所致力于建立并发展匈牙利教育国际关系体系的政府研究机构，正如德国的歌德学院、英国的英国文学协会或西班牙的塞万提斯学院那样，作为文化事务的专业指导中心运转，旨在国际的平台上推广匈牙利语言与文化树立匈牙利国家素质教育的国际形象。巴拉斯学院的基本目标是向全世界介绍匈牙利的价值观，让各国人民了解匈牙利人的良好声誉，呵护并建设匈牙利内外的匈牙利文化价值观。鉴于文化是在各民族之间建立平等关系的最有力、最有效的工具，巴拉斯学院高度重视中欧各民族文化在国际范围内的广泛传播。

巴拉斯学院是一所世界性的非营利文化机构，曾属于匈牙利教育文化部[①]，2014年7月正式归属外交部，负责在境外教授匈牙利语和传播匈牙利文化。巴拉斯学院在匈牙利的文化外交中发挥着关键的作用，同时，也开始协调并指导匈牙利海外机构的所有活动。

巴拉斯学院总部设在布达佩斯，其命名来自匈牙利文艺复兴时期的诗人巴拉斯·巴林特。巴拉斯学院成立于1927年，现已在28个国家建立机构，是匈牙利文化与语言教育机构，为官方单位。现任负责人为Judit Hamnerstein博士，有工作人员266名（依据最新网上公布数据）。

过去的80年中，在纽约、新德里、开罗、赫尔辛基、伦敦、华沙、布鲁塞尔、索非亚、斯图累加、布拉迪斯拉发、布拉格、塔林（爱沙尼亚共和国首都）、布加勒斯特（罗马尼亚首都）等，在20个国家，设有22个

① 匈牙利没有对应的教育部，而是在人力资源部下设有教育部门。

匈牙利机构，以及7个地方的文化外交工作。此外，在维也纳、柏林、巴黎、罗马和莫斯科还设有类似匈牙利研究的学院（Collegium Hungaricum），以此为战略堡垒，宣传匈牙利研究和科学发展，并获得匈牙利研究的资助。这些境外的匈牙利机构旨在合作国家推进和支持匈牙利文化遗产的宣传，通过匈牙利的各种文化外交的活动，鼓励在文化和科学方面的国际合作，加强匈牙利语的教育，介绍匈牙利生机盎然的文化。

（三）名称由来

巴拉斯学院的名字来自于文艺复兴时期的抒情诗人巴拉斯·巴林特（Balassi Bálint，1554—1594年）。他是文艺复兴时期的一位诗人，被匈牙利人视为最受热爱的诗人，他是历史上首位使用“我甜美的故乡”来描述匈牙利的人，这个表达后来成为匈牙利文学中爱国主义的代名词。

巴拉斯出生在一个很富有的权贵家庭，与当时的哈布斯王朝有着很强的联系。他自小就接受到新教改革者（the Protestant Reformer）Péter Bornemisza的教导，在很小的时候就能写出一些优美的诗句。不幸的是，他命运多桀，生命短暂，先后受到很多打击，如破产和一系列的失败、婚姻不幸、遭人诽谤、遇到法律麻烦。他参过军，但并没有立下战功，在反抗土耳其人占领埃斯泰尔戈姆（Esztergom）[①]的战役中牺牲，年仅39岁（有人说40岁）。

巴拉斯是一位真正的文艺复兴时期的人物，也是那个时代的代表，被认为是一位高贵的作家，性格浪漫，容易冲动，但同时也是一位品格高尚的人道主义者。历史上他对匈牙利文学的复兴作出很大的贡献：他将拉丁

① 埃斯泰尔戈姆（Esztergom）是北匈牙利的一个小城市，大约在布达佩斯的西北50公里处。它位于科马罗姆—埃斯泰尔戈姆县，是多瑙河的右岸，现在也是斯洛伐克的边界。从10世纪直到13世纪中，埃斯泰尔戈姆是匈牙利的首都，原本是皇家的居住地。

语改为匈牙利语进行创作，是继 Janus Pannonius① （15 世纪的诗人，用拉丁文写了许多赞美文艺复兴的诗篇而名噪一时）之后，第二位世人熟知的匈牙利诗人。作为 Ronsard②、Spenser ③和 Sidney④ 的同辈人，巴拉斯执着于新柏拉图式的爱情哲学和 Francesco Petrarch⑤ 式的诗意表达，并在其中注入了匈牙利的风情和新的诗意表达。深受德国、意大利、波兰、土耳其也许还有克罗地亚的影响，巴拉斯在很早就吸收了新拉丁诗的影响，后来在文学上成为和意大利知名诗人 Petrarch 一样有名的匈牙利诗人。尽管在他之前也有人使用匈牙利语进行诗歌创作，但巴拉斯文学表达的技巧——具有自传性的创作诗歌——是他对匈牙利文学的创新和宝贵财富⑥。他的学生不仅将他尊为匈牙利文学的象征人物，而且也视其为匈牙利文化的象

---

① Janus Pannonius（1434 年 8 月 29 日—1472 年 3 月 27 日），匈牙利人，出生在距离萨格列布不远的 Medvedgrad castle，是克罗地—匈牙利拉丁学者，诗人，外交官，佩奇的主教。他是匈牙利王国时期最负盛名的文艺复兴派诗人，也是匈牙利诗歌上较为知名的诗人。Europe. https：//en. wikipedia. org/wiki/Janus_ Pannonius。

② 彼埃尔·德·龙沙（Pierre de ronsard，1524—1585 年）法国第一个近代抒情诗人。出身于贵族家庭。龙沙曾随从出使，到过很多国家。后因大病成聋，决心写诗。1547 年组织七星诗社。1550 年发表《颂歌集》（*Odes*）四卷，声誉大著。1574 年所写组诗《致埃莱娜十四行诗》（*Sonnets pour Hélène*）被认为是他四部情诗中的最佳作品。http：//baike. baidu. com/view/972591. htm.

③ 埃德蒙·斯宾塞（Edmund Spenser，1552 年—1599 年 1 月 13 日），英国文艺复兴时期的伟大诗人。其代表作有长篇史诗《仙后》，田园诗集《牧人月历》，组诗《情诗小唱十四行诗集》《婚前曲》《祝婚曲》等。http：//baike. baidu. com/view/692711. htm.

④ 菲利普·西德尼（1554—1586 年）是伊丽莎白一世时期的廷臣，政治家，诗人和学者。被认为是当时的模范绅士，《爱星者和星星》被认为是伊丽莎白时代最优秀的 14 行诗，《诗辩》将文艺复兴理论家的思想介绍到英国。他在社交活动中举止优雅，是理想主义的政治家，勇敢的军人，他还熟悉当时的艺术和科学。他是当时英国最佳散文作家，又是仅次于爱德蒙·斯宾塞的诗人。http：//baike. baidu. com/view/2934576. htm.

⑤ 弗朗西斯克·彼特拉克（Francesco Petrarca，1304 年—1374 年 7 月 19 日）是意大利学者，诗人，和早期的人文主义者。彼特拉克和但丁被认为是文艺复兴之父，也是人文主义的奠基人。彼特拉克是文艺复兴时期用人文主义观点研究古典文化的最早代表。他广泛搜集希腊、罗马的古籍抄本，并且敢于突破中世纪的神学观念，用新时代的眼光，把人和现实生活放在中心位置，诠释古典著作。他对古典文化的研究，对欧洲文艺复兴运动和本人的创作，都发生了影响。

⑥ 据说，他把自己的诗作（1589 年离开之前和之后写的诗作）亲自收集在一起。这些没有印刷的诗作流传很久，共收有 100 首诗歌，在诗中巴拉斯被描写成神圣的人物：与丘比特失之交臂，无助地在爱情中挣扎，在激情中燃烧自己，放弃了茱莉亚，离开自己的国家，到新的国度寻找自己过去的爱人，开始了其穿越地狱式的朝圣之旅，一路与上帝进行诗意的辩论，并深感内疚。正是这种“虚拟的”巴拉斯代替了“真正的”不成功的恋人，给后代的人激发了无限的想象。

征人物，是有教养的欧洲人遵循的一个榜样。

此外，巴拉斯还是一位超越国界的诗人。实际上，他出生在北部靠近波兰的匈牙利—土耳其地区，母语是匈牙利语，但从他奶奶那里还学会了斯洛伐克语和波兰语。他忠实于自己的宗教感情，尽管在他短暂的一生中有过几次改变——在 Lutheran 和 Calvinist 教父母的抚养下长大，成年后受到耶稣会教（Jesuits）的影响。他在维也纳宫廷中与其父亲一起生活过一段岁月，也在特兰西瓦尼亚（Transylvania）和波兰（Poland）的皇宫中生活过，也许因此他比其他的匈牙利人都更加熟悉皇家风范和高贵的品味与礼仪。他的宗教诗歌抒发了浪漫情怀，并使用了神学的术语，使之上升到宗教的高度。（目前学术界对他的评价不一，是将他描述性的语言和在匈牙利文学中的地位看作是第一位真正的文艺复兴诗人，还是将他视为最后一位民谣歌手的传人。）不管如何评论，巴拉斯既具有古风古韵又超前于他的时代，通过追溯古代的源泉，结合风格主义（Mannerism）的特色和土耳其的诗意表达，他改变了当时的时尚。此外，他使用匈牙利语进行创作，这在当时是史无前例的。据传，除了自己的母语，他可以说 7 种外语，分别是拉丁语、德语、意大利语、斯洛伐克语、波兰语、土耳其语和克罗地亚语。巴拉斯不仅是第一位，也是匈牙利史上最欧洲化的一位诗人，至今他的作品仍象征着匈牙利人在文学上对欧洲乃至世界的开放性。由此，可见匈牙利政府选择其名为国际文化推广机构的名称，也是符合国家形象和战略的发展需求的。

在其命名上，巴拉斯学院与中国的孔子学院命名有异曲同工之妙。

三、巴拉斯学院的性质和战略目标

作为官方的文化推广机构，目前，巴拉斯学院的境外机构或中心遍布世界，在匈牙利文化外交中日益发挥出重要的作用，它指导、协调并统筹国外匈牙利学院的活动。从纽约到新德里，从开罗到赫尔辛基，从伦敦到华沙，从布鲁塞尔到索菲亚，在斯图加特、布拉格、布拉迪斯拉发、布加勒斯特、圣格奥尔基和塔林，在全世界20个国家里设有23所匈牙利学院。在其他4个国家里，文化外交官们作为匈牙利文化与教育政策的代言人的工作已有8年多的历史。在维也纳、柏林、巴黎、罗马、莫斯科作为匈牙利学院运转的机构，已成为了匈牙利得以在国际科学研究领域立足的重要堡垒，全年接纳并在研究工作中帮助各个学术领域的留学生和研究人员。

在国外设立匈牙利学院的目标明确：主要是保护并广泛传播匈牙利的文化遗产；维护并发展匈牙利与伙伴国家之间的文化外交关系；促进文化与科学领域的国际合作；匈牙利语言教育；通过信息服务和各种活动，展示匈牙利文化与社会的多姿多彩。

四、巴拉斯学院的组织管理模式、工作内容和活动范围

（一）巴拉斯学院内部的结构

巴拉斯学院总部设在布达佩斯，负责协调各部门和项目。其建筑为匈牙利地标性建筑，设有多种功能，如展览和会议功能，如展览和会议功能。一楼大厅可以举办中小型展览，每年的巴拉斯年会也在此举行。

（二）主要项目介绍

1. 文化和教育外交官员网络

帮助政府选拔和培训派驻不同国家的文化和教育参赞。在境外（没有匈牙利文化教育机构的国家）负责推广匈牙利文化和教育，其主要任务：

联系匈牙利文化机构，在所驻国宣传匈牙利文化和文化推广项目；

传播匈牙利的文化价值观，并向匈牙利宣传所在国的文化；

帮助更多的学生申请前往匈牙利学习访问，同时也促进匈牙利高等教育机构与其他国家的联合项目发展；

在匈牙利和所在国之间推进教育和科研合作，促进教师和学生之间的交流。

派驻在各国使馆的文化教育参赞，将在外交部的管辖之下，接受公共管理和正义部的专门指导和监督，在巴拉斯学校的协调下与负责教育和文化的一些部门协同工作。此类文化官员最初于2007年在北京、特拉维夫、贝尔格莱德和萨格勒布四个城市开始工作。2008年，在马德里和阿布达比也开始设立文化官员。这些均是由外交部、公共行政与司法部以及人力资源部共同完成的［参见10/2011.（IV. 8.）KüM - KIM - NEFMI joint decree］。

2. 匈牙利语言文化复兴的项目

（1）史密森民俗节和嘉宾

匈牙利第一次作为嘉宾国参加了于2013年6月26—7月7日在华盛顿举办的史密森民俗节。在露天举行的民间艺术与传统的大阅兵上，巴拉斯学院是匈牙利节目的协调方。多姿多彩、格外丰富的匈牙利节目为游客们提供了以互动的方式了解匈牙利音乐、舞蹈、手工艺和美食特色的机会。有120万人参加了这次在国家广场举办的艺术节，4000多万人则通过媒体报道了解了这次盛会。

（2）匈牙利学—匈牙利研究

巴拉斯学院通过建立并维系客座教师网络，为国外大学匈牙利语言教学和匈牙利学的讲授提供必要的支持。这些匈牙利语讲师和客座教师分布在世界上32所大学进行匈语教学、与匈牙利的高等教育机构建立联系、与匈牙利有关的文化和科学项目的组织合作工作。在匈牙利政府的支持下，从2014年开始，客座教师网络发展较为迅速，学院与欧洲国家、东方国家以及加拿大大学展开了协作，定期举办专业会议、会面与培训，对建立、发展密切交流型的专业关系提供了帮助。目前，讲师和客座教师遍及全世界32所大学。

（3）成立以匈牙利语为外语的教学与教学法研究中心

巴拉斯学院不仅在国外的大学内对作为外语的匈牙利语教学提供帮

助，而且还在国内组织不同水平、不同教学目标群体的匈牙利语教学，每年巴拉斯学院大约安排1.4万课时的匈牙利语课。在位于布达佩斯的学院总部，提供了多种匈牙利语言班，以宽泛的选择充分满足了人们学习匈牙利语的愿望。在匈牙利生活或短期逗留的外国朋友中，有许多人选择在巴拉斯夏季大学就读。学院还为那些匈牙利裔出身、在国外长大的年轻人提供了一种独特的“出身民族语言教学法”。基于训练有素、经验丰富的语言教员们的专业知识，巴拉斯学院当之无愧地成为作为外语的匈牙利语教学与教学法研究中心，负责教材开发、教学法研讨、组织会议和教师进修培训、专业期刊和电子教材的出版，这些也都是学院的重要任务。

（4）为生活在世界各地的匈牙利人提供教学法的帮助和建立联系

学院为那些在移民西方和散布喀尔巴阡盆地、只在周末或下午授课的匈牙利学校的教师们提供应其所需、针对他们特殊情况举办的、为时多日的专业培训（匈牙利学和信息技术会议，周末匈牙利学校的全球大会），为他们提供与时俱进的教学法帮助，使他们能够在国外的匈牙利族年轻人群体中更有成效地完成他们的教学工作。巴拉斯学院编辑出版了旨在帮助出身民族语言教学的、题为“巴拉斯手册”的系列教材（《这个城堡是我们的!》《让我们一个庆祝吧!》《让我们去冒险!》），在不久的将来，巴拉斯学院将推出eMagyarIskola网站（电子匈牙利学校），对匈牙利语教学感兴趣的朋友们可以在那里访问巴拉斯学院不断扩展的教学法信息库。

（5）为外国公民提供学习匈语机会

外国公民可以以奖学金和自费的形式参加学院举办的为期10个月或2—4周的学习班。每年大约有350位外国学生获得奖学金，在布达佩斯作为留学生攻读语言课程。来自全世界五大洲的年轻人不仅在课堂上接受强化语言训练，还对匈牙利国家积累了丰富的切身体验，并在这段生活里结交下终生的私人友谊。该项目倡议成立巴拉斯校友会，希望能藉此帮助那些曾在这里学习过的学员们建立并保持他们之间的友好联系。

（6）匈牙利语和匈牙利学培训

母语非匈牙利语的外国大学生可以申请这项培训。此项培训旨在帮助、加强国外移民的匈族身份认知。生活在喀尔巴阡盆地以外的匈牙利族年轻人可以申请这项奖学金。强化语言培训结束时，要通过国际公认的ECL语言考试。匈牙利学课程则让学员们对匈牙利文化遗产和今日的匈牙利社会获得一个全面、跨学科的综合了解。

（7）文学翻译培训

非匈牙利母语的，大学毕业后以文学翻译、向国外宣传匈牙利文化选择为自身职业的非匈牙利母语的外国公民，均可申请参加这项培训。课程设计，较为全面不仅会指导学员们进行文学翻译练习，还会在匈牙利语言和文学知识方面提供深度教学。大量已经印刷出版的书籍证明了毕业学员们的文学翻译才能。

（8）大学的预科培训

在这项培训中，那些非匈牙利母语的外国公民可以根据双边教育协议申请奖学金，生活在国外的匈牙利年轻人则可向境外匈牙利人奖学金委员会申请资助。预科培训年中，外国学生们可以掌握语言、专业语言和专业学科的技能，并使其在成功通过入学考试后，可以较为自信地继续接受高等教育。

（9）2—4周的暑期学校

在每年的8月，巴拉斯学院举办多种语言与文化的强化培训。在提高语言能力的同时，学员们还通过英语讲座、各种主题性的布达佩斯漫步、参观博物馆之行、郊游等活动，帮助学习者获得更加丰厚的匈牙利文化的体验。

从初级水平到文学翻译水平的匈牙利语言课程，由经验丰富的匈牙利人担任外语专业教师，在为时10—15周、60—300课时的课程里，开展各种等级的匈语语言教学。由于巴拉斯学院负责组织国际认可的ECL语言考试，所以学员们可以享受就地考试的便利。

（10）对境外匈族年轻人的学业提供资助

巴拉斯学院希望能够增进生活在国外的匈族年轻人对祖国的依恋，无论他们住在国外，还是住在匈牙利，学院都帮助他们学习匈牙利语。为了实现这个目标，学院组织各种培训和会议，设立各种奖学金，在布达佩斯和全国各地建立了分院网络。

（11）马尔顿·阿隆学院

布达佩斯、德布勒森、塞格德和佩奇分院的任务是，资助在匈牙利学习的境外大学生，呵护他们的才华。各所分院都与境外教育机构和研究单位保持联系，组织遍布喀尔巴阡盆地地区的研究活动、夏季大学和各种会议。为才华出众的学员们提供从事研究和出版的机会。他们还组织学术之旅，为不同地区的匈牙利学生建立跨越国界的友好联系提供机会。

（12）境外教育资助项目

巴拉斯学院与匈牙利政府人力资源部合作，为境外匈牙利学生和组织设立公共教育和高等教育的资助项目。学院还与境外信息办公室和境外地区奖学金委员会协作，组织赞助专题性的专题营、学科竞赛、教学法中心、教师协会、学生社团、家乡的夏季学院、家乡和匈牙利的进修培训项目，以及教科书发展、教学用具开发、零散的教育活动、朱丽安姊妹学校项目等。提供各项奖学金帮助所有接受匈牙利的高等教育、参加专项培训的大学生，以及所有在其家乡学习的本科生、研究生、博士生和年轻的教育工作者。

3. 主要的文化活动

（1）匈牙利国家年鉴

10余年来，巴拉斯学院一直精心编辑出版《我们国家的年鉴》。这套系列刊物每年介绍匈牙利在文化、科学、公众生活以及体育等各个不同领域发生的重要事件，也以简明扼要的形式综述了欧盟和周边国家发生的重要事件。利用此刊物，在匈牙利国内外充分发挥出文化宣传的作用。

（2）参加国际图书节

该项目于2012年开始启动匈牙利出版计划，旨在资助和帮助匈牙利作者、作品和匈牙利文化在国外书展和文学节上的展示、介绍与宣传。该计划由巴拉斯学院协调，并指导23家驻外匈牙利机构合作实施。在该计划框架内，除了组织各类活动、提供这类活动外，巴拉斯学院还出版各种专业书籍、目录，让外国合作伙伴尽可能多地了解匈牙利文学和非文学类虚构的优秀作品。匈牙利希望能积极参加的书展主要分两大类：一部分是国际性的重要书展，如法兰克福书展、莱比锡书展；另一类是在欧洲不同地区具有重要影响的书展，如维也纳书展、布拉格书展、克拉科夫书展、布拉迪斯拉发书展。另外，巴拉斯学院还努力在那些设立文化机构（如：北京、伊斯坦布尔、萨格勒布）的国家介绍匈牙利文学和匈牙利作家，帮助当地人更多地了解匈牙利的文化。

（3）“匈牙利校园”交流项目

“匈牙利校园”（Campus Hungary）是国家高等教育的流动性计划，其目的是使匈牙利高等教育尽可能紧密地与国际流动性进程接轨。“匈牙利校园计划”主要致力于提高匈牙利高等教育的国际竞争力，帮助高等学校的毕业生求职就业，并培养具有国际眼光、了解自己国家和自身价值的匈牙利知识分子。

“匈牙利校园计划”的首要目标是帮助尽可能多的匈牙利大学生有机会在国外完成一部分学业。在2013年，巴拉斯学院总共为大约6000名学生提供了奖学金，从而成功地将匈牙利大学生的流动性提高了50%。这在匈牙利是独一无二的奖学金项目，大学生可以在该项计划的框架内向各国申请留学。申请获得批准的学生，可以参加为时半年的研究课程、专业实习、个人或团体的短期游学。

“匈牙利校园计划”的另一项重要努力是在国外大力推介匈牙利的高等教育机构。该计划的目标是，到2020年将在匈牙利高等教育机构内求学的外国大学生数量翻三番。为了实现这一目标，匈牙利积极参加许多国外的教育展上，作为“向东开放”的标志，主要是在亚洲国家推介匈牙利高等教育机构的外语培训和匈牙利高等教育的良好声誉。“匈牙利校园计划”在欧盟的资助下得以实现。

（4）匈牙利奖学金委员会［The Hungarian Scholarship Board（HSB）Office］

匈牙利奖学金委员会在遵守匈牙利政府签订的双边合作协议的基础上，提供学习和研究奖学金。因此，匈牙利学生和研究人员可以申请到国外学习，外国公民也可以申请到匈牙利学习和研究。自2007年以来，该办公室在巴拉斯学院的赞助和支持下开始运作。

巴拉斯学院匈牙利奖学金委员会办公室的任务是在匈牙利奖学金委员会的权力范围内协调、落实各部委拨发的留学金。在这个框架内，另外单独落实由匈牙利国家单方面筹措的奖学金（如：匈牙利国家厄特沃什奖学金、维也纳匈牙利学院奖学金），以及在国际协议框架内设立的、以交换留学生形式实现的资助活动。匈牙利奖学金委员会办公室还参加合作伙伴国家单方面提供的奖学金或助学金项目。大部分奖学金适用于任何的研究领域或艺术分支。

（5）Publishing Hungarian

该项目由匈牙利国家文化基金会设立，主要目的是将匈牙利作品——文学类或非小说类、新近出版的或经典作品，通过国际书展展示给各国的读者。

自 2012 年起，每年大约 1 亿福林用于支持匈牙利有关机构参加国际图书节，并促进巴拉斯学院与境外的匈牙利学院和机构之间的联系。国家文化基金在 2014 年和 2012 年期间，每年资助 1 亿福林参加国际书展。

五、巴拉斯学院的资金来源与财务运作

巴拉斯学院采用中央集中预算的运行方式，由政府承担主要的费用。除了承担外派的文化参赞薪水，支持海外匈牙利中心的运行，学院还将为在国外工作的匈牙利教育工作者和教师提供一定的津贴和指导，以及相关的研究经费。此外，还使用匈牙利语等多种语言发表期刊并出版个人成果集。每年具体的开支或预决算信息保密，目前不对外公开。

六、巴拉斯学院与中国的合作关系

（一）与中国的最新合作发展

鉴于中国与匈牙利的友好外交关系，特别是近年来，两国之间高层互

访不断，中国已与匈牙利政府签署协议，两国互设奖学金项目，每年资助近千名学生和学者交流和互访，这个项目已于2014 年正式开始运作，由巴拉斯学院奖学金部与中国留学基金委直接对接，共同实施。

（二）匈牙利政府和大学重视与中国的文化和教育交流

目前，在匈牙利已成立4 所孔子学院，分别是于2006 年成立的罗兰大学孔子学院（与北京外国语大学合作），2012 年成立的赛格德大学孔子学院（与上海外国语大学合作），2013 年成立的密斯克尔茨大学孔子学院（与北京化工大学合作），2014 年末成立揭牌的佩奇大学中医孔子学院（与华北理工大学合作）。此外，在其他一些高校，如国家行政学院，布达佩斯外贸学院，考文纽斯大学等都设有中国问题研究所或中国经济研究所，并开设汉语课程，均有国家公派的汉语教师任教（主要由汉办派遣）。在其他的匈牙利大学也与国内的一些院校有合作和交流关系。据中国人民共和国驻匈牙利大使馆教育组的统计，派往匈牙利的汉语教师（含孔子学院汉语教师和志愿者）都逐年递增，且增长明显，现在总计 70 多位（2015 年）。

七、对推进孔子学院建设的借鉴意义

在了解和考察巴拉斯学院的发展、项目与文化活动及运作模式，特别是其语言文化推广的具体形式和特色项目之后，以下将从对比分析和借鉴的视角出发，为孔子学院的进一步发展提供借鉴，以期更好地为汉语国际推广提供理论依据和指导性对策。具体内容如下：

1. 巴拉斯学院的运作更具政府色彩，不仅参与海外机构的匈牙利语教学和文化推广，而且参与匈牙利派驻各国领馆文化官员的选拔，在语言教学和文化活动组织与推广方面具有较为直接的、紧密的关联；

2. 巴拉斯学院在项目的设计方面注重顶层设计，重视一些传统文化推广和现代匈牙利宣传，注重培养周边国家匈牙利裔以及其他国家对匈牙利国家或语言感兴趣的新生力量；

3. 尽管巴拉斯学院负责支付工作人员和重大项目的费用，在活动经费上鼓励大家各显其能，多方筹集或合作，举办文化色彩浓厚的活动；

4. 在匈语教学和文化活动组织中，目标群体定位明确，合作伙伴也较为明确，合作方式较为多样化；

5. 定期举办专门的研讨，向国外推介，特别是近年来积极向外宣传，对应的学术研究跟进也比较迅速。同时，由于巴拉斯学院历史悠久，在匈语教学和活动组织方面都有一定的积累，匈语教学研究也兼具一定的基础和科学性。

目前孔子学院在全球发展迅速，已经在134年国家建立起500多孔子学院和1000个孔子课堂，仅在匈牙利，自2006年起至今，已成功建立4家孔子学院和2所孔子课堂。这些孔子学院的成立与发展，提升了中国文化在中欧地区的影响力，对促进中匈两国在教育、文化、经济等领域的交流合作起到了举足轻重的作用。

加强对国外语言文化推广机构的研究分析和总结，是发挥上海外国语大学外语和文化研究之优势服务国家发展战略的重要举措，也必将能够推动上海外国语大学外语学科教学改革和研究、拓展人才培养内容和途径、推进国际化人才培养等方面提供可资借鉴的经验和思路。此外，该研究将对上海外国语大学孔院建设和对外汉语教学的发展也具有积极的推进作用。

（张雪梅　王会花）

【参考文献】

1. July 5. Open day at the Balassi Institute（Július 5. Nyílt Nap a Balassi Intézetben）. http：//www. balassiintezet. hu. 2012 – 07 – 01. Retrieved 2014 – 02 – 20（Hungarian）.

2. Bálint Institute – About us. www. balassiintezet. hu. Retrieved 2014 – 02 – 21.

3. Bálint Balassi. www. balassiintezet. hu. Retrieved 2014 – 02 – 20.

4. International Directorate. http：//www. balassiintezet. hu. Retrieved 2014 – 02 – 20.

5. Thc nctwork of thc diplomats for culturc and cducation. www. balassiintezet. hu. Retrieved 2014 – 02 – 20.

6. The network of Joint Institutes. www. balassiintezet. hu. Retrieved 2014 – 02 – 20.

7. Hungarian Studies. www. balassiintezet. hu. Retrieved 2014 – 02 – 28.

8. The Guest Lecturer Network. www. balassiintezet. hu. Retrieved 2014 – 02 – 28.

9. Balassi Institute – Hungarian Scholarship Board Office. www. scholarship. hu. Retrieved 2014 – 02 – 28.

10. HSB – General information. www. scholarship. hu. Retrieved 2014 – 02 – 28.

11. About the Campus Hungary Program. http：//www. campushungary. hu. Retrieved 2014 – 02 – 28.

12. Publishiung Hungary. www. balassiintezet. hu. Retrieved 2014 – 02 – 28.

13. Nemzeteket összehozó könyvvásárok. www. publishinGhungary. hu. Retrieved 2014 – 03 – 25 （Hungarian） .

14. 段奕，《软实力理论框架下的语言—文化国际推广与孔子学院》［J］，《复旦教育论坛》2008（2）。

15. 刘晓黎、李慧、桂凌，世界其他语言文化推广机构发展模式对孔子学院可持续发展的启示［J］，《长江学术》2012（3）。

16. 莫嘉琳，孔子学院与世界主要语言文化推广机构的比较研究［J］，云南师范大学学报》对外汉语教学与研究版2009（7）。

17. 张国斌，借鉴法国文化推广经验改革中国文化“走出去”方式［J］，《行政管理改革》2012（5）。

18. 张西平、柳若梅编，《世界主要国家语言推广政策概述》，外语教育与研究出版社，2008。

第十三章

日本国际交流基金会运作机制研究

【摘要】日本国际交流基金会作为日本外务省所管的独立行政法人，通过孜孜不倦的努力，开展各项活动，包括文化艺术交流、海外日语教育、日本研究与学术交流等项目，成功地向世界展现出日本友好、和平、向上的国家形象和谦恭、认真、文明的国民形象，加深了世界对日本的了解，甚至提高了对日本的亲近度与好感度，为日本国际交流基金会顺利地实施其文化外交政策、加强国际事务的参与度以及提高国际地位奠定了坚实的基础。

一、引言

日本国际交流基金会自20世纪70年代初成立以来，作为重要的载体与媒介，致力于推进文化艺术交流、海外日语教育、日本研究与学术交流，从而加深海外民众对日本的了解与认同，成功促进了日本文化软实力的提升，大大提升了日本的国际形象。可以说，国际交流基金会的运作机制与推广战略本身，已成为活跃于国际交流舞台上的一支强有力的文化软实力。

本章从日本国际交流基金会的概况、成立的背景和发展历程、机构的性质、运作机制、业务内容和成果以及在中国开展的文化交流事业等几方面，来分析日本国际交流基金会的运作机制，探讨其给中国的对外文化交流机构带来的借鉴意义。

二、基金会概况

为推进日本的国际文化交流事业，日本政府于1972年10月成立了国际交流基金会（英文：Japan Foundation，日文：国際交流基金，以下简称“基金会”），截至2014年11月，基金会在日本国内设有东京本部和京都分部以及两个附属机构（日语国际中心[①]和关西国际中心），在亚洲、大洋洲、美洲、欧洲、中东及非洲的21个国家和地区共设有22个海外办事处（参见图1）。[②]

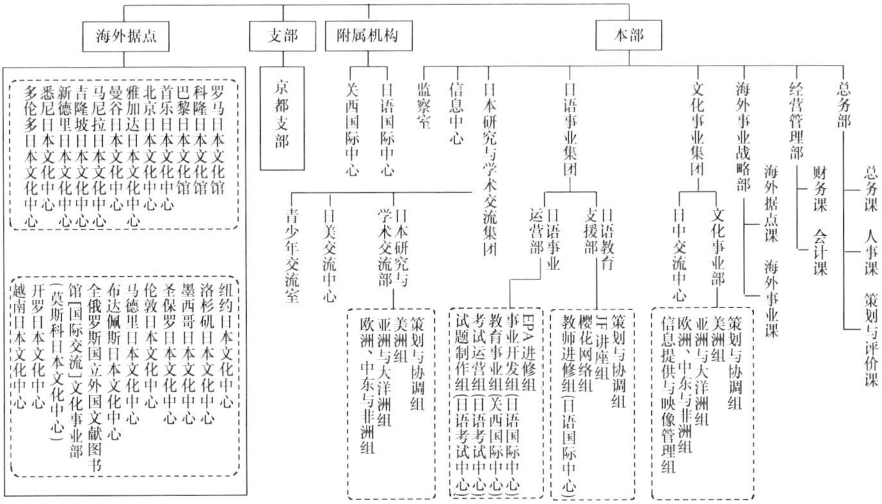

图1　基金会组织结构

作为日本唯一一所在全世界范围内综合开展国际文化交流事业的专门机构，基金会旨在“通过综合并有效地开展国际文化交流事业，加深各国对日

① 日语国际中心因位于崎玉县浦和市（今崎玉市），也被称为“浦和中心”。

② 除了京都支部、附属机构以及各个海外据点之外，基金会与世界各国的领事馆、日语教育机构以及文化交流机构等都有密切的联系与合作，致力于开展全球化性质的活动。

本的了解，增进国际相互理解，在文化和其他领域对世界作出贡献，以有助于建立良好的国际环境和维持并发展和谐的国际关系”①。其事业活动主要包括以下三个领域：文化艺术交流；海外日语教育；日本研究与学术交流。

三、成立背景及发展历程

基金会成立的1972年，正值日本经济的高速发展期，当时日本已经彻底摆脱战后的颓局，一跃成为仅次于美国的世界第二经济大国。但是经济的腾飞也伴随着不少问题，日本在经济大规模进军海外的过程中，对外经济摩擦不断发生，被国际社会批判为只顾追求经济利益的“经济动物”。这促使了日本政府的文化外交目标不得不逐渐朝重视“促进经济关系方面相互理解”的方向转变。经济的成功及伴随而来的全民族文化上的骄傲感，使日本政府倾向于对本国文化的独特性进行宣传，以达到化解日本与外国的经济摩擦与矛盾、增进相互沟通的目的，加深国际社会对日本的理解，为经济发展营造良好的国际环境。以此为契机，日本开始意识到开展文化国际交流在促进经济发展方面的重要性。经济的腾飞不仅使日本得到了世界的广泛关注，同时也使得日本国民开始将目光转向海外。1964年，奥林匹克运动会在东京召开，同年日本公民海外旅行实现了自由化。1970年，世博会在大阪举行。这一系列活动给日本国民带去了巨大的新鲜感与冲击力，大大激发了他们走出国门，了解世界的热情。应该说，此时进一步加强国际文化交流，对日本来说既是外需也是内求，而最终促成基金会成立的直接动因则是日美关系的转变。1971年6月17日，日美双方签署并公开发表《日美返还冲绳协定》，1972年5月该协定正式生效。同年，日本设立国际交流基金会的计划在日美首脑会谈中首次公之于众，日美间确立了加强文化交流的外交协定。基金会正是在这样的大背景下成立的。

基金会在42年的运作历程中，因时制宜，不断发展壮大，主要经历了

① 摘自《独立行政法人国际交流基金法》。

以下三个阶段。

第一个阶段：创立初期——20 世纪 70 年代初至 80 年代中期。在创立之初，基金会开展的国际文化交流活动主要以人物交流与日本研究为中心。1973 年 1 月 27 日，大平外相于国会演说中指出：“我国政府于去年 10 月设立了国际交流基金会，基金会的设立赢得了各国的好感与期待。……我们政府会不断强化扩充这个基金会，广泛开展以人物交流与日本研究为中心的文化交流活动。”① 如上所述，基金会的创立动因是为改善日美关系，缓解对外经济的矛盾与摩擦。故其最初的主要交流对象国是美国，随后逐渐向欧洲、韩国、中国扩散。

第二个阶段：发展壮大期——20 世纪 80 年代中后期至 90 年代末。1988 年 5 月，当时的竹下登首相在伦敦的一次演说中，将国际文化交流列为“国际合作构想”的三大支柱之一。第二年，“国际文化交流恳谈会”提交最终报告书，要求政府强化基金会活动的内容与范围。由此，进一步扩大国际文化交流已成为日本各界的共识。在这个阶段，基金会的活动开始由日本研究倾向于海外日语教育，并分别于 1989 年与 1997 年成立了日语国际中心与关西国际中心。这两个附属机构的工作重点为海外日语教育，主要开展海外日语教师、日语学习者的访日研修及日语教材的制作与开发。在推动日语教育蓬勃发展的同时，基金会还进一步扩大在亚洲的交流对象，于 1990 年 1 月成立亚洲文化中心，积极推动与新加坡、越南等东南亚国家的文化交流。

第三个阶段：变革期——21 世纪初期。2003 年 10 月，基金会由外务省管辖的特殊行政法人正式变更为独立行政法人，并于次年将机构的事业部门改组为文化艺术交流、日语、日本研究 · 学术交流三个小组。改革后，基金会无论在制度上还是管理上，都有了新的变化，增设了评价机制，对当时的需求作出更具效率与效用的反馈；财务审批等制度也更趋完善，更有利于资金的有效运转。从而使得国际交流活动运作的方向更明确、重点更突出、组织更具体系化；交流对象也从美国、欧洲、亚洲扩大

① 摘自众议院会议录信息第 071 次国会本会议第 3 号：http：//kokkai. ndl. go. jp/SENTAKU/syugiin/071/0001/07101270001003c. html。

到整个环太平洋地区。[①]

四、机构性质

在实际运作中，日本政府开始意识到，出于国民生活及社会经济安定等公共视角的考量，国际交流不可或缺，但是没有必要全由国家主体出面开展，有些业务完全可以委托民间机构，而有些业务全权委托民间机构则难以完成，必须由一个主体独立运作。[②] 于是，2002 年，日本政府根据行政机构改革方案修订了法律《特殊行政法人国际交流基金法》。由此，次年基金会由外务省下属的机构正式变成了独立行政法人。所谓独立行政法人，就是以有效率、有效果地开展工作为目标，依照《独立行政法人通则法》与个别法（如《独立行政法人国际交流基金法》）设立的法人。独立行政法人即为半官半民性质的机构，在接受国家宏观调控的指导下，能独立自主地开展业务活动。

基金会整编为独立行政法人后，活动使命也随之增加，其宗旨从综合有效地开发国际文化交流项目更新为“加深各国对日本的了解，增进国际相互理解，在文化和其他领域对世界做出贡献，建立良好的国际环境和维持并发展和谐的国际关系”。这一新的宗旨进一步明确了基金会作为日本文化外交政策重要载体的定位，也显示出日本政府对基金会助力于改善国家形象、建立文化大国方面的期待。

五、运作机制

如上所述，通过 2003 年的改革，基金会的机构性质发生了变化，随之，也带来了其活动使命、运作资金、管理举措等多方面的变革。由此，

① 《国际交流基金会 40 年的发展历程》（2012）。

② 摘自《独立行政法人通则法》（平成 11 年 7 月 16 日，平成 24 年 6 月 27 日最终修订）。

基金会的运作更灵活、更具自由度，也更密切贴合国内外的需求及动态，从而大大丰富了基金会的活动，提升了工作效率。

（一）运作举措

1. 总体运作情况

基金会的各种运作严格遵循“一法二令一书”的准则，即《独立行政法人国际交流基金法》及其施行令和省令，以及《独立行政法人国际交流基金业务方法书》。这些法律法规明确规定了基金会的宗旨目标、资金运作、职员待遇、业务内容、评价监察政策及奖惩制度等等，使得基金会的运作有法可依，有理可循。

基金会从2003年起，每5年制订一个中期目标，也称中期计划，计划目标明确、内容详尽清晰，对其未来的发展起着指南作用。[①] 并且，在中期计划的基础上，基金会每年还会再制订一个年度计划，主要包括：

（1）提高对日本国民的服务质量以及优化各项国际文化交流活动的措施；

（2）提升基金会开展各项工作效率的措施；

（3）预算、收支计划及资金计划；

（4）与其他省令规定的业务有关的重要事项。

此外，在每年年末，基金会还会公布当年度的事业、业务等各项总结报告，详细记录该年度各项活动的具体数据以及参与者的满意度等等，与年度计划呼应，工作有始有终。

除了年度计划与年报之外，基金会还拥有较为完善的评价体系与监察体系。一方面，基金会每年邀请国内的有识之士组成评价小组，依照外务省政策评价书中有关文化交流的评价标准，对其开展的各项文化交流活动的实施与效果进行评价，并制成评价报告；另一方面，基金会根据总务省

① 目前处于第三个中期计划（2012年4月1日—2017年3月31日）的施行阶段。

设置法[①]的相关行政监察规定，接受严格的监察。监察内容如下：

第一，相关法令、业务方法书、规章制度的完善与实施状况；

第二，中期计划及年度计划的实施状况；

第三，组织运作及人事管理状况；

第四，决算状况；

第五，预算的执行及资金运作状况；

第六，收入及支出详情；

第七，物品及不动产等管理资产的获得、管理及处理；

第八，合约；

第九，人事开支；

第十，海外办事处的业务运作状况等等。[②]

科学合理的评价体系、公开严格的监察制度使基金会的运作更具效率与效用。

2. 与日本驻外使领馆的合作机制

国际交流基金会是日本外务省直接主管的国际交流机构，是外务省推进公共外交最重要的平台，在日本的国际文化交流活动中发挥着重要作用，被称为“是关乎日本百年大计”的事业。日本国际交流基金会与日本驻外使领馆有着密切的合作关系。国际交流基金会在中国等国家进行文化推进的同时，通过使领馆进行相关工作的安排和相关事宜的办理，或者与使领馆共同进行文化推广活动，承担文化外交的职能。

（1）机构设置与业务管理

日本国际交流基金会在北京设有日本文化中心，在上海、广州的领事馆设有“窗口”，介绍、宣传、开展日本国际交流基金会的相关活动。日本驻华大使馆、日本驻上海总领事馆、日本驻广州总领事馆的官方网页常年设日本文化中心、日本际交流基金会的链接，北京日本文化中心也设置日本国驻华大使馆的链接。在人员设置方面，由于日本文化中心仅设置于

① 总务省设置法（平成11年法律第91号）第4条第18号。

② 摘自《独立行政法人国际交流基金监事监察实施细则》。

北京一处，上海、广州的日本总领事馆内有日方和中方工作人员兼任日本国际交流基金会的工作，配合日本国际交流基金、日本文化中心的相关工作。

（2）文化艺术活动合作

日本国际交流基金会和日本使领馆在文化艺术推广交流方面开展了亲密而广泛的合作。二者合作的领域涉及电影、音乐、绘画、演剧、舞蹈、茶道、花道、服装、动漫、美食、武术、语言等艺术人文和教育领域，采取演出、讲座、参观、交流、展览、座谈等广泛的形式进行。日本国际交流基金会和日本使领馆支持中国开展日本教育，赞助中国高校等教育机构的日语演讲比赛、书法比赛、俳句比赛、中日青少年交流等活动，也支持中国的日本学研究等学术活动，支持培养中国的日语教师。在这些活动的开展中，日本国际交流基金会和日本使领馆优势互补，为日本的文化输出作出了巨大贡献。

（3）情报搜集和其他

日本国际交流基金会和日本使领馆在中国开展活动的同时，与中国社会进行了广泛而亲密的接触，获取了大量中国社会及人员的信息和情报。日本国际交流基金会和日本使领馆也在中国秘密开展了大量活动，二者之间的运作机制得到了日本的高度保护，日本国际交流基金会涉及日本使领馆的活动大部分处于保密状态。

（二）资金运作

基金会最初的财政基础为政府出资的780亿日元（相当于当时的62亿人民币），现在其资金收入主要来自以下四个方面：政府的拨款（运作资金）、运用政府资金所获收入、业务委托所获收入、民间捐赠。

根据需要，政府还会以国库补助金的形式增加对基金会的拨款（参见表1、图2）。

表1　基金会2013年度收入决算一览表①（单位：百万日元）

收入	预算额	决算额
运作补助金	12495	12495
国库补助金	20035	20035
运用收入	1188	1200
业务委托收入	2455	2493
捐款收入	393	385
其他收入	998	1356
总计	375635	379640

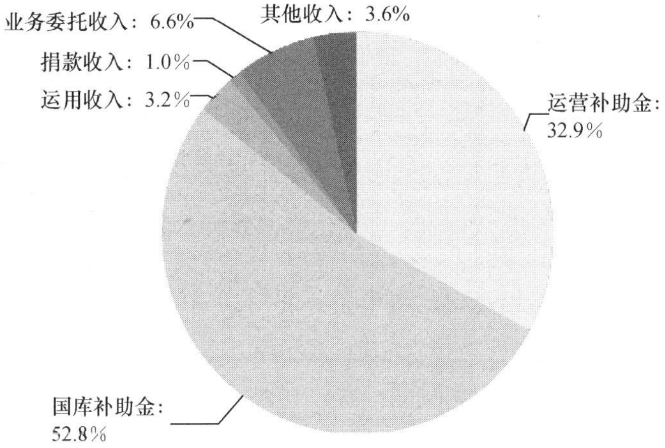

图2　基金会2013年度各项收入决算额比例图

在2013年度基金会所有资金的收入来源中，来自日本政府拨款的金额是最大的，包括运作补助金与国库补助金，约占总额的85.7%。其次是基金会凭借自身的运作获得的收入，包括运用政府资金获得的收入与业务委托获得的收入，约占总额的9.8%。最后一项收入较为特殊，是来自民间个人与团体的捐赠。据《独立行政法人国际交流基金法》规定，基金会可

① 相关数据来自《日本国际交流基金会2013年度年报》。

以接受来自社会各界的捐款，主要有以下两种形式：一是一般性捐款。企业、团体和个人可以在任何时期向基金会捐赠任何金额。二是特定性捐款。如果日本国内的法人与个人想要资助国际文化交流事业，基金会可以接受捐款用于相应活动。虽然这一部分收入所占比例只有1.0%，但是绝对金额并不少，这也从一个侧面很好地反映了民间对国际文化交流活动的响应与支持。

表2　2013年度基金会接受捐款金额一览表①

		件数	金额
一般性捐款		60件	50338525日元
	赞助会（法人）	38件	7550000日元
	对特定事业的捐款	19件	41777525日元
	民间捐款	3件	1011000日元
特定性捐款		31件	335941452日元

基金会最主要的经费支出用于业务开销，具体包括：文化艺术交流经费；海外日语教育经费；海外日语研究·学术交流经费；调查研究·信息提供等经费；强化亚洲文化交流经费；其他经费。

表3　基金会2013年度支出决算一览表②（单位：百万日元）

支出	预算额	决算额
业务经费（总额）	14431	14479
文化艺术交流经费	1908	1920
海外日语教育经费	4924	4916

① 相关数据来自《日本国际交流基金会2013年度年报》。
② 相关数据来自《日本国际交流基金会2013年度年报》。

续表

支出	预算额	决算额
海外日语研究·学术交流经费	3186	2995
调查研究·信息提供经费	441	492
东日本大地震复兴文化交流经费	0	24
强化亚洲文化交流经费	10	12
其他经费	3961	4120
一般管理费（总额）	2139	2081
人工费	1420	1376
物件费	719	705
总计	16571	16561

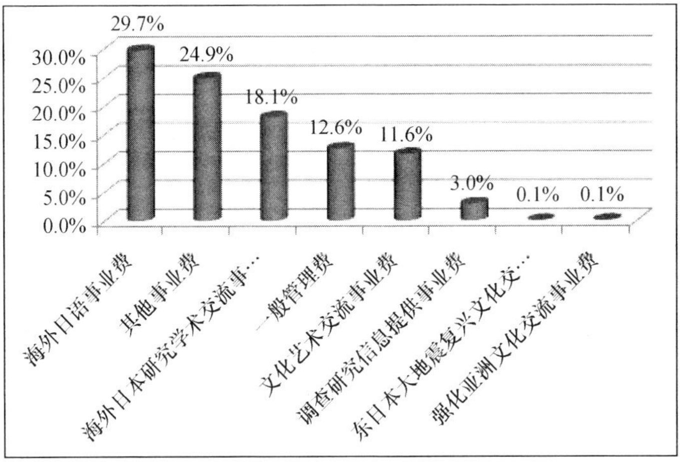

图 3　基金会 2013 年度各项经费开支比例图

在 2013 年度各项支出的经费中，海外日语教育经费所占比重是最大的，这与2014年度基金会的预算侧重点相同。[①] 至少这两年来向海外普及与推广日语是基金会工作的一个重心。

同时，充足的财政基盘与高度的财政自由使得基金会能审时度势，根据实际需要及时划拨经费，灵活举办国际文化交流活动，例如“强化亚洲交流经费”与“东日本大地震复兴文化交流经费”专项资金的设立。前者为其加强在亚洲地区开展的文化交流活动提供了坚实的财政基础；后者为基金会开展一系列灾后复兴活动，以及推广传播宫城县等东北重灾区的文化艺术提供财政支持，维持了国际社会对灾后日本的关心，并促进对日本的长期了解。

六、业务内容与成果

基金会主营的业务主要有“三大支柱”：文化艺术交流、海外日语教育、日本研究·学术交流。

除了这相对固定的三大领域之外，基金会还会根据国内外形势的变化或国家外交政策重心的调整等，灵活开展各个领域的国际文化交流活动。自1972年成立以来的42年间，在孜孜不倦的努力之下，基金会取得了巨大的成就，成功推动日本的语言·文化走出国门、走向世界，积极与世界进行交流，亦赢得了国际社会的认可，大大提升了日本的国际形象。

（一）文化艺术交流

基金会通过美术、舞台、电影、文艺等多种渠道向世界传播日本丰富多彩的文化艺术。通过文化艺术的国际交流，向全世界传达“日本之心”，创造出超越语言与国境的共鸣方式，并分享创新的喜悦与热情，加深了人与人之间的交流。

---

① 《独立行政法人国际交流基金会平成26年度计划》表明：海外日语事业费预算为49.6亿日元，位于各项经费开支之首。

向海外介绍丰富多彩的日本文化·艺术	+	通过文化·艺术领域对世界作出贡献
外交的重要机遇文化交流的重点对象		双方向型共同作业型交流事
在全世界范围内持续开展的事业·活动		对世界共同课题进行的探讨与合作

图 4　文化艺术交流事业概要

1. 文化交流的重点对象/双方向型·共同作业型事业

美国、中国、韩国一直是基金会的重点交流对象，每年都有为数不少的大型文化交流活动在这三个国家举行；而非洲则是近两年来基金会着力加强文化交流与合作的新兴地区。除了这两条主线之外，基金会还根据日本外交政策的动态，调整该年度重点交流的国别。例如，2013 年，为纪念日本·东盟友好合作 40 周年及日本、西班牙交流 400 周年，基金会利用该大好机会，将东盟、西班牙列入 2013 年度的重点交流国别，在两国开展了许多极富吸引力的大型文化交流活动。2014 年，为纪念日本与瑞士、日本与波利维亚外交关系建立 150 周年、100 周年，以及日本、加勒比海诸国交流年及日本、俄罗斯武道交流年等，基金会将瑞士、玻利维亚、加勒比海诸国及俄罗斯调整为 2014 年度的重点交流国别。

表 4　2013 年度重点国别文化·艺术交流活动示例

重点国别	文化·艺术交流活动示例
美国	（1）宫城—新奥尔良青少年爵士交流
	（2）巡回展“通向未来的回路——日本新世代艺术家”
中国	（1）中日共同制作的戏剧“记忆、场所、对话”
	（2）巡回展“Character 大国、日本”
韩国	（1）中日韩三国共同制作的戏剧“祝/言”
	（2）巡回型小规模狂言公演

续表

重点国别	文化·艺术交流活动示例
东盟	(1) 日本·东盟友好合作40周年纪念："Media/Art Kitchen" 展①
	(2) 舞蹈项目："MAU：J－ASEAN Dance Collaboration"②
西班牙	(1) 日本、西班牙交流400周年纪念"杉本文乐曾根崎心中"欧洲公演
	(2) "南蛮漆器：流落西班牙的'日本'—庆长遣欧使节400周年"展
非洲	(1) 日本音乐小规模公演"和魂乐匠"③
	(2) 和太鼓小规模公演④

"所谓双方向型·共同作业型事业"，是指日本与海外的艺术家、工作人员花费很长时间共同制作一部舞台公演或策划一个展览会。基金会通过招聘·派遣美术馆、博物馆的学艺员、舞台艺术公演的主持人及制作人等各个领域的文化艺术专家，为其开展国际论坛及对话事业提供合作的平台，加深专家之间的交流与合作，并将他们努力的成果推广到海内外。每年"共同作业型事业"的基本内容与重点交流对象国共同开展的文化交流活动基本一致。

2. 世界范围的文化·艺术交流活动

基金会在全世界范围内积极开展形式多样、内容丰富的文化·艺术交流活动，主要内容包括：题材广泛的基金会世界巡回展；日本电影的海内外上映；日本电视节目的介绍；日本书籍翻译出版援助；参加国际图书展；参加国际美术展·建筑展。

基金会围绕日本的设计、建筑、摄影、公益、武道、流行文化等主题

① 于印度尼西亚、马来西亚、菲律宾和泰国举行。
② 于印度尼西亚、菲律宾、马来西亚和新加坡举行。
③ 于摩洛哥、塞内加尔、加蓬举行。
④ 于马拉维、肯尼亚举行。

元素，制作规模相对较小的巡回展示套件，在世界各地巡回举办展览会。并且在展会期间，基金会还派遣相关领域的专家开展小规模的讲座或公演，与展览会呼应，进一步激发世界各地参与者的热情，加深他们对日本艺术文化的了解与理解。

基金会的各个海外据点、驻外使馆也会充分利用东京本部“Film Library”的资源，在世界各地举办日本电影节·日本电影上映会，例如，2013 年度在中国举办“小津安二郎诞生 110 周年纪念电影上映会”；在美国举办“今村昌平特集上映会”等等。此外，还通过在海外播放电视剧、纪录片等日本电视节目，利用其受众面广、通俗易懂、传播便捷等特质进一步扩大海外受众人数，以最接地气的方式使海外民众轻松地感受、体验当今日本的艺术文化，得到了很大的反响与广泛的好评。

当海外的出版社对以文学为主的人文·社会科学领域的日本书籍进行翻译出版时，基金会不仅给予资金上的援助（金额最多达该项款的 80%），还致力于日本书籍在海外的普及，积极推动其产业化进程。这项工作已开展了整整 40 年，截至 2014 年 4 月，基金会共资助了 1500 次、53 种语言的翻译、出版工作。2014 年 4 月 27 日，日本《经济新闻》“中外时评”一栏高度赞扬了基金会在日本书籍的海外翻译、出版方面所做的贡献。

基金会每年都参加世界各地的国际图书展，而且，国际图书展并非只展出日本一国的图书，因此对日本并没有多大兴趣的海外民众也可能参加。基金会利用图书展这一大特点，除了设计图书展台之外，还积极开办知名作家的小型演讲会，并在现场设计折纸教室、漫画教室等介绍日本文化的平台，吸引更多海外民众的关注，灵活、全面、有效地利用各种机会综合传播日本的文化·艺术。另一方面，基金会也积极出席国际美术展·建筑展。2013 年，基金会参加了在意大利威尼斯举办的两年一度的国际美术展，日本馆展示的主题是东日本大地震灾后的社会建设，获得了最高奖项“金狮子奖”。

表 5　2013 年度基金年会文化·艺术活动实绩（前年度）①

活动项目	实施件数	实施国家数	人数、部数②	满意程度	报道件数
（1）巡回展	106	56	753954 人	95%	915 件
（2）海外电影推广	100	67	226476 人	95%	2227 件
（3）海外电视节目介绍	16	10	2996588 人		8 件
（4）翻译、出版援助	41	27	90771 部		31 件
（5）国际图书展	14	14	93219 人	93%	95 件
（6）国际建筑·美术展	8	9	538538 人	90%	461 件

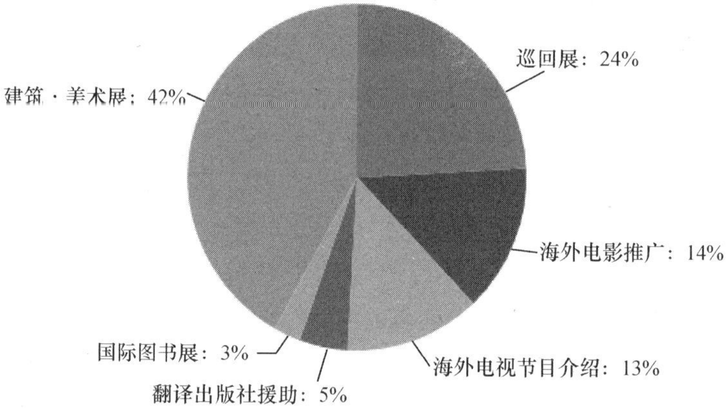

图 5　基金会 2013 年度文化·艺术活动经费比

3. 探讨世界共通的课题

文化·艺术超越国境与语言，能唤起人们的共鸣与感动。基金会巧用文化、艺术这一独特魅力，与世界各国共同探讨灾后复兴、和平事业、环境问题等全球性课题，致力于推动世界的和平发展与进步。

① 数据来自《2013 年度日本国际交流基金会业绩报告书》。

② 或到场人数、发行部数。

表 6　2013 年度基金年会参与的世界共通课题

(1) 文化遗产保护·继承事业	(2) 面向东盟诸国的文化合作事业
文化遗产保存·修复实习讲座（乌兹别克斯坦）	支援越南青年剧场
染织文化财产保存·修复研究会（亚美尼亚）	支援亚洲管弦乐团
卡曼卡雷霍尤克博物馆学专业课程（土耳其）	支援亚洲美术工作者
(3) 东日本大地震灾后复兴事业	
巡回展“3·11—东日本大地震后，建筑家们是如何应对的”	
“东北—风土·人·生活”“美丽的东北手工制品”等展览会	
以东北为舞台，以复兴为主题的电影·纪录片的上映会	

（二）海外日语教育

海外日语教育一直以来都是基金会工作的重点。为了给海外人士提供更多学习日语的机会，也为创造一个轻松、自由的学习环境，让日语学习者能更有效、更持久、更快捷地学习，基金会与世界各国、地区的政府、教育机构合作，因地制宜，根据不同地区的教育环境、教育政策、学习者的目的与兴趣的不同，不断调整并深入研究推广海外日语教育的策略与战略。

1. 日语教授法、教材的开发和普及

基金会认为在日语教育中，综合培养学习者的“课题遂行能力”与“异文化理解能力”① 同样重要。在这一理念下，基金会重新思考日语教育·教学方式及学习成果的评价标准，综合语言的掌握与文化的理解两个视点，制作出“JF 日语教育标准”，并在此基础上开发出配套的日语教材

① “课题遂行能力”指使用日语能够做到哪些事；“异文化理解能力”指理解并尊重他国的文化。

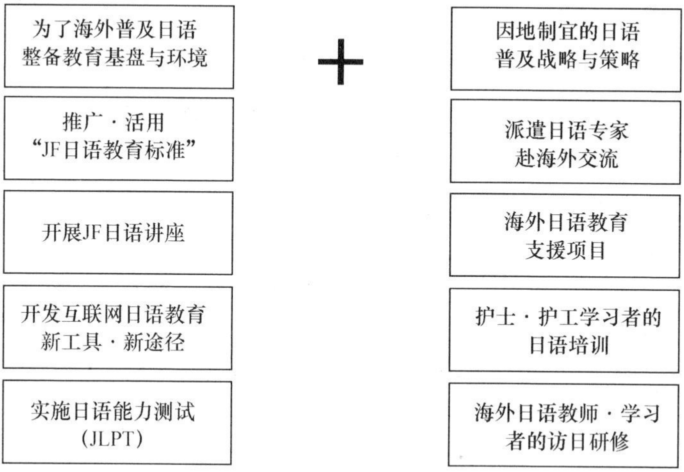

图 6　海外日语教育事业概要

《完整—日本的语言与文化》。2013 年 9 月，《完整—日本的语言与文化》入门（A1）系列的《活动》与《理解》两册已正式投入市场销售，基金会期待新的标准与教材能使教育的面貌焕然一新，更有助于学习者日语能力的全面提高。

基金会在各个海外据点与日本中心积极开展 JF 讲座，助力于新标准与新教材的普及与推广。JF 讲座的运作除了开办日语教室之外，还增设了许多音乐、电影、美术、料理等方面的日本文化体验活动，并为学习者提供日本的最新动态及文化交流项目的相关信息，使 JF 讲座的参与者们切身感受到来自日本的异域文化，在提高日语水平的同时增强理解、尊重、接受异域文化的能力。

近年来，随着信息技术的不断进步与发展，基金会将教材开发的重心从纸质教材转移到网络教材的开发、应用和普及上。相较于纸质教材，网络教材有以下几大优势：第一，内容更加丰富，不受篇幅限制，随时可以追加、更新内容；第二，内容更加生动，图文并茂，还有声音、动画辅助，使学习更具趣味性；第三，使用更加便捷，学习者不受时间、地点限制，可以随时随地学习；第四，更加环保。截至目前，基金会已开发了多种内容各异的趣味性网络教材，受到世界各地日语学习者的喜爱与欢迎。

表 7　2013 年度各类网络教材的使用情况统计

网络教材名称	点阅次数（次）
（1）艾琳来挑战！会说日语	5449730
（2）大家的教材	3374913
（3）动漫・漫画的日语	2851604
（4）NIHONGO ena	1114388
（5）Carenavi 的日语	753754
（6）完整 + 入门	86575
（7）寿司测试	79718

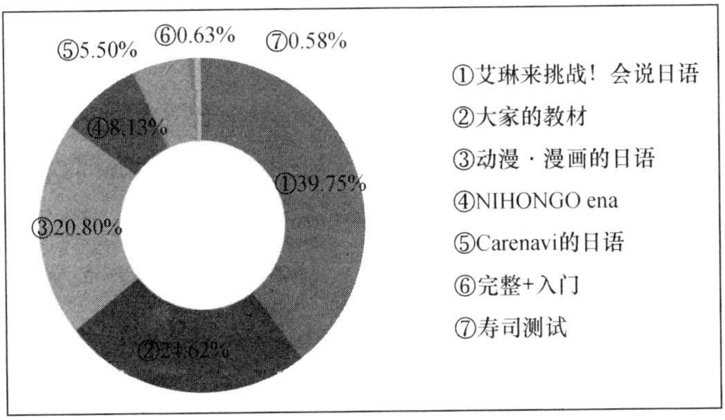

图 7　各网络教材点阅次数比例

国际交流基金在各个国家定期进行日语教学法培训。凡是开设有日语专业的大学都可以向其提出申请，获得许可后，国际交流基金会派遣两名讲师前往申请单位，一般是一天时间，上下午分别开设两场讲座，进行国家交流基金倡导的日语教学法的培训工作，讲座结束后组织所有参会者就日语教学中出现的问题进行讨论。当晚，国际交流基金还会设宴款待所有参会者，派遣的两位讲师分别与各位参加者一一交换名片，进行交谈。由此可见，这项活动不仅是日语教学法的培训与推广活动，同时也是国际交流基金与各地进行日语教育的教师进行交流、扩大国际交流基金影响力的重要手段之一。其中高级日语教学法讲座培训内容如下：

（1）如何界定“初级”与“中高级”？

国际交流基金的标准是：“JF 日语教育标准”（JF 日本語教育スタンダード，参见 http：//jfstandard.jp/），以“课题完成能力”作为评价基准。

初级阶段为完成基本的、日常的、个人的、具体的单纯课题的基础阶段（JFスタンダードA1、A2）。

中级阶段能够在更广阔的范围内独立完成稍抽象的、一般性的、公开场合的较为复杂的课题（JFスタンダードB1、B2）。

高级阶段则能够在专业的、抽象的、复杂的情况下，完成复杂、甚至有时比较困难的课题（JFスタンダードB2、C1、C2）。

（2）中高级教学内容

交流四要素：语言知识、谈话能力、社会言语能力、战略能力。

语言知识：包括发音、文字、词汇、句型和语法规则等方面的知识。中级以后能够为完成复杂的课题，能够比较灵活地使用初级阶段学过的语法项目。

谈话能力：不仅能够完整地讲述一段话，而且能够条理清楚，各部分联系紧密。

社会言语能力：能够根据对象与场合进行合适的表达。

战略能力：遇到生词和新的语法等，可以根据上下文进行推测，或者通过与谈话对象的交流，使用各种策略进行理解。

（3）中高级教学方法

首先，设定课题，接下来将课题转换为具体的教室活动。在“Warming - up”的部分向学生明确指出各个活动的目的，并将以“Input”为中心的活动（听、读）逐步向以“Output”为中心的活动（说、写）转化。

在这一授课过程中，“重视内容”“由 input 到 output”“多技能统合型的授课样式”“流畅度的培养”是关键的四个因素。

“重视内容”：不同于以往的“bottom - up”教学法，推荐“Top - down”的教学法，在理解全部的意思后，再进入以句子和词汇为单位的学习。只有通过这种教学法，才能培养学生根据上下文进行推测理解的“战略能力”。

“由 input 到 output”：学生通过在具体上下文中的“output”来发现自己的不足，反过来又能够促进学生在“input”环节更为有效的学习。

“多技能统合型的授课样式”：设计综合听、说、读、写能力训练的课程。

“流畅度的培养”：不仅在准确度上，如何反复训练以实现流畅的表达是中级以后课程的主要目标之一（参见图 8）。

2. 日语能力测试的实施

（1）历史沿革

日语能力测试（英语：Japanese Language Proficiency Test，简称 JLPT）是由日本国际交流基金会与日本国际教育协会（现日本国际教育支援协会）从 1984 年开始实施的，面向母语为非日语的学习人员的日语水平认定考试。在日本国内，本考试由日本国际教育支援协会举办；国外则由日本国际交流基金举办，在台湾地区是和公益财团法人交流协会共同举办的。考试自 1984 年起一年一度在世界各地举办，在世界 20 多个国家和地区开考，是首份世界统一的日语能力考试。

考试试卷由日本发往全球各地，考完后再全部送回日本统一阅卷，3 月前后再将成绩发回各地考点。所以考试是全球性的，取得的合格证书也是全球通用的，并且长期有效。在日本国内由 15 名专家组成该考试的考试实施委员会，决定其方针、实施计划、考试内容及证书的授予标准等。该委员会下设规划委员会和考试委员会。规划委员会负责实施计划的制定和考试结果的分析评价；考试委员会负责试题的命制。

近年，日本国际交流基金会与日本国际教育支援协会运用 20 多年来对日语教育学和测试理论的研究成果及迄今为止积累起来的测试成绩数据，对日语能力测试的内容进行了改版。2008 年 10 月，国际交流基金会将原

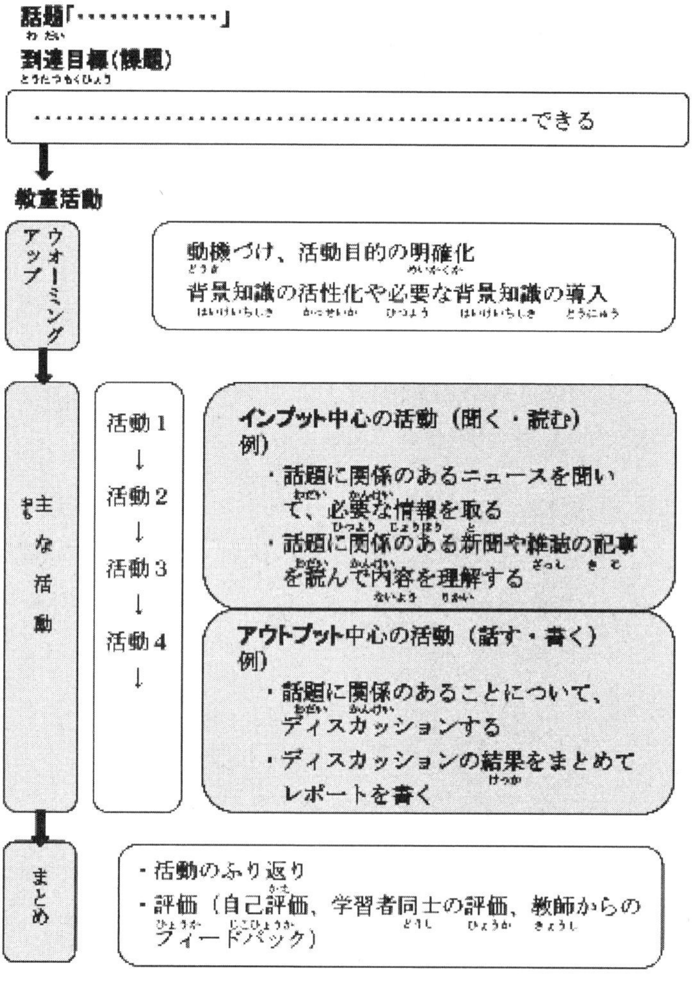

图 8　多技能统合型的授课流程

资料来源：『国際交流基金日本語教授法シリーズ10　中・上級を教える』p. 52。

先的日本与事业部考试课改组为日本语考试中心，对在 IT 技术考试中的运用、对口语能力和作文能力的测试进行研究开发。自 2009 年起，该考试每年举办 2 次，并自 2010 年开始实施新的日语能力测试。

（2）实施状况

2003 年文部科学省创立日本留学考试之前，本考试用于检定日本大学留学生的日语语文能力。如图 9 所示，1984 年日语能力测试开始实施之时，最初报考人数全球共计约 7000 人，随后报考人数逐年递增。2009 年由于是改革前最后一年，该年度的日语能力测试的报考者达到约 77 万人，是报考人数最多的一年。2010 年改革后，如图 9 所示，每年举办考试的次数增加到 2 次，实施城市数量也稳步增至 250 个。每年 12 月举行的第二次考试无论是实施城市数量还是报考规模，都超过 7 月份的第一次。改革后，年度报考人数虽较 2009 年有所回落，但 2013 年报考人数仍高达约 65 万人，为世界最大规模的日语考试。

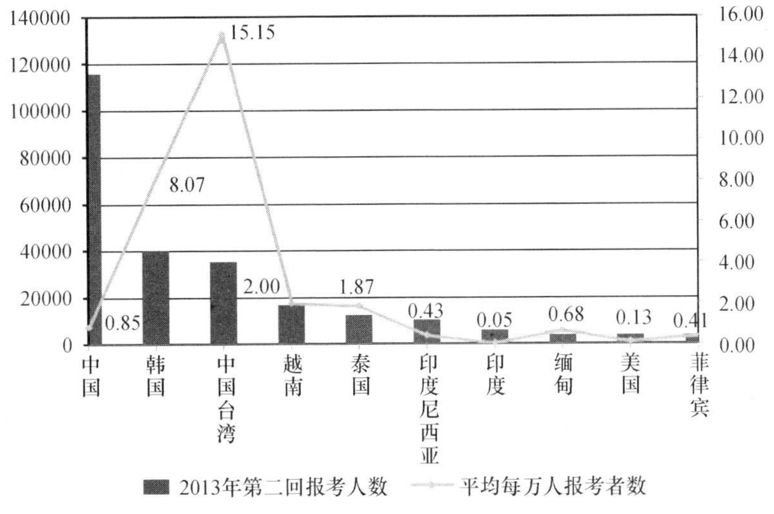

图 9 报考者前 10 位国家及每万人报考者数

考生的分布情况，以 2013 年 12 月举行的第二次考试为例，日语能力测试在日本国内的 44 个都道府县和日本以外的 65 个国家及地区的 250 个城市举行，具有非常大的影响力。从报考人数来看，如图 9 所示，仅报考者前 10 位的国家就占海外报考者总数的 89.2%，前 10 国除了美国，均为亚洲国家，日语的影响力尚未辐射到欧洲各国，考生分布集中，东亚各国是接受日本语能力测试最为积极的地区。其中，包括香港在内，中国 2013

年第二次报考人数为11.6万，稳居首位，占28万海外考生的41.5%；韩国则以4万人紧随其后，中、韩是报考人数最多的两个国家。台湾地区的考生数为3.55万，虽仅列第三，但若将报考者规模与该地区人口相结合看，台湾地区人口2341.7万①，即平均每1万人中，仅2013年12月就有15.15人参加了日语能力考试，是第二位韩国的近2倍，是第三位越南的7倍，日语能力考试在台湾地区的影响力由此可见一斑。

（3）考试内容及认定标准的变化

日语能力测试原先分为四个等级，2010年以后在二级和三级之间新增了一个等级，因此目前共分为五个等级。对比官方发布的新旧考试的各等级认定标准，从评定标准来看，新标准明确提出通过"读""听"的语言行为体现各等级的认定标准，取代以前仅仅量化学习时间和基础知识的旧标准，理念鲜明，对听力和阅读这两个部分的要求明显加强。以一级为例，要求考生在阅读方面，能够阅读有关各类话题的报纸社论、评论等逻辑性稍强、抽象度高的文章，理解文章的构成及内容。能够阅读有关各类话题的深层次内容的读物，理解上下文及具体的表达意图；在听力方面，能够听懂各种场合一般语速的连贯会话、新闻及讲座内容，详细理解上下文含义、出场人物的关系及内容的逻辑构成等，掌握大意。以前主要靠文字词汇和语法部分拿分的同学参加新能力考会比较吃亏。应该说新能力考更加注重听力和阅读这样的综合能力及运用能力测试，而减少了对基础知识的考察。这对之前仅仅为了考试而备考的考生来说难度上有了很大的提升，如果没有很好的日语基本功及语言应用能力，想通过改革后的考试还是有很大难度的。

加强"读""听"考察这一理念在新旧考试分值和时间变化中也可以明显体现。以听力为例，旧考试各个等级中，听力科目均占总分值的1/4，改革后，提高到了占总分值的1/3，比重增加明显。其次，考试时间方面，改革后虽然各个等级考试总时长有5—15分钟或增或减的微调，但就听力这一科目而言，考试时间却没有减少，尤以一级为例，虽然总考试时间削

① http://zh.wikipedia.org/wiki/%E8%87%BA%E7%81%A3%E4%BA%BA%E5%8F%A3#cite_note-1。（中华民国内政部统计月报2014.10中华民国内政部统计处）

减了 10 分钟，但听力单科却延长了 15 分钟，对听力部分重点考察的倾向明显。

另外，加强“读”“听”考察这一理念同样贯穿在设置单科最低分这一改革举措中。改革后的能力考，通过综合得分和各单项得分的及格分来综合评定是否及格。单项得分的及格分是指各单项得分至少应达到这一分数。如果各单项得分中有一项没有达到及格分，那么，无论综合得分多高都不能视为及格。从表 8“能力考各等级单科得分范围及及格分”，我们也可以观察到该变革主要旨在对“阅读”和“听力”单科成绩提出更高的要求。

表 8　日本语能力测试新旧认定标准对比

旧考试		新考试	
等级	认定标准	等级	认定标准（通过“读”“听”的语言行为体现各等级认定标准）
1	掌握高级语法、汉字（2000 字左右）、词汇（10000 个左右）、达到社会生活所需的综合日语能力（为学习 900 小时左右的水平）	N1	读：能够阅读有关广泛话题的报纸社论、评论等逻辑稍强、抽象度高的文章，理解文章的构成及内容；能够阅读有关各类话题的有深度的内容的读物，理解上下文及具体的表达意图 听：能够听懂广泛场合中正常语速的连贯对话、新闻及讲座内容，详细理解上下文含义和内容、出场人物的关系及内容的逻辑构成等，掌握大意

续表

旧考试		新考试	
等级	认定标准	等级	认定标准（通过“读”“听”的语言行为体现各等级认定标准）
2	掌握较高级语法、汉字（1000字左右）、词汇（6000左右），达到能对一般性事情进行会话的能力以及读写能力（为学习日语600小时左右且完成中级日语课程的水平）	N2	读：能够阅读和理解有关广泛话题的报纸及杂志报道、解说、简单评论等论点清晰的文章；能够阅读有关一般性话题的读物，理解上下文及表达意图 听：不仅在日常场合，还能在广泛场合听懂接近正常语速的连贯对话及新闻，理解上下文的含义、出场人物的关系，并掌握大意
		N3	读：能够阅读并理解有关日常话题的内容具体的文章；能够通过报纸标题掌握信息概要；在日常场景中，对于难度稍高的文章，如转换表达方式，就可理解文章大意 听：在日常场景中，能够听懂接近正常语速的连贯对话，包括出场人物的关系在内，大致理解对话的具体内容

续表

旧考试		新考试	
等级	认定标准	等级	认定标准（通过“读”“听”的语言行为体现各等级认定标准）
3	掌握基本语法、汉字（300 字左右）与词汇（1500 个左右），达到日常生活的对话能力以及读写简单文章的能力（为学习日语 300 小时左右，并完成初级日语课程的水平）	N4	读：能够阅读和理解由基本词汇及汉字所组成的讲述日常生活中最熟悉话题的文章 听：能够大致听懂语速稍慢的日常对话
4	掌握初步语法、汉字（100 字）与词汇（800 个左右），达到简单对话，并可读写简单文章或短小文章的能力（为学习日语 150 小时左右，并完成初级日语课程上半部分的水平）	N5	读：能够阅读和理解由平假名、片假名及日常生活中常见的基本汉字组成的惯用短语、句子和文章 听：对于课堂和身边等日常场合中的语速缓慢的短小对话，能够听懂必要信息

表 9　能力考各等级单科得分范围及及格分

等级	综合得分		各得分分类的得分					
			（文字、词汇、语法）		阅读		听力	
	得分范围	合格分	得分范围	及格分	得分范围	及格分	得分范围	及格分
N1	0－180 分	100 分	0－60 分	19 分	0－60 分	19 分	0－60 分	19 分
N2	0－180 分	90 分	0－60 分	19 分	0－60 分	19 分	0－60 分	19 分
N3	0－180 分	95 分	0－60 分	19 分	0－60 分	19 分	0－60 分	19 分

续表

	综合得分		（文字、词汇、语法）·阅读		听力		
等级	得分范围	合格分	得分范围	及格分	得分范围	及格分	
N4	0－180分	90分	0－120分	38分	0－60分	19分	
N5	0－180分	80分	0－120分	38分	0－60分	19分	

从合格率方面，以2009年7月到2014年7月实际合格率的数据为例，如图10所示，N5的合格率平均为58.6%，而N1的合格率为32.2%，总体而言随着考试本身难度增加，合格率呈现减少趋势。但新增的N3级别的合格率不仅没有比N2明显的偏高，而且6年的平均合格率N3为40.7%甚至低于N2的41.6%。新增的N3等级试题在难度系数设置方面还存在疑问。

此外，纵向对比各等级历年合格率的变化发现，每次考试合格率相差比较大，各个等级最高合格率均比最低拉开近10%左右的差距，即使合格率最稳定的N5也有7.6%的差距。

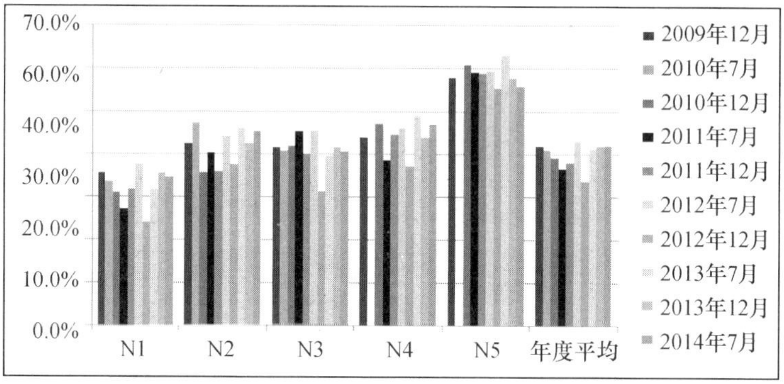

图10　能力考各等级实际合格率（2009—2014年）

（4）社会影响

根据国际交流基金2013年12月对海外报考者的一项统计显示，49%的海外考生为受过高等教育的大学生和研究生。因工作需求而报考能力考的也不在少数，27%的报考者为在职人员。

日语能力测试的报考人员分布从小学生到社会人士跨度非常大，涉及多方面，而报考目的也各不相同。日语能力测试的认定还运用于学校的学分和毕业资格认定、企业就职、加薪、晋升和资格认定等方面，国内有些日资企业要求其求职者提交相应的等级证书，回答“对自己的工作或今后的就职、加薪、升职有帮助”的考生（含在日本和自己国家）比例最高，达到37%，可见能力考的证书社会认可度还是比较高的。

另外有35.7%的考生回答考试是希望了解自己的语言能力。还有13.2%的考生回答是升学需要。目前大多数日本大学招收外国留学生时，要求留学生提交该考试的一级证书作为录取他们的语言水平依据，日本专科院校也要求注册的留学生能提交一级或二级的证书。

此外，日语能力测试对于赴日留学和工作都有着重要的意义。针对外国人学习者，可以享受日本出入境管理上的优惠政策加分。依据“高级人才积分制的出入境管理优待制度”，日语能力测试N1的合格者可以加10分。总分数在70分以上者，可享受出入境管理上的优惠政策。日本方面对有关国际交流或某些劳务输入者要求提交相应的等级证书。

报考情况的较大变化及其扩展趋势，也对考试提出了相关希望和建议。因此众多日语培训机构也是以此为培训目标，其中北京新东方，拥有由多名留日海归、曾执教日本大学的资深博士、本土日语教学精英组成的强大的教师团队。

日语能力测试并不是“纸上谈兵”，它不仅是促进日本海内外日语学习者继续学习的动力，更是进入日本国内外大学等教育机构、就职于企业并获得职务晋升的重要参考指标。近年来，该测试成绩还广泛应用于日本出入境的优待制度、日本医师等医疗国家考试的资格认定等等。日语能力测试促进日语教育更规范、有效、更持久，而这些“实战优势”则使其更有活力与生命力，更能满足海内外日语学习者最实际的需求。

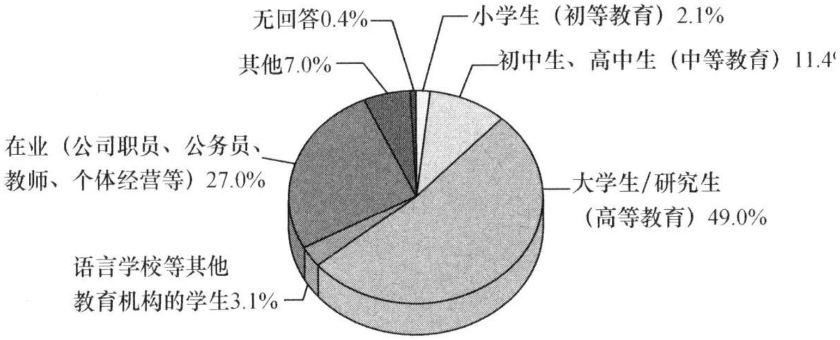

回答者：2013年第2次（12月）考试的海外参加者（有效回答人数242.282名）。
以日本国际交流基金会所实施的海外63个国家，202座城市为对象。

图 11　报名学生构成图

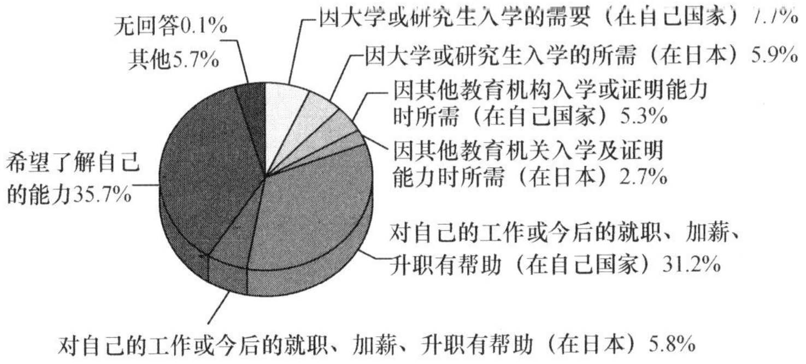

回答者：2013年第2次（12月）考试的海外参加者（有效回答人数242.282名）。
以日本国际交流基金会所实施的海外63个国家，202座城市为对象。

图 12　参加考试理由

3. “走出去”与“请进来”的日语人才交流

为实现各国日语教育的独立化，基金会派遣日语高级专家、日语专家、日语指导助手赴基金会海外据点、各国教育部门及中等、高等教育机构开展日语教育援助工作。日语高级专家与日语专家主要负责协助日语课程安排及教材编写，促进当地日语教师的培养与相互交流，承担日语讲座的运作及授课；而日语指导助手则在日语专家的指导下配合相关活动的开展。2013 年度，日本共派遣了 124 名日语专家（包括高级专家与指导助手）赴 40 个国家开展日语教育支援、海外日语人才培养事业，为海外日语教育安定、高质地实施奠定了坚实的基础。

在派遣日语专家“走出去”的同时，基金会还以日语国际中心与关西国际中心两个支部为平台，积极实施“请进来”的日语人才访日研修项目。日语国际中心主要开展海外日语教师的访日研修。研修项目包括：日语教育指导者培养项目（硕士课程）；日本语言文化研究项目（博士课程）；海外日语教师研修（长期·短期）；国别研修；受托培养；地域合作研修等等。

研修时间从 3 周至 9 个月不等，每年约有超过 50 个国家、地区，500 名左右的海外日语教师参加研修、培训，加强了海外日语教育的师资力量。

关西国际中心则主要承载了海外日语学习者在日本国内集中研修的功能。

关西国际中心于 1997 年 5 月在大阪成立，其主要业务主要包括：（1）专业日语研修；（2）日语学习者访日研修；（3）本地交流与研修；（4）亚洲青年学者高等教育奖学金访日研修；（5）各类委托日语培训与研修等。其中专业日语研修主要以外交官、公务员、图书馆图书管理人员、从事日本问题研究的研究生或研究人员等特定的专业人员为对象，提供有针对性的日语培训，时间为 2—8 个月不等。日语学习者的访日研修则以学习日语的海外国家的高中生和大学生等为对象。本地交流与研修则是依托大阪府等行政机构的对外交流项目为载体进行日语培训。此外，关西国际中心还接受海外非营利性机构的委托，进行日语培训、日本文化体验等活动，如海外日语教师的日语培训等。当然，关西国际中心也承担了国际交流基金机构本身所具有的网络日语学习和日语教材开发等一般性业务。关西国际中心每年均对各项研修业务与项目进行综合评价，评价报告公布在其官方网站上。评价报告内容全面，包括项目目标管理、各评价指标完成度、主要问题、综合评价结果、项目数据资料等内容，比较完整、准确地反映了项目的实际情况。

关西国际中心以上各类项目均以全世界各国日语学习、研修需求者为对象，其中与中国关系较密切的是“（日本）国内大学合作大学生访日研修”项目。该项目实施的背景是国际交流基金和日本部分高校合作，支持设有日语教育专业的日本高校本科生和研究生赴海外高校进行日语教育实习，为日本该专业大学生提供了解海外高校日语教育第一线情况的机会。同时，为体现对接收日本高校日语教育专业实习生的海外大学的支持，国际交流基金每年分配一定名额，从这些海外高校中邀请部分日语专业大学生赴关西国际中心进行日语研修和日本文化考察，向海外学习日语的青年提供赴日本接受日语研修和体验日本文化与社会的机会。

该项目的日本国内合作大学共17所，分别为岩手大学、琦玉大学、大阪樟荫女子大学、札幌国际大学、神田外语大学、筑波大学、京都外国语大学、东京外国语大学、京都圣母女子大学、东北学院大学、惠泉女学园大学、姬路独协大学、杏林大学、广岛大学、神户女子大学、武库川女子大学、神户亲和女子大学。其中海外实习高校在中国内地共有8所大学，分别为北京大学、清华大学、北京师范大学、南开大学、上海外国语大学、中山大学、大连外国语大学、吉林师范大学。

关西国际中心实施的该项目一般每年冬季和夏季各举行1次，除特殊情况外，一般每所海外高校每次派遣1名学生。冬季研修时间为6周左右，夏季研修为18天。研修期间所安排的主要内容包括5个方面，分别为日语学习与应用、交流、大学访问、文化与社会体验与结业发表。其中日语学习与应用主要有“讨论与理解日本”“演讲”“访谈”“日语多样性体验”“学习总结”等内容。除了日语学习之外，研修生还赴日本京都、和歌山县、神户等地进行研修旅行，并在各地体验穿和服、欣赏日本鼓乐、插花等日本文化，并在各地与当地民众等进行交流。此外，为了吸引海外学生赴日本留学，研修期间还安排学生赴大阪大学、立命馆大学访问交流。

从该项目的日语研修内容看，关西国际交流中心的日语研修与中国国内的一般讲授性教学方式有着明显的不同，而是侧重于具有一定日语基础者的实际语言应用与交流、沟通能力的培养，即“体验型日语学习”。而这一特点在“（日本）国内大学合作大学生访日研修”项目以外的该中心实施的日语研修项目中也同样得到了体现。另外，研修内容中设定了日语学习以外的参观、访问与当地社会的交流等内容，这说明该中心同样重视向海外日语学习者中的佼佼者宣传日本文化、增进其对日本文化与社会的理解，并实现这类人群回国后所产生的波及效果。根据关西国际中心的要求，研修人员从日本回国后，需要向所在学校与团体汇报或介绍研修内容及相关情况，且研修人员所在单位负责人还需就将其本人研修效果以书面问卷的形式反馈给关西国际中心。问卷中包括研修结束后对日本文化与社会的态度变化等内容，可见关西国际中心所承载的功能充分结合了日语培训和扩大日本文化影响力的两方面内容。

日本语国际中心的人才开发项目主要包括邀请海外的当地教师赴日研修和派遣日本教师赴海外任教及进行派遣前的培训。例如，针对提高海外的当地教师的日语能力、教育能力、文化背景知识而开设的各种长期（6个月）、短期（2个月）及学历课程（“日语教育指导者培训硕士课程”等），通过各种语言技能的培训、教学法的培训、文化体验（茶道、花道等），以及参观日本的中小学课堂等活动，提高教师的语言能力、教学水平，并亲身感受日本的社会和文化。海外的日语教师可以根据自身的需求报名参加这样的培训项目，日本语国际中心则根据申请者的条件进行筛选，并负担合格者赴日培训的全部费用。

日本语国际中心的另一个重要项目是教材开发，主要包括直接编辑出版各种教材及赞助国内外的出版社和教育机构开发新教材。日本语国际中心主要是为日本和海外的机构提供教材研发所需的资金和技术支持。日本国内获得资助的项目主要有《汉英字学习辞典》等各类工具书和文化类教辅资料；海外的出版、研究机构获得的资助主要是针对不同国家和地区编写的日语教材，包括教科书和工具书、教师用书、参考资料等教辅类用品，例如，中国获得资助的项目有人民教育出版社出版的《新版中日交流标准日本语》等在中国广泛使用的日语教材。2013年始，日本语国际中心以《日本国际交流基金会日语教学标准（2010）》为准绳，结合“Can-do”（能够完成的课题）评价体系以及前沿教学法全新打造了《完整—日本的语言与文化》系列教材。同时，应互联网时代的需求，开创了“大家的教材网站”（みんなの教材サイト），旨在为全球各地的日语教师提供可以随时随地利用的教材、教案制作素材和相识互勉的平台。在该网站上，既有反映日本社会和文化现状的插图、照片素材，又有对于语法、句型、词汇的教授指导和建议，还有可供教师直接选用的词汇表、练习题、阅读理解文章等素材，可谓包罗万象，简单实用，必将成为日后教材发展的风向标。

（三）《日本国际交流基金会日语教学标准（2010）》

在现代社会，多元化的价值观和日益增多的人际交往使得沟通变得愈加重要。使用外语在某种程度上解决问题、拓展视野，理解、尊重他国文化的能力显得更加重要。2003 年《欧洲语言学习、评估共同参考框架（CEFR）》正式颁布，日本国际交流基金会参照 CEFR，以“用日语促进彼此的理解”为发展理念，制定开发了一套日语教育、学习、评估的参考标准，即《日本国际交流基金会日语教学标准（2010）》（以下简称《JF 标准》）。该标准强调使用日语解决问题的能力，重视学生的学习过程，并使用同一套标准评价不同学习环境中的学生的日语水平，这使得全世界的日语学习者能够明确知晓他们在全世界所有日语学习者中所处的水平等级。该标准能够评估学习者的语言熟练程度，培养并评估学习者通过语言解决实际问题的能力以及跨文化沟通的能力。

1. 《JF 标准》的主要内容

《JF 标准》的核心内容就是将 CEFR 的理念移植到日语教育中来。虽然并非新的创造，但是标准中所强调的“交际目标中的语言沟通、理解诠释、表达演示，与传统的听说读写四种技能相比，更为丰富、更为自然”，对于设计课程、开发教材和评价教学具有一定的使用价值。

《JF 标准》主要包括三个方面的内容：

（1）《JF 标准》之树：对语言能力的构成要素及语言活动能力的分类

及界定。《JF 标准》之树的树根部分为语言交际能力，包括语言构造能力、社会语言能力和语用能力。其中语言这一构造能力指对传统意义上的语言、词汇、语法等基础知识的学习、书写和阅读等基本技能。社会语言能力是指对所使用语言的准确性的把握程度。语用能力包括话题的展开、话题意志性和完整性等与谈话能力相关的内容，以及会话的流畅性、叙述的正确度等。树枝部分则为语言交际活动能力。该树形象地告诉了我们语言能力和语言活动之间的依存关系，把语言活动的类型结合实际的教学进行了细化，教学机构或学习者可按照各自的需求，从中选择组合语言能力和语言活动的类型展开具有个性化的教学。

（2）“Can - do（能够完成的课题）”：对日语熟练程度的等级分类。《JF 标准》以“Can - do（能够完成的课题）”这一专用词汇来表示日语熟练程度，按照标准之树上的内容，“Can - do”分为语言能力（能力 Can - do）、语言活动（活動 Can - do）、中介语言活动（テクストCan - do）及表述策略（方略 Can - do）四大种类，其中语言能力即为树根部分的语言交际能力，语言活动和表述策略指的是接受理解（受容）、信息输出（産出）、交流互动（やりとり）等具体语言活动类型。而中介语言活动则指的是无法归类于上述三种活动类型的中介活动，例如记笔记、写归纳概要等。

（3）学习档案（ポートフォリオ）：对学习成果的检验评价方式。学习档案通过记录和保存每个学习者的学习过程，来帮助学习者评价“课题执行能力”和“跨文化理解能力”。学习档案由三部分构成：第一，“语言能力”：主要包括“自我评价表”和“自我评价标准”等。第二，“学习记录”：主要包括学习者制定的学习计划、各种文化体验活动的记录以及对学习的回顾和小结。第三，“学习成果”：包括学习者在学习过程中保留下来的各种成果，如：小作文、测验考卷、演讲稿、现场发表用的 PPT 等。设立学习档案有助于帮助教师与学习者共同拥有学习目标和学习过程，通过日语能力的自评及学习体验的记录，可激发学习者提高自律能力、明确学习目标，并能对学习者的语言能力以及在教师内外习得的各种知识及技能及时进行评价。进入到日本语国际中心进修之时，包括笔者在内的每位学员首先都领取了一份学习档案。通过完成学习档案的学习计划制定、学习及文化体验记录、学习成果的汇总以及评价等等，对于学习内容、学习成果、取得的进步有了充分的认识和实质地记载，亲身体验到了该措施的合理有效性。

2.《JF 标准》的教学目标

《JF 标准》的教学目标是掌握课程执行能力（「課題遂行力」），其“课题”分别归属于上述提及的语言能力、语言活动、中介语言活动及表述策略四大种类。具体活动主要有：讲述经验故事，进行公共广播、论述，进行演讲或发表，写作文、学习报告及报导；与母语话者进行交流，听演讲、说明会、指示、广播、媒体报道等，看电视电影，阅读信件、邮件、说明，检索信息；参与正式或非正式的社交活动，在商店及公共机关与他人交涉，交换情报，采访或接受采访，与他人书信邮件的往来，书写申请表格或留言等。此外还包括思考表达方式、构思发言内容、推测对方意图、争取发言权、帮助或协助他人展开议论、请求对方说明等策略活动。这些课题的内容涵盖了听说读写的各项技能，内容更加丰富，活动形式更加多样。教师和学生可以根据各自的学习需求，从活动类型丰富、难易程度不一的 JF 课题中，选择学习内容、制定学习计划，展开学习目标明确的教学活动。

3.《JF 标准》的“Can - do”评价体系

《JF 标准》以 CEFR 为基础，提出了日语教学实践评价体系——“Can - do”评价体系。“JF Can - do”将日语教学评价体系定为 6 个等级，即 A1（入门级）、A2（基础级）、B1（进阶级）、B2（高阶级）、C1（流畅运用级）、C2（精通级）。A1、A2 为基础阶段语言使用者级别，B1、B2 为自立语言使用者级别，C1、C2 为熟练语言使用者级别。级别不同，能完成的语言活动（课题）也各不相同。具体如表 10 所示。

表 10　“Can－do”评价标准

级别	能够完成的语言活动（课题）
A1	能够看懂非常简单的重复的表现形式，例如，说话者的介绍以及单词“干杯”等
A2	能够对自己身边的话题经过练习，进行简短的基本演示说明
B1	能够对自己熟知的话题，经过事前准备之后，进行简单的介绍
B2	能够清楚地说明或介绍准备好了的演示文稿
C1	能够针对复杂的话题进行结构清晰明了的介绍
C2	能够面对对话题一无所知的听众，自信地将复杂的内容进行口头表达

以上 6 个级别，由浅入深，循序渐进地表现了日语学习者从简短句子到兼顾到听话者感受的口头语言运用能力的发展和进步。同样道理，利用其他各个语言活动提示，同样可以制定出具体、详细的能力水平逐渐提高的活动列表。

国际交流基金会迄今为止已经举办了多场日语教学研修会，在日语教育界进行推广、宣传、并进一步共同探讨该体系。此外，国际交流基金还制作了网络版“大家的‘Can－do’”（みんなの「Can－do」サイト http：//jfstandard. jp/cando/top/ja/rennder. do）免费向社会各界公开。

国际交流基金会力推“Can－do”评价体系，是希望能确定一个统一的评判标准，使得不管世界上哪个国家，用哪一种方法或哪一种教材教授和学习日语，学习者都会明确知道自己所学日语的真实水平，教授者也会明确知道自己所教授日语的真实水平。确切的说，统一的评价标准就是一种共同的评价尺度。不仅如此，通过该标准中的对“熟练度”的评价，以及学习者对学习档案的回顾，便能够逐渐养成对异文化的理解能力以及自我评价能力。这样，不管是升学、留学、再就业还是人事调动，在任何情况下，学习者都会对自己目前的学习成果以及语言掌握程度有一个准确的了解，并将自己目前所掌握的日语语言水平的信息传达给新的生活领域。

国际交流基金会研究并设立这个评价体系，旨在建立一个共同的评价标准，建立一个不仅对日语语言学习者、日语语言教授，也能广泛的涉及到对日语语言感兴趣者，或者是用日语语言进行沟通交流的日语学习群体所通用的一个标准，用这个标准简化日语教学和学习，通过这个共同标准使日语教学和学习达到国家之间的相互理解，促进发展，进而实现语言全球实用化。

4.《JF 标准》的推广

为了推广《JF 标准》，以及该标准下的“Can - do”评价体系等，国际交流基金会通过各类研讨会、研修会进行推广、培训以及深一步的探讨研究。仅就日本语国际中心而言，每年固定的人才开发项目，如长期（6个月）、短期（2 个月）的研修项目、日语指导者学历课程等都是以《JF 标准》，以及“Can - do”评价体系为核心开展各类培训、研讨活动。

作为《JF 标准》的推广之一，自 2010 年 7 月起，国际日语能力考试开始了全新的变革。新、旧日语能力测试不仅等级的划分不同，而且在内容、分值、要求等方面也均有所改变。新日语能力测试分为 N1、N2、N3、N4、N5 共 5 个级别，与旧国际日语能力考试级别相比较，新设 N3 考试级别。各级别测试包括“语言知识”“阅读”和“听力”3 个科目，满分均为 180 分。N1、N2、N3 的单项得分为“语言知识”“阅读”“听力”3 类，各占 60 分。N4、N5 的单项得分分为“语言知识、阅读”及“听力”2 类，其中语言知识和阅读占 20 分，听力占 60 分。在新日语能力测试中，听力的分值比例提高了。从时间分布上来看，听力所占比例也有所增加，尤其是 N1，比重超过 1/3。同时，新能力测试的听力内容，更加强调日常口语化、实用化。从新能力考试分数分布的变化及其评定标准、认定标准来看，相对加大了听力和阅读这两个部分的难度。应该说新能力考试更加注重对听力和阅读这样的综合能力及运用能力的考察，而这恰恰体现了《JF 标准》以掌握课程执行能力（「課題遂行力」）为目标这一全新理念。

国际交流基金会研究并设计的这套《JF 标准》，打破了国家、地区的限制，使得全球各地的日语学习者、日语教师可以拥有更多共同话题、共同课题、共同合作机会，这对日语在全世界的推广，无疑起到了不可或缺的巨大推动作用。

5. 海外日语教育支援项目

为进一步普及海外日语教育并提高日语教育的质量，基金会从 2008 年 3 月起将开始实施高质量的日语教育，并对周边地区影响力较大的机构、团体（大学与日语教师会等）认定为“JF 日语网络”（俗称“樱花网络”）的成员。截至 2013 年度末，该项目成员扩展到全世界的 47 个国家和地区，共有 126 家机构、团体。基金会通过这一项目根据成员的具体需要，在教材购入、教师工资、日语演讲比赛、会议及研讨会的召开等方面提供资金、人力上的援助，并与其他各项海外日语教育事业相辅相成，进一步促进海外日语教育的普及、扩大和发展。

国际交流基金在促进世界的日语教育不断扩大方面做了大量工作，其中的日语教育状况调查就是一个重要工作。

（1）日本语调查的启动时间早、持续时间长、间隔跨度稳定

在国际交流基金成立之前，1970 年日本外务省的文化事业部就首次开展了全世界规模的日语教育机构调查，当时调查到的有 50 个国家，共 56649 名日语学习者。在他们发行的《世界日语教育机构一览》一书的前言中，文化事业部文化第二课长有一篇题为《海外日语教育的现状与将来》的文章，其中就谈到了语言推广与经济合作、文化传播、外交政策制定等多方面相互影响的关系，可以说日本是对这一问题认识比较早的。或许因为当时的条件所限，1970 年的这次调查完全没有把中国大陆地区的情况统计在内，只有中国台湾地区（调查报告中列为“中华民国”）的情况，是一次不完整的调查，调查数据的详实程度和最近的一次调查报告相比有很大差距，但从时间上看，日本从战后的经济复苏，到进入高度经济成长期，其对语言海外推广的重视程度是完全和经济同步的，起步早、持续久、实施方向和方法稳定，这种理念是值得学习的。

此项调查活动从 1975 年正式由国际交流基金承担以后，一直持续到现在，可以说，这种调查的连续性和稳定性也为促进调查手段及分析方法的改进及成熟奠定了重要的基础。开展一次调查可能不难，而能够坚持 40 年

一直不间断地开展调查，则实属不易。可以说，全世界日语学习者从1970年的5万多人发展到目前的400万人，离不开国际交流基金多年来所做的工作，我们通过该机构所开展过的10次调查还可以清楚地看出这种人数变化的过程。

国际交流基金到目前为止的10次调查都发行了调查报告，按时间从近到远可整理如下：

海外日语教育的现状2012年国际交流基金会编、巽朝出版（2013/12）

海外日语教育的现状2009年国际交流基金会编、发行（2011/03）

海外日语教育的现状2006年国际交流基金会编、发行（2008/07）

海外日语教育的现状2003年国际交流基金会编、发行（2005/03）

海外日语教育的现状1998年国际交流基金日语国际中心编、发行（2000/03）

海外日语教育的现状1993年国际交流基金日语国际中心编、发行（1995/03）

海外日语教育的现状1990年国际交流基金日语国际中心编、大藏省印刷局发行（1992/08）

海外日语教育机构一览1984年国际交流基金监修、凡人社发行（1987/03）

海外日语教育机构一览1979年国际交流基金发行（1981/06）

海外日语教育机构一览1974年国际交流基金发行（1975/12）

不仅是调查次数多，每次调查与前一次的时间间隔跨度也比较稳定，前期基本是每5年一次，到后期则逐渐缩短为每3年甚至是2年一次，这种间隔的缩短显然首先是因为全世界学习者数量的猛增，因为学习者数量增长了，更凸显了这样的教育调查的重要性和意义。关于开展这项调查的契机，《国际交流基金30年的发展历程》一书就记载为：

在日本人自身尚未察觉到变化的时候，世界的日语学习者人数在1970年末已经增长到了国际交流基金设立时的两倍即12.7万人。为了更好地应对这种发展状况，海外日语教育机构调查从1974—1975年间开始启动，并构筑了其后大约每 5 年开展一次调查的基础。

可见其发端时期的直接原因就是学习者数量的增加。

（2）调查完成度的提高和改善较为明显

第一，统计数据来源不断充实。如果我们把 1970 年外务省开展的第一次调查和最近的一次 2013 年调查做比较的话，能够在很多方面看出调查报告在各方面完善度的提高。首先就是统计数据的充实。1970 年的调查报告总计页数只有 82 页，而 2013 年的调查报告正本 191 页，概要本 45 页，内容量有了很大增加。在地域区分上，1975 年的调查报告共列了亚洲、大洋洲、北美、中南美、欧洲、中东、非洲共 7 个地域，2000 年的调查报告共列了东亚、东南亚、南亚、大洋洲、北美、中南美、西欧、东欧、中东和非洲共 9 个地域，2013 年则变为东亚、东南亚、南亚、大洋洲、北美、中美、南美、西欧、中亚、东欧、中东、北非、非洲共 13 个地域，这种细分化当然也是伴随着开展日语教育的国家的增加而带来的。从问卷发放的回收率来看，1970 年、1975 年、1981 年的调查报告没有给出问卷发放数和回收数，1987 年、1992 年的调查报告尚未查阅到，1995 年的调查回收率是 65. 6%，2000 年是 76. 3%，2005 年是 83. 1%，2008 年是 77. 1%，2011 年是 87. 8%，2013 年是 93. 3%，近几年的回收率较之前有明显提高，一是因为调查委托的当地机构的增加，二是调查方法的多元化，除了邮寄调查问卷外，还有网页、电子邮件、传真、电话等手段并用。

第二，统计视角不断全面和具体，从原先的单纯数字到数字文字结合。在早期的几次调查报告中，因为开设日语教育的学校并不是很多，所以报告按地区把每一所学校都列了出来，包括：机构名称、所属学部、所在地、负责人姓名、讲师姓名、课程和学生数、主要教材、学习年限、学费，共 9 项内容。1975 年的调查报告共 160 页。1981 年的调查报告共 253 页。2000 年的调查报告共 700 页（以上所述的每一页都是 A4 版面大小），各校只统计名称、地址、负责人、教师数、学生数、开始年份，共 6 项内容。从这以后的调查报告，因为学校数量的继续增加和出于对书籍厚度的考虑，不再列出具体的各校情况，转而加大了对各地区教育情况的分析比重，逐步从原先的单纯数字和以数字罗列为主的状态转变到了数字与文字分析相结合的状态，可以说是在充实调查结论上的一种进步。

具体来看分析视角的话，1975 年和 1981 年的调查报告在全局概观部分中，主要是机构数、教师数、学生数三个基本指标，然后分别考察七大区域的教育机构种类（大学、高中、初中、小学、一般）、教育机构使用的教材以及教师情况，对教师情况的分析比较重视，包括教师的男女比、日本人和外国人比、专职和非专职比、各年龄层次人数、各学历层次人数、各专业领域人数等诸多方面，而对学习者的分析则几乎没有。

2000 年的调查报告首先对调查活动本身做了介绍，包括：调查目的、以往的调查年份和报告书名称、此次调查对象、调查开展时间、调查方法、调查问卷内容、各地区回收率一览等项目，较 20 年前的调查报告，可谓有了巨大的改善。然后依旧还是全局概观，通过柱状图比较了每次调查所列的机构数、教师数、学生数三个基本指标，使读者能够一目了然地把握这些变化。接着还是围绕这三个基本指标，再从不同教育阶段和不同地域，分别作饼状图比较。然后，分初中等教育、高等教育、学校以外教育三个大章，以各个地域为纵轴，分别对每个教育阶段做了考察，包括：概观、开始时期、教学年限和总学时数、授课形式、学习目的、教师状况 6 个方面，在高等教育中还增加了学生专业领域、学位授予两项。接下来，调查报告对学习者的学习目的作了详尽分析，调查给出了 15 个项目，从全局来看，人数从高到低依次分别是：

日本の文化に関する知識を得るため（为了获得与日本文化相关的知识）

日本語によるコミュニケーションができるようにするため（为了能够用日语开展交流）

日本語という言語そのものへの興味（对日语这门语言本身的兴趣）

将来の就職のため（为了将来的求职）

国際理解・異文化理解の一環として（认为它是国际理解和跨文化理解的一环）

日本との親善、交流を深めるため（为了加深与日本的友好和交流）

大学や資格試験の受験準備のため（为了准备大学及资格证书考试）

日本の政治、経済、社会の知識を得るため（为了获得日本政治、经济、社会方面的知识）

日本に観光旅行するため（为了去日本观光旅游）

父母の希望に応えるため（为了满足父母的愿望）

A. 日本に留学するため（为了赴日留学）

B. そのほか（其他）

C. 日本の科学技術に関する知識を得るため（为了获得与日本科技相关的知识）

D. 今の仕事で日本語を必要とするため（在目前的工作中需要用到日语）

E. 母語、または親の母語である日本語を忘れないため（为了不忘记作为母语或是父母母语的日语）

调查分别从各教育阶段、各地域、学习者总数居前20位的各国家三个方面对上述的15个学习目的所体现的比重的不同，用雷达图的形式做了直观的呈现。接下来，调查报告给出了各地域的教育器械使用情况，包括磁带、录像带、电脑、头顶架空地式投影机、幻灯片、胶片放映机、其他。还对电脑的使用目的做了考察。最后，调查报告给出了日语教育的问题点和今后的努力方向，并将这些问题点与前一次调查做了比较，看出哪些问题得到了改善，哪些问题变得突出。并且比较了各地域问题点的不同之处。报告中所列出的问题点有：

教材不足（教材不足）

日本文化情報不足（日本文化信息不足）

教材と教授法情報不足（教材和教学法信息不足）

設備不十分（设备不足）

学習者減少（学习者人数减少）

学習者不熱心（学习者不热心）

教師数不足（教师人数不足）

教師待遇不十分（教师待遇不好）

教師日本語能力不十分（教师的日本能力欠缺）

教師教授法不十分（教师的教学方法欠缺）

その他（其他）

这样的调查报告撰写模式在其后的数次调查中都得到沿用和进一步完善，例如把学习目的划分为：知识志向、实利志向、交流志向、其他四个大类，增加了访日外国人旅行者数等数据。2011 年和 2013 年的调查报告还增加了日语教育大国和地区（学习者数居前 20 位的）个案分析，主要以文字的形式展示了该地区日语教育的特点和倾向，2011 年前 10 位分别是：韩国、中国大陆、印尼、澳大利亚、中国台湾、美国、泰国、越南、中国香港。2013 年的调查报告增加了个案分析的比重，把各个地区的主要日语教育大国都做了文字描述，并配以照片，显示出一种从单纯的数字资料文献向内容丰富的国别介绍文献转变的倾向。

此项调查的数据准确性是否能够完全保证，尚不能作出绝对定论，例如在 1975 年国际交流基金开展的第一次调查中，据调查报告统计，当时我国大陆有 13 个日语教学点，它们是：吉林大学、上海外国语大学、上海对外贸易学院、复旦大学、成都大学、中山大学、大连外国语大学、黑龙江大学、北京大学、北京外国语大学、北京对外贸易学院、辽宁大学。而这个统计结果和中国 1986 年出版的《中国外语教育史》、1993 年出版的《中国外语教育要事录（1949—1989 年）》、2011 年出版的《中国日语教育概览 1》等文献中所给出的数据是有出入的，其准确性可能还有待进一步考证，但无论如何，日本国际交流基金 40 年来所开展的这项调查，无疑为世界各国提供了一个了解本国日语教育状况的重要数据，尤其是对于世界日语学习者总数占第一位、目前已经超过了 100 万人的我国来说。

虽然我国也曾开展过国内日语教育调查，但都没有能够持续和稳定地开展。日本国际交流基金在 1989 年首个附属机构——日本语国际中心成立后，这项调查就专门由该机构来实施。该机构的全职工作人员在 1989 年是 16 名，另有 10 名日语教育专家，2002 年工作人员达到 22 名，日语教育专家达到 29 名。虽然说每次开展的调查也会借助例如株式会社文化科学研究所等机构的力量，但仅仅凭借这些为数不多的专职工作人员，就完成了这么大量的工作，还是让我们看到了人员精简下的较高工作效率。政府对运营该机构各项事业的经费投入的充足和重视，这既保证了机构的长期发展，也保证了调查活动的稳定持久性。

此外，国际交流基金除了这样的日语调查活动外，该机构的学术研究杂志《日语教育论文集——世界的日语教育》从1990年开始每年一期，也会对世界各地区的日语教育状况有所介绍，可以看出该机构对于推广和传播语言工作的重视。做好日语教育调查，不仅可以对一些数字、教材使用等客观情况有全面了解，能够为制定教育方针、重点选择培植核心教材带来参考，更可以对学习者的学习目的、存在的问题点等主观情况也有跟踪观察，对于及时调整教学方法、解决教学突出矛盾都有重要意义，日本国际交流基金所开展的这项调查无疑在这些方面给我们带来了许多有益的借鉴。

（四）日本研究/学术交流

基金会支援海外的日本研究，以促进世界各国人民对日本历史、文化的深入理解；为日本与海外人士创建对话的机会，共同探讨、研究国际性重要课题及共同关心的事项；在加强日本国际话语权的同时，重视海外相关人才的培养，以在将来肩负起和平相处和友好交流的重担。

1. 支援海外日本研究机构/日本研究者

针对海外各国、各地区的日本研究据点，如大学的学院、学科点、研究中心等等，基金会根据其具体需求，开展一系列的支援活动，包括：研究及国际会议的资金援助；日语教师的扩充；图书整备、出版的经费资助；访日研究的经费资助；客座教授的派遣等等。

通过广泛、长期的支援，以促进海外日本研究持续性地发展。2013年度，基金会共援助了26个国家/地区的74所日本研究机构，在满意度问卷调查中，共有52所机构提交了答卷，对基金会援助的满意度为100%。

由于从质、量两个方面来看，美国的日本研究引领着整个海外日本研究的动向，故基金会一直将美国列为日本研究机构支援项目的重中之重。

甚至在美国申请支援的大学数减少的情况下，从2012年度开始一项专门面向美国开展的副项目："小规模Grant"，以降低申请难度，保证美国的日本研究顺利开展。另一方面，基金会在中国除了支援复旦大学、南开大学等8所大学之外，还同时在项目外实施对北京日本学研究中心（北京外国语大学）及现代日本研究中心（北京大学）的支援（详见后文）。

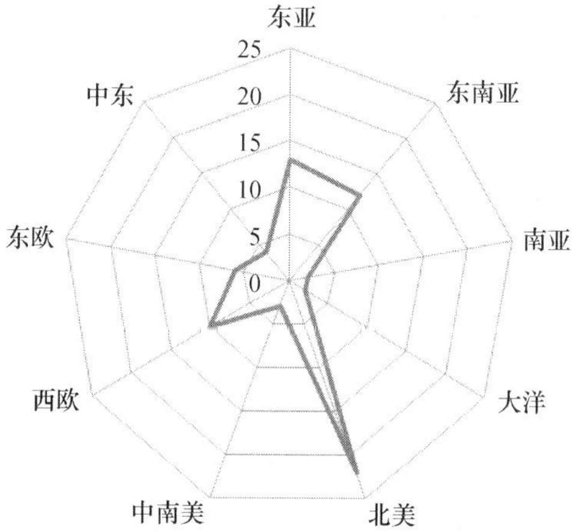

图13　2013年度日本研究机构支援项目分部图

基金会在支援海外日本研究机构的同时，也对人文科学与社会科学领域的海外日本研究者提供各方面的援助，例如为其提供访日调研的奖学金、安排日本专家指导其博士论文的撰写等等。2013年度，基金会共援助124名学者、研究者进行日本研究；并资助来自34个国家的114名博士生撰写博士论文。此外，基金会还致力于促进各个海外日本研究机构、日本研究者之间的沟通交流，强化他们之间的联系，深入促进海外日本研究的发展。

2. 强化海外知识对话与人才培养

如上文所述，基金会不单纯是一个开展国际语言、文化交流的机构，更是日本外交政策的重要载体，强化海外知识对话这一点最能体现它的这一性质和功能。基金会通过参与世界共同关心的主题或国际的重要课题，积极开展知识对话与人物交流，召开、资助各种国际会议与研讨会，致力于青年人才的交流与培养，提高日本对世界事务的参与度，向全世界展现日本的积极姿态。

例如2013年是日本—东盟友好合作40周年，日本政府公布了《对东盟外交五原则》，并提出重视东盟外交的政策。在这一背景下，基金会积极与《日本经济新闻》展开合作，于2013年10月于东京召开由日本与东南亚著名文化人参与的一般公开研讨会。此次研讨会针对日本与亚洲新的文化合作展开了自由讨论，意义深刻、实践性强，《日本经济新闻》报道了会议的大致内容，起到了很大的宣传效果。

3. 日美交流项目

美国一直是基金会开展各项事业的重点对象国。由于美国在国际事务领域的“领头羊”地位，基金会也将与美国的合作、交流视为此领域的中流砥柱。2013年度日美之间开展了“知识·草根对话”、文化教育交流会议、青少年交流三大项目。其中，“日美知识·草根对话”包括：

（1）援助活动策划：例如参与策划日美青年政治指导者交流活动、东日本大地震遇难者追悼活动等等；

（2）援助公开招聘；

（3）对纽约的日美中心提供小规模的资金援助；

（4）协助纽约日美协会开展各项工作；

（5）安培奖金项目：为从事世界紧急课题研究的研究员及深入调查·报道促进日美相关理解新闻的记者提供奖金；

（6）草根交流协调员派遣：为加深美国对日本的理解，派遣协调员赴美国南部和中西部的大学、日美协会等进行日本文化介绍活动。

日美文化教育交流会议起步于2012年，主要以加强日美双方的留学生规模为主要目的。日美青少年交流主要以短期交流为主，包括：

（1）邀请初中生、高中生、大学生、青年研究者赴日交流10日；

（2）派遣初中生、高中生、大学生、艺术专业大学生赴美交流10日。

表 11　2013 年度日美知识・草根、文化教育、青少年交流业绩

项目名称	业绩
援助活动策划	10 件
援助公开招聘	37 件
对日美中心的小规模的资金援助	16 件
对日美协会工作的援助	11 件
安培奖金项目	获奖研究者 13 人；记者 4 人
草根交流协调员派遣	8 人
邀请初中、高中、大学生赴日交流	初高中生 686 人；大学生 225 人
邀请青年研究者赴日交流	98 人
派遣初中、高中、大学生赴美交流	初高中生 726 人；大学生 236 人
派遣艺术专家人学生赴美交流	61 人

七、在中国开展的文化交流事业

中国与日本是“一衣带水”的邻邦，在悠久漫长的历史长河中，通过众多往来，共享、创造、培育了许许多多的灿烂文化。基金会非常重视同中国的交流，它在中国开展的各种文化交流事业的数量仅次于美国，位居世界第二。除了上述在世界范围内共通开展的文化艺术交流、海外日语教育、日本研究、学术交流事业之外，基金会还以中国为对象，因地制宜地开展了一些有“中国特色”的文化交流活动。

（一）日中交流中心

承接历史的因缘，顺应时代发展的潮流，也为创建东亚共同的美好未来，进一步建设中日友好的桥梁，基金会于 2006 年 4 月建立“国际交流基

金日中交流中心”。[1] 日中交流中心以促进青少年、市民的交流与相互了解为工作重心，以构建面向未来的坚实的中日关系基础为目的，以使肩负中国和日本未来的年轻人心与心相连（“心连心”）为主题，开展如下三项事业：

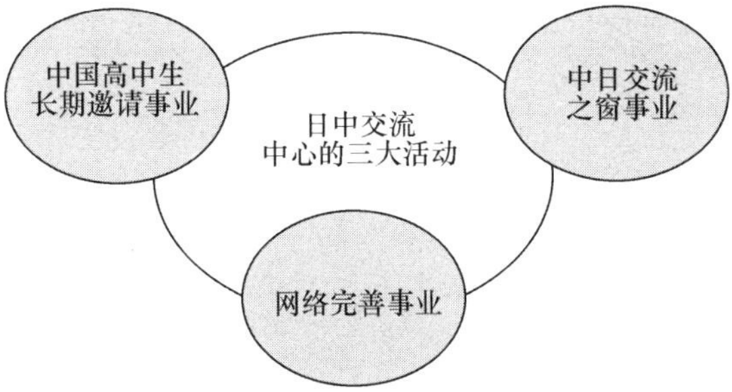

图 14　日中交流中心事业内容

日中交流中心邀请学习日语的 30 多名中国高中生来日本约一年时间，为他们提供在日本各地留学、交流的机会。高中生们一边进行家庭寄宿或过着学生宿舍生活，一边在当地的高中上学，度过与日本的高中生一样的高中生活，通过自身经历了解日本的社会和文化，并加深交流；同时也为日本人提供直接与中国年轻人交流的机会，力求促进日中两国人民构建个人层面上的信赖关系。

日中交流中心在接触日本最新信息和日本人机会很少的中国地方城市，开设了以青少年层为主要对象、促进对日了解和交流的“交流之窗”。[2] 在这里，中国青少年可接触到日本的最新信息（杂志、书籍、影像资料等），并有机会参加交流中心与日本的大学生、留学生以及日本海外侨胞、当地中国朋友合作举办的各种中日交流活动。中方机构（图书馆及大学等）提供“交流之窗”的设施并进行日常的运作和管理，日中交流中

① 日中交流中心启动资金为 100 亿日元（政府出资 20 亿日元 + 基金会资金 80 亿日元）。

② 目前已在中国的 12 座城市开设“交流之窗”。2013 年度来访者（包括杂志、书籍阅读者）达到 34482 人。

心提供介绍日本的资料以及对中日交流活动进行支援。

为加强中日两国大学生的相互协助，日中交流中心以从交流活动的企划到实施的“大学生交流事业”为中心，力求扩大两国交流者层面，并形成交流网络。同时，通过“心连心网站”，以中日双语发布中国高中生在日本留学及在日中交流中心活动的情景，并为以中日两国高中生为中心的年轻一代提供可在互联网上进行交流的平台。

（二）北京日本学研究中心、北京大学现代日本研究中心

1979 年 12 月，时任日本首相大平正芳访华时，与中国政府签署了《中日文化交流协定》。其中就包括了中日合作培养人才的“全国日语教师培训班”项目，它就是北京日本学研究中心的前身。为培养中国大学日语教师，国家教委和日本国际交流基金会共同实施了 5 年培养计划。1980 年 8 月 11 日在北京建立了“全国日语教师培训班”。从 1980 年“全国日语教师培训班”第一期在北京语言学院开班，至 1985 年共举办 5 期，每期 120 人，共计 594 名工作在教学第一线的日语教师从全国各地高校汇聚北京，接受培训。在中国的日语教育和日本研究界，被大家亲切地称之为“大平班”。中日邦交正常化以来，两国在方方面面进行了深入的交流，其中“大平班”可以说是在中日两国教育、文化领域里交流时间最长，最具成效的一个项目。

中国的日语教育，从培养人才的角度来看，走过了两个不同的时代。在中国日语教育培养的第一代人当中，主要培养为国家外交战线服务的人才。这些人学习日语以后，首先是在外交战线上担任翻译工作，从而走入外交领域，成为外交战线上的主要力量。第一代人的杰出代表有唐家璇、刘德有、王效贤等。到了第二代，除了继续有为国家外交战线培养人才的任务以外，开始出现了通过学习日语，最终成为理解日本、研究日本的研究人才的培养方向。在这一变化过程中，“大平班”的创办起到了重要的推动作用。

“大平班”是一个起点，虽然它只是单纯地对大学的日语教师进行培

训，但已经把这些教师引到了正规化日语教学的道路上。那时，“大平班”已经导入了后来被称为“日本概况”“日本文学”的课程，开拓了文学的范畴，并且在日本研究小组上已经有了研究日本社会的社会学，当然这些都是以日语教育为导向的。它告诉我们教日语不仅是要培养听、说、读、写、译的能力，而且要让学生理解日语背后的日本社会、日本文化。

在“大平班”，通过进一步学习日语，使教师们对日本的各个方面有了更为深厚的兴趣。后来，这些教师都回到全国各地的学校去从事教学，在成立北京日本学研究中心以后，很多人又再一次回到该中心深造，进行日本学研究方面的学习，硕士毕业以后，又被选送到日本去读博士，回来以后成为很多大学日语教师的骨干力量。他们开始对日本的语言、文化、文学、社会、经济等其他各个方面进行研究。

可以说，最早的日语教育和日本学研究的中坚力量都是从“大平班”中走出来的。而在“大平班”基础之上，北京日本学研究中心在另一个高度实现了人才真正地开枝散叶，这在整个中国日语教学、研究发展过程中都具有无可替代的价值。

北京日本学研究中心正式成立于1985年9月，是中华人民共和国国家教育部与日本国际交流基金为促进两国的教育文化交流而共同创建的，地点设在北京外国语大学。

北京日本学研究中心（北外部分）现包括硕士研究生课程、博士研究生课程、各专业研究室、图书资料部等部分。该中心设立了客座教授、客座研究员制度。聘请有关部门方面的中外专家学者和研究者到该中心讲学和研究。同时日本国际交流基金每年派遣日本著名学者和教授来中心任教和集中讲学。北京日本学研究中心目前已形成了以教学、科研、图书信息为三大支柱、全方位发展的办学模式及教学科研体制。该中心创建20多年来，为教育、科研和对外交流部门培养、输送了800余名硕士、博士、讲师以上高层次、高质量、高素质的日语教育和日本研究的专业人才，为中国现代化建设和发展中日两国教育文化交流、中日友好关系做出了重要贡献。北京日本学研究中心在教学上采用中日合作、共同培养的方式，其办学特点是“中日合作办学，联合培养人才”。教育部副部长章新胜曾经指出："北京日本学研究中心是中日双方在教育方面合作成功的典范。"迄今为止，该中心已与12个国内外（包括日本、韩国）的大学、研究机构、民间团体建立了交流合作关系。

日本政府无偿援助新建的北京日本学研究中心教学科研楼于2003年9月正式启用。新楼的建成，给北京日本学研究中心的教学、科研、图书信息和管理提供了一个良好的工作环境。它的建成是中日两国友好关系的象征。

在硬件方面，作为中日联合办学的一个项目，虽然现在有不少高校可能都已经成立了日本学研究中心，但除了北外日研中心外，再没有哪一家单位以日本的无偿援助建设了独立的日研中心大楼。在软件方面，从开始到现在一直实行中日联合培养，这是其最大的一个优势。初期，日方派遣教授最多时达到20名，当时授课的教师90%都是日方的教授，并且采取直接授课的模式教学。他们在北外教学最长的有3年，一般都是1到2年，而且日方派遣的主任教授还配备了强有力的主任助理，后来叫副主任。每个研究方向都有日方的三四名教授任教。现在北京日本学研究中心大批的中方教师队伍是由当时"大平班"或者是日研中心毕业以后到日本去读博士回来的人员构成的。现在中方教师队伍已经达到了14人，包括日本语言、日本文学、日本社会、日本文化、日本语言教育和日本经济等6个专业方向。

此外，北京大学现在还有一个跟北京日本学研究中心实际上是同一个项目的两个层面的任务。当时北京日本学研究中心实际上包括两个部分：一个是北京外国语大学部分，一个是北京大学部分。北京外国语大学部分开始时只有语言、文学、文化、社会等4个专业，没有涉及经济。5年后，考虑到中国的年轻人对日本的经济比较感兴趣，认为应该开设一个经济研究班。由于北外是纯文科院校，而且当时还没有经济专业，这个专业如果放到北外，发展基础不够，此时北大觉得应该发展这个项目，提议将经济研究班放到北大，于是便成立了一个北京日本学研究中心的日本经济研究班，但是其做法跟北外部分的做法不太一样。北外是完全执行了硕士课程的教学模式，招收本科毕业生，到日研中心进行完整的硕士课程学习，而北大的日本经济研究班是以开展社会短期培训的形式起步，招收了一些在职的企业管理人员、包括一些经济管理人员，到北大日本经济研究班里学习。而学员一开始可能没有日语基础，在授课的时候需要有翻译，把授课老师的内容翻译成中文，后来又经过一定的调整，纳入了一些北大的课程，把一些经管学院、国际关系学院的硕士和博士课程的学生揉到这个班里，来进行研修。但这些都是相对短期的，研修一段时间以后，有一个短期的访日旅行。总而言之，没有形成硕士教育或博士教育的正规化教学模式。虽然北大部分的安排和初衷相比有点走样，但最初每年都在北京举行由教育部、大使馆、北外校长和北大校长都参加的指导委员会会议，共同研究当时北京日本学研究中心两个部分发展的问题。2005 年后，不再召开北京的指导委员会，于是这两部分正式分开。现在说的北京日本学研究中心就只是指北京外国语大学这一部分，而不再称北大的日本经济研究班为北京日本学研究中心的北大部分了。

基金会对两个中心的援助工作主要包括：派遣人文/社会科学领域的日本专家；邀请硕士、博士研究生访日研究，接受毕业论文撰写指导；向中心运作提供援助经费；提供奖学金；对教员的研究项目提供经济援助；资助各种刊物的出版、发行；捐赠教材、研究用图书、器材等等。

复旦大学日本研究中心是复旦大学的一个研究机构，成立于 1990 年 7 月。其宗旨是以中日关系为主线，以经济为重点，全面开展对日本的政治、经济和社会、文化的研究和交流，以对日本的研究和交流带动对东亚的研究和交流。从 1991 年起，日本国际交流基金把复旦大学日本研究中心作为据点机构予以重点资助。该中心目前有专职人员 11 名，校内外兼职研究员百余名，并聘请多名日本、美国、韩国和新加坡等国家的著名学者、实业家担任顾问教授；长期得到日本国际交流基金、日本国驻上海总领事管、日本卫材株式会社、日本万国博览会纪念协会、日本有关专家学者以及国内各大学、研究机构的支持。

表 12　2013 年度基金会对两中心的人才培养概况

机构名称	派遣专家	访日研究生	
		硕士研究生	博士研究生
北京日本学研究中心	9 人	10 人	7 人
北京大学现代日本研究中心	9 人		19 人

（三）北京日本文化中心

基金会为推进与中国的文化交流活动，于 1994 年 3 月在北京设立办事处。2008 年 5 月，中日两国政府签署《日本国政府和中华人民共和国政府关于互设文化中心的协定》，同年 8 月 1 日正式更名为“日本文化中心”。

北京日本文化中心作为基金会在中国的海外据点，以促进中国与日本的文化交流为宗旨，协助基金会在文化艺术交流、日语教育、日本研究、学术交流的领域开展各项事业。文化与文化的接触、人与人的交流将不断产生出新的发现与感动，北京日本文化中心通过开展文化交流事业，加深中日两国的相互理解与信赖，致力于构建两国的美好未来。

该中心在中国全方位推介日本的文化艺术，其范围从传统到当代，涵盖甚广。其推介工作例如经常开展的“和文化体验俱乐部”，其内容涉及美术、手工艺、戏剧、舞蹈、音乐、影视媒体及出版等多个领域。此外，还开展国际文化合作，力促杰出文化艺术的交流及新型文化艺术表现形式的创造。

为促进中国日语教育水平的提高，该中心积极支援在中国的各项日语教育项目。例如，在中国各地举办以大学和中学日语教师为对象的培训会；制作中文版“青春校园情景短剧艾琳学日语”等日语教材；资助演讲比赛；主办 7 月与 12 月的日语能力测试等等。

为促进以理解日本为基础的日本研究以及应对亚洲和世界共同课题的学术交流，该中心资助国际研讨会与中日共同研究，为学者提供访日奖学金，特邀请文化人访问日本，开展各种讲座与研讨会等等。此外，还与北京日本学研究中心共同培养推动中日友好交流的人才。

八、启示与建议

自1972年成立以来，日本国际交流基金会至今已成立42年。在这42年中，基金会积极推动日本的语言、文化走出国门，与世界各国进行广泛的交流与合作。基金会科学合理的运作机制、灵活务实的推广战略，都使得其在文化艺术交流、海外日语教育、日本研究、学术交流4个领域取得了巨大的成就。在其孜孜不倦的努力下，日本成功地向世界展现出友好、和平、向上的国家形象与谦恭、认真、文明的国民形象，加深了世界对日本的了解，甚至提高了对日本的亲近度与好感度，为日本顺利实施文化外交政策、加强国际事务的参与度、提高国际地位奠定了坚实的基础。

成立于1980年的“全国日语教师培训班”即“大平班”，以及作为“大平班”的延续而建立起来的北京日本学研究中心自成立以来，中日两国政府之间、学者之间精诚合作，为中国日本研究学界和日语教育事业培养培训了大批日本学硕士、博士研究生和大学的日语骨干教师等高水平专业人才。这些毕业生活跃在中国日本学界和日语教育学界的各大学、研究所以及与之相关的各领域，他们中的许多人已经成为或者正在成为中国日本学研究日语教育的领军人物、骨干和中坚力量，为中国的日语学研究和日语教育事业的发展作出了积极的贡献。有人甚至把“大平班”和北京日本学研究中心比作是中国改革开放以后日语教育的“黄埔军校”。

“他山之石，可以攻玉。”通过对日本国际交流基金会的运作机制及推广战略的研究分析，我们发现，有一些经验是值得我们的汉语国际推广教育实践工作（尤其是孔子学院和孔子学堂）借鉴的。

1. 从全球化的视点着眼，注重跨文化交流能力的培养，结合汉语教育在地域广、民族多的国家进行推广普及的经验，接轨欧洲语言学习、评估共同参考框架，研究设计出一套适合对外汉语教育推广的，跨国界、跨地区的共同标准。有了这样一种共同的标准，全世界各国的汉语学习者、教授者就可以马上了解相互的知识体系、语言水平，无疑对汉语的全球化推广工作具有十分重大的意义。

2. 发挥孔子学院等网点多的优势，同样研究设计一套注重课题执行能力、跨文化交流能力的统一评价体系。这样不仅有助于统计全球汉语学习者的真实水平，还为全世界不同地区、国家的汉语学习者、教授者提供了设定课程计划、学习目标的参考依据。同时，在原有汉语等级考试的基础上，引入自我评价、学习者互评、教师评价、教师自评等机制，实现以评促学，随学随测。

3. 加大对全世界各国汉语教师的培训力度。通过定期组织大量不同层次的研修、培训活动，从专业教学理论、课堂活动设计、教学器材应用及多媒体教学技术开发等方面，统一学习，统一标准，从各方面提高教师的水平和综合素质。不再只局限于对外派教师进行派遣前的培训和师资水平的提升。如果仅仅靠外派教师推广，规模和速度远远跟不上时代步伐，所以应该特别注重外国汉语教育者、教师的整体师资水平的提高。

4. 建立全世界汉语学习者、教授者都可以广泛应用的网络平台。如可供汉语教师进行课件制作、教学互动设计以及教材开发，包含大量文化素材、实用素材的网站平台；可供日语学习者、教授者交流最新的科研成果和分享学习、教学心得的网站平台；可供汉语兴趣者欣赏的积极向上又国际化的汉语音像资源的网站平台等等。

5. 在充实教学内容的同时，注重体现中国的民族传统文化的丰富内涵，通过广大汉语学习者、教授者，宣传中国的文化、传统，正视我们的问题，消除恶意分子对中国的诋毁所造成的误解，使中国的文化被理解、被认识、被尊重。

6. 就孔子学院运作本身来说，可以借鉴日本政府对国际交流基金会的做法，具体来说，首先在法律上给予一定的地位，日本政府制定了《国际交流基金会法》和《独立行政法人国际交流基金监事监查实施细则》等一系列的法律法规，来确立国际交流基金会的法律地位，将其改为独立行政法人，改变其为外务省附属机构的官方背景的印象，以民间交流的形式加强对外交往。孔子学院总部也应该从教育部直属事业单位脱离成独立运作的团体，制定相关的法律法规来确定其地位。其次，在资金运作上，除政府拨款外，还应该发动民间的力量，支持和号召民间捐赠的形式，一来可以扩大影响，二来也可以增加财力，减轻政府的负担。最后，通过和驻外使领馆的沟通和联系，来加强民间外交的有效性，为国家整体利益服务。

（许慈惠）

【参考文献】

1. 丁兆中．战后日本文化外交战略的发展趋势（J）．日本学刊，2006（1）。

2. 日本对东盟的文化外交战略（J）．东南亚纵横，2008（10）。

3. 师艳荣．文化软实力视阀中的国际交流（N）．中国社会科学报，2011 年 12 月 13 日，第 13 版。

4.『独立行政法人国際交流基金法』：http：//www. jpf. go. jp/j/about/outline/admin/guide/kikinhou/kikinhou. html.

5. 国际交流基金．『国際交流基金 40 年のあゆみ』（M）．日本国际交流基金会出版 2012。

6.『独立行政法人通則法』：https：//www. jpf. go. jp/j/about/outline/admin/guide/kikinhou/ordinance. pdf。

7.『国際交流基金第三期中期計画報告書』（平成 24 年 4 月 – 平成 29 年 3 月）：http：//www. jpf. go. jp/j/about/outline/admin/plan/dl/3ki_ chuki_ 24 – 29. pdf。

8.『総務省設置法』（平成 11 年法律第 91 号）：http：//www. jpf. go. jp/j/about/outline/admin/evaluation/。

9.『独立行政法人国際交流基金監事監査実施細則』：http：//www. jpf. go. jp/j/about/outline/admin/evaluation/dl/kansa_ 1008_ 2. pdf。

10.『国際交流基金—平成 25（2013）年度業務実績報告書』：http：//www. jpf. go. jp/j/about/outline/result/br/2013/。

11.『独立行政法人国際交流基金平成 26 年度計画』，北京日本文化中心提供。

12.『国際交流基金平成 25 年度項目別業務実績報告書』：http：//www. jpf. go. jp/j/about/outline/result/br/2013/pdf/report. pdf。

13. 日本已不可能重走军国主义老路（N）．环球时报，2014 年 10 月 9 日。

14.『国際交流基金 2013 年度年報』，北京日本文化中心提供。

15.『国際交流基金日本語教育紀要』（R）．2014，第 10 号，北京日本文化中心提供。

16.『平成27年度（2015年度）国際交流基金公募プログラムガイドライン』（R）．北京日本文化中心提供。

17.『日本の風』（R）.2014年8月，总第36期。

18. 国際交流基金.『国際交流基金日本語教授法シリーズ10　中・上級を教える』（M）．京都：ひつじ書房，2011。

19. 北京日本文化中心：日本文化的前沿（R）.2009，21世纪（3）。

20. 田雁．中国日语热的现状与前景（J）．日本研究，2011（4）。

21. 周永生．冷战后的日本文化外交（J）．日本学刊，1998（6）。

22. 西原铃子、王威、宋思祺．日本国际交流基金会日语教学标准（J）．世界教育信息，2014年（16）。

23. “中日邦交正常化四十年回顾与展望”国际学术研讨会综述（J）．日本研究，2012（3）。

24. 国際交流基金30年史編纂室．国際交流基金30年のあゆみ（M）．中央公論事業出版，2006。

25. 王宏.1990年中国日本語教育アンケート調査結果報告（J）．世界の日本語教育，1994。

26. 付克．中国外语教育史（M）．上海外语教育出版社，1986。

27. 修刚、李运博．中国日语教育概览1（M）．北京：外语教学与研究出版社，2011。

28. 国际交流基金．国际交流基金关系法令（Z），1972。

29. 国際交流基金.『JF日本語教育スタンダード2010』（R）.2010。

30. 廉德瑰．日本公共外交的特点（J）．日本学刊，2011。

第十四章
韩国语言文化推广机构研究

【摘要】 在全球化时代，谁拥有了具备竞争力的文化，谁就拥有了影响世界的主动权。中韩两国都重视通过文化推广事业，提升国际认知度，强化文化软实力建设，为本国发展争取更多的机会和空间。韩国在振兴本民族文化、开展语言文化推广方面可谓取得了令人瞩目的成果。对韩国语言文化推广事业的研究，有助于为我国相关事业提供有益的参考。本章在整理和分析相关文献和数据的基础上，对韩国语言文化推广事业的总体战略布局、具体战略特点进行了分析，对相关机构的具体情况进行了考察。在此基础上，秉承“立足本土”，“他山之石，可以攻玉”的理念，结合我国语言文化推广事业的实际，提出了具体建议。本章的结论性内容如下：1. “文化外交”战略视角下的语言文化推广：韩国的语言文化推广并不是一个孤立的政府事业，它被置于“文化外交”的宏观文化战略之下，与其他文化事业一起，形成了相辅相成的关系。语言推广与大众文化输出（韩流）和高层次文化海外传播（韩国学海外推广）相结合，互相借力，共同发展：(1) 利用韩流在文化交流上的“尖兵”效应，为韩国语的海外传播和韩国学的海外发展开辟道路，奠定民众基础；(2) 发挥韩国语作为“文化载体”和“桥梁”的积极作用，连接韩流（浅层次文化）与韩国学（深层次文化），实现三者之间“双向促进模式”发展。2. 语言文化推广的战略特点：韩国的语言文化推广事业战略呈现出四个突出特点：(1) 多部门、多机构协同促进；(2) “走出去”与“引进来”，“直接”与“间接”的立体交叉式发展；(3) 将海外侨胞纳入语言文推广事业受益范畴；(4) 相关法律保障机制健全。3. 启示与建议：(1) 充分发挥大众文化产业的“尖兵”效应；(2）充分认识政府多元管理体系的利与弊；(3）扩充语言文化推广的形式和途径；(4）重视海外侨胞在语言文化推广事业中的意义；(5）建立健全法律保障体系。

一、研究意义与研究对象

（一）研究意义

在全球化时代，谁拥有了具备竞争力的文化，谁就拥有了影响世界的主动权。文化竞争力已经成为检验一个国家软实力的重要指标。因此，世界各国都对发展本国文化、促进本国文化的海外传播给予高度的重视。文化推广事业的重要性和必要性一方面源于文化的传播特性，另一方面在于民族文化推广对提高国家软实力和提升国家国际话语权具有重要意义。

韩国是中国的近邻，两国交流的历史源远流长。中韩建交后，两国的全方位、多层次合作关系取得了长足的发展。文化同源性、国家经济发展阶段的临近性等因素，使中韩两国在政治、经济、文化等领域的发展战略上也存在着较大的相互可借鉴性。同为东方文明古国，中韩两国都拥有悠久的历史和灿烂的文化。在经济发展取得成功的基础上，中韩两国都重视通过文化推广事业提升国际认知度，强化文化软实力建设，为本国发展争取更多的机会和空间。韩国在振兴本民族文化、开展文化海外推广方面取得了令人瞩目的成果，对韩国文化推广事业的研究，可为中国相关事业提供有益的参考。

鉴于此，本章在整理和分析相关文献和数据的基础上，对韩国语言文化推广事业的总体战略布局和具体战略特点进行了梳理和分析；对相关机构的具体情况进行了介绍，其中包括语言文化推广机构的历史、性质、宗旨和使命、组织管理模式、工作内容、资金情况等。在此基础上，本章还秉承“立足本土”，“他山之石，可以攻玉”的理念，总结韩国相关事业的问题和经验，结合我国语言文化推广事业的实际，提出了具体建议。

（二）研究对象

本章属于文化政策研究范畴，将研究重心设定为“韩国的语言文化推广事业的战略与机构”。“语言文化推广事业”，是指韩国政府部门为促进韩国语的海外传播、加深韩国学的海外影响在政策、法规等层面所采取的举措。它不仅包括“韩国语世界化”等语言的海外推广政策，还包括为扩大韩国学[①]影响而进行的政府层面的努力。

尽管语言文化的推广与文化产业的发展有着密切的联系，但鉴于两者分属文化政策和文化产业政策范畴，两者在对象、目的、作用、影响等方面均有所区别，[②] 因此本章暂不将文化产业政策的相关机构和战略作为主要研究对象。此外，鉴于本章的主要目的是为政府相关部门提供语言文化推广政策层面的参考，因此将事业主体定位为政府，未将民间团体在语言文化推广事业上的努力作为考察对象。但值得一提的是，韩国的民间团体也自发地作出了巨大贡献，如“韩文学会”等韩国民间学术团体，就通过国家扶持和自身筹资等多种途径，与海外高校、培训机构等合作开展韩语演讲、作文比赛，积极地促进韩国语的海外传播，并取得了卓越的成效。

本章的时间维度为20世纪末至今。20世纪90年代末，韩国文化观光部[③]制订了“韩国语世界化促进计划”，2000年成立“韩国语世界化财团”[④]。这可以被看作是韩国语言文化推广事业获得国家全面政策支持的起

---

① 李德春指出，传统的韩国学是以语言和历史为中心吸收了宗教、哲学等其他学科……广义的韩国学不仅包括了韩国的语言和历史，还涵盖社会科学的一切领域，并结合历史和现实进行研究。在韩国的文化外交语境下，由于韩国语世界化事业的突出重要性，政府在制定相关政策时往往将其与广义的韩国学加以区别，形成了狭义韩国学的概念，即除韩国语和韩国语教育之外的其他有关韩国的人文社会科学研究。

② 文化政策具有公益性，它通过政策手段来鼓励个人和团体进行自发的、自主的文化活动，为个人和团体排除客观不利条件，从而为其学习、创造、传达、享受、积累、交流等活动创造良好条件。而文化产业的核心要义在于经济价值，将通过实现文化的产业化来追求商业利益作为其主要目标，其对象是文化产业的机构、经营及效益。

③ 2008年，更名为“文化体育观光部”。

④ 2012年，经合并后改称世宗学堂财团。

点。2005 年，韩国文化体育观光部出台的《国语基本法》，从立法的角度明确了韩国语言文化推广事业的地位。此后的 2011 年，韩国文化体育观光部和外交通商部[①]又分别通过了《国际文化交流法》和《关于促进文化外交的特别法》等。而且综观这一时期的政府相关部门网站的业务介绍等资料，也呈现出对语言文化推广事业的集中关注，以及政策思维的日益成熟。这些都标志着韩国语言文化推广事业从 20 世纪末到目前的发展过程中，已在国家政策层面逐步走向成熟，进入了稳定发展期。鉴于研究的实效性和篇幅限制，本章不进行过多的历史考察，将主要考察和分析近期的韩国语言文化推广事业情况，以供我国相关部门参考。

二、文化外交视角下的语言文化推广

韩国的语言文化推广并不是一个孤立的政府事业，它被置于“文化外交”的宏观文化战略之下，与其他文化事业一起，形成了相辅相成的关系，并在此基础上取得了多层次、全方位的发展。具体言之，就是将语言推广与大众文化输出事业（韩流）和高层次文化海外传播（韩国学海外推广）相结合，互相借力，共同发展。

（一）文化外交的概念和内涵

在韩国政界和学界，“文化外交”与“国际文化交流”的概念并存，外交部所主导的相关工作被冠以“文化外交”的名称，而文化体育观光部则以“国际文化交流”作为政策名称，其宗旨略有不同。外交部以本国利益为中心，强调相关文化政策目标、内容等的本国中心性，而文化体育观光部则强调国际间文化交流和互动，强调对世界文化的贡献。但在实际工作中，两部的相关工作趋同，内容相近，基本以本国利益为中心对外开展

① 2008 年，更名为“外交通商部”；2013 年，更名为“外交部”。文中统称“外交部”。

文化交流与合作。此外，教育部也担负了一部分文化外交和国际文化交流的工作，并与上述两部的工作有所重合。为了叙述的便利性和统一性，本章选择“文化外交”作为统一名称，其内涵涵盖外交部、文化体育观光部，以及教育部的相关政策内容。

韩国的文化外交属公共外交范畴，指政府与民间通过文化艺术等领域的传播和交流，增进韩国与世界各国的相互理解、提升本国国际形象、强化本国软实力的各种举措。韩国文化外交的政策制定和执行主体是韩国政府的文化体育观光部、外交部、教育部①。通过对各部相关工作内容进行梳理和分析可知，② 韩国政府三部主导的文化外交的主要内涵是：促进“韩流”的发展和海外传播（大众文化产业），促进韩国语的海外传播（文化的主要载体——语言），促进韩国学的海外发展（深层次文化研究——韩国学）。

（二）文化外交各组成部分之间的关系：韩流、韩国语、韩国学

韩国文化外交的三个主要内容并不是一个层面上的三个并列主题，它们具有一定的层次性，是三个层次文化事业之间的相互借力、共同发展，体现了韩国政府在文化外交政策上由浅入深、相互促进的战略思维。

1. 利用韩流在文化交流上的“尖兵”效应，为韩国语的海外传播和韩国学的海外发展开辟道路，奠定民众基础

韩国于上世纪末逐步形成了文化产业政策体系，并在经历了一系列的调整和稳定后，发展为今天的集中发展核心文化内容的具有韩国特色的文化产业政策格局。韩国在文化产业政策上的努力，促使其文化产业得到了

---

① 2008 年，更名为“教育科学技术部”；2013 年，更名为“教育部”。文中统称“教育部”。

② 参考：문화체육관광부（2008），외교통상부（2010），以及韩国文化体育观光部网站（http：//www.mcst.go.kr）、韩国外交部网站（http：//www.mofa.go.kr）、韩国部网站（http：//www.moe.go.kr）等资料。

迅速的发展，韩国一跃成为世界文化产业五大强国之一。坚实的产业基础和国家在政策和资金层面的大力投入，令韩国的文化产业在海外获得了成功，以电视剧、歌舞、电影等为主体的韩国大众文化被世界各国不同年龄层的受众追捧，形成了所谓的“韩流”文化现象。

“韩流”是以大众文化为主的韩国文化产业海外发展形态，是“浅层文化”的代表。作为文化传播的媒介，这种大众文化具有接触性强、受众面广的优势。因此易于打开文化传播的通路，可谓是韩国文化外交的“尖兵”。“韩流”的成功，不仅为韩国带来了巨大的直接和间接经济效益，更令世界各国的韩国印象得以改观。随着“韩流”的风行，世界各国渐渐对韩国生活方式、韩国精神、韩国风俗有了更多了解，对韩国的印象和认识更加具体，人们开始关注“韩流”、关注韩国，许多人成为“哈韩族”。

“韩流”的这种文化开拓者的作用，也同样体现在韩国语的海外传播上。仅以中国为例，据金秉运（2008 年）对北京和青岛部分韩国语专业学生的调查结果显示，“韩流”对学生的专业选择确实产生了影响。在对“考大学之前选择专业时，多大程度受韩流的影响?”这一问题进行回答时，34. 3% 的学生回答“完全没受到影响”，42. 7% 的学生回答“受到一点儿影响”，13. 5% 的学生回答“受到了很大影响”。另外 9. 3% 的学生则选择了“如果没有“韩流”，就不会选择韩国语专业”。综合这一数据，可知有大约占总数 22% 的学生因为受到了“韩流”的影响，才选择了韩国语专业。而且，据统计，当时韩国语系为第一志愿者的比例已达到 45. 8%，这一数字与 20 世纪 90 年代中期之前的 0% 相比，有了巨大的变化，其中“韩流”的影响不可忽视。此外，随着“韩流”盛行，在中国，大学中想学习韩国语的学生越来越多，随之许多大学都增设韩国语为第二外语课程。不仅如此，一些职业高中也开设韩国语作为第二外语课程，一些大城市、特别是山东省境内的沿海城市中，还出现了专门教授韩国语的私立学院。

2. 发挥韩国语作为“文化载体”和“桥梁”的积极作用，连接韩流（浅层次文化）与韩国学（深层次文化），实现三者之间“双向促进模式”发展

“韩流”作为大众文化，是浅层次文化的代表。“韩流”生命力的维

系，仅仅依靠大众文化自身的发展是力不从心的。保持“韩流”的持续发展势头，离不开庞大的受众群体基础和深层次文化的厚重积累。

语言是人类交流的手段，是民族文化的载体。在韩国的文化外交战略中，韩国语处于中间层级，是连接浅层文化——韩流与深层文化——韩国学的桥梁。这种桥梁作用体现在两方面：首先，如金秉运（2008）的研究显示，“韩流”带动了韩国语的海外传播，作为回报，韩国语的海外传播扩大了“韩流”的受众基础，强化了世界了解韩国文化的工具基础，为“韩流”的发展提供了更大的空间。与此同时，韩国语的海外传播也为韩国学扩大海外影响奠定了工具基础。

据李德春的研究显示，随着冷战时代的结束和中韩之间建交，中国的韩国学开始兴起。20 世纪 80 年代末，中国境内几乎没有综合研究朝鲜和韩国的研究所。虽然有北京大学朝鲜文化研究所、延边大学朝鲜问题研究所和吉林社会科学院朝鲜研究所等为数不多的几个研究所，但是它们都只同平壤进行交流，与韩国基本上没有什么联系。在中韩建交前后，中国沿海地区掀起了一股学习韩国语的热潮，韩国学热潮也随后兴起。自那时起，各级高校先后成立了韩国语系，还有数所高校设立了韩国学相关研究机构。新诞生的韩国学研究机构为增进中韩两国的学术交流，为阐明东亚文明的整体性，为促进两国的交流和友谊作出了巨大的贡献。中国的韩国学发展迅猛，韩国学研究机构有如雨后春笋般先后成立起来。延边大学于 1989 年成立了“朝鲜学研究中心”，北京大学于 1991 年成立了“韩国学研究中心”，复旦大学和山东大学于 1992 年 10 月相继成立了“韩国研究中心”，浙江大学和辽宁大学也于 1993 年创立了“韩国研究中心”。此外，吉林省社会科学院成立了“朝鲜—韩国研究所”，中国社会科学院成立了“韩国研究中心”，延边科技大学、华东师范大学、对外经济贸易大学、解放军外国语学院、北京外国语大学、山东师范大学、青岛大学、南开大学、南京大学、东北师范大学、中国人民大学、中央民族大学等高校也成立或者是组建了韩国学相关研究所。而且，韩国学的研究范畴也随着语言研究的深入得到了扩展。中国的情况表明，韩国学的发展与韩国语的发展几乎是同步的，而这之间存在着紧密的联系。韩国语的发展带动和促进了韩国学研究的进行。与此同时，作为深层次民族文化研究，韩国学则发挥了其基础研究的强大力量。韩国学的发展，进一步加深了世界对韩国的理解，也为韩流增强了厚重的文化基础和可持续发展的生命力。同时，韩国学研究的对象包括韩国语，韩国学所使用的基本工具也正是韩国语，这也为韩国语的推广创造了科学依据和需求条件。

韩流、韩国语、韩国学，作为不同层面的文化主体，在韩国文化外交的战略视野下，存在着相互促进的辩证关系。它们有机地组合在一起，相互之间形成了双向的促进关系。

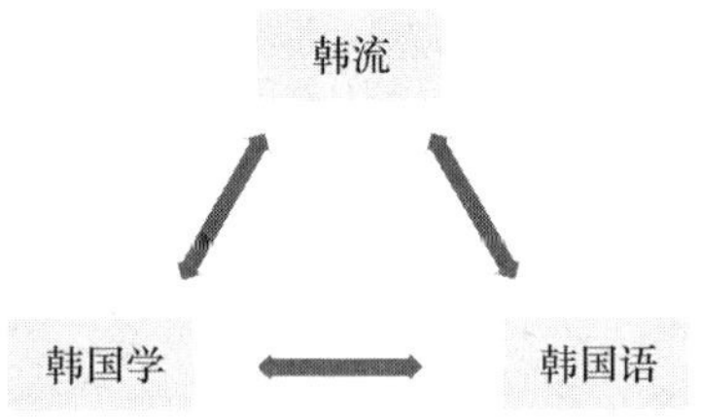

图1　韩流、韩国语、韩国学关系图

三、语言文化推广的战略特点

在对韩国政府的语言文化推广事业进行全面考察后发现，韩国语言文化推广事业战略呈现出四个突出特点：（1）多部门、多机构协同促进；（2）立体交叉式促进；（3）涵盖海外侨胞；（4）相关法律保障机制健全。

（一）多部门、多机构协同促进

韩国政府在语言文化推广事业上采取了多部门分工协作的促进方式，以确保相关工作的全面性。在韩国政府内部，有三个部门是语言文化推广事业的政策制定和执行者，分别是文化体育观光部、外交部、教育部。在具体的政策实施过程中，三个部级单位下属的8个机构担负具体主管和政策实施工作，它们分别是：文化体育观光部的国立国语院、世宗学堂财团、韩国文化海外宣传院；外交部的韩国国际交流财团、在外同胞财团、韩国国际协力团；教育部的国立国际教育院和韩国学中央研究院。此外，这8个部门之下，还有5个具体的政策执行机构，它们分别是：世宗学堂财团的世宗学堂、韩国文化海外宣传院的韩国文化院；在外同胞财团的韩文学校；国立国际教育院的韩国学校和韩国教育院。这种多元化机制是语言文化推广事业内容的多元化和多层次性的体现（具体工作内容和特点在第四章“语言文化推广的机构概况”中介绍）。

（二）立体交叉式促进

尽管语言文化推广事业的核心要义是将本国的语言和文化传播至海外，增加它在海外的影响力，其“主战场”和“主要目标”都在海外。但韩国在具体事业进行中，并没有简单地将其定格为单向性的“走出去”，而是采取了“走出去”与“引进来”相结合的战略。所谓“走出去”和“引进来”相结合，是指既走出国门，到对象国去开展语言文化传播，同时也将对象国的人员邀请到本国来，让他们在韩国接受韩国语教育，为他们提供参与韩国学研究的机会。此外，韩国在开展语言文化推广的过程中，还采取了“直接”与“间接”相结合的策略。所谓“直接”，是指韩国政府直接开办诸如“世宗学堂”“韩国学中央研究院”等直属性教学和研究机构，对教学和科研进行直接的管理和运营。这种直接做法能够保证传播效果的最佳化，但也存在文化传播意图过于明显，引发文化抵触等逆反效果等问题。此外，凡事“亲历亲为”“事必躬亲”也不符合利用有限的人力物力实现传播效果最大化的效率原则，不利于文化推广的高效发展。因此，韩国在“直接”推广的基础上，还配合使用了“间接”推广策略，即不直接参与教学与科研，而是通过出资或派遣专家学者，支援对象国的韩国语和韩国学的教学与研究，为他们提供各种奖学金、研究经费等资金支持，提供教学和学术研究所需的教师、专家等人员支持，以及必要的学术后援等工作。

（三）涵盖海外侨胞

韩国的海外侨胞被称为“在外同胞”，根据韩国《在外同胞法》的有关规定，包括两类人：1. 拥有韩国国籍，短期或长期居住在国外的韩国人（包括拥有永住权者），又称“在外国民”；2. 曾经拥有韩国国籍（包括韩国政府建立之前旅居国外者）现已取得他国国籍者，以及他们已取得他国国籍的子孙，又称“外国国籍同胞”或“海外韩裔”。可见，韩国“在外同胞”的概念较宽泛，与中国的“华侨”“侨民”和“华人”“华裔”相对应。模糊“在外国民”和“海外侨胞”的区别，将二者置于“在外同胞”这一宽泛的范畴内，使其与“国内同胞”相对应、相联系，是韩国政府民族政策的一大特色。这种政策理念出于加强所有形态的韩民族成员与祖国的联系，保持和提高他们的民族意识和民族向心力的政策意志。

在这种政策理念的影响下，韩国的语言文化推广事业并没有把受众简单地定位为“外国人”，而是考虑到了团结世界范围内的韩民族成员，将海外侨胞也纳入了语言文化推广事业的受众范围。因此，不仅有韩文学校、韩国教育院等专门机构负责海外侨胞的语言文化教育，世宗学堂等主要面向外国人的教育机构也向海外侨胞开放，为他们提供语言文化教育服务。

（四）相关法律保障健全

法律法规一方面规范着政策的制定与执行，一方面为政策的制定与执行提供保障和支持。韩国政府高度重视语言文化推广事业的法律法规建设，文化体育观光部和外交部分别出台有《国际文化交流振兴法》（2011）、《国语基本法》（2005）和《关于促进文化外交的特别法》（2011）、《在外同胞财团法》（1997）等专门法，以保障语言文化推广的顺利进行。教育科学技术部虽尚没有专门法，但其组织制定的在外国民教育等法律中也对语言文化推广事业的相关内容作出了规定。这些法律法规的完善，确立了韩国语言文化推广事业作为独立政府促进事业的地位，使它真正成为韩国文化政策的重要组成部分，同时为韩国语言文化推广事业的目的性、任务性和可操作性提供了保障。

四、语言文化推广的机构概况

（一）文化体育观光部

韩国文化体育观光部是总管国家文化、体育和旅游观光工作的韩国中央行政机构。其成立宗旨为保存、继承与发展韩国传统文化，宣传韩国文化艺术，通过扶持韩国文化观光事业及体育事业，提高韩国国民的生活质量。为扩大韩国与世界各国的文化交流，促进“韩流”在全世界范围的扩散，文化光部每年投入大量资金用于韩国语言和民族文化的推广，这些资金主要用于支持韩国文化院和世宗学堂，以及对韩文的宣传等。

2010 年文化体育观光部用于韩国语言文化推广方面的经费预算为 52 亿韩元，比 2005 年增加了 2.45 倍。2012 年增至 150 亿韩元，较 2010 年增加了 2.88 倍；2013 年进一步增至 275.94 亿韩元（约合人民币 1.5 亿元），较 2012 年又增加了 1.84 倍。[①] 预算的大量增加反映了世界对韩国语言文化学习需求的增加，更反映了韩国政府对韩国语世界化事业的重视。文化体育观光部援助韩国语言文化推广的具体工作，主要通过其下属的国立国语院、世宗学堂财团和海外文化宣传院等机构进行。

1. 国立国语院

国立国语院原是 1984 年 5 月 10 日教育科学技术部设立的国语研究所。1990 年 1 月 3 日归属文化体育观光部，同年 11 月更名国立国语研究院。

① 参考：문화체육관광부（2013）。

2004 年 11 月 11 日更至现名国立国语院。

（1）国立国语院的性质

国立国语院是韩国文化体育观光部下属的韩国语研究机关，是专业研究咨询机构。

（2）国立国语院的宗旨、使命

国立国语院的成立宗旨，是通过推行合理的国语政策，对韩国语规范的调查、研究、补充及收集，来加强综合信息系统，以创建有助于民众的语言环境，增强沟通质量，改善韩国语使用条件，从而达成韩国语教育基础的巩固化。①

（3）国立国语院的组织管理模式

国立国语院是专业研究咨询机构。依照《国语基本法》，为审议韩国语发展和保存所需重要事项，在文化体育观光部设有“国语审议会”。“国语审议会”由包括 1 名委员长和 1 名副委员长在内的 60 名委员组成。委员长和副委员长在委员中互选产生，委员则由文化体育观光部长官在韩国语学、语言学或与此相关领域具有专业知识的人中进行委任。“国语审议会”主要负责审议有关制定《国语发展基本计划》方面的事项；有关制定和修改语文规范方面的事项。② 国立国语院内部机构分布参见图 2。③

（4）国立国语院的工作内容

国立国语院的工作内容主要包括：运行韩国语大辞典等国语信息综合搜索系统；通过研究调查外来语的转写法，提高语言环境的现实性；为关于韩国语使用的培训开设实际具体课程。④ 在韩国语推广方面的工作有：第一，为提高海外韩国语教师的质量，应海外韩国文化院或韩文学校等相关机构的要求，派遣韩国语专家到当地进行韩国语培训，其对象为韩侨及当地的外籍教师，一般为短期。第二，邀请海外韩国语教师赴韩进行培训，为教师和学生开发标准化的教育培训体系。第三，为国内外韩国语学

---

① 参见：http：//www. korean. go. kr/09_ new/about/aim. jsp。

② 参见：金万甲（2013，108）。

③ 参见：http：//www. korean. go. kr/09_ new/about/organization. jsp。

④ 参见：http：//www. korean. go. kr/09_ new/about/business_ 2011. jsp。

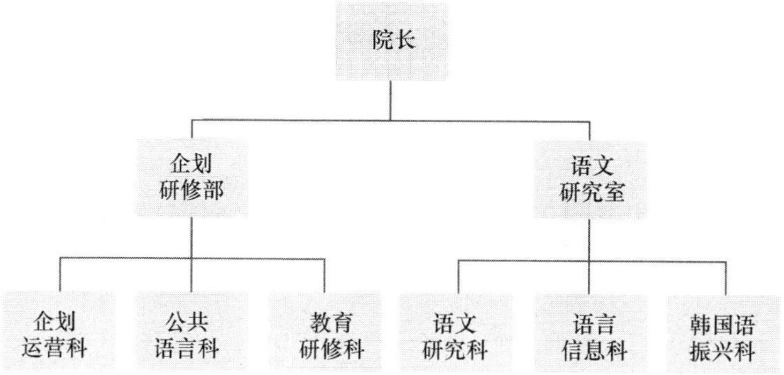

图 2　国立国语院的组织管理模式

习者和教师研发教材和教授指南，为多文化家庭和赴韩劳工研发多样化的教材及提供在线教育讲座。第四，根据《国语基本法》第 19 条，教师资格证制度由国立国语院总管，由韩国语世界化财团执行。即通过国立国语院的最终审查决定应试者是否具备教师资格（韩国语教员三级）。第五，为制定韩国语国际推广战略，每年国立国语院举办与韩国语有关机构和相关专家的会议，主导制定有关韩国语教育政策及其措施大会。此外，国立国语院原来承担所有的世宗学堂相关事务，但 2011 年 3 月，世宗学堂的工作转移到了韩国语世界化财团（后更名为“世宗学堂财团”）。①

此外，为解决人们在韩文使用与习得过程中遇到的问题，国立国语院于 1991 年开通了电话咨询及网络在线咨询，平均每年通过电话及网络接收并解答韩国语使用方面的咨询多达 3 万余件。

2. 世宗学堂财团与世宗学堂

（1）世宗学堂财团（原“韩国语世界化财团”）

世宗学堂财团的前身是韩国语世界化财团，为国立国语院的附属财团，成立于 2001 年，旨在促进韩国语世界化和振兴对外韩国语教育。原世

① 参见：金美美（2013，16）。

宗学堂财团本为民间财团，2010 年，文化体育观光部允许其运营世宗学堂。2012 年 10 月 24 日，原世宗学堂财团与韩国语世界化财团合并，统称为“世宗学堂财团”。

《国语基本法》规定，为在海外有效实施作为外国语或第二语言的韩国语普及工作，决定设立“世宗学堂财团”。文化体育观光部也表示，将通过世宗学堂财团为“世宗学堂”提供系统的援助，以实现在全世界任何地方都能学习韩国语、能用韩国文化进行沟通的目标。

世宗学堂财团的性质：世宗学堂财团是依据《国语基本法（修订）》（2012 年 5 月 23 日公布）设立的特殊法人。[①] 和中国的“孔子学院总部”一样，财团是全世界世宗学堂的总部，提供教育课程、标准教材、教师派遣等综合服务。

世宗学堂财团的宗旨、使命：世宗学堂财团设立的宗旨是为了能为世宗学堂提供全面系统的援助，其使命是通过对世宗学堂的多方面援助，实现在全世界任何地方都能学习韩国语，提高世宗学堂的地位。另外，世宗学堂财团还计划通过世宗学堂的韩国语教育专门化，让韩流热潮不局限于 K－POP，而是朝着文学、电影、美术等多边化发展，帮助人们用韩国文化进行沟通和交流。[②]

世宗学堂财团的组织管理模式：内部组织主要由理事长（下设理事会、监事）、事务总长、企划部、学堂支援部、教育支援部、世宗部、交流合作部组成。其具体运作模式如下：[③]

世宗学堂财团的工作内容：财团的工作主要是从财务上支持世宗学堂相关事务，如世宗学堂（含网络世宗学堂）的设立与运营、教育课程的设置、教材的研发与推广、教师的培养与进修、与世宗学堂发展有关的调研宣传等。世宗学堂财团前身之一的韩国语世界化财团在 2001—2008 年间还

① 参见：http：//www. ksif. or. kr/intro/jaedanprJudge. do。
② 参见：http：//www. ksif. or. kr/intro/jaedanprJudge. do。
③ 参见：http：//www. ksif. or. kr/intro/jaedanprComposition. do。

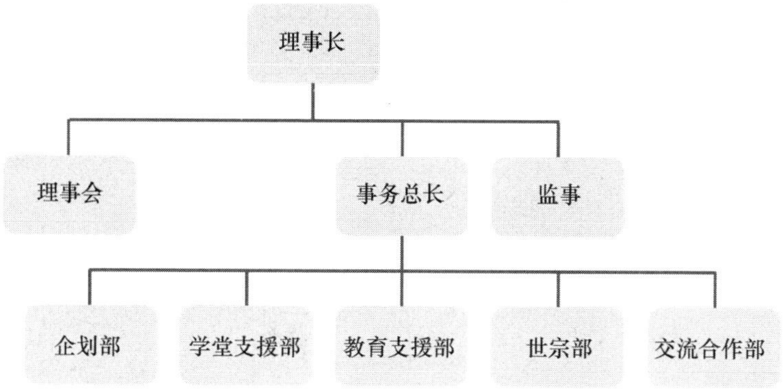

图 3　世宗学堂财团的组织管理模式

承办过韩国语教育能力评定考试,[①] 此项工作于 2009 年移交给雇佣劳动部韩国产业人力公团负责。

世宗学堂财团的资金来源与财务运作:《国语基本法》明确规定,国家可以在预算范围内对世宗学堂财团的设立、设施及运营等方面的所需费用提供支援;世宗学堂财团为筹集所需经费,依据总统令所确定的要求,可以进行营利性活动;法人、个人或团体为支援世宗学堂财团的运营及所实施的相关事业,可以捐赠或赠送除金钱之外的财产。

2012 年韩国政府给世宗学堂财团提供的经费预算为 54.34 亿韩元。近年来,韩国三星、现代、乐天玛特、天才教育等知名企业纷纷捐助世宗学堂,取得了文化经济双赢的良好效果。目前,世宗学堂所用包括电脑在内的办公用品、工作人员着装、出行所用汽车等,无一例外都由韩国知名企业无偿提供。据悉,乐天玛特公司还专门为世宗学堂制造提供了便于学生学习韩文发音规则的"韩文机器人"。天才教育公司则向世宗学堂提供世宗韩国语教材等。2014 年世宗学堂财团的预算情况如表 1 所示:[②]

① 韩国语教育能力评定考试是根据韩国《国语基本法》第 19 条第 3 项及《国语基本法执行令》第 13 条第 2 项实施的韩国语教师资格考试,目的是确保韩国语教师的教学质量,提高韩国语教师的专业水平。

② 参见:http://www.alio.go.kr/alio/public/p_ma_14_00_list.jsp?org_code=C0867。

表1　世宗学堂财团2014年预算情况　单位：百万元（韩币）

项目				金额
收入	政府支援收入	直接支援	捐款	0
			补助金	9087
			负担金	0
			转移收入	0
			附带收入	0
		间接支援	事业收入	0
			委托收入	0
			垄断收入	0
			附带收入	0
	其他事业收入			0
	附带收入			0
	投资款			0
	借入资金			0
	其他			0
收入总计				9087
支出	人工费			1233
	日常运营费			186
	事业费			7668
	借入偿还金			0
	其他			0
支出总计				9087

（2）世宗学堂

第一所世宗学堂于2007年在蒙古开设。之后，世宗学堂实现了迅速而稳健的发展。2007年发展到10所，2008年15所，2009年16所，2010年22所，2011年60所，2012年90所，据韩国文化体育观光部统计，截至2013年底，全世界已有120所世宗学堂，听课的学生总人数达3.6万余名。具体分布情况是：中国、越南、菲律宾等亚洲地区共设有75所；俄罗斯、英国、法国、德国等欧洲地区共设有24所；美国、加拿大、阿根廷、墨西哥等美洲地区共设有14所；非洲地区5所；澳洲（澳大利亚和新西兰各1所）2所。世宗学堂财团计划截至2015年在全球共设立运营200所世宗学堂。

世宗学堂的性质：世宗学堂是韩国政府为在世界范围内推广韩国语和韩国文化，增进各国对韩国的了解，自2007年起由韩国政府出资，在海外各地设立的以母语非韩国语的外国人、海外韩国公民和韩侨为对象，以社会教育为主要形式，进行韩国语与韩国文化教育的韩国语言文化教育机构。[①] 它与法国的“法语联盟”（alliance francaise）、英国的“英国文化协会”（British Council）、德国的“歌德学院”（Goethe Institute）和中国的“孔子学院”一样，是韩国在海外进行韩国语教育的代表性机构，也是韩国在海外打出的文化商标。[②]

世宗学堂的宗旨、使命：韩国国立国语院教育组组长李俊硕强调：世宗学堂的宗旨是“秉承文化互通的原则，尊重各国文化，为亚洲各国形成文化共同体作出努力”。《世宗学堂指南2011》[③] 中提出了世宗学堂的设立目的：第一，促进立足于文化互惠主义的文化交流；第二，针对拟学习外语或作为第二语言学习韩语的人实施韩语教育；第三，为韩语教育代表品牌的培养和扩散做贡献。

世宗学堂的组织管理模式：世宗学堂通常开设在韩国的海外文化院或当地大学等教育机构，由政府和世宗学堂财团对其运营费用、教材、教员

① 参见：杜丽荣，刘秀平（2013，152）。
② 参见：金万甲（2013，106）。
③ 参考：문화체육관광부（2011）。

培养等提供支援。一般是在当地韩国语学习需求充分，具备教员、教育空间等教育条件的情况下，提出申请并通过审查后可以确定。

对于世宗学堂组织管理人员的任命问题，[①] 首先，世宗学堂分部选拔世宗学堂总管者，即“世宗学堂长”。世宗学堂长应具备的条件如下：其一，作为申办世宗学堂的机构代表，接受世宗学堂长任务的委托；其二，对韩国语和韩国文化有较深刻的理解，致力于世宗学堂与所在国建立友好交流关系；其三，具有世宗学堂所在国的丰富知识或生活经验；其四，具有运营世宗学堂所需要的教学管理能力，负责地完成运营世宗学堂的使命；其五，具有对外宣传能力与危机应对能力。其次，聘用教师与行政人员。世宗学堂雇用老师时，优先录用韩国语教员资格证持有者，世宗学堂分部确保至少有50%以上的“韩国语专门教员”，韩国语专门教员指符合以下一项以上条件的人：依据《国语基本法》第19条及同法施行令第14条韩国语教员资格审查委员会运营规定等文化体育观光部公告2种，韩国语教员资格证持有者；获得以外语为韩国语教育领域的硕士以上学位的人；依据《国语基本法施行令》修完韩国语教员培训课程的人；获得硕士以上学位同时至少有1年以上韩语教学经验的人。关于行政人员，世宗学堂选拔一位能流利使用当地语和韩国语的行政人员管理教育设备、校务及行政。

世宗学堂的工作内容：世宗学堂工作内容如下：第一，实施标准化、实用型韩语教育和韩国文化的教育；第二，运营韩语和韩国文化相关资料室，并提供信息；第三，举办与韩语和韩国文化有关的展览、演出及各种大奖赛；最后，实行与韩语和韩国文化教育及普及有关的其他事业。

世宗学堂的资金来源与财务运作：世宗学堂以国家资助、企业赞助和自筹相结合的途径解决所需资金和物资。

3. 韩国文化海外宣传院与韩国文化院

（1）韩国文化海外宣传院

韩国海外文化宣传院的前身为1971年成立的海外公报馆，当时隶属于

---

① 参见：金美美（2013，45）。

文化公部，1999 年 5 月改编为海外宣传院，由国政宣传处接管。2008 年 2 月韩国政府机构调整后，海外宣传院正式改名为海外文化宣传院，隶属于文化体育观光部。①

海外文化宣传院的性质：韩国海外文化宣传院是韩国政府为向世界宣传韩国与韩国文化，提高韩国国际形象而成立的韩国中央行政机构。

海外文化宣传院的宗旨、使命：韩国海外文化宣传院的成立宗旨是宣传韩国文化，提高韩国的国际形象。②

海外文化宣传院的组织管理机构：③

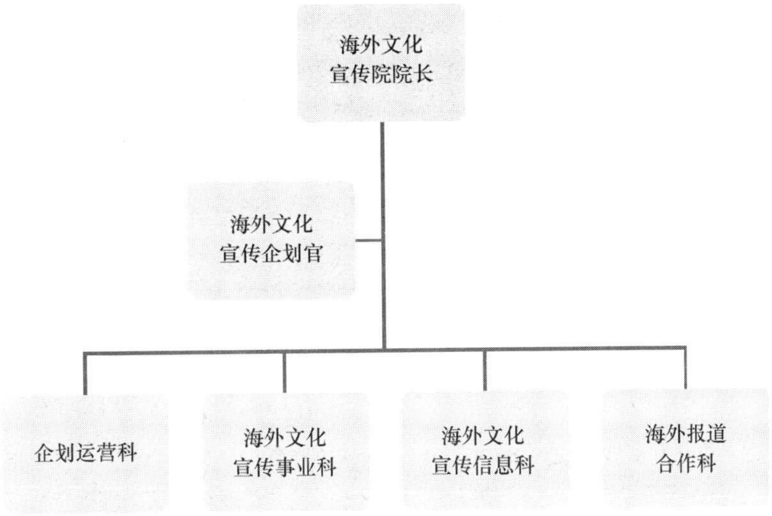

图 4　海外文化宣传院的组织管理模式

① 参考：刘秀平（2011，24）。
② 参考：刘秀平（2011，24）。
③ 参见：http：//www. kocis. go. kr/division. do。

海外文化宣传院的主要工作内容：[1]

表 2　海外文化宣传院的主要工作内容

企划运营科	制定海外文化宣传计划； 构建管理与海外文化宣传相关的官方及个人合作网站； 总事务、国会、预算会计工作的处理
海外文化宣传事业科	介绍宣传韩国，组织文化活动及国际文化交流工作； 制定促进国内外及在外同胞文化艺术家团体支援计划； 负责在外文化院特色化及品牌化事业
海外文化宣传信息科	制作发行海外宣传刊行物； 负责海外宣传影像的制作发行及海外电台合作事业； 政府门户网站（Korea. net）及 SNS 的运营管理
海外报道合作科	海外报道采访及首脑外交宣传的援助； 海外舆论报道资料、英文翻译及特辑资料的制作和发行

海外文化宣传院的资金来源与财务运作：[2]

表 3　海外文化宣传院的 2013—2014 年收入预算情况　单位：百万元（韩币）

分类	2014（A）	2013（B）	增加（B－A）	增加（%）
合计	703	53	650	1326
其他财政收入	1	1	－	－
其他经常项目转移收入	700	50	650	1400
其他额外收入	2	2	－	－

① 参考：해외문화홍보원（2014，1）。
② 参见：해외문화홍보원（2014，3）。

表 4　海外文化宣传院 2013—2014 年支出预算　单位：百万元（韩币）

用途	2014 年（A）	2013 年（B）	增加（A－B）	增加（%）
总计（甲＋乙）	27924	28737	△813	△2. 8
总账（甲）	25598	26125	△527	△2. 0
1. 海外文化宣传院运营	20559	20501	58	0. 3
◎国家形象宣传	3315	3. 515	△200	△5. 7
◎海外宣传信息制作	6357	6774	△417	△6. 2
◎媒体宣传	6202	6072	130	2. 1
◎建交纪念活动	4685	4140	545	13. 2
2. 海外文化宣传院信息化	665	700	△35	△5. 0
◎多语种官方网站	665	700	△35	△5. 0
3. 所在部门员工工资	3232	3126	106	3. 4
◎海外文化宣传院员工工资	3232	3126	106	3. 4
4. 所在部门基本经费	1142	1798	△656	△36. 5
◎海外文化宣传院基本经费（总额）	129	134	△5	△3. 7
◎海外文化宣传院基本经费	1013	1664	△651	△39. 1
◎观光基金（乙）	2326	2612	△286	△10. 9
◎文化艺术海外交流	2326	2612	△286	△109

（2）韩国文化院

韩国文化院的前身为韩国文化宣传院，2006 年改名为“韩国文化院”，接受韩国文化体育观光部下属的海外文化宣传院的管理与支援。自 2009 年，韩国海外文化宣传院（KOCIS）开始在世界各地建立韩国文化院。截至 2014 年 8 月，韩国海外文化宣传院已经在全世界 23 个国家建立了 27 所文化院。具体情况如下：[1]

① 参见：http：//www. kocis. go. kr/overview. do。

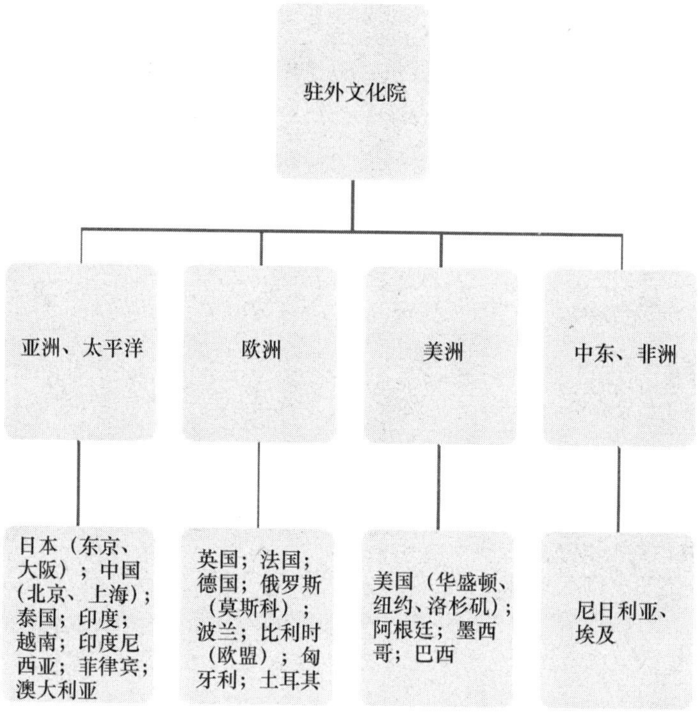

图5　韩国在世界23个国家建立的文化院分布

韩国文化院的性质、宗旨：韩国文化院是由韩国文化体育观光部的下属机关——韩国海外文化宣传院建立运营，为促进韩国文化、促进文化交流在全世界各地设立的非营利机构。韩国文化院的设立宗旨是宣传韩国文化，促进韩流在海外的扩散，扩大与世界各国的文化交流，提升韩国国际形象。①

韩国文化院的工作内容：韩国文化院主要通过举办韩国文化讲座、韩国传统艺术表演、韩国文化展示会、韩国电影节以及开办韩国图书室等活动来宣传韩国语与韩国文化。海外文化宣传院隶属于文化体育观光部，是韩国政府为向世界宣传韩国与韩国文化、提升韩国国际形象而成立的行政

---

① 参见：杜丽荣，刘秀平（2013，153）。

机构，同时也负责海外韩国文化院的成立、运营与扩大等工作。[①]

资金来源及财务运作：文化体育观光部每年都投入大量资金用于韩国语言和民族文化的推广，这些资金主要用于支持韩国文化院和世宗学堂，以及对韩文的宣传等。2010 年文化体育观光部用于韩国语世界化方面的经费预算为 52 亿韩元，比 2005 年增加了 2.45 倍；2012 年增至 150 亿韩元，较 2010 年增加了 2.88 倍；2013 年进一步增至 275.94 亿韩元（约合人民币 1.5 亿元），较 2012 年又增加了 1.84 倍。预算的大量增加反映了世界对韩国语言文化学习需求的增加，更反映了韩国政府对韩国语世界化事业的重视。[②]

（二）外交部

韩国外交部是韩国政府负责外交及其他对外事务的最高机关。1948 年 7 月 17 日，大韩民国临时政府依据政府组织法成立外交部，其职掌外交、对外经济、国际情势分析及海外侨胞等事务。1948 年 8 月 15 日，大韩民国政府正式运作开始，其后在一些友好国家如美国、英国和法国设立大使馆及公使馆，在日本和联合国也设有代表机构。1998 年韩国实行政府再造计划，外交部改组为外交通商部并增设通商交涉本部长一职，其职责为研拟与对外关系有关的法律事务、对外贸易协商和对外经贸事务。2013 年 3 月 25 日，韩国外交通商部正式更名为韩国外交部，剥离贸易谈判职能，转交至新成立的产业通商资源部。

韩国外交部的主要工作是制定外交政策、管理韩国驻海外使（领）馆等。在韩国语言文化推广方面，外交部的工作主要是从制定海外文化、艺术交流等相关政策和支持、援助海外韩侨两方面展开的。具体工作分别由其下属的韩国国际交流财团、在外同胞财团与韩国国际协力团执行。

1. 韩国国际交流财团

韩国国际交流财团成立于 1991 年 12 月，韩国外交部的下属机构，是为推广韩国学而设立的机构。

---

① 参见：杜丽荣，刘秀平（2013，153）。

② 参见：杜丽荣，刘秀平（2013，149）。

（1）韩国国际交流财团的性质

韩国国际交流财团是政府财政支援机构，隶属于韩国外交部。

（2）韩国国际交流财团的宗旨、使命

韩国国际交流财团的宗旨是通过与国外开展各种交流活动，推动国际社会对韩国的正确理解与认识，促进国际关系的友好发展，提升韩国的国际形象并构建韩国的国际人脉。自成立至今，韩国国际交流财团一直致力于海外韩国学振兴事业和韩国语世界化工作。

（3）韩国国际交流财团的组织管理模式

韩国国际交流财团内部主要由理事长主管，下设非常设监察、海外办事处及战略经营室、经营总理事、国际合作理事，后三者又下设多个分管小组，其具体运作情况如下：①

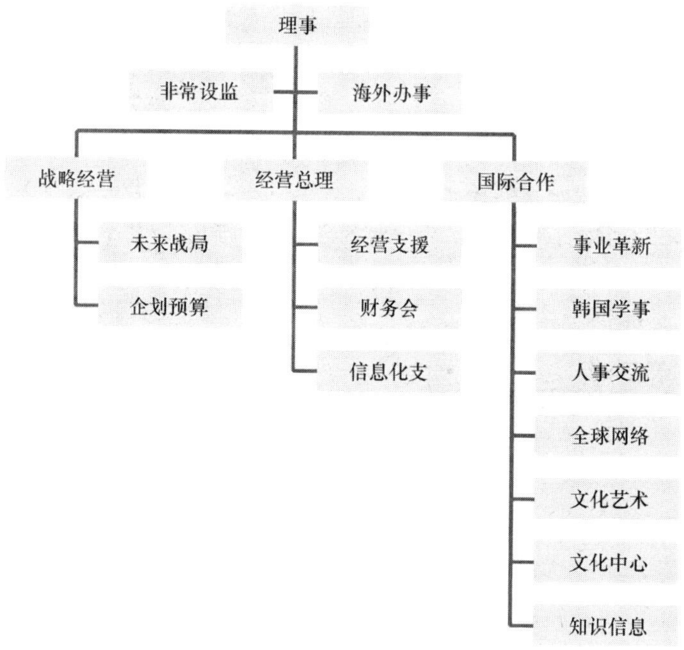

图6　韩国国际交流财团的组织管理模式

① 参见：http：//www. kf. or. kr/？ menuno = 88。

（4）韩国国际交流财团的工作内容

韩国国际交流财团的活动对象主要是海外大学的韩国语教育者、韩国语教育和研究专家、一般韩国语学习者（学生）、相关学会人士等。为了促进海外韩国学的振兴，韩国国际交流财团的工作主要是在海外大学与学术研究机构中设立相关领域的韩国学教授职位，开设讲座，举办学术研讨会，援助出版韩国学相关研究资料，邀请与派遣相关人士，资助举办国际会议。此外还出版韩国的有关刊物与书籍，同时援助海外优秀出版社及专门机构出版韩国书籍、制作视听材料等。财团积极推动并援助海外博物馆开设韩国馆，用于展示、宣传韩国文化艺术和运营韩国语教育项目，举办文化艺术交流会等[①]。

（5）韩国国际交流财团的资金来源与财务运作

韩国国际交流财团的资金主要来源于政府支援及其他事业收入，其2014年收入及支出的具体预算如下：[②]

表5　韩国国际交流财团2014年收入及支出预算情况　单位：百万元（韩币）

项目				金额
收入	政府支援收入	直接支援	捐款	0
			补助金	0
			负担金	41269
			转移收入	0
			附带收入	0
		间接支援	事业收入	0
			委托收入	0
			垄断收入	0
			附带收入	5074

① 参考：杜丽荣，刘秀平（2013，150）。
② 参见：http：//www. kf. or. kr/？menuno =468。

续表

项目		金额
收入	其他事业收入	5418
	附带收入	0
	投资款	0
	借入资金	0
	其他	57804
收入总计		109565
支出	人工费	7204
	日常运营费	4681
	事业费	46254
	借入偿还金	0
	其他	51426
支出总计		109565

2. 在外同胞财团与韩文学校

（1）在外同胞财团

在外同胞财团成立于 1997 年 3 月，是外交部下属的专门负责海外韩侨事务的机构。

在外同胞财团的性质：在外同胞财团是为了维系在外同胞的根系意识、援助海外韩侨相关事务而设立的外交部下属非营利性公共法人。

在外同胞财团的宗旨、使命：其成立宗旨是维系在外同胞的根系意识，援助海外韩侨相关事务，使韩侨成为其所在国的模范一员。

在外同胞财团的组织管理模式：理事长下设非全职监查、检查站、专门委员、企划理事、事业理事。企划理事下面又设企划室、经营支援部、同胞团体支援部、教育支援部、调查研究部；事业理事下方设世界韩商中心、下一代事业部、全球 korean 网络文化组以及文化宣传小组。其具体情

况如下：①

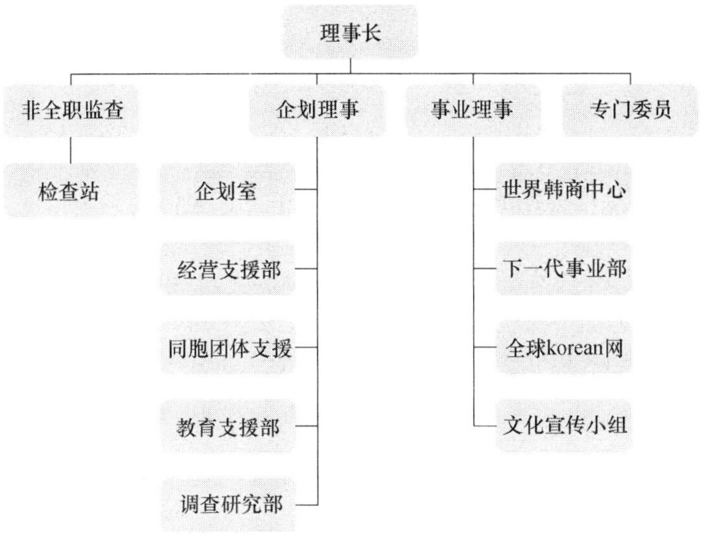

图7　在外同胞财团的组织管理模式

在外同胞财团的工作内容：财团主要从事海外韩侨的交流工作，韩侨社会相关调研工作，韩侨的教育、文化与宣传工作，政府委托财团的工作，获得国务总理认可及外交部长官规定的其他为实现财团成立目标的必要工作及相关附属工作等。

为推动海外韩侨的教育工作并维系韩侨的韩民族意识，在外同胞财团援助海外韩文学校，为其培养教师并援助教师的进修项目，邀请韩文学校教师赴韩参加研讨会，管理并实施海外韩侨的奖学金项目，为海外民族学校提供教材、师资、设备等方面的援助。此外，财团还为海外韩侨提供网上韩国语讲座，倡导将每年的10月5日定为"世界韩人日"，举办 korean festivel（韩人节）等韩国文化宣传活动，构建并运营世界韩人网络。

① 参见：http//www.okf.or.kr/portal/PortalView.do? PageGroup = USER&pageId = 1283437318498&query = &url1。

具体工作主要有：[①] 为全球韩文学校资助经费和提供辅助教材（有关韩国语的录音带、儿童歌、儿童书、单字卡片、视频及图案词典等），尤其为中国朝鲜族学校与独立国家联合体（CIS，Commonwealth of Independent States）的民族学校提供电脑、信息操作设备以改善教育环境；以独立国家联合体的教师为对象进行5周的培训，其内容为韩国语、韩国文化、韩国语教授法、韩国历史及文化体验等。并且对全世界韩文学校的老师与工作人员进行培训，让他们相互交流办学信息，提供机会到韩国内的小学去现场体验。此外，召集地区级会议，引导按照地区的特色来运营以获得最大的教育效果；为海外韩侨创设方便接触韩国语的教育环境，开设运行在线韩国语讲座，譬如，最基本水平“TeenKorean Basic”、基础水平“TeenKorean Plus”以及韩国语能力考试（TOPIK）的3—4级水平“TeenKorean Advanced”课程等。此外，为韩文老师提供韩国语教授法、国内外韩国语教育相关论文、上课用的辅助材料等；为海外韩侨之间的沟通运行网络（http：//www. korean. net）援助各种交流活动及为韩侨社会进行研究调查，设立了一个专门教韩国语的“Study Korean”栏目。

为海外韩侨青少年提供在韩国进行各种培训与体验的机会。

表6　在外同胞财团资金来源与财务运作　单位：百万元（韩币）

项目		金额
资产	一、流动资产	4947936372
	1. 抵押资产	4947936372
	（1）现金及现金等价物	3448957920
	（2）短期金融商品	1469606992
	（3）应收未收账款	29371460
	二、非流动资产	2375074877

① 参见：金美美（2013，11）。

续表

项目		金额
资产	1. 投资资产	2297084640
	（1）租赁保证金	2293109000
	（2）电信电话入网费	3975640
	2. 有形资产	77990237
	（1）车辆运载工具	151205570
	车辆运载工具累计折旧额	（114207838）36997732
	（2）常用品	1305791080
	累计折旧额	（1264800575）40990505
	（3）租赁设备	141525255
	累计折旧额	（141523255）2000
资产总计	7323011249	
负债	一、流动负债	1943433809
	1. 应付未付款项	1908587629
	2. 预收款项	34846180
	二、非流动负债	951351590
	1. 退休金专款	951351590
负债总计	2894785399	
资本	一、捐款	518255402
	1. 捐款金	518255402
	二、资本盈余金	2375074877
	1. 资本准备金	2375074877
	（1）其他资本盈余金	2375074877
	三、利润盈余	1534895571
	1. 处置前利润盈余	1534895571
资本总计	4428225850	

2. 韩文学校

据刘秀平（2011）研究显示，截至到2011年，全世界韩文学校共有2158所，分布在亚洲、美洲、欧洲、非洲、大洋洲等世界各个国家和地区。韩文学校的分布基本与海外韩侨的分布成正比，可以说，只要有韩侨居住的地区几乎都有韩侨自发成立的此类韩国语教育机构。其具体分布情况如下：[①]

表7　韩文学校分布情况

洲别	分布国家和地区	韩文学校（所）
亚洲	独立国家联合体（CIS）地区	323
	南亚	15
	东南亚	30
	日本	72
	中国	36
欧洲	欧洲	98
	俄罗斯	157
美洲	加拿大	125
	美国西部	199
	美国中部	147
	美国东北部	235
	美国加利福尼亚	240
	美国东部	295
	中南美	68
大洋洲	大洋洲	79
非洲	非洲	28
	中东	11
合计		2158

① 参见：刘秀萍（2011，42）。

（1）韩文学校的性质

韩文学校是海外韩侨、韩人有关团体机构或教会等自发成立与运营的非正规韩文教育机构。

（2）韩文学校的宗旨、使命

韩文学校的成立宗旨与使命是维系并加强海外韩侨对韩国语及韩国文化的理解。

（3）韩文学校的工作内容

韩文学校的授课内容为韩国语言和文化教育。主要上课时间为每周的周六和周日，上课时间大概2—6个小时。

（4）韩文学校的资金来源与财务运作

在运营过程中，韩文学校由外交通商部下属的在外同胞财团每年为其提供部分运营费用及学员赴韩进修等方面的援助。同时教育科学技术部下属的国际教育院与在外同胞教育振兴财团也为韩文学校免费提供教材及资助教师赴韩进修等。

3. 韩国国际协力团

韩国国际协力团成立于1991年，是外交部下属的专门负责国家对外无偿援助事业（主要针对发展中国家）的政府代表机构。

（1）韩国国际协力团的性质

韩国国际协力团是外交部下属的专门负责国家对外无偿援助事业（主要针对发展中国家）的政府代表机构。

（2）韩国国际协力团的宗旨、使命

成立宗旨是促进韩国与世界发展中国家间的友好合作与相互交流，通过援助发展中国家的经济、社会发展工作，促进韩国与国际间的交流与合作。

（3）韩国国际协力团的组织管理模式

韩国国际协力团主要由1名理事长、4位理事，以及1个本部、10个下属部、8个室、28个组构成。各部各司其职，上级约束下级，合理运

作。具体如下：①

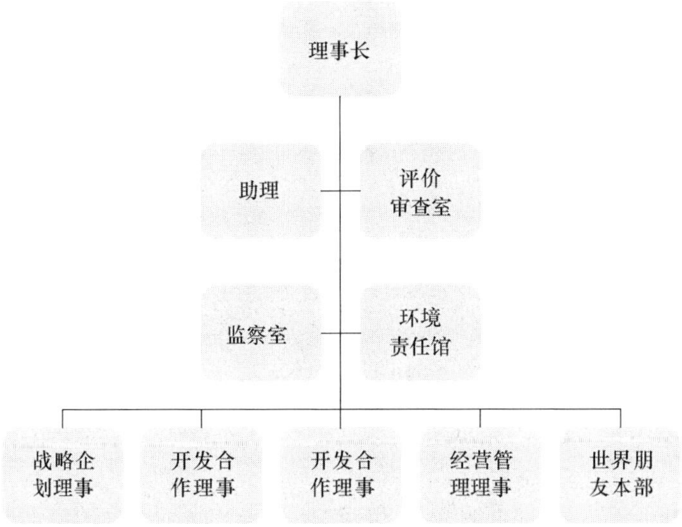

图 8　国际协力团的组织管理模式

（4）韩国国际协力团的工作内容

韩国国际协力团的主要工作内容②是为发展中国家满足其基础设施建设、职业培训和教育等实际需求，邀请发展中国家的公务员、研究人员和技术人资赴韩进行培训，提供救护物品和派遣服务组织体紧急救助遇到灾难的国家，以及援助 NGO（非政府组织）的各种活动。

韩国国际协力团在韩国语推广方面的主要工作内容，是邀请发展中国家的公务员赴韩并委托韩国的大学对其进行韩国语的培训，其项目有“韩国语教师能力培养课程（2 个月，12 个国家 15 名人员）”“韩国语初级课程（3 个月，15 个国家 22 名人员）”“韩国语中级课程（3 个月，11 个国家 16 名人员）”。此外，为了准备“韩国雇用许可制”，每年将派遣韩国语教授领域的海外服务组织到发展中国家的韩国语教育机构进行两年的韩国

① 参见：http：//www. koica. go. kr/。
② 参见：http：//www. koica. go. kr/。

语培训。[1]

（5）韩国国际协力团的资金来源与财务运作

韩国国际协力团的资金主要来源于政府捐款和自身收入，这笔资金主要用于全球项目及各地区事业援助。下表为韩国国际协力团2013—2014年预算和支出情况：[2]

表8　国际协力团2013—2014年收入预算情况（单位：百万元韩币）

区分	2013年预算（A）	2014年预算（B）	增加	
			对比2013年（C=B-A）	C/A（%）
1. 政府捐款	572427	591882	64455	12.2
2. 自身收入	13842	14612	772	5.6
-利息收入	6300	7072	772	12.3
-利润盈余	7542	7542	—	—
总计	541269	606496	65227	12.1

表9　国际协力团2013—2014年支出预算情况（单位：百万元韩币）

区分	2013年预算（A）	2014年预算（B）	增加	
			对比2013年（C=B-A）	C/A（%）
1. 亚太地区援助	144983	136366	8617	5.9
2. 非洲地区援助	59349	99552	40203	67.7
3. 中南美地区援助	35228	29266	5962	16.9
4. 中东独立国家联合体地区援助	35315	33658	1657	4.7
5. 全球项目	206529	223241	16712	8.1

① 参考：金美美（2013，15）。

② 参见：http：//www.koica.go.kr/intro/odareport/planandsettle/index.html。

续表

区分	2013 年预算（A）	2014 年预算（B）	增加	
			对比 2013 年（C = B – A）	C/A（%）
–民官合作	31702	33922	2220	7.0
–海外志愿服务团（WFK）	102421	110145	7724	7.5
–全球研修	54304	55831	1527	2.8
–国际机构合作	18102	23343	5241	29.0
6. 合作事业支援	59365	63929	4564	7.7
–宣传	1796	1796	0	0.0
–事业评估	1280	1280	0	0.0
–研究调查	1900	1900	0	0.0
–信息化	3000	5452	2452	81.7
–国际合作	17454	20426	2972	17.0
–ODA 青年实习生	6890	7483	593	8.6
–人工费	20019	21338	1319	6.6
–日常运营费	736	885	49	20.2
–下属机构支援	1830	1881	51	2.8
–WFK 第二教育院	4460	1488	2972	66.6
总计	541268	606496	65227	12.1

（三）教育部

韩国教育部是总管国家教育、科学技术工作的韩国中央行政机构。原来的教育部改称为教育人力资源部（2001 年），科学技术处改称为科学技术部（1998 年），自 2008 年政府机构调整后，教育人力资源部及科学技术部合并成为教育科学技术部，2013 年改编为教育部。

教育部在韩国语言文化推广方面的主要工作有：为韩文学校提供海外教材与指导措施，以及援助韩国教育院；援助海外中小学和第二外语选韩国语的学校，为其聘请韩国语教师和韩国语咨询人员、开设韩国语课程，资助研发教材与教育材料。此外，教育部还委托韩国教育课程评估院举办韩国语能力考试（TOPIK：Testof Proficiency In Korean）。教育部对韩国语言文化推广的工作主要由国立国际教育院、韩国学中央研究院等机构执行。

1. 国立国际教育院与韩国学校、韩国教育院

（1）国立国际教育院

韩国国立国际教育院的前身为1962年首尔大学成立的学生指导研究所，1992改编为国际教育振兴院，2001年被指定为专门负责海外韩侨教育与国际教育合作交流的责任运营机构，2008年正式改名为国立国际教育院。①

国立国际教育院的机构性质、使命：韩国国立国际教育院是教育部直属的国家责任运营机构。以培养适应全球化时代的人才，促进韩国教育事业的国际化进程为使命。其战略目标如下：② 促进国际教育交流体系化；加大对在外同胞的教育支援；深化韩国语普及；调整招收、管理留学生体制；试行“国家英语能力评价考试”；扩大对外语公共教育的援助。

国立国际教育院的组织管理模式（参见图9）：③

国立国际教育院的主要工作内容：韩国国立国际教育院在韩国语世界化方面的主要工作包括：落实海外韩侨的教育，促进国际交流与合作，吸引招收赴韩外国留学生。韩国国立国际教育院通过开发国际化人力资源、援助海外本土教师进修项目、研发韩国语相关教材、运营韩国语教育网络系统及发行刊物《教育在韩国》（*Education in Korea*）等支持海外韩侨教育；通过邀请与管理韩国政府奖学金生，选拔与派遣外国政府奖学金生，

---

① 参考：刘秀平（2011，25）。

② 参见：http：//www. niied. go. kr/contents. do？ contentsNo＝38&menuNo＝260。

③ 参见：http：//www. niied. go. kr/organization. do？ menuNo＝256。

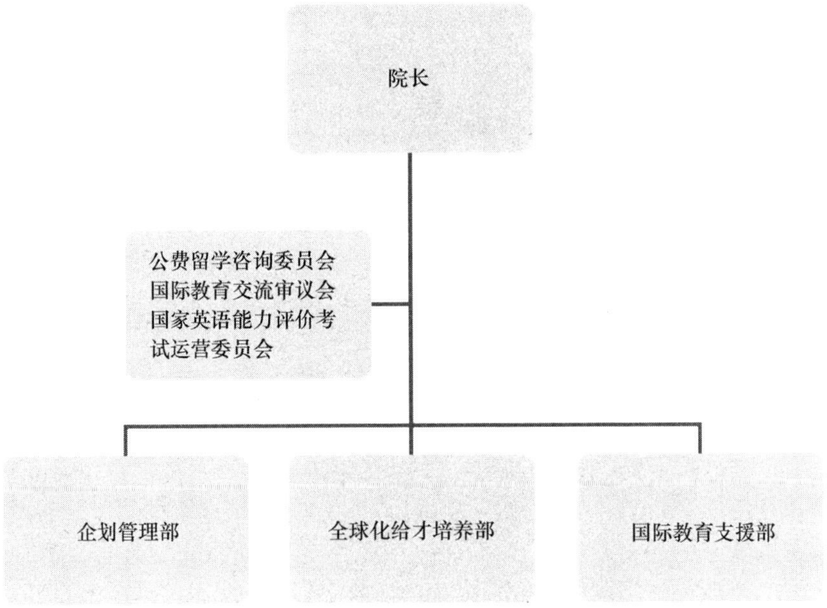

图 9　国立国际教育院的组织管理模式

促进韩中、韩日教育交流；通过邀请部分国家大学生来韩进修等工作，加强与国际间的教育交流与合作。此外还通过运营并管理韩国留学指南系统来维持与扩大留学生规模。从 2011 年起，国立国际教育院还接管了原由韩国教育课程评价院负责的韩国语能力考试——TOPIK。[①]

韩国国立国际教育院的业务对象是在外同胞，主要业务是运营韩国学校和韩国教育院（在外同胞教育科），国外当地教师培训，在外同胞教育用教材开发及推广，海外小学、初中、高中学校选修韩国语援助（在外同胞教育科），开展在线韩国语学习“KOSNET”等。[②]

① 参考：杜丽荣，刘秀平（2013，149）。
② 参考：金厚联，朴正元（2013，9）。

（2）韩国学校①

截至2010年4月，韩国教育部共在海外设立韩国学校30所，分布在世界15个国家，通过表10我们可知，海外韩国学校的主要分布是在韩国移民较多的中国、日本及越南等东南亚国家和地区。海外韩国学校运营现状如下：

表10　海外韩国学校运营情况

国家	学校名称	设立时间	学生数/年级数				
			总计	幼儿园	小学	初中	高中
日本	东京韩国学校	1954.04.26	1119/28	–	628/16	244/6	247/6
	京都国际学校	1947.05.13	157/8	–	–	41/3	116/5
	大阪金刚学校	1946.04.05	330/17	8/2	166/6	92/3	64/6
	大阪建国学校	1946.03.01	416/22	24/4	165/6	114/6	113/6
小计（4所学校）			2022/75	32/6	959/28	491/1	540/23
中国	北京韩国国际学校	1998.08.26	1173/42	76/4	560/18	245/9	292/11
	延边韩国学校	1997.12.01	208/12	–	87/6	61/3	60/3
	天津韩国国际学校	2001.03.07	911/39	106/5	432/18	185/9	188/7
	上海韩国学校	1999.09.01	1062/44	–	537/24	198/8	327/12
	无锡韩国学校	2006.09.04	189/12	19	101/6	35/3	34/3
	香港韩国国际学校	1988.03.01	172/14	33/2	64/6	14/3	61/3
	烟台韩国学校	2001.03.01	665/22	–	282/10	170/6	213/6
	青岛青云韩国学校	2006.05.25	576/28	–	295/14	139/7	142/7
	大连韩国国际学校	2003.12.23	402/22	–	192/10	111/6	99/6
	沈阳韩国国际学校	2006.03.01	215/15	43/3	101/6	41/3	30/3
小计（10所学校）			5573/250	277/14	2651/11	1199	1446/61
中国台湾	台朝鲜国学校	1962.02.01	72/8	25/2	47/6	–	–
	高雄韩国学校	1961.01.25	42/6	–	42/6	–	–
合计（2所学校）			114/14	25/2	89/12	–	–

① 参考：刘秀平（2011，33－34）。

续表

国家	学校名称	设立时间	学生数/年级数				
			总计	幼儿园	小学	初中	高中
越南	河内韩国学校	2006. 04. 24	373/18	–	217/12	88/3	68/3
	胡志明市韩国学校	1998. 08. 04	1081/20	31/2	515/18	243	292
小计（2 所学校）			1454/38	31/2	732/30	331/3	360/3
沙特阿拉伯	吉达韩国学校	1976. 09. 18	9/4	3/1	6/3	–	–
	利雅得韩国学校	1979. 04. 24	11/7	2/1	9/6	–	–
小计（2 所学校）			20/11	5/2	15/9	–	–
印度尼西亚	雅加达韩国国际学校	1976. 01. 05	1060/40	–	468/19	241/9	351/12
新加坡	新加坡韩国学校	1993. 02. 17	104/7	–	104/7	–	–
泰国	曼谷韩国国际学校	2001. 03. 31	147/12	–	79/6	40/3	28/3
菲律宾	菲律宾韩国学校	2005. 07. 11	90/11	10	47/6	22/3	11/2
巴拉圭	巴拉圭韩国学校	1992. 03. 01	106/9	27/2	79/7	–	–
阿根廷	阿根廷韩国学校	1995. 01. 23	335/16	181/9	154/7	–	–
巴西	巴西韩国学校	1998. 03. 01	148/8	45	76/6	–	–
俄罗斯	莫斯科韩国学校	1992. 03. 01	148/8	45	76/6	–	–
伊朗	德黑兰韩国学校	1976. 04. 30	36/6	–	36/6	–	–
埃及	开罗韩国学校	1979. 12. 05	42/6	–	42/6	–	–
小计（10 所学校）			2146/12	295/13	1131/76	303/1	390/17
总计	15 个国家，30 所学校		11302	665/39	5577/27	2324	2736

韩国学校的性质：韩国学校主要是针对长期或暂时居住在海外的韩国公民、韩侨及其子女进行韩国语言、社会、文化与历史等方面教育的海外韩国语教育机构。韩国学校的教育过程大致分幼儿园、小学、初中、高中四个阶段，教授课程和时间安排与韩国教育部规定的韩国国内学校课程大致相当。

韩国学校的宗旨、使命：韩国学校的目的是使暂时居留海外的韩国人回到韩国后也能顺利进入国内学校，接受韩国的正规教育。韩国学校的成立宗旨是促进海外韩国公民对韩国社会文化的理解，维系并强化海外韩国公民的韩民族意识。

韩国学校的工作内容：韩国学校主要是对长期或暂时居住海外的韩国公民、韩侨及其子女进行韩国语言、社会、文化与历史等方面的教育。

韩国学校的资金来源与财务运作：韩国学校是韩国教育科学技术部援助的。韩国学校受韩国驻海外使（领）馆管辖，韩国政府在师资、管理、教材、公共设施等方面对韩国学校提供部分援助。

（3）韩国教育院①

截至2010年9月，韩国共在海外设立韩国教育院39所，主要分布在日本、美国、俄罗斯等13个国家和地区。海外韩国教育院运营现状如下：

表11　海外韩国教育院运营情况

国家	教育院名称	成立时间	管辖内韩文学校		
			学校数	学生数	教师数
日本	东京韩国教育院	1966.04.01	28	830	56
	琦玉韩国教育院	1994.07.26	1	45	2
	千叶韩国教育院	1970.01.21	4	423	13
	神奈川韩国教育院	1963.04.02	7	312	5
	新潟韩国教育院	1966.09.24	–	–	–
	长野韩国教育院	1995.02.10	–	–	–
	札幌韩国教育院	1963.05.16	5	520	20
	仙台韩国教育院	1966.07.06	3	93	5
	大阪韩国教育院	1963.04.01	25	1159	46
	奈良韩国教育院	1977.02.21	2	66	6

① 参考：刘秀平（2011，35－36）。

续表

国家	教育院名称	成立时间	管辖内韩文学校		
			学校数	学生数	教师数
日本	纪伊国韩国教育院	1994.05.01	–	49	3
	京都韩国教育院	1963.04.13	22	790	46
	神户韩国教育院	1963.04.01	15	1291	73
	岡山韩国教育院	1994.05.01	4	225	8
	福岡韩国教育院	1963.06.28	3	253	11
	大分韩国教育院	1978.03.03	–	–	–
	广岛韩国教育院	1963.05.16	7	440	22
	下关韩国教育院	1995.02.10	1	13	2
日本小计（18所）			127	6509	318
美国	华盛顿韩国教育院	1980.07.01	81	4047	775
	纽约韩国教育院	1981.07.01	159	10310	1689
	芝加哥韩国教育院	1988.09.01	131	5639	1033
	休斯敦韩国教育院	1988.09.01	78	3390	733
	拉斯维加斯韩国教育院	1980.04.15	161	12342	1686
	圣弗兰西斯科韩国教育院	1987.08.01	77	5136	796
美国小计（6所）			687	40864	6712
	符拉迪沃斯托克韩国教育院	1995.03.24	56	3847	134
	哈巴罗夫斯克韩国教育院	1997.08.07	16	1723	38
	顿河畔罗斯托夫韩国教育院	1901.09.19	32	1769	68
	萨哈林韩国教育院	1993.12.10	18	749	44
俄罗斯小计（4所）			122	8088	284
乌兹别克斯坦	塔什干韩国教育院	1992.05.27	122	134	134

续表

国家	教育院名称	成立时间	管辖内韩文学校		
			学校数	学生数	教师数
哈萨克斯坦	阿拉木图韩国教育院	1991.08.22	103	4199	167
吉尔吉斯斯坦	比什凯克韩国教育院	2001.05.28	43	1405	63
CIS（独立国家联合体）小计（3所）			268	5738	364
加拿大	加拿大韩国教育院	1981.07.31	71	4195	441
	悉尼韩国教育院	1989.08.01	37	3003	369
英国	英国韩国教育院	1981.07.01	20	642	127
法国	法国韩国教育院	1981.07.06	15	560	79
德国	德国韩国教育院	1981.07.01	33	1397	214
巴拉圭	巴拉圭韩国教育院	1980.03.01	4	343	34
阿根廷	阿根廷韩国教育院	1987.08.21	19	1032	184
圣保罗	圣保罗韩国教育院	1988.09.01	25	1412	168
其他地区小计（8所）			224	12584	1616
总计	13个国家39所		1428	73783	9294

从表11可以看出，韩国教育院主要集中分布在日本、美国等少数几个国家，在39家韩国教育院中仅日本就占了18家。为解决韩国教育院分布过于集中造成的资源浪费问题，2011年教育科学技术部计划关闭日本的3家，同时，在越南等东南亚地区新设3家，在保证总数不变的情况下，将韩国教育院的分布范围扩大到世界17个国家。

韩国教育院的性质及工作内容：韩国教育院是主要针对海外韩侨成人及青少年开展社会教育的海外韩国语教育机构，除了开展语言文化教育活动外还负责韩文学校的奖学金指导工作，各科课程每周授课时间为2—4个小时。

韩国教育院的资金来源与财务运作：韩国教育院接受当地韩国使

(领) 馆的管辖，基本上都设在韩国驻海外使（领）馆内。韩国政府每年向韩国教育院派遣教师，提供运营费用及教材等方面的援助。

2. 韩国学中央研究院

韩国学中央研究院的前身——韩国精神文化研究院，由韩国政府于1978年6月30日设立，其成立宗旨在于对韩国的社会科学开展前沿研究，以克服快速的工业化带来的道德伦理混乱。至今为止，共出版了1000多种书籍刊物和其他研究资料。1980年3月，韩国学研究生院成立。至今为止，已经培养出了400名硕士和110名博士毕业生，包括来自多个国家的留学生。很多毕业生活跃在国内外的大学、研究机构、博物馆以及其他社会组织，积极开展韩国学研究。

（1）韩国学中央研究院的性质

韩国学中央研究院是为了通过韩国文化的深层研究和教育以振兴韩国学而成立的财团法人，是韩国教育部下辖的教育机构，专责深入研究韩国学和韩国文化。

（2）韩国学中央研究院的宗旨、使命

韩国学中央研究院的成立宗旨是通过对韩国文化的深层教研来振兴韩国学。其附属机构韩国学研究生院主要致力于培养韩国学专业人才。2003年，韩国学中央研究院又设立了韩国文化交流中心，目的是向世界宣传韩国的历史与文化。韩国文化交流中心主要实施“海外韩国学援助”及“让世界正确了解韩国”两项核心计划。为了振兴海外韩国学，韩国文化交流中心向海外派遣韩国学教授，邀请国外韩国学专家来韩并提供研究援助，为外籍人士举办韩国文化讲座，召开国际学术大会、南北共同学术会议，开发韩国学教材，提供韩国学在线服务等。①

（3）韩国学中央研究院的组织管理模式②

（4）韩国学中央研究院的工作内容③

---

① 参考：杜丽荣，刘秀平（2013，149）。

② 参见：http：//www. aks. ac. kr/home/contentsInfo. do？ menu_ no =81。

③ 参见：http：//intl. aks. ac. kr/chinese/viewforum. php？ f =79。

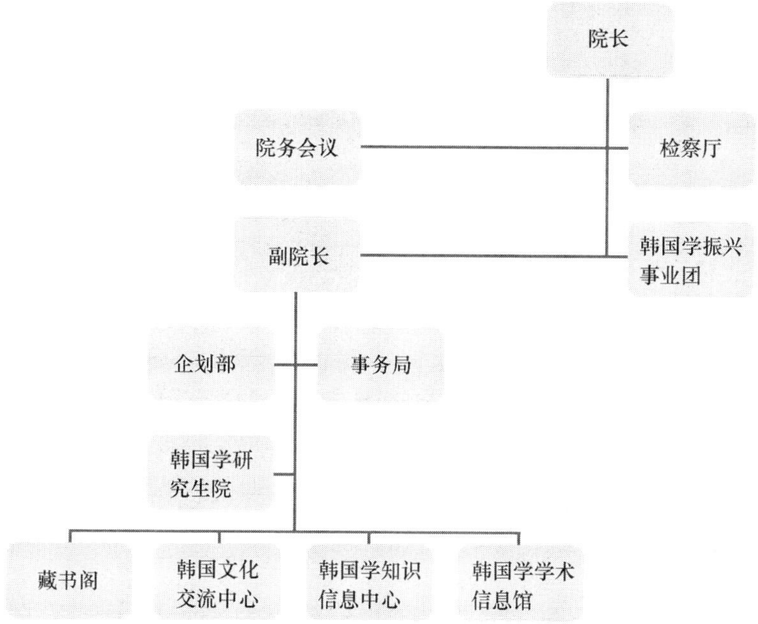

图 10　韩国学中央研究院的组织管理模式

扶持韩国学研究：定期为韩国文化的深入研究课题提供支持。研究课题由韩国学中央研究院的教授担任研究负责人，国内外大学及研究所的学者共同参与。从 1978 年开始到 2013 年为止，就 1511 个主题进行了 2606 个具体课题的研究，参加研究的总人员达到了 5157 人。

提振研究伦理意识：目前国内外学术界正在积极应对研究伦理问题。韩国学中央研究院为研究人员举办研究伦理讲座，并通过制定研究伦理手册，努力培养研究人员与研究生正确的伦理观。

出版韩国学相关书籍：通过图书的出版发行工作，推动韩国学的普及。自韩国学中央研究院成立以来到 2011 年 8 月为止，共发行了 811 种 1778 册单行本，出版《精神文化研究》等定期刊物。

为外国韩国学研究提供支援：派遣韩国学授课教师、援助举办学术会议等。

（5）韩国学中央研究院的资金来源和财务运作[1]

表 12 韩国学中央研究院 2014 年收入及支出预算情况 单位：百万元（韩币）

类别				2014 年预算
收入	政府援助资金	直接支援	出演金	29250
			补助金	0
			负担金	0
			转移收入	0
			附带收入	0
		间接支援	业务收入	533
			委托收入	0
			垄断收入	0
			附带收入	324
	其他产业收入			894
	附带收入			0
	投资收入			0
	贷款			0
	其他			499
	收入合计：			31500
支出	工资			12974
	经费运营费			2955
	业务支出			15571
	贷款偿还			0
	其他			0
	支出合计：			31500

① 参考：한국학중앙연구원（2014，19－20）。

表13　韩国语言文化推广事业的相关机构概况

<table>
<tr><th>政府主管</th><th>政策执行机构</th><th>方式特点</th><th colspan="2">具体实施机构及举措</th><th>网站（部分含线上教育资源）</th><th>相关法律法规</th></tr>
<tr><td rowspan="3">文化体育观光部</td><td>国立国语院</td><td>间接的</td><td colspan="2">开展韩国语研究，提供相关政策咨询和国语本体、教学研究方面的学术和教材开发等支持</td><td>http：//www.korean.go.kr/</td><td rowspan="3">《国际文化交流振兴法》（2011）《国语基本法》（2005）</td></tr>
<tr><td>世宗学堂财团</td><td>走出去直接的</td><td>世宗学堂</td><td>面向外国人，提供非学历韩国语教育</td><td>http：//www.ksif.or.kr</td></tr>
<tr><td>韩国文化海外宣传院</td><td>走出去直接的</td><td>韩国文化院</td><td>面向外国人，开展韩国文化宣传和非学历韩国语教育</td><td>http：//www.kocis.go.kr</td></tr>
<tr><td>外交部</td><td>韩国国际交流财团</td><td>走出去/引进来间接的</td><td colspan="2">面向开展韩国语与韩国学教育研究的相关大学和研究机构，通过派遣教授和约请人员来韩培训，以及提供奖学金、研究经费等方式，促进韩国语和韩国学教育与研究的开展</td><td>ttp：//www.kf.or.kr</td><td></td></tr>
</table>

续表

<table>
<tr><th>政府主管</th><th>政策执行机构</th><th>方式特点</th><th colspan="2">具体实施机构及举措</th><th>网站（部分含线上教育资源）</th><th>相关法律法规</th></tr>
<tr><td rowspan="4">外交部</td><td rowspan="2">在外同胞财团</td><td>走出去直接的</td><td>韩文学校</td><td>面向侨胞提供非学历韩国语教育</td><td rowspan="2">http://www.okf.or.kr/</td><td rowspan="4">《关于促进文化外交的特别法》（2011）《在外同胞财团法》（1997）</td></tr>
<tr><td>引进来间接的</td><td colspan="2">约请侨胞来韩在委托大学等机构接受语言和文化教育</td></tr>
<tr><td rowspan="2">韩国国际协力团</td><td>走出去间接的</td><td colspan="2">面向发展中国家的教育和研究机构，派遣韩国语教育志愿者</td><td rowspan="2">http://www.koica.go.kr/</td></tr>
<tr><td>引进来间接的</td><td colspan="2">邀请公务员访韩并委托国内大学进行韩国语培训</td></tr>
<tr><td rowspan="3">教育部</td><td rowspan="2">国立国际教育院</td><td>走出去直接的</td><td>韩国学校</td><td>面向本国人提供正规学历教育</td><td rowspan="2">http://www.niied.go.kr</td><td rowspan="3">在外国民教育支援相关法律法规</td></tr>
<tr><td>走出去直接的</td><td>韩国教育院</td><td>面向本国人、侨胞、外国人提供非学历语言文化培训</td></tr>
<tr><td>韩国学中央研究院</td><td>引进来直接的</td><td colspan="2">从事韩国语和韩国学研究，吸引外国高级研究人员来韩进行韩国语和韩国学研究（教授研修，硕博士研究生培养）</td><td>http://www.aks.ac.kr/</td></tr>
</table>

五、启示与建议

通过对韩国语言文化推广事业战略和机构的考察与分析，结合我国语言文化推广事业的需要，对韩国语言文化推广事业的经验和教训，以及给予中国汉语言文化推广事业的启示，作出如下总结，期待这些“他山之石”可以为中国的“攻玉之事”提供有效的参考与借鉴。

1. 充分发挥大众文化产业的“尖兵”效应

韩国充分认识和发挥了大众文化产业在文化传播领域的“开疆拓土”作用，充分利用浅层文化代表：“韩流”的接触性强、受众面广的传播优势，为语言文化的深层次传播打开了通路，奠定了民众基础。

我国的汉语言文化推广也应与大众文化传播事业共同发展，相互促进。我国的文化历史悠久、博大精深，具有深厚的文化底蕴，这是我国文化推广事业保持长久生命力的基石。我们应在继承传统的同时，开发对外具有更大、更广阔吸引力的大众文化元素，并将这些文化元素体现在中国影视、娱乐等大众媒体活动中。我们要与国际接轨，适度考虑国外民众的文化倾向，创造容易为外国大众所接受的中华文化作品，从而吸引更多的人学习汉语，关注中国文化。

2. 充分认识政府多元管理体系的利与弊

韩国语言文化推广机构涵盖了 3 个部级主管单位和 8 个下属机构以及 5 个直接政策执行机构，这种多元化的促进机制是韩国语言文化推广事业的全面性和多层次性的体现和需要，具有合理性。各机构在明确各自主要职能的前提下，能够实现工作的高效性和政策实施与援助项目执行的准确到位。但是这种多元体制在具体施政过程中的确存在着弊端。据赵恒禄（2010）介绍，政府各部门之间的业务分工不甚明确，且缺乏专门负责或统领全局的权威机构，各机构之间的协调、合作不甚理想，以“各自为政”为主，致使各部门之间权责模糊、分散，不利于集中力量把事情做大、做精。而且各机构业务之间存在的重复现象，对政府资源也造成了一定的浪费。

因此，建立健全相关各部门、机构之间的协调统一机制显得尤为重要。我国的语言文化推广事业也是多部委、多部门协同促进的战略性事业，这种事业结构要求我们清晰认识它所存在的利弊因素，加强分工合作机制，加强协调统一管理，保障相关部门在精准定位自身工作重心的前提下，充分发挥各自的优势、高效完成相应任务。

3. 扩充语言文化推广的形式和途径

韩国在语言文化推广事业中采取了“立体交叉式”的推广形式，即“走出去”与“引进来”、“直接推广”与“间接推广”相结合的策略。这种立体交叉方式一方面能够从某种程度上消除国家推广机构文化传播意图过于明显而引发的文化抵触等逆反效果，另一方面也符合效率原则，保证了在有限的人力物力条件下实现传播效果的最大化。

中国的相关事业也应当积极扩充文化推广的途径和方式，在积极地到对象国开展语言文化传播的同时，也将对象国的人员邀请到中国来，让他们在中国接受汉语教育，为他们提供参与中国文化研究的机会。同时，我们还可以通过出资或派遣专家学者，支援对象国汉语和中国文化的教学与研究。为他们提供奖学金、研究经费等的资金支持，提供教学和学术研究所需的教师、专家等人员支持，以及必要的学术后援等，从而间接地促进汉语和中国文化的传播。

4. 重视海外侨胞在语言文化推广事业中的意义

韩国的语言文化事业的对象不仅包括外国人，也涵盖海外侨胞，并且力争做到只要有海外侨胞的地方就有韩国语教育，这是韩国语言文化推广的一大特色。中国在海外的华侨人数较多，但中国的语言推广工作主要面向母语为非汉语的外国人群体，忽视了海外华侨在语言文化推广中的作用。

侨胞是一个民族的重要组成部分，是一个国家发展的重要建设力量。前任国家主席胡锦涛在寄语华文教育时曾指出：无论是从我们民族优秀传统文化的继承角度考虑，还是从对我们骨肉同胞的亲情考虑，支持海外华人社会开展华文教育都是我们义不容辞的责任。国家主席习近平也曾指出：团结统一的中华民族是海内外中华儿女共同的“根”，博大精深的中华文化是海内外中华儿女共同的“魂”，实现中华民族伟大复兴是海内外中华儿女共同的“梦”。可见，针对侨胞的民族语言文化教育是继承和发扬传统文化、加强民族认同与团结、实现民族全面发展的重要手段。而在这一过程中，语言文化推广事业应义不容辞地担负起海外侨胞的语言文化教育使命。

5. 建立健全法律保障体系

韩国语言文化推广事业拥有完备的法律保障体系。相关各部均出台有专门法或相关法，这些法律对韩国语言文化推广事业的对象、工作内容、实施办法、奖励制度等有明确的规定，使得韩国的语言文化推广有法可依，这是韩国语言文化推广事业得以顺利、稳定、持续开展的根本保障。

当前中国的汉语国际推广工作发展迅速，但在汉语国际推广方面尚未出台任何专门的法律法规。《中华人民共和国国家通用语言文字法》对推广普通话，推行规范汉字、对外汉语教学应当教授普通话和规范汉字等事业做出了规定，但基本上未涉及汉语国际推广方面的内容。政府应制定加强语言文化推广的相关法律法规，这是将语言文化推广事业提升为国家战略的重要保障，是确保我国语言文化推广工作的持续、高效发展的重要途径。

（高陆洋）

【参考文献】

1. 국립국어원 . 2007 세종학당백서［R］. 서울：문화체육관광부 . 2007.

2. 김휘정 . 문화외교와국제문화교류부문조율기능확보의쟁점과과제［J］.

문화정책논총, 2012, 제 26 집 1 호 .

3. 문화체육관광부 . 2007 문화정책백서 ［R］. 서울:문화체육관광부 . 2008.

4. 문화체육관광부 . 2011 세종학당지침서 ［R］. 서울:문화체육관광부 . 2011.

5. 문화체육관광부 . 2013 예산기금개요 ［R］. 서울:문화체육관광부 . 2013.

6. 외교통상부. 문화외교메뉴얼 ［R］. 서울:외교통상부 . 2010.

7. 조학록. 한국어교육정책론 ［M］. 서울:한국문화사 . 2010.

8. 재외동포재단. 재외동포재단 2013 결산 ［R］. 서울:재외동포재단 . 2013.

9. 한국교육부 . 2014 년교육부예산 ［R］. 서울:대한민교육부 . 2014.

10. 한국해외문화홍보원 . 2013 주요업무계획 ［R］. 서울:해외문화홍보원 . 2013.

11. 한국해외문화홍보원 . 2014 주요업무계획 ［R］. 서울:해외문화홍보원 . 2014.

12. 해외문화홍보원 . 2014 년주요업무계획 ［R］. 서울:해외문화홍보원 . 2014.

13. 杜丽荣、刘秀平，韩国的语言文化推广策略与民族文化辐射力［J］，青海社会科学，2013，第5期。

14. 金厚联、朴正元，韩国的软实力和公共外交——以世宗学堂为中心［J］，当代韩国，2013，第4期。

15. 金美美，韩国世宗学堂研究［D］，上海：上海师范大学，2013。

16. 金万甲，韩国设立运营“世宗学堂”的做法及其启示［J］，当代韩国，2013，第4期。

17. 金秉运，韩流热潮与中国大学生的韩国语教育［J］，黑龙江民族丛刊，2008，第4期（总第105期）。

18. 李德春，韩国学和中国的韩国学［J］，东疆学刊，2006，第23卷（第3期）。

19. 刘秀平，汉语国际推广视角下的韩国语推广模式研究［D］，济南：山东大学，2011。

20. 韩国国际协力团：http：//www. koica. go. kr/。

21. 韩国国立国语院：http：//www. korean. go. kr/。

22. 韩国国际交流财团：http：//www. kf. or. kr。

23. 韩国国立国际教育院：http：//www. niied. go. kr。

24. 韩国教育部：http：//www. moe. go. kr/。

25. 韩国世宗学堂财团：http：//www. ksif. or. kr/。

26. 韩国外交部：http：//www. mofa. go. kr。

27. 韩国文化海外宣传院：http：//www. kocis. go. kr。

28. 韩国文化体育观光部：http：//www. mcst. go. kr/。

29. 韩国学中央研究院：http：//www. aks. ac. kr/。

30. 韩国在外同胞财团：http：//www. okf. or. kr/。

31. 韩国海外文化宣传院：http：//www. kocis. go. kr/。

32. 韩国文化院：http：//www. mcst. go. kr/。

33. Korea. net：http：//chinese. korea. net.

第十五章

阿拉伯教科文组织文化推广战略研究

【摘要】阿拉伯教科文组织（Arab League Educational, Cultural and Scientific Organization，以下简称：ALECSO）于1970年7月25日在开罗正式宣布成立，总部设在突尼斯。目标是通过教育、科学和文化等手段，实现阿拉伯国家的思想统一，提升阿拉伯民族的文化水平，促进阿拉伯伊斯兰文明与世界其他文明的良性互动，在世界文明的发展长河中履行自己应尽的义务。以此宏伟目标为蓝图，ALECSO着手于一系列具体任务的实施和执行，其中最主要的任务包括：提高阿拉伯国家人力资源的利用水平，促进教育、科学、文化和环境事业的发展，加深阿拉伯国家相互之间的关系，同时在阿拉伯国家和非阿拉伯国家共同推动阿拉伯语和阿拉伯伊斯兰文化的发展，为阿拉伯文化和其他文化构建对话与合作的桥梁。

一、阿拉伯教科文组织的历史与现状

1945年3月22日，在埃及的倡议下，埃及、伊拉克、约旦、黎巴嫩、沙特阿拉伯、叙利亚和也门7个阿拉伯国家的代表在埃及首都开罗举行会议，通过了《阿拉伯联盟宪章》，宣告了阿拉伯国家联盟（简称“阿盟”）的正式成立。为加强阿拉伯国家在经济、财政、文化、社会、卫生、交通等领域的合作，推进区域一体化进程，阿盟在各个主要领域中都设立了下属机构，其中阿拉伯教科文组织主要负责文化、教育、科技领域。

根据《阿拉伯文化统一宪章》第三条内容，阿拉伯教科文组织（Arab League Educational，Cultural and Scientific Organization，[①] 以下简称 ALECSO）于 1970 年 7 月 25 日在开罗正式宣布成立，总部设在突尼斯。自成立以来，ALECSO 一直致力于协调各成员国在推动阿拉伯世界的文化复兴、促进阿拉伯国家教育、科学和文化事业发展之间的关系。

阿拉伯国家联盟与阿拉伯教科文组织之间制定有专门的管理条例。条例规定，阿拉伯教科文组织的资金和预算草案都需经过阿拉伯国家联盟委员会的批准，阿拉伯教科文组织总干事与三名总干事助理由阿拉伯国家联盟秘书长推荐。

阿拉伯教科文组织是阿拉伯国家联盟下属的一个专门机构，阿拉伯教科文组织拥有与政府间的国际组织、非政府组织以及与其工作领域相关的机构和单位进行合作的权力。总干事在阿拉伯教科文组织执行委员会的监督下，有权与这些组织和机构建立有效的合作关系，并有权为维护双方之间的合作关系采取必要的措施，但所有为此采取的行动和措施都必须通过执委会的同意。此外，ALECSO 还可以在政府层面国际组织会议上与上述机构互换代表。同时，ALECSO 还可以与国际非政府组织进行必要的协商与合作，呼吁它们加入到教科文组织的活动和任务中来，目的是为了更好地履行组织的职能，实现组织的目标。政府间国际组织、国际非政府组织和其他与 ALECSO 进行合作的组织和机构，可以派代表参加阿拉伯教科文组织大会咨询委员会的工作。

二、阿拉伯教科文组织的性质

阿拉伯教科文组织在阿拉伯国家的教育、科学、文化和通讯领域中发挥着智库的作用。ALECSO 为这些领域的发展规划蓝图，开展必要的调查

① 引自：http：//www. projects - alecso. org/。

研究，为成员国实现目标提出意见与建议。与此同时，ALECSO 还是阿拉伯国家教科文和通讯领域的信息中心。它会定期出版与统计学相关的书籍，发布文献数据，发表有关教科文发展和扫盲工作的报告。

ALECSO 在教科文领域所起到的各种作用，简而言之，相当于一个先进的调查研究中心和前瞻预测中心。它的外部机构之一，位于开罗的阿拉伯研究所是使得组织能够发挥这一职能的主力军。它负责为阿拉伯国家政治、经济和社会层面中最重要的事务和事件提供战略分析和研究。与这一职责同等重要的是为阿拉伯国家培养一代又一代的专业科研人才。而前瞻预测工作则体现在组织中专门设立了一个工作小组，跟踪和观察阿拉伯国家和其周边国家的前瞻性研究活动，挖掘存在发展潜力的领域。

三、阿拉伯教科文组织的宗旨、使命及战略目标

（一）ALECSO 的战略目标

ALECSO 成立的目标是通过教育、科学和文化等手段，实现阿拉伯国家的思想统一，提升阿拉伯民族的文化水平，促进阿拉伯伊斯兰文明与世界其他文明的良性互动，在世界文明的发展长河中履行自己应尽的义务。以此宏伟目标为蓝图，ALECSO 着手于一系列具体任务的实施和执行，其中最主要的任务包括：提高阿拉伯国家人力资源的利用水平，促进教育、科学、文化和环境事业的发展，加深阿拉伯国家相互之间的关系，同时在阿拉伯国家和非阿拉伯国家共同推动阿拉伯语和阿拉伯伊斯兰文化的发展，为阿拉伯文化和其他文化构建对话与合作的桥梁。

以复兴文化、振兴科技为己任的阿拉伯教科文组织，制定了详细丰富的战略计划，其中包括：

阿拉伯教育发展战略

阿拉伯国家扫盲战略

阿拉伯文化综合计划

阿拉伯国家科学与技术发展战略
阿拉伯国家文献和信息战略
阿拉伯国家生物技术战略
阿拉伯国家建立信息高速公路计划
阿拉伯成人教育计划
阿拉伯学前教育战略
阿拉伯生物多样性战略
阿拉伯国家高等教育发展战略
阿拉伯国家科技文化传播战略
阿拉伯远程教育战略
阿拉伯信息化战略等战略

（二）《阿拉伯国家联盟宪章》中规定的阿拉伯教科文组织的目标

依据《阿拉伯国家联盟宪章》中规定的内容，阿拉伯教科文组织的目标是通过教育、文化和科学手段实现阿拉伯国家的思想统一，提高阿拉伯国家的文化水平，紧跟世界文明的发展潮流，与世界其他文化和文明合作，在世界文明的发展中做出贡献。为实现这一目标，《宪章》规定，ALECSO首先要协调好阿拉伯国家教育、科学和文化领域的工作，与组织中的各个成员国通力合作，根据各个国家的国情和需求，提升阿拉伯国家的思想水平，让阿拉伯人民有机会享受丰富多彩的精神生活，承担自由带给他们的责任。其次，ALECSO应鼓励各成员国更多地开展科研活动，寻找有创新能力、实践能力的研究型人才；签订有关教科文领域合作的条约与协议，收集相关信息和数据，特别是关于阿拉伯国家相关条约与协议执行情况的信息和数据。同时，ALECSO还应支持阿拉伯国家内部以及与非阿拉伯国家之间教育、科学、文化与技术领域的人才流动与经验交流；从对阿拉伯遗址、文物、手稿等历史遗产的保护做起，为知识与文明的维护、进步和传播做出贡献。另外，ALECSO应帮助建立专业机构和研究所，为该组织以及整个阿拉伯国家培养一代又一代的学术人才和科研人员，传播阿拉伯民族精神、推广阿拉伯文明，在当代人类思想解放事业中发挥阿拉伯民族应当发挥的力量。最后，ALECSO 应促进阿拉伯民族与其他民族在思想领域的合作，通过国内与国际合作的方式，最终促使阿拉伯教科文组织所有的工作和努力能够惠及每一个阿拉伯人，乃至世界所有人民。

阿拉伯教科文组织通过制定中期规划确定自己的工作方向和活动重点。最新的 2011—2016 五年工作计划中包含了该组织在 21 世纪初的多项工作重点：消灭文盲；缩小阿拉伯国家和世界发达国家间的数字技术差距；通过在教学实践中使用新兴科技发展教育体系；应对全球化对阿拉伯社会造成的负面影响；支持阿拉伯文化和其他文化之间的对话交流；推动科学研究机制的发展；保护、复兴与合理利用历史文化遗产；宣传阿拉伯伊斯兰文化，加强世界对阿拉伯文化的认同。由此可见，教育、科学、文化和通讯是 ALECSO 各个工作部门的工作重心和核心。

四、阿拉伯教科文组织的组织管理模式

ALECSO 共有 22 个成员国。约旦、阿尔及利亚、苏丹、叙利亚、伊拉克、科威特、利比亚、埃及和也门是最早加入该组织的国家。之后，巴林、巴勒斯坦、卡塔尔、阿联酋、沙特阿拉伯、阿曼、突尼斯、毛里塔尼亚、摩洛哥、索马里、吉布提和黎巴嫩先后加入该组织。2002 年，科摩罗成为该组织第 22 个正式成员国。所有成员国每年都必须向组织提交一份报告，内容是关于各国内部教科文事业的发展情况，内容可包括立法、统计、项目、方案等各个方面。ALECSO 的组织结构具体有以下四个部分组成：

（一）立法机构

1. 阿拉伯教科文组织大会

阿拉伯教科文组织大会由各成员国的代表组成，各国代表团团长根据

阿拉伯联盟理事会的相关制度轮流主持大会。大会每两年举行一次。

阿拉伯教科文组织大会的主要职能有：确定 ALECSO 的工作重点，规划制定项目与方案，方案经执行委员会通过后由阿拉伯教科文组织总干事公布；负责召开与组织工作领域相关的部长级会议，根据阿拉伯教科文组织经济与社会委员会的条例和章程，经执行委员会同意，地区与国际的政府与非政府组织有权成为观察员国；将与教育、科学文化事业相关的提议提交至经济与社会委员会；对成员国上交的报告及总干事的评注进行研究和评估；批准执委会的人员构成，由总干事根据执委会推荐的各成员国候选人进行任命；批准由总干事提交、执委会通过的工作计划和预算草案。

大会的每个成员国都有投票权，除了《阿拉伯教科文组织宪章》中规定的必须有 2/3 以上的成员国同意才能通过的情况外，大会的决策超过半数成员国同意即可通过。

阿拉伯教科文组织大会每年召开两次常务会议。执委会如有要求，或者 1/3 以上的成员国提出要求，并提交了写明原因以及希望会议进行讨论的课题的正式要求，还可以举行非常务会议。会议召开的地址一般在 ALECSO 的常设总部，执委会有权根据成员国的邀请决定是否在该国举行常务会议。如有召开非常务会议的需要，会议的地址则由大会决定。

大会还负责成员国代表团的组成以及大会委员会与观察员国的工作，安排常务会议、制定 ALECSO 工作日程表、大会及大会委员会轮值国的确定。而宪章修订则既是阿拉伯教科文组织大会的权利，又是其应尽的义务。《阿拉伯教科文组织宪章》的修订必须经过 2/3 及以上成员国的同意才可进行。除此以外，大会有权设立特别委员会、技术委员会或其他大会认为有必要设立的委员会。大会还有权将部分问题授权给执委会解决，执委会主席将授权结果以报告的形式上交给大会。另外，大会有权根据执委会的建议，在经济与社会委员会的条例和章程之下，邀请非政府组织以及与组织工作领域有关的机构以观察员的身份参与大会。

2. 阿拉伯教科文组织执行委员会

阿拉伯教科文组织大会从各成员国候选人中挑选 22 人作为执委会的成

员，每个成员国各一人。大会主席以协商的形式参与执委会的讨论，大会总干事或其代表参加执委会举行的会议，总干事还可以委托副总干事参加会议，向会议提交相关报告和数据。执委会在每个财政周期（两年）内至少举行三次常务会议。执委会主席代表执委会在常务大会上向阿拉伯教科文组织大会提交执委会工作报告，以及 ALECSO 的活动与项目实施情况总结。执委会如有要求，或者 1/3 以上的成员国提出要求，并提交了写明原因以及希望会议进行讨论的课题的正式要求，还可以举行非常务会议。

大会从其认为有能力从事与组织职能相关的各种工作的人中，以及经验丰富、能够胜任执委会的管理和执行工作的人中挑选部分成为执委会的成员。执委会成员代表阿拉伯教科文组织大会与其所在国政府行使大会委托给他们的职能。执委会成员资格从当选为正式成员的那一届大会开始，直到下一届大会为止，任期两年。如果执委会的某个成员席位出现空缺，执委会通过该成员所属国家的推荐，任命一位新成员接替其完成任期内剩余的事务。

阿拉伯教科文组织执行委员会负责制定大会日程表，研究、分析与评估 ALECSO 的工作项目与方案，计划和预算草案。执委会在大会监督下进行工作，负责各类项目实施状况的跟踪。执委会应根据大会的决定，采取一切必要措施保证项目的顺利实施。执委会在大会常务会议期间应向经济与社会委员会提供技术意见。此外，执委会还可以向大会举荐组织中不属于阿拉伯联盟的个人成为组织的成员。

（二）总局

阿拉伯教科文组织总局由阿拉伯教科文组织总干事、三名总干事助理和数名职员组成，职员数目根据工作需要而定。总干事与总干事助理由阿拉伯联盟秘书长提名，由阿拉伯教科文组织大会选举产生。总干事一般被认为是 ALECSO 的首席领导。历任总干事名单如下：阿卜杜·阿齐兹·塞伊迪（1970—1975 年，埃及籍），穆赫伊·迪尼·萨比里（1976—1988 年，苏丹籍），穆萨里乌·哈桑·拉维（1989—1992 年，伊拉克籍），穆罕默德·米利（1993—2000年，阿尔及利亚籍），曼吉·布斯尼纳（2001—2009年，突尼斯籍），穆罕默德·阿齐兹·本·阿舒拉（2009—2013年，突尼斯籍），现任总干事阿卜杜拉·穆哈里比（2014—，科威特籍）。

总干事或其代表有权参加大会、执委会和委员会的所有会议，但没有投票权。总干事可在大会上就组织的工作提出建议，大会、执委会和委员会根据各自的评估决定是否采纳。总干事还要准备好组织工作项目的预案，附带其个人对预算草案的评估，上交至执委会并进行公示。同时，总干事还需将组织工作的定期报告交给各个成员国，由大会决定通过这些报告所需的时间。

总干事与三名总干事助理构成一个特殊的委员会，根据大会的相关条例，专门负责阿拉伯教科文组织总局的职员的提名。提名职员时应尽可能考虑到每个成员国，在对候选人的忠诚度、能力和专业技能进行综合审核之后进行任命。最终的任命决定由阿拉伯联盟秘书长公布。

总干事和总局职员的任务带有特殊的阿拉伯属性。他们在工作时不能要求或采纳来自任何政府或任何组织外部机构的指令。应当拒绝任何可能对他们阿拉伯教科文组织工作人员身份怀有偏见的工作。另外，根据组织的内部条例，所有组织的成员国都应尊重总干事和总局职员所承担职责中的阿拉伯属性。

阿拉伯教科文组织总局是ALECSO的文件与信息中心，为大会与组织的技术与管理机构提供此方面的服务。总局有权建立它认为有必要建立的中心和研究所。

（三）技术和管理机构

包括：总干事办公室、大会和执行委员会秘书处、教育部、文化部、科学与科研部、信息通讯部以及行政与财务部。

组织成员国通过本国的教科文委员会以及成员国在突尼斯总部的常任代表参与组织的行政管理工作。每个成员国在组织中的常任代表人数为一人。

作为组织的技术和管理机构部门之一，教育部负责成员国之间，即所有阿拉伯国家之间，以及 ALECSO 与其他组织和机构之间的教育合作、交换、协调与发展，目的是消灭文盲，在阿拉伯国家内普及各个阶段和各种类别的教育，帮助成员国改善它们各自的教育体系。在教育大纲的制定中引入新概念，在教学中引进新材料，并借助新兴信息通讯技术，合理设置课程内容是完成这一任务的关键。

与教育部同属 ALECSO 技术和管理部门的文化部，负责成员国之间以及 ALECSO 与其他组织和机构之间的文化合作、交换、协调与发展。文化部致力于在阿拉伯民族之间形成一种新的文化趋向，并且这种趋向要与阿拉伯民族身份认同以及紧跟时代发展潮流的要求相符合。目前，保护、复兴与合理利用历史文化遗产是 ALECSO 下属文化部的主要目标。ALECSO 正与阿拉伯手稿研究所，以及各成员国负责文化事务的部长、官员与工作人员一起，共同在文化领域的相关国际条约、国际伙伴关系与国际合作的指导和帮助下协力完成这一目标。同时，文化部还鼓励当代阿拉伯人在思想、文学和艺术各个方面进行大胆的创新，并通过举办展览、组织比赛等一系列举措激发阿拉伯民族在文化工作方面的积极性。可以看出，文化部的所有举措与阿拉伯教科文组织 2011—2016 年的五年工作计划的目标都是一致的。

科学和科研部作为 ALECSO 技术和管理机构的重要组成部分之一，其活动主要集中在解决事关阿拉伯国家发展命脉的问题上。水资源问题、防止沙漠化、寻找新能源和可再生能源是该部门的工作重点。除此之外，加强科研在阿拉伯经济体中的作用、积极利用阿拉伯国内外人才的智慧、开发阿拉伯语处理软件和丰富大学阿拉伯语教学内容也是科学和科研部关注的方面。目前，该部门正集中力量制定一系列规划、战略和培训方案，制作相关的光盘、书籍、参考指南和地图集等。

ALECSO 信息通讯部把他们的目标定在缩小阿拉伯国家与世界发达国家的数字技术差距上。他们希望通过寻找这一现象产生的原因，为组织的成员国采取最合理的应对政策提供建议和帮助。另外，该部门还致力于帮助成员国更早、更方便地在教育、科学和文化领域中使用信息通讯技术，提高文献服务和图书馆服务的水准。为此，部门将开设新系统的使用培训以及实践参考。

大会和执行委员会秘书处是 ALECSO 的一个特殊机构，由总干事负责领导。

（四）外部机构

1. 阿拉伯研究所（IARS）

阿拉伯研究所（IARS）是阿拉伯教科文组织管理的一个研究机构，地址位于开罗。阿拉伯国家联盟理事会于 1952 年 9 月 23 日通过了建立阿拉伯研究所的决议，研究所于 1953 年 11 月 1 日正式投入工作。阿拉伯教科文组织成立后，根据阿盟秘书长 1970 年 9 月 10 日的决议，阿拉伯研究所正式由 ALECSO 负责管理。该所的宗旨是实现"阿拉伯文化战略"，即"发展阿拉伯国家的经济、社会与思想结构，巩固、促进阿拉伯伊斯兰文明特性，实现阿拉伯民族的彻底解放，使阿拉伯文化为人类作出贡献"。

该所目前下设 10 个研究部，即社会、语言文学、新闻、经济、历史、遗产、教育、地理、政治、法律。该所的主要负责人及各研究部主任均由阿拉伯教科文组织任命，该所不定期出版《公报》、战略研究报告和座谈会发言汇编集。该所同阿拉伯教科文组织成员国的主要大学所设的研究中心保持联系，也同法国、德国等欧洲国家的若干研究所开展学术交流。

该所目前招收本科、硕士、博士，每个研究部课程设置不同，如法律研究部的学生主要学习宪法、国际法、刑事法、民事法、商业法、管理法、伊斯兰教法等，文学研究部的学生则学习语言学、现代文学批评、戏剧文学、小说文学、现代阿拉伯诗歌等。

2. 阿拉伯手稿研究所

阿拉伯手稿研究所的是阿拉伯国家乃至全世界最早、最重要的研究阿拉伯手稿的机构。自 1946 年成立以来，研究所就一直致力于阿拉伯古代手稿的收集、保存、维护、溯源、释义和研究工作。研究所最初建于开罗，1979 年研究所将部分工作搬至突尼斯进行，1981 年又迁移至科威特，1991 年初研究所最终迁回开罗，直到现在。

阿拉伯手稿研究所目前受阿拉伯教科文组织的管理，由 4 个部门组成，分别为检索部、摄制部、秘书处、财务处，该所所长直接对阿拉伯教科文组织总干事负责。研究所每年出版两期（或多于两期）杂志，内容有关阿拉伯手稿、文献的研究，由所长主编，特约专家、学者供稿。该所以免费或互换的形式，向阿拉伯国家的公共图书馆、学术科研机构以及专家学者提供出版物。

阿拉伯手稿研究所的主要任务包括：整合公共、私立图书馆中保存的阿拉伯手稿目录；拍摄并发布珍贵的阿拉伯手稿照片；加强同学者、学术机构在手稿出版领域的合作等。该所同卡塔尔图书馆、沙特法赫德国王国家图书馆、叙利亚阿萨德国家图书馆、埃及国家图书馆、开罗大学新中央图书馆、法国国家图书馆、阿拉伯文化遗产研究院、伊斯兰研究中心、伊斯坦布尔研究教育机构等建立了合作关系。

3. 阿拉伯翻译局

阿拉伯翻译局建立的初衷是在阿拉伯国家内设立一个专门机构，将现代术语翻译成阿拉伯语，目的是让阿拉伯人民在生活、学习、工作中能正确、规范地使用阿拉伯语。阿拉伯国家联盟于 1962 年 2 月 19 日在拉巴特召开了第一次阿拉伯翻译局执行委员会会议。阿拉伯教科文组织建立后，阿拉伯翻译局（当时名为“阿拉伯国家阿拉伯化协调常驻机构”）于 1972 年 5 月正式接受教科文组织管理。

1973 年 1 月 27 日至 2 月 3 日在开罗召开的阿拉伯教科文组织执行委员会第八届例会上，正式通过该机构的内部条例。目前阿拉伯翻译局由术语与辞典研究中心、信息与文件中心、杂志与新闻中心、管理与财务中心 4 个职能部门构成，由局长全权负责，各项工作根据阿拉伯教科文组织的规章制度及教科文组织总干事发布的决议与指示进行。

阿拉伯翻译局的目标是：促使阿拉伯语成为当代阿拉伯世界中的教学

用语、科研用语及沟通用语，用各种形式推动阿拉伯语的传播与发展。其主要任务包括：对各领域的专业术语进行收集、整理、分类和翻译，统一阿拉伯国家的学术文化用语；加强同阿拉伯语言机构、阿拉伯区域机构及国际机构的合作与交流；在各级学校、文化机构及新闻媒体推广阿拉伯语；关注并研究世界范围内的阿拉伯化运动、阿拉伯语及阿拉伯文化的发展等。

翻译局为实现自己的工作目标，面临九大具体任务：

(1) 在阿拉伯各国间协调引进现代术语以丰富阿拉伯语的努力，并致力于统一科技和文艺语汇。

(2) 追踪阿拉伯科学语言学会最新研究成果，并关注文学家、学者和翻译家的学术活动，以便感知最新的阿拉伯翻译和专用名词的变化；并收集、整理这些最新变化，为呈交翻译局大会作准备。

(3) 加强和阿拉伯语言学会的紧密联系，以及和阿拉伯及国际专业机构的合作，以促进翻译局工作目标的实现。

(4) 协调有关在教育教学、文化机构和新闻媒体方面阿拉伯语的使用及推广。

(5) 关注在阿拉伯世界及国际上的阿拉伯化运动及阿拉伯语的发展，收集相关研究成果，并进行推广和介绍。

(6) 筹备翻译局大会通过的专业词典编纂项目，并按时出版；筹备召开翻译局计划内的研讨会和学术会议等。

(7) 建立术语名词信息中心以储存和编目术语，并和此领域的数据库交换信息；最终形成统一的大辞典和各类外语的阿拉伯百科全书。

(8) 召开定期的阿拉伯翻译大会。

(9) 出版在阿拉伯翻译领域的学术成果，确定阿拉伯术语并推广之。

阿拉伯翻译协调局内部管理体制是技术顾问委员会负责制，这个顾问委员会是由词典编纂专家和有声望的本领域的学者组成。每年至少召开一次会议，审议翻译局责成其办理的工作的进度。

具体而言，拉巴特阿拉伯翻译协调局通过以下一些具体工作实现其语言本体规划职能：

（1）词典编纂和术语统一工作

此项工作是翻译局的核心工作，重要性不言而喻。这项工作严格依据翻译局所遵循的规章而开展，并在一个全面翻译计划的框架下进行，目标是取得词典和语言成果；这项工作依据翻译局采纳技术顾问委员会建议的确定的纲目而开展；或者是依据阿拉伯教科文组织为其设定的规划而开展；从阿拉伯语的实际、阿拉伯各国的需求出发，回应其关于从当代科技进步中不断受益的建议和呼吁。

翻译局协调阿拉伯术语统一问题具体步骤如下：

第一，阿拉伯教科文组织审阅阿拉伯翻译局准备进行的词典编纂项目的清单，将其提供给有兴趣同翻译局签约合作进行某个项目的专业机构。

第二，翻译局同项目领域的专业科学机构签约，后者作为项目完成的技术监理。此专业机构挑选一些业界专家，监督工作的进展，直至完结。翻译局挑选一些语言专家和技术团队合作，为其提供一些必要的参考和指导，双方共同完成词典编纂工作。同时，任何词典编纂项目中的术语，以及阿拉伯翻译大会认可通过的统一的术语，如有可能，均有必要从阿拉伯文化遗产中汲取有益的成分。

第三，项目完成后在相关专业机构公开，以便进行咨询、校验和修订。

第四，将咨询意见反馈给专业机构，以保证词典编纂工程的质量。

第五，翻译局将完成的词典分发到阿拉伯各国专业机构，开展咨询和研究，为呈交翻译大会作准备。

第六，将修订后的词典呈交翻译大会研究和通过。

（2）翻译大会

从上述术语统一的过程可以看出，翻译大会是翻译局的权力机构，负责决策，是翻译局实现自己职能的最重要的途径。翻译大会依据以下条例开展工作：

第一，阿拉伯翻译大会至少每三年在某个阿拉伯国家召开一次，由阿拉伯教科文组织总干事发出邀请，讨论翻译局提出的有关阿拉伯化和阿拉伯语发展的报告和建议，并通过相关决议。

第二，受邀出席翻译大会的有如下单位和个人：

阿拉伯各国代表

下列组织代表：阿拉伯语语言学会、阿拉伯大学、阿拉伯科学协会；与翻译大会相关议题有关的学术组织和机构；以个人名义受邀的学者和语言学家。

第三，翻译局负责知会阿拉伯各国以及所有相关组织翻译大会通过的各项决议，并监督其实施。

阿拉伯翻译局自从 1961 年成立以来，共召开了 11 次翻译大会，审议通过了 42 部各学科门类的统一词典，并开展了 70 多项有关阿拉伯语、阿拉伯化和阿拉伯术语的研究。

（3）学术研讨会

为了保持对阿拉伯语变化和更新的动态追踪，拉巴特阿拉伯翻译协调局还开展了一些前瞻性的工作：

第一，阿拉伯语动态更新工程。

第二，阿拉伯语、英语、法语、德语科技术语电子词典项目。

拉巴特阿拉伯翻译协调局还通过其不断更新的出版物来对社会各界进行标准阿拉伯语的规范和普及：

第一，系列化的词典。

第二，列入出版计划的词典。

拉巴特阿拉伯翻译协调局还有自己专门的学术期刊，名为《阿拉伯语》，拥有高水平的编辑队伍和评审专家，并有严苛的发表标准，在阿拉伯语研究界享有盛誉。

4. 喀土穆国际阿拉伯语学院

喀土穆国际阿拉伯语学院，最初是苏丹政府为解决苏丹部分地区语言入侵问题而倡导建立的一个阿拉伯语中心。苏丹政府将相关报告提交至阿拉伯教科文组织，希望获得组织的帮助，ALECSO 最后通过了这一请求。

根据阿拉伯教科文组织和苏丹政府签署的协议，苏丹政府负责修建教学楼、配置基础设施并提供必要服务（除技术服务外），而教科文组织承担学院教师、专家及行政管理人员的费用，并提供书籍、奖学金和技术设备。该学院于1974年10月正式成立，最初名为“喀土穆教授阿拉伯语非母语者专业人才培养中心”，直至1977年才更名为“喀土穆国际阿拉伯语学院”。

建立这一学院的目的在于培养教授阿拉伯语非母语者的专业人才，促进阿拉伯语在全世界范围内的传播。2014年6月9日，教授阿拉伯语非母语者标准阿拉伯语的教师培训班（2014年5月30日—2014年6月9日）在尼日利亚卡诺市闭幕。该培训班由喀土穆国际阿拉伯语学院、努尔阿拉伯语和伊斯兰教育学院联合举办，来自卡诺各地共50名教师参加。培训内容包括阿拉伯语、教学技术、语言学、针对阿拉伯语非母语者的教学方法、教学管理、教师培训。

5. 阿拉伯的阿拉伯化、翻译、著作与出版中心（ACATAP）

根据阿拉伯教科文组织与叙利亚政府签署的协议，阿拉伯的阿拉伯化、翻译、著作与出版中心（ACATAP）于1989年在大马士革成立，1990年ALECSO执行委员会会议确定该中心的目标与任务，1991年初在《阿拉伯文化统一宪章》和《阿拉伯国家联盟宪章》的框架下正式有效开展工作。

ACATAP的主要任务是为阿拉伯高校翻译科学、文化、技术、医药和教育等领域的最新外国著作（词典、参考书、百科全书等），并将阿拉伯国家的著作翻译成多种外语。截至2012年，共出版有关科技、文学、教育的著作及译作132本，这些书籍被认为是阿拉伯国家乃至世界各所大学的重要参考书目。

与此同时，ACATAP还致力于与阿拉伯高校以及其他关注阿拉伯化与翻译的组织结构建立合作关系，协调阿拉伯国家在此方面的工作，鼓励和支持阿拉伯国家出版业的发展，共同为提高阿拉伯国家的文化水平而努力。

（五）阿拉伯教科文组织成员和机构的合法权利

根据《阿拉伯国家联盟宪章》第14条规定，ALECSO的大会成员、执委会成员、所有委员会成员以及组织的职员，在执行任务过程中享有外交特权和外交豁免权。

五、阿拉伯教科文组织的工作内容和活动范围

ALECSO的工作内容和活动范围主要集中在教育、文化遗产、科学与科研、信息与通讯四个领域，被视为阿拉伯国家的“联合国教科文组织”。

（一）教育工作指南

1. 和阿拉伯国家其他教育类组织（机构）开展地区合作，实现教育项目的整合与协调；

2. 在未来的预算中增加专款投入，研究、探讨执行方式、资金运作、组织形式等，聘请专家指导、协助阿拉伯国家制定扫盲及成人教育计划，发挥非政府组织、新闻媒体机构在扫盲及成人教育中的作用，以进一步普及初等义务教育，推进各种形式的扫盲活动、成人教育和继续教育；

3. 普及学前教育，并将其纳入国家教育体系；

4. 制定针对未成年人和成年人并以危机管理为核心的阿拉伯教育计划；

5. 充分发挥女性的作用，改革女子教育课程，使其符合女性在人类发展中的重要定位；

6. 培养社会各阶层的阅读习惯，制定并实施国家全民阅读战略；

7. 对特殊人群给予特殊关注，加强对弱智儿童的特殊教育；

8. 实现阿拉伯国家间教育组织的合作，统一各教育阶段的学习目标；

9. 鼓励阿拉伯国家共同协作，重新进行教育规划，力争和世界接轨；

10. 明确生产型大学的概念：即学校和社会实现有效互动，在不影响学校核心职能的基础上争取更多的财力支持；

11. 总结阿拉伯国家在开放式大学、远程教育领域的经验，如远程教育的必要条件、开放式教育的要求等，制定相关的教学质量规范；

12. 设立国家级机构，承担评估全国高等教育机构的责任，并制定自我评估和外部评估的标准及规则；

13. 密切关注巴勒斯坦的教育状况，加强其应对犹太复国主义危险的能力，维护巴勒斯坦人民的阿拉伯属性；

14. 根据当今世界的发展潮流以及阿拉伯劳动市场的需求，大力发展各个领域的职业技术教育；

15. 尊重和保障阿拉伯人民受教育的基本权利，促进教育公平；

16. 制定阿拉伯国家私立大学的运行标准和规范，包括教学质量监测、教学规范实施效果审查、教学规范修正意见与建议、经验总结等；

17. 提高各阶段的教育质量，在教学过程中充分运用现代教育技术，开发教学软件；

18. 创建阿拉伯信息资源网络，使其成为一个知识信息协调、统一中心，加强阿拉伯国家之间以及同世界各国之间的交流；

19. 介绍并吸取阿拉伯国家、伊斯兰国家以及世界各国在教育领域的先进经验；

20. 建立天才儿童发掘培养中心；

21. 创建阿拉伯教育信息、研究、经验数据库，为各专业的教育学家提供全面的参考；

22. 研究在阿拉伯国家之间成立一个统一学历认证机构的可能性；

23. 发挥家庭、新闻媒体等社会各方在青少年教育中的作用。

（二）文化工作指南

1. 维护阿拉伯文化的统一性，加强阿拉伯国家文化部之间的联系，协调文化部负责实施的各个文化项目，制定阿拉伯民族文化战略，实现阿拉伯国家新闻、文化政策一体化；

2. 通过开展阿拉伯国家同非洲、欧洲、亚洲、美洲之间的对话、开放阿拉伯国家新闻传媒、网络推广阿拉伯文化等手段，向世界展示真实、客观的阿拉伯伊斯兰文化面貌；

3. 保护耶路撒冷及所有巴勒斯坦被占领土上的文化遗产，同国际性政府与非政府文化组织合作，揭露以色列毁坏阿拉伯伊斯兰文化遗产的事实以及它企图掩盖事实的行径；

4. 同各类国际组织加强合作，保护阿拉伯国家遭受破坏的文化财产，提高民众文化遗产保护意识，调动民众参与保护；

5. 保护伊拉克文化遗产免受战争影响，同国际组织合作追回战时被掠夺的文物；

6. 采用现代新技术，支持对阿拉伯移民子女及阿拉伯语非母语者的阿拉伯语教学；

7. 通过联合国教科文组织、伊斯兰教科文组织等国际性文化组织，加强对阿拉伯国家文化活动的参与度；

8. 重视阿拉伯儿童文化，发挥现代技术优势，保护、开发文化遗产；

9. 加强对文化全球化现象以及全球化背景下社会变化的研究，制定合适的计划，以应对全球化带来的挑战；

10. 大力提倡在结合传统的基础上进行现代文学、艺术创新；

11. 振兴文化产业，建立统一的阿拉伯文化市场，举办阿拉伯文化产业博览会；

12. 制定阿拉伯国家文化旅游计划，同相关机构合作开发文化资源；

13. 在世界贸易组织协议的框架下，解决知识产权问题，保护阿拉伯作家的合法权益；

14. 建立阿拉伯地区信息基地，内容包括阿拉伯物质、非物质文化遗产以及文化领域的各项成就。

（三）科学与科研工作指南

1. 健全科研体系，改善科研的物质与非物质条件，让民众充分认识到科学问题是一个长远的战略性问题，注重科技的伦理价值观；

2. 确定阿拉伯国家共同关注的首要科学研究项目，由各大学、研究中心具体承担，建立联合科研小组；

3. 从国际实验科学、应用科学研究中心汲取有益经验；

4. 支持阿拉伯国家引进国外先进技术，推进技术本土化，使其扎根阿拉伯环境；

5. 充分利用移民他国的阿拉伯人力资源为本国服务，尤其是在科学、科技人才培训方面；

6. 进一步推进可持续发展，重视阿拉伯人民的科学教育；

7. 重点研究阿拉伯国家科学领域的紧迫课题，如：如何从阿拉伯各大学、研究中心的科研成果中受益，如何保护环境（水源、沙漠化、地震、气候变暖、生物多样性等）。

（四）信息与通讯工作指南

1. 实现阿拉伯国家信息通讯技术使用一体化，培养该领域的专业人才；

2. 全面引进数字技术，进一步推进阿拉伯国家现代化；

3. 鼓励信息、通讯技术应用领域的科学研究；

4. 以信息产业带动阿拉伯语的发展；

5. 开设阿拉伯文化卫星频道；

6. 制定阿拉伯国家信息战略执行计划，规定网站上的阿拉伯语使用必须规范化；

7. 鼓励阿拉伯国家探索世界各国在国家信息网络建设以及与阿拉伯教科文组织工作领域相关的信息库建立方面的经验；

8. 在通讯领域广泛使用信息技术，完善通讯终端基础设施建设；

9. 加强阿拉伯教科文组织网络信息库与同类国际、地区组织网络信息库的联系；

10. 加强阿拉伯教科文组织官方网站建设，及时更新数据、信息，使其成为民众了解该组织的多元化窗口；

11. 制定利用信息技术发展教育的参考计划框架；

12. 研究如何在教学过程中更好地运用信息技术作为教学手段，以及如何消除不当使用计算机带来的消极影响；

13. 在阿拉伯国家建立高等教育、科学研究信息网，鼓励在远程教育中广泛使用信息技术和网络。

（五）关于巴勒斯坦事务

2014 年 5 月 22—25 日，ALECSO 执行委员会第 101 届例会在总部突尼斯召开，巴勒斯坦问题是本届会议的首要议题。会议探讨了巴勒斯坦的教育、科技和文化现状，以及如何拯救巴勒斯坦的文化、历史、建筑和宗教遗产，如何捍卫圣城耶路撒冷的阿拉伯 - 伊斯兰属性。

关于巴勒斯坦问题，ALECSO 此前已多次发表声明，表示坚决与巴勒斯坦人民站在一起，支持他们为实现民族权利、建立主权国家而进行的正义斗争。为此，ALECSO 作出了各项努力。

例如，ALECSO 多次发表公报，谴责以色列军队对巴勒斯坦平民的蹂躏和杀戮，对巴勒斯坦遗产的肆意破坏，呼吁阿拉伯国家继续协调立场，支持并保护巴勒斯坦人民，同时呼吁一切地区和国际组织，特别是联合国教科文组织和世界人权组织采取积极措施，迫使以色列立即停止对巴勒斯坦的军事侵犯和对巴勒斯坦文化的毁灭，并提出选择和平与对话、帮助巴勒斯坦人民建立独立的国家、执行联合国有关决议，是彻底解决巴以冲突、实现地区和平的唯一途径。

ALECSO 执行委员会召开第 74 届例会时，执委会建议总干事把该组织已列入或尚未列入预算的资金用于支持巴勒斯坦的教科文项目，向巴勒斯坦人民的教科文机构提供帮助，并呼吁起草一份文件，揭露以色列占领当局对巴勒斯坦教科文机构所犯下的罪行，通过各种媒体最大范围地在国际机构中对这一文件加以传播。执委会还决定采取一系列措施，加速实施阿拉伯教科文组织的一个研究项目，即以色列的侵略对巴勒斯坦儿童和学生的心理影响。

此外，ALECSO 尤其关注巴勒斯坦教育的发展。ALECSO 同巴勒斯坦教科文委员会积极合作，向巴勒斯坦学生提供援助，为他们提供文具、课本等。

（六）奖项设置

为进一步推进阿拉伯国家教育、科学和文化事业的发展，ALECSO 设置了一些专项奖。

1. 翻译奖

阿拉伯教科文组织和法语联盟作为语言文化推广机构，均致力于维护文化、语言的多样性，鼓励阿拉伯国家之间、讲法语地区之间进行各种形式的文化、学术交流。认识到翻译在文化对话中的重要作用，这两大机构共同设立了伊本·赫勒敦－列奥波尔德·塞达·桑戈尔翻译奖，旨在表彰从事阿拉伯语、法语互译的翻译家为促进人文科学和社会科学的研究、丰富阿拉伯文化和法国文化双边交流所作出的巨大贡献。

ALECSO 和法语联盟联合宣布开启评奖推选活动的具体日期，只接受阿拉伯国家、讲法语地区高等院校、科研中心、全国性协会、出版机构、该奖项所在领域的权威人士等几类机构及人员的推荐。评审委员会由 ALECSO 总干事和法语联盟秘书长组建，两大机构各三名成员；每两届推选新的评审委员会主席，由两大机构成员轮流担任；委员会成员不具有参评资格；评审委员会向总干事和总秘书长提交评选意见，最终由总干事和总秘书长在正式的颁奖典礼上颁发奖项。除了由 ALECSO 总干事和法语联盟秘书长共同签字的荣誉证书外，获奖者还可得到 1 万欧元的奖金。

2. 阿拉伯研究奖（阿拉伯青年奖）

隶属于 ALECSO 的阿拉伯研究院坚信，在阿拉伯民族伟大复兴的征程中，阿拉伯青年肩负着重要的历史使命，发挥着主力军作用。为表彰阿拉伯青年在科学研究方面的杰出贡献，阿拉伯研究院专门设立了阿拉伯研究奖，一年一届。

参赛者必须为阿拉伯国家公民，年龄要求不超过 35 周岁，需提交正式的出生日期证明（如出生证、身份证、护照等）、个人简历（包括学习、工作经历、联系方式）、数据材料准确性的说明或知识产权证明，阿拉伯研究院有权随时退回使用虚假材料的作品。曾获得该奖项的人员不得再次参赛。参赛作品不应是出版或未出版的学位论文（包括硕士论文、博士论文），曾获得其他奖项或正参与其他奖项评比的作品一律不得参赛。参赛者需提交一份作品未发表说明，且不得向任何其他机构投稿，直至公布最终获奖名单。一等奖奖金 1 万美元，二等奖奖金 5000 美元。

每一届比赛都有一个确定的主题，其中 2014 年的主题为“阿拉伯之春的得与失”。参赛者可以从政治学、历史学、经济学、新闻学、语言学、教育学、地理学、社会学、文学、法学等多个角度探讨。

3. 阿拉伯青年科技创新奖

ALECSO 设置这一奖项旨在推动阿拉伯青少年科技活动的蓬勃开展，培养青少年的创新精神和实践能力，提高青少年的科技素质，鼓励优秀科技人才的涌现，并投资、帮助阿拉伯青年科学家、发明家将其科研、创新成果转化为现实生产力，创造良好的经济效益，为阿拉伯国家的社会发展作贡献。

参赛者必须为阿拉伯国家公民，不超过 35 周岁，必须有一位及以上的阿拉伯大学教授或科研机构研究人员的书面推荐。曾获得该奖项的人员不得再次参赛。除了荣誉证书外，获奖者还可得到一块刻有其姓名及 ALECSO 标志的奖牌，一等奖奖金为 1 万美元，二等奖则为 6000 美元。

该奖项每一届都确定科技的某一个领域，其中 2014 年为生物科技，包括生物学、化学生物、遗传工程、植物生物技术、生物信息学、进化生物学、组织培养技术及应用、农业生物技术、基因改造。

4. 阿拉伯遗产保护大奖

阿拉伯文化遗产体现了阿拉伯民族的生命力、创造力和想象力，是阿拉伯民族智慧的结晶。保护文化遗产，保持民族文化的传承，是连接民族情感纽带、是增进民族团结的重要文化基础，也是推进可持续发展的战略要求。

受多种自然因素和人为因素的威胁，阿拉伯国家的文化遗产遭到严重的破坏，其中战争暴乱、武装冲突的影响尤为突出。例如，伊拉克战争后，境内大量历史名胜和古迹遭到了毁灭性破坏；“阿拉伯之春”使突尼斯、埃及、也门、利比亚、叙利亚等国的文化遗产，面临着被战火损毁甚至毁灭的危险。截至 2012 年，经过更新的《濒危世界遗产名录》中共有 28 个国家的 38 项世界遗产（包括文化遗产 19 项和自然遗产 17 项），其中涉及阿拉伯国家的有巴勒斯坦的耶路撒冷古城及其城墙、也门的宰比德古城、埃及的艾布米那基督教遗址、伊拉克的亚述古城、叙利亚的萨迈拉考古城、巴尔米拉古城遗址、布斯拉古城、阿勒颇古城、克拉克骑士城堡和萨拉丁堡、叙利亚北部古村落群、大马士革古城。

ALECSO 于 2012 年设立了阿拉伯遗产保护大奖，主要针对有关文物古迹的保护与修缮的研究项目及工程项目，获奖者可获得荣誉证书、奖牌以及 5000 美元的奖金。这一奖项旨在表彰那些为保护阿拉伯物质、非物质文化遗产作出巨大贡献的研究者、技术人员及专家，唤起和提高阿拉伯民众对阿拉伯文化遗产的保护意识。

此外，ALECSO 还设置了一些专门的节日，以推动阿拉伯文化的发展。

1. 阿拉伯语日

2012 年，联合国教科文组织执行局决定将每年的 12 月 18 日设立为“世界阿拉伯文日”，届时举办阿拉伯语推广研讨会、阿文诗歌赏读会、阿文音乐赏析会等各种活动。而 ALECSO 于每年的 3 月 1 日庆祝“阿拉伯语日”。

阿拉伯语是是伊斯兰教经典《古兰经》的语言，承载着伊斯兰千百年来的智慧。对阿拉伯人而言，阿拉伯语不仅是宗教语言，还是民族语言。阿拉伯语对于保护民族属性、保护伊斯兰文化具有极其重要的作用。然而，信息化时代下的标准阿拉伯语面临着“被外语化”“被边缘化”的困境，阿拉伯国家多数大学主要以法语、英语授课，广播电视方言盛行。为此，阿拉伯世界的许多有识之士提出了“保卫阿拉伯语”的口号，提倡改革阿拉伯语，认为只有与时俱进，阿拉伯语才能成为时代精神与传统气息兼备的信息载体。

深刻意识到了阿拉伯语在文化全球化背景下面临的多重挑战，ALECSO 通过庆祝“阿拉伯语日”，呼吁阿拉伯人“说真正的阿拉伯语”，重建“语言自信”，同时呼吁各方为标准阿拉伯语的传承与发展作出更多努力，增强阿拉伯语在各个领域的影响力。

2. 阿拉伯书法日

阿拉伯书法历史悠久，字体繁多，可分为行书体、誊写体、库法体、波斯体、公文体、三分体、马格里布体等，体态多姿多变，风格异彩纷呈，可谓是一门优美的艺术。阿拉伯书法几乎遍及世界各个角落，被誉为伊斯兰文化艺术宝库里的一颗璀璨明珠，是阿拉伯人民用智慧为整个人类文明创造的精神财富。

ALECSO 将每年的 4 月 4 日定为“阿拉伯书法日”，其附属机构阿拉伯手稿研究所负责组织一系列的活动，如举办书法工艺展、电影展、研讨会、讲座等，向全世界展示阿拉伯书法的独特魅力和丰富内涵。这既有利于提高世人的艺术鉴赏力，陶冶道德情操，而且能加深世人对阿拉伯各国的文明、伊斯兰艺术的了解和热爱。

至于 ALECSO 的工作方式，可归纳为以下几种：

1. 会议和研讨会

为了协调阿拉伯教科文组织各成员国的政策，确定共同的项目规划，

ALECSO定期举行不同级别、不同类型的会议，这些会议是进行协商讨论，制定和通过决策的最主要形式。它们包括：阿拉伯高等教育和科学研究部长级会议；阿拉伯文化部长级会议；阿拉伯教育部长级会议；文化古迹和遗产会议；阿拉伯语普及和推广会议等等。这些会议有利于促进成员国之间的对话、协调与合作，最终为阿拉伯国家教科文事业的创新和发展带来实质性的成果。

为了巩固和深化阿拉伯文化与其他文明的对话与交流，加深阿拉伯民族同其他民族之间的相互理解，ALECSO举行了一系列会议和研讨会：阿拉伯文化与其他文化对话研讨会（突尼斯，1997）；阿中文化对话研讨会（北京，1999）；阿拉伯文化与非洲文化对话研讨会（开普敦，1999）；“非洲撒哈拉地区阿拉伯文化的过去、现在和未来”研讨会（巴马科，2002年6月）；阿欧文化对话会议（巴黎，2002）；阿俄对话研讨会（突尼斯，2003）；“媒体在阿拉伯与西方文化交流中的作用”研讨会（巴黎，2004）；阿德对话研讨会（柏林，2005）；阿俄对话第二次研讨会（喀山，2006）。除了以会议和研讨会的形式进行不同文化之间的交流与协作外，签署协议，鼓励直接会晤，为在翻译与阿拉伯化方面做出突出贡献的组织和个人设立奖项等举措都是ALECSO重视阿拉伯文化与世界其他文化的对话与交融的体现。

2. 提供培训与出版刊物

在2008年3月举行的大马士革峰会上，ALECSO被分配了以下几项新任务：监督和跟踪阿拉伯国家的教育状况；分享和推广成功的经验和方案；进行教育改革和转型；每年就阿拉伯国家的教育状况发表年度报告；建立一个有关阿拉伯国家教育现状的数据库；分析数据并在调查和研究中获取成果；设立一套合理的阿拉伯国家教育指数。结合这些新的任务，以及其他致力于优化阿拉伯教育体系改革的多项方案，ALECSO于2010年9月在多哈召开了一次高级别会晤，就改革中即将面临的问题和讨论进行了探讨，并达成“为所有人提供良好教育多哈宣言”。

为响应宣言的号召，ALECSO与世界银行合作，制定了“提高阿拉伯教育质量项目”。项目主要由5个部分组成，分别是：（1）加强发展早期教育；（2）优化课程大纲并在教学中采用信息通讯科技；（3）提高教育者的知识和专业水平；（4）对教育质量进行调查和评估；（5）提升教育工作者的主动性和创造性。在具体的实施过程中，必须将这5个部分视作一个整体，寻求它们之间的融合与互动，以期实现提高阿拉伯国家教育质量这一最终目标。

同时，ALECSO也贯彻了峰会关于振兴阿拉伯语的提议，已经开始编写与此相关的书籍和手册。此举将为阿拉伯语在阿拉伯国家的正常发展以及维护其应有的地位带来巨大帮助。振兴阿拉伯语是整个阿拉伯民族的任务，ALECSO将此重任勇担于肩，并期望在不久的将来看到成效。

作为复兴阿拉伯伊斯兰文化，振兴阿拉伯语的重要手段之一，为非阿拉伯语为母语者教授阿拉伯语也是ALECSO关注的焦点之一。喀土穆国际阿拉伯语学院是阿拉伯语教师的人才输出地，学院总部设有专业的阿拉伯语教师培训课程，聘请有经验的阿拉伯语教师指导授课。为了在非阿拉伯语为母语的国家中传播和推广阿拉伯语，ALECSO已经开始编写和出版阿拉伯语启蒙读物和教材。《非阿语为母语者阿拉伯语教育基础教材》已出版3册，配套的教师手册，5种其他语言的对照词典，听力磁带和光盘也同步出版。该套教材已成为非阿拉伯语为母语国家编写阿拉伯语教材的基础，为推广阿拉伯语做出了巨大贡献。

阿拉伯语是阿拉伯文化的一部分，在致力于阿拉伯语普及的同时，ALECSO对其他学科的教育也尽心尽责，先后出版了多种与此相关的参考书和杂志。其中最主要的几本参考书包括《阿拉伯国家地理参考书》（6册）、《阿拉伯民族史参考书》（6册）、《阿拉伯伊斯兰文明之光》（阿语版与德语版）、《阿拉伯国家基础教育阶段数学教学参考书》（4册）、《阿拉伯国家基础教育阶段综合科学教学参考书》（4册）、《阿拉伯国家中等教育阶段化学教学参考书》（6册）、《阿拉伯国家普通教育阶段阿拉伯语语法教学参考书》和《巴勒斯坦与巴勒斯坦问题参考书》。而杂志的种类则更加丰富：《阿拉伯教育杂志》（半年刊）、《阿拉伯文化杂志》（年刊）、《阿拉伯科学与技术杂志》（半年刊）、《阿拉伯群众教育杂志》（年刊）、

《阿拉伯青年科学杂志》（年刊）、《阿拉伯出版物通讯录》（年刊）、《阿拉伯教科文组织新闻》（季刊）、《阿拉伯调查与研究杂志》（半年刊）、《阿拉伯语言学研究杂志》（半年刊）、《阿拉伯语标准化杂志》（半年刊）等。

除了重视阿拉伯语和阿拉伯文化在国外的发展，提高阿拉伯人民自身的知识水平同样是ALECSO工作中不可分割的重要环节。ALECSO的目标之一是提升全民族各个阶层人民的知识水平和教育水平。为此，组织编撰出版了多类百科读物，例如《阿拉伯和穆斯林著名科学家、文学家百科全书》（陆续出版50册）、《巴勒斯坦百科全书》（10册）、《阿拉伯报刊百科全书》（6册）、《巴勒斯坦城市百科全书》（1册）等。除了百科读物之外，ALECSO还出版了与其职能相关的多个领域的系列丛书，如《阿拉伯伊斯兰艺术丛书》（3册）、《阿拉伯美术丛书》《巴勒斯坦城市故事集》（21册）等等。为配合“全民阅读”活动，ALECSO还出版了10本《阿拉伯读物》，希望阿拉伯国家各个阶层的百姓和人民能够积极参与到活动当中，提升阿拉伯民族的整体文化水平。

翻译项目是ALECSO普及和推广标准阿拉伯语的重要组成部分，这其中首当其冲的便是科技术语的阿拉伯化。拉巴特的阿拉伯翻译局是负责此项任务的执行机构。截止到2012年底，超过35本不同专业领域的阿拉伯语专业术语词典已经出版。这些领域有语言学、普通物理学与核物理学、数学、天文学、化学、卫生、人体、音乐、历史古迹、地理、贸易与会计、可再生能源、石油、环境、机械工程、美术、药理学、气象观测、信息学、兽医学等等。另外，大马士革的阿拉伯化、翻译、著作与出版中心是ALECSO委任负责大学翻译教育的机构，同时它还为阿拉伯大学各门学科的重要著作进行阿拉伯语翻译，为学生和教师提供阿拉伯语参考书目。

提高阿拉伯国家人力资源的利用水平也是ALECSO期望实现的目标之一。为此，他们开展了各式各样的培训活动，由组织的一些外部机构负责具体执行。这些培训活动包括：喀土穆国际阿拉伯语学院进行对象为非阿语为母语者的阿拉伯语教师培训；开罗的阿拉伯研究所输出相关研究人员；吉布提、索马里和科摩罗群岛的阿拉伯语教师培训；与组织职能（成人教育、能源、远程教育、文献与信息、遗产保护、图书馆、手稿维护、环境保护、科研、水资源利用、可再生能源等）相关的工作人员和研究人员的培训；具体项目（可再生能源、太阳能电池、太阳能热水器等）的参考资料以及相关人员的教育与培训方案的准备。值得一提的是，ALECSO已经采取远程授课和视频会议的方式进行培训，这也是ALECSO紧跟最新通讯技术发展潮流的体现。

3. 阿拉伯国家内部合作与国际合作

开展阿拉伯国家内部合作与国际合作是ALECSO综合发展战略中的重要环节。这些合作为ALECSO扎根阿拉伯世界并积极有效地融入世界舞台提供了最好的契机和最大的可能，同时还能避免阿拉伯地区其他具有类似职能、为实现共同的目标而努力的组织和机构重复做同样的事情，浪费不必要的劳动力和财力。为此，ALECSO与多个国际和地区组织签订了合作协议和谅解备忘录。这些组织包括联合国教科文组织、伊斯兰教科文组织、世界伊斯兰宣教协会、阿拉伯国家广播联盟、阿拉伯海湾国家教育局、阿拉伯世界研究中心、法语国家组织、欧洲理事会、俄罗斯科学院东方学研究所、伊比利亚美洲国家教科文组织、拉丁语联盟、阿拉伯文学家、作家联盟、阿拉伯妇女组织、德国阿登纳基金会、阿拉伯思想基金会、安达卢西亚遗产基金会、非洲教育发展协会、阿拉伯出版商联盟和阿拉伯分销商联盟等。

关于阿拉伯教科文组织与中国的合作，自中国实行改革开放以来，中国开设阿拉伯语专业的高校分别与埃及、约旦、伊拉克、苏丹、巴林、阿曼、也门、突尼斯、利比亚等国的大学及阿拉伯教科文组织建立了校际交流关系。其中，1987年7月26日，阿拉伯教科文组织与北京外国语学院（北京外国语大学的前身）签署文化合作协议。该协议规定，在发展阿拉伯语言教学和阿拉伯伊斯兰文化教育方面，支持对中国学生及外国在华留学生进行阿拉伯语教学的种种努力；进行阿拉伯语言文学和阿拉伯伊斯兰文化的科学研究；在与喀土穆国际阿拉伯语学院和关心对非阿拉伯人进行阿拉伯语教学的其他阿拉伯学院的合作下，有组织地培养专门从事对非阿拉伯人进行阿拉伯语教学的师资；为中国和亚洲教师举办密集培训班，举办阿拉伯文学教育和介绍阿拉伯文化的培训班。在发展文化关系方面，有组织地互换资料信息和经验，并进行互访；在阿拉伯国家与中国大专院校、文化机构的交往中，尽力为双方的同类机构建立联系，为互换资料创造有利条件；为中国教师和专门从事阿拉伯语言及伊斯兰研究的专业人员的培训提供方便，为他们提供到阿拉伯伊斯兰大学进行专业深造的机会；尽力为中国学生到阿拉伯大学学习提供适当的奖学金；尽力为向中国大专院校和文化机构派遣阿拉伯教授、专家提供方便；向中国大专院校提供阿拉伯科学艺术和文化资料，并提供教学用参考书及有关阿拉伯图书馆和视听方面的文化设备和资料。

《中国—阿拉伯国家合作论坛 2006—2008 年行动执行计划》第八条“教育合作”指出，中国教育部与阿拉伯教科文组织将积极探讨建立正式联系，并开展交流与合作，中国外交部和阿盟秘书处提供便利。《中国—阿拉伯国家合作论坛 2012—2014 年行动执行计划》第十条“文化合作和文明对话”第七点中写道：组织中阿双方文化官员互访，在双方最主要文化机构间结成对口友好合作关系，包括在阿拉伯教科文组织和中国相应组织间建立友好关系，以及在双方最主要的图书馆间建立友好关系，包括中国国家图书馆和亚历山大图书馆。2014 年发布的《中国—阿拉伯国家合作论坛 2014 年至 2016 年行动执行计划》第十条“文化合作”第四点中再次提到阿拉伯教科文组织：组织中阿双方文化官员互访，在双方最主要文化机构间结成对口友好合作关系，包括加强阿拉伯教科文组织和中国相应组织间的合作，在本计划有效期内建立“中阿百家文化机构对口合作”关系，包括博物馆、图书馆、美术馆、国际性艺术节、国际书展等文化机构。

4. 利用互联网

自 2001 年起，阿拉伯教科文组织开始注重工作方式的现代化，开始紧跟世界信息通信领域的最新发展趋向和潮流，积极寻找更高效的工作模式。ALECSO 建立了自己的官方网站，并提供了阿拉伯语、法语和英语三种语言的网站版本，旨在向全世界阐明组织的各类项目和各种活动，向研究者提供组织的相关数据，同时通过网络的渠道销售和出口组织的书籍和刊物。

六、阿拉伯教科文组织的资金来源与财务运作

ALECSO 的资金主要来自：

成员国的分摊。每个成员国的份额根据其在阿拉伯联盟财政预算中的份额而定。

来自其他机构的捐赠和社会各界的捐款。例如阿拉伯国家文化发展基金会。2012 年，沙特阿拉伯王国国王个人向阿拉伯教科文组织捐款 100 万美元，用于新建教科文组织在突尼斯的总部办公大楼。

ALECSO 的预算草案和各成员国的份额分配首先经由阿拉伯教科文组织大会通过，随后再交由阿拉伯国家联盟进行批准。阿拉伯教科文组织执委会经过大会同意，有权接受来自政府、政府机构和个人的捐赠，并计入组织资金来源的一部分。

阿拉伯教科文组织拥有自己的财务制度，大会有权监督组织的所有资金运作。

七、阿拉伯教科文组织的工作成效

为更好地贯彻阿拉伯教科文组织的战略方针和实施纲领，该组织提出了一些倡议，举办了许多活动。这些倡议和活动为传播阿拉伯语和阿拉伯文化、提升阿拉伯语和阿拉伯文化在世界语言文化体系中的地位起到了不可忽视的积极作用。这些倡议和活动主要包括如下几个方面：

（一）加强与教育、科技、文化和信息技术领域中各类组织和机构之间的合作与定期会晤，组织来自世界不同文化体的社会名流和思想家座谈

这是为了增进双方对沟通对话和文明交流的共识，团结那些相信人类共有的人文价值高于“文明冲突”的社会有识之士，共同抵御“文明冲突”论鼓吹的意识形态和思想观念。

（二）与多个机构、团体、大学、文化和教育研讨会签署协议，并在这些协议中强调文明对话，尤其是阿拉伯文明和其他文明对话的重要性

根据这些协议，阿拉伯教科文组织与协议方合作，在学术、智力、教育等多个领域举办一系列的联合活动，确保协议中的积极因素得以贯彻实施。

（三）举办各类研讨会和座谈会，邀请来自世界不同大学和文化机构的阿拉伯学者和非阿拉伯学者参会

会议主要讨论文化和科技类议题，并向组委会提出建议或倡议。这些会议包括：

1. 阿拉伯和其他文化体之间的对话
2. 阿拉伯—非洲文化对话
3. 阿拉伯—中国对话
4. 阿拉伯—伊比利亚
5. 阿拉伯—美国文化对话
6. 阿拉伯—俄罗斯对话

在此基础上，为进一步增进自身与世界各文明体的对话与交流。阿拉伯教科文组织还积极寻求与西方文明体之间的对话。为此，阿拉伯教科文组织成功在2004年建立了与德国的文化对话机制，并将进一步拓展自身与日本以及拉丁美洲文化之间的对话与交流纳入议事日程。

迈向多方会谈的第一步：

1. “阿拉伯和其他文化体之间的对话”研讨会

阿拉伯教科文组织启动阿拉伯和其他文化体间对话的第一站是20世纪末期与突尼斯文化部展开的合作。这次合作的内容是召开了一场题为“阿拉伯文化与世界其他文化体对话”的国际会议，会议还庆祝了突尼斯于1997年荣升为区域文化首都。

来自阿拉伯世界、非洲、亚洲、欧洲、拉丁美洲和美国多个不同国家的著名学者和研究者参加了此次会议。与会者们讨论了阿拉伯和世界其他文明体间文化交流的现状，致力于建立一个基于多方相互尊重、相互理解基础上的良性对话机制。

会议提交的论文主要涉及如下几个议题：

阿拉伯文化与非洲、亚洲和拉丁美洲文化；

阿拉伯文化与西方世界；

阿拉伯与世界：展望世界新秩序下的政治对话与经济交流。

此次会议加强了阿拉伯学者与外国学者的沟通与交流，双方都认为对话是当今社会增进互信的有效途径。会议形成了如下共识：

再次强调不同文明间的对话应该且必须遵守两个基本准则：其一，致力于建立人类共同体；其二，尊重各个文明体中独特的文化形态。

强调开放是阿拉伯文化面向世界的必由之路。阿拉伯文化要敢于变革，勇于面对机遇和挑战。

大学要重视学习和教授阿拉伯文化，鼓励大学生学习并钻研别国文化。

与世界其他文化体合作，实现学生互访，奖学金互换；召开对外阿拉伯语教学国际研讨会。

与世界其他文化体合作建立文化机构，共同开展对话，进行多层面的文化合作，鼓励非洲、亚洲、拉丁美洲的大学和研究机构参与到这一计划中。

开展与阿拉伯裔海外侨胞之间的联系与交往，以召集他们参加国际会议的形式增进他们的身份认同感，鼓励他们参与到沟通阿拉伯文化与世界文化的工作中来。

鼓励阿拉伯商人投资如翻译、奖学金、展览和音乐会等形式的跨文化活动。

翻译是推动不同文化体对话的先决条件。因此，应启动阿拉伯经典外译项目，将阿拉伯的知识译成各种文字。

此次会议取得了显著成效，为之后类似会议的召开树立了榜样。

2. 阿拉伯—非洲对话

阿拉伯教科文组织致力于与世界各个文明体建立无障碍沟通，并将阿拉伯与非洲的文化对话提升到重中之重的位置。由此，在阿拉伯教科文组织的字典里，“非阿文化”代替了“阿非文化”，这是独一无二的，是阿拉伯与其他文化体交流过程中以前不会、今后也不会出现的情况。

阿拉伯与非洲文化唇齿相依、互通互融的共生状况基于如下几个原因：

从地理位置、基因遗传、文明传承的角度上看，阿拉伯人本属于非洲大陆。

非洲是最早信奉伊斯兰教的地方，那里有伊斯兰教最早的支持者。第一批穆斯林逃亡者就是在埃塞俄比亚居住下来，从而躲避了麦加不信道者的屠杀。

阿拉伯语是非洲大陆最通行的语言，其使用程度超过了其他任何一种非洲语言。

阿拉伯语在书写非洲文字的过程中发挥了重要作用。世界各大图书馆珍藏的阿拉伯语手稿证明了这一点。同时，正是因为有这些阿拉伯手稿的存在，才证明了非洲人对世界文明的贡献。

阿拉伯语和非洲语言的关系紧密，在非洲大陆上，阿拉伯语不像欧洲殖民语言那般兼具霸权性和排他性。

阿拉伯伊斯兰文化与非洲本土文化之间的这种良性互通也表现在许多

非洲和阿拉伯的学者为繁荣这些文化、实现这两种文化间的互融互通所作出的贡献。

阿拉伯伊斯兰文化秉承着求同存异、相互尊重、互惠互赢的态度进入非洲大陆，致力于与非洲文化和谐共处。两者间的良性互动有效抵御了殖民主义试图以捏造的种族、宗教、文化、地理等因素为借口挑拨双方关系，这些借口有：

非洲白人和非洲黑人之间的矛盾；

北非与撒哈拉沙漠以南的非洲地区之间的矛盾。

然而，阿拉伯与非洲之间天然的纽带有效阻止了殖民主义和新殖民主义的势力侵蚀，后者妄图将阿拉伯—伊斯兰文明赶出非洲，为此，他们做了如下一些活动：

试图销毁阿拉伯语文字，代之以拉丁文书写非洲语言。

扬言非洲人若和阿拉伯人或穆斯林搅合在一起，即是自取落后，偏离进步和现代。

开展语言学研究，试图在非洲语言（豪萨语[①]、斯瓦希里语[②]、沃洛夫语[③]）和欧洲语言之间找到语音、结构等相似之处。

尽一切努力缩减非洲国家的阿拉伯语教学，并在各学校、学院和大学里大力推广欧洲语言教学。

阿拉伯教科文组织为增进阿拉伯—非洲对话所作出的努力：

阿拉伯教科文组织竭力维护、增进阿拉伯—非洲对话机制。这一点在“阿拉伯文化的综合计划”（1986）和“行动计划2005—2010”中得到充

---

① 豪萨语：豪萨语（هَوْسَ）属于闪含语系乍得语族，是非洲最重要的三大语言之一，另外两大语言是北非的阿拉伯语、东非的斯瓦希里语。它是闪含语系（也叫亚非语系）的一个语种，在尼日利亚北部、尼日尔南部、乍得湖沿岸、喀麦隆北部、加纳北部以及非洲萨丽那地带的西非其他各国被广泛使用。目前世界上能够使用这种语言的人约有5000万。它不是任何一个国家的官方语言，但它历来是西非地区公认的一种商业交际语。

② 斯瓦希里语（kiswahili）：属于班图语族，是非洲语言当中使用人口最多的一种（5500万多人），是坦桑尼亚的唯一官方语言，肯尼亚和刚果民主共和国的国家语言之一，和赞比亚、马拉维、布隆迪、卢旺达、乌干达、莫桑比克等国家的重要交际语。它是东非的主要交际语，深受阿拉伯语影响。

③ 沃洛夫语（wolof）：毛利塔利亚的民族语言之一。

分体现。在这一点上，阿拉伯教科文组织提出了许多倡议，做出了许多行动，取得了许多成绩，其中最重要的是：

（1）1974 年投资喀什穆国际阿拉伯语学校（阿拉伯教科文组织成立几年后就开启了这项计划）。

这所学校培养了数百名毕业生。这些毕业生为教授母语非阿拉伯语的非洲和亚洲学生做出了卓越贡献，其中毕业的博士在阿拉伯语和非洲语言在语音、语法和句法方面的对比研究做出了卓越贡献。

这些研究帮助我们更好地了解阿拉伯语和非洲语言之间的联系，也帮助阿拉伯国家和非洲国家更紧密地联系在一起，增进相互交流和互动，并进一步在科技和教育方面开展沟通和合作。

（2）1978 年，阿拉伯教科文组织在题为“阿拉伯—非洲关系：一项多维分析研究”的计划下出版了一系列重要研究成果。

该项研究的跨度很大，始自石器时代、跨越中世纪、殖民时代和现代，试图在这一系列的历史进程中找到阿拉伯和非洲之间的合作与积极交往史实，以此证明两者之间在历史和宗教上的一脉相承，证明伊斯兰教和地理因素对复兴这些联系所起到的积极作用。

通过这些系列研究，阿拉伯教科文组织将阿拉伯—非洲部长会议（1976，塞内加尔、达喀尔），阿拉伯峰会（1977，开罗）中商定的区域社会、科技、文化、教育合作落实到实处。

（3）1981 年 2 月 21—26 日，阿拉伯教科文组织与喀土穆大学非洲与亚洲研究学院联合召开阿拉伯与非洲文化关系研讨会。来自非洲与亚洲各国际、地区机构的数名学者、专家出席了会议，会议讨论的主要议题有：

阿拉伯和非洲文化关系的根源；

西方殖民主义对这些关系的消极影响；

非洲语言与文化。

研讨会就加强阿—非关系提出了如下几点建议：

对阿—非文化关系史进行全面、完整的研究，并成文出版；

开展“伊斯兰社会在非洲”的专题研究；

开展“阿拉伯形象在非洲教科书和媒体”和“非洲形象在阿拉伯教科

书和媒体”研究；

鼓励阿拉伯和非洲经典互译。

（4）1983 年，阿拉伯教科文组织与毛里塔尼亚国家语言学院在努瓦克肖特①联合召开题为“阿拉伯语与非洲语言的共有特征”研讨会。来自非洲和亚洲的各大学者、专家带着珍贵的研究成果出席了会议，这些成果涵盖了非洲各语言间的关系、历史以及阿拉伯手稿对记录这些语言、传播非洲文化的重要作用等多个领域。

（5）1984 年 4 月 12—19 日，阿拉伯教科文组织与非洲文化研究所在达喀尔、塞内加尔联合召开题为“阿拉伯语与非洲语言关系会议”研讨会。来自非洲和亚洲地区研究语言学、社会学、阿拉伯—非洲关系史三个领域的专家学者参加了会议。

会议讨论的议题包括回顾阿—非友好交往历史，呼吁进一步加强阿—非关系，共同抵御西方殖民主义和种族主义的蚕食。此次会议在语言和文化领域提出了许多建议，达成了许多共识。此外，会议取得的一个显著成果是：提出了阿拉伯文字书写的非洲语言这一议题，并指出类似文献资料多以万计。

（6）1985 年 11 月，阿拉伯教科文组织参加了阿盟秘书处在开罗召开的“伊斯兰文明的人文精神及其对加强阿—非关系的作用”研讨会。会议强调了阿—非关系中人文因素与文明溯源的重要性。

（7）1999 年 3 月 22—24 日，阿拉伯教科文组织与非洲社会高级研究中心（CASAS）和阿拉伯研究中心阿—非关系研究（ARCAASD）合作在南非开普敦召开“阿—非文化对话”研讨会。会议讨论了如下几个议题：

阿—非合作的历史与前景；

阿—非合作的文化尺度；

理解 20 世纪的阿拉伯属性和非洲属性；

用阿拉伯语文字书写的非洲文学遗产；

阿—非在研究、科学与科技领域的合作前景；

---

① 努瓦克肖特：毛里塔尼亚首都。

阿—非合作面临的社会、经济和政治困难与两种社会形态的一致性。

会议达成了如下共识：

肯定了文化在两个地区交往中的核心地位；

以举办各类研讨会的形式加强阿—非学者、专家之间的沟通与交流；

消除那些阻碍阿—非未来合作的误解；

在阿—非两个地区的学校课程和公众媒体中开展应用研究；

学习用阿拉伯语书写的非洲文学，学习伊斯兰艺术，把这两门课用作增进双方社会与文化沟通的基础课程；

开发阿拉伯语—非洲语字典；

翻译阿拉伯和非洲的经典作品；

就阿拉伯人与非洲人在对方眼中的形象进行联合实地研究，在城市贫民和精英人群中进行广泛调查，挖掘积极因素；

加强公民社会形象，发挥非政府组织在阿—非文化交流过程中的作用。

（8）2000 年 5 月 13—25 日，阿拉伯教科文组织与世界伊斯兰召唤协会合作，在尼日尔首都尼亚美联合举办“阿拉伯语观察员和教师培训课程”。来自阿拉伯—伊斯兰文明、非洲文化、阿—非交往史等领域的许多教育家和专家参加了此次培训。

（9）2001 年 12 月 29—30 日，阿拉伯教科文组织下属的喀土穆阿拉伯语国际学校在本校举办了“用阿拉伯语书写非洲文字研讨会”，此次会议的目标是：

保护用阿拉伯语书写的文化遗产；

发掘阿拉伯语文本中的非洲社会需求；

发展阿拉伯语和伊斯兰文化。

会议的主要议题是：

阿拉伯语文本对非洲语言和苏丹当地语言的作用；

用阿拉伯语书写的国际和区域组织对非洲语言的作用；

阿拉伯语文本面临的挑战。

（10）2002 年 6 月 4—6 日，阿拉伯教科文组织与世界伊斯兰宣教协会、马里文化部、巴马科大学合作，联合召开题为“阿拉伯伊斯兰文化在西非荒漠草原：过去、现在和将来”的文化和科技研讨会。

会议的主要议题之一是，支持西非荒漠草原上的阿拉伯伊斯兰文化传播和阿拉伯语教学。会议旨在加强阿拉伯世界与西非荒漠草原的兄弟情义。

（11）2002 年 10 月 28—30 日，阿拉伯教科文组织与世界伊斯兰宣教协会、恩贾梅纳大学、乍得阿拉伯伊斯兰研究中心、乍得费萨尔大学合作，在乍得恩贾梅纳联合召开“阿拉伯语和西非国家语言对比”研讨会。来自阿拉伯和非洲的学者与专家参加了此次会议，就如何在西非地区的阿拉伯语和阿拉伯伊斯兰文化的教学和研究过程中进一步地发挥语言学的作用进行了探讨。

（12）2003 年 1 月 17—19 日，阿拉伯教科文组织总部召开阿拉伯—非洲文化学院行政委员会第三次会议。会议就如何提高阿拉伯教科文组织的地位以及阿拉伯教科文组织在推动科技发展过程中的作用展开了讨论。

（13）2004 年 4 月 15—17 日，阿拉伯教科文组织与世界伊斯兰宣教协会、谢赫安塔迪奥普大学合作，联合召开“历史、文化符号、身份认同”研讨会。会议的主要目标是加强文化符号在历史和评价伊斯兰历史事件中的作用。会议研究了伊斯兰文化的特性，讨论了伊斯兰国家的文化共性和由此产生的身份认同。

（14）2004 年 4 月 13 日，阿拉伯教科文组织参加了阿—非文化学校在马里巴马科召开的“阿—非关系”研讨会。

（15）2005 年，阿拉伯教科文组织参加了苏丹政府主办的“喀土穆，阿拉伯文化首都”研讨会。会议主要讨论了“阿—非关系”。阿拉伯教科文组织秘书长 Mongi Bousnina 博士在会议上回顾了该组织自成立以来在教育、科技和文化领域内为增进阿—非关系作出的努力和贡献，并对 2005—2010 年的工作计划进行了展望。

3. 阿拉伯—亚洲对话

阿拉伯教科文组织将阿拉伯与亚洲之间对话提高到战略层面上，对话主要围绕着两个方面进行：

其一，阿拉伯伊斯兰文化与亚洲文化之间的古老历史关系。

阿拉伯伊斯兰文化与亚洲文化在地理、人文上的交往与联系可以追溯到公元前，这尤其表现在诸多的著名亚洲文学作品和语言、宗教、天文学、医学等领域的互通和借鉴。

其二，亚洲国家对阿拉伯世界当今与未来的战略重要性。

由阿拉伯多个著名研究机构的专家学者团队对当今世界亚洲国家在国际舞台上的地位和作用进行了研究，这些研究主要针对中国和印度。他们认为，阿拉伯和亚洲都有着古老的文明和较大的人口密度，进一步拓宽、加深两个地区的交流与联系，对阿拉伯世界有着重要的借鉴意义。

（1）阿拉伯—中国对话

第一，阿拉伯伊斯兰文明与中国的交往历史就和两国的历史一样长，可追溯至伊斯兰文明传入中国伊始。

伊斯兰征服运动对加强中国和阿拉伯的文化与宗教联系的作用是巨大的，这尤其表现在伊斯兰教是通过贸易等和谐的途径，而不是通过武力进入中国，并在这片土地上生根发芽的。自此以后，陆续有一些中国团体皈依伊斯兰，并在中国建立穆斯林社区。由此，中阿两地开始有了宗教、贸易和科技方面的互访，在这些领域互通有无，取长补短。于是，中国的一些医药和科技书籍被翻译成了阿拉伯语，阿拉伯的天文学、日历、数学和建筑学书籍被翻译成了中文。

到了近代，中阿联系在奥斯曼帝国统治和欧美列强侵略期间几乎中断，这种情况一直持续到第一次世界大战后才有所好转。那时，许多中国学生到爱资哈尔大学读书，与此同时，包括《古兰经》在内的一些宗教经典被翻译成了中文。

直到1950年左右，中华人民共和国成立，阿拉伯各国才陆续与中国建立外交关系，加强彼此之间的经济合作和文化沟通。随着中国与阿拉伯国家在政治、经济和文化领域的交往日益频繁，中国也越来越重视阿拉伯语和阿拉伯伊斯兰文明，这表现在中国许多大学教授阿拉伯语，中国的穆斯林社区里开设了伊斯兰高级学校，而阿拉伯国家的学校中也开始有了来自中国的穆斯林。

第二，为进一步加强中阿关系，1997 年，阿拉伯教科文组织与北京外国语大学签署合作协议，旨在借助北外的阿拉伯语教师传播阿拉伯语和阿拉伯文化。

第三，1997 年，阿拉伯教科文组织出资在突尼斯召开了中阿对话国际研讨会。北京外国语大学的教授在这次会议上回顾了中阿交往历史，表达了中国人民对阿拉伯文化的关注，展示了现当代阿拉伯文化在中国的落地成果。

第四，1999 年 8 月 23—27 日，阿拉伯教科文组织与北京外国语大学阿拉伯语系合作举办“21 世纪的中阿文化交流”国际会议。会议以中阿文化交往为主线，分为五个部分：

阿拉伯与中国在政治领域的交往；

阿拉伯与中国在语言和文学领域的交往；

阿拉伯与中国在艺术领域的交往；

阿拉伯与中国在文化领域的交往。

20 多名与会专家学家宣读了论文，就中阿在全球化时代，如何增进双方在文化、媒体、教育领域的合作交换了意见。会议还展示了中阿交流进程中的翻译成果。会议签订了中阿合作协议，协定规定：北京外国语大学与阿拉伯各国文化部合作，共同举办阿拉伯文化周，并拟定 2005 年在北京召开第二次会议。在阿拉伯语教学方面，协议规定：双方在北京举办对外阿拉伯语国际教学研讨会，并由阿拉伯教科文组织出资为中国的阿拉伯语教师提供为期两周的培训，拓展他们的学术视野，并帮助他们修订当代阿拉伯语汉语词典。

（2）阿拉伯—日本对话

受西方世界的影响，阿拉伯与日本之间的对话直到 19 世纪末才开始启动，且一直处于消极和局限的态势。那时，日本使团曾赴埃及学习埃及混合法庭的经验，亲眼目睹了埃及的现代化改革。

20 世纪上半叶，阿拉伯与日本的交往时断时续，且限于个人层面。阿拉伯世界对日本明治维新的改革成果知之甚少，日本对阿拉伯世界的了解受西方主导。这种状况直到20世纪下半叶才得以改善，1979—1992年间，阿拉伯与日本展开了5次对话，3次在日本，两次在阿拉伯世界的约旦。这些对话让阿拉伯和日本的学者专家们深刻认识到阿拉伯与日本对话的重要性。两地间的青年学者也开始有了沟通和交流，越来越多的阿拉伯学生赴日本攻读硕博学位。

20世纪末21世纪初，随着阿拉伯与日本的贸易往来越来越频繁，双方都觉得有必要进一步加强对话，建立更紧密的文化联系。各阿拉伯国家也开始单独与日本建立联系。在此背景下，2001年5月2—3日，智慧宫学会举办了突尼斯—日本对话研讨会。

在泛阿拉伯层面上，2004年5月，阿拉伯教科文组织在联合国教科文组织总部巴黎举办了题为“文化多元化与全球化：阿拉伯—日本经验，区域对话”会议，并将这次会议纳入阿拉伯教科文组织“阿拉伯民族”项目的大框架中。

尽管取得了上述成效，但因起步较晚，在官方层面上，阿拉伯—日本对话还有很长的路要走。阿拉伯教科文组织的高管、学者专家以及日本政要都表示要通过高校研究所等科研机构积极推动双边对话。

4. 阿拉伯—欧洲对话：“迈向和平共处”

尽管欧洲和阿拉伯的地理环境和文明形态大不相同，它们却有着很大的共通之处，以至于我们很难简单地将两者区别开来。欧洲和阿拉伯的文化都根植于“一神论”，都传承了古埃及、古希腊和古罗马的文化遗产。除此之外，欧洲和阿拉伯在地域和人口上也相互交织，未来有着共同的经济和战略前景。由此，两者间的对话势在必行，当今时代，两者在地缘政治上关联更是符合它们的共同利益。

同时我们也应该看到，阿拉伯文化与欧洲的关系不像那些不负责任的书中所描写的那般陌生疏远，因为近代欧洲的文化复兴确实启迪了如塔哈塔维、阿富汗尼、阿卜杜胡等阿拉伯改革家。这些阿拉伯改革家的成功也证明了学习西方文明不会威胁到阿拉伯的宗教和民族认同，相反还启迪了阿拉伯文化的振兴。

另一方面，我们需要强调的是，阿拉伯与欧洲的各个团体都认为应在国际组织的框架下加强双方在各个层面的对话，这些组织包括阿拉伯教科文组织、欧洲教育与文化委员会。由此，阿拉伯教科文组织在欧洲举办了多场以对话为主题的研讨会。这些会议包括：2002 年 7 月巴黎举办的“欧洲—阿拉伯对话”，2002 年在突尼斯举办的“阿拉伯—伊比利亚—美国”对话，2003 年在哈马马特举办的“阿拉伯—俄罗斯对话”，2004 年 3 月在阿拉伯教科文组织总部举办的“欧洲—阿拉伯信息对话”。此外，阿拉伯科教文还与多个欧洲国际与区域文化组织合作，联合开展项目。这些组织包括：伊比利亚—美国教育、科学和文化组织，法语国家国际组织和拉丁语联盟。阿拉伯教科文组织召开的欧洲—阿拉伯重要对话有：

（1）欧洲—阿拉伯文化对话会议：和平共处的认知背景

欧洲、阿拉伯关系破冰后，两地间的文化对话就此展开。在阿拉伯教科文组织的倡导下，2002 年 7 月 15—16 日，阿盟教育、科学和文化委员会、世界伊斯兰社会、巴黎阿拉伯世界学院联合举办了“欧洲—阿拉伯文化对话”，探讨两地如何在相互理解文明与宗教的基础上和平共处。

会议旨在讨论阿拉伯与欧洲对话的可行性与可操作性，研究如何通过两地间的精英交往更好地和平共处。会议围绕三个主要议题：他者、和平、认知。与会者有政界人士、学者、研究人员、科学家和媒体人士，提交的论文主题涉及：对话理念、对话环境、对话伦理、宗教地位、社会地位、他者交往过程中的形象与关联、教育的作用与认同等。

会议结束时发表了题为“欧洲—阿拉伯文化对话巴黎宣言”的声明，声明表达了欧洲与阿拉伯精英们对地区狂热主义、恐怖主义和排他意识愈演愈烈的担忧，并提出解决这些问题的最好方式是建立一个良好的教育体系，这个体系能在排除一切歧视的基础上培养下一代。声明同时还强调了媒体在这一过程中所应发挥的重要作用。

与会者还认为，对话是拉近彼此距离，增进沟通、互信、合作的重要途径，因为它能帮助阿拉伯人和欧洲人凝聚共识，消除偏见，建立一个没有霸权、没有双重标准的普世价值观。由此，与会者都认为，基于对话的重要性，阿拉伯与欧洲各国应将对话常态化、机制化，建立沟通与合作的渠道，鼓励翻译，开展学术交流，在欧洲推广阿拉伯语。

（2）阿拉伯—西方文化对话中的媒体作用

媒体是影响文化关系最重要的因素之一，而阿拉伯在西方媒体中的形象以负面居多。基于此，2004 年 3 月，阿拉伯教科文组织在世界穆斯林范围内召开了一场题为“媒体在阿拉伯—西方跨文化交流中的作用”的国际会议。会议强调了媒体与形象在阿拉伯与西方，尤其是欧洲关系中的重要性。会议议程主要有两个：一是阿拉伯与欧洲记者地位的评价与双方在对方眼中的固有形象；二是如何发挥媒体在促进阿拉伯—西方跨文化交流中的作用。

围绕第一个议程，会议提交的论文有：“9・11”后西方媒体中的阿拉伯伊斯兰形象、阿拉伯媒体中的西方文明、阻碍欧洲与阿拉伯对话的历史、政治、经济、技术和文化因素、影响欧洲与阿拉伯对话的重大历史事件等。围绕第二个议程，会议提交的论文有：充分发挥媒体在推动阿拉伯—西方跨文化对话中的作用等。会议最后提出了一系列建议与意见，其中最主要的有：

通过调研双方媒体负责人和媒体工作者，挖掘数据，探讨国家和地区形象形成的主要因素；

激发阿拉伯媒体工作者的技术优势和专业能力，让他们充分认识到自己所承担的传播信息、树立阿拉伯正面形象的这一重要使命；

加强阿拉伯与欧洲媒体工作人员之间的沟通，以期实现双方价值观之间的相互理解与相互包容。

“阿拉伯—伊斯兰文明的主要成就”会议。

为更好地弘扬阿拉伯—伊斯兰文明，2005 年 5 月 17—18 日，阿拉伯教科文组织与世界伊斯兰协会合作，在联合国科教文组织总部巴黎联合举办“阿拉伯伊斯兰文明的主要成就”研讨会。

会议以论文的形式展现了阿拉伯伊斯兰在哲学、科学、文学、艺术领域的重要成就。会议还讨论了阿拉伯留下的《一千零一夜》、“智慧宫”等世界文化遗产。会议的意义体现在评估了阿拉伯伊斯兰在历史上的各项成就，强调了这些成就对世界文明的意义。

（3）与东欧对话

在欧洲对话战略的框架下，阿拉伯科教文组织将这一机制延伸到早就在地理、历史上与阿拉伯有所关联的东欧地区，在该地区教授阿拉伯语和阿拉伯伊斯兰文化。

为此，阿拉伯科教文组织提出了一系列加强阿拉伯世界与东欧文化联系与合作的倡议，这些倡议包括举办研讨会、签订协议、增进互访、参与地区文化、教育和科学活动。

2002 年 2 月 14—16 日，阿拉伯科教文组织在罗马尼亚布加勒斯特召开了“东欧地区的阿拉伯语和阿拉伯伊斯兰文化教师研讨会”，此次会议是该组织在东欧对话的重要成果之一。会议主要讨论了如何加强东欧地区教授阿拉伯语和阿拉伯文化的院校之间的交流与合作，研讨了向阿拉伯世界之外非母语为阿拉伯语者教授阿拉伯语的可行性。

与会者强调了向阿拉伯世界之外非母语为阿拉伯语者教授阿拉伯语的重要性以及在这一过程中紧跟时代发展的紧迫性。同样，他们也强调了翻译对教授阿拉伯语和推广阿拉伯文化的重要性。与会者还建议调用阿拉伯资源，在中欧和东欧建立图书馆，广藏阿拉伯图书、杂志和报纸。

当时正值保加利亚索菲亚大学阿拉伯语系建成 30 周年之际，阿拉伯科教文组织与该大学签署合作协议，该项协议的签署也是阿拉伯科教文组织在东欧对话的重要工作成效之一，它推动了阿拉伯与东欧的文化对话。

阿拉伯科教文组织积极参加在东欧国家举办的各类文明对话研讨会，利用参加研讨会的契机在阿拉伯世界与东欧各国之间架起未来文化对话的桥梁。

2003 年 8 月，阿拉伯科教文组织与马其顿共和国联合举办“阿拉伯视角下的文化对话与文化多元化”研讨会。

（4）阿拉伯—德国对话：从法兰克福到柏林

得益于德国东方学者对阿拉伯伊斯兰文化的深入研究与友好情谊，阿拉伯—德国对话一直被视为阿拉伯科教文组织海外对话的成功案例。

2004 年 10 月，阿拉伯科教文组织协调阿拉伯国家各出版商参加法兰克福书展，向世界展示阿拉伯伊斯兰文明的最新成就。

2005年，阿拉伯科教文组织与沙特、德国研究机构合作，联合举办“阿拉伯—德国文化对话：东方学的作用”座谈会。

（5）欧洲—阿拉伯对话的使命：以教育促进和平共处

2000年9月，阿拉伯科教文组织响应第46届国际教育会议的倡议，启动欧洲—阿拉伯教育、文化和科技对话机制，并成立欧洲—阿拉伯对话专项工作组。工作组邀请了来自联合国科教文组织和伊斯兰教科文组织的成员参加，旨在调动欧洲和阿拉伯各民间、官方机构的积极性，鼓励他们参与联合国科教文组织的项目，积极投身于国家层面上的阿拉伯—欧洲教育、科技与文化合作，建立合作机制，通过教育交流增进互信。

阿拉伯科教文组织相信阿拉伯—欧洲在文化领域的多维对话对教育、文化与科技的重要作用，积极参与联合国科教文组织的各类研讨会，并发表讲话。

2001年10月，阿拉伯科教文组织参加联合国科教文组织第31届大会。

2002年4月9—13日，阿拉伯科教文组织参加专项工作组在阿联酋阿布扎比举办的第一次研讨会，并发表讲话，提出了对促进欧洲—阿拉伯对话的倡议。

2002年10月27—30日，阿拉伯科教文组织在法国斯特拉斯堡举办的会议上发表讲话，表达了它对与类似联合国科教文组织、欧洲委员会这类地区和国际性组织建立合作关系的愿望。

2003年3月10—14日，阿拉伯科教文组织在摩洛哥拉巴特举办的国际会议上发表题为“学习和平共处：怎么教育？对象是谁?”的讲话。此次会议上，各方达成了一些可操作性的共识。

2003年6月，阿拉伯科教文组织在开罗举办的国际会议上倡导制定欧洲—阿拉伯对话战略，开启相关项目，在欧洲教授阿拉伯语。

2005年5月，阿拉伯科教文组织在突尼斯举办的国际会议上再次倡导，展开多边合作，实现欧洲与阿拉伯的和平共处。

八、阿拉伯教科文组织面临的挑战与问题

阿拉伯教科文组织在教育、文化、科技等领域发挥了不可忽视的作用，但新时代、新形势下也面临着不少问题与挑战：

1. 整体而言，阿拉伯国家的教育、文化、科技、信息等领域与发达国家相比较为落后，专项资金投入比例也较低，阿拉伯教科文组织深刻意识到这一点，多次召开会议、举办研讨会，与会专家提出了许多建设性、指导性的意见与建议，但如何实施的重任落在阿拉伯国家身上，具体执行起来却是困难重重。这也体现出了理论与实践的矛盾。

再者，就教育领域而言，在阿拉伯国家，尽管各教育阶段的学校、教师数量有所增加，但是毕业生质量并未得到提升。一些研究人员认为阿拉伯世界正面临着一场严峻的知识危机，大量毕业生虽获得高等教育学历证书，但综合素质不合格，不符合劳动力市场需求，无法在社会发展中发挥积极作用。这体现出了数量与质量的差距。

2. 阿拉伯教科文组织提出的一些发展纲要、工作指南，多是从宏观角度出发，但22个阿拉伯国家的政治发展道路、经济发展水平彼此差异很大，需要具体问题具体分析。例如，阿拉伯国家在课程设置、扫盲运动、成人教育等方面存在一些共性，但每个国家的具体情况又各有不同。例如，文盲问题对也门、苏丹、毛里塔尼亚、埃及等阿拉伯国家而言是最严峻、最主要的挑战，但阿联酋、卡塔尔、巴林、科威特这些海湾产油国文盲率相对较低。

3. 阿拉伯各国对发展教育的理念缺乏深刻认识，发展教育并不意味着从高中阶段开始，而是从幼儿园到大学，贯穿整个教育体系，需综合考虑教学大纲、教师、教学方法、评估方式、教学设施、现代教学技术等多种因素。教育问题是关系国家安全、民族进步的重大问题，除了观念上的重视，应落实到具体的行动上。目前阿拉伯国家的教育存在许多问题，改革的滞后会导致这些问题的不断恶化，会进一步拉大阿拉伯国家同发达国家

之间的差距。改革是动力，阿拉伯教育体制的改革刻不容缓。

4. 文化全球化对阿拉伯国家的宗教信仰、传统风俗、价值观念、生活方式带来了一定的冲击。如何在全球化背景下保护阿拉伯国家的民族文化、维系身份认同，这是一个极其重要的课题，关乎阿拉伯国家的安全与利益。另一方面，在保持阿拉伯国家文化特质的基础上，如何与世界其他文化共存和共荣，又如何实现阿拉伯传统文化与现代文明的融合，这些问题都有待深入研究。

5. 阿拉伯教科文组织的各项工作多与国际、地区官方机构合作，应加大对民间社会、民间组织的开放度。除了关注阿拉伯妇女、特殊人群，尤其应该关注阿拉伯青年，帮助青年积极参与文化活动，防止青年的极端、堕落行径，这对国家的长远发展至关重要。

此外，值得一提的是，自 2010 年 12 月中下旬以来，突尼斯、埃及、利比亚、也门和叙利亚等多个阿拉伯国家相继发生大动荡，规模、范围和影响之大前所未见。战乱、武装冲突给阿拉伯人民带来了深重的灾难，也给阿拉伯教科文组织的工作带来了更多挑战与困难：缺乏稳定的环境，缺乏完善的设施，缺乏充足的资金。

总体来看，作为一个区域性非政府组织，阿拉伯教科文组织自建立以来，牢牢秉持自己的宗旨和目标，为推动阿拉伯国家的教育、科技和文化事业的发展做了大量基础性的工作和前瞻性的研究，取得了众所公认的成果，得到成员国政府和民众的广泛认可和欢迎。面对日益复杂的形势和日益加重的困难，阿拉伯教科文组织艰难地付出着自己的努力，为阿拉伯语的教育、为阿拉伯文化的推广竭尽全力，它无愧于阿拉伯联盟和阿拉伯民族赋予它的使命和担当。

九、对推进孔子学院建设的借鉴意义

阿拉伯教科文组织在推广阿拉伯语言文化方面采取了诸多措施，取得了明显的成效，值得我国在开展汉语国际推广工作中有所借鉴。

首先，我国孔子学院建设近些年取得了的巨大的成就，受到驻在国政府及民众的欢迎：

1. 孔子学院的逐步开设作为一种文化软实力的象征，是对我国在国际上逐步上升的政治和经济硬实力的有力补充，它的建立和发展服从和服务于我国整体外交的需要，可以起到发展政治关系和开展经贸合作起不到的特殊作用。孔子学院通过对中国语言、文化和传统习惯的传播，可以潜移默化地向所在国输出中国的价值观和道德取向，从而影响到所在国政府和民众的思想，促成中国外交的政治经济总目标的实现。

2. 总体来看，在阿拉伯国家建立孔子学院符合这些国家经济社会发展的需要，也符合他们要和中国建立更紧密政治经济关系的意愿，受到政府和民众的普遍欢迎。穆斯林对中国文化有一种天然的敬畏感和好奇心（穆圣有言：求知哪怕远在中国），尤其是近代以来，中阿两大文明体系同受西方文明的欺凌和压迫，都面临文明复兴和民族富强的重任，有“同生相惜，同命相怜”的文化认同感。所以各国政府及民众对孔子学院的建立和发展没有明显的抵触情绪，而且基本持欢迎态度。

3. 孔子学院的建设和发展，是我国奉行独立自主的和平外交政策，建设“和谐世界”的重要体现，在阿拉伯国家建立孔子学院，更有助于双方加深了解，促进互信，对推动开展“儒伊文明对话”有着良好而积极的影响。从目前分布在6个阿拉伯国家的9所孔子学院的实际运行状况来看，均实现了“加深理解、深化共识、合作共赢，共同发展”的目标，通过文化软实力的彰显，极大地促进了和所在国的文化交流，夯实了中阿友好的基石，在阿拉伯民众，尤其是青年学生的心里，种下了“中阿友好”的种子。

其次，还应看到存在的不足：

1. 宣传和推广的力度不够。阿拉伯国家民众对中国普遍有好感，这是我们对外推广汉语的良好基础，但是仅凭这些基础是不够的。西方不愿意看到中国在它们传统的势力范围内施展影响，所以在国际上不遗余力地制造“中国威胁论”，在阿拉伯国家造成了一定的负面影响。我国应该加强和在阿拉伯国家有着广泛影响的本土媒体的合作，通过电视、广播、报纸、杂志等，广泛宣传孔子学院，批驳西方的歪曲报道，增信释疑，打消这些国家政府和民众的疑虑，让“孔子学院”这张崭亮的国家名片更加深入人心。

2. 我国在阿拉伯国家孔子学院的建设中应避免盲目追求数量，而应切实重视质量，办好目前的每一所孔子学院，保证资金和人员的投入，注重当地的社会效果。还要坚持孔子学院非营利的性质，避免沦为某些利益集团谋取私利的工具。从目前的情况看，“大跃进”式的超常规发展时期已经过去了，必须要稳定下来，深耕细作，打牢基础，千万不能半途而废。尤其时要注意某些中方合作院校外派人员综合素质有下滑的倾向，这会带来连锁反应，造成一定程度的影响，需要引起汉办和中方院校的高度重视。

3. 在阿拉伯国家建立孔子学院的具体过程中，应充分考虑到所在国的政情民意，立足长远发展，具备足够耐心，既不能急功近利，又不能消极懈怠，需要政策的执行者深入了解所在国的情况，抓住有利时机推动这种进程。政策定好之后，关键看执行，所以选人很重要，很多事业都是“因人成事”。所以关注孔子学院的可持续发展，关键还是要培养和选拔出一批懂驻在国文化的、有跨文化沟通和交际能力的专业人才，这应该是国家下大力气抓的事情。

看到这些成绩和不足，也可以从阿拉伯教科文组织对阿拉伯语言文化推广的经验中有所启迪：

1. 以语言、文化推广为抓手，全方位地传播中国文明，提升世界认同感。

语言是人类传递信息的工具，是文化传递最直接的载体。文化则是人类在历史发展过程中所创造的物质财富和精神财富的总和，是一个十分宽泛的概念。两者互为映衬，共同承载、体现了国家的文明。由此，在孔子学院的建设上，应两手抓语言教学和文化推广，两手都要硬。具体而言，在语言教学上，欢迎社会各个阶层、各怀所需的人士学习汉语，培养懂华人士。在文化推广上，应在更广泛的范围内邀请各界人士参与孔子学院主办、承办、协办的各类文体活动，培养爱华、亲华人士。

2. 以高科技、互联网为媒介，扩宽中华文明传播途径，增强国际传播能力。

当今社会，互联网在信息传递过程中扮演了十分重要，不容忽视的重要作用，尤其在年轻人的信息接受与传播过程中扮演了举足轻重的角色，其影响力是排他的，乃至独大的。由此，在孔子学院的建设上，应充分发挥高科技、互联网的作用，开发孔子学院 app，开通孔子学院 facebook、twitter、微信、微博交流互动平台，为广大的国际友人打造沟通互动交流的平台。

3. 以海外侨胞为触点，团结动员多方力量，大力开展民间外交。

随着中国改革开放的不断深入，越来越多的华人走出国门，在世界各地旅居、侨居下来。他们的一举一动、一言一行无时无刻不在彰显着中国文化，传播着中国价值。他们人数众多、人才济济，始终与祖国同呼吸、共命运，是中国文化国际传播的一支不可或缺的重要力量。由此，在海外孔子学院的建设上，应号召广大侨胞参与进来，激发侨界文化推广动力，开发“中国文化”系列主题活动，通过开展多领域、多层次的友情演出、展览展示、文明创建、寻根溯源等富有中国特色的活动，传播中华民族优秀文化，推动中外人文交流，鼓励侨界青少年交流。

4. 以孔子学院为基地，联合召开学术会议，寻找合作共赢契机。

与孔子学院所在对象国中的高校、研究院所等文化机构合作，联合召开各类学术会议，追溯中华文明与对象国文明的友好交往历史，求同存异，鼓励专家学者参与到两国经典互译的翻译工作中。回顾阿拉伯教科文组织的工作成效，我们不难发现，以学术会议为载体的对话是消除偏见，增进互信，达成共识的重要途径。由此，在海外孔子学院的建设上，应充分发挥孔子学院的国际交流作用，积极举办、参与各类学术会议、座谈、研讨会，听取多方意见，传播中国文化。

（严庭国　孔令涛　廖静　丁洁琼　于迪阳）

第十六章
土耳其语言文化推广机构研究

【摘要】在世界日益全球化和多极发展的今天，语言文化作为一种重要的战略资源，已经成为维护国家利益的重要软实力。各国政府纷纷制定语言文化推广政策，设立专门推广机构，通过各种形式向外推介、传播本国的语言和文化，实现国家软实力的输出。位于欧亚大陆交界处的伊斯兰强国土耳其，自20世纪90年代开始，抓住苏联解体、中亚突厥语国家纷纷独立的契机，开始进行国家主导的有计划、有步骤的对外语言文化推广。本章通过梳理土耳其相关法律法规和实践活动，对其语言文化推广机构及相关战略进行解析，总结有益的经验和教训，以期为我国相关政策和实践提供参考，为国内相关研究积累一定资料。

一、引言

在世界日益全球化和多极发展的今天，语言文化作为一种重要的战略资源，已经成为维护国家利益的重要软实力。将本国的语言和文化作为一种中性和温和的意识载体，进行推广传播，以期影响他国，间接地提升国家竞争力，已经成为世界各国对外战略中非常重要的一环。各国政府纷纷制定语言文化推广政策，设立专门推广机构，通过各种形式向外推介、传播本国的语言和文化，以消除国际间跨文化交流过程中的语言文字、文化背景、价值观念三大障碍，实现国家软实力的输出。从而在维护和宣扬本国文化和价值观、提高国际形象、强化国际竞争力、保证国家利益方面发挥重要作用。

我国政府也高度重视对外推广汉语和中华文化。自2002年开始，教育部和国家对外汉语教学领导小组就开始酝酿借鉴各国推广本民族语言及文化的经验，筹划在海外设立语言推广机构。2003年，国家对外汉语领导小组制定《“汉语桥”工程》五年行动计划并于2004年将海外汉语推广机构定名为“孔子学院”。截至2013年底，在全球120个国家（地区）已建立起440所孔子学院、设立了646个孔子课堂。[①] 国内诸多的专家学者也纷纷通过考察其他国家的语言文化推广政策和机构，探讨和总结各国的成功经验，并结合我国的实际发展情况和面临的现实问题，为相关工作建言献策。目前我国关于语言文化对外推广理论与实践的现有研究成果多针对发达国家，进一步拓展研究视野，扩大研究对象国范围，将历史发展道路相类、国情相近的新兴发展中国家也作为我们的研究对象，对其语言文化推广政策和相关机构进行研究，掌握更广泛的信息，有助于我国相关政策的制定和实施。

位于欧亚大陆交界处的土耳其，历史上曾经是盛极一时的强大帝国，在依靠强大的军事实力向外扩张的同时，奥斯曼土耳其帝国作为伊斯兰教哈里发制度最后的维护者，也一直极力在其征服的土地上传播带有奥斯曼土耳其特色的伊斯兰文化。由此看来，奥斯曼帝国时期土耳其便已经有了对外进行文化传播的意识，但当时的对外文化传播不过是其强大军事力的附属品，完全是为巩固帝国统治服务的。19世纪以后，在内忧外患的夹击之下，奥斯曼帝国变得虚弱不堪、奄奄一息。经历了第一次世界大战的溃败，土耳其更是沦为西方列强瓜分的对象。1923年，在奥斯曼帝国的废墟之上，国父凯末尔领导建立了新的民族国家——土耳其共和国。之后土耳其政府便一直遵循凯末尔面向欧洲、学习欧洲的原则，开始了西方化和世俗化的国家建设进程，与此同时，其传统的伊斯兰文化也得到很好的保存

① 人民网：《全球已建立440所孔子学院及646个孔子课堂》，http://world.people.com.cn/n/2014/0418/c1002-24914739.html［2014-10-25］。

和延续。进入21世纪，全球经济在金融危机影响下陷入混乱，土耳其却同中国一样实现了高速持续的经济增长，成为世界第16大经济体。伴随着经济的迅速发展、国力的不断增强、国际地位的快速提升，作为二十国集团（G20）成员国之一和伊斯兰世界的强国，土耳其积极对外推广本国的语言和文化，寻求国际认同，扩大国家影响力。

20世纪90年代开始，土耳其抓住苏联解体、中亚突厥语国家纷纷独立提供的契机，开始进行国家主导的有计划、有步骤的对外语言文化推广。1992年，土耳其成立了直属于总理府的官方机构“突厥语国家合作及发展管理局”（TÜRK İŞBİRLİĞİ VE KALKINMA İDARESİ BAŞKANLIĞI，简称TİKA），以使用突厥语的中亚国家、土耳其裔聚居的国家/地区及土耳其相邻的地区和国家为帮助合作对象，开展经济、贸易、科技、教育等领域的项目合作，同时致力于在这些国家和地区推广本国的语言和文化。2009年，土耳其又成立了专门的语言文化推广机构“尤努斯·埃姆雷研究院”（YUNUS EMRE ENST İTÜSÜ），加大了在全世界范围内推广本国语言文化的力度。目前尤努斯·埃姆雷研究院已经在欧洲和亚洲建立起30余个文化中心，同40多个国家和地区的知名高校签订了合作协议。

同中国类似，土耳其曾拥有辉煌的历史文化却也经历过国家的动荡，作为当今的地区大国，土耳其同样重视利用语言文化这一重要的战略资源提升国家软实力。本章将通过对其海外语言文化推广机构及相关战略的解析，从中总结有益的经验和教训，希望能够为孔子学院后续发展中可能遇到的相似问题和挑战提供有益的启示，为国内相关研究积累一定资料。

二、土耳其语的起源和发展现状

土耳其共和国的官方语言是土耳其语（Türkiye Türkçesi），即土耳其突厥语。土耳其政府对外进行语言文化推广的最初对象，是与其语言同源、习俗相近的突厥语国家，因此，对于土耳其语起源和发展的梳理有助于更好地分析其语言文化推广机构与战略。

（一）突厥语族的起源与发展

1. 突厥语族的起源

根据目前学界的主流观点，土耳其语属于阿尔泰语系突厥语族的一支。位居印欧语系和汉藏语系之后，阿尔泰语系是目前世界第三大语系，现存最主要的语种包括突厥语族各语言、蒙古语、满族语—通古斯语、韩语和日语。阿尔泰语系诸语种最早的起源被学者归结为一种古老的语种："阿尔泰语"，又称"阿尔泰综合语"或"古阿尔泰语"。

目前关于这一古老语种的概念依然存在着诸多疑问，譬如：其确切的发源地在哪里？现存各语种的语法、语音和词汇结构存在相似性，但这种相似性是源于它们发展自同一种语言，还是仅仅源于族群迁徙过程中发生的借词现象等等。因为这些疑问的存在，对原型阿尔泰语的存在提出质疑的学者亦不在少数。但目前学界的主流思想依然将土耳其语及其所属的突厥语族的起源归结在阿尔泰语系之中。阿尔泰语系诸语种中存在的一些语音、构词法和语法现象，如语音和谐、词缀在构词和表义中的重要作用、主宾谓句法结构等，在土耳其语中也同样存在。

2. 突厥语族的发展

突厥语族是阿尔泰语系中分布最广、使用人数最多的一个大分支。突厥语最早的文字记载可以追溯到公元 7 世纪。根据拉尔斯·乔汉森（Lars Johanson）博士 1998 年对突厥语族语言进行的最新分类，突厥语族有 6 个分支：（1）西南分支：乌古斯突厥语；（2）西北分支：钦察突厥语；（3）东南分支：维吾尔突厥语；（4）西南分支：西伯利亚突厥语；（5）楚瓦什语；（6）哈拉驰语。其中土耳其语即是从西南分支乌古斯突厥语中衍生出来的。[①]

---

① Johanson, L. History of Turkic ［M］. New York: The Turkic Languages, 1998. pp. 82－83.

目前全球使用突厥语族诸语言的人口大约2亿，分布广泛，漫布于欧亚大陆约1095.58万平方公里的区域，俄罗斯、中国、蒙古、哈萨克斯坦、乌兹别克斯坦、吉尔吉斯斯坦、土库曼斯坦、阿塞拜疆、土耳其、保加利亚、塞浦路斯、塞尔维亚、罗马尼亚、希腊、约旦、黎巴嫩、伊朗、伊拉克、叙利亚、阿富汗等国都有操突厥语族语言的民族。突厥语诸民族拥有悠久的历史和独特的文化。

阿赫迈特·杰菲尔奥鲁（Ahmet Caferoğlu）博士将突厥语族的发展过程划分为7个不同的历史阶段，分别为：

（1）阿尔泰时期（突厥语—蒙古语综合语时期）：这一时期的突厥语和其他阿尔泰语系诸语言尚未从“古阿尔泰语”中脱离出来，突厥语和蒙古语、满族语及通古斯语糅杂在一起。

（2）最早的突厥语时期（原型突厥语时期）：这一时期的突厥语由阿尔泰语中脱离出来，逐渐成为一种独立的语言。根据推测，在公元前4000—5000年的时间段内，突厥语同苏美尔语之间存在着相互借词现象。

（3）突厥语初步形成时期：在这一时期，突厥部落语言逐步形成并不断完善。推测认为这一时期从公元前10世纪一直持续到公元后4世纪。这一时期出现的突厥部落的人名、地名、以及一些器物的名称一直流传至今。匈奴、保加利亚、阿瓦尔、萨比尔等突厥部落的语言在这一时期开始流传并逐步产生分化，出现了“古东方突厥语”和“古西方突厥语”两大分支。

（4）古突厥语时期：这一时期大约在公元6世纪到10世纪，突厥语言已有文字记录，主要分支为突厥语（突厥汗国使用的语言）和维吾尔语。

（5）中突厥语时期：公元11—15世纪，突厥语各民族接受伊斯兰教，同其他民族的交流日益增多，他们所使用的语言也出现了很多的变化和发展。这一时期，此前一直群居迁徙的突厥各部落开始相互分离，各自在新的居住地寻求自身的发展，在此过程中分化出了不同的书面语言。这些语言，无论是语音、结构和词汇，还是文字形态上都开始出现一系列的变化。这一时期影响较大的突厥语分支分别为西突厥语乌古斯语、北突厥语钦察语和东突厥语察合台语。属于乌古斯语分支的古安纳托利亚突厥语，或称“古土耳其语”也正是在这一历史时期产生并逐步发展。

（6）新突厥语时期：16—20 世纪，突厥语又经历了一次较大的发展和改变。这一时期，各主要突厥语分支的文字都逐渐成熟，乌古斯部族（主要使用奥斯曼土耳其语和阿塞拜疆突厥语）、钦察部族（主要使用乌兹别克突厥语和其他中亚地区突厥语）和察合台部族开始使用自己的语言文字创造较为成熟的文学作品，这些文学作品从语音、文字和语体层面进一步推动着突厥语族的发展，使其逐步成为一种兼具文学性和实用性的语言。

（7）现代突厥语时期：这一时期的突厥语族共计有 15 种文字形态，无论在使用范围还是使用人数方面都可以算得上是较大的语种。使用不同形态的突厥语言创造的各类科学、文学和艺术作品不断涌现，继续推动着现代突厥语的发展。①

（二）奥斯曼土耳其语的变革和现代土耳其语的形成

奥斯曼土耳其帝国是领土横跨欧亚非三洲的庞大伊斯兰帝国，其书面语言奥斯曼语使用阿拉伯字母，是土耳其语语意结合波斯语、阿拉伯语词汇和部分语法规则的语言混合体。认识到奥斯曼语严重脱离于民众日常用语，不利于国家的现代化发展，帝国的文化精英们自 19 世纪中期开始语言改革。在历经了奥斯曼帝国晚期和土耳其共和国初期的一系列变革后，现代土耳其语逐步成形并发展成熟。

1. “坦齐马特”时期（Tanzimat Dönemi）的土耳其语

“坦齐马特”时期指 1839—1875 年奥斯曼帝国开始进行现代化改革的时期，改革的目的是仿照西方建立宪政制的国家制度。为了让民众接受现代化思想，改革者面临的重要任务之一是将脱离民众的书面语言奥斯曼语改造成更加接近民众日常使用的语言。相关学者从文字、正字法、词汇、

① Akar, A. Türk Dili Tarihi [M]. Ankara: ÖTÜKEN NEŞRİYAT A. Ş., 2010. pp. 52–53.

语法等多个角度对土耳其语的改革展开了讨论。

语言改革的最初目的，是尽量地“简化语言”，即使用最简单的语言，以将西方的先进思想普及给社会大众，达到启迪民智的目标。这一时期的著名学者希纳什（Sinasi）和阿加赫（Agah）在1860年提出了运用语言文字的标准应该是“所有人都能理解”，这一观念得到了很多学者的响应，很多学者都对单纯追求繁复和优美的奥斯曼土耳其语提出了批评，认为语言的首要功能应是沟通交流，在保证这一功能的基础上需要对土耳其语进行简化和改造。①

1886年，著名改革派学者纳穆克·凯末尔（Namık Kemal）总结了当时语言改革亟需完成的5项工作：完善语法规则；消除语言使用中的不规范和随意现象；正字法的改革；根据土耳其语自身的发展规律来更新语言和杜绝影响表达理解的修辞手法的使用。

在探寻变革之路的过程中，虽然有一些学者，特别是文学家们思想出现反复，但赞同奥斯曼土耳其语需要简化和纯洁化的整体思潮没有发生改变。有部分作家发起了“土耳其语纯化运动”（Öztürkçecilik），提倡使用土耳其词源的词汇来替代阿拉伯语和波斯语词汇，旨在彻底清除奥斯曼土耳其语中混杂的外来因素。这一时期，相关新文字的制定和自然、人文学科的翻译工作取得了初步的进展。

2. 宪政时期的土耳其语

自1908年奥斯曼帝国发布第二次宪政声明至1923年帝国灭亡，奥斯曼土耳其语的简化和纯化活动进入了一个新的阶段。这一时期，学者们更多地以各类协会和刊物作为平台，联合开展语言文化活动，如著名的《土耳其人协会》杂志，就以向民间推广奥斯曼土耳其语、保护土耳其语自身特性为目的，从事突厥学、突厥语语法结构研究和文献资料收集等工作。

“新语言”运动是这一时期最为重要的语言文化运动，被土耳其人视作土耳其语简化和现代化过程的第一个阶段。1911年，作家奥马尔·萨伊

① Akar, A. Türk Dili Tarihi［M］. Ankara：ÖTÜKEN NEŞRİYAT A. Ş. , 2010. p. 295.

费丁（Ömer Seyfettin）在 Genç Kalemler 杂志上发表的“新语言”论文，提出了土耳其语简化原则，引发了这场声势浩大的语言简化运动。奥马尔提出的土耳其语简化 5 点原则包括：舍弃阿拉伯语和波斯语的语法规则，不再使用按照这些语法规则创造出来的词汇短语；即便要使用阿拉伯语和波斯语词汇，也应该按照土耳其语的发音规则来进行拼写；不再从其他的突厥语方言中借鉴词汇；以伊斯坦布尔方言为基础创造新的书面语言；无论是语言还是文学，都不应再拘泥于对东方和西方外来文明的模仿。①

3. 共和国时期的土耳其语

1923 年，土耳其共和国建立，语言和文化相关的政策随即成为共和国缔造者们关注的焦点问题之一，开始于奥斯曼帝国变革时期的文字形式改革也进一步活跃了起来。

1926 年，第一次突厥学大会在巴库召开，与会学者同意将拉丁字母作为突厥语族各民族共同使用的字母，并将会上通过的拉丁字母表命名为“突厥语综合字母”。会后，阿塞拜疆开始使用这些字母。

土耳其大国民议会在 1924 年 5 月 24 日正式通过拉丁字母改革方案，1928 年 11 月 1 日正式确定了新的土耳其语字母，11 月 3 日颁布了“土耳其语字母确认和执行相关法案”。其后，土耳其全国开始使用拉丁化的新土耳其语字母，土耳其政府开始将规范语法、编撰词典作为工作重点。

1932 年，“土耳其语言研究机构”成立，并在当年组织召开第一届土耳其语大会，会上制定了以下工作重点：（1）将土耳其语与苏美尔语、赫梯语及其他印欧语言进行比较；（2）研究土耳其语的历史演变并规范语法；（3）收集各类词汇、编纂方言和术语词典；（4）梳理土耳其语在历史上出现过的语法现象；（5）收集整理散落于各国的土耳其语相关文献，并选择重要的文献进行翻译；（6）出版研究相关的杂志；（7）保证重要报纸为语言研究推广工作进展报告及成果发布预留专门的版面。

1934 年 8 月，土耳其语言研究机构又组织召开了第二届土耳其语大

① Öksüz, Y. Z. Türkçenin Sadeleşme Tarihi Genç Kalemler ve Yeni Lisan Hareketi [M]. Ankara: Türk Dil Kurumu, 1995. pp. 89 - 90.

会，会上决定将机构名称改为“土耳其语研究机构”，并制定了从土耳其语语源中搜索新词汇的方案。

1936 年 8 月，第三次土耳其语大会召开，土耳其语研究机构更名为“土耳其语言协会”，共和国领袖凯末尔将军也专门发文论述语言改革的目的：（1）对土耳其语进行大规模的清理，将其中混合人造的词汇和语法结构清理出日常用语；（2）消除学术语言和民众语言之间的鸿沟；（3）为突厥语的发展制定线路计划；（4）将土耳其语发展成为一种科学和文化用语。①

虽然受到政治、经济和社会条件的影响，土耳其的语言改革经历了一定的反复，在激进的纯化要求和尊重语言发展自身规律之间摇摆，但是，总体上现在的土耳其语基本实现了共和国初期设定的一系列目标：消除了学术语言和民众语言之间的隔阂，缩小了书面语和口语间的差别；在尊重语言自身发展规律的前提下，人为的纯化工作使得土耳其语书面语的纯洁性和民族性大为提高；受益于对语源的发掘和整理，对突厥语族语言的发展有一定借鉴和示范作用。

三、T İKA 及其对外语言文化推广活动

（一）成立和性质

1. 突厥语国家合作及发展管理局（TÜRK İŞB İRLİ Ğİ VE KALKINMA İDARESİ BAŞKANLI ĞI）

1991 年苏联宣布解体后，哈萨克斯坦、乌兹别克斯坦、阿塞拜疆、土库曼斯坦和吉尔吉斯斯坦等中亚突厥语各国纷纷独立。土耳其率先宣布承认这些国家的独立和主权，为同上述国家建立良好的双边关系，进一步确立土耳其在该地区的影响力打下了良好的基础。出于使用共同的语言、源

① Akar, A. Türk Dili Tarihi［M］. Ankara：ÖTÜKEN NEŞR İYAT A. Ş.，2010. pp. 313 – 316.

自共同的祖先、拥有共同的文化传统的考虑，土耳其人一直将自身同中亚突厥语诸民族看作是同一个民族。源于这样的认识，土耳其在同中亚各国交流和建立外交关系时，采取了积极和开放合作的态度。1992 年，TİKA 成立，最初的名称为“突厥语国家合作及发展管理局”，在土耳其与中亚五国及其他使用突厥语族语言的国家和地区进行的交流与合作中，担负具体项目开发者的角色。可以说，TİKA 所开发和执行的互助合作项目是土耳其外交政策的具现化。

2001 年，土耳其颁布 4668 号法令，规定 TİKA 为直属于土耳其总理府的对外合作机构，主要职责是在总理府的全权管辖下，调动和协调政府各相关部门，以使用突厥语族语言的国家、土耳其裔聚居的国家和地区、土耳其相邻地区和国家为优先帮助合作对象，通过开展经济、贸易、科技、文化、教育等领域的项目合作，促进相关国家和地区发展。

2. 突厥语国家合作和协作办公室（TÜRK İŞBİRLİĞİ VE KOORDİNASYON AJANSI BAŞKANLIĞI）

2011 年，在经过 20 年的发展之后，TİKA 根据政府颁布的 656 号法令进行了改组。虽然仍是总理府直属机构，但可以接受私人捐赠用于国外合作项目的开发。此外，涉及到专门领域的合作时，如有必要，总理府会将直接管理职权下放给政府相关各部，由部长代行管理权，指导 TİKA 开展专门领域的项目合作。

在名称上，TİKA 更名为“突厥语国家合作和协作办公室”（TÜRK İŞBİRLİĞİ VE KOORDİNASYON AJANSI BAŞKANLIĞI）。相较此前的名称，新名称中的 İŞBİRLİĞİ 和 KOORDİNASYON，分别为合作和协调之意，体现了土耳其政府对于国家间合作、协调、沟通的重视程度，也体现了土耳其政府对于 TİKA 在外交合作领域发挥积极作用的期待。AJANS 则突出了机构的沟通协调功能，表明在开发和执行对外合作项目的过程中，TİKA 注重的是沟通协调各相关部门，不能取代政府各部在专业领域发挥作用，TİKA 对内的沟通协调只是为了更好地服务于政府各部门的对外合作。这样的对内职权界定，理顺了 TİKA 同政府其他专业职能部门间协作关系，明确了相互之间的分工，保证了对外合作的顺利。

3. TİKA 的性质

在专门的推广机构成立之前，TİKA 一直是土耳其开展对外语言及文化推广工作的实际执行机构。分析土耳其政府颁布的专门法律文件可以看出 TİKA 的工作范围非常广泛，但是更值得关注的是该机构成立的背景。中亚各突厥语国家在独立后，希望通过尽快恢复本国主体民族的语言和文化来达成国家及人民在精神层面上的完全独立。TİKA 在这一时期成立，并以突厥语国家合作为宣传口号，从语言和文化角度来宣扬各突厥语国家之间的合作，对于博得各国的“天然认同感”、取得国家间合作所需的信任是非常重要的。成立伊始，在发展同各国经贸关系的同时，TİKA 对于语言及文化合作项目的开发及推广也投入了大量的精力，是土耳其开始大规模对外语言文化推广活动的具体执行机构。

（二）宗旨、使命、战略目标

20 世纪 90 年代初，TİKA 刚刚设立时，其目标定位为加强同突厥语族国家的合作，帮助刚刚脱离苏联的各国走上同土耳其类似的“以市场经济和民主政治为主体”的世俗伊斯兰教国家建设道路，进一步实现“完全独立的、享有全民族主权的、各突厥语国家政治、经济和文化的联盟”。这一时期，TİKA 的工作重点是帮助合作对象发展。4668 号法令将合作对象国定义为：Kalkınma yolundaki ülke ve topluluklar，意即“处于发展阶段的国家和族群”。①

跨入新千年之后，随着国际形势的变化和各国的逐步发展，土耳其政府的外交合作理念产生了转变，不再注重于之前单方面的指导发展，而是更加倾向于国家及地区间的合作共赢。这一时期，TİKA 在外交方面发挥

① TIKA 网站：TÜRK İŞB İRLİĞİ VE KALKINMA İDARES İ BAŞKANLI ĞININ TEŞK İLAT VE GÖREVLERİ HAKKINDA KANUN [OL]，www. tika. gov. tr/upload/esaslar/ucretler. DOC，[2014 - 9 - 20].

的功用也更偏向于促进双边甚至多边的合作。2011 年颁布的 656 号法令，重新定义了 TİKA 的合作对象：İşbirliği yapılması hedeflenen ülke ve topluluklar，即“有意进行合作的国家和族群”。[①] 事实上，顺应土耳其国际地位的提高，TİKA 在这一时期的合作对象范围也在不断扩大。同时，从这一概念的变化，也可以看出土耳其政府的外交合作理念和 TİKA 的宗旨、使命和战略目标发生的改变。

根据 4668 号法令，TİKA 的具体宗旨、使命和职责可以归纳如下：

1. 所有活动及基本原则都应该服务于政府的国家管理及外交政策目标；

2. 在开展对外项目开发过程中，切实考虑接受合作项目国家及族群的发展诉求，根据不同国家及族群的发展诉求制定适合的合作项目和发展计划；

3. TİKA 所开展的工作需符合其决策机关协调委员会的决定，并严格遵守关于开展民间合作和外交工作的法律规定，在此基础上完成同相关公共机构的协调和合作。

（三）组织管理模式、资金来源和管理

1. 组织管理模式

TİKA 的组织管理模式在成立初期和进入 21 世纪后有一定的差别。

（1）4668 号法令规定的组织管理模式

根据 4668 号法令，TİKA 由协调委员会（Koordinasyon Kurulu）、主要服务部门（ana hizmet birimleri）、咨询部门（danışma birimleri）和辅助部门（yardımcı birimleri）组成。

---

① TBMM 网站：TÜRK İŞBİRLİĞİ VE KOORDİNASYON AJANSI BAŞKANLIĞININ TEŞKİLAT VE GÖREVLERİ HAKKINDA KANUN HÜKMÜNDE KARARNAME [OL]，http://www.emekliol.org/mevzuatlar/31284.

协调委员会是TİKA的决策机构。委员会委员由外交部、财政部、国民教育部、工商部、自然能源部、文化旅游部、国库署、对外经贸和国家发展计划署、国家宗教事务部、土耳其科技信息调查委员会等政府各部委，指定副部长或者副次长级别的官员担任。外交部次长及TİKA主席担任委员会的常务委员，主持委员会工作。必要时，合作项目所涉及领域的相关部长也可以直接组织并召集委员会会议。此外，土耳其商界和证券商联合会管理部也指派代表参与协调委员会相关工作。在商讨对外合作项目开发和执行的过程中，如有必要，协调委员会也会扩大内部会议参加人员范围，邀请内部工作人员、公共服务机构的代表、民间公益组织和志愿者组织的代表参加会议，为项目合作建言献策，但决策权仅属于组成委员会的政府部门代表。

TİKA设置主席一名、副主席两名，负责机构的内部管理和日常运作。主席直接对总理及负责各专业合作的部长负责，其行为需要符合相关法律法规、政府的政治路线、外交政策和国家安全政策的规定。执行对外合作项目时，主席应按照协调委员会的决定及合作对象国的发展需求开展工作，有必要时可以寻求其他社会公共机构及民间组织的合作和协助。两名副主席分别管理TİKA的主要服务部门、咨询和辅助部门，协助主席完成相关工作。

TİKA的主要服务部门、咨询和辅助部门在协调委员会和主席、副主席管理下承担内部管理和外部合作的具体工作。

主要服务部门又分为“经济、贸易和技术项目合作分部”和“教育、文化和社会项目合作分部”两个部门。经济、贸易和技术项目合作分部的主要任务包括：开发促进合作对象国自由市场经济发展的相关项目；在银行、财政、保险、对外贸易和税收系统方面为合作对象国提供帮助；按照合作对象国自身的发展计划和需求，为合作对象国制定适合的经济、贸易和科技发展计划及项目，或者委派相关的私人专业团队进行项目设计和开发，同时提供项目在执行过程中所需的必要调整和协调服务等等。教育、文化和社会项目合作分部的主要任务包括：开发促进合作对象国在教育、文化及社会民主制度建设等领域发展的项目；加强同合作对象国在上述领域的长期合作，为合作对象国培训教育人员、公务人员、其他服务人员及学生，为接受培训的人员提供食宿及资金支持，同时向这些国家派遣相关专家协助开展工作；必要时，为更好地开展合作项目，在经过合作对象国同意后在当地开设土耳其文化中心，以便及时根据当地的社会需求调整合作项目内容，保证合作项目的执行等等。

辅助部门主要管理 TİKA 的人事进出、日常行政和财务收支统计事宜，为 TİKA 运作提供后勤管理方面的支持。咨询部门则主要负责法律咨询方面的工作，在部门开展相关工作时提供法律支持意见，并处理 TİKA 日常可能遭遇的各类法律相关问题。

（2）656 号法令规定的组织管理模式

656 号法令对 TİKA 的组织机构进行了一些调整，主要包括：TİKA 作为土耳其总理府的直属机构，由总理或者总理委任的部长进行指导管理；在最高决策机构方面，平时由总理或者总理委任的部长直接进行指导管理，并设立咨询委员会，由总理或者委任部长指定相关部门派员参加，其中外交部次长是委员会的常任委员；机构高级管理人员方面，设置一名主席、三名副主席，共同维持机构的日常管理和对外开展工作；根据对外合作和对内管理需要对内部职能部门进行整合，设置中亚和高加索地区分部，巴尔干和东欧地区分部，中东和非洲地区分部，东亚、南亚、太平洋和拉丁美洲地区分部，对外关系和协作分部，法律咨询分部，战略研讨分部，人力资源和行政事务分部。

相较之前的机构设置，2011 年后 TİKA 不再根据行业划分，而是根据不同地区设置了 4 个对外合作项目开发和执行的部门，并增加了对外关系与协作分部、战略研讨分部辅助上述 4 个区域部门。这样的设置增强了 TİKA 自身的项目开发和执行能力，使其能够发挥自身的主观能动性，根据不同国家和地区的实际情况判断应采取的合作方式和范围，为决策提供更为科学和完善的资料信息，从而保证合作项目的成效。

各职能部门中，四大区域分部负责各地区经贸、科技、社会、文化及教育等多领域的合作项目的开发和执行。对外关系和协作分部负责整合不同区域之间的合作项目资源，寻求同民间组织和公益机构的合作，为多边合作项目及国际组织合作项目的开发及执行提供必要的支持。战略研讨分部则根据相关法令为 TİKA 的对外合作战略及机构发展制定相应的计划，跟踪并评估相关计划的执行情况。法律咨询分部、人力资源和行政事务分部负责 TİKA 的内部管理及后勤事务。

在上述常设机构之外，根据 656 号法令，TİKA 还可以根据项目开发及执行的需要设立国外项目协作办公室和项目工作组这样两个临时机构。

2. 资金来源和管理

TİKA 的资金来源主要是总理府财政拨款，另外企业捐款和总理批准的追加项目注资也是资金来源的组成部分。根据 656 号法令，如果 TİKA 自身产生合法盈利，亦可以作为自身运作及项目开发资金来使用。

在 656 号法令中，对于 TİKA 的主要资金来源——政府拨付资金的使用及监管有了更为详细的规定：总理或者总理委任部长将根据 TİKA 提交的国外合作项目开发计划，或者已经在执行的国外合作项目需求批准政府财政拨款，拨款将进入 TİKA 自身的年度预算计划，并由专门的账户进行管理，其使用、审计及与招标相关的规范将由财政部和 TİKA 共同制定。

（四）工作内容和范围、工作成效

1. 工作内容和范围

如前所述，TİKA 的对外合作项目范围涉及经济、贸易、科学技术、社会文化、教育等诸多方面，但基于机构成立时中亚突厥语国家脱离苏联各自独立的历史背景，TİKA 在 20 世纪 90 年代的工作更加偏向于社会文化传播和教育方面，通过向使用突厥语的国家和地区宣传有着共同起源的土耳其文化，介绍本国仿照西方建立起来的世俗国家体制，在博取合作对象国及地区天然认同感的同时，也以西方民主文明融合伊斯兰宗教文明的国家体制建设为标杆，激发刚刚独立的各突厥语国家开展新的国家制度建设的热情与合作意愿。因此，自 20 世纪 90 年代开始，在对外合作过程中，

TİKA 一直将推广本国社会文化和普及教育作为一项重点工作内容。

4668 号法令对于 TİKA 在教育和文化领域的工作进行了如下规定：TİKA负责执行教育和文化领域的合作项目，在国外执行相关项目时，如有必要，可以建立土耳其文化中心以保证项目的执行。656 号法令则在此基础上增加了以下内容：对于合作对象国现存的共同突厥文化遗产进行保护，通过开展社会文化合作项目，利用文化交流和对话，消除不同民族和文化之间的偏见。

按照时间顺序，TİKA 自主开展和协助土耳其政府部门开展的各类语言文化推广活动可以概括如下：

（1）1992—1999 年

这一时期，土耳其政府为加强同脱离苏联的 5 个突厥语国家的联系，进一步实现建立“突厥语国家联盟”的设想，力图实现各国在语言文字方面的统一。此设想的第一步就是制定并实施以土耳其所使用的拉丁字母为核心的统一字母表，然后逐步扩大各国之间的政治、经济联系。TİKA 在其中执行了具体的对外语言文字推广工作。

为尽快促成以土耳其拉丁字母为核心的突厥语共同字母表，土耳其成立了一个官方机构“突厥语国家教科文组织”，并指派 TİKA 联合其他相关部门协助该组织执行文字统一及推广的相关措施：第一，向有关国家捐赠书籍、教材、打字机和印刷设备，并指导使用；第二，组织土耳其语和突厥语专家研究如何创制由 33 或 34 个字母组成的共同拉丁字母表；第三，组织专门的文化支持基金；第四，组织相关学术会议开展讨论。1991 年 11 月至 1993 年 9 月，是关于突厥语共同字母表讨论最为活跃的时期，TİKA 协助政府有关部门组织举行了多场正式和非正式会议，虽然最后这些会议并没有达成实际有约束力的协议，但提高了土耳其语在上述国家的影响力。1993 年 9 月 22—26 日，“永恒的突厥语大会”论坛组织的专门会议在安卡拉召开，会议发布声明，表示各国均已承认以土耳其语字母为核心的拉丁字母表在新名词和科技术语上的优势，各国同意将根据本国的经济、政治及社会发展状况在合适的时间节点采用适合自身语言的拉丁字母表。应该说，TİKA 举办的这些官方或者非官方会议拉近了各突厥语国家同土耳其的距离，为其后续开展的语言文化推广工作打下了良好的基础。

（2）1999—2011 年

在这一时期，TİKA 开始制定并执行“突厥学研究项目”（TÜRKOLOJİ PROJESİ），并将大部分的对外文化推广和教育合作纳入到该项目的总体规划内。突厥学研究项目旨在构建突厥语族各国、土耳其周边邻国及友好国家之间的文化联系，扩大以土耳其语和土耳其文化为代表的突厥文化的影响，推广土耳其语，使其成为一门全世界接受的沟通用语。

突厥学研究项目主要包括以下具体工作：

第一，支持现有的突厥学研究机构；

第二，和国外高水平的院校合作共同开办新的突厥学研究机构；

第三，为突厥学研究机构提供硬件设施和书籍资料方面的支持；

第四，向突厥学研究机构派出研究和教学人员，并为这些机构培养当地的研究和教学人员；

第五，开设土耳其语普及培训班，向当地民众普及土耳其语；

第六，举办土耳其语夏令营活动，每年邀请国外学习土耳其语的优秀学生前往土耳其学习语言，感受土耳其历史文化。

突厥学研究项目从 1999 年开始进行规划，自 2000 年正式付诸实施。在积极同国外高等学府和文化研究机构建立合作关系的同时，TİKA 还和土耳其高等教育委员会（YÖK）签订协议，取得了土耳其国内大学突厥学系的学术支持，为土耳其语、土耳其历史文化、突厥语族语言、突厥历史文化等方面的研究搭建了良好的学术平台，高水平的学术研究也为语言及文化的对外推广打下了坚实的基础。

截至 2011 年，在突厥学研究项目的名义下，TİKA 共向国外派遣了 30 名土耳其语教职人员，并为国外培训机构培养了 47 名当地土耳其语教师；在 15 个国家和 2 个自治共和国建立了 23 个土耳其语系、18 个土耳其语培训班和 6 个土耳其文化中心。[①]

---

① 尤努斯·埃姆雷研究院网站：TİKA Türkoloji Projesi, Yunus Emre Vakfına Devredildi [OL].

以2005年和2011年为例，TİKA年报中披露的一些文化推广和教育合作活动可以罗列如下：

2005年，TİKA在阿塞拜疆、土库曼斯坦和波黑三国开展了一系列语言文化传播活动。

（1）阿塞拜疆

土耳其和阿塞拜疆都是突厥语民族创立的国家，拥有共同的文化遗产，两国的语言也非常接近，都发源自中世纪的西乌古斯语支。如前文所述，涉及土耳其语及突厥语言改革的第一次突厥学大会，就是在阿塞拜疆首府巴库举行的。由于享有相近的语言及文化，土耳其和阿塞拜疆在文化领域的合作有着天然的基础。

在土耳其语语言教育方面，2005年之前，TİKA就同阿塞拜疆相关政府部门签订协议，建立了土耳其语教育中心，负责在阿塞拜疆的5所飞行员学校教授土耳其语课程。为保证教学质量，TİKA在2005年为该中心划拨了新的土耳其语教材。2005—2006学年，20名阿塞拜疆美斯可黑田突厥族学生在土耳其各大学学习，TİKA为这些学生提供了土耳其语预科课程服务。TİKA还在2005年接替土耳其中东科技大学主持“欧亚研究项目”，并对项目进行优化整合，将土耳其和阿塞拜疆政府之间签订的“学者培养计划”、“欧亚扩大化研究”、“博士后科研计划”和“国家间科研力量联合中心”等项目全部纳入该研究项目范围，以整合资源，扩大研究范围，提高两国高校人文社会学科在中亚和高加索地区的研究水平，并为两国培养更多科研人员。

在文化交流和宣传方面，2005年，土耳其国家电视台TRT和阿塞拜疆政府达成协议，为阿塞拜疆电视和广播公司人员提供培训服务，并邀请相关人员赴土进行土耳其语、传播学专业知识和媒体制作技能的进修。10月21—25日，土耳其在阿塞拜疆举办土耳其电影文化节，选取1997—2004年间拍摄的优秀影片宣传土耳其语言和文化。

（2）土库曼斯坦：

12—13世纪，在统一的塞尔柱突厥帝国崩溃之后，土库曼突厥人创立的各个小公国迅速填补了安纳托利亚大陆的权力真空，并为维护和发展突厥语做出了重大贡献。土耳其和土库曼斯坦建交后，基于语言文化领域的同根同源，两国在语言文化领域开展了诸多合作。

在语言教育方面，由于双方语言的相近性，土耳其一直协助土库曼斯坦政府在国内开设相关的突厥语言培训机构、教授突厥语课程。为保证培训机构和课程的质量，双方还合作开设突厥学学院，以培养优秀的突厥学和突厥语教育专家。为满足大规模和高质量的培训课程需求，TİKA一直负责为相关机构提供土耳其语及突厥学方面的书籍。2005年，TİKA分别为两国共建的土库曼——土耳其贸易银行的土库曼斯坦员工土耳其语培训班、土库曼斯坦部长委员会下属的历史研究院、马赫吐姆库鲁大学（Mahtumkulu Üniversitesi）的突厥学系以及阿扎迪外国语大学（Azadi Yabancı Dilleri Üniversitesi）提供大量的土耳其语和突厥学相关书籍。

文化交流方面，TİKA资助土库曼斯坦建立了一大批收藏土耳其语书籍的图书馆，其中撒帕尔穆拉特·土库曼巴什图书馆（Saparmurat Türkmenbaşı Kütüphanesi）是土库曼斯坦全国最大的图书馆。各图书馆收藏的土耳其语书籍满足了土库曼斯坦民众的阅读需求，借阅者中既有普通民众，也有从事研究和学习的学生和学者，为土耳其语和土耳其历史文化在土库曼斯坦的传播发挥了相当大的作用。这些图书馆建立后，TİKA仍不遗余力地给予设备和书籍维护上的支持，使得这些图书馆逐渐成为土库曼斯坦举行重大学术文化会议的首选场所。图书资料之外，为方便土库曼斯坦公职人员日常同来往该国的土耳其公民进行交流，TİKA和土库曼斯坦政府协商，决定为土库曼斯坦公职人员开设专门的土耳其语培训班。培训班学习期一年，所聘教师全部为熟练掌握土耳其语的土库曼斯坦教师。按照2005年培训班成立时的计划，将每年培训40名左右的公职人员，这些人员不仅可以为来往两国的土耳其民众提供良好服务，还将为未来两国间更深入、更广阔的合作发挥积极作用。

（3）波黑

历史上，波黑曾处于奥斯曼帝国的统治之下，因此境内存有众多奥斯曼土耳其时期的古迹。大量的奥斯曼土耳其人也曾定居于波黑境内，这部分土耳其人直到波黑被纳入奥匈帝国版图才迁回到土耳其现在的领土内。

目前，在波黑仍有少部分土耳其裔居民，这部分居民在波黑建国后作为少数民族受到保护和尊重。同时，由于1995年战争期间，土耳其政府支持波黑寻求克罗地亚的军事援助，促成之前敌对的波黑和克罗地亚达成联盟共同抵御塞尔维亚的进攻，波黑从民族情感方面也倾向于同土耳其发展良好的外交关系。

TİKA在波黑的文化活动更加注重共同历史文化的发掘和保护。2005年，TİKA和波黑政府下属民族文物保护委员会达成协议，为波黑境内两座著名的奥斯曼时期古迹：克什额·迈赫迈特帕夏清真寺（Kosgi Mehmet Paşa Cami）和卡拉格斯贝清真寺（Karagözbey Cami）提供修缮和后期维护所需的材料。2005年11月，TİKA协助总理府下属国家文献管理总局组织召开"地区和世界历史进程中突厥文献的重要性"研讨会，邀请波黑著名学者参会。

为加强两国间的文化交流，土耳其还和波黑政府就媒体传播方面的合作和技术支持达成协定。2005年，在TİKA的协助下，TRT同波黑相关电视传媒的高层进行了会晤，双方商定由TRT制作的4部土耳其语纪录片将授权给TİKA使用一年，而TİKA将这些纪录片的播放转交波黑电视台完成。同年，土耳其著名的广播电台Radyo 88在推广相关的广播节目之外，还和TİKA合作，共同赞助波黑民众开展篮球赛事。

2011年，TİKA在全世界范围内开展了一系列语言文化推广活动，主要包括：

（1）国际土耳其语奥林匹克大赛

由TİKA协助组织的国际土耳其语奥林匹克大赛，一方面通过模仿奥林匹克运动会的形式，组织学习土耳其语的外国学生进行土耳其语听、说、读、写技能的竞赛，并对优秀的学生给予奖励，另一方面也通过组织大赛，邀请外国学生参赛并举办相关文化活动，扩大土耳其语的影响力，提高各国人民，特别是青年学生对于土耳其语的认识程度。大赛首先在各个国家举行预赛、半决赛和决赛，最后选出的优秀选手参加在土耳其举办的总决赛。自2009年开始，TİKA在协助赛事组委会组织国外选拔、为外国学生赴土参赛提供便利和支持方面一直不遗余力。2011年在安卡拉和伊斯坦布尔举行的第9届土耳其语奥林匹克大赛上，总计有来自130个国家的1000名学生和300名教师参赛，TİKA负担了他们全部的参赛相关费用，为他们提供了良好的比赛条件。

（2）土耳其语夏令营活动

该活动自2003年开始举办，每年邀请约100名就读于外国高校土耳其语语言文学专业的优秀学生前往土耳其参加夏令营活动。从2005年开始，TİKA邀请国内高校参与该活动，为参与活动的外国学生提供土耳其语课程培训、介绍土耳其的历史文化，并为他们在土耳其的食宿和参观提供支持。2011年，新成立的尤努斯·埃姆雷研究院（Yunus Emre Enstitüsü）管理部也对夏令营活动提供了支持。

（3）高校合作国际研讨会

为保证突厥学项目的有效开展，TİKA同土耳其高等教育委员会签署了合作协议，并于2011年5月，在土耳其安塔利亚召开了开展高校合作的国际研讨会。TİKA援建的国外突厥学研究所和研究中心的负责人、根据TİKA和高等教育委员会协议同国外突厥学研究中心开展学术合作的12所土耳其大学土耳其语语言文学系和突厥学研究中心负责人参加了会议，商讨各方如何在TİKA和高等教育委员会的统一协调下，开展高校间的突厥学研究合作。

（4）同突厥文化和艺术联合会（TURKSOY）的合作

为在各突厥语国家中推广优秀的突厥语文学作品，突厥文化和艺术联合会联合土耳其建筑师协会、突厥语世界作家和艺术家基金会和TİKA一起为突厥语国家的优秀作家和诗人开办土耳其语培训班。TİKA还同突厥文化和艺术联合会一道召集各国知名作家成立突厥语族互译论坛，组织商讨开展突厥语族优秀文学作品的互译工作。

（5）土耳其境外的突厥学研究及土耳其语推广活动

向波黑曾尼加大学（Zenica Üniversitesi）和图兹拉大学（Tuzla Üniversitesi）的土耳其语系提供帮助，保证土耳其语相关课程的顺利开展；同格鲁吉亚第比利斯国家医药大学合作，为该校赴土耳其实习的学生和医师进行行前土耳其语课程培训；向哈萨克斯坦阿武拉西亚·莱芜·古米莱芜民族大学（Avrasya Lev Gumilev Milli Üniversitesi）突厥学系派出教学人员，保证土耳其语和相关突厥学历史文化课程的授课质量；同土耳其国内企业合作，为阿塞拜疆高加索大学（Kafkas Üniversitesi）的学生提供在土耳其进行专业实习的机会。

除了上述语言文化推广工作，2011 年，在保护共同的突厥文化遗产方面，TİKA 也做了大量工作，较为重大的遗产保护工作有：

（1）参与苏莱曼清真寺和附属建筑群的修缮工程。苏莱曼清真寺及附属建筑群位于叙利亚大马士革，在奥斯曼帝国苏莱曼大帝治下建成。TİKA 同外交部协调土耳其和叙利亚两国文化部和文化基金管理委员会相关专家进行商讨，并邀请联合国教科文组织参与指导工作，为修缮工程制定了详细的计划。根据各方达成的协议，项目前期的勘探、评估、图纸准备和招标工作都由 TİKA 承担。按照计划，TİKA 在 2011 年完成了上述招标工作。

（2）协助完成位于科索沃的苏丹穆拉德·胡达凡德尔一世陵墓（Sultan I. Murad Hudavendigar Türbesi）及附属建筑群的修缮工作，并与科索沃政府签订合作协议，取得陵墓附属建筑群的运营和管理权，在建筑群周边开设介绍奥斯曼时期历史和文化的机构。

（3）协助完成位于马其顿的于斯屈克·穆斯塔法帕夏清真寺（Üsüp Mustafa Paşa Cami）的修缮工作。

2. 工作成效

通过梳理 TİKA 从 1992 年成立到 2011 年的工作内容，不难发现，其在文化推广和语言教育合作领域的工作内容越来越趋于丰富，体现了土耳其和合作对象国民族之间日益扩大的文化交流的要求，同时也是 TİKA 自身通过积极运作，获取国内外丰富外交和文化资源并充分运用的结果。

TİKA 对外语言文化推广方面的工作成效可以依照不同阶段总结如下：

（1）1992—1999 年

在 TİKA 设立专门的突厥学研究项目前，TİKA 的对外语言文化推广工作由教育、文化和社会项目合作分部负责。从上文列举的 TİKA 在这一时期开展的工作来看，作为总理府的直属机构，TİKA 紧跟政府的政策开展活动，积极推行突厥语文字的统一工作，更多地进行单方面的土耳其语和土耳其文化宣传。因为在这一时期，刚刚独立的中亚突厥语各国更为关注政治制度的改变、经济建设的发展以及本民族文化的独立，此时 TİKA 开展的语言文化推广工作更多地只能停留在学术层面，集中在对于突厥语言本身的研究方面，可以说这一时期 TİKA 的语言文化推广工作进展较为缓慢。

（2）1999—2005 年

从 1999 年开始，积累了数年语言文化推广工作经验的 TİKA 开始执行突厥学研究项目，并将相关文化推广和教育合作工作纳入该项目规划内统一实施。在这一时期，TİKA 对外推广语言文化的工作范围进一步扩大，不再局限于中亚突厥语国家，对于之前奥斯曼帝国时期土耳其人大量居住的东欧及巴尔干地区也有所涉足。同时，TİKA 对外推广语言文化的工作内容也更为丰富：土耳其语推广培训成为 TİKA 工作的重点之一；学术研究也从语言本身扩大到对于整个突厥历史文化的研究；保护修缮历史古迹；充分利用民众喜闻乐见的大众传媒等等。这些工作内容体现了 TİKA 所代表的土耳其政府在文化传播方面的真诚和严谨态度，使得合作对象国愿意接受土耳其语言文化方面的宣传。

（3）2005—2011 年

这一时期，土耳其政府和 TİKA 认识到文化推广中真诚性和不同文化间相互交流的重要性，并在 TİKA 的工作内容中有所体现。一方面，TİKA 的文化推广活动更加面向大众。以土耳其语奥林匹克大赛为例，参赛者都是未成年的青少年，他们学习土耳其语大部分是兴趣使然，TİKA 组织这样的活动，让文化推广活动走出高校学术和科研的框架，使更多的国外民众有机会接触到土耳其语和土耳其文化。另一方面，TİKA 在学术交流方面的工作也不再是单纯的人员和设备输出，同国外高校开展学术合作的研讨、邀请国外作家进行突厥语著作的翻译讨论等活动，都体现出 TİKA 已经意识到不同文化间的交流也是文化推广工作的重要组成部分。开放合作的态度使得 TİKA 在这一阶段的工作得到了飞速的发展，同合作对象国的文化合作领域不断扩大，相互间的信任度不断提高。

值得注意的是，TİKA 的合作对象集中于656 号法令规定的中亚和高加索地区、巴尔干和东欧地区、中东和非洲地区、太平洋和拉丁美洲地区等。在接受 TİKA 援助并与之开展合作的时候，这些合作对象的主要诉求是经济发展、政治变革和自身民族文化的保护和独立。受制于合作对象在发展过程中的客观需求，TİKA 在开展援助项目的同时，将更多的精力和资源投入到促进合作对象经济发展和政治变革的项目上，而语言文化推广项目则更多地被当作博取当地民众和政府信任和认同的一种手段，辅助TİKA完成其建立和推动国家间外交合作的目标。

四、尤努斯·埃姆雷研究院及其对外语言文化推广活动

（一）成立和性质

1. 成立和性质

2007 年，土耳其政府颁布 5653 号法令，并据此成立了尤努斯·埃姆雷基金会（Yunus Emre Vakfı，以下简称基金会）这一民间公益基金会组织。创立该基金会的主要目的，是在土耳其外交政策的框架下，在符合土耳其对外文化政策的战略部署前提下，向他国介绍土耳其及其文化遗产，推广土耳其语、突厥语言及文化艺术，为土耳其同他国发展友好关系提供助益。基金会成立后的第一个主要任务就是组建执行机构尤努斯·埃姆雷研究院（Yunus Emre Enstitüsü，以下简称研究院）。

2009 年 5 月 7 日，尤努斯·埃姆雷研究院成立。作为尤努斯·埃姆雷基金会对外语言和文化推广的具体执行机构，研究院主要通过在国外建立尤努斯·埃姆雷文化中心，开展推广土耳其语言、文化和艺术相关的一系列文化活动，吸引他国愿意了解土耳其文化、愿意同土耳其开展文化交流的普通民众及学术人员，增进土耳其同他国的文化交流和友谊。

尤努斯·埃姆雷基金会和研究院的成立，标志着土耳其政府在对外语言文化推广活动开始逐步退居幕后。虽然在发展方向和重要活动方针政策的制定方面仍然拥有相当的话语权，但是政府对于相关活动的干预开始更多地体现为指导和监督。从2009年开始，在土耳其教育部和文化旅游部的指导下，尤努斯·埃姆雷基金会逐步接管TİKA在国外开设的文化中心，参与这些文化中心的运营和活动开展。

从尤努斯·埃姆雷基金会和研究院的成立可以看出，土耳其政府对于对外语言文化推广活动的认识有了新的提高：对外的语言文化推广活动不仅仅只是外交活动的一个附属，更重要的是作为单纯的宣传工具和外交战略的外延部分服务于国家外交战略；语言和文化代表一个国家的民族精神内涵，其对外推广应该具备自由灵活的运作方式，成为国家外交战略中的核心部分；只有坚持真诚的、双向的、可持续的语言文化推广活动，才能使他国认可本国的文化，得到他国的信任和对本国身份的认同，进而推动国与国外交关系的深入发展。

2. 名称的由来和意义

尤努斯·埃姆雷是13—14世纪活跃于西安纳托利亚地区的著名苏菲派诗人，其诗歌在当时广为流传。诗人最重要的贡献，是在阿拉伯语和波斯语盛行的文学界，将当时仅作为日常口语的乌古斯突厥语运用在自己的诗歌作品当中，从而扩大了突厥语在民间的影响力，为之后统一的奥斯曼帝国正式推行土耳其语准备了良好的民间基础和大量可以直接使用的语言材料。

突厥民族11世纪后半叶开始在安纳托利亚定居，至13世纪后半叶，150多年的时间里并没有出现以当时的乌古斯突厥语写就的文学作品。其原因在于当时的突厥语只是作为一般的口语使用，在文学、宗教、科技等领域阿拉伯语和波斯语占据了统治地位。尤努斯·埃姆雷及同时期的其他诗人通过在文学作品中大量运用突厥语，打破了阿拉伯语和波斯语的垄断地位。诗人出色的语言运用和诗歌写作技巧也为其奠定了在土耳其语发展史上的地位。

首先，在创作过程中，诗人尽可能多地以乌古斯突厥语的词汇来代替阿拉伯语和波斯语词汇。根据土耳其学者多安·阿克桑（Doğan Aksan）的研究结论，在尤努斯·埃姆雷的诗歌作品中，仅有13%—22%的阿拉伯语和波斯语词汇，而在此之前，阿拉伯语和波斯语几乎垄断了所有的文学、科技及宗教作品。① 尤努斯·埃姆雷以文学作品的形式将土耳其语记录下来，这些词汇因诗人的作品在当时广泛传播而流传下来，被之后的奥斯曼土耳其语所吸收，有相当多的词汇一直沿用到现在。

其次，尤努斯·埃姆雷也并非通过生硬地选取乌古斯突厥语词汇来满足自己的创作需求。对于人民已经习惯的阿拉伯语或波斯语词汇，在不过多改变发音和词义的基础上，他也会按照突厥语的词汇结构和语法特点进行重新拼写。这样的做法，在保证诗歌本身韵律、节奏及意义的同时，也使新的突厥语词汇逐步为人民所接受。

最后，身为苏菲派诗人，尤努斯·埃姆雷在游历安纳托利亚大陆和伊朗、阿塞拜疆等地的过程中，一方面传播苏菲派的宗教思想，一方面也创作并传播了自己以突厥语言写就的文学作品。当时的重要文化中心开塞利、锡瓦斯、马拉什、纳希切万、大不里士、设拉子、大马士革等地都留下了他的足迹。

可以说，尤努斯·埃姆雷为土耳其及周边国家人民留下了一笔宝贵的精神财富。诗人在文学创作方面的技巧和他对于本民族语言的深刻理解，使得他能够创作出既为人民所接受，又符合本民族语言特点的文学作品。这些作品中的土耳其语词汇以书面形式留存到今天，足见其影响力之广大。

以语言来启迪民智，追求民族文化身份的独立，并通过不断创作新的作品对外介绍本国的语言和文化，8个世纪以前著名诗人的实践活动与基金会及研究院成立的目的相合。出于这一原因，土耳其将对外语言文化推广机构以尤努斯·埃姆雷命名，在纪念这位伟大诗人的同时，也明确了其性质。正如当时的土耳其总理埃尔多安（Recep Tayyip Erdoğan）在研究院

---

① 尤努斯·埃姆雷研究院网站：Yunus Emre'nin Dili [OL]，http://yee.org.tr/Yunus/tr/yunus-emre/yunus-emrenin-dili-6，[2014-9-10].

成立仪式上所言："研究院应该既是土耳其语教育和研究的中心，也是向外介绍土耳其语和文化的中心。"①

（二）宗旨、使命、战略目标

土耳其政府为成立尤努斯·埃姆雷基金会而颁布的5356号法令对于基金会的使命和职责做出了明确的规定：

向世界介绍土耳其、土耳其的文化遗产、土耳其语和突厥语言以及文化艺术，在国外建立文化中心并负责运营，以加强土耳其同其他国家的友好联系，加强双边及多边的文化交流；

向国外有兴趣了解土耳其，学习土耳其文化、土耳其语和突厥语言以及文化艺术的民众提供有偿或者免费的培训，并为成绩合格者颁发相关证书；

开展土耳其及其历史文化遗产、土耳其语和突厥语言以及文化艺术方面的研究，以期研究成果能够为世界文化研究提供一定的参考价值；

同国内外的大学、民间研究机构、有能力的自然人和法人合作，定期或不定期发表或出版各类文字或多媒体语言文化研究成果；

同国外类似的语言文化推广机构或者国际组织建立合作关系；

同他国的语言文化研究机构及智库开展合作，建立研究所及文献中心以收集并保存相关研究成果；

在开展土耳其及其历史文化遗产、土耳其语和突厥语言以及文化艺术对外推广活动时，如有必要，可以邀请土耳其国内相关专家和机构参加活动；

为扩大语言文化推广活动的影响范围及深度，邀请土耳其国内大学及民间组织参与具体的项目合作，同文化、艺术及教育领域的基金会或者其他协会达成合作协议，为这些领域的学术活动提供资金或设备上的支持；

为扩大突厥语言、文化和艺术的影响力，举办相关竞赛并为优胜者

① İsa Sarı. Yunus Emre Vakfı Açılış Töreni［J］. Yunus Emre Bülteni，Eylül 2009. p. 3.

颁奖；

在未建立尤努斯·埃姆雷文化中心的国家和地区，为实现语言文化推广的目的，同当地已有的文化机构合作。

2009 年，在尤努斯·埃姆雷研究院的成立仪式上，时任土耳其总理的埃尔多安、外交部长达武特奥卢（Ahmet Davutoğlu）和文化旅游部长居纳伊（Ertuğrul Günay）对研究院的使命分别进行了阐述，可归纳如下：

研究院将是进行土耳其语教学的中心、向国外介绍和传播土耳其文化的中心，研究院开展的工作，将会极大地提升土耳其的国家形象；

研究院将致力于加强土耳其文化同世界文化的交流，提高土耳其文化在世界文化中的影响力，通过扩大土耳其语的影响力，保护土耳其文化并将其传播到世界的各个角落；

研究院的工作将推动土耳其丰富的历史文化遗产保护和推广成为土耳其国家外交战略的核心内容之一。[①]

综上所述，基金会和下属研究院的宗旨和使命是本着合作的原则同他国开展文化交流，在国内外开展语言文化相关研究工作，并向国外愿意了解土耳其及其文化遗产，愿意学习土耳其语、突厥语言及文化艺术的民众提供培训教育服务。以基金会和研究院为主导的对外语言文化推广活动将集合更多的非官方资源，同更多的非官方机构开展合作。

在战略目标上，基金会和下属研究院与 TİKA 大为不同：

1. TİKA 作为官方机构，其合作对象是他国或地区的政府部门，对于文化活动一般采取自上而下的教导式管理，将文化活动作为单纯的宣传工具；基金会和下属研究院作为非官方的机构，其工作对象聚焦于有意愿了解、学习土耳其语言文化的社会公众及非官方机构，更多以合作的形式开展工作，将文化活动作为增进了解和友谊的工具。

2. TİKA 负责多方面的对外合作，包括经贸、科技、社会制度、语言和文化推广等领域；而基金会和下属研究院则专注于语言文化领域的教育和推广。

---

① İsa Sarı. Yunus Emre Vakfı Açılış Töreni［J］. Yunus Emre Bülteni，Eylül 2009. pp. 6 – 8.

（三）组织管理模式、资金来源和管理

1. 组织管理模式

（1）尤努斯·埃姆雷基金会

根据5356号法令，基金会有以下主要机构：

董事会：董事会是基金会的决策机构。外交部、财政部、教育部、文化旅游部、海外土耳其侨民联合会、突厥语国家合作和协作办公室、土耳其语言协会、土耳其商界和证券商联合会管理部等各主要政府部门的最高行政首长是董事会的常务委员。只是董事会在履行职权时并非由上述政府官员组成的常务委员一手操办，而往往通过大学管理机构和部长会议的推举，选取在土耳其语及文学、文化和艺术领域有相当造诣的2名学者，热心土耳其语教育和土耳其文化推广的2名民间组织成员，或者在语言文学领域取得相当成就的2名社会人士加入董事会，赋予他们行使董事会成员的权力，期限三年。董事会主席由外交部长担任，外交部长缺席的情况下，由文化旅游部长代行主席职责。

执行委员会：和董事会一样，执行委员会也由官员和民间学者共同组成。官方成员包括文化旅游部次长、外交部对外宣传局局长、教育部国际关系局局长、海外土耳其侨民联合会会长、突厥语国家合作和协作办公室主席、尤努斯·埃姆雷研究院主席、土耳其商界和证券商联合会管理部代表。民间成员包括来自各大学土耳其语教育中心的1名代表（由董事会从各中心主任中推举，任期3年），从事教育、文化和艺术活动的协会和基金会的1名代表（由董事会推举，任期3年），在语言文学领域取得相当成就的1名社会人士（由董事会推举，任期3年）。执行委员会主席由文化旅游部次长担任。

监察委员会：监察委员会由文化部、外交部和财政部各指派1名常任委员，执政党和最大在野党各选派1名监察委员组成。委员会委员任期3年，主席由财政部指派的常委担任。

咨询委员会：咨询委员会也由官方委任和民间推举的两部分委员组成。官方委员包括文化部次长、董事会和执行委员会中推举的成员、总理府对外文化交流基金秘书长、土耳其广播电视总局局长、媒体和信息传播总局局长、宗教事务管理部委派的代表。民间委员包括各相关工会分别选派的 1 名代表，雇主协会选派的 3 名代表，执行委员会推举的从事土耳其语和突厥语、文化、艺术及文学相关工作的 10 名教职人员。作为基金会的咨询机构，咨询委员会每年召开一次会议，对基金会上一年的工作进行评估，并为下一年的工作提出指导建议。

文化中心协调委员会：基金会在计划设立尤努斯·埃姆雷文化中心的国家设立文化中心协调委员会。该委员会一般由土耳其驻文化中心所在国的大使委派的突厥语国家合作和协作办公室代表，大使馆文化参赞和教育参赞，文化中心主席，旅居该国且较有影响力的土耳其商人、学者、文化和艺术工作者（这部分人员由执委会推举，任期 3 年）共同组成。作为一个咨询机构，文化中心协调委员会按照当地的社会情况，为文化中心的选址、普通和高级管理人员的招聘、文化中心的预算管理及活动开展提出建议，并在文化中心建立后为其提供法律咨询、活动支持及管理监督。委员会的相关决定都是通过民主商议投票产生的。

（2）尤努斯·埃姆雷研究院

尤努斯·埃姆雷研究院是为了完成 5653 号法令为尤努斯·埃姆雷基金会设定的各项使命而成立的具体执行机构。研究院总部设在安卡拉，和基金会使用同一办公楼。研究院设主席一名、副主席三名。中央机关中战略发展部、文化中心协调部和特别项目办公室直接归研究院主席管理。三名副主席辅助主席开展相关工作，各有分工：一名负责人力资源、公共信息管理、财务、后勤采购等管理事宜，一名负责语言教育推广工作和突厥学研究项目（2011 年开始，TİKA 将突厥学研究项目转交给研究院运作），另一名负责文化艺术推广工作及相关项目开发。

研究院开展具体的语言文化交流推广工作的直属机构包括尤努斯·埃姆雷土耳其语教育和学习中心（YETEM）和各尤努斯·埃姆雷土耳其文化中心。

尤努斯·埃姆雷土耳其语教育和学习中心设立目的是为在世界范围内普及土耳其语教学提供高质量的教学材料，为文化中心开设的土耳其语课程设立标准，根据该标准监督文化中心的课程总体设置，帮助文化中心培训专业的土耳其语授课人员。目前，通过与国内外高校合作，中心已经成功开发出一整套教材编写、课程标准编纂和人员培训制度，并正根据欧盟共同语言计划编制土耳其语水平考试方案，以期在为土耳其语学习者提供整套学习考试标准的同时，将土耳其语提升为一门国际和地区通用的沟通语言。

目前，尤努斯·埃姆雷研究院下属36个文化中心分布在全球不同的国家和地区。在基金会和研究院的指导下，文化中心主要负责同对象国文化研究机构合作，开展学术及文化交流活动，介绍土耳其语及土耳其文化，加强两国的友好关系。根据研究院的目标，至2014年底，文化中心的数目将达到40个。

从基金会和研究院的组织结构，尤其是基金会主要管理机构的人员组成来看，土耳其的对外语言文化推广，从过去TİKA主导到现在尤努斯·埃姆基金会和研究院主导，政府和民间力量及话语权在决策和推行方面发生了显著变化：TİKA时期，政府在决策和具体执行方面都占主导地位，只是在必要时寻求民间学术机构和民间学者的建议；而现在，由于基金会和研究院非官方的机构性质，决定其在决策和执行政策过程中，都需要足够的来自民间的声音，在接受政府监督、遵守政府相关文化外交政策的前提下，吸收非官方机构成员进入决策层和管理层，形成一种官民结合、由民间力量主导语言推广活动的模式，政府退居幕后，更多地进行政策性的建议和监督。

2. 资金来源和管理

根据5653号法令，基金会和研究院的资金来源主要有以下几种：

政府对于基金会开展的活动给予的特别拨款；

政府财政预算中为基金会划拨的部分，以及来自其他政府部门的资助；

各类社会公益捐赠；

基金会自身不动产方面的收入；

基金会或研究院创办的学院及其他附属机构的收入；

其他收入。

基金会和研究院为保证国外文化中心的运营，可以在政府批准的情况下建立学院、经济实体或者金融公司。土耳其政府还为基金会和研究院颁布了一系列的税收免除优惠。

根据5737号基金会管理法和4721号文化法的相关规定，基金会原则上实行内部审查，必要时可以聘请第三方独立机构实行审计监察。由于基金会内部设置了由财政部代表负责的监察委员会，基金会及研究院的相关资金使用情况基本由监察委员会审查。根据5735号法令规定，基金会每年至少进行一次内部审查并形成报告，该报告需上报土耳其基金会管理局备案。同时，土耳其基金会管理总局也会对基金会的经济活动进行定期审查。

（四）工作内容和范围、工作成效

1. 工作内容

从组织关系上看，基金会主要负责基金会本身的管理和研究院工作方针的制定，具体的对外语言文化工作由研究院执行。从研究院发布的活动公报中可以梳理出研究院的具体工作内容：

（1）在国外改建、新建尤努斯·埃姆雷文化中心，并推进文化中心相关工作

成立之初，在教育部及文化旅游部的指导下，研究院开展了对TİKA在国外建立的土耳其文化交流中心和土耳其语教育中心的接收工作，在2009和2010两年完成了对TİKA在德国、波黑、马其顿、埃及、以色列、俄罗斯、叙利亚、土库曼斯坦和哈萨克斯坦建立的文化交流机构的接收。完成接收后，结合当地学习土耳其语及文化的需求，研究院对这些机构的

发展和运营状况进行评估，并决定改建和改变运营的模式。比如，研究院在2009年接收了TİKA设立于波黑首都萨拉热窝的土耳其文化和信息交流中心后，根据两国交往的友好历史和外交关系发展前景，加大投入将该中心改造为尤努斯·埃姆雷文化中心，在其中设置图书馆、展示厅、土耳其小屋和咖啡厅，力图将该中心塑造为一个加强两国友好交往的文化平台。同一年，为满足当地民众和土耳其裔侨民学习土耳其语的需求，研究院还在萨拉热窝开设了土耳其语课程中心，在教授土耳其语课程的同时，配合文化中心开展各类文化艺术活动。

除了接收既有的国外文化机构并加以改造，研究院在新开设文化中心方面也取得了相当大的成绩。从2009年研究院建立到2014年在罗马开设尤努斯·埃姆雷土耳其文化中心，5年时间里研究院共改建和新建了36所文化中心。每一座新文化中心的建立，都意味着土耳其和对象国之间架起了一座文化交流的新平台。通过文化中心的运营，双方能够更多地认识彼此之间的文化，接受彼此之间的文明差异，完成国家“软实力”之间的对话，真正认同对方的国家身份。以下两个典型案例就是最好的证明。

2011年，研究院在科索沃共和国首府普里什蒂纳和土耳其裔居民较为集中的普里兹伦市同时开办了两所尤努斯·埃姆雷文化中心。8月，研究院邀请时任土耳其外交部长达武特奥卢前往科索沃，为新开设的文化中心揭牌。在同一个国家同时建立两个文化中心，可以被看作是土耳其和科索沃发展两国关系的一个积极信号，时任科索沃共和国公共关系管理部部长马希尔·亚捷拉尔（Mahir Yagcilar）对文化中心的建立给予了高度评价：“土耳其裔居民已经在科索沃生活了数个世纪，他们从来没有忘记自己的语言，尤努斯·埃姆雷文化中心的建立会将他们的语言和文化传播给更多的民众。文化中心的建立，既增进了土耳其和科索沃的国家友谊，也增进了科索沃社会中不同族群相互了解和友好关系。”①

2014年1月，研究院在罗马建立了第33个文化中心，当时的土耳其

① Adnan Tekşen. Kosova'daki İki Yeni Türk Kültür Merkezi［J］. Yunus Emre Bülteni, Ekim 2011. p. 7.

总统居尔（Abdullah Gül）专程前往罗马文化中心为其落成剪彩。在此之前，研究院已陆续在伦敦、阿姆斯特丹、巴黎和布鲁塞尔等地建立了文化中心。这些文化中心的建立标示了土耳其政府对外文化政策的重大转变：土耳其不再是被动地接受西方文明，转而主动来到代表西方文明的重要城市，通过宣扬自身独特的民族文化来实现同西方文明真正的双向交流，寻求欧洲发达国家对土耳其国家身份的认可。可以说，尤努斯·埃姆雷基金会和研究院以文化中心为抓手在西方国家的积极推进，起到了进一步推动土耳其融入西方世界的作用，土耳其语言文化领域的推广活动已成为国家外交政策部署的先行者，而不再是其附属和工具。

但不容忽视的一点是，没有对于本民族文化的深刻理解和剖析，难以得到国外文化界和学术界的认可，在进行推广活动时也会困难重重。基于对此的深刻认识，尤努斯·埃姆雷基金会和研究院对于文化中心在学术方面的累积非常重视，给予下列各类支持以促使文化中心的学术研究不断深入，取得了丰硕成果：

突厥学助学金：对于设立了尤努斯·埃姆雷土耳其文化中心的国家，以巴尔干、中东和中亚地区国家为主，为这些国家大学中学习土耳其语语言和文学的优秀在校生（每个国家限3名）提供每月50欧元的助学金；

土耳其图书馆：在各文化中心中建立土耳其图书馆，根据需要提供土耳其语教学用书和参考用书，与土耳其语、土耳其历史和文化艺术相关的各类土耳其语或对象国语言书籍。另外文化中心还根据需要不定期为所在国的突厥学系和教授土耳其语的大学提供科学文献、教科书和参考资料。以波黑为例，2011年6月，文化中心和当地政府合作在一些初中开始试行土耳其语作为第二外语的教学模式，文化中心向这些初中免费赠送了土耳其语教学用书。

艾弗里亚·杰莱比奖学金（Evliya Celebi Bursları）：文化中心为所在国学习土耳其语和土耳其文化的优秀学生提供短期交流机会，让他们能到土耳其的大学学习或者实习。同时，文化中心也为土耳其大学的学生提供在文化中心实习或是前往国外大学进行交流学习的机会。文化中心为上述学生的交流学习提供奖学金。

加强同国内外大学的合作：尤努斯·埃姆雷研究院已经同50多所土耳其国内外高校签署了合作协议。根据这些协议，研究院可以组织相关院校召开学术会议，也可以邀请这些院校参加研究院组织的相关文化艺术活动。每个文化中心都会公布同研究院签署合作协议的土耳其国内院校信息，以吸引更多的国外学生前往土耳其高校就读。

为学者参加学术会议提供支持：文化中心为相关地区的突厥学研究者赴土耳其参加学术会议提供包括机票及食宿在内的相关支持。

依托国外大学设立代表处：当在某些国家或地区没有足够的条件建立文化中心时，研究院可以根据同当地合作院校签署的协议，在合作院校内设立文化中心代表处。目前科隆大学、华沙电子科技大学和秘鲁茵卡大学都有这样的代表处。研究院通过代表处为大学学生提供教育资源，为开展学术交流活动提供支持。

塔普杜克·埃姆雷计划（Tapduk Emre Programı）：该计划旨在为国外文化中心和土耳其语教育机构培养高素质的土耳其语教师。该计划由研究院组织土耳其国内安卡拉大学、加齐大学、安纳托利亚大学和土耳其商界和证券商联合会管理部下属经济技术大学共同实施，为土耳其和外国教师候选人提供土耳其语教学培训。

尤努斯·埃姆雷科学研究奖学金：研究院为从事土耳其、土耳其语、土耳其文化和艺术研究的硕士及以上学历者提供资金资助。如相关学者在土耳其进行研究，研究院会为他们提供食宿、咨询和科研方面的资金支持。

萨勒·萨尔图克研究基金（Sarı Saltuk Araştırma Desteği）：该项目主要针对土耳其学者和国外学者共同组建的语言、历史或者文化研究团队。按照研究院的设想，该部分资源将优先用于共同文化遗产的研究和保护工作。

文化中心设施：研究院规定国内外大学或者艺术家举办的音乐会、展览、会议和讲座等活动都可以免费使用文化中心的所有场地和设施，为土耳其语言及文化在国外的传播提供最大可能的便利。

（2）接手并继续执行突厥学研究项目

2011 年 9 月，尤努斯·埃姆雷基金会和 TİKA 签署协议，正式接手已经执行了 10 年的突厥学研究项目。如前文所述，这一协议的签署，标志着土耳其对外语言文化推广战略的重大转变。协议签署时，在突厥学研究项目的框架下，TİKA 已经向国外派遣了 30 名土耳其语教职人员，并为国外培训机构培养了 47 名当地土耳其语教师；在 15 个国家和 2 个自治共和国建立了 23 个土耳其语系、18 个土耳其语培训班和 6 个土耳其文化中心，每年可以保证 3000 名左右外国学生的土耳其语和土耳其文化学习。[①] 时任尤努斯·埃姆雷研究院主席的阿里·福阿特·比尔康（Ali Fuat Bilkan）博士对于 TİKA 执行突厥学研究项目所取得的成果表示了赞许，同时也特别强调研究院将努力从以下几方面入手来提高项目执行的效率以期取得更大的成果：

为学习土耳其语的学生创造更多到土耳其留学的机会；

在执行突厥学研究项目的地区，根据对象地区社会情况为接受项目培训的民众和学生提供更多就业机会；

在当地的研究院下属机构，如文化中心、土耳其语教育中心等创造更多的实习机会，供当地学习土耳其语的学生实习锻炼语言技能。

接手突厥学研究项目，为基金会和研究院之后推动语言文化对外宣传，建立大规模的文化中心奠定了坚实的基础：

由 TİKA 执行的突厥学研究项目，其影响范围主要集中于中东、中亚和东欧巴尔干等地区。这些国家和地区过去受塞尔柱突厥帝国和奥斯曼土耳其帝国影响较大，至今仍有相当数量使用突厥语的民族或后裔定居。基于相近的语言和文化，TİKA 将这些区域作为文化宣传的突破口和重点，通过在这些国家实施语言文化推广项目，累积了大量项目开展经验，在促进土耳其和对象国双方语言文化发展的同时，在自身文化积累和对外推广方式的发展方面，为研究院后续将西方国家作为宣传重点开展工作打下了

① Adnan Tekşen. Kosova'daki İki Yeni Türk Kültür Merkezi [J]. Yunus Emre Bülteni, Ekim 2011. p. 19.

良好基础。可以说，研究院成立后的迅速发展，和 TİKA 自 1999 年开展突厥学研究项目以来的积累是分不开的。

TİKA 为突厥学研究项目设定的目标，是通过文化交流增进同友邦的传统友谊，扩大土耳其语的影响，通过和对象国在文化、教育、经济和科技方面的合作培养能够熟练运用土耳其语的潜力人才。这一目标同基金会和研究院的目标是一致的，确保了研究院在具体执行项目时不必在原则上做较大的调整，保证了项目执行的一贯性和延续性。

事实证明，突厥学研究项目转由基金会和研究院执行是明智之举，避免了资源的重复投入和浪费，同时专业机构和民间力量的加入也赋予项目执行更大的活力和创造力。

（3）举办土耳其语水平测试

该测试由研究院下设测试中心根据欧洲语言教学通行标准制定，其目的在于建立一套符合国际通行标准的土耳其语水平测试制度，以确立一套行之有效的标准用于检测土耳其语学习者的语言水平。出台该测试的另一目的是规范国外文化中心及土耳其语教育机构的教学标准。

2011 年 10 月，土耳其高等教育委员会为开启水平测试召开了准备会议。随后，在国民教育部专家和各主要大学下属土耳其语培训机构的共同支持下，研究院为水平测试制定了一套框架方案。研究院还组织了各大学下属土耳其语培训机构参加的“土耳其语水平测试论坛”，在论坛上制定了从出题到成绩评定的相关理论和实际执行规范。2012 年 10 月 19 日，研究院组织的第一次土耳其语水平测试在德黑兰土耳其文化中心举行。2013 年 5 月和 9 月，研究院又在 11 个国家的文化中心和土耳其语教育机构举办了两次国际性土耳其语水平测试。

目前，研究院还在为土耳其语水平测试设计线上考试实施方案，方便更多的土耳其语学习者通过互联网完成标准的测试流程。

（4）组织标准土耳其语教学材料编写

研究院为保证土耳其语教学的质量，下设土耳其语教育和学习中心 YETEM，负责教学过程中使用的教材编撰和教具制作。YETEM 根据欧盟委员会通用语标准及土耳其语外语教学应符合的原则，编制课本、练习用书、教师教学用书和参考用书、标准读物、辞典及有声读物等。YETEM 在编制教材的过程中，也注意针对不同年龄阶段的学生准备材料。目前 YETEM 完成的教材有尤努斯·埃姆雷土耳其语教学丛书（包括课本、练习册、教师用书、读物和有声读物），用于波黑初中土耳其语教学的“快来学习土耳其语”（Haydi Türkçe Öğrenelim），以及其他为课内外教学编制的辅助教材和读物。

（5）积极开展同国内外高校的合作

根据 2012 年的统计数据，研究院同土耳其国内 32 所知名高校签署了合作协议，根据协议，研究院可以使用大学内的设施和场馆举办活动，而学校也可以利用国外文化中心来进行学术活动。更为重要的是，研究院和大学将根据协议，依托国外文化中心开展传统文化和现代艺术相关的联合学术研究。

研究院同国外大学的合作也推进迅速，统计数据显示，截至 2013 年，已经有超过 50 所国外高校同研究院签订或者正在商谈合作协议。根据合作协议，研究院为国外大学开设的土耳其语语言文学/突厥学专业提供教学人员、教材、优秀学生培训和实习、硕博士奖学金、图书馆建设及教学设备等方面的全面支持。

值得一提的是，研究院还取得了波黑国家教育部的支持，在波黑内拉特瓦州（Neratva）、曾尼加 - 多波基州（Zenica - Doboj）以及图兹拉州（Tuzla）的初中开设土耳其语第二外语教学课程，并为这些地区的学校配备专门为其编制的教材和教辅用书。时任文化旅游部长居纳伊对此给予了高度评价，认为研究院的这一合作项目开创了土耳其语推广活动在国外中学开展的先例，对于促进两国人民更好地了解对方，进而增进友谊意义重大。

（6）依托文化中心开展各类文化艺术活动

研究院成立后，依托各地文化中心开展了丰富多彩的文化艺术活动，以下几项就是突出的案例：

2011 年，研究院和国际多元文化青年理事会（COJEP）合作设立了国际银马电影和音乐奖，用于鼓励和支持旅居欧洲的土耳其艺术家和文化工作者，期望他们将新一代土耳其文艺作品，如电影、戏剧、音乐等展现给西方世界。同年在布鲁塞尔新成立的文化中心举办了第一届银马奖颁奖仪式。

2013 年共和国成立 90 周年之际，研究院同土耳其驻德国柏林大使馆联合举办“自由和 90”土耳其艺术作品展。出生于不同年代的 90 位土耳其艺术家，以绘画、雕塑、陶瓷作品、影像记录等多种多样的艺术形式，向观众展示了土耳其共和国成立 90 年间，各自的经历以及对于自由的思考。这一展览向德国民众展示了在共和国成长期间，土耳其艺术的发展和改变，不同年代艺术家观念之间的差别也体现了土耳其在教育方面的发展变化历程。

2013 年，研究院分别参加了伦敦语言教学用书展和荷兰儿童图书展。通过在这两个较有影响力的书展上展示研究院自己编辑的教育用书和儿童读物，扩大了土耳其语言、文化的知名度，也同其他国家的文化读物工作者进行交流，相互借鉴和学习。2014 年，土耳其受邀参加在布达佩斯举办的国际图书节，研究院同文化旅游部、国际图书展土耳其组委会合作，为图书节举办了一系列具有土耳其特色的文化活动。

2. 工作成效

2014 年，土耳其文化旅游部长切利克（Ömer Çelik）参加尤努斯·埃姆雷研究院第六届教育和咨询大会时曾这样评论突厥语的影响：“突厥语不应该仅仅是一种语言，我们更应将其作为国家发展战略中的一种重要资源。目前已经有 2.2 亿人在使用突厥语，使用人数排在使用汉语、英语、西班牙语和印地语的人口之后，这可以说是我们国家最大的软实力和最为重要的战略资源之一。”随后，他也对尤努斯·埃姆雷研究院开展的对外语言文化推广工作给予了充分的肯定，指出：“国家已经认识到了土耳其语作为战略资源的重要性，并为这一战略资源的自身发展提供支持。”①

① Ebubekir Ceyhan. 6. Eğitim ve İstişare Toplantısı Gerçekleşti ［J］. Yunus Emre Bülteni, Temmuz 2014. p. 58.

可以说在土耳其政府的支持下，尤努斯·埃姆雷基金会及研究院的工作开展颇具成效。在成立短短5年的时间里，就接手改建和新建了36个国外文化中心。必须强调的是，基金会和研究院的工作充分体现了土耳其政府对于本国语言文化的态度和政策，将其作为国家软实力的象征和重要的战略资源，在此基础上开展一系列工作。对于语言文化在国际交往和国家身份认同过程中所起作用的深刻认识，进一步明确了基金会和研究院开展语言文化推广工作的方向，也保证了推广的效果。5年内36个国外文化中心的建设可以看作是研究院取得的一个初步成果，更应关注的是，每个文化中心的建立，都伴随着一系列语言文化推广活动的开展。以2011年建立的比利时布鲁塞尔文化中心为例，中心成立后，首先是召集相关学者就土耳其裔族群在比利时的发展及土耳其语在比利时社会文化生活中的重要性进行讨论，随后又举办了第一届国际银马奖，用于鼓励优秀的土耳其语电影、戏剧制作人和音乐家。这些语言文化推广活动的举办才是基金会和研究院关注的焦点。广泛开展的语言文化活动，推动了土耳其和对象国文化关系的进一步发展，加深了不同民族间对于彼此文化身份的认知和理解。土耳其前总统居尔在罗马文化中心落成剪彩仪式上的讲话对此做了最好的概括："我相信文化中心的活动必将把两国的文化关系推向一个新的高度，增进两国人民的友谊并且进一步增强两国间的文化联系。"① 意大利旅游文化部长秘书伊拉莉亚·巴洛特利·布奥蒂尼（Ilaria Broletti Buotini）也对研究院的工作给予高度评价，认为文化中心将会成为意土两国文化交往的友好桥梁。曾为哈萨克斯坦阿斯塔纳文化中心提供咨询指导服务的外交官拉蕾·屈尔科尔（Lale Ülker）女士则对基金会和研究院的工作成效给予了更为客观全面的评价："研究院将来自不同学科、不同研究领域的学者和民间团体集合在一起，为他们提供了一个交换意见的平台。在这里他们可以陈述自己的成果和观点，听取不同的声音。来自研究院之外学界的声

① Ebubekir Ceyhan. Yunus Emre Enstitüsü Roman Türk Kültür Merkezi Açıldı［J］. Yunus Emre Bülteni，Nisan 2014. pp. 46－49.

音，是我们能够取得今日成就的重要原因之一。”①

综上所述，基金会和研究院的工作成效可以分为国家和民间两个层面：一方面，语言文化的传播对于国家间相互身份的认同和差异文化的接受起到了促进作用，有助于消除不同国家和民族之间的隔阂，促进地区稳定和平，具体来说，土耳其通过尤努斯·埃姆雷基金会及研究院开展的一系列活动，在促进自身更进一步融入西方文明的同时，也向西方国家展示了实行西方民主制度的伊斯兰文明独有的魅力；另一个方面，民间力量在具体的语言文化传播工作中起到了主导作用，随之而来的是更为自由和多样的文化交流，各民族在交流过程中通过和他民族语言文化的比较，产生对于本民族语言文化进行深度剖析和解读的意识，这种由民间力量主导的自觉行为对于进一步促进语言文化传播和交流活动是不可缺少的。

五、土耳其语言文化传播机构发展历程及其特点小结

土耳其对外语言文化传播经历了由官方机构 TİKA 主导到由官助民办的尤努斯·埃姆雷基金会及研究院主导的转变。从 TİKA 在建立之初进行的单边宣传、单向提供资金和设备支持来博取对象国的认可，到基金会和研究院以平等、双向交流的原则展现真诚合作的态度及理念，不再将对外语言文化传播的目标区域半径锁定在使用突厥语的国家或者有土耳其裔居民居住的国家和地区，而是逐步和其他地区及国家进行接触，主动宣传自身独特的语言文化，力图在更广大的范围内取得他国对自身国家身份的认同，促进各国与民族间的相互理解和信任。同时，在符合政府外交及对外文化战略框架的前提下，民间力量在土耳其对外语言文化政策的执行方面起着越来越重要的作用。

① Ebubekir Ceyhan. Yunus Emre Vakfı Danışma Kurulu Toplantısı Gerçekleşti［J］. Yunus Emre Bülteni，Temmuz 2014. p. 57.

通过对其发展历程的简单梳理，可以归纳出土耳其语言文化传播活动不断发展完善的特点：

（一）根据国内和国际形势的变化，适时制定和调整对外语言文化推广战略，以达到最佳效果

一国政策的制定和实施，必须参考当时的国内和国际形势，以求得政策的适当、实施的高效，进而实现本国利益的最大化。对外语言文化政策的制定和实施亦如此。

1992 年 TİKA 刚成立时即将突厥语国家和民族作为工作的重点对象。20 世纪 90 年代，为增强土耳其语影响力，在中亚五国推行“突厥语国家联盟”的工作。这一时期，苏联解体后在中亚留下了巨大的权力真空，中亚五国都有摆脱苏联包括语言文化影响在内的各种影响的迫切意愿。尽快制定并推广属于本民族的语言文字，摆脱长久以来俄语的影响，是当时中亚五国在民族文化建设工作中所面临的巨大挑战和紧迫任务。土耳其政府和新成立的 TİKA 认识到这一国际形势变化可能为本国带来的巨大利益，积极开展工作，推动以土耳其语字母为核心的突厥语共同字母表的制定，极大地扩大了本国及其语言在这些国家的影响力。

进入 21 世纪后，伴随着本国经济的发展和国力的增强，为适应世界向多极化发展的趋势，土耳其适时调整语言文化推广战略和模式，改变先前单向推动的做法，积极开展交流与合作，同时扩大语言文化推广的范围，在全球范围内扩大国家影响力，展示“软实力”。国际土耳其语奥林匹克大赛和每年的土耳其语夏令营活动就是多边主义理念的典型体现。不同国家的学生和教师来到土耳其，通过土耳其的语言和文化进行交流竞赛，在提高自身土耳其语言文化知识水平的同时，他们也将自己国家的语言和文化带到了土耳其。更为重要的是，他们还会将土耳其国家的文化形象带回到自己的国家中去。可以说，在 TİKA 和尤努斯·埃姆雷基金会的积极推动下，以土耳其语言及文化为纽带，不同民族之间的语言和文化联系日渐紧密，形成了一种国际性的文化多边合作格局。

（二）开展真诚合作，加强不同民族间的相互理解

维护本国利益，并非必须损害他国利益。土耳其在对外语言文化推广中努力通过真诚合作来加强不同民族间的相互理解。虽然2011年土耳其政府才在656号法令中明确提出“利用文化交流和对话，消除不同民族和文化之间的偏见”，但其实在进入新千年之后，TİKA在开展具体的对外语言文化传播活动中，已经开始更多地将精力集中在如何引导他国自愿接受和学习土耳其语言和文化，通过适当的引导和真诚的沟通态度建立土耳其同他国良好的双向文化交流关系。1999年开始制定并于2001年正式实施的突厥学研究项目，正是为了构建与突厥语族各国、土耳其周边邻国及其他友好国家之间的文化联系。

（三）语言文化推广坚持政策的一致性和行动的持续性

土耳其的对外语言文化传播虽然经历了由官方机构TİKA主导转变为由官助民办的尤努斯·埃姆雷基金会及研究院主导的过程，土耳其政府通过不同的法律对于TİKA和尤努斯·埃姆雷基金会的职责进行规定，但深入考察这一官一民两个机构执行对外语言文化推广活动的过程，不难看出土耳其在对外推广语言文化的实际操作中一直坚持政策的一致性和行动的持续性。

尤努斯·埃姆雷基金会及研究院成立后完全继承了TİKA在执行对外语言文化传播过程中展现的真诚交流理念，在其成立目的中也有如下的论述：“为土耳其同他国发展友好关系提供助益，并同他国开展文化交流。”可见，进入新千年后，在开展对外语言文化传播的过程中，双向性和真诚性一直是TİKA和尤努斯·埃姆雷基金会及研究院所坚持的原则。虽然在具体操作过程中，运作模式有所不同、TİKA作为政府机构，直接代表土耳其政府开展工作，而尤努斯·埃姆雷基金会及研究院在政府指导下，充分发挥自身民间机构的优势，灵活运作各种活动，但两机构开展的工作都

充分体现了政府的外交理念和政策，以持续、不间断的方式积极对外推广本国语言文化，寻求别国认同，提升国家的国际影响力和地位。

六、土耳其语言文化推广机构与政策对于中国相关工作的启示

2004 年 11 月 21 日，全球第一所孔子学院在韩国首都首尔挂牌。截至 2013 年底，全球已建立 440 所孔子学院和 646 个中小学孔子课堂，分布在 120 个国家和地区。可以说，从发展速度和规模上看，我国在对外语言文化传播方面取得的成就是土耳其目前取得的相关成就无法比及的，甚至一些开展对外语言文化传播较早的国家亦无法比肩。这样的成就也反映了中国政府对于语言文化传播工作的重视和投入力度。但我们依然可以从土耳其对外语言文化推广机构和战略中发掘出有益的经验，以供我国的相关工作参考借鉴：

（一）完善法律法规，对语言文化推广机构给予法律保障，同时规范其活动，确保其健康持续发展

土耳其政府为 TİKA 和尤努斯・埃姆雷基金会都制定了相应的法律，其所有行为既受到法律的规范和约束，又同时受到法律的保护。而根据相关报道，孔子学院的立法依然处于调研筹备阶段，这对于已经成立了 10 年的孔子学院来说是一个相当大的缺憾。缺少符合国际教育法律法规体系的法律框架，使得孔子学院在国外的发展缺少法理上的保护和支持。此外，孔子学院的内部管理仅仅依靠国家汉办制定的孔子学院内部章程，缺少稳定而坚实的法律基础，这对于规范孔子学院的设立和工作开展而言是很大的隐患。

孔子学院的大规模发展很大程度上依托于以下两条规章的执行：

1. 根据各国（地区）特点和需要，孔子学院的设置模式可以灵活多

样。(孔子学院内部章程第八条)

2. 中国境外具有从事语言教学和教育文化交流活动能力且符合本章程规定申办者条件的法人机构，可以向孔子学院总部申办孔子学院。(孔子学院内部章程第九条)①

上述条款保证了孔子学院的快速发展，但问题在于，除了孔子学院本身的章程之外，是否有相关的法律依据来规范这样的灵活办学模式。笔者认为，应该加快制定和颁布相关法律法规，以法律形式明确孔子学院作为我国对外语言文化传播机构的使命和目标，确立国外学校资讯公告制度、合作机制和法律援助机制，规范办学方式，通过法律途径保障孔子学院的持续发展和对外语言文化推广活动的顺利有序开展。

(二) 确立科学的评估体系，保证对外语言文化推广机构的运作质量

通过上文对于土耳其对外语言文化推广机构运行机制的详细解读可以看到，无论是 TİKA 还是尤努斯·埃姆雷研究院，都有对于工作开展进行评估的制度。政府即便不直接参与对外语言文化推广机构的管理，也依然会在大政方针上进行掌控和指导。孔子学院的迅速发展和规模的扩大的确让人欣喜，但在注重质量的今天，推广效果和办学质量是衡量对外语言文化推广机构工作成功与否的关键，我们在追求“数”的同时，也要注重“量”，在保证一定规模和数量的前提下，追求“高质高效”的原则，尽量挖掘已设立机构内部的发展潜力，而并非盲目地“铺摊子”。因此，建立和完善对外语言文化推广机构的审核监管制度和体系非常重要，应尽快建立起由政府部门和民间专业人士组成的联合督导机构，并完善质量监控和评估体系。

---

① 孔子学院总部/国家汉办网站：《孔子学院章程》，http：//www.chinese.cn/hanban/confuciousinstitutes/node_ 7537.htm [2014-10-20]

（三）开展深入的本国语言文化研究工作，促进对于对外文化政策的思考

在推广语言文化的过程中，尤努斯·埃姆雷研究院和TİKA的区别在于，研究院自身非常注重对于土耳其及突厥语言和文化的研究，并出台一系列措施支持国内外有志于土耳其和突厥文化研究的学者。对于土耳其及突厥语言和文化的深入思考和研究有助于政府和相关民间机构对于既有政策进行批判性的反思，进一步调整和完善对外语言文化推广政策以达到更好的推广效果。从尤努斯·埃姆雷研究院取得的工作成效来看，这样的思考是非常有必要的。如上文所述，研究院成立后，推广本国的语言文化已不再像TİKA那样进行单方面的宣传，而是选择双向的交流。文化外交政策中的文化资源再丰富，资金再雄厚，如果忽视双向交流的原则，缺乏诚实合作的态度和长期可持续发展的文化外交眼光，文化宣传推广工作容易引起推广对象的误读和反感，进而影响双方关系的持续健康发展，原本为促进外交关系而采取的语言文化推广工作反而可能成为国家间发展外交关系的“障碍和包袱”。

（韩智敏　陈　清）

【参考文献】

1. Akar, A. Türk Dili Tarihi［M］. Ankara：ÖTÖKEN NEŞRİYAT A. Ş.，2010.

2. Aksan, D. Yunus Emre Şiirinin Gücü［M］. Ankara：Bilgi Yayınevi，2005.

3. Johanson, L. History of Turkic［M］. New York：The Turkic Languages，1998.

4. Öksüz, Y. Z. Türkçenin Sadeleşme Tarihi Genç Kalemler ve Yeni Lisan Hareketi［M］. Ankara：Türk Dil Kurumu，1995.

5. TBMM. TÜRK İŞBİRLİĞİ VE KALKINMA İDARESİ BAŞKANLIĞININ TEŞKİLAT VE GÖREVLERİ HAKKINDA KANUN［OL］. http：//www.tbmm.gov.tr/kanunlar/k4668.html，2014.9.20.

6. TBMM. TÜRK İŞBİRLİĞİ VE KOORDİNASYON AJANSI BAŞKANLIĞININ TEŞKİ-LAT

VE GÖREVLER İ HAKKINDA KANUN HÜKMÜNDE KARARNAME [OL]. http://www.emekliol.org/mevzuatlar/31284.html, 2014.9.20.

7. TBMM. YUNUS EMRE VAKFI KANUNU [OL]. http://www.hukukimevzuat.com/? x = kanun_sade&id = 619, 2014.9.20.

8. Tİ KA. T İ KA 2005 Faaliyet Raporu [B]. TÜRK İŞB İ RL İ Ğ İ VE KALKINMA İ DARESİ BAŞKANLI ĞI, 2005.

9. TİKA. Tİ KA2011 Faaliyet Raporu [B]. TÜRK İŞBİ RLİĞİ VE KOORD İ NASYON AJANSI BAŞKANLI ĞI, 2011.

10. Tİ KA. T İ KA 2012 Faaliyet Raporu [B]. TÜRK İ ŞB İ RLİ Ğ İ VE KOORD İ NASYON AJANSI BAŞKANLI ĞI, 2012.

11. YEE. YUNUS EMRE VAKFI AÇILIŞ TÖREN İ [J]. Yunus Emre Enstitüsü Bülteni, 2009, Eylül.

12. YEE. BOSNA HERSEK HEYET İ N İ N TÜRK İ YE Z İ YARET İ: "1. ULUSLARARASI GÜMÜŞ AT" S İ NEMA VE MÜZ İ K ÖDÜLLERİ [J]. Yunus Emre Enstitüsü Bülteni, 2011, Temmuz.

13. YEE. KOSOVA'DA İ Kİ YENİ YUNUS EMRE TÜRK KÜLTÜR MERKEZİ [J]. Yunus Emre Enstitüsü Bülteni, 2011, Ekim.

14. YEE. BERL İ N'DE "ÖZGÜR VE 90" SERG İ Sİ; TÜRKÇE E Ğ İ T İ M SET İ LONDRA Dİ L FUARINDA [J]. Yunus Emre Enstitüsü Bülteni, 2014, Ocak.

15. YEE. ROMA TÜRK KÜLTÜR MERKEZ İ AÇILDI [J]. Yunus Emre Enstitüsü Bülteni, 2014, Nisan.

16. YEE. YUNUS EMRE VAKFI DANIŞMA KURULU TOPLA NTISI GERÇEKLEŞTİ; 6. E Ğ İ T İ M VE İ STİ ŞARE TOPLANTISI GERÇEKLEŞTİ [J]. Yunus Emre Enstitüsü Bülteni, 2014, Temmuz.

17. YEE. Tİ KA Türkoloji Projesi, Yunus Emre Vakfına Devre dildi [OL]. http://yee.org.tr/turkiye/tr/haberler/bizden-haberler/tika-turkoloji-projesi-yunus-emre-vakfina-devredildi-119, 2014.9.10.

18. 安蕾．中亚突厥语国家独立后的语言政策调整及背景因素分析［J］．《中国社会科学院研究生院学报》，2011 年，第 6 期。

19. 郭卫东、黄小勇．阿卡耶夫时期土耳其对吉尔吉斯斯坦的语言政策［J］．《新疆社会科学》，2012 年，第 3 期。

20. 孔子学院总部/国家汉办．孔子学院章程［OL］．http://www.chinese.cn/han-

ban/confuciousinstitutes/node_ 7537. htm，2014. 10. 20.

21. 人民网 . 全球已建立 440 所孔子学院及 646 个孔子课堂［OL］. http：//world. people. com. cn/n/2014/0418/c1002 -24914739. html，2014. 10. 25.

附录：

1. 尤努斯·埃姆雷文化中心一览表（2014. 11）①

序号	国家—所在城市	序号	国家—所在城市
1	阿富汗—喀布尔	19	伊朗—德黑兰
2	德国—柏林	20	意大利—罗马
3	德国—科隆	21	日本—东京
4	阿尔巴尼亚—斯库台城	22	黑山—波德戈里察
5	阿尔巴尼亚—地拉那	23	哈萨克斯坦—阿斯塔纳
6	奥地利—维也纳	24	科索沃—普里兹伦
7	阿塞拜疆—巴库	25	科索沃—普里什蒂纳
8	比利时—布鲁塞尔	26	科索沃—佩奇
9	波黑—莫斯塔尔	27	黎巴嫩—贝鲁特
10	波黑—福耶尼特萨	28	匈牙利—布达佩斯
11	波黑—萨拉热窝	29	马其顿—斯科普里
12	阿尔及利亚—阿尔及尔	30	埃及—亚历山大
13	摩洛哥—拉巴特	31	埃及—开罗
14	法国—巴黎	32	波兰—华沙
15	南非—约翰内斯堡	33	罗马尼亚—康斯坦察
16	格鲁吉亚—第比利斯	34	罗马尼亚—布加勒斯特
17	荷兰—阿姆斯特丹	35	俄罗斯—喀山
18	英国—伦敦	36	约旦—阿曼

注：排序按照土耳其语单词首字母顺序。

① 整理自尤努斯·埃姆雷研究院宣传资料。

2. 尤努斯·埃姆雷研究院已签署或即将签署合作协议的国外高校一览表（2014. 11）①

序号	国家—所在城市	大学名称及合作院系
1	阿富汗	喀布尔国家大学突厥语言和文学系
2	阿尔巴尼亚	地拉那大学外国语学院斯拉夫和巴尔干语言系突厥学部
3	奥地利	维也纳大学突厥学系
4	阿塞拜疆	巴库国家大学突厥语言和文学系
5	巴什科尔托斯坦共和国	语文学和新闻学学院东方学系
6	保加利亚	普罗夫迪夫大学语文学学院突厥语言系
7	白俄罗斯	明斯克国家大学外国语学院突厥语言和文学系
8	比利时	根特大学应用语言研究学院土耳其语系
9	波黑	1. 图兹拉大学突厥语言和文学系 2. 莫斯塔尔杰马尔·贝耶迪奇大学突厥语言和文学系
10	阿尔及利亚	阿尔及利亚第二大学突厥语言和文学系
11	捷克共和国	查尔斯大学文学院近东和非洲研究系突厥学部
12	中国	上海外国语大学
13	爱沙尼亚	塔林大学突厥学系
14	摩洛哥	摩洛哥拉巴特穆哈迈德五世大学文学和人类学学院
15	巴勒斯坦	耶路撒冷突厥语言和文学系
16	南非共和国	开普敦大学
17	格鲁吉亚	1. 第比利斯伊万涅·卡万希什维力国家大学突厥学系 2. 阿卡基·特赛莱特里大学突厥学系 3. 硕塔·鲁斯塔维力大学突厥学系
18	克罗地亚	萨格勒布大学哲学院突厥学系

① 整理自尤努斯·埃姆雷研究院宣传资料。

续表

序号	国家—所在城市	大学名称及合作院系
19	印度	贾瓦哈拉尔·尼赫鲁大学突厥语言和文学系 印度国立伊斯兰大学突厥语言和文学系
20	伊拉克	瑟拉哈丁大学突厥语言和文学系
21	伊朗	1. 德黑兰大学世界研究学院 2. 阿拉梅赫·塔拜塔贝大学外国语学院突厥语言和文学系
22	瑞典	乌普萨拉大学语文学院突厥学系
23	哈萨克斯坦	L. N. 古米莱乌·欧亚大学突厥语言和文学系
24	吉尔吉斯斯坦	吉尔吉斯—乌兹别克国家大学突厥语言和文学系
25	科索沃	普里什蒂纳大学语文学院突厥语言和文学系
26	拉脱维亚	1. 拉脱维亚大学人类学学院亚洲研究系突厥语言和文化教育部 2. 拉脱维亚文化学院（土耳其—拉脱维亚文化交流项目）
27	立陶宛	维尔纽斯大学立陶宛语文学和突厥语言系
28	匈牙利	1. 罗兰大学文学学院突厥学系 2. 赛格德大学文学学院突厥语言和文学系
29	马其顿	1. 圣迈特迪大学突厥语言和文学系 2. 伊斯提普·格策·德尔切夫大学突厥语言和文学系 3. 泰托沃大学突厥语言和文学系
30	埃及	1. 艾兹赫大学人类学学院，语言和翻译系 2. 艾因·夏姆斯大学文学学院 3. 西尔凡大学文学学院 4. 亚历山大大学 5. 索哈杰大学文学学院 6. 开罗大学文学学院 7. 曼努菲耶大学文学学院 8. 曼苏拉大学文学学院

续表

序号	国家—所在城市	大学名称及合作院系
31	蒙古	蒙古民族大学外国语言和文化学院突厥学系
32	摩尔多瓦	国际自由大学外国语言和关系学院
33	毛里塔尼亚	努瓦克肖特大学
34	乌兹别克斯坦	1. 米尔扎·乌鲁伯格乌兹别克斯坦民族大学乌兹别克语学院突厥语言系 2. 撒马尔罕国家大学外国语言学院突厥语言和文化中心 3. 沙尔克辛纳斯勒科学院突厥学系
35	波兰	华沙大学突厥学系
36	罗马尼亚	布加勒斯特大学外国语言学院突厥学系
37	俄罗斯联邦/鞑靼共和国	喀山联邦大学东方学和国际关系学院突厥语文学系
38	俄罗斯	莫斯科国家大学亚非国家学院突厥学系
39	塞尔维亚	1. 诺维萨德大学哲学学院 2. 贝尔格莱德大学语文学院突厥语言和文学系
40	斯洛伐克	夸美纽斯大学突厥语言和文学系
41	斯洛文尼亚	马里博尔大学西亚研究项目
42	苏丹	古兰经和伊斯兰大学土耳其语系
43	沙特阿拉伯	吉达大学突厥语言和文学系
44	叙利亚	阿勒波大学突厥语言和文学系
45	乌克兰	基辅塔拉斯·舍甫琴科大学突厥学系
46	乌克兰克里米亚共和国	克里米亚国家工程和教育大学突厥—鞑靼系
47	约旦	1. 约旦大学土耳其语—英语系 2. 耶尔穆克大学
48	也门	萨那大学突厥语言和文学系
49	希腊	1. 雅典大学土耳其语和现代亚洲研究系 2. 塞萨洛尼卡马其顿大学突厥语言和文学系

注：排序按照土耳其语单词首字母顺序。

第十七章
哈萨克斯坦语言文化推广机构研究

【摘要】本章综述哈萨克斯坦共和国独立以来完善、发展和推广国语哈萨克语的历程，解读《哈萨克斯坦2011—2020年语言发展使用国家规划》确立的语言文化发展战略要点，重点研究“总统国语发展基金会”的宗旨目标和运营管理模式，同时分析哈萨克斯坦大力建设“突厥语国家合作理事会”机制推广哈萨克语言文化的意图和举措，并在此基础上为推动中哈人文交流和孔子学院建设提出具体建议。

哈萨克斯坦位于亚洲中部，北邻俄罗斯，南与乌兹别克斯坦、土库曼斯坦、吉尔吉斯斯坦接壤，东接中国，西濒里海，是世界最大的内陆国。

公元前3世纪，哈萨克斯坦境内出现了部落联盟和国家组织。公元6世纪中叶至8世纪建立了突厥汗国。9—12世纪曾建立奥古兹族国、哈拉汗国。11—13世纪契丹人和蒙古鞑靼人侵入。15世纪末成立哈萨克汗国，分为大帐、中帐、小帐。16世纪初基本形成哈萨克部族。18世纪三四十年代，小帐和中帐并入俄罗斯帝国。19世纪中叶以后，哈全境处于俄罗斯统治之下。1917年11月建立苏维埃政权。1920年8月26日建立归属于俄罗斯联邦的吉尔吉斯苏维埃社会主义自治共和国。1925年4月19日改称哈萨克苏维埃社会主义自治共和国。1936年12月5日定名为哈萨克苏维埃社会主义共和国，同时加入苏联，成为苏联的一个加盟共和国。1990年10月25日，哈萨克最高苏维埃通过国家主权宣言。1991年12月10日更名为哈萨克斯坦共和国，同年12月16日通过《哈萨克国家独立法》，正式宣布独立，12月21日加入独联体。2010年7月1日，与俄罗斯、白俄罗斯成立关税同盟。2015年1月1日，以哈萨克斯坦与俄罗斯、白俄罗斯、亚美尼亚为成员国的欧亚经济联盟正式运行。

哈萨克语是哈萨克族的民族语言、哈萨克斯坦共和国的国语，属阿尔泰语系突厥语族钦察语支。哈萨克族及其语言形成于15世纪前后，哈萨克族标准语言形成于19世纪下半叶。目前，北半球从北冰洋到地中海大约分布着60多个突厥语民族，以突厥语为主体语言建立了本民族国家的有土耳其、哈萨克斯坦、乌兹别克斯坦、土库曼斯坦、吉尔吉斯坦和阿塞拜疆。俄罗斯联邦的突厥语民族主要分布在克里米亚、鞑靼斯坦共和国、巴什基尔共和国、楚瓦什共和国、雅库特共和国（萨哈）、阿尔泰共和国、图瓦共和国、哈卡斯共和国、卡拉恰伊切尔克斯共和国、卡巴尔达—巴尔卡尔共和国。中国的哈萨克族主要分布于新疆维吾尔自治区伊犁哈萨克自治州、阿勒泰、木垒哈萨克自治县和巴里坤哈萨克自治县，少数分布于甘肃省阿克塞哈萨克自治县。乌兹别克斯坦的卡拉卡尔帕克（斯坦）自治共和国、摩尔多瓦的加告兹自治区、未被国际社会承认的北塞浦路斯土耳其共和国也是以突厥语民族为主的行政建制。此外，伊朗和阿富汗也有部分突厥语民族分布。

据哈萨克斯坦官方统计，全世界共有1700万人使用哈萨克语，[①] 其中，哈萨克斯坦约1009.86万人（据2009年2月25日至3月6日举行的人口普查数据，哈总人口1600.48万人，哈萨克族人口1009.86万人，在总人口中所占比例为63.1%），中国146.2588万人（中国国家统计局第六次人口普查数据，哈方统计数据为270万[②]），乌兹别克斯坦150万人，俄罗斯120万人，吉尔吉斯斯坦10万人。

哈萨克族原来使用以古代突厥字母为基础的文字，后来改用阿拉伯字母。前苏联境内的哈萨克族于1940年采用以西里尔字母为基础的文字；中国境内则于1964年开始使用以拉丁字母为基础的新哈萨克文，新哈萨克文

① 引自www.neotech.kz网站文章《谈哈萨克人与哈萨克语》О казахах，о казахском языке. 网址：http：//www.neotech.kz/print/article1_ KZ_ language.

② 引自中国网2010年8月26日报道《哈萨克斯坦公布最新人口普查结果》。

共有 24 个辅音字母和 9 个元音字母，但并未普及，现在主要使用阿拉伯字母拼写的文字。目前，哈萨克斯坦、蒙古和波罗的海三国的哈萨克人使用基里尔字母（即俄文字母）拼写的文字，土耳其、欧洲和美国的哈萨克人使用拉丁语拼写的文字，中国、阿富汗、伊朗和阿拉伯国家的哈萨克人使用阿拉伯字母拼写的文字，不同的哈萨克文字之间无法互通。

哈萨克斯坦全国近 70% 的中小学用哈萨克语教学，近 80% 的学龄儿童就读于哈萨克语学校，大中型城市大部分学校采用哈俄双语教学。乌兹别克斯坦、土库曼斯坦、蒙古和中国均有哈萨克语中学，俄罗斯阿尔泰边疆区有 1 所哈萨克语中学，吉尔吉斯斯坦没有哈萨克语中学。

一、哈萨克斯坦国家发展战略与语言文化战略

1991 年独立以来，哈萨克斯相继制定颁布了两部国家发展战略：1997 年的《哈萨克斯坦—2030》战略和 2014 年的《哈萨克斯坦—2050》战略，从经济政策、社会政策、民主建设、外交政策等方面详细阐述了哈萨克斯坦今后的发展思路和发展方向，为 2050 年前哈萨克斯坦的国家发展做出了具体部署和长远规划。

2014 年 1 月 17 日，纳扎尔巴耶夫总统发表题为《哈萨克斯坦道路 2050：共同目标、共同利益、共同未来》年度国情咨文，强调继续落实《哈萨克斯坦—2050》战略，提出了 2050 年前哈萨克斯坦跻身世界最发达 30 个国家之列的目标，人均 GDP 则将从目前的 1.3 万美元提高到 6 万美元。咨文指出，要重点抓好 7 方面工作：一是加速推进创新工业化；二是使工业农业综合体实现创新发展的转变；三是提高科技水平、发展技术密集型经济；四是保障城市化、交通、能源三大板块的基础设施建设；五是鼓励中小企业发展；六是发展教育、卫生、文化、社会保障等事业；七是完善政府工作机制。

2014 年咨文首次提出了哈萨克斯坦的核心价值观，即 Мәңгілік Ел（永恒的国家）。“永恒的国家” 源自 13 世纪前后突厥汗国的贵族暾欲谷提

出的“突厥人的理想——永恒的国家”。国情咨文正式将“永恒的国家”确立为新时期哈萨克斯坦全民价值观和新哈萨克斯坦爱国主义的思想核心。其内涵包括：第一，哈萨克斯坦和阿斯塔纳的独立；第二，民族团结、社会安宁和谐；第三，世俗社会和思想虔诚；第四，依托工业化和创新的经济增长；第五，全体人民劳动的社会；第六，共同的历史、文化和语言；第七，国家安全与哈萨克斯坦全面参与国际与地区事务。

2014 年 11 月 11 日，纳扎尔巴耶夫发表主题为《光明大道——通往未来之路》的 2015 年度国情咨文，再次强调“永恒的国家”理念，并正式宣布启动“光明大道”新经济计划，以继续优化经济结构，推动经济的持续发展，实现跻身全球 30 强的战略目标。

语言文化战略是哈萨克斯坦跻身世界 30 强发展战略的重要组成部分。《哈萨克斯坦—2050》在语言文化领域提出了推广国语（哈萨克语）和语言三位一体战略。推广国语战略强调要发展哈萨克语，拓宽哈萨克语的应用领域，大力普及哈萨克语，具体目标有：2025 年启动哈文字母拉丁化改革，加强哈语专业词汇词库建设，列出 100 部现代哈萨克语经典文学作品书单，通过在中小学教育阶段全面普及国语教育达到 2020 年 95% 国民掌握国语的目标。学习哈语的同时还学习俄语和英语。三种语言都应得到国家层面的支持和鼓励。语言三位一体战略要求在发展国语的同时注重俄语和英语教学，因为俄语是近一个世纪以来哈萨克斯坦国内及对外交往的重要工具，是国家历史的组成部分，而英语是当代世界通用语言，能为哈萨克斯坦公民的个人发展创造更多机遇。

二、哈萨克斯坦独立后的语言政策和实践

哈萨克斯坦独立后，复兴哈萨克民族文化和民族意识、增强国家凝聚力和民族认同成为国家建设的重要任务。纳扎尔巴耶夫总统强调：“我们要尽最大努力进一步发展哈萨克语，这是凝聚全体哈萨克斯坦公民的关键

要素。”①

（一）建国后哈萨克斯坦语言立法的变迁

1. 确立和突出哈萨克语国语地位的时期（1989—1998）

语言立法是语言政策在法律层面的体现，同时又是语言政策的重要内容和法律保障。语言立法的目的在于：“通过立法确定国家官方语言和标准语及其使用，确定某些语言在本国的法律地位，规定各民族语言的关系，确保各民族的语言权利和公民个人的语言权利，减少或预防语言矛盾与冲突，从而使语言更好地发挥其交际功能。”② 对语言立法变迁的梳理能够清晰地展现哈萨克斯坦语言政策的思想主旨和脉络。

1989 年 9 月 22 日，哈萨克斯坦颁布了《哈萨克苏维埃社会主义共和国语言法》，这是哈首部关于语言的国家法律，其中规定：“哈萨克苏维埃社会主义共和国的国语是哈萨克语”，俄语是“族际交际语”，这是哈在国家法律中首次使用“国语”这一概念。该法的颁布引起了强烈的社会反响：各地纷纷成立支持国语的民间组织和国语培训班；许多不会说哈萨克语的哈萨克人开始订阅国语报刊，懂哈萨克语的中小学教师转为用哈萨克语授课，哈萨克社会掀起一股自我认同热潮。哈总统国语发展基金会主席阿布迪加利耶夫指出：“然而，当两年后我们宣布国家独立后，公众将推广国语的所有问题都推给了国家。但是，此后发生了一连串的经济危机，语言问题退居次席。”③

① 引自哈萨克国际通讯社官网 2010 年 9 月 30 日新闻《发展哈萨克语，振兴民族文化，加强自我认知对社会极其重要—阿拉木图研讨会》，Развитие казахского языка，возрождение национальной культуры и самосознания очень важны для общества-конференция в Алматы. 网址：http：//www. inform. kz/rus/article/2308615，访问时间：2014 年 11 月 17 日。

② 资中勇：《语言规划》，上海大学出版社，2008 年版，第 41 页。

③ 引自哈萨克斯发展国语基金会官网 2010 年 2 月 18 日萨乌列·伊萨巴耶娃文章《哈萨克语课：20 年过后》Сауле Исабаева Уроки казахского языка：20 лет спустя. 网址：http：//www. qazaq-found. kz/rus/？p=57，访问时间：2014 年 11 月 17 日。

1993 年通过的首部哈萨克斯坦宪法规定：哈萨克语是哈萨克斯坦共和国的国语，俄语是族际交流语言。哈萨克斯坦的这一语言政策政治色彩浓厚，与普通民众的政治、文化和日常生活息息相关。该法的强制推行遭到俄罗斯族的强烈抗议，占国家人口多数的使用俄语的居民也对此表达了不同程度的反对。当时有人提出俄语应为“第二国语”的要求，引起一场激烈的争论[①]。在这种情况下，政府虽然未接受俄语为“第二国语”的要求，但慎重调整了过于激进的语言政策。1995 年 8 月 30 日哈萨克斯坦全民公决通过宪法修正案。新宪法第 7 章第 2 条规定：在国家机构和地方自治机构中，俄语和哈语平等使用。事实上承认俄语的官方语言地位。此后，有关这一问题的对抗情绪大体平息，但争论仍在继续。

1996 年 11 月 4 日，由官方制定的《哈萨克斯坦共和国语言政策构想》正式颁布，这是一部对哈萨克斯坦语言政策具有深远影响的文件，《构想》由纳扎尔巴耶夫亲自倡导，是哈萨克斯坦语言立法工作的纲领性文件。该文件特别强调：“要优先发展国语，在一切正式场合都要使用国语哈语，并要采取行政手段推行哈语。”纳扎尔巴耶夫多次指出：“近年来哈萨克语并未达到国语高度，要用正确的态度对待国语，尊重它，特别是公职人员。”[②] 同年，哈萨克斯坦颁布了一系列法令，对各机构、组织、地理名称、火车站和机场用哈萨克语进行命名与更名。尽管如此，哈语的国语地位并没有得到事实上的认同。哈中央 22 个部没有一个使用哈语起草公文，它们所下达的公文都用俄文书写。据哈萨克斯坦国家统计局 1996 年统计，被调查的 14 万个非国家机关都使用俄文，商业、医疗、通讯和服务行业也都使用俄文。另一份调查报告称：“宪法虽然规定哈语为国语，但从乡村到首都的一切工作都尚未摆脱使用俄语的局面，甚至于政府的正式工作会议、重大活动等目前仍使用俄语。对在政府任要职的领导者也没有必须懂哈语的硬性要求。在规定哈语为国语后建立的 239 家电视台中，只有 5 家用哈语播放节目；67 家电台中，只有 1 家用哈语广播；1227 家报纸中，只

① 王智娟等：《哈萨克斯坦面临的民族问题：双重国籍和第二国语》，载《东欧中亚研究》1996 年第 3 期。

② 〔哈〕《哈萨克斯坦真理报》1996 年 11 月 26 日。

有221家为哈文。”① 1996年的一次社会调查的结论是：“俄语不限于族际交流语的职能，而是应用于所有领域，在家庭就开始占优势。”② 而且，《构想》也将“构建合理的国家语言空间，在确保国语地位的前提下合理定义其他语言功能”③ 作为工作重点。

1997年7月11日通过的《哈萨克斯坦共和国语言法》第四章重申：“哈萨克斯坦共和国的国语是哈萨克语”。《语言法》还规定：“国语是国家治理、立法、司法和公文语言，作用于国家全境社会关系的各个领域。每名公民必须掌握国语，它是维护哈萨克斯坦民族团结最关键的要素。政府、其他政府、地方代表和执行机构必须：在哈萨克斯坦共和国大力发展国语，提高其国际威望，为全体哈萨克斯坦公民自由免费学会哈萨克语提供一切必要的硬件软件保障，帮助海外哈萨克侨民保存和发展母语。”④ 同时法律还规定，所有国家干部必须在15年期限内（到2012年）熟练掌握哈萨克语。

2. 重视哈萨克语国家语言具体实施时期（1999—2010）

经过建国后10年的建设，哈萨克语的国语地位在国家和政府层面得以初步确立，但是在法律实施过程中暴露出进程过慢、具体执行不如人意等问题，为此，哈萨克斯坦将扩大国语的实际应用作为语言立法的重点。

1999年发布的《各语言功能和政府发展纲要》规定了落实1997年《语言法》的具体举措和1998—2000年要实现的四个基本目标：第一，从财政上为所有公民掌握国语创造一切必要条件；第二，为国语在科学、教育、文化、大众咨询以及政府管理各领域中的积极使用创造必要条件；第三，为将政府文件翻译成国语切实奠定基础；第四，制定措施确保所有公民能自由选择个体社会化和受教育的语言。1999年通过的教育法对国语教

---

① 《自由亚洲电台（哈语）》1997年10月27日报道。

② 赵常庆：《哈萨克斯坦的民族问题与民族政策》，《中亚研究》1997年第4期。

③ « ОКонцепции языковой политики Республики Казахстан », Распоряжение Президента Республики Казахстан от 4 ноября 1996 г. № 3186.

④ « О языках в Республике Казахстан », Закон Республики Казахстан от 11 июля 1997 года №151, Ведомости Парламента Республики Казахстан, 1997 г., №13－14, ст. 202.

学和其他语言教学做出了具体规定，要求所有公立和私立学校全面确保教授和发展国语哈萨克语，同时允许用其他语言教学。①

2001 年 2 月 7 日，《哈萨克斯坦 2001—2010 年国家语言应用和发展规划》颁布。《规划》指出，鉴于部分国家机关尚未使用国语或使用频率过低，所有国家机关必须在 2010 年前逐步过渡至全哈语办公，用哈语报送数据统计、编制财务文件和技术标准②。

此后几年，政府又就扩大哈萨克语使用范围发布了一系列政策法规，并要求在 2009 年 1 月 1 日前完成所有俄文官方文件的哈萨克语译本。

2008 年，哈萨克斯坦总理马西莫夫表示国家不会将俄语定为第二国语。2010 年 7 月 26 日，哈萨克斯坦文化部长库利—穆哈梅德援引纳扎尔巴耶夫总统 2010—2011 国情咨文说："既定任务的实施可以确保在 2020 年前取得如下成效：哈萨克斯坦公民会国语的比例将从 60% 提高至 95%，会俄语的不低于 90%，目前比例为 89%，会英语的比例提升至 20%。"③

3. 深化发展哈萨克语国语地位时期（2011 年至今）

经过前两个阶段集中建设，哈萨克语的国语地位得到了巩固，公众对哈萨克语的认同显著提高，哈萨克斯坦语言立法进入了以发挥语言作用、强调民族与社会和谐发展的深化发展时期。

2011 年 6 月 29 日，哈萨克斯坦政府批准《哈萨克斯坦共和国 2011—2020 年国家语言应用发展规划》，其宗旨在于制定和谐的语言政策，推广国语，使全体哈萨克斯坦公民认识到国语在民族团结中的作用。强化哈萨克语的标准化和系统化，全面提升和发展国语成为新时期语言政策的核心。

2011 年 8 月 4 日，哈萨克斯坦文化部起草了一份法案，要求国家机关

---

① 阿依提拉·阿布都热依木：《哈萨克斯坦独立 20 年的教育现状探究》，《新疆师范大学学报》（哲学社会科学版）2012 年第 1 期。

② «О Государственной программе функционирования и развития языков на 2001 - 2010 годы», Указ Президента Республики Казахстан от 7 февраля 2001 года № 550.

③ 王智娟等：《哈萨克斯坦面临的民族问题：双重国籍和第二国语》，载《东欧中亚研究》1996 年第 3 期。

受理和回复公民民事申请事项时必须使用哈语，所有法人和机构一律用哈语命名。法案还要求所有非公立学前教育机构、中小学、职业专科学校、高等、中等和中等专业学校中哈萨克语班级的比例不得低于50%。同年，文化部还从语言政策角度起草了多部法律法规的修正案草稿，此后，相关要求被调低。

2011年9月6日，哈萨克斯坦部分社会活动家联名向纳扎尔巴耶夫提交请愿书，要求删除宪法中关于同等使用哈萨克语和俄语的条款。苏联英雄、宇航员阿乌巴其罗夫，苏联人民演员图列根诺娃，以及许多知名政治家、作家、评论家在请愿书上签字。9月7日，哈萨克斯坦总统政治顾问叶尔穆哈梅特·叶尔图斯巴耶夫就请愿书一事正式答复说："哈萨克斯坦绝大多数选民不同意这一做法。俄语是世界六大语言之一。无论何人、何时、何地都不能排挤俄语。"[①] 9月9日，哈主流媒体刊登公开信，呼吁采取较为温和的改革措施巩固哈语在哈萨克斯坦的地位。

（二）哈萨克斯坦的语言实践

语言实践不仅仅是指语言的语音、词汇和语法，还包括语言形式的层次和其他公认的语言规划之间的习惯差异，这些规则告诉人们在什么样的场合下使用什么样的语言变体是得体的。在多语社会，语言实践还包括为了某种语言的规范化而制定的规则。[②] 语言实践是语言政策的重要组成部分，对语言实践的考察可使我们对哈萨克斯坦语言政策实施过程中所遇到的问题及实施效果有清晰的认识。

1. 语言"哈萨克化"的实践

独立以来，哈萨克斯坦强调哈萨克语地位的原则贯穿始终，哈语言政

---

① 王智娟等：《哈萨克斯坦面临的民族问题：双重国籍和第二国语》，载《东欧中亚研究》1996年第3期。

② 纳博德·斯波斯基：《语言政策—社会语言学中的重要论题》，张治国译，商务印书馆，2011年版，第12页。

策的核心就是实现国家和社会语言的哈萨克化，在该原则指导下，哈萨克语的社会地位和社会功能获得了极大提升。

行政领域，依托文化信息部下属的语言发展司，通过语言立法和行政管理提升哈萨克语在国家治理体系中的地位和功能。在历次总统选举中，1993 年宪法关于“国家总统应当能够自如使用哈萨克语”的条款都获得严格遵守。在历次议会大选中，哈萨克人在两院中都获得了绝大多数席位，这在一定程度上使得哈萨克语在国家机构中的使用得到了保证。

教育领域的哈萨克语化进程持续稳步推进。持续 20 年全面推广国语的国家语言战略成效显著。哈萨克斯坦国家统计局数据显示，1999—2000 学年，全哈 350 万中小学生中 160 万人在哈语班就读，比例为 50.6%；150 万在俄语班就读，比例为 45%。2009 年，全哈公办学校 254.6 万名的所中小学生 154.3 万人在哈语班就读，比例为 60.6%；90.4 万在俄语班就读，比例为 35.5%。2011 年 1 月 18 日，哈国家统计局公布的新数据显示，2010—2011 学年初，哈语班大学生的人数为 31.994 万人，占全国大学生总人数的 52%[①]。整体看来，以哈萨克语为教学语言的学校就读学生人数已经超过了以俄语为教学语言的学校。其中最为主要的原因就是推广国语哈萨克语的工作取得了成效，哈萨克族人使用母语以及让子女接受母语教育的比例在上升。个人职业发展，尤其是国家公务部门，也与哈萨克语水平直接相关，这也是哈萨克语使用者增加的一个原因。

2. 俄语在哈萨克斯坦的实践和挑战

从语言立法和社会舆论的摇摆不定可以看出，独立后的哈萨克斯坦在如何对待俄语的问题上，一直持较为谨慎的态度，其主要原因在于：

第一，俄罗斯人数量众多。据哈萨克斯坦 2012 年 3 月 16 日发布的统计数据，截止 2012 年 1 月 1 日，哈人口总数 1667.54 万，共有 125 个民族，其中哈萨克族占人口总数的 64.6%，俄罗斯族占 22.3%，约有 371.86

① 哈萨克斯坦 www.anatili 网站 2010 年 10 月 3 日科济廖夫文章《语言问题与哈萨克斯坦人的公民认同》。Козырев Т. Языковой вопрос и гражданская идентичность кзахстанцев. 网址：http：//www.anatili.kz/？p=7031。访问时间：2014 年 11 月 18 日。

万人。[①] 俄罗斯族聚居在哈萨克斯坦的北部和东北部地区的东哈萨克斯坦州、卡拉干达州、北哈萨克斯坦州和库斯坦奈州。为了维持国家的团结统一和社会稳定，哈萨克斯坦政府不得不重视俄罗斯族的母语利益。这也是哈萨克斯坦语言政策制定过程中要考虑的首要因素。

第三，俄语在哈萨克斯坦履行重要的社会功能。1999 年全哈人口普查数据显示，除哈萨克族和乌兹别克族的哈萨克语熟练程度超过俄语外，其余主要民族的俄语熟练度均大大高于哈萨克语甚至本民族语。俄语是名副其实的“族际交际语”。

第三，俄语在高等教育体系优势明显。2000—2001 年，哈萨克斯坦国内教育机构接受哈语和俄语授课的学生人数分别为 132698 人和 305237 人。2005—2006 年间，则分别为 330199 人和 438032 人。俄语在高等教育领域依旧具有较大的优势。

第四，俄语在传媒领域依旧有优势。截至 2008 年，哈萨克斯坦有 467 家哈萨克语报纸和 874 家俄语报纸，另有 879 家使用哈萨克语和俄语的双语报纸。[②]

在国家强调哈萨克语的国语地位，并不断出台措施强化国语教育应用的影响下，俄语在社会实践中的地位也受到了较大的影响，特别是在容易被国家语言政策影响的国家行政机关、学校教育领域和媒体领域。2001 年 3 月，哈萨克斯坦通过了《大众传媒法》，要求电子媒体中哈萨克语新闻的比例不得低于 50%。

3. 其他少数民族语言实践

哈萨克斯坦政府对于国内众多的少数民族及其语言的管理原则是：为维护多民族国家的稳定统一，在强调哈萨克语国语地位的前提下提倡和鼓励其他民族使用本民族语言。

---

① 数据来源于中华人民共和国驻哈萨克斯坦共和国大使馆经济商务参赞处网站 2012 年 3 月 22 日报道《哈萨克斯坦民族构成》，网址：http：//kz. mofcom. gov. cn/article/jmxw/201203/20120308030581. shtml 访问时间：2014 年 12 月 31 日。

② Zentralasien – Analysen，18，26 June 2009：17.

1995年，哈萨克斯坦成立了由300多人组成的“各民族和谐大会”，纳扎尔巴耶夫总统担任主席。2008年更名为“人民大会”，主要负责组织各民族文化活动。2008年，哈萨克斯坦共有不同民族的文化中心300多家，几乎每个民族都有自己的文化中心。2007年，哈萨克斯坦国内3.3%的非哈族学生在119所用少数民族语言为教学语言的中小学就读，这些学校也教授哈萨克语、俄语或者哈俄双语。

当前哈萨克斯坦语言的社会实践呈现出一定的复杂性。尽管国家对哈萨克语地位的官方扶持符合哈民众“复兴”哈萨克语的诉求，但在实际语言生活中，哈萨克语的功能并未完全达到预期。而俄语的地位虽然在哈萨克斯坦独立后有所削弱，其实际语言功能和语言竞争力依然十分强大。哈萨克语和俄语在哈萨克斯坦的社会生活中以一种相对平衡的方式共同使用。

（三）语言文化领域的主要问题

现阶段的哈萨克斯坦语言生态具有如下特点：一方面，国家为推广国语制定了各种机制体制，但是这些措施以行政命令和行政手段为主，缺乏对公民国语学习兴趣的有效刺激。哈政治精英主要用俄语沟通是哈语推广不理想的原因之一。另一方面，虽然哈萨克语是法定国语，但是俄语在日常生活中的应用面宽于哈语。这里既有历史文化的原因，也有现实的经济原因。哈萨克斯坦是“俄白哈关税同盟”成员，2015年1月1日又正式加入了俄罗斯主导的欧亚经济联盟，哈俄两国全方位联系的进一步深入，会从客观上刺激对俄语的需求。当前，哈萨克斯坦国语应用推广面临的主要困难有：

第一，现代哈萨克语体系自身尚不完善，哈萨克语与世界其他主要语言的交流较少，哈萨克语在新形势下的表达功能不足。尽管国家采取了各种措施发展国语，但是仅有立法支持，缺乏全面确保哈语教育应用的实际措施，使得哈语的国语地位尚未获得充分体现。哈萨克语的书写需要改革，表达形式需要规范化，术语词汇需要系统化和信息化，哈萨克语与世界主要语言自动翻译程序亟待研发。

第二，哈至今未能制定俄语教学班的哈萨克语培养方案，哈萨克语水平考核体系也还不完善。国家语言立法都将国家和地方政府机构用哈语办公作为基本要求，而对提高哈语教学水平关注不足，为操作方便，各级政府部门仍旧大量用俄语起草公文，然后将俄语文件翻译成哈语，而不是用国语哈萨克语起草公文。

第三，俄语在哈萨克斯坦社会生活中的影响仍十分巨大。多数哈萨克人的俄语语言技能高于哈萨克语；许多哈萨克人尤其是城市居民，在语言文化上俄罗斯化程度很高；许多家长更倾向于选择以俄语为教学语言的中小学校。

第四，哈萨克语的文化空间有待扩展。苏联时期的俄语化语言政策对哈萨克斯坦的影响仍将在相当长的历史时期内存在，哈萨克斯坦部分俄语学者指出，哈萨克语在学术著作、儿童文学、科幻文学、外译作品等文学作品中表现能力不足。此外，哈独立以来，国家除完善立法外未对哈萨克语语言体系进行改革，支持语言推广的文化措施不足。

第五，语言问题面临政治化的风险。目前，哈萨克族在全哈人口中的比例仍在稳步增长，哈语教学班人数持续增加，哈族居民的语言诉求会更多。但是，俄语居民的人数在中期将保持稳定，哈语俄语关系处理不当可能导致哈萨克族和俄罗斯族的矛盾上升。语言文化可能使哈萨克斯坦公众分化为斯拉夫语与突厥语两个对立阵营。

语言政策立法与实施的脱节是当前进一步推广哈萨克语的关键问题。这种差距在很大程度上缘于行政管理协调不畅。另外，对于一个独立只有23年的国家来说，培养推广和教授哈萨克语的人才任重道远，哈萨克语真正承担语言政策中所规定的全部功能尚需假以时日。

三、哈萨克斯坦2011—2020年国家语言应用和发展规划

哈萨克斯坦总统纳扎尔巴耶夫2011年6月29日签署的《哈萨克斯坦

共和国2011—2020年国家语言应用发展规划》（以下简称“规划”）是哈萨克斯坦语言政策规划领域的纲领性文件（规划全文见附件1）。规划由哈萨克斯坦文化部起草，中央和地方各级政府负责实施。

（一）法律依据

包括：哈萨克斯坦共和国宪法第7条、第93条，1997年7月11日颁布的《哈萨克斯坦共和国语言法》，2007年11月21日签发的哈萨克斯坦第1122号政府令批准的《2007—2010年扩大国语使用领域提升国语竞争力构想》，2010年2月1日哈萨克斯坦第922号《2020年前哈萨克斯坦共和国战略发展规划》总统令，2010年3月19日签发的哈萨克斯坦共和国第957号《国家规划清单》总统令，第15届哈萨克斯坦人民大会纳扎尔巴耶夫总统令实施办法第3条，以及哈萨克斯坦《民族团结学说》。

（二）宗旨目的

规划的宗旨在于全面推广国语哈萨克语，巩固民族团结，保护哈萨克斯坦境内其他民族语言，实现语言的和谐共存。具体任务包括：完善并规范国语教学法，发展国语教育基础设施，推进国语教育进程，提升国语的权威性，增强国语需求度，规范哈萨克语词汇，发展国家的语言文化，维护俄语的交际使用，保护哈萨克斯坦的语言多样性，加强英语及其他外语教学。

（三）实施阶段

规划期限10年，分为三个实施阶段。第一阶段从2011—2013年，哈萨克斯坦政府将采取一系列综合措施，制定各种促进国家语言应用和发展的方法和完善各项相关法律。第二阶段从2014—2016年，哈政府将通过一系列新方法重点落实哈萨克斯坦国语（哈萨克语）的研究和应用，同时加强国语之外的其他语言的推广。第三阶段从 2017—2020 年，在此期间哈政府将进一步巩固国家语言应用和发展规划实施的成果，对哈萨克斯坦国语在社会生活各领域中的应用情况以及其他语言在哈国的地位进行系统性的监测和评估。

（四）绩效目标

规划实施的最终目标为：到 2020 年，使通过哈萨克语国家测试、掌握国语的成年公民比例提升至 95%；国家主流媒体哈萨克语报道的比例提升至 70%；非主体民族文化协会开设的民族语言课程涵盖的民族比例提升至 90%。

规划也对“语言三位一体”（即发展哈语、俄语和英语）战略提出了量化指标，按照未来 10 年国家语言应用和发展规划，到 2020 年哈萨克斯坦全国讲俄语的人的比例将达到 90% 以上，讲英语的人的比例将达到 20%，同时掌握哈语、俄语和英语的人口比例将达到 15%。

（五）经费来源

落实规划的经费主要来自国家财政和地方财政拨款，同时也会从其他渠道筹集经费。第一阶段所需 191.3494 亿坚戈（约合 1.293 亿美元[1]）已由国家预算拨付到位。后两阶段所需经费的具体金额将根据各财政年的国家预算和地方预算方案进行调整。

四、哈萨克斯坦发展国语基金会

2008 年 5 月，纳扎尔巴耶夫总统在会见哈萨克斯坦上议院议员时提出

① 按照 2012 年 1 月汇率计算。如按照 2014 年 11 月汇率，则约合 1.058 亿美元。

设立发展国语基金会的倡议。同年9月3日，由哈萨克斯坦国务秘书兼外交部长卡纳特·萨乌达巴耶夫任主席的发展国语基金会监事会召开第一次会议，任命总统办公厅国内政策处副处长别里克·阿卜迪加利耶夫为基金会主席。9月5日，发展国语基金会（Фонд развития государственного языка）在哈萨克斯坦司法部正式注册成立。2010年4月，基金会监事会通过决议，任命基金会原第一副主席阿扎特·沙乌耶耶夫为基金会主席。

（一）性质、宗旨、使命及战略目标

哈萨克斯坦“发展国语基金会”集体基金为非会员制非商业性公益基金，遵照哈萨克斯坦共和国宪法、法律法规的有关规定在哈萨克斯坦境内外开展活动。基金会以自愿、自主、合法、公开为运营原则。

基金会法定地址：阿斯塔纳市奥伦博尔路8号。

基金会哈萨克语官网链接为：http：//www. qazaq - found. kz/kaz/，俄语官网链接为：http：//www. qazaq - found. kz/rus/。

基金会在司法部正式注册后即成为有独立财产的长期法人。基金会独立核算，有自己的公章、印章、台头纸和标志，可以在哈境内外银行开立本币和外币账户。

基金会由纳扎尔巴耶夫总统倡议成立，以爱国主义和“哈萨克斯坦的未来属于哈萨克语”的信念为原则。

基金会坚持以哈萨克语为引领，保持哈萨克斯坦的语言多样性。基金会以传承保护哈萨克语为根本宗旨，哈萨克语是哈萨克斯坦的国家财富和文化根基。

基金会以落实纳扎尔巴耶夫总统提出的发展国语的倡议为使命，广泛吸收哈国内外经费，用于哈萨克语的发展和推广。

（二）组织管理模式

发起单位联席会（собрание Учредителей）是基金会的最高管理机构，

基金会由哈萨克斯坦首任总统基金会、全球哈萨克人协会、哈萨克斯坦作家协会、哈萨克斯坦国家科学院、哈萨克斯坦各民族大会全国基金会 5 家单位联合创办，发起单位联席会每年至少开会一次，就基金会的各项活动进行商议并做出决策。以下事项必须经发起单位联席会会议表决：

基金会的重组和取消；

制定和修改基金会章程；

依法就基金会、基金会分会和代表处入股或参与其他法人的活动做出决策。

监事会（Попечительский совет）是基金会的行业性常设机构，监事会监事候选人由发起单位联席会推荐并表决产生。现任监事会 24 名监事来自总统办公厅、议会上下两院、文化部、教育部、首任总统基金会、科研院所、文艺界和企业界。

监事会联席会根据工作需要不定期召开。监事会实行重大事项表决制，每名监事均享有投票权，多数赞成票视为通过，当赞成票与反对票数相等时，监事会主席有决定权。以下事项必须经监事会表决：

制定基金会工作计划，审议基金会工作报告；

监督基金会的活动是否符合其宗旨；

决定基金会的运行机制，批准相关工作程序管理文件；

对基金会在创办人理事会会议职责外的所有工作进行审议；

主席（директор）是基金会的唯一执行机构，主席由监事会任命。其职责有：

统筹管理基金会的工作；

主管基金会日常工作，向发起单位联席会和监事会述职；

服从与落实发起单位联席会和监事会的决议；

规定基金会工作人员的岗位职责；

根据监事会决议使用基金会的资金和财产；

招聘和解聘基金会工作人员，安排员工岗位；

就日常工作下达命令和指示，工作人员必须服从这些命令和指示；

经授权代表基金会行事，在国家机构以及国内外其他政府机构和非政府机构代表基金会的利益；

代表基金会出庭，签署委托书，履行基金会的其他职责；

由发起单位联席会和监事会授权履行其他职权。

基金会还设有公众理事会（Общественный совет）。公众理事会的设立宗旨是推动国语发展，扩大国语应用范围。公正理事会理事由基金会主席推荐，由监事会审议批准，监事主要是哈萨克斯坦知名政治家、社会活动家、作家、学者和媒体记者。公众理事会是基金会的咨询协商机构，其就国家语言政策审议通过的决议为建议性决议。公众理事会的基本任务和功能有：

支持和推动国语发展，夯实哈语国语地位；

支持推广国语使用范围，增强国语功能的项目；

审议哈萨克语发展过程中遇到的各种问题；

审议国语扶持计划项目；

审议以完善国语，增强国语功能为目的，资助法人和自然人的建议。

（三）工作内容和活动范围

2009 年 1 月，发展国语基金会召开官方推介会，宣布将同时启动几项全国性哈萨克语竞赛，参赛人员不限。2009 年春，基金会举行了全国性的大规模语言活动策划方案有奖征集活动，收到来自全国各地的 100 多份活动策划书。

2009 年，基金会共举行了 6 项大型活动，具体有：基金会资助项目遴选大赛、以“友好与成功的语言”为主题的最佳哈萨克语广告创意大赛、最佳哈萨克语教学法竞赛、俄语媒体最佳国语新闻大奖赛、以“幼儿哈萨克语”为主题的学前教育机构最佳哈萨克语教学法大赛、以“公众语言监督”为主题的摄影作品大奖赛。

基金会主要负责三方面工作：

第一，吸引和发动社会公众参与国语推广。具体形式有各类哈萨克语竞赛，基金会拨出专项经费资助以提升哈萨克语吸引力为目的的教学、科研和艺术项目等。

第二，凝聚公众力量，进行社会监督。通过设立专家理事会、与各种公共组织签署合作备忘录等措施，对涉及语言政策的总统令的落实进度进行监督。

第三，培育和引导社会舆论。具体形式有出版介绍哈萨克斯坦历史文化的书籍，撰写与语言问题相关的分析报告，支持哈萨克语媒体和哈萨克语网站等。

以上工作的目的在于调动哈萨克斯坦民众学习国语的积极性，征集提高哈萨克语文化感召力的创意和科技研发，协调国家与社会语言文化机构共同发展国语，通过公众监督提高国家语言治理的绩效，合理使用国家用于落实语言政策的经费。

基金会发展国语的具体任务有：

拓宽国语的使用领域；

提升国家意识，培养爱国主义情怀；

大力宣传哈萨克人民的文化、文学和精神成就；

在国际社会宣传推广哈萨克语和哈萨克文学；

为国语教学培训项目提供支持；

鼓励国语教学方法、教学技术的研发和推广；

扶持国语教育中心；

密切与国内外从事哈萨克文学、文化、历史、民族学研究的学术机构、智库机构、艺术机构和教育机构的联系；

支持与哈萨克语术语体系和命名体系改革相关的研究机构和科研项目；

资助奖励为推广国语，增强民族凝聚力，发展哈萨克文化、教育、科学事业做出突出贡献的单位和个人；

向从国外归国定居的哈萨克人和海外哈萨克侨民提供语言文化历史认知服务，向其赠送哈萨克语书籍；

为海外哈萨克人学习母语提供支持，举行各种活动加强对外哈萨克语教学；

支持用国语报道的大众传媒；

鼓励培养青少年爱国主义精神的文学作品和影视作品创作；

支持哈萨克斯坦境内外的国语网站，巩固哈萨克语在互联网空间的影响力。

为达成上述目标和任务，基金会可以依法：

依据基金会章程出资举办有关活动；

向个人和法人提供项目经费资助；

与外国机构保持直接联系，与外国机构签署协议；

开发推广哈萨克语媒体；

举行各种竞赛并向优胜单位和个人发奖金；

举行各种活动吸引国内外单位和个人向基金会捐赠；

签订合同，购置和租用财产，与其他法人和个人产生民事关系；

在符合基金会宗旨的前提下从事经营活动；

就各类公共问题向国家机构提出倡议和建议；

享受国家法律给予的其他权利。

（四）资金来源与财务运作

基金会的财务运作秉承透明原则。所有财务信息通过记者会的形式定期向公众发布。基金会设立以来共募得经费 8890 万坚戈。其中，首任总统基金会注资 4800 万坚戈，哈萨克锌业股份公司（АО «Кзцинк»）、哈萨克木乃天然气贸易股份公司（АО « Торговый домКазмунайгаз »）和哈萨克木乃勘探开采股份公司（АО « Разведка Добыча Казмунайгаз »）捐赠 2600 万坚戈，哈文化信息部通过非政府组织公共服务项目经费的形式向基金会注资 1340 万坚戈，哈萨克斯坦前总理、总统全球大使、哈萨克斯坦国际一体化基金会理事会主席杰列先科捐赠 150 万坚戈。

2009 年，基金会财务支出总额为 8291.8 万坚戈：4873 万坚戈用于举办各种国语推广竞赛、资助立项项目和基金会管理费，1340 万坚戈拨付作为哈文化信息部非政府组织公共服务项目经费，1070 万坚戈用于爱国教育项目，1088 万坚戈为基金会办公厅日常运营费。[①]

（五）其他语言推广机构

除发展国语基金会外，履行语言推广职能的机构还有：

国家专用术语委员会。委员会由 22 名语言学家、记者、作家、内阁成员和总统办公厅有关主管领导组成，在全国各地区设 100 多个分支机构，主管各学科领域专用术语的标准化和统一化问题，负责出版词典和术语参考书。

国家语言委员会。委员会成立于 1989 年，哈萨克斯坦总理任主席，任务是制定语言规划和语言纲要。委员会每年举行 4 次会议，各区负责人在会上汇报本地区语言使用情况。该委员会是哈萨克语最为积极的推进者，主要职责有：帮助各国家机构和协会推广哈萨克语；为国内外有学习哈萨克语意愿者寻找学习途径；利用广播电视等媒介发展普及哈萨克语教学；致力于为各类会议提供哈萨克语同声传译；增加哈萨克语在家庭、学校以及各种社会组织中的使用频度；在定期出版物、媒体、人名地名和官方文件中推广哈萨克语；鼓励支持出版哈萨克语学术出版物，组织各种竞赛活动提高民众对哈萨克语的兴趣；学习其他国家在语言法律法规方面的经验；出版《Ana Tili》（哈萨克语：母语）期刊；大力扶持出版哈萨克语语法专著和词典。

“Qazaq Tili”（哈萨克语）协会。该协会为半官方性质，资金主要来自国家预算。协会以帮助全国公民掌握哈萨克语为目标，已编写出版了多部教材和词典，研究出新的哈萨克语教学法。该协会还提供公共标识、产品说明书、各种文件的哈萨克语翻译服务。协会出版《Qazaq Tili》（哈萨克语）期刊

哈萨克斯坦与欧盟国家语言政策国际合作中心（Международный центр сотрудничества Казахстана со странами Европейского союза в

① 数据来自哈萨克斯坦发展国语基金会官网：http：//www. qazaq - found. kz/rus/？page_ id =31 访问时间：2014 年 12 月 31 日。

области языковой политики），旨在全面学习欧盟国家在语言政策、语言规划、语言管理和语言推广方面的经验。

教育科学部科学委员会中央国有企业“Ғылым ордасы”（哈萨克语：科学中心）（РГП « Ғылым ордасы » Комитета науки МОН РК）。2010 年 2 月，哈教育科学部将学者之家与中央科技图书馆两家机构合并，成立“Ғылым ордасы”中央国有企业，该企业包括 10 家隶属于教科部的自然科学与社会科学研究所、4 家博物馆、藏书 550 万册的图书馆和哈萨克斯坦国家科学院。该机构主要负责保护和发展本国历史文化遗产，深入研究和弘扬哈萨克文化，建设多媒体哈萨克语书籍资料数据库。贯彻“语言三位一体”战略是该机构的工作重点之一，“Ғылым ордасы”主要对试行三语教学的高校和中小学校进行跟踪监测和绩效评估，形成三语推广领域的分析报告和政策建议。

五、突厥语国家合作理事会与哈萨克斯坦对外人文交流

（一）哈萨克斯坦与突厥语国家合作理事会创建

苏联解体后，美国谋求巩固和扩大在中亚和高加索地区的影响，积极推动后苏联空间突厥语国家的一体化进程。1992 年，土耳其在美国支持下倡议召开了首届突厥语国家首脑会议，哈萨克斯坦也是本次会议的积极倡导者，参会国家还有吉尔吉斯斯坦、乌兹别克斯坦、土库曼斯坦和阿塞拜疆。

哈萨克斯坦是突厥一体化的积极参与者和推动者。2006 年 11 月，哈萨克斯坦总统纳扎尔巴耶夫在第八届突厥语国家首脑会议上首次提出了成立“突厥语国家合作理事会”和“突厥国家议会大会”的倡议。2008 年 3 月 27 日，哈萨克斯坦、土耳其、阿塞拜疆和吉尔吉斯斯坦四国议会机构的负责人在哈萨克斯坦首都阿斯塔纳召开了第一次工作会议，为成立“突厥

语国家议会大会”起草协议草案①。2009年10月，在阿塞拜疆的纳希切万举行的第九届突厥语国家首脑会议上，纳扎尔巴耶夫再次提出组建“具备区域性国际组织所有特征、法律地位和组织架构的”突厥语国家合作理事会，并建议组建突厥世界研究中心、突厥科学院、突厥图书馆、突厥博物馆等面向所有突厥语国家的文化机构②，除土库曼斯坦和乌兹别克斯坦外，其他四国签署了关于成立突厥语国家合作理事会的《纳希切万协定》。

2010年，在土耳其伊斯坦布尔举行的第十届突厥语国家首脑上，土耳其、哈萨克斯坦、吉尔吉斯斯坦和阿塞拜疆四国成立突厥语国家合作理事会（The Turkic speaking countries cooperation committee），下设元首理事会、外长理事会、元老理事会和高官理事会，旨在深化突厥语国家间的合作。在这次峰会上，土耳其总统居尔喊出了“六个国家一个民族”的口号，但乌兹别克斯坦未派代表参会，土库曼斯坦派代表参会但未签署理事会成立协议。

（二）哈萨克斯坦与突厥语国家合作理事会四届峰会

突厥语国家合作理事会迄今已举行了四届峰会，哈萨克斯坦主办了两届。

2011年10月21日，首届突厥语国家合作理事会峰会在哈萨克斯坦阿拉木图召开，纳扎尔巴耶夫和阿塞拜疆总统阿利耶夫、吉尔吉斯斯坦过渡时期总统奥通巴耶娃以及土耳其副总理博兹达出席会议，峰会讨论了经贸、安全、里海地区能源合作、社会文化、突厥语国家合作理事会与其他国际组织合作等问题，通过了《阿拉木图宣言》。峰会期间举行了突厥语

---

① 引自CRI国际在线2008年3月28日新闻《哈、土、阿、吉四国将成立突厥语国家议会大会》，网址：http://gb.cri.cn/19224/2008/03/28/1062@1998530.htm，访问时间：2014年10月29日。

② 引自阿穆尔·卡尔日耶夫2011年10月23日评论《突厥世界一体化的问题与前景：突厥语国家合作理事会成立》Амур Калжиев Проблемы и перспективы интеграции тюркского мира: создание Делового совета тюркоязычных стран. 网址：http://www.iimes.ru/rus/stat/2011/23-10-11b.htm，访问时间：2014年10月28日。

国家工商峰会，成立了突厥语国家实业家委员会。《阿拉木图宣言》“承认阿塞拜疆、哈萨克斯坦和吉尔吉斯斯坦独立20年来在政治、经济和社会文化改革道路上取得的重大进步，对三国巩固了国际社会独立主体地位表示欣慰”①。首届突厥语国家合作理事会峰会的召开，标志着苏联解体20年后，突厥一体化首次从理念走向了具体机制。

2012年8月23日，以“教育科学文化合作”为主题的第二届突厥语国家合作理事会峰会在吉尔吉斯斯坦首都比什凯克举行，吉尔吉斯斯坦总统阿坦巴耶夫、哈萨克斯坦总统纳扎尔巴耶夫、土耳其总统居尔、阿塞拜疆总理拉西扎德出席会议。峰会期间，与会各国领导人共同签署了《比什凯克宣言》。8月22日举行的突厥语国家合作理事会外长理事会确定了突厥语国家合作理事会会旗。会旗图案由吉尔吉斯斯坦国旗上的太阳、阿塞拜疆国旗上的星星、土耳其国旗上的新月以及哈萨克斯坦国旗的颜色构成，象征着所有成员国共同取得巨大的成就。

2013年8月16日，以“交通和海关手续便利化”为主题的第三届突厥语国家合作理事会峰会在阿塞拜疆加巴拉市举行，会议签署《加巴拉宣言》。纳扎尔巴耶夫在会议发言中称，2013年6个突厥语国家的国内生产总值达到1.15万亿美元，但突厥语国家间的贸易远远落后于其具有的贸易潜能。如2012年哈萨克斯坦与其他五国的贸易总额为80亿美元，仅占哈萨克斯坦进出口贸易总额的6%。因此，突厥语国家应进一步加强互利经贸合作。在峰会上，纳扎尔巴耶夫建议在突厥语国家合作理事会秘书处下设立旅游开发工作组，交流经验，培养专业人才和确定跨境旅游线路；并建议加强突厥语国家的教育、科技和文化合作。

2014年6月5日，以“丝绸之路旅游”为主题的第四届突厥语国家合作理事会领导人峰会在土耳其南部博德鲁姆举行，哈萨克斯坦总统纳扎尔巴耶夫、阿塞拜疆总统阿利耶夫、吉尔吉斯斯坦总统阿坦巴耶夫、土耳其

① 引自golosislama. ru网站2011年10月24日发布的《首届突厥语国家合作理事会峰会阿拉木图宣言》Декларация первого Саммита Совета Сотрудничества Тюркоязычных Государств Алматы，21 октября 2011 г. 网址：http：//golosislama. ru/news. php? id = 2930，访问时间：2014年10月28日。

总统居尔、土库曼斯坦总统别尔德穆哈梅多夫出席峰会，会议讨论了进一步深化旅游、经济、外交、安全和文化合作等问题，以及与欧安组织和伊斯兰会议组织合作等问题，通过了《博德鲁姆宣言》。峰会还讨论了乌兹别克斯坦和土库曼斯坦的成员国地位问题，计划在2015年哈萨克斯坦峰会上恢复涵盖全部6个突厥语国家的组织架构。

1. 哈萨克斯坦与突厥语国家合作理事会文化议程设置

哈萨克斯坦是突厥语国家合作委员会、突厥语国家实业家委员会等机制的积极参与者，哈方始终致力于在突厥语国家合作理事会框架内积极推动人文交流合作。哈萨克斯坦总统纳扎尔巴耶夫亲自出席历次峰会并提出各种倡议。

2011年哈萨克斯坦主办的首届突厥语国家合作理事会峰会就高度关注突厥语国家间的人文合作问题，强调要进一步凸显“国际突厥文化组织”在传承、丰富、拓展和推动突厥世界共同价值观、深化各国文化联系方面的作用，呼吁成立旨在推动各成员国科研学术机构交往和人才培养的突厥大学联盟，设立突厥学术基金会用于合作课题攻关。

2014年6月举行的突厥语国家合作理事会第四届峰会，以发展“丝绸之路”沿线国家旅游业为主题，希望借此加强“丝绸之路”沿线各国人民的文化交流，在共同实现经济繁荣的基础上寻求共同的价值观。哈萨克斯坦总统纳扎尔巴耶夫在谈到开发突厥语国家旅游资源时指出，突厥语国家自然风景优美，历史文化底蕴深厚，发展旅游业条件得天独厚。目前，哈萨克斯坦正牵头其他国家打造“突厥语国家合作理事会——现代丝绸之路”旅游产品，成员国还就开展旅游业职业培训达成共识。纳扎尔巴耶夫表示：“新世纪给我们振兴丝绸之路创造了机遇。如果突厥世界不利用好这一地缘政治优势，将是一个重大失误。”①

---

① 引自哈萨克斯坦 radiotochka. kz 网站2014年6月5日报道《努尔苏丹·纳扎尔巴耶夫出席突厥语国家合作理事会第四届峰会》Нурсултан Назарбаев принял участие в четвертом саммите тюркоязычных государств. 网址：http：//radiotochka. kz/2600 –. html 访问时间：2014年10月30日。

“西欧—中国西部”国际交通走廊哈萨克斯坦段施工即将结束，竣工后，中国—哈萨克斯坦—土库曼斯坦—伊朗将实现铁路贯通，可以从中国直达波斯湾。因此，纳扎尔巴耶夫特别强调了大力开发中国旅游市场的重要性：“（2014 年）中国出境游的人数达到了 1 亿人次，他们用于旅游消费的支出总金额约 1020 亿美元，今后 10 年，这个数字会翻一番。所以，我们要共同发掘（突厥语国家）旅游市场的潜力。”①

本次峰会上，纳扎尔巴耶夫还提出打造突厥语版“半岛电台”的设想，提议开设专门电视台，向全世界介绍突厥语国家。“要借助国际卫星转播英语、俄语和土耳其语节目。如果我们能够开设一个像半岛电台和 BBC 那样全球转播的电视台，这将对宣传突厥文化遗产起到巨大的推动作用。”②

2. 哈萨克斯坦与突厥一体化

苏联解体后，土耳其利用各种机制和措施推动南高加索和中亚地区突厥语国家的一体化进程，并效法英联邦（British Commonwealth of Nations）、欧盟（European Union）、阿拉伯国家联盟（League of Arab States）的机构设置和功能着力打造突厥语国家合作机制。2010 年，突厥语国家合作理事会的（1992—2009 年突厥语国家首脑会议）成立是突厥一体化进程中的重要事件。此外，土耳其还在中亚高加索的突厥语国家大量设立促进突厥语国家合作协调办公室或代表处，推动土耳其企业与所在国政府和社会各界的交往。突厥一体化因符合欧盟和美国的利益而获得欧美的支持。

哈萨克斯坦是突厥一体化的积极参与者和建设者。2011 年 10 月 6 日。亚萨维哈萨克—土耳其国际大学在土耳其安卡拉市召开纪念突厥语国家独立 20 周年的国际研讨会，会议主题为“欧亚地区的突厥语民族：新边界

① 引自哈萨克斯坦 radiotochka. kz 网站 2014 年 6 月 5 日报道《努尔苏丹·纳扎尔巴耶夫出席突厥语国家合作理事会第四届峰会》Нурсултан Назарбаев принял участие в четвертом саммите тюркоязычных государств. 网址：http：//radiotochka. kz/2600 – . html 访问时间：2014 年 10 月 30 日。

② 同上。

和个性化发展”。出席会议的土耳其达武特奥卢表示：“如果突厥语国家团结在一起，就有能力不受其他势力干扰解决本国的问题。”①

苏联在1991年解体后，哈萨克斯坦于当年12月独立。外交上，哈萨克斯坦采取了多向度外交政策，积极参与国际议程设置以谋求本国利益。1992年，哈萨克斯坦参加了土耳其主导的突厥语国家首脑会议。1994年，纳扎尔巴耶夫又在访问俄罗斯在莫斯科大学演讲时首次提出了成立欧亚联盟的倡议。1996年，哈萨克斯坦加入俄罗斯主导的欧亚经济共同体。哈萨克斯坦积极参与突厥一体化进程的举措引起俄罗斯的担忧，俄罗斯开始加速推动欧亚经济共同体升级为俄白哈关税同盟和欧亚经济联盟。2011年11月18日，白俄罗斯，哈萨克斯坦和俄罗斯总统签署协议，商定2015年建立欧亚经济联盟，该协议包括未来整合的路线图，并建立欧亚委员会和欧亚经济空间。哈萨克斯坦同时是俄罗斯主导的欧亚一体化进程和土耳其主导的突厥一体化进程的主要参与者，也是俄土两种一体化模式争取的主要对象。

当然，突厥一体化也面临着一系列问题。第一，拥有中亚半数突厥人口的乌兹别克斯坦和土库曼斯坦尚不是突厥语国家合作理事会的成员，土库曼斯坦的天然气储量居世界第二，是突厥语国家中的经济强国；第二，突厥世界不具备完整边界。哈萨克斯坦、吉尔吉斯斯坦、土库曼斯坦和乌兹别克斯坦彼此相邻，但阿塞拜疆与四国隔着里海，与土耳其也仅有飞地纳希切万自治共和国段的小段边境；第三，成员国经济实力相差悬殊。土耳其的国内生产总值是哈萨克斯坦、吉尔吉斯斯坦、阿塞拜疆三国总和的近3倍，吉尔吉斯斯坦经济实力弱，主要依赖俄罗斯；第四，成员国经济实力差异体现在政治上，则表现为中亚成员国的政治精英不愿接受任何他国主导的一体化进程，即便是语言相同的国家；第五，共同的语言和文化始终是突厥一体化的核心要素，突厥语民族在历史上曾使用统一文字，但是，在当代统一各国文字面临诸多现实困难；第六，俄罗斯因素。俄罗斯

---

① 引自turk_ media网站2011年10月23日文章《弥漫阿斯塔纳的泛突厥主义：对欧亚联盟的威胁》Ползучий пантюркизм Астаны-угроза Евразийскому союзу. 网址：http：//turk－media. info/？ p＝3234，访问时间：2014年10月30日。

的伏尔加河沿岸、乌拉尔、高加索、西伯利亚等地区分布着多个突厥语少数民族共和国，突厥语国家合作理事会升级为正式国际组织的外溢效应或将波及俄罗斯，影响俄罗斯在中亚和高加索的地缘政治利益，也会遏制俄罗斯主导的欧亚经济联盟，莫斯科始终密切关注泛突厥主义的扩散并随时调整本国策略。

哈萨克斯坦积极参与国际事务，是许多国际组织的成员国。2010 年，哈萨克斯坦担任欧安组织轮值主席国；2011—2012 年，担任伊斯兰合作组织第 38 次外长理事会主席国；哈萨克斯坦还是上合组织、独联体集体安全条约组织等国际组织的成员国。同时，哈萨克斯坦也是亚洲相互协作与信任措施会议的发起国。纳扎尔巴耶夫总统在 1992 年 10 月的第 47 届联合国代表大会上首次提出了关于建立一个全亚洲范围的地区性安全合作组织的倡议，旨在通过各国专家、学者和领导人之间讨论亚洲或欧亚的和平与安全问题，促进亚洲各国间的对话和协商，对地区形势达成一致的认识，消弭相互间的误解、对立与冲突，保障地区的稳定与安宁，进而协商解决共同面临的问题，推动在亚洲地区建立安全保障机制，促进区域性经济发展与社会繁荣，并建议将这个地区性安全合作组织定名为“亚洲相互协作与信任措施会议”（Совещание по взаимодействию и мерам доверия в Азии，缩写为 СВМДА，英文缩写为 CICA，简称“亚信”）。哈萨克斯坦是中国在“亚信”的重要伙伴，2014—2016 年，中国担任亚信轮值主席国，并于 2014 年 5 月在上海成功举办了亚信第四次峰会。加强与哈萨克斯坦在亚信和其他国际组织的合作，有助于维护我国在中亚这一“丝绸之路经济带”核心地区的利益。

六、结论与启示

1. 哈萨克斯坦语言政策管理为我们提供了多民族、多语言国家语文文字管理的范本。哈萨克斯坦独立 23 年以来，以提升哈萨克语国语地位作用为核心的语言政策，始终与文化、民族、宗教等问题交织在一起，也因其敏感性与国家政治进程密切相关，语言问题是哈萨克斯坦经济社会稳定的要素之一。

2. 独立后，由于人口形势严峻，民族复兴思想高涨，哈萨克斯坦政府有计划有步骤地实施了“境外哈萨克人移民计划”。我国毗邻中亚的新疆地区的哈萨克人，因共同的语言归属和历史文化传统与哈萨克斯坦有较为密切的经济和文化联系。1992 年 10 月，纳扎尔巴耶夫在世界哈萨克人大会上明确提出欢迎境外的哈萨克人回归历史祖国。哈萨克斯坦语言政策在一定程度上影响新疆地区的民族宗教问题。

3. 哈萨克斯坦复兴本国主体民族语言，“去俄罗斯化”背后是国家独立发展过程中的身份认同问题，也受哈俄关系走向的制约。“语言三位一体”也是哈萨克斯坦基于本国历史和现实制定的国家语言战略。2015 年 1 月 1 日，哈萨克斯坦正式成为欧亚经济联盟成员，与俄罗斯经济的紧密联系将使俄语在未来相当长的历史时期内在哈保持相当的优势。

4. 虽然哈萨克斯坦制定了哈俄英“语言三位一体”战略，但鉴于哈萨克斯坦一贯奉行多向度外交政策，中国是哈萨克斯坦重要的战略伙伴，是哈萨克斯坦第一大贸易伙伴国，从语言多样化原则出发，“哈俄汉三位一体”不失为“哈俄英三位一体”之外的另一种选择。建议加强中哈两国相关部门的合作，加大对哈萨克斯坦汉语教师的培养力度，建立汉语教师交流平台，有针对性地做好汉语教师及志愿者的培养与派遣工作，构建多元、多层次且具有系统性和稳定性的哈萨克斯坦汉语师资体系。通过大力普及汉语扩大中国在哈萨克斯坦的文化存在。

5. 哈萨克斯坦语言政策中折射出的突厥一体化要素值得我们关注和研究。哈萨克斯坦与土耳其同为亚信的成员国和前任主席国，以汉语和突厥语族诸语言之间的交流和对话为契机，加强与突厥语国家合作委员会的合作，有利于中国语言文化在突厥语世界的推广。

6. 哈萨克斯坦是亚信的发起国并一贯坚决支持中国担任亚信主席国，按规定，主席国一任两年，但实践上，哈萨克斯坦和土耳其分别按“2 + 2”模式连任了两届，中国也可能担任 4 年主席国，在这一意义上，作为亚信机制中的重要成员和伙伴，我们也要加强对哈萨克斯坦语言文化战略和其他各领域的研究。

7. 哈萨克斯坦共和国2011—2020年国家语言应用发展规划》明确提出2020年前达到95%成年居民掌握哈萨克语、哈萨克语媒体报道不低于70%的目标。哈萨克语地位功能继续巩固、使用范围进一步扩大是必然趋势。笔者曾在2013年阿斯塔纳芭蕾舞团访华演出和2014年亚信会议等大型多边双边国际活动中与哈萨克斯坦外交部中文翻译共事，其中文水平非常过硬。我国也应将哈萨克语、俄语、英语三语复合型外交人才的培养提上议事日程。

8. 2015年是哈萨克斯坦民族团结年、哈萨克民族建立哈萨克汗国550周年、哈萨克斯坦人民大会成立20周年，也是哈萨克斯坦现行宪法颁布20周年和卫国战争胜利70周年。此外，哈萨克斯坦还将主办2017年阿斯塔纳世博会。哈政府将以这些纪念活动和大型国际活动为契机，进一步加强新哈萨克斯坦爱国主义教育和文化建设。这些活动的相关情况和成果值得我们继续关注研究。

（杨　波）

【参考文献】

1. Амирхамзин А. О казахах，о казахском языке. ［OL］.

http：//www. neotech. kz/print/article1_ KZ_ language. html，引用日期：2014年11月16日。

2. Газета « Казахстанская правда ». ［N］. 1996年11月26日。

3. Декларация первого Саммита Совета Сотрудничества Тюркоязычных Государств Алматы，21 октября 2011 г. ［OL］. http：//golosislama. ru/news. php？ id =2930，引用日期：2014年10月28日。

4. Исабаева С. Уроки казахского языка：20 лет спустя. ［OL］. http：//www. qazaq - found. kz/rus/？ p =57，引用日期：2014年11月17日。

5. Калжиев А. Проблемы и перспективы интеграции тюркскогомира：создание Делового совета тюркоязычных стран. ［OL］. http：//www. iimes. ru/rus/stat/2011/23 - 10 - 11b. htm，引用日期：2014年10月28日。

6. Козырев Т. Языковой вопрос и гражданская идентичность кзахстанцев. [OL]. http://www.anatili.kz/? p=7031.

7. Момынкулов Ж. Б. Развитие казахского языка в период независимости Республики Казахстан. [J] Ученые записки Таврического национального университета им. Вернадского. Серия «Филология. Социальные коммуникации». Том 24 (63), № 8. 2011 г. С. 176 – 183.

8. Нурсултан Назарбаев принял участие в четвертом саммите тюркоязычных государств. [OL]. http://radiotochka.kz/2600 – .html，引用日期：2014 年 10 月 30 日。

9. «О Государственной программе функционирования и развития языков на 2001 – 2010 годы», Указ Президента Республики Казахстан от 7 февраля 2001 года № 550. [Z].

10. «О Концепции языковой политики Республики Казахстан», Распоряжение Президента Республики Казахстан от 4 ноября 1996 г. № 3186. [Z].

11. «О языках в Республике Казахстан», Закон Республики Казахстан от 11 июля 1997 года №151, Ведомости Парламента Республики Казахстан, 1997 г., №13 – 14, ст. 202. [Z].

12. Ползучий пантюркизм Астаны-угроза Евразийскому союзу. [OL]. http://turk – media.info/? p=3234.

13. Радиостанция «Свобода Азии» [Z].

14. Развитие казахского языка, возрождение национальной культуры и самосознания очень важны для общества-конференция в Алматы. [OL]. http://www.inform.kz/rus/article/2308615.

15. Фонд развития государственного языка. [OL]. http://www.qazaq – found.kz/rus/，引用日期：2014 年 10 月 17 日。

16. 纳博德·斯波斯基：《语言政策—社会语言学中的重要论题》，张治国译，北京：商务印书馆，2011 年版。

17. 阿依提拉·阿布都热依木：《哈萨克斯坦独立 20 年的教育现状探究》，新疆师范大学学报（哲学社会科学版），2012 年第 1 期。

18. CRI 国际在线 2008 年 3 月 28 日新闻《哈、土、阿、吉四国将成立突厥语国家议会大会》，[OL]. http://gb.cri.cn/19224/2008/03/28/1062@1998530.htm，引用日期：2014 年 10 月 29 日。

19. 梁云、刘宏宇等:《哈萨克斯坦、吉尔吉斯斯坦、塔吉克斯坦、土库曼斯坦汉语教学研究》[M]. 北京:人民出版社,2014 年版。

20. 何俊芳、周庆生编著:《语言冲突研究》,北京:中央民族大学出版社,2010 年版。

21. 中国网报道:哈萨克斯坦公布最新人口普查结果 [OL]. http://www. china. com. cn/renkou/6thrkpc/2010 - 08/26/content_ 20795470. htm,引用日期:2014 年 11 月 16 日。

22. 王智娟等:《哈萨克斯坦面临的民族问题:双重国籍和第二国语》,[J]. 《东欧中亚研究》1996 年第 3 期。

23. 张圣鹏:《哈萨克斯坦民族构成》, [OL]. http://kz. mofcom. gov. cn/article/jmxw/201203/20120308030581. shtml,引用日期:2014 年 12 月 31 日。

24. 赵常庆:《哈萨克斯坦的民族问题与民族政策》,《中亚研究》1997 年第 4 期。

25. 资中勇:《语言规划》,上海:上海大学出版社,2008 年版。